DE ALLOBROGIBVS

LIBRI NOVEM.

LVGDVNI, apud Rivoire.

PARISIIS, apud Techener.

LVDOVICVS PERRIN, TYP. LVGDVNI.

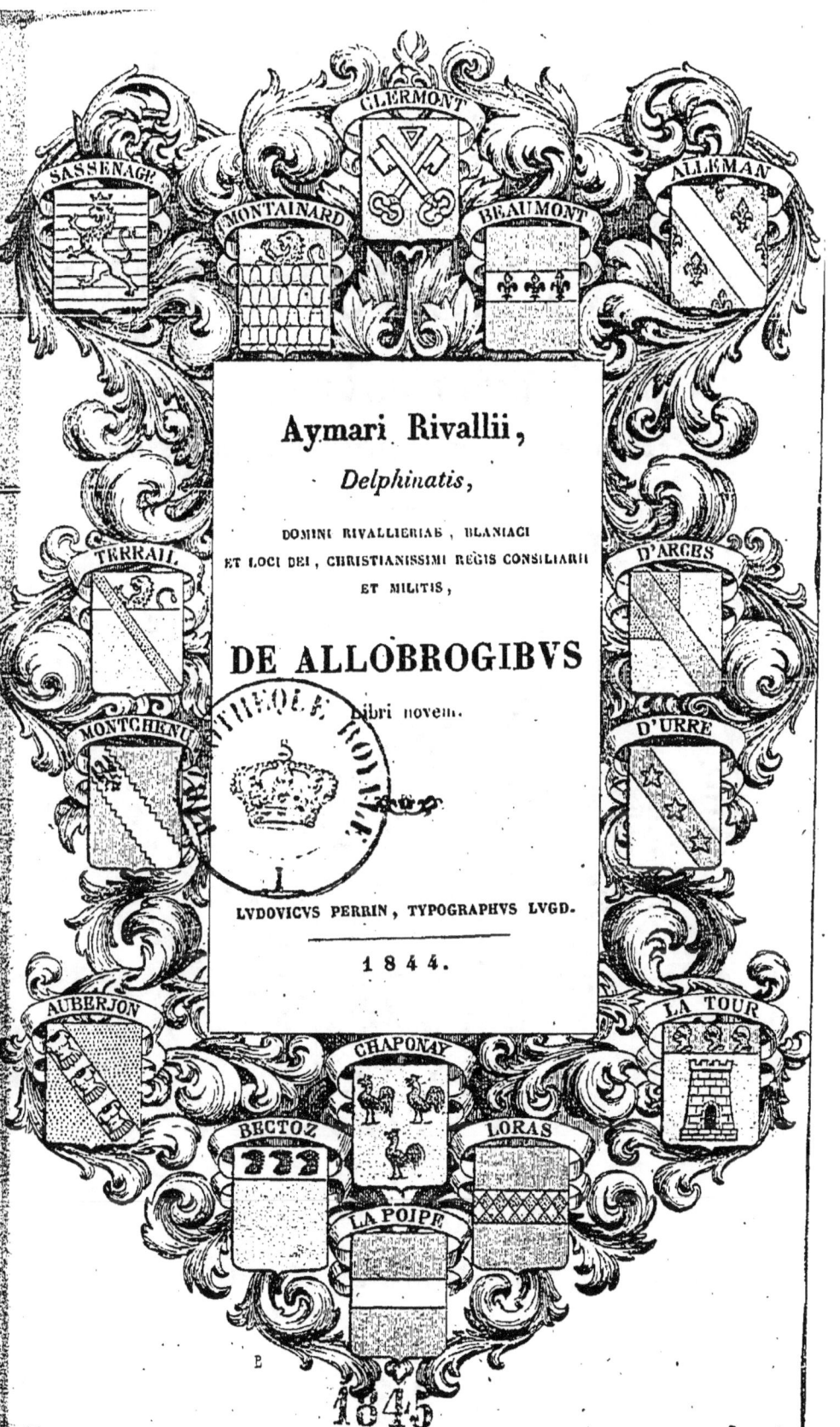

Aymari Rivallii,

Delphinatis,

DOMINI RIVALLIERIAE, BLANIACI
ET LOCI DEI, CHRISTIANISSIMI REGIS CONSILIARII
ET MILITIS,

DE ALLOBROGIBVS

libri novem.

LVDOVICVS PERRIN, TYPOGRAPHVS LVGD.

1844.

AYMARI RIVALLII

DELPHINATIS,

DE ALLOBROGIBVS

LIBRI NOVEM,

EX AVTOGRAPHO CODICE BIBLIOTHECAE REGIS EDITI.

CVRA ET SVMPTIBVS

AELFREDI DE TERREBASSE.

VIENNAE ALLOBROGVM,

APVD IACOBVM GIRARD, BIBLIOPOLAM.

CIƆ IƆ CCC XXXX IIII.
1845

PRÉLIMINAIRES

HISTORIQUES, LITTÉRAIRES

ET BIBLIOGRAPHIQUES.

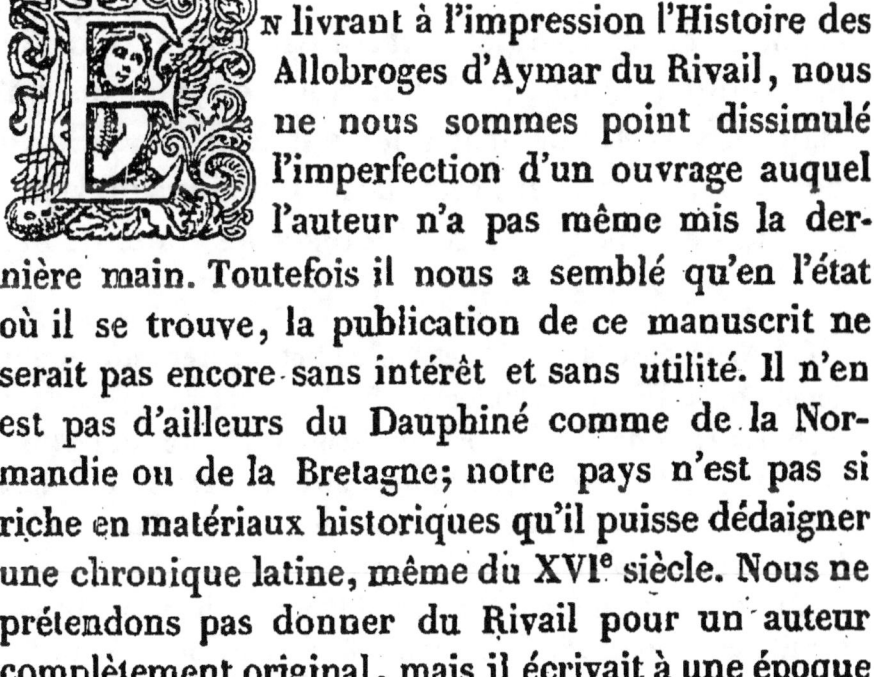En livrant à l'impression l'Histoire des Allobroges d'Aymar du Rivail, nous ne nous sommes point dissimulé l'imperfection d'un ouvrage auquel l'auteur n'a pas même mis la dernière main. Toutefois il nous a semblé qu'en l'état où il se trouve, la publication de ce manuscrit ne serait pas encore sans intérêt et sans utilité. Il n'en est pas d'ailleurs du Dauphiné comme de la Normandie ou de la Bretagne; notre pays n'est pas si riche en matériaux historiques qu'il puisse dédaigner une chronique latine, même du XVIe siècle. Nous ne prétendons pas donner du Rivail pour un auteur complètement original, mais il écrivait à une époque où depuis plusieurs siècles rien n'avait interrompu

la chaîne des traditions. Il a vu debout la plupart de ces monastères, de ces châteaux que les guerres civiles allaient bientôt égaler au sol ; il a consulté leurs chartriers avant qu'ils ne fussent visités par la torche des religionnaires; enfin, il a vécu dans l'intimité de Bayart et des preux dauphinois dont il a raconté les gestes et célébré la mémoire.

Les biographes du Dauphiné ne nous ayant laissé que des renseignements fort incomplets sur cet écrivain, nous sommes réduits à emprunter de ses propres ouvrages et de quelques documents épars les éléments de cette courte notice. Aymar était fils de Guigue Rivail ou du Rivail, docteur en droit, juge de la cour majeure de Vienne et de Valence, vibailli de St-Marcellin (1). Il était encore enfant à l'époque de la prise de Novarre par Louis, duc d'Orléans, qui eut lieu en 1495. Nous en inférons qu'il était né vers 1490, probablement à St-Marcellin où nous voyons son père remplir les fonctions de vibailli de 1486 à 1493 (2). Il fut tenu sur les fonts de bap-

---

(1) Nous devons à l'obligeance de notre parent M. Giraud, député de la Drôme, l'indication de deux sentences rendues au sujet des eaux de Peyrins près de Romans, le 15 juin 1491 et le 16 mai 1492, *coram egregio et circumspecto viro Domino Guigone Rivallii, legum doctore curiæ majoris Viennensis et Valentinensis judice et vice-ballivo.*

(2) Provisions de vibailly de Saint-Marcellin pour Me Guy Rivail, du 7 aoust 1486. Provisions de vibailly de St-Marcellin, pr. noble François Mulet, du 22 aoust 1493. — *Registrum litterarum officiariorum ab an. 1565 ad an. 1670.* (Manuscript.)

têne par Barrachin Alleman, seigneur de Rochechinard, un des personnages distingués de cette illustre maison. La famille du Rivail, alliée aux Guiffrey, aux Maubec, aux Buffevent, tenait elle-même un rang honorable dans la Noblesse de la province. Aymar a bien soin de nous dire qu'il était noble des deux lignes, que son père avait toujours marché aux arrière-bans, et que les fonctions de vibailli n'étaient nullement dérogeantes à la qualité de gentilhomme. Il n'oublie pas non plus de rappeler la fondation des Carmes de Vienne, due à la munificence d'un de ses aïeux. Voici l'inscription qui se lisait sur une pierre élevée au milieu du chœur de cette église, détruite à la révolution :

Hic iacet nobilis et potens Petrvs Rivalii Dominvs Loci Dei qvi fvndavit hvnc conventvm die iii octobris anno MCCCXCIIII.

Generosvs et admodvm colendvs vir Gvillelmvs Rivalii svpra dicti piae memoriae Petri Rivalii svccessor Dominvs Loci Dei Blaniaci Sonae et Argentinae Galliae regis nobilis cvbicvlarivs qvotidianvs hvnc tvmvlvm bellorvm civilivm tvmvltv fvnditvs eversvm pecvliaribvs impensis instavravit atqve in pristinvm statvm erigi cvravit hoc anno MDLXXXVIII.

On voit que le tombeau de Pierre du Rivail, fondateur de ce couvent en 1394, ayant été renversé durant les guerres civiles, il fut restauré l'an 1588 par les soins d'un membre de sa famille, Guillaume du Rivail, seigneur de Lieu-Dieu, de Blanieu, de la Saône et d'Argentaine, gentilhomme ordinaire de la chambre du roi (1).

Aymar eut un frère, nommé Guy, qui fut auditeur du cardinal Nicolas de Fiesque, son vicaire et official dans l'archevêché d'Embrun. En cette dernière qualité, il s'employa vigoureusement à ramener les Vaudois au giron de l'Eglise, fonda une chapelle dans la cathédrale d'Embrun en l'honneur de St-Yves et de St-Marcellin, et légua par son testament quelques rentes aux Carmes de Vienne en mémoire de son grand-oncle.

Du Rivail commença de bonne heure ses études à l'Académie de Romans, où il apprit la grammaire, la rhétorique, la dialectique, qui constituaient ce que l'on nommait alors le *trivium*, c'est-à-dire la triple voie à l'éloquence. Il paraît qu'à cette époque la langue usuelle du Dauphiné s'appelait encore *romane*, que c'était en *roman* qu'on donnait les thèmes aux écoliers, et que, s'il arrivait à quelqu'un de la classe de parler français, il était noté pour avoir parlé roman, et condamné à l'amende ou aux férules. Aymar ne perdit pas son temps au collége de Romans, et très jeune encore il avait composé un traité

---

(1) Les Recherches du sieur Chorier sur les Antiquitez de la ville de Vienne, métropole des Allobroges. Lyon, 1658, pet. in-12, p. 410.

de l'orthographe, dans lequel il signalait, entre autres, l'abus que l'on faisait alors des abréviations. « Je me souviens, dit-il, d'avoir vu mon père, vibailli de St-Marcellin, sourire à son audience lorsqu'on lui présentait les consultations de certains praticiens dont l'ignorance, les barbarismes et les solécismes avaient de grandes obligations à cette manière d'écrire (1). »

Ses classes terminées, il passa les Alpes pour aller, selon l'usage du temps, étudier le droit dans les universités de l'Italie. Mais les portes de la plupart lui furent fermées par la guerre qui venait d'éclater à la suite de la Ligue de Cambrai. Il dut renoncer à visiter Padoue assiégée par l'empereur Maximilien, et à saluer dans ses murs la statue de l'illustre jurisconsulte Julius Paulus (2). Le Milanais, occupé par ses compatriotes, lui offrit seul quelque sécurité. Aymar se trouvait à Pavie l'an 1512, suivant les leçons des célèbres professeurs Jason Mainus et Philippe Decius, lorsque les Suisses firent une tentative sur Milan. Il raconte que du haut d'un colombier il entendit à nuit tombante le bruit de l'artillerie, et que, les habitants de Pavie ne lui paraissant pas très attachés aux Français, il quitta brusquement cette ville au mois de décembre, pour se retirer à Casal, où il attendit en vain son bagage jusqu'à Noël.

A cette époque la fortune faillit d'ouvrir une

---

(1) *Aymari Rivallii Historia Iuris civilis*, f° *CXXVII*.
(2) *Ejusd. Hist. Iuris civilis*, f° *XXV*.

brillante carrière au jeune Dauphinois, dont la réputation devançait les années. Anne de Bretagne, durant un voyage qu'elle fit à Grenoble, eut occasion d'entendre parler de lui et souhaita de le donner pour précepteur à sa fille Renée, qui montrait dès le berceau les plus heureuses dispositions. Instruit des intentions de la Reine par le président Jaffrey Carles, son compatriote et son patron, Aymar s'apprêtait à partir, lorsque la mort de cette princesse « ensevelit avec elle dans son tombeau un si noble projet (1). »

Oubliant ses espérances, du Rivail reporta toutes ses pensées vers l'exécution d'un ouvrage dont il avait conçu le plan dans ses pérégrinations au pays classique de la Jurisprudence. L'Histoire du droit civil et canonique était terminée, lorsque François Ier, allant à Marignan, passa par Grenoble. Le libraire Olivelli, de Valence, auquel l'auteur avait confié son manuscrit, profita du séjour de ce prince pour obtenir le privilége de le faire imprimer. Quant à du Rivail, gardant rancune à son hôte infidèle, il se mit à la suite de l'armée, assista à la défaite des Suisses, et rentra dans Pavie avec les troupes victorieuses. Le Lombard n'eut qu'à rendre au plus vite tout ce qu'il s'était approprié, et notre Dauphinois se hâta de reprendre la route de Valence où déjà son livre était sous presse.

---

(1) Histoire générale de Dauphiné, par Nicolas Chorier. Lyon, 1672, in-fol., p. 542.—Voir page 556 de ce vol.

La publication de l'Histoire du droit civil plaça du Rivail parmi les jurisconsultes à l'âge où l'on quitte les bancs de l'école. Nous avons pour garant du succès qu'elle obtint, les nombreuses éditions et réimpressions qui en ont été faites en France, en Allemagne et en Italie. Il ne nous appartient pas d'apprécier autrement cet ouvrage, que nous n'avons parcouru que pour y recueillir quelques particularités biographiques (1).

Il résulte de la citation suivante, que notre auteur avait été plus pressé encore de se marier que de se faire imprimer. A ce paragraphe de la loi des XII Tables : « que les mariages soient défendus entre les patriciens et les plébéiens, » il ajoute la glose subséquente : « Nos patriciens dauphinois observent exac-

(1) *Aymari Rivallii Allobrogis Ivris consvlti ac Oratoris Libri de historia Ivris civilis et Pontificii. Cum gratia et priuilegio in dorso huius paginæ posito. Venundantur Valentie in biblioteca Ludouici Oliuelli bibliopole vniuersitatis Valen.‑ iurati.* Pet. in-4. de 129 ff. chiffr. et 19 ff. non chiff., dont un blanc. Le privilége, en français, est daté de Grenoble, le vIII iour d'aoust, l'an de grace mil cinq cent et quinze. Les éditions suivantes ont été imprimées : *Moguntiæ apud Schoeffer*, 1527, in-8. de 8 ff. et 294 pag. — 1529, in-8. — 1530, in-8. de 8 ff. et 554 pag. — 1533, in-8. de 8 ff. et 557 pag. — 1539, in-8. — *Lugduni*, 1551, in-8. de 16 ff. et 272 pag. — Cet ouvrage a été encore réimprimé dans le tome premier de la collection de François Ziletti, *Tractatus universi juris; Venetiis*, 1584, 22 volumes in-folio. Ciaconius attribue à du Rivail un Commentaire sur le Concordat entre Léon X et François Ier, que nous n'avons pas rencontré.

tement cet article, car chez eux le patricien épouse la patricienne, le plébéien la plébéienne; et la Demoiselle qui viendrait à se mésallier, même richement, ne serait plus regardée d'aucun des siens. Ils aiment mieux qu'une fille prenne un mari de son rang que le plébéien le plus favorisé des dons de la fortune. Qu'un autre décide s'ils ont tort ou raison d'agir ainsi; pour moi, je me déclare incompétent, par la raison que j'ai suivi l'usage et que depuis longtemps j'ai uni mon sort à celui d'une de mes nobles et proches parentes (1). »

Il paraît que cette première femme ne vécut pas au-delà d'une quinzaine d'années, et que les scrupules d'Aymar, devenu veuf, disparurent devant les charmes d'une fille de Mourmoiron, au Comté-Venaissin. Remplissant à Avignon quelque mission du roi, il aperçut cette rare beauté, se prit de belle passion pour elle et l'épousa bientôt âgée de dix-neuf ans, en ayant bien le double lui-même. Il ne l'appelle que de son nom de baptême, qui était Margon ou Marguerite, et se contente de nous dire qu'elle appartenait à des parents honnêtes, mais peu riches. Nous devons en conjecturer que cette fois notre jurisconsulte s'était un peu écarté des dispositions aristocratiques de la loi des XII Tables.

La beauté de Marguerite en valait bien la peine; car, à ce qu'il rapporte, lorsque d'Avignon il l'amenait chez lui, hommes et femmes quittaient en foule leurs

---

(1) *Historia Iuris civilis*, f° *LXVII verso*.

champs pour venir l'admirer à son passage par Valence et Romans. Elle ne le cédait en rien à sa compatriote qu'a célébrée Pétrarque, et le nombre de ses beautés dépassait même le chiffre de celles qu'attribuent à la belle Hélène des distiques souvent imprimés et cités. Enfin, l'heureux époux entre dans des détails que nous nous dispenserons de traduire, et qui sans doute ont fourni matière à ces phrases de Chorier, dont l'imagination n'en demandait pas davantage : « Du Rivail fut possesseur de la plus belle « femme de son temps. Il l'aimoit éperdument, et « on en a fait des récits bien plaisants. Il est mal aisé « d'être bien sage et bien amoureux (1). »

La merveilleuse beauté de Marguerite du Rivail est un fait d'autant plus authentique, qu'au témoignage de son mari nous pouvons joindre celui d'un célèbre jurisconsulte qui l'avait vue et connue pendant qu'il professait le droit à Grenoble.

AD MARGARETAM RIVALLIAM.

Argumentum.

Margareta Aemari Rivallii uxor admirandae fuit pulchritudinis. Hujus formam Truchius praeses carminibus elegantissimis celebravit: cujus exemplo ipse etiam Goveanus in ejus laudem hos versus scripsit:

Feminei, Margo, sexus nova gloria, rarum
    Vincere naturae se cupientis opus:

---

(1) Histoire générale de Dauphiné, tome II, p. 513.

Cui, precibus quae vix nostris dant singula cuncta,
　Certatim faciles contribuere Dei :
Mortalis si forma tibi pro sorte caduca est,
　Et Venere hac forte es conditione minor :
Est etiam, invideat tibi quo Venus aurea, tanto
　Materiam vati non placuisse deam.

AD EAMDEM.

Aureus Eois Titan caput exerit undis,
　Aureus occiduis praecipitatur aquis.
Sic tu, quae rerum nata es pulcherrima, honorem
　Hunc tumulo formae, Margaris, usque feres;
Longius et tumulo : nec de tot milibus ulla
　Incolet Elysium pulchrior umbra nemus.

DE EADEM.

Si Venerem est animus, quam pingere coepit Apelles,
　Perficere, en Veneris vera tibi effigies.
Se tamen effigie victam Venus ipsa fatetur,
　Excellensque isto nomine damnat opus (1).

Nous reviendrons sur nos pas et à l'année 1521, où, selon les registres du Parlement de Grenoble, Aymar fut pourvu d'une charge de conseiller. Cette charge faisait partie « d'une création et augmentation, à prix d'argent, de quatre conseillers, par-dessus le nombre de dix conseillers et un président

---

(1) *Antonii Goveani opera, juridica, philologica, philosophica. Ex bibliotheca Gerardi Meerman edidit, vitamque auctoris praemisit Jacobus van Vaassen jurisconsultus. Roterodami, apud Henricum Beman*, 1766, in-fol., p. 712.

dont se composoit auparavant la cour (1). » Nous ignorons si le chancelier Duprat, en retour de la dédicace de l'Histoire du droit civil, fit remise à du Rivail de la finance de son office, ou s'il acquit à beaux deniers le droit de siéger sur les fleurs-de-lis. Toujours est-il qu'en cette qualité il remplit avec son collègue Ennemond Mulet, depuis premier président du Parlement de Provence, une mission assez importante auprès du duc de Savoie.

Les pouvoirs qui leur furent remis le 16 avril 1529, signés François, et plus bas Le Breton, portoient cette suscription : « Instructions et Mémoires à Maistre Aymar Rivail et Ennemond Mulet, conseillers du roy en son Parlement de Grenoble; lesquels le dit seigneur envoye présentement ses Ambassadeurs pardevant son très cher et bien amé oncle le duc de Savoye, de ce qu'ils luy auront à dire et exposer de la part de Sadite Maiesté.

« Le sujet de cette ambassade et les chefs desdites instructions étoient pour faire plainte au duc, de ce que quelques Piemontois auroient surpris le fort de Chasteau-Dauphin appartenant au roy, l'auroient pillé et saccagé, tué le capitaine d'iceluy et emmené un prisonnier de guerre, et pour luy denoncer, en cas qu'il ne luy fasse pas raison de ces excez et violences,

---

(1) Provisions d'un des quatre nouveaux conseillers au Parlement pour M⁰ Aymar Rivail, le 1ᵉʳ septembre 1521. L'édit de création est daté de Troyes, mêmes jour et année.—*Registrum litterarum officiariorum*, etc. (Manuscript.)

qu'il usera de repressailles et autres remedes en tel cas requis et necessaires, sans autre signification ne monition (1). »

Les ambassadeurs suivirent leurs instructions tellement au pied de la lettre, que le duc Charles III trouva la conclusion de leur discours « un peu aigre, » mais qu'après réflexion il n'en donna pas moins les satisfactions qu'on exigeait de lui.

Nous voyons du Rivail, au commencement de son Histoire des Allobroges, prendre les titres de seigneur de la Rivaillière, de Blanieu et de Lieu-Dieu. Il rendit hommage en cette qualité au Roi-Dauphin, et voici la déclaration qu'il donna, le dernier août 1540, des fiefs et des terres qu'il possédait :

« Noble Aymar Rivail, conseiller du roy en Dauphiné....., déclara avoir droit sur la terre de Lieu-Dieu entre la Coste-Saint-André et Bonnevaux, pour avoir appartenu à ses prédécesseurs; plus, qu'il possédoit une maison noble en la valée appellée d'Argentenant, de Riverie et de la Rivaliere, au mandement de Murinais, et une tour appellée Mascle contre le chasteau de Murinais, ensemble beaucoup de vignes, prés, terres, bois auprès de ladite maison, confrontant les tenements des Boissy et Bevy du midy, le chasteau de Murinais du couchant, le mandement de Varacieu du levant, le chemin de l'eglise de Murinais à

---

(1) Additions et illustrations sur les deux tomes de l'Histoire des troubles de Provence, par Pierre Louvet, 2 vol. in-12. Aix, 1680, Ire partie, pag. 288.

St-Marcellin du levant, la rivière dudit Murinais du couchant et levant ; plus, au mas de Blagnieu, au mandement de Chevrières, deux maisons d'hommes qui lui devoient hommage. De suite est observé que Pierre et Aymar Rivail ses predecesseurs avoient fait hommage à Pierre de Murinais en l'année 1347, par le commandement d'un chastelain de Chevrières, lors place delphinale, de même qu'ils avoient auparavant fait hommage au Dauphin, et qu'ensuite ses ayeulx avoient fait quelqu'autres hommages au seigneur de Murinais, et que depuis ledit hommage a été réduit ez mains du roy à la requeste du procureur général, par les commissaires députés à la réunion du Domaine, partie non appellée (1). »

Du Rivail a consacré plusieurs pages très curieuses à Pierre Terrail, seigneur de Bayart, avec lequel on ne saurait douter qu'il n'ait entretenu les relations les plus intimes. Lorsqu'en 1828 nous travaillions à une nouvelle Vie du guerrier dauphinois, nous nous empressâmes de consulter à la bibliothèque du Roi le manuscrit de l'Histoire des Allobroges, dont l'existence nous avait été indiquée par la Bibliothèque historique du Père Lelong. Après en avoir extrait tout ce qui se rapportait à notre sujet, nous aurions dès-lors songé à mettre en lumière l'ouvrage tout entier, si nous n'avions été arrêté par une lacune de cent feuillets. Cette lacune, qui s'étendait de l'an

(1) Inventaire des titres de la chambre des Comptes de Dauphiné. St-Marcellin, t. III, p. 120. (Manuscrit.)

1059 à l'an 1500, ne laissait en effet que peu d'importance au manuscrit mutilé. Une rencontre heureuse nous permit plus tard de reprendre notre projet. En faisant quelques recherches dans le précieux recueil des manuscrits d'André du Chesne, notre attention fut attirée par un cahier d'une écriture du XVIe siècle, qui ne nous était point inconnue. Ce cahier, confondu dans le 49me volume, n'était autre chose que le fragment de cent feuillets qui manquait à l'Histoire des Allobroges. Une note apposée à la marge de la première page nous mit sur la voie des circonstances qui pouvaient l'avoir ainsi dépaysé. Elle était conçue en ces termes : « Ce livre est à moy « Denys de Salvaing de Boissieu, qui l'ay presté à « M. du Chesne. »

On sait qu'André du Chesne donna en 1619 une Histoire des rois, ducs et comtes de Bourgogne, à la suite de laquelle se trouve une généalogie des Dauphins de Viennois, dont la seconde race était issue de la maison de Bourgogne. Ce laborieux écrivain ayant par la suite reconnu que son premier travail « n'estoit pas si accomply qu'il ne peust recevoir une beaucoup plus grande perfection, » résolut d'en publier une seconde édition plus ample et plus correcte (1). Il eut recours à toutes les bibliothèques, à tous les savants, pour obtenir de nouveaux titres,

---

(1) Histoire généalogique des ducs de Bourgogne de la Maison de France, etc., etc., par André du Chesne Tourangeau. Paris, Cramoisy, 1628, in-4°. Préface.

de nouveaux documents. C'est alors que, probablement à sa requête, Denis de Salvaing de Boissieu détacha du manuscrit, conservé dans sa riche *librairie*, ces cent feuillets, qui justement contenaient l'histoire des Dauphins de Viennois, objet des recherches de l'illustre Tourangeau. Du Chesne fut peu soigneux de restituer le fragment qui lui avait été confié, et à partir de cette époque l'Histoire des Allobroges fut divisée entre Grenoble et Paris. Grâce à la centralisation des matériaux historiques qui s'opéra avec tant de frais et de persévérance pendant les règnes de Louis XIV et de Louis XV, ces deux portions d'un même volume ne tardèrent pas à se rapprocher. Elles étaient arrivées depuis longtemps de la bibliothèque Colbert dans celle du roi, lorsqu'elles ont été enfin réunies, à notre demande, par les soins de M. Champollion-Figeac.

Il ne manque plus au manuscrit que deux feuillets, enlevés sans doute depuis longtemps, et qui laissent le récit incomplet, à partir de la journée de Ravenne jusqu'à l'époque du siége de Dijon par les Suisses, 1512-1513.

Sur la feuille de garde placée en tête du volume on lit la note suivante, que nous adoptons complètement : « *Ipsius manu scripti* (libri) *nec editi fuerunt.* » Les corrections, les surcharges, les ratures dont il est couvert ne permettent pas de douter qu'il ne soit le brouillon même de l'auteur. Toutefois, nous apprenons d'Hilarion de Coste qu'il y avait de son temps deux manuscrits de l'Histoire des Allobroges, l'un dans la bibliothèque de M. de Ponnat, conseiller au Parlement de Grenoble, l'autre dans celle de M. de Boissieu, premier président en la chambre des Comptes de Dauphiné. Bien que l'on n'aperçoive pas de grande différence entre les deux leçons que ce biographe cite d'un même passage, nous n'en devons pas moins regretter la perte du manuscrit de Ponnat, qui était probablement une mise au net de celui qui nous est resté (1).

Ce dernier forme un gros volume in-4° sur papier, de 369 folios, d'une écriture ronde, surchargée, raturée comme nous l'avons dit, et pleine de renvois qui demandent assez de temps pour être retrouvés et coordonnés entre eux. L'auteur s'était proposé d'écrire son Histoire en onze livres, mais chemin faisant il changea de dessein, et son ouvrage n'en contient que neuf, d'une étendue fort inégale. Il s'arrête à l'année 1535, peu de lignes après le récit de la mort de son fils aîné, âgé de six ans, dont la perte lui inspire les plus amers regrets; mais il est positif qu'il a prolongé sa carrière bien au-delà.

S'il faut s'en rapporter à deux généalogistes assez exacts, Aymar se serait même remarié en troisièmes noces vers 1540. Selon Claude Le Laboureur et Pithon-Curt, le 17 février 1577, Pierre Noir, seigneur de

---

(1) Les Eloges des Reines et des Dames illustres en piété, en courage et en doctrine. Paris, 1647, 2 t. in-8, vol. II, 755. Eloge de Scholastique de Bectoz, Abbesse de St-Honorat de Tarascon.

Lancin et de Poisieu, épousa Guyone de la Maladière, fille de Claude de la Maladière, seigneur de Massonas, et d'Anne de Maubec, veuve de messire Aymar Rivail, seigneur de Lieu-Dieu et d'Argentenant, conseiller au Parlement de Grenoble. Elle avait apporté à son mari la somme de 7,050 livres, provenant tant de sa dot que de l'augment qui lui aurait été constitué par ledit sieur Rivail (1). Sauf la date et l'augment, nous reconnaîtrions dans Anne de Maubec la noble et proche parente qu'avait épousée notre gentilhomme, en conformité de la loi des XII Tables; mais, faute de renseignements plus précis, nous nous contenterons de citer sans essayer d'inutiles conjectures.

Gabriel, dernier marquis de Saluces, étant mort sans enfants à Pignerol, l'an 1548, Henri III réduisit en ses mains, comme roi-dauphin, ce fief mouvant du Dauphiné. Le premier soin de ce prince fut de pourvoir au fait de la justice dans ses nouveaux états: en conséquence il y envoya deux bons notables et expérimentés conseillers de sa cour de Dauphiné, pour s'enquérir des lois et usages du pays, et préparer sur ces bases un règlement général de justice. Les deux personnages honorés d'une aussi importante commission furent Aymar du Rivail et Laurent Rabot, qu'un commentateur de l'édit, enregistré sur leur

---

(1) Les Mazures de l'Isle-Barbe, par Claude Le Laboureur, tome second. Paris, Jean Couterot, 1681, p. 475.—Histoire de la noblesse du Comté-Venaissin, tome troisième. Paris, 1750, pag. 12.

rapport, qualifie de très doctes conseillers au Parlement de Grenoble et d'illustres Duumvirs (1).

Ce document est le plus remarquable, comme le dernier où figure le nom d'Aymar. L'époque de sa mort ne nous est pas connue; seulement les registres du Parlement nous apprennent que son fils, portant le même nom que lui, fut pourvu d'une charge de conseiller en 1560, probablement après le décès de son père.

La muse de Govea se réveilla pour rendre à son ami un dernier et triste devoir. L'épitaphe qu'il lui consacra nous montre que l'Histoire des Allobroges, quoique inédite, n'en était pas moins placée au nombre des titres littéraires de l'auteur (2).

D. M. AEMARI RIVALLII, ICTI.

Argumentum.

Aemarus Rivallius Ictus, in curia Delphinatus senator integerrimus et doctissimus, Iuris civilis et Allobrogum

---

(1) *Stylus regius Galliarum juridicus olim Salucianis præscriptus. Opera Petri Graneti, jurisconsultorum universitatis Valentiæ decani, status regii et Parlamenti Delphinalis consiliarii,* etc. Burgi Sebusianorum, 1630, in-4., p. 243 et 244.

(2) Il résulte des savantes recherches de notre compatriote M. Berriat Saint-Prix, qu'Antoine Govea professa le droit à l'Université de Grenoble, de 1552 à 1562. Histoire de l'ancienne Université de Grenoble; Valence, 1839, in-8.

historiam scripsit. Hinc Goveanus amicus hoc epitaphium posuit:

> Rivallii aeternum Manes, pia numina, Musae,
> Carminibus celebrate novis : vos ille sepultas
> Ostendit coelo Allobrogum ; vos ille senecta
> Iam non par solito, Musae, veneratus honore est (1).

Marguerite avait rendu Aymar père de cinq garçons, dont il ne nous a laissé ignorer ni les noms ni les parrains. Le premier fut tenu par l'évêque de Grenoble, *Laurent* Alleman; le second par *Philippe* Terrail, frère de Bayart, mort évêque de Glandève en 1532; le troisième par *Aymar*, chevalier de Rhodes, grand-prieur d'Auvergne; le quatrième par *Guigues* Guiffrey, seigneur de Boutières, gentilhomme de la chambre du roi; le cinquième par *Guillaume* de Maubec, chanoine de Vienne et gardien du château Pipet; ces deux derniers, parents de la famille.

Laurent mourut jeune l'an 1531; Aymar fut conseiller au parlement de Grenoble; Guillaume se fit connaître dans les guerres de religion, sous le nom de seigneur de Blanieu (2). Il suivit la fortune de Lesdiguières et obtint sa part des faveurs de la cour, avec le titre de gentilhomme ordinaire de la chambre du roi, qu'il prend dans l'inscription que nous avons citée plus haut. Il mourut probablement sans

---

(1) *Antonii Goveani opera, loco citato.*
(2) Histoire de la vie du connestable de Lesdiguières, par Louis Videl. Paris, 1638, in-fol., p. 114, 133.

enfants, puisque nous voyons sa femme Marguerite de Sassenage fonder en 1613 un couvent de Minimes dans la ville de Grenoble (1). Nous ignorons le sort des autres fils de du Rivail et de leur postérité. Tout ce que nous savons, c'est que cette famille s'éteignit vers le milieu du XVIIe siècle, comme le rapporte le généalogiste Guy Allard : « Rivail a été une famille noble de St-Marcellin, qui portoit d'azur à trois étoiles d'or; elle a fini il y a peu d'années (2). »

Après avoir épuisé tout ce que nous avons trouvé sur l'auteur, il ne nous reste plus qu'à dire quelques mots sur celui de ses ouvrages que nous publions aujourd'hui. Nous ferons bon marché du mérite littéraire et même de la latinité d'Aymar du Rivail, bien qu'elle ne soit pas dépourvue d'élégance et qu'elle abonde en réminiscences classiques; c'est à d'autres titres que son manuscrit nous a paru digne de l'impression. Une rapide analyse des Livres qui le composent en fournira la meilleure preuve.

Le premier Livre est consacré à la topographie des contrées que renfermait l'ancien pays des Allobroges. C'est une espèce de statistique, semée de faits historiques et remplie de particularités curieuses sur

---

(1) Almanach général et historique de la province de Dauphiné, pour l'année 1788. Grenoble, Giroud, pet. in-12, p. 84.

(2) Nobiliaire de Dauphiné, par Guy Allard. Grenoble, 1671, petit in-12, p. 507.—Dictionnaire historique du même, manuscrit existant à Grenoble et dans plusieurs autres bibliothèques de la province.—Voir le fleuron du titre.

les villes de Vienne, Romans, Grenoble, Chambéry, Genève, Valence, Orange, Avignon, Die, Vaison, Gap, Briançon, Bourg, Nantua, etc., etc.

Le second Livre reproduit très chronologiquement et très sérieusement les rêveries d'Annius de Viterbe sur les Celtes et les Gaulois et leurs premiers rois, depuis Samothes, fils de Japet. On serait bien sévère de reprocher à du Rivail des erreurs partagées par la plupart des écrivains de son temps, et qui même jusqu'à nos jours ont rencontré quelques partisans (1). Il en est de même du géant Cursol ou Briard, qui, d'après sa portraiture, n'aurait pas eu moins de vingt-deux pieds de haut (2). On sait quelle controverse excita encore au XVIIe siècle la prétendue découverte du tombeau de Teutobochus, roi des Teutons (3).

On cherche aujourd'hui à expliquer les noms par des étymologies, alors on créait des noms pour expliquer des étymologies. Allobroges, selon nos lin-

---

(1) Histoire abrégée des chefs des tribus dont l'autorité fut reconnue dans les Gaules, etc., depuis l'an 2068 avant Jésus-Christ jusqu'à l'an 1830 de l'ère chrétienne, par E.-Ed. de Génerès des Roches. Paris, Leleux, 1838, in-12.

(2) L'inscription suivante se lisait autrefois dans le cloître des Jacobins de Valence, au-dessous de la peinture du squelette du géant Briard ou Buard : *Hæc est vera effigies gigantis Buardi, cujus ossa inventa fuerunt per unum de nostris in comitatu de Cruciolo, prope rivum Merderi.* Voir page 182.

(3) Histoire naturelle de la province de Dauphiné, par Faujas de Saint-Fonds. 1781, in-8°, p. 407.

guistes, serait formé de deux mots celtiques sur la signification desquels on n'a pas encore pu se mettre d'accord. Nos aïeux avaient trouvé bien plus commode de produire un roi Allobrox, qui avait donné son nom à cette nation des Gaules, comme Romus à Romans, et Lugdus à Lyon (1).

Le troisième Livre n'est qu'un centon des historiens anciens qui ont parlé des Allobroges pendant la domination romaine. A cet égard, il prouve chez du Rivail une connaissance profonde des auteurs qu'il a mis à contribution.

Le Livre quatrième comprend l'histoire des Allobroges sous les rois du premier royaume de Bourgogne jusqu'à sa destruction par les Francs.

Le Livre cinquième raconte ce qui s'est passé depuis la conquête des fils de Clovis jusqu'à la chute de la dynastie carlienne, qui occasionna les grandes divisions territoriales de l'Europe méridionale. L'auteur n'a garde d'oublier le siége et la prise de Grenoble sur les Païens par le fameux Roland, neveu de Charlemagne, à la suite d'un prodige renouvelé de l'ancien Testament.

Avec le sixième Livre commence l'histoire des

---

(1) Extrait du *Lugdunum priscum* de Claude de Bellièvre, premier président du Parlement de Grenoble, dont le manuscrit original existe à la bibliothèque de Montpellier, et dont l'Académie de Lyon possède une copie; fol. 5. *Ex D° Rivallio habeo quæ sequuntur: Lugdunum fuit primo sub Gallorum regibus, a tempore Lugdi regis ejus conditoris. Inde*, etc., etc.

deux royaumes de Bourgogne, Cis-Jurane et Trans-Jurane, qui ne tardèrent point à se confondre sous le sceptre de Conrad-le-Pacifique. L'auteur rappelle des chartes, des inscriptions que l'on chercherait vainement aujourd'hui, mais qui ne suffisent point encore à l'éclaircissement de cette époque pleine de ténèbres.

Le Livre septième, fort écourté, ne consiste qu'en un seul chapitre. Il comprend cette donation du royaume de Bourgogne ou d'Arles, qui fut l'origine de la suzeraineté que les empereurs d'Allemagne s'attribuèrent pendant des siècles sur les états dont il avait été composé. Charles IV, de la Maison de Luxembourg, en fit plus tard bonne composition; un écrivain contemporain raconte qu'il la céda en remercîment d'un dîner que lui donna Louis, duc d'Anjou et comte de Provence, l'an 1365. Quoi qu'il en soit, les souvenirs de cette domination se sont perpétués jusqu'à nos jours dans le langage des bateliers du Rhône, qui appellent la rive droite de ce fleuve le côté du Royaume, et la rive gauche le côté de l'Empire.

Le huitième Livre, l'un des plus intéressants de l'ouvrage, donne l'histoire des trois dynasties qui régnèrent sur le Dauphiné. L'auteur entre dans de grands détails sur les alliances, les fondations des princes Dauphins et leurs éternelles guerres contre les comtes de Savoie. Les actions éclatantes de Guigues VIII semblaient préparer l'avenir le plus brillant à sa maison, lorsqu'il périt à la fleur de l'âge devant un misérable château. Humbert II, son frère et son triste successeur, ne tarda pas à échanger l'épée delphinale contre la crosse d'archevêque, et une nouvelle province fut ajoutée au royaume de France.

Le neuvième et dernier Livre renferme l'histoire du Dauphiné sous les Dauphins de la maison de Valois. C'est la partie la plus étendue et la plus curieuse du volume. Conseiller au Parlement de Grenoble, du Rivail s'est servi des pièces originales qui étaient à sa disposition pour le récit des événements antérieurs à Louis XI.

Arrivé au règne de ce prince, sa narration devient plus intime et plus attachante. Elle n'est plus empruntée qu'aux souvenirs contemporains, et l'Histoire des Allobroges se transforme en véritables Mémoires où rien n'est oublié de tout ce qui appartient au Dauphiné et à sa brave noblesse. Les noms des plus illustres familles de la province reviennent à chaque page sous la plume de l'auteur qui les suit dans les guerres d'Italie, aux triomphes de Marignan comme aux désastres de Pavie.—C'est au château de son parrain, le seigneur de Rochechinard, que fut conduit le prince Zizim fuyant la colère de son frère Bajazet. C'est là que, épris éperdument de Philippine-Hélène de Sassenage, il ne songeait à rien moins qu'à abjurer à ses pieds la loi du Prophète.— Il tient de la bouche des compagnons d'Antoine d'Arces le récit des aventures de ce paladin, qui allait de royaume en royaume rompre des lances pour l'honneur de sa dame, et qui, ne pouvant être vaincu en champ clos, mourait assassiné par un seigneur écossais. — Il nous fait assister à la fuite du connétable de Bourbon, qui, après avoir franchi les montagnes de l'Auvergne, vint passer le Rhône à Vienne, accompagné du seul Pompérant, et coucha trois longues nuits dans la forêt de Chambaran avant de pouvoir gagner les terres de l'Empire.

Enfin, nous ne pouvons donner une meilleure garantie de l'exactitude et de la fidélité de notre auteur, que celle qui résulte des deux exemples suivants.

Un de nos amis, dont nous donnons la lettre à l'Appendix, a retrouvé jusqu'à un écho dont il avait parlé dans sa description des environs de Murinais et de Chevrières.

Lorsqu'en 1524 Chabannes de la Palice descendait le Rhône pour se rendre au camp d'Avignon, une barque, portant sa vaisselle avec quelques gens de sa maison, s'abima sous le pont de Vienne, sans que rien pût être sauvé. Nous avons vu dernièrement un plat d'argent trouvé dans le Rhône, près de Vienne, et provenant de ce désastre avec d'autant plus de certitude qu'il est marqué aux armes du maréchal et de sa femme, Marie de Melun (1).

Le président d'Expilly, dans son Supplément à l'Histoire de Bayart, a traduit un assez grand nom-

---

(1) V. dans le Journal de Vienne, du 1ᵉʳ juin 1844, un article de M. T.-C. Delorme, auteur de la Description du Musée de Vienne, publiée dans cette ville, chez Girard; 1841, in-8.

bre de passages d'Aymar du Rivail; Chorier s'en est aussi beaucoup servi dans son Histoire de Dauphiné. Mais le premier s'est renfermé dans le cercle de son sujet, et il y a toujours quelque chose à rectifier dans les citations du second. Nous avons pensé que l'on trouverait encore à glaner après ces deux écrivains, et « qu'il sera toujours utile de consulter cet ouvrage lorsqu'on voudra étudier d'une manière approfondie les annales de la province de Dauphiné. » C'était l'opinion de notre laborieux compatriote, Ollivier Jules, si prématurément enlevé à ses amis et aux lettres dauphinoises (1).

Le travail de l'éditeur s'est borné à reproduire scrupuleusement le texte du manuscrit, à annoter ou à expliquer quelques passages obscurs, et à traduire en marge les noms propres qui se rencontrent dans chaque page. Les recherches auxquelles il s'est livré lui auraient permis de multiplier les notes et les remarques, mais il a pensé que ce volume serait déjà assez gros, et qu'il ne fallait pas décourager le petit nombre de lecteurs qui lui est réservé.

Il lui sera permis, en finissant, d'exprimer la reconnaissance qu'il doit à M. Champollion-Figeac,

(1) Notice sur Aymar du Rivail, par Ollivier Jules, p. 147, t. VI de la Revue du Dauphiné; Valence et Grenoble, in-8°.

dont il n'a jamais trouvé ni le savoir ni la complaisance en défaut dans ses nombreuses séances aux Manuscrits de la Bibliothèque royale. Il n'a pas moins d'obligations à M. Péricaud, bibliothécaire de la ville de Lyon, et à M. le conseiller Breghot du Lut : le premier l'a secondé de toutes ses connaissances bibliographiques, et le second a bien voulu dévouer son érudition philologique à la révision des épreuves de ce long ouvrage.

AYMARI RIVALLII

DELPHINATIS

de Allobrogibus

LIBER PRIMVS.

N animo est historiam Allobrogum undecim libris amplecti : et in primo quidem eorum situm et geographiam, in reliquis vero libris ipsius gentis originem et gesta enarrabimus. Hunc enim ordinem Deus optimus maximus in procreatione mundi disposuit. Nam prius habitationis loca, aliaque victui hominum necessaria formavit : tandem masculum et feminam creavit, ut terram replerent, cæteris quoque animantibus dominarentur. Hæc non abs re suscepimus, ne in occulto et silentio Allobroges, qui præclara gesserunt, non habeantur, neque simul cum vita eorum memoria intereat, ad manifestationem laudis et gloriæ Dei a quo omnia processerunt et procedunt, et ut nostræ ætatis homines et posteriores habeant quos imitentur vel effugiant. Sic itaque proximum a Diis immortalibus hono-

rem Augustus, teste Suetonio, præstitit memoriæ ducum qui de imperio Romano bene meriti fuerant, et opera cujusque manentibus titulis restituit, statuasque omnium triumphali effigie in utraque sui fori porticu dedicavit, ut ad exemplar illorum et ipse dum viveret et insequentium ætatum principes a civibus exigerentur. Duce igitur et authore Deo ad rem procedamus.

Situs Allobrogum in genere, eorumque limites.

In principio Deus cœlum et terram fecit, diem ac noctem creavit, solem, lunam et stellas formavit ac in unum aquas conjecit. Et ut post Virgilium, Ciceronemque ac geographos, Polybium, astrologosque Macrobius tradit: sicut sunt quinque cœli partes, ita et terræ; et duæ extremæ partes terræ nimio frigore ob remotum solem, et media ipsius solis ardore, sunt inhabitabiles; aliæ duæ sunt habitabiles temperatæque, et eam quæ est inter nostrum septentrionem et meridiem tantum cognoscimus; altera autem antipodibus conceditur, et sola ratione ipsa a nobis et nostra ab illis intelligitur et deprehenditur, cum de una ad aliam propter mediam regionem torridam, nullus unquam, ipso testante Macrobio, transiverit. Et nostram habitabilem plagam in Europam, Africamque et Asiam, Noa, ut ante diluvium ab Adamo aut alio factum viderat, primum divisit, sicut apud Berosum (1) legimus, et Sem Asiæ, Cam Africæ, Japetum vero tertium filium Europæ præfecit.

---

(1) Berosi sacerdotis chaldaici Antiquitatum Italiæ ac totius orbis libri quinque, Commentariis Joannis Annii Viterbiensis illustrati ; Antuerpiæ, 1552, in-8, p. 85. Jam dudum non licet ambigere illa Joannis Annii Viterbiensis opera esse adulterina et innumeris falsitatibus redundantia.

Deinde post multa secula Augustus in easdem partes, si Antonino Pio et aliis credimus, orbem distinxit, et Galliam in Europa, Strabo et Ptolemæus et cæteri omnes geographi necnon historici constituunt, et saltu Pyrenæo Alpibusque Rheno ac Oceano et mari Thusco seu Tyrrheno secundum Ammianum Marcellinum continetur, et nemo ab eo dissentit. Et cum adversus Romanos Judæi rebellare cuperent, eos, ut Josephus refert, Agrippa deterruit exemplo Gallorum, quos tantis munimentis natura cinxerat, ab orientali quippe plaga Alpibus, a septentrione Rheno flumine, a meridie mari Africo Pyrenæisque montibus, ab occidente vero Oceano, et tamen Romanis tunc parebant. Galliam autem in Aquitanicam, Belgicam et Celticam quæ vergit ad Alpes Julius Cæsar in Commentariis divisit, et Celtas ab Aquitanis Garumna, a Belgis Matrona et Sequana separant. Quatuor autem partes Augustus Galliæ attribuit, Aquitanicam, Belgicam, Lugdunensem et Narbonensem. Et Gallia præsertim Lugdunensis etiam Comata a promissis comis, teste Plinio, libro undecimo et aliis, appellata est. Narbonensem quoque aliqui Togatam sicut Transalpinam Galliam vocaverunt, quia togis romano more Galli Narbonenses utebantur. Ut Martialis,

   Gallia romanæ nomine dicta togæ (1);

quæ et Braccata ante dicebatur, ut Plinius libro tertio author est a braccis vestium gallicarum genere. Et Allobroges Viennensemque provinciam, ut Marcellinus auctor est, Celtica et Narbonensis Gallia amplectitur, cum ab Italia Alpium saluberrimis imperio jugis et amne Varo, a reliqua vero Gallia latere septentrionali monte

(1) Lib. III, epigr. 1.

Gebenna ipsa Narbonensis Gallia discreta sit, et interno mari alluatur, sicut, libro tertio, Plinius scribit. Et eam juribus agrorum ac cultu virorum morumque dignitate et opum amplitudine nulli provinciarum postferendam et breviter Italiam verius quam provinciam esse ait. Vana est hæc Plinii ratio ut Gallia Narbonensis ex præmissis, Italia verius quam provincia dici possit, ac si nihil præclari et laude dignum in aliis orbis partibus quam in Italia Deus largitus fuisset; et si laudes Italiæ et aliarum orbis partium conferrentur, procul dubio Gallia et aliæ multæ regiones Italiæ non cederent. Et quod in Gallia Narbonensi Allobroges sint constituti in urbium catalogo Ausonius in hæc verba testatur:

> Nec tu Martie Narbo silebere; nomine cujus
> Fusa per immensum quondam provincia regnum,
> Obtinuit multos dominandi jure colonos.
> Insinuant qua se Sequanis Allobroges oris :
> Excluduntque Italos Alpina cacumina fines :
> Qua Pyrenaicis nivibus dirimuntur Iberi.....
> Interiusque premunt Aquitanica rura Cebennæ
> Usque in Tectosagos paganica nomina Volcas,
> Totum Narbo fuit.

Et inter Rhodanum et Isaram citra Veragros Alpesque Graias sunt Allobroges. Nam ab ipsorum Veragrorum finibus Rhodanus, Graiisque Alpibus et sui origine Isara in occidentem fluendo Allobroges cingunt et circumdant, et quamvis longo inter se intervallo hæc duo Allobrogum flumina oriantur, deorsum tamen tendendo paulo supra Valentiam Cavarum apud Cemmenum montem in unum confluunt et Allobroges includunt ambiuntque; et a meridie et orientis parte Isara est inter Allobroges et Cavaros, Vocontios, Garucellos et Centrones, et etiam ex oriente ager a principio Lemanni lacus usque ad fontes Isaræ protensus distinguit Allobroges a Salassis, Veragrisque et Sedunis; e septentrione vero Rhodanus et Lemannus lacus dividunt Allobroges a Sequanis, Antuatibus et Segusianis; ab occasu autem Rhodanus separat Allobroges ab Lugdunensibus monteque Cemmeno et Helviis Arvernisque magis remotis ; et e Ptolemæo et Strabone, Commentariisque Cæsaris ac Livio de bello Punico, Plutarcho et aliis, suprascripti Allobrogum limites colliguntur; et hujusmodi limites peragratione et experientia melius cognoscuntur.

Et ab Allobroge eorum antiquissimo rege Allobroges nomen habuerunt, ut libro secundo apertius scribemus. Postremo sub duobus principibus Delphino scilicet et Sabaudo Allobroges fuerunt, et inferiorem Allobrogum partem Delphinus obtinuit et de suo cognomine eam partem Delphinatum, incolas autem Delphinates seu Delphinenses appellavit; et ad nostra usque tempora superiorem Allobrogum regionem dux Sabaudus possedit, et regio illa Sabaudia dicta est, incolæque Sabaudi a Sabatiis vadis, ut in annotationibus ad Spartianum Egnatius et Volaterranus tradunt. Cæteri Sabaudiam quasi *salvam viam* fuisse dictam scribunt, eo quod primus Moriennæ comes, Blanchemanus (1) nomine, tutam viam illac transeuntibus et e Gallia in Italiam euntibus præstabat. Et ne quis me hoc confinxisse dicat, hujusce rei testis est Bartholomæus Anglicus (2). Sed hunc vocabuli ratio confundit : nihil enim commune habet Sabaudia cum *salva via*, nisi vernaculo alluseris.

Utcumque fuerit, superior Allobrogum pars Sabaudia dicitur, et princeps illi imperans dux Sabaudus vulgo

---

(1) *Humbert aux Blanches mains, premier comte de Maurienne.*

(2) Bartholomæus de Glanvilla, anglicus, de ordine fratr. Minor., De Proprietatibus rerum.

appellatur; et priscis temporibus hi principes Delphinus et Sabaudus aliquot commixta oppida et territoria habebant. Quæ res materiam seditionis et bellorum inter eos frequenter movebat. Sed demum post translationem Delphinatus in primogenitos Francorum regis, permutationes ipsorum territoriorum a Carolo quinto, Delphino et Amedeo, cognomento Viridi comite, sabaudo, factæ fuerunt, et oppida, alia quoque comitis Sabaudiæ jura intra Delphinatum cis Guerium (1) flumen et Rhodanum sita, Delphino relicta fuerunt pro Fuscigniaco (2), et aliis rebus ac bonis quæ trans Rhodanum et Guerium in Sabaudia et Bricia (3) ipse Delphinus habebat, et hæc ad comitem Sabaudum devenerunt. Et tunc inter Delphinates et Sabaudos limites positi fuerunt, et Guerius in Rhodanum profluens Delphinatum et Sabaudiam a sui origine dividit; ex alio latere Chapparuliaci et Bellæcombæ territorium, rectaque linea inde ad montes Brigantibus proximos, sub Moriana Segusionem usque tendens, faciunt alterum harum regionum limitem; et hoc medio sublata seditionis materia, pax inter hos populos qui diu bella gesserant, facta est. Et ultra Allobrogum partem quam tenet Delphinus, simul imperat Cavaris, Volcis, Tricastrinis, Vocontiis, Medullis, Sigoriis, Caturigibus, Brigantibus et Garucellis: qui populi inde a principalibus urbibus his in locis constructis, et in majori parte pontifices habentibus, nova nomina receperunt, et hodie appellantur Valentini et Auraicenses, Dienses, Vasionenses, Vapincenses, Ebredunenses, Briansonesii et Guncellini; et antiqua nomina soli Tricastrini, Medulli, Sigorii et Caturiges retinuerunt. Et generali nomine hi populi etiam Delphinates, eorumque regiones

---

(1) Guerius, *le Guier*.
(2) Fulcigniacum, Faucigniacum, Fucigniacum, *le Faucigny*.
(3) Bricia, Brescia, *la Bresse*.

Delphinatus nomine vocantur ; quapropter de his etiam scribemus.

Et Delphinatus continet comitatum Viennensem, Rossillonensem, Albonensem, necnon Graisivodanum, Valentinum, Diensem, Vapincensem, Ebredunensem, principatum Briansonesii et Auraicensem, ducatum Campisauri, marchionatum Sesanæ, terramque Turris et potentatus Montisalbani, Medulionis, Vallisbonæ et alios (1); et nedum Sabaudiæ, verum superiori Garucellorum parti, Centronibus quoque Salassis, Sedunis, Veragris, Antuatibus et Segusianis dux Sabaudus præest; qui populi nunc appellantur Morianenses, Tarantasii, Augustenses, Valesii, Bugesii et Bricienses. Sed Centrones, Sedunumque ac Nantuates antiqua nomina retinent, et generali vocabulo horum omnium regiones Sabaudiæ nomine veniunt, et ipsi populi generaliter Sabaudi vocantur; quare non erit absonum etiam de eisdem populis scribere. Et in hoc Sabaudiæ ducatu sunt comitatus Gebennensis, Beugesius, Rotundimontis, Chalamis, Intermontium, Montisionis, Morianensis, Cameræ, ducatus Chablesii et Augustæ, et, ut dicunt, Fuscignacum et Gaium Baroniæ ac Bricia; quorum in omni jurisdictione et emolumento pars est principis, in aliis majus duntaxat imperium habet. Et complura hæ regiones continent castra, pagos et oppida, urbesque insignes quas describemus, initium a Vienna Allobrogum metropoli facientes.

---

(1) *Les comtés de Vienne, de Roussillon, d'Albon, de Graisivaudan, de Valentinois, de Diois, de Gapençois, d'Embrumois, les principautés de Briançon et d'Orange, le duché de Champsaur, le marquisat de Sésane, les baronnies de la Tour, de Meuillon, de Valbonne, etc.*

Vienna Allobrogum metropolis.

In septimo orbis circulo quem Græci parallelum appellant Vienna, Plinii testimonio, sita est, inter coitum Araris et Rhodani concursumque Isaræ et Rhodani, et ab occidente ipso Rhodano cingitur; ab aliis vero lateribus monticulis per quos habet vias publicas et exitum versus Valentiam Cavarum, Romanos, Gratianopolim, Chamberiacum, Gebennas et Lugdunum ubi Arar et Rhodanus in unum confluunt; et ab Isara Viennam usque sunt, teste Strabone, stadia trecenta atque viginti et gallico more undecim leucæ; et inter Viennam et Lugdunum per Allobroges pedestri itinere, ut idem Strabo inquit, stadia sunt circiter ducenta (1), adverso autem flumine sursum navigantibus paulo plura; nostri hoc pedestre iter quinque leucis conficiunt. Et æquali prope intervallo Isara ex meridie et Rhodanus ex septentrione a Vienna distant. Et hanc urbem in Allobrogibus, Venereus Africæ exul, condidit, quarta ætate mundi, Davide regnante, priusquam Romanæ arces a Remo et Romulo fratribus ædificarentur, sicut Eusebius tradit, et Bienna prius dicta est, quod, secundum Libium in Annalibus et Adonem, biennio prout eam Venereus designaverat, absoluta fuit. Postea B. mutata in V. Vienna appellata est; sic commutatione earumdem litterarum Vesuntium Sequanorum oppidum nunc Bisuntium nominatur. Et authore Strabone Vienna metropolis Allobrogum erat, et in Gestis Francorum Gaguinus ait, Viennam esse Allobrogum id est Delphinatium metropolim;

---

(1) Corruptus videtur hic Strabonis locus, nam ducenta stadia duodecim leucas nostra mensura efficerent et, ut scribit Rivallius, Lugduno Vienna distat quinque tantummodo leucis.

sed nedum Delphinates verum etiam Sabaudos Allobroges comprehendunt, ut supra ostendimus.

Et cum in vicis reliqui Allobroges ætatem agerent, Viennam prius quidem vicum clarissimi habitaverunt, et secundum eumdem Strabonem in civitatis formam apparaverunt; et devictis Allobrogibus, in ea deinde senatum qui Gallias disponeret Romani composuerunt, et Viennam dici Senatoriam voluerunt. Si Adoni credamus, et adhuc Adriani imperatoris temporibus Vienna id nomen retinebat, ut constat duabus epistolis quas papa Pius ad Justum senatoriæ urbis Viennensis episcopum scribebat. Hæ autem epistolæ sunt in calce voluminum Aviti Viennensis archiepiscopi, magna verborum et sententiarum elegantia compositæ (1).

Et in Itinerario suo Antoninus Augustus (2) Viennam esse Viennensis provinciæ metropolim scribit. Posteaquam enim sub Romanis Allobroges esse cœperunt, inclinante eorum imperio, sæpe Viennensis provinciæ appellatione veniebant, quia regiones victas Romani provincias appellabant. Et ut libro quindecimo Ammianus Marcellinus author est, Viennensis provincia exultabat decore multarum civitatum, quarum primæ sunt Vienna ipsa et Valentia et Arelate; quibus, inquit, Massilia jungitur, ejusque societate et viribus in arduis discriminibus fultam aliquoties Romam se legisse Ammianus tradit. Et de Vienna ac ejus colonis ita Ausonius cecinit:

Pande, duplex Arelate, tuos blanda hospita portus,
Gallula Roma Arelas; quam Narbo Martius, et quam

---

(1) Hæ reperiuntur epistolæ ad calcem D. Alcimi Aviti Poematum quæ Joannes Gaigneius edidit Lugduni, 1536, in-8.

(2) Perperam hoc Itinerarium Antonino Augusto tribuitur, cum nulli ex Antoninis convenire possit, ut patet mentione Constantinopolis et aliarum urbium quæ longe post Cæsarum illorum tempora sic nuncupatæ sunt.

Accolit Alpinis opulenta Vienna colonis.
Præcipitis Rhodani sic intercisa fluentis,
Ut mediam facias navali ponte plateam :
Per quem Romani commercia suscipis orbis,
Nec cohibes : populosque alios et mœnia ditas :
Gallia quîs fruitur, gremioque Aquitania lato.

Et dum in Hispaniam ulteriorem Tiberius Sempronius Gracchus pergeret, apud Viennam Allobrogum pyramidem miro opere construxit, et pontem supra Rhodanum fundatis in utroque latere castris ædificavit, ut ab Adŏne et Libio didiscimus; et quia aliarum instar in loco superiori illa pyramis est acuta, eam Acum (1) Viennenses appellant; et est inter vineas extra urbem a meridie prope Rhodanum, aliquorumque opinione quatuor æneis leonibus sustinetur. Et in circuitu Viennæ quinque Romanorum legiones totidem castra exstruxerunt, et testibus Adone et Libio, publica horrea et penora totius militiæ temporibus Cæsaris ibi constituerunt et e nominibus tribunorum Julii Cæsaris sequentia nomina castris imposuerunt (2), Grappon, Eumedon, Sospolon, Quiriacon, Pompetiacon ; adhuc ex illis extat unum forte et superbum, quod Viennenses nunc Pupetum vocant, et est in colle arte hominum facto magna excelsitudine et inaudita compositione, civitatique superminet. Et etiam Julii Cæsaris ætate quinque ex principibus Romanorum senatoriæ dignitatis Viennam decentius exornarunt et quinque castris totidemque

---

(1) Et nunc vocatur quæ huic pyramidi adjacet planities, *Plan de l'Aiguille*.

(2) Crappum, nunc *Saint-Just*; Eumedium, *Pipet, le fort Pipet*; Sospolium seu Mons Salutis, *Mont-Salomon* ; Quiriacum seu Quirinum, *Ste-Blandine*; Pompetiacum seu Pompeiacum, Prompeciacum, *Mont-Arnaud*. *Dissertation sur l'enceinte fortifiée de Vienne*, par *Delorme*, conservateur du Musée. Vienne, 1842, in-8°.

legionibus insignitam muris a flumine usque ad flumen cingentes totius Galliæ primatem constituerunt.

Et in Narbonensi provincia Circius ventus efflat, sed Viennam non attingit paucis ante limitibus jugi modici occursu coercitus, ut libro secundo Plinius refert; quod est utile; quoniam licet eum Plinius clarissimum ventorum appellet, tamen ipsius Plinii et Gellii testimonio, non est ullo violentiæ inferior, et armatum hominem plaustrumque oneratum percellit, et secundum Favorinum, a turbine et vertigine dictus est. Et Viennam ac Lugdunum esse nobilissimas Galliarum urbes et eas præcipiti lapsu Rhodanum fluviorum nobilissimum præterfluere, libro quinto sacræ Historiæ Eusebius scribit. Et a Romanis Viennenses galli tantopere fuerunt approbati ut eos juris italici fecerint, sicut in Censibus, Paulus jureconsultus ait, et nulla tributa solvebant, sed Italorum privilegiis sub Romanorum imperio utebantur.

Et ab oriente supra Viennam, quatuor leucis, e fonte et stagno Loci Dei (1), Geria (2) fluvius oritur, et per convalles ac bonas valles Viennam fluit, et in utraque Geriæ ripa Viennenses et vicini optima prata habent. Et leviter suapte natura hic rivus fluit nisi pluvia vehementior fiat, et ad introitum Viennæ Episcopum (3) flumen recipit, et mutuo cursu per urbem ambo in Rhodanum labuntur, et prope Rhodanum supra Geriam Episcopo mixtum est pons lapideus. Lucida est Geriæ aqua et ea papyrus fit ad scribendum optima impressionisque capax, et eadem triticum tam intra quam extra urbem teritur, et pannus conficitur, ac pro cerdonibus cortices aptantur, ad bellique usum boni enses fabricantur et ab strenuis viris emuntur.

(1) Locus Dei, *Lieu-Dieu*.
(2) Geria, *la Jère ou la Gère*.
(3) *L'Ecesqua, par corruption le Vega.*

In colle juxta meridianam Geriæ ripam fuerunt in discursu ejus duo aquæductus constructi, inter se per duodecim passus distantes, quibus Geriæ aquam vel Pineti (1) fontes, Romani in urbem Viennam conducebant, pro balneis sub Pupeto factis et aliis civium necessitatibus. Hi aquæductus ad altitudinem quinque pedum et latitudinem quatuor ædificati fuerunt, et per illos simul duo homines parum inclinati incedere possent : eorum compositio ita est apta, ut aspicienti delectationem afferat. Per duos pedes cum dimidio, murus recte quadratus elevatur, et desuper circumflectitur et in fornicem conficitur; adhuc extat pars hujusce operis quam magna cura vidimus : et sub Pupeto est domus antiquissima quæ ab illis aquæductibus per canales compositis ad Canales (2) appellatur, eo quod ipsis canalibus propinqua erat et eorum exitui multum accedebat. Ab hac domo structura potente, ad Rhodanum usque unus protenditur murus, in quo sunt tres magnæ antiquitatis portæ, sine calce grossis et longis lapidibus constructæ, et in duabus sub arcu et fornice sunt tres lapides, quorum medius est aliis inferior, ac si casum minaretur, et supra illum in prima porta est grossissimum caput lapideum habens faciem hominis barbatam. In duabus primis portis sunt inscriptiones lapidibus insculptæ; sed secundæ portæ inscriptio altera dignior et elegantior est, in magno lapide marmoreo, qui civium testimonio e Pupeto in illam portam translatus est, et ex infinita antiquarum Viennæ inscriptionum multitudine hanc et quasdam alias duntaxat inseremus, reliquas omittentes ne ex eis fastidium generemus:

(1) Pinetum, *Pinet*.
(2) Palatium quod dicitur ad Canales, *le Palais ou la maison des Cannaux*. Illic ultimorum Burgundiæ regum palatium, postea civitatis Domus publica, nunc Theatrum.

D. D. FLAMINICA VIENNAE
TEGVLAS AENEAS AVRATAS
CVM CARPVSCVLIS ET
VESTITVRIS BASIVM ET SIGNA
CASTORIS ET POLLVCIS CVM EQVIS
ET SIGNA HERCVLIS ET MERCVRI (1).
D. S. D.

Conjectandum est Flaminicam fuisse uxorem praesidis Allobrogum pro Romanis, quae Viennae hoc munus egregium dedit, et in pariete ad conspectum portae Castri Pupeti harum tegularum loca apparent, et ibi sunt adhuc clavi aurati quibus hae tegulae alligabantur. Et quanta fuerit Vienna ostendunt marmora quae ibi quotidie terra extrahuntur, antraque lapidea subterranea. Et superioribus diebus in Fuscino ipsius civitatis vico, comperta est, faciendo penum, lapidum congeries longorum latorumque ac spissorum, et aliqui in longitudinem septem pedes habebant et in sui medio unus lapis erat politus, et ut dicunt revestitus, in quo sequentia verba insculpebantur:

MATRIS
AVGVSTIS
D. DIMARIVS
MESSVLVS
RESTITVIT
EX VOTO (2).

Et in eadem urbe Vienna jus universis Allobrogibus reddebatur, nam ibi praetorium erat, opus sane mirabile, pa-

(1) Litteris uncialibus haec Inscriptio extat adhuc in Magna Via, Serariorum viae obvertens, et fervidis una tantum meta male defensa rotis.

(2) Hic Lapis qui visebatur apud Sanctum Petrum, tempore Chorerii, nunc asservatur in Musaeo.

tens ex omni latere, solo remanente tribunalis loco undique clauso, et ex omni parte prætorii tectum magnis columnis, tribus pedibus inter se distantibus sustinebatur : idemque tectum erat magna lapidum congeries, et grossiores extra alios eminebant; basim autem grossissimi lapides conficiebant. Simile Nemausi vidimus prætorium quod Basilicam (1) Capitolinus nominat; et ab Adriano fuisse mirabili opere in honorem Plotinæ conditam scribit. Opera enim Plotinæ Trajani uxoris Adrianus ab eodem Trajano adoptatus ad imperium pervenerat. In ea basilica negotiationes, consilia et judicia exercebantur. Et adhuc hujusce antiquitatis vestigia in ipso prætorio Viennensi apparent, et in ædem sacram quæ nunc templum Divæ Mariæ Veteris (2) appellatur hoc opus clausis muro mediis columnarum intervallis conversum fuit. Et prope ipsum prætorium erat eleganti structura palatium in quo hodie Viennensis agri et terræ Turris duntaxat hominibus, Ballivus, ut ita dicam, jura reddit. Et in numismate Viennensis urbis, secundum Gervasium, erat inscriptum : Maxima Sedes Galliarum; et ipsa olim, inquit, carcer Imperii dicebatur, unde Pontium Pilatum a Romanis damnatum in carcere tenuit, et Herodem in ea exulantem servavit. Et nostro tempore adhuc Viennæ delinquentes acerbe puniuntur, et in justitia reddenda jus civile et pontificium ad unguem servatur.

Et in eadem urbe apud Geriam centum Dii habebant templum, quod postea divus Severus destruxit, eique ædes in hanc usque diem eo loci dedicata est. Et fuisse magnam Viennæ auctoritatem hinc probatur quod adhuc vectigalia in multis portubus Araris per Viennenses denarios et solidos solvuntur, et in pluribus aliis Galliarum lo-

---

(1) Hoc Nemausense prætorium dicitur hodie, la Maison-Carrée.
(2) Notre-Dame-de-la-Vie. Hoc vere romanum ædificium rursus et apprime conversum nunc urbis Musæum et Bibliothecam tenet.

cis Viennensium denariorum et solidorum usus remansit.

Et Viennæ est templum divi Mauricii (1) archipontificale, in quo centum viri divinis dant operam et magnos reditus habent. His præsunt, post Archiepiscopum, decanus et viginti canonici; hæc ædes Mauricia cæteras Allobrogicas antiquitate, dignitate ac structura superat. Et ipsam ædem adornat magnum archiepiscopale palatium, et antiquitate insignes canonicorum et sacerdotum domus; et sicut olim Vienna Allobrogum metropolis erat, ita Viennensis ædes Mauricia metropolis est templorum Delphinatus et Sabaudiæ, necnon vicinorum, huicque parent et suffragantur antistites Gratianopolitanus, Gebennensis, Morianus, Valentinus, Diensis atque Vivarius, et ab his ad Viennensem archiepiscopum metropolitanum appellatur, et magistratus jura appellantibus reddit. Et quia olim per Galliam in divinis magnam habebat potestatem, Primas Primatum vocabatur, et donavi Petrum Palmerium (2) archiepiscopum Viennensem numismate argenteo in quo scriptum est S. M. Vienna Galliarum Maxima (3). Et ob præclara gesta in divos duo et quadraginta primi antistites Viennenses relati fuerunt, et ad sequentium exemplar eorum statuæ, post divum Mauricii et trium ejus commilitonum effigiem, supra sedes sacerdotum in æde per ordinem depictæ fuerunt. Et in medio fere templo Mauriciano erat sacri Sepulcri sacellum, nuper pro decore inde sublatum et ad medium minoris claustri pratum translatum. Et in eodem templo est nigrum marmor, rotundum, ad quod, ut fertur, jussu Pilati Christus alligatus Hierosolymis vapulaverat : alii id marmor esse mensuram staturæ Christi commemorant.

(1) *La cathédrale de St-Maurice.*
(2) *Pierre Palmier*, *archevêque de Vienne*, *l'an* 1528.
(3) Nunc archiepiscopo suo necnon Capitulo orbata Sancti Mauritii basilica ad parochiæ statum delata est, et vix propria mole stat hoc templum, Galliarum quondam honor et decus. Lugdunensis archiepiscopus titulum Archiepiscopi Viennensis adeptus est.

In Fuscino (1) Viennæ suburbio est templum Sancti Petri (2) memorabile ex mappis super quibus die jovis sancta cum discipulis Christus cœnavit ; et in conspectu id templum habet quatuor leones marmoreos, magnæ antiquitatis indicia. Sacras quoque ædes divo Andreæ et Augustino dedicatas, necnon coetus Vestalium, et Carmelitas majorum nostrorum opus, Vienna continet.

Et Allobrogicæ viti picatæ est tantus locorum amor, secundum Plinium, libro quartodecimo, ut omnem in his gloriam suam relinquat, nec unquam transeat tota, domique est nobilis, nec agnoscenda alibi ; et locis frigidis Allobrogica vitis gelu maturescit, et colore nigro fecundæ bonitatis vice copiam præstat. Et ut idem Plinius refert, inventa est vitis per se in vino picem habens Viennensemque agrum respiciens, Arverno Sequanoque et Helvico generibus illustrata (3) ; atque hæc Virgilii vatis ætate incognita, a cujus obitu dum hæc Plinius scriberet nonaginta anni agebantur. Et in castigationibus Plinianis Hermolaus Barbarus resipientem loco recipientis aut respicientis legit. Et antiqui etiam vinum pice condiebant, quod picatum, ut post Plinium aliqui tradunt, vocabant; et libro vigesimo tertio Plinius scribit innocentius esse vinum pice sola conditum, et subjungit picem non aliud esse quam combustæ resinæ fluxum, et hoc vini genus, necnon id quod suapte natura picem resipit, picatumque appellatur, teste eodem Plinio, calefacit, concoquit, purgat, pectori ventrique est utile et vulvarum dolori, si sine febre sit, veteri rheumatismo, exulcerationi, ruptis, convulsis, nervorum infirmitati,

---

(1) Fuscinum suburbium, *faubourg de Fuissin*.

(2) Ædes Sancti Petri, *l'église de Saint-Pierre*, nunc officina æraria.

(3) Jam inventa per se in vino picem resipiens (uva) Viennensem agrum nobilitans, Arverno Sequanoque et Helvico generibus non pridem illustrata.

(C. Plinii Natur. Hist. lib. XIV.)

inflationibus, tussi, anhelationibusque, luxatis, in succida lana impositum. Et de Vienna vitifera vinaque picata ferente, sequentia carmina Martialis edidit:

> Hæc de vitifera venisse picata Vienna
> Ne dubites, misit Romulus ipse mihi (1).

Et Plinii testimonio libro quartodecimo Viennenses soli picata sua pluris permutasse inter sese amore patrio creduntur; idque vinum in frigido potu reliquis frigidius existimabatur. Et postquam in vitem Viennensem incidimus, non omittam quod Gervasius (2), regni Burgundiæ marescallus, scribit, juxta Viennam esse antistitis civitatis vineam, cujus racemos neque canis, neque porcus, neque aliud animal gustare potest: hoc Viennæ conversantes nunquam intelleximus; habet tamen archiepiscopus Viennensis vineam Seyseolam (3), quæ optimum vinum producit. Et quia Viennæ frequenter Romanorum legiones hiemabant, et ibi statio et præsidium militum erat, propterque multitudinem stare milites extra Viennam in locis contiguis et vicinis cogebantur, quædam oppidula et suburbia in Allobrogibus Viennæ proxima a nomine legionum ibi stantium denominationem acceperunt, ut Septimum (4) a septima, Decimum (5) a decima legione, quæ ibi frequenter moras

---

(1) Ex antiqua inscriptione, quæ nunc in Musæo servatur, discimus Viennæ negotiatores vinarios fuisse; et sane Romulus ille, mercator notissimus erat Valerii Martialis temporibus.

(2) Gervasius Tilberiensis, regni Arelatensis marescallus, vir studiis pro captu temporum clarus simul et militia, ad Ottonem IV, Romanorum imp., librum dedicavit quem Otia imperialia inscripsit, perinde jucunda lectione ac si vellet imperatoris lenire curas. Cæterum multa spargit ad historiam, geographiam et physicam utilia, quamvis tertium decimum sæclum redolentia. Illum inter scriptores Rerum Brunswiscensium, t. 1, pag. 945, edidit Leibnitz.

(3) Saxeolum, *Seyssuel*; reipsa usque ad ultima tempora vineas Saxeolo tenebat Viennensis archiepiscopus.

(4) Septimum, *Septême*.
(5) Decimum, *Diémoz*.

faciebant, sic Arelate Sextanorum et Narbo Decumanorum coloniæ fuerunt, ut abunde post Plinium, libro tertio, in Arausione scribemus; et forsan nedum in septimo et decimo suburbiis septimæ et decimæ legionis milites habitaverunt, sed et in ea traducti fuerunt. Quod autem Viennam Romani milites sæpe convenerint, satis e Commentariis Cæsaris et aliis qui Galliarum historiam scribunt deprehenditur. Et in agro Viennensi inter Sanctum Symphorianum (1) et Lugdunum est magna planities quæ Sanguis fusus (2) dicitur, et Rhodanum attingit. Et prope planitiei finem, versus Lugdunum, non longe ab ipso Rhodano, loco qui Magdalena appellatur, est sequens marmorea inscriptio in sepulcro antiquissimo sub ascia confecto :

A

D ET QVIETI AETERNAE
EVTYCHIANI FILI DVLCISSIMI
PIENTISSIMI ET PRVDENTISSIMI
REVERENTISSIMIQVE VERGINI M.
QVI VIXIT ANNIS XVIII. M. I. D. IIII.
ROMANVS PATER PONENDVM
CVRAVIT ET SVB ASCIA DEDI
CAVIT (3).

Prope Viennam est Repentinum, Bona familia pagus et Minuta familia, necnon Locus Dei, Excubiæ, Villa urbana, Silva benedicta, Auditus, Mons Regalis (4) quæ, ex ipso vo-

(1) Sanctus Symphorianus de Auzone, *Saint-Symphorien-d'Auzon ou d'Ozon*, ut hodie pessime scribitur.

(2) A sanguine fuso, a centum fontibus, seu a sine fundis hæc planities dicitur vulgo, *plaine de Saint-Fons ou de Sang-Fonds*.

(3) *Ceste inscription est au fauxbourg de la Cuillotiere, auprès de la Magdeleine. Paradin*, Hist. Lugd., ad voluminis calcem.

(4) Repentinum, *Reventin*; Bona familia, *Bonnefamille*; Minuta familia, *Menufamille*; Locus Dei, *Lieu-*

cabulo, multum antiquitatis denotant. Et Vienna Gebennas tendendo occurrit Burgundium (1) quod Antoninus Augustus in Itinerario Bergusiam vocat, et ab ipsa secundum eumdem Vienna viginti milliaribus distat, et sub Delphinis praetor seu major judex Viennensis et Terrae Turris, quem hodie Ballivum appellant, primo Bergusiae jus reddebat, tandem medietate civitatis Viennae ab archiepiscopo ex permutatione habita, Ludovicus undecimus, Delphinus, tribunal Viennam transtulit, ubi nunc Viennensibus et Terrae Turris incolis justitia ministratur. Turris autem oppidum est prope Guerium, et Pinea a pinu quae ibi abundabat nominatur (2); et olim familia insignis ab hac Turri cognomen accipiens ipsam possidebat. Postea ducta in uxorem Anna Delphina per Humbertum Turrem Terra Turris cum appendiciis sub Delphinis esse coepit, et deinde cum pisce delphino in insignibus Delphini Turrim depinxerunt. Supra Bergusiam est insula nobilitatis plena, quam palus instar dimidium circuli e Fabricis (3) Antonem (4) usque protensa, cum Rhodano facit, et per illam paludem Charusius (5) flumen decurrens Rhodano juxta ipsum Antonem miscetur, et quia Crimiacum (6) oppidum praestat viginti sex vicis quos haec insula includit et amplectitur, Crimiaci insula dicitur. Adhuc Bergusia Gebennas versus progrediendo est in itinere prope Guerium Augusta (7), et hujus vici Antoninus Pius in Itinerario meminit, et a colonis in eum locum per Augustum deduc-

dicu; Excubiæ, *les Ecouges*; Villa urbana, *Villeurbanne*; Silva benedicta, *Silve-Bénite*; Auditus, *Oyeu*; Mons Regalis, *Réaumont*.

(1) Bergusia seu Bergusium, in medii aevi tabulis Burgundium, hodie *Bourgoin*.

(2) Turris Pini, *La Tour-du-Pin*.
(3) Fabricæ, *Faveryes*.
(4) Anto, *Anthon*.
(5) Charusius, *le Cheruis ou Charuis*.
(6) Crimiacum, *Crémieu*.
(7) Augustum, Augusta, *Aoste*.

tis ipsa Augusta appellata est. Et ibi sunt quorumdam Romanorum sepulcra, et adhuc extant magnæ antiquitatis et ampli vici ac ambitus murorum vestigia, et quotidie terra effodiuntur numismata aurea et argentea ac ænea. Et inter multas marmoreas inscriptiones quæ adhuc ibi leguntur hanc duntaxat referam quæ est in magno sepulcro ad sacram loci ædem, in hæc verba :

    ET QVIETI AETERNAE RHODIAE
    DEFVNCTAE ANN. XXXIIII NICEPHORVS
D   CONIVGI DVLCISSIMAE QVAE MECVM   M
    VIXIT ANN. XX. M. X. D. XII. ET RHODI... NICET
    A F T.... I C P.

Hanc vero Augustam, a victoria quam eo loci Augustus habuit, incolæ nomen suscepisse divulgant, et aiunt; et licet nusquam id legerimus, tamen de hoc testis esse videtur lapis marmoreus ibi positus in quo sequentia verba litteris Romanis insculpuntur : VICTORIAE AVGVSTI, et quædam alia sequebantur verba quæ legi non possunt eoque trita sunt. Et in media inscriptione lapis nunc habet foramen, quod Domini nostri Jesu Christi crucem sustinet ; et nimirum si hunc Augusti conflictum historici nequaquam memoriæ tradiderint, quoniam multa bella silentio præterierunt, aut quia eadem ignoraverunt, aut quia levia fuerunt, ita quod ipsa scribere neglexerint. Sicut et quemdam conflictum etiam in agro Viennensi factum, prope ædem nostram Argentinam, ad convallem et prædia majorum nostrorum, in quibus adhuc rustici terram effodientes grandia ossa reperiunt, et a strage fons ibi in vineis nostris scaturiens, Chapoteium (1) loci vernaculo nomen accepit, et ut ab antiquis vicinis nostris audivimus, ibi con-

---

(1) Chapoteium, sane deductum nomen a verbo rusticano, *chapoter* : *hacher, couper, faire du bruit, se battre.*

flictum Delphinates et Sabaudi habuerunt ; et apud Sanctum Marcellinum, in planitie Bellum Visum (1) ducente finem pluribus interfectis prælium accepit ; ita quod ab illa cæde crux ibi fixa crux Moriæ appellatur, sed qui victi, quive victores aut duces extiterint, compertum non habemus.

Prope Augustam, trans Guerium, est Sanctus Genisius Augustæ (2), cujus non invenio aliam laudem quam quod ibi galli gallinacei optimi fiunt, et in diversas regiones venales portantur. E Sancto Genisio usque ad Rhodanum in septentrionem proficiscendo est convallis angusta, montibus et Rhodano inclusa, aspectu horrida, et interdum nobis in illa convalle timuimus dum Gebennis Viennam rediremus. Citra Sanctum Genisium est Pons Belli vicini (3), Allobrogum oppidum, cujus pars citerior nunc est in Delphinatu, ulterior autem in Sabaudia ; et hæ partes distinguuntur Guerio (4) flumine per medium fluente, supra quem est pons ad transeundum de una parte in alteram, et quia utriusque partis oppidani sunt vicini immo contigui ususque pontis communis erat, hoc oppidum Pons Belli vicini, id est, Boni vicini dicitur ; bellus enim est boni diminutivum. Verumtamen, quia hi vicini sunt uno amne discreti, et sub diversis principibus, Franco scilicet rege et Sabaudo duce, interdum sibi ut assolet adversantur, et tunc Pons mali non belli vicini hoc oppidum dici posset. Et de ipsius pontis supra Guerium constituti dominio, abhinc multis seculis disceptatur : nam Sabaudi omnino ad se spectare aiunt ; et pro hac re apud Carolum Sabaudiæ ducem aliquando fuimus. Et non solum Pontem Belli vicini,

(1) Bellivisus, Bellus visus, *Beauvoir*.

(2) Sanctus Genisius Augustæ, *Saint-Genis-d'Aoste, en Savoie*.

(3) Pons Belli vicini, *Pont-de-Beauvoisin*.

(4) Guerius, Guia, Guivia, *le Guyer, Guier*.

sed et Tarantasiam et multa alia Allobrogum oppida, sub variis ditionibus flumina per medium eorum fluentia constituunt. Et ultra Pontem Belli vicini est planities, postquam in montem Aquæ Belletæ (1) fit ascensus, illinc in planitiem Chamberiaco (2) subjectam, descensus. Et citra Pontem Belli vicini est Terra frigida (3), in qua propter frigiditatem nullæ vites crescunt; et ibi est monasterium Cartusiensium quod vocatur Silva Benedicta (4), quia intra silvam collocatur, et ab illo sacro Cartusiensium cœnobio ipsa silva appellatur, et per Terricum consanguineum suum anno Christi millesimo centesimo sexagesimo septimo Federicus ipsum monasterium fundavit. Et in eo est Claromontanorum sepulcrum, eam namque Terram frigidam hæc Claromontanorum familia possidet (5). Et in hac terra frigida multa sunt stagna, et Paladrutus lacus longitudine et profunditate memorabilis; eum abhinc multis seculis attingebat, Ars oppidulum, quod divino judicio, testante Alexandro tertio pontifice, ab hostibus destructum fuit, cum ipsi Silvæ Benedictæ cœnobio satis proximo noceret, et ut fertur in Paladruti partem id oppidum conversum extitit (6); verum ejus territorium cum sacello idem Alexander Silvæ Benedictæ cœnobio at-

(1) Mons Aquæ Belletæ, montagne d'Aiguebelette.

(2) Chamberiacum, Camberiacum, Cameriacum, Chambéry.

(3) Terra frigida, Terræ frigidæ, les Terres froides: sont comprises sous cette dénomination environ quarante communes situées pour la plupart dans l'arrondissement de la Tour-du-Pin.

(4) Silva Benedicta, la Chartreuse de la Silve-Bénite, commune de Vallancogne.

(5) Claromontanorum familia, la maison de Clermont ou de Clermont-Tonnerre.

(6) De hisce omnibus supradictis exposuit D. Tripier in libello cui titulus: Dissertation sur le lac de Paladru et sur la ville d'Ars, englouție par ce lac, dans l'ancienne province de Dauphiné, aujourd'hui département de l'Isère, arrondissement de la Tour-du-Pin, canton de Viricu. Grenoble, in-8, 1833.

tribuit : et Alexandro Federicus primum infestus erat, adeo quod Alexander in Franciam venit; tandem Venetiis pacem iniverunt.

Et sub Vienna, prope Rossillionem (1), non longe a Rhodani ripis, e colle descendit fons frigidissimus, et in canali nemoreo generat lapides quibus altaria ad celebrandum, more christiano, divina fiunt; hæc autem visu perpendimus domi Givreti (2), patricii hominis, cui filiam e sacro fonte levavimus.

In agro Viennensi, a Rhodano usque ad Ripas (3) vicum, est convallis, novem leucas more gallico in longitudinem et unam fere in latitudinem continens; et a Rhodano usque in Bellum Riparium (4) Delphinates hanc convallem, fructuum maxime tritici abundantia, Auream (5) vocant, et pars vallis collem attingens fertilior est, et in collibus sunt vites. Et ex fontium multitudine Orion (6), supra Vallem Auream, nascitur et eam vallem alluit, ipsoque flumine prata irrigantur triticumque conteritur, et ad alios hominum usus valet; et post sui ortum aliquo intervallo apparet, sub agris postea se occultat, inde rursus sese ostendens inter divum Rambertum (7) et Rossillionem, ad Rhodanum fluit. Et vulgi opinio est hanc vallem non esse fertilem eo anno quo Orion aqua abundat, et sterilitatem abundantia aquæ denotat. In hac convalle prolixa sunt ex utroque latere nobilium virorum domus, castra et oppidula, et supra Bellum Riparium, prope (8) Cos-

---

(1) Rossillio, *Roussillon*, *chef-lieu du canton de ce nom*.

(2) Givretum, *Givret*, *Givray*, *commune de Saint-Maurice-d'Exil*.

(3) Ripæ, *Rives*.

(4) Bellus Riparius, *Beaurepaire*.

(5) Vallis aurea, *la Valloire*.

(6) Orion, *l'Oron*, ou *l'Auron*.

(7) D. Rambertus, *Saint-Rambert* (*Drôme*).

(8) Costa, Costa S. Andreæ, *la Côte, la Côte-Saint-André*.

tam, est Penopolis (1), ex vocabulo Penorum congregatio; nam dum per Allobroges, sedatis eorum certaminibus, Annibal penus transiret, in planitie hujusmodi convallis milites penos et totum suum exercitum recensuit, et ab hac congregatione nomen loco remansit: Polis enim est congregatio et civitas, ut Penopolis Penorum congregatio dicatur. Ad finem hujusce convallis, prope Bellum Crescens (2) pagum extabat superioribus annis antiquum Romanorum ædificium, in quo lapis charactere romano sic scriptus erat :

MERCVRIO
AVG. ARTAIO
SACR.
SEX GEMINIVS
CVPITVS
EX VOTO. (3).

Et territorium huic ædificio adjacens adhuc incolæ Artaium vocant et in sacellum suæ domus proximæ Antonius Albus (4), homo patricius, patruelis noster, hunc lapidem sublato ædificio transtulit.

In Sancto Marcellino (5), agri Viennensis oppido munitissimo, est Ballivatus Viennesii et Valentinesii quem avus meus gessit. Et supra Sanctum Marcellinum, juxta Antonianos (6), est pagus Caprilianus (7) necnon

(1) Penopolis, *Penol.* Pœnus, non Penus, ut etymologiæ gratia scribit Rivallius.
(2) Bellum Crescens, *Beaucroissant.*
(3) Hanc inscriptionem sic refert Joannes a Bosco :
In Delphinatu ad ædem D. Almeti : Mercuri August. Ataio sacr. sex Geminius Cupitus ex voto.
(Viennæ Antiquitates sacræ et profanæ, p. 16.)
(4) *Antoine de Blanc.*
(5) Villa Sancti Marcellini, *Saint-Marcellin.*
(6) Sanctus Antonius (*Saint-Antoine*), inclytus quondam pagus sancti Antonii Viennensis monasterio.
(7) Pagus Caprilianus, seu Capriliæ, *Chevrières.*

vallis Argentina (1), optimum vinum pro æstate ferentes, quod est vecturæ patiens, raroque corrumpitur : ex hoc vino sæpius ad Julium secundum pontificem maximum, nostra ætate, per Isaram et Rhodanum, inde mare Africum, Romam Rodulphus (2) abbas Montis Majoris, affinis noster, mandavit. Hæc loca familia nostra habitavit, et in principio et capite convallis Argentinæ est una domus nostra, ad quam fit echo, ita expressum ut alio loco non sit melius (3). Et ex majoribus nostris aliqui Viennam coluerunt et Loci Dei imperium jurisdictionemque primogeniti possederunt, et suis sumptibus Carmelitas Viennæ, sub Pupeto, Petrus Rivallius, magnus patruus meus, fundavit et Virgini Mariæ dedicavit; et Viennæ aliquot annis militiam sub divo Mauricio militavi.

Aliorum pagorum et oppidorum agri Viennensis minutorum mentionem non faciemus, ne lectoribus tædio simus; non conticebo tamen quod inibi sunt : cœnobia sancti Theuderii (4) Bonarumque Vallium (5) ad religiosorum habitationem, Saletæ (6) etiam et Vallis Breciassi (7), ac Sanctus Joerius (8) necnon Sanctus Paulus (9) pro vestalibus monasteria, quorum authores fundatoresque aut privilegia a summis sacerdotibus ac regibus et aliis eisdem

---

(1) Vallis Argentina, *la Combe d'Argentaine*, commune de *Murinais*.

(2) Rodulphus Bonifacianus, abbas Montis Majoris : *Rodolphe de Boniface, abbé de Montmajour d'Arles*.

(3) Vide ad Appendicem.

(4) Hoc instituerat, sexto seculo, sanctus Theuderus monasterium quod deinceps Sancti Capitis nomen assumpsit, *Saint-Chef*.

(5) Bonæ Valles, *Bonnevaux*.

(6) Saletæ, Carthusia, *Salettes*, ancienne Chartreuse, commune de la Balme, canton de Crémieu.

(7) Cisterciense monasterium Vallis Breciassi (*de Val-Bressieux*), translatum illinc apud Costam.

(8) Sanctus Joerius sive Goerius, *Saint-Geoire*; ibi Ursulinarum monasterium.

(9) Cisterciense monasterium Sancto Paulo de Ysellis (*Saint-Paul-d'Izeaux*) primum erectum, et inde in Bellum Riparium translatum.

concessa silentio præterimus, quoniam in immensum hoc opus nostrum protenderetur, et cœnobia hujusmodi adeuntes istæc cognoscere poterunt.

Et in Viennensi agro sunt multa stagna et lacus ad piscium abundantiam, tritici quoque et vini ubertas castaneæque laudabiles, quibus Allobroges vescuntur, et in Salyos (1) et Parisios usque venales feruntur. Et ad nutrimentum equorum et pecudum Viennenses, sicut cæteri Allobroges, pabulo abundant. Et omne ferarum genus, tum ad esum tum ad aliam suam necessitatem habent; frequentes quoque silvas in quibus cunctis venari licet, nisi in Planesia (2) quæ principi servatur. Et hac lege in Chambaranco (3) et Bonarum Vallium silvis vitra fiunt, ut nullus præterquam nobili genere ortus hoc vas conficere possit. Nec Viennensibus boni fontes et flumina desunt; nam a stricta Heulateriano (4) usque ad Vorappii (5) fauces in Isaram complures fluvii defluunt. Sub Heulateria Furonius (6) et duo rivuli quorum unus e Murinesio alter e Messino provenit inter nostra Frandineriæ prædia decurrunt, et sub eis tandem commiscentur, paulo post rivulum Beyssinum (7) recipiunt, et communi cursu per Castam (8) transeuntes inde prope Sonnam (9) Furonium attingunt; et sub Marcellina Comena (10) ab Isara recipitur. Alter autem

(1) Salyi, Salyes, populi qui circa Aquas Sextias habitant.

(2) Item voluit D. Dalph. quod omnes et singuli barones et nobiles Dalphinatus possint imprime venari in Dalphinatu et in ipsius D. Dalphini nemoribus et forestis, exceptis forestis *de Claix* et *de Planésic*. (Statutum solemne Humberti Dalphini, quo continentur franchesiæ et privilegia Dalph. Ann. 1349.)

(3) Chambarancum, *forêt de Chambaran.*

(4) Sanctus Eleutherius, Heulatherius, *Saint-Lattier.*

(5) Vorappium, *Voreppe.*

(6) Furonius, *lo Furan.*

(7) Beyssinus, *Bessin*, nomen pagi unde rivulus ille effluit.

(8) Casta, Chasta, *Chatte.*

(9) Sonna, *la Sône.*

(10) *Torrent de Cumane.*

Furonius (1) e lacu Paladruto egreditur et fons Regalis Montis stagnum subjacens perscindit, huicque Furonio ad Ripanum (2) Pontem miscetur : inde Furonius tendit ad Isaram sub vico qui ab eo Furana dicitur. Et prope Moirencum (3) Morgia (4) in Isaram fluit. Post hanc convallem est alia versus septentrionem conversa, per quam Galabrum (5) apud Valeriam (6) in Rhodanum decurrit ; inde sequitur Convallis Aurea, Chambarancea silva media, de qua jam meminimus, et sine magno intervallo aliæ valles adjacent, ut puta Bonæ valles, per quas Geria labitur, et vallis Chatonasia (7) quam Sol fluvius irrigat, et aliæ hujusmodi ad Charusium usque. Inter Valeriam et divum Rambertum a Rhodano Bancellus (8) fluvius recipitur, et Varesias (9) juxta Albam Ripam (10), et per divum Symphorianum Auso (11) fluvius ad Rhodanum proficiscitur, et ab hoc fluviolo Sanctus Symphorianus ut ab aliis ejusdem nominis oppidis differat cognomento Ausonis appellatur. Et ut absolvamus, in agro Viennensi sunt antiquæ et potentes familiæ quarum prima est Claromontana ; et ex harum singulis volumen fieret, si originem et gesta narrare vellemus ; sed de his aliquid libris sequentibus scribemus, cum in hoc primo Allobrogum situm duntaxat enarremus. Et in hac territorii Viennensis descriptione prolixus fui, tum quod Vienna est metropolis Allobrogum, tum quia hic ager amplos limites habet,

(1) Furonius ille dicitur vulgo *Furc*, quemadmodum *Furana*.
(2) Ripanus Pons, *le Pont de Rives*.
(3) Moirencum, *Moirans*.
(4) Morgia, *la Morges*.
(5) Galaber, *le ou la Galaure*.
(6) Valeria, Sanctus Valerius, *Saint-Vallier*.
(7) Chatoniacum, Catoniacum, *Chatonay*.
(8) Bancellus, *Bancel*.
(9) Varesias, Vareysia, *la Varèse*.
(10) Alba Ripa, *Auberive*.
(11) Sanctus Symphorianus de Auzone, *Saint-Symphorien-d'Auzon ou d'Ozon*.

nam inter Isaram et Rhodanum usque ad Vorappii (1) fauces et Scalas (2) Vallemque Serram (3) ac montis Aquæ Belletæ (4) ascensum et Hyennæ (5) montes extenditur. Absolvendo agrum Viennensem, subjungam quod sub Gratianopoli, a Romanis aucta, apud divum Aprum (6) et Tullinum (7) Cheppiamque (8) et Vatileum (9) ac Chasselaium (10) et Cogninum (11) Pontemque Royanum (12) in Vocontiis, ad utramque Isaræ ripam, sunt plures marmoreæ inscriptiones quæ factæ fuerunt ab his Romanis aut Italis qui hanc regionem habitabant, et forsan aliquæ Allobrogum familiæ, ut conjecturare licet, ab eis processerunt.

Romani.

In agro Viennensi, ad Isaræ ripas, Romani (13) conditi fuerunt; sed quis hujusce oppidi author et conditor fuerit, diversi varia sentiunt, et a Romo, Allobrogis successore, id oppidum secundum Annium Manethonis interpretem nomen accepit et Romanum appellatur, et sub Vienna in discursu Rhodani Annius ipsum Romanum collocat: verumtamen hoc oppidum non attingit Rhodanum, sed non longe distat a loco in quo Rhodanus et Isara ad Cemenum montem (14) confluunt, ubi vix Romanorum militum triginta millibus, Quintus

(1) Vorappium, *Voreppe.*
(2) Scalæ, *les Echelles en Savoie.*
(3) Vallis Serra, *Vaulserre.*
(4) Mons Aquæ Belletæ, *mont d'Aiguebellette en Savoie.*
(5) Hyenna, Yenna, *Yenne.*
(6) D. Asper, *Saint-Aupre.*
(7) Tullinum, *Tullins.*
(8) Cheppia, *Champier.*
(9) Vatileum, *Vatilieu.*
(10) Chasselaium, *Chasselay.*
(11) Cogninum, *Cognin.*
(12) Pons in Royanis, *Pont-en-Royans.*
(13) Romani, villa de Romanis, *Romans.*
(14) Cemenus mons, Gebennæ montes, *les Cévennes.*

Fabius Maximus Æmilianus (1) ducenta Allobrogum et Arvernorum millia superavit. Ex quo aliqui putaverunt Romanos victores ipsum oppidum ad sui tutamen et præsidium, adversus Allobrogas, prope locum conflictus, condidisse; sicut victis Salliis Sextius Aquas Sextias sui nominis coloniam apud ipsos Sallios ad Romanorum præsidium ædificaverat: et a Romanis fuisse hoc oppidum de quo agimus conditum vocabulum certo indicat Romanum. Et in antiquis recentibusque loci documentis cum fit mentio hujus oppidi, semper effertur per hæc verba *oppidum de Romanis*, veluti *actum in oppido de Romanis*, et similia, tanquam ipsum oppidum sit de Romanis factum. Et pluraliter contra regulam Romani Romanorum, sicut in aliis quibusdam oppidorum nominibus dicimus, quum, testibus Phoca et Diomede, nomina propria elementorum, fluviorum, montium, civitatum sive urbium duntaxat singulariter declinantur; nisi civitates quæ suapte natura pluraliter efferuntur : ut Carpi, Athenæ, Puteoli, et id genus nomina, et gentis conditricis nomen in hujus oppidi vocabulum transivit et ab ipso Romanis oppido, oppidani Romanenses, sicut a Vienna Viennenses et a Carpis Carpenses dicti fuerunt. Et hosce oppidanos Calixtus papa in privilegiis archiepiscopo Viennensi datis, ac Innocentius summus sacerdos et principes in libertatibus templo divi Barnardi et ejus canonicis concessis, Romanenses vocant. Hoc etiam nomine potuit Romani oppidum appellari, quod superatis Allobrogibus in ipsum tanquam in coloniam Romani sive milites sive alii deducti fuerunt. Sic Venetos Sinum Adriaticum colentes, fuisse in coloniam deductos a Venetis qui in Gallia Belgica ad Oceanum erant, libro quarto et quinto Strabo et alii scriptum reliquerunt. Popu-

(1) Errat cum Strabone Rivallius cujus tantummodo filius fuit. qui hunc Fabium vocat Æmilianum,

lus enim romanus exuperans traduci solebat in oppida ipsi subdita, quæ posthac Romanorum coloniæ dicebantur, et nomina recipiebant interdum a traductis, ut Romani hoc Allobrogum oppidum, relicta vetere Romi regis impositione, aliquando a traducentibus. Nam authore Cornelio Tacito, libro Annalium duodecimo, Agrippina in oppidum Ubiorum, in quo genita erat, veteranos coloniamque deduci, sub Nerone, impetravit, et huic nomen a se indidit. Et sæpius nomen antiquum coloniæ retinebant: itaque servatis nominibus antiquis Narbo Decumanorum et Biterræ Septimanorum coloniæ fuerunt, ut apud Plinium, libro tertio legimus. In urbem enim romanam coloniæ non veniebant extrinsecus nec suis radicibus nitebantur, sicut Gellius libro decimo sexto refert, sed ex urbe quasi propagatæ erant, et jura institutaque omnia Populi romani non sui arbitrii habebant; et quasi Populi romani effigies parva, simulacraque esse quædam videbantur. Et ad similitudinem coloniarum, Cicero in Officiis ait, familias transferri: ut primo societas sit in ipso conjugio, proxima in liberis; deinde una domus, omnia communia, quod est principium urbis et quasi seminarium Reipublicæ. Sequuntur fratrum conjunctiones, post consobrinorum ac sobrinorum, qui cum una domo jam capi non possint in alias domos, quasi in colonias exeunt. Et coloniarum latinarum, ut Pedianus (1) tradit, duplex genus erat: unum quando e Latio novi coloni deducebantur; alterum quando veteribus colonis jus Latii dabatur, ut jus cæterarum coloniarum haberent, id est, ut petendi magistratus et civitatis romanæ jus adipiscerentur, sicut Transpadanis Pomponius Strabo (2) fecit.

(1) Asconius Pedianus, grammaticus doctissimus, qui vixit temporibus Virgilii, et reliquit Commentarios in quasdam Ciceronis orationes.
(2) Pompeius legendum; Cnæius Pompeius Strabo, Magni pater.

Et novum coloniarum jus Ludovicus undecimus Galliarum rex et delphinus invenit, cum veteres Attrebati incolas in Franciam pene mediam transtulit, et eorum loco, e reliqua regni parte, alios Attrebatum misit, quo ei fideliores essent, nomineque mutato Attrebatum Francisiam vocavit, ut a Gaguino traditur.

Et legatis Romanorum per fraudem captis, Manlio praetore magna clade affecto, sollicitatis Insubribus, Boii ad Hannibalem poenum, antequam Pyrenaeum transiret, ea praecipue causa secundum Plutarchum defecerunt, quod circa Padum, Cremonamque, paulo ante Romani colonias miserant et deduxerant; et impetu a Boiis facto, Triumviri, qui ad agrum assignandum venerant, Mutinam confugerunt, ut etiam Livius scribit. Porro hominibus eorum oppidorum in quae coloniae deducebantur, deductio gravis et damnosa erat; nam et eis pars agri auferebatur, traductisque largiebatur, quamvis in compensationem jure romano et italico aliquae coloniae uterentur. Et authore Ulpiano, jureconsulto, de Censibus, plures coloniae juris italici fuerunt, ut in Syria, Phoenice splendidissima Tyriorum colonia, et Berytensis colonia, Augusti beneficiis aucta. Et in eadem provincia Coele Laodicenae coloniae, Severus jus italicum ob belli civilis merita concessit; et in Palestina duae fuerunt coloniae Caesariensis et Aelia capitolina, sed neutra jus italicum habuit. Juris quoque italici fuisse Valentinos et Lusitanos, Burgundiones, Lugdunenses, Gallos, Viennenses quoque et Narbonenses Paulus in Censibus refert, et Antiocenses Antoninus salvis tributis colonos fecit, et Caesarienses Vespasianus, non adjecto ut juris italici essent, sed capitis tributum his remisit. Et non immerito, tam diffusam coloniarum mentionem fecimus, quoniam plura Allobrogum et vicinorum oppida Romanorum coloniae fuerunt; et per haec vocabuli notitia habebitur.

Et licet Romani antiquum sit oppidum, tamen historici et geographi veteres eorum non meminerunt, quia, habitis Allobrogibus, Viennam ipsorum metropolim Romani habitaverunt, et ædificiis et dignitatibus ornaverunt. Aliam Romanorum originem in Vita divi Barnardi (1), et quibusdam antiquis monumentis legimus. Nam cum ipse Barnardus Viennensis archiepiscopus esset, et, ut ipsi dicunt, suam diœcesim peragraret, hunc locum ubi nunc sunt Romani oppidum, in ripis Isaræ amœnum et ad cœnobii constructionem aptum invenit, eumque emit, et vepribus aliquotve arbustis ibi frequentibus extirpatis et abscisis, templum admirandi operis in eodem loco construxit et ei a Romano loci accola et venditore, vel ob ædificii, ut aiunt, sublimitatem, Romanis nomen indidit. Sexto autem nonas octobres in honorem duodecim Apostolorum, sive trium, ut ferunt, martyrum Severini, Exuperii et Feliciani, cum octo quibus præerat episcopis, idem templum sacravit, et monachos cum abbate illic collocavit, ipsamque ædem locupletem fecit. Inde aliquot annis ibidem divinis operam dedit, et eo mortuo, ac in divos relato, templum ab ipsius nomine in hanc usque diem denominationem accepit; et circa ipsum templum adeo homines ædificaverunt, ut hodie vicina Delphinatus oppida, amplitudine et aliis, Romani superent. Sed oppidi nomen a templi ædificatione abhorret, et magis vero simile esset, quod Romanum a sancto Romano, cui una ædes intra ipsum oppidum dedicata est, appellatum fuisset; sed Sanctus Romanus, sicut alia aliquot oppida, Sanctus Valerius, Sanctus Philibertus, et id genus similia, vocaretur; et magis placet judicium eorum qui hujusce oppidi fundationem et nomen Romo regi vel Romanis attribuunt.

(1) *La Vie de saint Bernard, ou Barnard, archevêque de Vienne,* par le *P. Charles Fleury-Ternal. Paris*, 1722, *in-12.*

Verumtamen ex templo in eodem oppido per Barnardum constructo, idem oppidum præstantiam et augmentum accepit, et prima fundatione angustum more vetusto erat, sicut veteres oppidi portæ et muri cum vallo testantur. Nam extant adhuc antiqua Pontis Janua et altera Cleriaci et Porta Fera in vico Soneriæ (1) integra, qua in Sanctum Nicolaum nunc itur; inde ipsum oppidum per totum circuitum ampliatum fuit, præterquam versus meridiem a quo latere Isara decurrit, et extra muros antiquos, in novo circuitu, ædificata fuerunt templa divorum Nicolai, Francisci, Fidei et Romani (2), et intra eosdem muros ad Isaræ ripas sola ædes Barnardina sita est. Palliaresium et Sanctus Romanus suburbia (3), circa annum Christi millesimum tricentesimum septuagesimum quintum, opera civium veteri oppido addita, iisdem mœniis inclusa fuere. Et in canonicos et sacerdotes Barnardini religiosi postea conversi, archiepiscopum Viennensem in abbatem habuerunt, et donis principum, cum ipso archiepiscopo abbate, jurisdictionis partem in ipso oppido possident. Et septimo calendas decembres anni Christi millesimi ducentesimi decimi quarti, Federicus secundus ecclesiæ Romanensi dedit forum, nundinas, portum et pontem, et quod in eo ponte liceret canonicis Romanensibus ex grossa bestia quatuor et duos de minori denarios recipere, et quod nullis nisi ipsis canonicis liceret in oppido Romanensi et ejus terri-

---

(1) Pontis Janua, *Porte du Pont*; Porta Cleriaci, *Porte de Clérieux*; Porta Fera, *Porte-Afaire ou Porte-Fère*; in vico Sonerii, *dans la rue de la Saunerie*.

(2) Nicolai, Francisci, Fidei et Romani, *les églises de Saint-Nicolas, des Cordeliers, de Sainte-Foi et de Saint-Romain*.

(3) Palliaresium, *Paillerey ou Ville-Neuve*; Sanctus Romanus, *Saint-Romain, faubourg*. Hoc suburbium anno millesimo quingentesimo octagesimo octavo, a *Balthazard de Flotte*, comite *de la Roche*, villæ de Romanis gubernatore, destructum fuit, quod erigendæ arci obstaret.

torio sive agro vectigal exigere. Inde hæc privilegia et dona Lugduni, Sigismundus, Innocentiusque tertius, Clemens quartus et Clemens sextus summi pontifices approbaverunt et innovaverunt. Postea Humbertum Delphinum Clemens sextus hujus oppidi participem fecit (1), et anno Christi millesimo tricentesimo quinquagesimo octavo, Carolus Delphinus, Joannis Francorum regis filius, libertates Barnardinæ ædis confirmavit. Anno inde nonagesimo, in maio, Ludovicus undecimus, Delphinus, ipsi templo Barnardino vectigal quadrigarum supra pontem transeuntium, et quædam alia permisit, et authore Yvone, Cancellario (2), aliquot Canonici Romanenses, etiam totius cœtus nomine, confessi fuerunt, biennio post, se ab ipso Ludovico Delphino tenere omnia quæ in Delphinatu et comitatu Valentino ac Diensi habebant, et pro eis fidei juramentum præstiterunt, hac lege quod erga Papam et sedem apostolicam ipse Delphinus Canonicos tueretur et indemnes servaret. Et jurisdictionis Romanensis oppidi partem et alia principum munera retinuerunt, conveneruntque quod ad Delphinum et ejus senatum, non ad Papam, appellationes ex hoc oppido devolverentur.

Et multi principes a vectigalibus Romanenses liberarunt; et Ludovicus ipse etiam oppidanis Romanensibus facultatem quatuor creandi consules donavit (3); et id privilegium Carolus Octavus anno Christi quadringentesimo nonagesimo supra millesimum approbavit; et anno Christi

---

(1) Hoc Pactum, vulgo dictum Pariagium, *Pariage*, inter Humbertum et Clementem sextum fuit confirmatum per bullam datam ann. 1344.

(2) *Yves de Scepeaux, seigneur de Landevy, chancelier du Dauphin (Louis XI)*.

(3) Errat Rivallius; non a Ludovico undecimo, sed ab Humberto Delphino, vicesima septima die februarii, anno M° trecentesimo quadragesimo secundo, hæc facultas quatuor creandi consules Romanensibus concessa fuit.

millesimo trecentesimo septuagesimo quarto, Perrotus Virodunensis (1) Romanensibus donavit domum communem ac etiam domum ubi nunc jus redditur, et in divi Francisci (2) æde est sepultus in sacello non longe a majori altari. Et versus Isaram Romani in proclivum tendunt, et sunt instar medii circuli seu lunæ crescentis ad Isaram meridiemque inclinati. Et in eminenti loco, ad principium proclivii, est mons parvus quem Montem Securum (3) vulgus appellat, et supra eum est oppidi carcer et horologium ingens (4); et ille mons magis saxum est quam montis globus. Et a templo Barnardino usque ad rivulum, sub cruce ramorum palmarum fluentem, nuper (5) erectæ fuerunt columnæ in quibus est effigies Passionis Christi, instar montis Calvarii Hierosolymitani, ubi Christum Judæi crucifixerunt. Et ad medium fere oppidum, Romanenses habent supra Isaram pontem cum turri, quo in agrum Cavarum et Valentiam et ad lævam in Vocontios itur. Et platea pulchra et quadrata, necnon hospitiis optimis Romanenses valent, et humanitatem præ se ferunt. Et in multis oppidi locis boni fontes scaturiunt, pannique mediocres fiunt, et nummus delphinalis ibi fideliter cuditur. Et est in eodem oppido Ludus litterarius, et abhinc multis seculis liberalium artium Academia, in qua tris disciplinas, grammaticam scilicet et rhetoricam ac dialecticam adhuc puer didici.

Supra Romanos, ad Isaræ ripas, in Cavarum agro, est Pisantianum (6) sive Pisansonum vicus, qui a Pisonibus romanis nomen accepit retinetque. In Allobrogibus enim

(1) *Perrot de Verdun.*
Ad textum hoc nomen addidimus quod desiderabatur.
(2) Divi Francisci ædes, *l'église des Cordeliers.*
(3) Mons Securus, *Mont-Ségur.*
(4) Vulgo dictum, *Jacquemart.*
(5) Circa ann. 1517.
(6) Pisanconum, Pisansonum, *Pisançon.*

Pisones fuerunt, et in ipsorum Allobrogum finibus Lucius Piso ab Helvetiis interemptus est, ut libro tertio scribemus. Et cis Isaram, in Allobrogibus, non longe a Romanis, extant pagi nomine Hercules et Mercurolium (1), qui ab Hercule et Mercurio nomen receperunt. Et ager Romanis oppido adjacens undique patet; et planitie situque est delectabilis, amœnus et fertilis; vinetis ita abundat, ut Gratianopolim et Delphinatus partem vino adjuvet. Romanos oppidum Savatia (2) rivulus intrat, et ab Isara recipitur. Et sub Sancto Paulo (3) Joieusa (4) torrens, sub Cleriacoque (5) Herbatia (6) fluviolus Isaræ commiscentur, et a valle Sancto Antonio proxima ipse Herbatia originem sumit, et plura incommoda Charmiis (7) et Sancti Donati (8) oppidanis necnon aliis ejus accolis imbribus auctus affert.

In agro Viennensi, supra Romanos, olim erat quoddam templum quod Mota (9) dicebatur, et cum ab Asia reliquias divi Antonii, homo patricius Delphinas, Castri Novi Albencii possessor (10), attulisset, postea ipsas reliquias eidem Motæ loco dedicavit, quas monachi aliquot diu custodiverunt. Tandem ibi devotione Christianorum in divi Antonii honorem monasterium erectum est, necnon oppidum, qui Sanctus Antonius vocatur; et ipsum cœnobium caput est cæterorum divo Antonio apud omnes Christianos dedicatorum; et Antoniani habent abbatem qui eis præest, et quotannis in Ascensione christiana ipsæ reliquiæ in supplicationibus deferuntur.

(1) Hercules, *Reculais*; Mercurolium, *Mercurol*.

(2) Savatia, *la Savasse*.

(3) Sanctus Paulus, *Saint-Paul-lès-Romans*.

(4) Joieusa, *la Joyeuse*.

(5) Cleriacum, *Clérieux*.

(6) Herbatia, *l'Herbasse*.

(7) Charmiæ, seu Calmencum, *Charmes*.

(8) S. Donatus, *Saint-Donat*, quondam vicus Jovinziacus, *Jovinzieux*.

(9) Motta, *la Motte-Saint-Didier*.

(10) *Josselin, seigneur de Château-Neuf-d'Albenc, vel l'Albenc.*

Et a Rhodani et Isaræ coitu Romani tribus fere leucis distant, a Vienna novem, a Gratianopoli undecim.

Gratianopolis.

A Vorappii faucibus, et Echallonii angustiis sursum tendendo in utraque Isaræ ripa, est vallis usque ad Dravi (1) et ipsius Isaræ congressum, qui fit contra rupem in Allobrogibus sitam ; et trajecto Dravo, necnon hujus rupis angustiis, in lævam altera vallis etiam in utraque Isaræ ripa, Chaparilianum (2) et Avalonem (3) usque, per sex leucas, vocabulo allobrogico, protenditur, et hæc posterior Graisivodanum appellatur, et in latitudinem unam leucam continet, estque prima major et latior; nam tres leucas in longitudinem et fere unam in latitudinem prima vallis habet, et instar trianguli seu brachii dextri versus septentrionem flexi sunt hæ duæ valles, supra quas in utroque latere colles et rupes imminent. Et per earum vallium medium, Isara circumflexe labitur et fluit; et a Vorappii faucibus Chaparilianum usque utraque vallis cis Isarani est in Allobrogibus. Reliqua autem pars ab ipsis Echallonii (4) angustiis usque ad Dravum in Vocontiis et a Dravo Avallonem usque in Garucellis, nunc utramque partem Delphinatus complectitur (5). Et supra alias valles, quas unquam peragraverim, tritici vinique, carnium et lactis, ac caseorum et variorum pomorum omniumque aliorum

(1) Dravus seu Dracus, *le Drac.*
(2) Chaparilianum, Caparolum, *Chapareillan.*
(3) Avalo, *Avalon.*
(4) *Le pas de l'Echallion.*
(5) Cæterum Dracus Vocontios a Garocellis dirimebat, quorum nomen superest in pago Goncelino (*Goncelin*), ad Isaram quarto a Gratianopoli lapide. Salvagnius Boessius, de septem Delphinatus miraculis, p. 93.— Apud ejusd. Miscell., Lugd. 1661, in-8°.

Hi Garocelli videntur Mauriennam vallem incoluisse.

fructuum, necnon pabuli abundantia, familiarumque nobilium multitudine Graisivodanum præstat, tam in planitie quam in collibus ; nam et colles supra se impendentes valde fertiles, maxime ab oriente habet. Et in principio hujus vallis optimæ, ad eum locum ubi Dravus et Isara coeunt, Cularona oppidum ædificata fuit. Et prius quidem, inter duas portas, more vetusto, angusta erat ; urbes enim non magnas sed locis munitas et crebras antiqui, secundum Dionysium Halicarnacenum, libro primo, fundabant. Et Cularona sive Cularo sic nomen accepit, ut credimus, quod culus et posterior ac infima Alpium pars a Galliarum latere existat, et contra Alpium medium ; aut quod in culo et extrema Galliarum parte, versus Alpes, collocata sit : sic arx seu vicus apud Nantuates, in posteriori collis longi et excelsi parte situs, Culus appellatur, ut in Nantuatibus scripsimus. Et a Trojanis Cularonam fuisse conditam est argumento una ejusdem porta ad meridiem versa, quam adhuc cives Trojanam vocant. Et non est novum quod Cularona ab Trojanis ædificata fuerit, quia aliqui Trojani in Arvernos venerunt, et propterea se dixerunt fratres Latiorum, qui etiam ab ipsis Trojanis originem duxerunt ; unde Lucanus ait :

> Arvernique ausi Latio se fingere fratres,
> Sanguine ab Iliaco populi (1).

Et Sidonius (2) de Arvernis scribit : quod audebant quondam se fratres Latio dicere, et sanguine ab Iliaco populos computare. Eundo igitur in Arverniam, recto itinere, Trojani per Allobroges ex Italia transiverunt et Cularonam in itinere ædificare potuerunt, aut ipsi Trojani Arverniam petentes, et alii Cularonam ædificantes, cum Franco Hec-

---

(1) Lucani Pharsalia, lib. I, v. 429.
(2) C. Sollii Apollinaris Sidonii liber VII, Epistola 7, Domino Papæ Græco.

toris filio in Galliam Celticam venerunt; de quo in ipso Franco scribemus. Et sicut ex Africa Venereus exul Viennam construxit, ita ex Asia Trojani in diversas regiones profugi Cularonam ædificare potuerunt, etiam quia Francus Hectoris filius Celtis dominatus est. Hæc etiam porta Trojana, Romanis suum imperium usque ad Allobroges postea ampliantibus, Romana quoque dicta est, quod per eam Romam versus iter patebat. Altera porta qua Viennam ibatur a parte Isaræ Viennensis appellabatur. Quod tamen de Trojanis scribimus ex conjectura sine authore dicimus.

Cularonam postea muris et ædificiis Diocletianus et Maximianus imperatores restauraverunt, et portarum nomina mutaverunt, ac de suis agnominibus illas vocari jusserunt, ut duabus constat inscriptionibus quarum una est, ut sequitur, in porta Trojana (1), sub carcere Delphinali :

DD. NN. IMPP. CAES. GAIVS AVREL. VALERIVS DIOCLETIANVS PP. INVICTVS AVGVSTVS ET IMP. CAESAR MARCVS AVREL. VALERIVS MAXIMIANVS PIVS FELIX INVICTVS AVG. MVRIS CVLARONENSIBVS CVM INTERIORIBVS AEDIFICIIS PROVIDENTIA SVA INSTITVTIS ADQVE PERFECTIS PORTAM ROMANAM IOVIAM VOCARI IVSSERVNT.

Altera est in porta carceri Pontificali supposita, in hæc verba :

DD. NN. IMPP. CAES. GAIVS AVREL. VALERIVS DIOCLETIANVS PP. INVICTVS AVGVSTVS ET IMP. CAESAR MARCVS AVREL. VALERIVS MAXIMIANVS PIVS FELIX INVICTVS AVG. MVRIS CVLARONENSIBVS CVM INTERIORIBVS AEDIFICIIS PROVIDENTIA SVA INSTITVTIS ADQVE PERFECTIS PORTAM VIENNENSEM HERCVLEAM VOCARI IVSSERVNT.

(1) Porta Trojana. *Porte-Treine ou Traine.*

Diocletianus enim Jovius, et Maximilianus Herculeus nominati fuerunt, sicut libro tertio scribemus, et litteris romanis hæ inscriptiones adhuc, quibusdam litteris corrosis, extant in eisdem portis, quæ fortem et elegantem structuram habent, grossisque et longis lapidibus sine calce sunt confectæ, ut liquido appareat eas Romanorum esse ædificium. Suntque eædem portæ antiquitate et pulchra lapidum congerie insignes, et in quolibet portarum latere est una turris non minoris elegantiæ et structuræ quam portæ ipsæ; et nedum muros, sed et interiora Cularonæ ædificia, hosce imperatores erexisse, inscriptiones hujusmodi antiquæ docent: et complures turres hoc oppidum in muris habebat. Tandem usque ad Isaram et in citeriori ripa apud Allobroges, ponte facto, Gratianus imperator Cularonam auxit, et eam de suo nomine Gratianopolim, id est, Gratiani civitatem appellavit. Polis enim, ut Græci docent, civitas interpretatur, et in Evangelio legitur quod exiens Jesus de finibus Tyri, venit per Sidonem ad mare Galilææ inter medios fines Decapoleos, hoc est, decem civitatum (1). Sic, teste Diodoro, libro quinto, Bysantium olim a Bysanto rege appellatum est, vel a Pausania Spartanorum rege, si Orosio et Isidoro credamus, constructum fuit, sed obsidione et expugnatione Severi totum fere eversum, et in vici formam redactum secundum Herodianum fuit; deinde id Constantinus refecit et a se Constantinopolim appellavit. Vel potest existimari Gratianum in hanc urbem coloniam deduxisse, et hoc prætextu ipsam e suo nomine Gratianopolim appellasse, quod in aliis contigit. Pons supra Isaram dat facile commercium civibus in utraque Isaræ ripa, et usque ad ipsius Isaræ et Dravi coitum, suburbia Gratianopolis in citeriore ripa protenduntur. Et hujus

---

(1) Evang. secundum Marcum, cap. VII, v. 31.

Gratianopolitanorum civitatis meminit Antoninus Pius Augustus in provinciarum Itinerario, et scribit eam esse in numero civitatum Provinciæ Viennensis. Sed id quod in ipso Itinerario de Gratianopolitanis legimus additio est, non Antonini verba, quoniam ipsius Antonini temporibus nondum hæc civitas id nomen habebat, cum Gratianus hujusce nominis author Antoninum secutus fuerit, et in antiquis Itinerarii Pii codicibus istud non comperitur, et multa alia quæ non sunt Antonini ibi addita fuere.

Et cum Rolandus, Caroli Magni nepos, Gratianopolitanos religionem Christianam negligentes obsedisset et devixisset, et ipsam legem Christianam victi Gratianopolitani suscepissent, et se Caroli imperio submisissent, in signum victoriæ ipse Carolus Magnus, Deo gratias agens, ædem divo Vincentio ad mœnia Gratianopolis trans Isaram construxit et dedicavit, in hoc vetustum morem sequendo: nam parta victoria ædes quas in bello voverant Romani faciebant; porro ædem quam bello Latino, Posthumius, dictator, Castori et Polluci vovisset, Æmilio et Cæsone Fabio consulibus, Romani habita victoria dedicaverunt; et bello Philippensi pro ultione paterna suscepto, Augustus Marti voverat ædem, quam post victoriam construxit. Et usque adeo sacra divi Vincentii ædes fuit, ipsius Caroli Magni opus, quod etiam hodie soli Delphini aut ejus vice fungentes hanc rectore carentem, absque episcopi auctoritate, donant. Tandem huic divi Vincentii templo pontificalis Mariæ Virginis ædes adjuncta est, necnon et palatium episcopale, quod etiam portam illam Herculeiam amplectitur, et ideo recentiori vocabulo nunc porta Pontificalis (1) vulgo dicitur; et propter terræ et viæ elevationem

---

(1) *Porte de l'Evêché.*

humi plus solito depressa est, et supra eam portam pontifices Gratianopolitani carcerem ædificaverunt. Itidem Delphini fecerunt supra portam Joviam.

Ædi autem Marianæ præfuerunt sequentes episcopi, Dominicus, Diogenes, Amicus, Sebastianus, Victalianus, Ciratus, Vincentius, Victor, Ursolus, Siagrius, Isicius, Clarus, Fergeolus (1), qui dum in planitie, subjecta Essono monti (2), juxta Gratianopolim, ab occidente, sub gradu ligneo, Christianam legem Gratianopolitanis doceret et enarraret, fuste saliceo quidam ex auditoribus cervicem ipsius Fergeoli percussit, et eum in terram prostravit, et proximo clibano ad coquendum panem accenso astantes ipsum immiserunt et in eo reliquerunt; et juxta Isaram supra Gratianopolim ossa ejus, instar carbonum redacta, Christiani qui tunc aderant sepulcro lapideo intulerunt, et ibi templum inde eidem construxerunt. Postmodum Veracenum (3), ædi nostræ Argentinæ proximum, hæ reliquiæ translatæ fuerunt. Et apud eas dum febre quartana laboraremus vota persolvimus, et ipsius Fergeoli ope, nos, post alios innumeros, Deus optimus maximus febre liberavit; et cum, de more incolarum, quolibet anno die Ascensionis Christianæ, hæ Fergeoli reliquiæ arcula clave clausa in supplicatione per pagum deferuntur, sua sponte, et per se, sine adjutore aut clave, arcula miraculose aperitur.

(1) Domninus, Gratianopolitanus primus episcopus, interfuit concilio Aquileiensi an. 381; Diogenius floruit circa annum 390; Vitalianus circa annum 428; Ceratus circa an. 450; Vincentius seu Viventius vivebat circa an. 470; Victor vel Victurus interfuit concilio Epaunensi an. 517; Ursolus seu Ursulus subscripsit Aurelianensi concilio an. 538; Isitius vivebat an. 602; Clarus Cabilonensi concilio interfuit an. 650; Fergeolus, *saint Ferréol ou saint Ferjus*, martyrio affectus circa an. 683.

(2) Essonus mons; hodie, *le mont Rachais, au-dessus de la Tronche*.

(3) Veracenum, *Varacieu*.

Et licet parva et exigua loci situ Gratianopolis quondam fuisset, tamen murorum ambitu turriumque munimine et rerum opulentia ac populi frequentia pollebat : sed post Fergeoli necem hostili vastitate populo orbata, et ad solum usque pene destructa est, et instar oppiduli redacta, raro cultore raroque habitatore incolebatur, sicut abunde in vita ejusdem Fergeoli legitur. Post Fergeolum, ædes pontificalis inter alios episcopos habuit Hugonem a Castro Novo (1), qui in divòs ob vitæ claritatem relatus est, et sub ejus vocabulo parochiale, ut ita dicam, templum Gratianopoli fundatum est. Huic autem divo Hugoni (2) successit secundus Hugo Cartusiensis, Brunonis socius; et longo inde temporis intervallo Franciscus Conziacus (3), qui archiepiscopatum Narbonensem, demum cardinalatum et camerariatum obtinuit. Et Joannem (4), ecclesiæ Gratianopolitanæ episcopum, Federicus decimo septimo calendarum septembris, anni Christi millesimi centesimi septuagesimi octavi, sui imperii principem appellavit, ipsumque et ecclesiam in suæ tuitionis patrocinium suscepit, atque eidem et successoribus concessit quidquid antiquo aut novo jure ipse Joannes .vel sui antecessores hactenus juste possederunt, in civitate et extra civitatem, in agris, vinetis, pascuis, pratis, silvis, aquis, portubus, viis, venationibus, piscationibus, castellis, vectigalibus, monetis, auro, argentifodinis, furnis et molendinis, universa quæque alia, et nominatim Castrum Sancti Donati, quæ ecclesia Gratianopolitana possidebat, Federicus con-

---

(1) Castrum Novum supra Isaram, *Châteauneuf-d'Isère.*

(2) Sanctus Hugo, plenus dierum, obiit anno 1132.

(3) Franciscus de Gonziaco, *de Gonzy ou de Conze*, creatur episcop. Gratianop. anno 1380.

(4) Joannes I Castenalicus, *Jean de Sassenage*, a Federico Ænobarbo bullam confirmationis regaliorum obtinuit anno 1178.

firmavit : et aureo sigillo (1) hoc privilegium communivit, idque Rutbertus , Viennensis archiepiscopus , et totius Burgundiæ regni archicancellarius, recognovit. Longe post, Petro (2) et Rodulpho (3), episcopis Gratianopolitanis, Carolus et alii principes idem privilegium approbaverunt: ab eisdem quoque principibus civitas Gratianopolitana instrumenta libertatum aureo sigillo communita in sua turri habet.

Novissimi autem præsules Gratianopolitani fuerunt Chissiaci (4) tres , et Alamandi (5) totidem a Sechilina, Sibondus videlicet, et Laurentius primus ejusdem Sibondi e fratre nepos, Laurentius quoque secundus, primi Laurentii etiam e Carolo fratre nepos, qui nostra tempestate episcopatui Gratianopolitano præsidet; et ut ei complacerem, ex amicitia in teneris annis contracta, aliquem diœcesis Gratianopolitanæ vicariatum et officialatum (6) gessi.

Et episcopatus Gratianopolitani libertates Delphini et Reges Christianissimi in parte firmas habuerunt, et adhuc Episcopus, in publicis et privatis instrumentis, princeps Gratianopolitanus appellatur ; et eo, aut abbate Sancti Antonii , seu eorum vices gerentibus juramentum pro patria deferentibus , Christianissimi reges et eorum primogeniti Delphini, cum primum Delphinatum ingrediuntur , se libertates Delphinatus servaturos Gratianopoli jurant. Et quando antistites ac nobiles necnon plebeii, tres Delphi-

---

(1) Id est, Bulla aurea.

(2) Petrus nempe de Aqua seu de Equa, qui ann. 1238 regaliorum confirmationem a Federico secundo obtinuit.

(3) Rodulphus de Chissiaco, *de Chissay ou de Chissé*, novas litteras obtinuit ab imperat. Carolo quarto, ann. 1361.

(4) Chissiaci tres: scilicet Joannes, Rodulphus et Aimo (*de Chissé*).

(5) Alamandi , *la maison des Allemans*. Sibondus Alamandi ex dominis Sichillinæ, *Sibond, Sibond, ou Sibeud Alleman de la branche de Sechilienne*, electus anno 1450; Laurentius I, circa an. 1477 ; Laurentius II , anno 1518.

(6) Vicariatus et officialatus : vicarii et judicis episcopalis munus.

natus ordines, quos Status appellant, in unum conveniunt, eis episcopus Gratianopolitanus, et si absit Sancti Antonii abbas, præest.

Et Gratianopoli Andreas Delphinus templum sancto Andreæ dedicavit, et alii Delphini cœnobium divo Francisco erexerunt, Joannesque Comenus (1) sanctæ Claræ ædes ædificavit. Sed divi Francisci templum se Alamandi Uriaticei construxisse divulgant, et ibi sepulturam habent. Horum templorum antiquissimum est cœnobium sancti Laurentii, a quo vicus unus civitatis denominationem accipit, sicut alius proximus ab Antoniana æde et anno millesimo quadringentesimo vigesimo quarto Rochonesia vicus cum templo Cordigerorum et Magdalenes fuit ab palatio episcopali ad Isaram usque muro clausus, et quadragesimo tertio inde anno suburbium Prædicatorum fuit muro circumdatum. Et in media civitate Gratianopolitana est platea, quod Mali Consilii (2) Scamnum dicitur, eo quod ibi de interficiendo quodam Præsule (3) Gratianopolitano aliquot cives Gratianopolitani aliquod inierunt consilium, quod deinde consummaverunt; et ille locus ad cædem designatus videtur, et scelestus dici potest : nam et postea Petrus Salsacus et Joannes Faynus, patricii, ibi sese interemerunt, et nuper sua culpa alius ibi occisus est.

Gratianopoli sunt feminæ eximia pulchritudine in qua eis reliquæ Allobroges mulieres cedunt, licet mediocris sint staturæ. Et a translatore Boccatii, libro primo, De Casibus Illustrium Virorum, notatur quod mulieres Æduenses, aut Ægyptiacas, vel Arabes seu Græcas habitu

---

(1) Joannes Comenus, *Jean, bâtard d'Armagnac, comte de Comminges*, gubernator Delphinatus, ann. 1469.

(2) *Place Mal - Conseil ou des Herbes*; vocabatur ante Scamnum Magni Concilii, *le Banc du Grand-Conseil.*

(3) Ille præsul Rodulphus erat de Chissiaco, *Rodolphe de Chissé.*

imitantur ; sed traductor ille non intellexit Boccatium , qui in Italas invehens mulieres, quantum ad vestes attinet, ait hanc Allobrogas , illam Æduos , istam Cyprios, aliam Ægyptios aut Græcos fingere ritu, vel Arabes, cum Italo , inquit, non sufficeret habitu incedere ; porro nullam mulierum Gratianopolitanarum mentionem facit.

Gratianopoli a Delphinis constitutus fuit Senatus, qui supremam in Delphinatu auctoritatem habet. Inibi sunt præses et auditores Ærarii (1) Delphinalis curam habentes; atque etiam exquæstor, quem Thesaurarium vocant. Et in eleganti palatio , jus per senatores Delphinatibus redditur, documentaque et Delphini monumenta, in parte ejusdem palatii , a præside et auditoribus asservantur ; et id palatium Gubernator, sive ejus vices gerens, habitat. Et exquæstor domum Delphini egregiam, cum horto contiguo, quam a Delphini thesauro, qui e patria in illa domo congregatur, vulgus Thesaurariam (2) appellat. Et abhinc paucis annis Gratianopolis pulchris domorum ædificiis decorata est. Graisivodani ballivatus (3) etiam Gratianopoli constitutus fuit. Hunc magistratum patricii aliquando habent, absque suæ nobilitatis detrimento (4), nam judicandi officium nobile est, maxime in ballivatu, qui provinciæ vicem obtinet ; et ballivus regius est magistratus supra omnes inferiores provinciæ judices. Et præturam munus judicandi officium gesserunt Romæ Æmilius Scaurus, Cornelius Sylla, Lucullus , Cæsar, Brutus quoque et complures alii viri illustres. Et prætura, sicut tribunatus et ædilitas, media dig-

(1) Præses et auditores Ærarii, *le président et les auditeurs en la chambre des Comptes.*

(2) *Successivement la Trésorerie , l'Intendance , la Préfecture.*

(3) *Bailliage de Graisivaudan.*

(4) Hunc locum correxit auctor, qui sic erat : Hunc magistratum pater meus, Guigo Rivallius, tener annis , habuit, et sine suæ nobilitatis, etc.

nitas erat, junioribusque, ut Plutarchus refert, dari solebat; inde ad consulatum et alios magistratus majores ascensus fiebat. Et juris scientiam multi viri nobiles ad judicandum professi sunt; Salvius enim Julianus, Didii Juliani imperatoris proavus, et Papinianus, Severi etiam imperatoris affinis, jureconsulti fuerunt. Infinitos nostri temporis taceo. Et Leonis Antoniique testimonio jureconsulti qui ambigua causarum facta dirimunt, suæque defensionis viribus sæpe publicis in rebus ac privatis lapsa erigunt, fatigata reparant, et non minus provident humano generi quam si præliis atque vulneribus patriam parentesque salvarent, nec solum imperio militare, idem imperatores crediderunt illos qui gladiis, clypeis et thoracibus nituntur, sed etiam jureconsultos; militant, namque, secundum eosdem imperatores, causarum patroni qui gloriosæ vocis confisi munimine laborantium spem, vitam et posteros defendunt. Et si Ciceroni credamus :

Cedant arma togæ, concedat laurea linguæ (1).

Et filius familias, jureconsultus, de quasi-castrensibus disponit sicut miles de castrensibus. Et quid est nobilius laudabiliusque ac sanctius, quam justitiam exercere, et jus suum unicuique tribuere ? Immo judicare principum munus et officium est, nam et Salomon inter duas mulieres eumdem infantem petentes, et alias sæpe judicavit. Et secundum Tranquillum Viennæ præ tribunali Vitellius, imperator Augustus, jura reddidit. Et Christianissimi reges nostri Gallici suis senatibus sæpe intersunt, et loco eorum principes, vel alios illustres viros, etiam militares, ad judicandum in qualibet provincia cum senatoribus constituunt; et ut alios omittam, Molardum et Bayardum, in

---

(1) Cedant arma togæ, concedat laurea *laudi*.

Hanc lectionem retinent meliores codices.

militia peritissimos, senatui Delphinali interfuisse regias gerendo vices sæpe vidimus. Et pro honoris cumulo et ad laboris præmium Cæsar Ægum et Roscillum, fratres Allobroges, qui equitatum in suo exercitu validum habebant, in senatum legendos curavit : et nonne ultimum judicii diem ab ipso Deo optimo maximo speramus et expectamus? Redeamus ad rem.

Sicut in ludis secularibus et cæteris theatralibus Romani supra humanos suo tempore valuerunt, ita in commemoratione vitæ Christi et Divorum Gratianopolitani aliis Allobrogibus et Gallis præstant : et aliquando hisce rebus interfui, maxime in Pentecoste anni Christi millesimi quingentesimi trigesimi quinti, et adeo Francesiæ Buateriæ (1), quæ Christi matrem imitabatur, corporis motus vocisque figura, pronunciatio et facundia complacuerunt, ut omnes in admirationem adduxerit; et ejusdem feminæ gratia ac pulchritudo eloquentiam adornabat.

Exitus Gratianopolis versus Viennam angustus est, ita quod usque ad rupem ubi Isara et Dravus concurrunt singuli carri vix duci possent, et cum prius per montem Calmum (2) transitus difficilis esset, ad collis pedem excisa rupe, hoc angustum iter Engarraudus (3) gubernator Delphinatus fecit; et ex uno latere Isara fluit, ex alio rupes pendent; post has angustias iter paulo largius est usque ad Vorappii fauces. Inde aer undique patet, et usque ad Rhodanum per Viennesium est via, sine montibus aperta. Prope Gratianopolim, ex septentrionis latere, est in Allobrogibus collis quem vulgus Calmon montem appellat, et in eo optima vina colliguntur, et a loco vina Costarum

---

(1) *Françoise Buatier.*
(2) Mons Calmus, *Chalmont.*
(3) Enguerrandus de Eudino, *Enguerrand de Heudin ou d'Eudin*, circa 1385, Delph. gubernator.

vocantur; his reliqua Allobrogica necnon alia Gallica præsertim in hieme cedunt. Residuum montis usque ad Guerii fontes non ita fertile est; illinc Chamberiacum descenditur, et in hoc medio fere monte, inter Gratianopolim et ipsum Chamberiacum, Allobrogum oppidum, Guerius fluvius oritur. Et duos fontes habet; et unus, quia perennis est, vivus dicitur, alter vero qui interdum desiccatur mortuus appellatur (1), et in occidentem per saxa supra Vorappium (2) et Chamberiacum defluunt, et apud Schalas (3) pagum conjunguntur. Et citra montem Aquæbelletæ (4) in Valle Serra (5), ad planos agros, Guerius descendit et per medium Pontis Bellivicini transit, inde inter Augustam (6) et Sanctum Genisium (7) labens ad Rhodanum suum cursum dirigit. Et inter hos duos fontes, prope eorum originem, loco aspero, primum et maximum Cartusiensium cœnobium (8), totius ordinis caput, fundatum est, et a loco qui Cartusia vocabatur religiosi in hanc usque diem Cartusienses appellantur. Et Guerius mortuus est magis proximus Gratianopoli, et vivus Chamberiaco; et quia ipse Guerius, experimentatione inter Regem Delphinum et Comitem Viridem (9) dudum facta, est Delphinatus et Sabaudiæ limes, semper Delphinates et Sabaudi contendunt, si vivus aut mortuus Guerius has regiones dividat. Et Sabaudi asserunt mortuum, Delphinates autem vivum, esse harum regionum limitem; et est magis veri-

---

(1) Guerius vivus, Guerius mortuus: *le Guiers-vif*, et *le Guiers-mort*.

(2) Vorappium, *Voreppe*.

(3) Schalæ, Scalæ, *les Echelles*.

(4) Mons Aquæbelletæ, *mont d'Aiguebellete*.

(5) Vallis Serra, *Vaulserre*.

(6) Augusta, *Aoste*.

(7) Sanctus Genisius, *Saint-Genis*.

(8) Maximum Cartusiens. cœnobium, *la Grande-Chartreuse*.

(9) Inter Regem et Comitem Viridem : *entre le dauphin Charles, depuis Charles V, et Amé VI de Savoie, surnommé le Comte Verd, en* 1355.

tati consonum, ob perpetuitatem, quod vivus regiones dividat, alias, exsiccato mortuo, limes ignoraretur, et hic non dicitur fluvius. Et caseus Cartusianus cæteris Allobrogicis, et aliis remotis, præstat. In hortis hujus cœnobii rheubarbarum crescit, quod est mirum, cum locus sit asper, sui excelsitudine frigidissimus, qui nunquam fere nive careat.

In valle Graisivodana non longe a Gratianopoli est cœnobium Sancti Francisci Paulæ (1), quod Plana appellatur, et supra, in collibus Pratum Molle (2) vestalibus dedicatum, et cis Isaram sunt Montis Floriti (3) et Ayarum (4) moniales. Supra Ayas, ad fores sacræ ædis Terratiæ (5), est lapis sic inscriptus :

MERCVRIO
AVG.
L. DIVIVS RVFVS
EX VOTO
S. L. M.

Prope Gratianopolim in Oisencum (6) tendendo est Vigilia (7), oppidum antiquum, ad optimæ vallis Uriaticæ (8) finem. Et sub Vigilia, Romanchia (9) fluviolus, ex Oisenco proveniens, inter rupeculæ angustias transit et paulo post

---

(1) *Les Minimes de la Plaine-lès-Grenoble.* Hunc Minimorum cœnobium anno 1494 erexit Laurentius Allamandus, Gratianopol. episcop., Francisci de Paulâ, cujus amicissimus erat, gratiâ.

(2) Pratum Molle, *la Chartreuse de Prémol.*

(3) Mons Floritus, *le Chapitre noble de Montfleury.*

(4) Abbatia de Ayis, *l'abbaye des Ayes, ordre de Cîteaux.*

(5) Terrassia, *la Terrasse.*

(6) Oisencum, Oisentium, *l'Oisans, pays du Dauphiné.*

(7) Vigilia, Visilia, *Vizille.*

(8) Uriaticum, *Uriage.*

(9) Romanchia, *la Romanche.*

Dravo commiscetur. In agro Vigiliano sunt lapidicinæ marmoreæ et alabastri, et inde in diversas Galliarum regiones marmor et alabastrum defertur. Et prope Alavardum (1), in eadem valle Graisivodana (2), ac etiam in Cartusia, sunt aurifodinæ et argentifodinæ, necnon ferri, sicut apud Sichilinam (3), abundantia. Et per Alavardum Breda (4) fluvius in Isaram tendit, et ad usum ferri utilis est. Gratianopoli, per vallem Graisivodanam, inde Sabaudiam ac per Montem Melianum (5), Aquam Bellam (6), Sanctum Joannem Morianæ (7), in Montem Cinesium (8) devenitur. Postea fit descensus in Italiam, per Novalesiam (9) et Segusionem (10), et duabus viis Gratianopoli Brigantium (11) itur, una breviori et arctiori per Vigiliam, Burgum Oisencii (12), Lentum (13), Gravam, Monasterium (14): altera paulo longiore, latiore tamen, per Campum aut Vigiliam, Muram, Corvum, Sanctum Bonetum, Vapincum, Caturiges, Ebredunum, Sanctum Crispinum, Sanctum Martinum (15); inde sequitur Brigantium ex quo per vicum Sesanam, Ursium, Salabertranum, Ocellum,

---

(1) Alavardum, *Allevard*.

(2) Vallis Graisivaudana, *la vallée de Graisivaudan*.

(3) Sichilina, *Sechilienne*.

(4) Breda, *le Breda*.

(5) Mons Melianus, *Mommelianum*, *Montmeillan*.

(6) Aqua Bella, *Aiguebelle*.

(7) Sanctus Joannes de Maurienna, *Saint-Jean-de-Maurienne*.

(8) Mons Cenisius, *le Mont-Cenis*.

(9) Novalesia, *Novalaise*.

(10) Segusio, Segusium, *Suse*.

(11) Brigantium, Brigantio, *Briançon*.

(12) Burgum Oisentii, *le Bourg-d'Oisans*.

(13) Lentum, *Mont-de-Lans ou de Lens*.

(14) Grava, *la Grave*; Monasterium, *lo Monestier-de-Briançon*, forsan Romanorum Stabatio.

(15) Campus, castrum de Campis, *Champ*; Mura, *la Mure*; Corvum, *Corp*; Sanctus Bonetus, *Saint-Bonnet*; Vapincum, *Gap*; Caturiges, Caturigæ, *Caorgium*, *Chorges*; Ebredunum, Eburodunum, *Embrun*; Sanctus Crispinus, *Saint-Crépin*; Sanctus Martinus in Queretria, *Saint-Martin-de-Queyrière*.

Chaumoncium (1), Segusionem, in Italiam descenditur. Et a Gratianopoli usque Sesteronem (2), primam ex hoc latere Provinciæ urbem, duplex via est : una per Campum vicum, Muram, Corvum, Sanctum Bonetum, Vapincum, Sausam (3); altera, transacto Dravo, per Vivum, Monasterium Clari Montis, Clelas, Sanctum Mauricium, Crucem Altam, Lunas, Faurias, Asperum Montem, Serrum, Misonem (4); et usque ad Crucem Altam fit ascensus, inde Sesteronem usque descensus.

Chamberiacum.

Post Chaparuliacum (5), ad vallis Graisivodanæ finem, est in Allobrogibus alia vallis, primum tendens in lævam et occidentem per duas leucas, inde in dextram et septentrionem Gebennas usque flectitur, et duodecim leucis hæc secunda pars perficitur. Et altissimis montibus hujusmodi vallis integra utrinque circumdatur, et etiam est instar trianguli, et brachii sinistri versus septentrionem flexi; et in cubito hujusmodi vallis sunt Crotæ montesque Aquebelletæ et Spinæ (6), et in posterioris

(1) Sesana, Cesana, *Sezanne, Cezanne*; Ursium, Ultium, *Oulx*; Salabertranus, *Salabertrand*; Ocellum, *Exilles*; Chaumoncium, *Chaumont*.

(2) Segustero, Sestero, villa Sistarici, *Sisteron*.

(3) Sausa, Salsa, *la Saulce*.

(4) Vivum, *Vif*; Monasterium Clarimontis, *le Monestier-de-Clermont*; Claelæ, Clelæ, *Clelles*; Sanctus Mauritius, *Saint-Maurice-Lalley ou en Trièves*; Crux Alta, la Croix-Haute, *commune de Lus-la-Croix-Haute (Drôme)*; Lunæ, *Lours*; Fauriæ, *les Fauries*; Castrum de Aspero Monte, *Aspremont*; Serrum, *Serre*; Castrum Misonis, *Mizon*.

(5) Chaparolum, Caparolum, Chaparuliacum, *Chapareillans*.

(6) Crotæ, *la Crotte*; montes Aquæbelletæ et Spinæ, *montagnes d'Aiguebellete et de l'Epine*.

partis oblongum ex occasu usque ad Rhodanum sequitur mons Cattus (1) in cujus pede est lacus longitudinis trium vel quatuor leucarum et latitudinis fere unius, et a Borgeto pago qui est in sui quasi capite hic lacus Borgetus (2) vocatur, et ad Castilionem (3) castrum citra Rhodanum per aliquod intervallum desinit; et lacus Borgetus abundat Lavaretis (4), optimis piscibus, qui non sunt halecibus recentibus magnitudine et bonitate ac sapore dissimiles, et alio loco quam in Borgeto lacu non reperiuntur; et vinetorum triticique pomorum et pirorum ac cæterorum omnium fructuum hæc vallis ferax est, et per primam vallis partem decurrit Lissias fluviolus (5), qui ab aquis e montibus ad septentrionem versis defluentibus incrementum accipit. Principium hujus vallis Isaram attingit, et finis Rhodanum. Et ad Isaram ipsam, in vallis capite, est Mons Melianus, castrum forte ac superbum Sabaudiæ ducis, supra rupem undique scissam; et in circuitu rupis est oppidum, et citra ipsum Montem Melianum est cœnobium Observantium divæ Mariæ dedicatum, quod Amianum (6) vocatur : et ibi vota solvimus pro Laurentio filio nostro divæ Mariæ, cujus ope eumdem, sex hebdomadas duntaxat agentes, Jesus Christus a morte liberavit. Et prope finem primæ partis hujusce vallis, ad principium alterius partis, in anfractu est Chamberiacum, Allobrogum oppidum, recta fere linea contra Gratianopolim monte Cartusiano medio; et per eum montem est rectus, et difficilis, ac brevis quinque leucarum e Gratianopoli Chamberiacum usque transitus. Per vallem autem Graisivodani, e Gratianopoli ad oppidum Chamberiacum,

---

(1) Mons Cattus, *le mont du Chat.*.

(2) Borgetus, *le Bourget*; lacus Borgetus, *le lac du Bourget.*

(3) Castillio, *Châtillon-de-Chautagne, sur le lac du Bourget.*

(4) Lavaretis, *Lavarets.*

(5) Lissia, Lessa, *Leysse*, fluviolus aut potius torrens.

(6) *Le couvent des Cordeliers de l'Observance, de Myans.*

est iter circumflexum et obliquum; et sicut altero prolixius octo leucas continens, ita facilius et planius. Et olim supra Chamberiacum, in colle erat vicus Lemincum nomine (1), et Chamberiaci nulla tunc mentio habebatur; et in Itinere a Mediolano per Alpes Graias Viennam tendendo, Lemincum oppidulum a Pio Antonino collocatur. Et ut Leminci situs deprehendatur, hujus itineris oppida et vicos ex eodem Pio subjungam et sunt hæc: Novaria, Vercellæ, Eporædia, Vitricium, Augusta Prætoria, Arebrigium, Bergintrum (is pagus hodie, corrupto vocabulo, Belentrum appellatur), Tarantasia (2), Obilunum, Ad Publicanos, Mantala, quæ nunc Miolanum aut Mons Melianus vocatur, Lemincum, Labisco, Augusta, Bergusia, Vienna. Et adhuc in ipso colle, supra Chamberiacum, extat cœnobium sive templum quod partem nominis antiqui retinet, et Lementium hodie vocatur. Hujus autem templi, quod Prioratum (3) appellant, fundatio antiqua refertur. Nam anno Christi quingentesimo quadragesimo sexto Anselmus, cœnobii Athanatensis Lugdunensis abbas, nutu divino, misit duos ex suis religiosis Ancelinum et Goffridum habitatum collem Lemencum inhabitabilem, et eremum inter magnos montes positum; et hi religiosi cœnobium ibi ædificaverunt quod adhuc extat. Et anno Christi millesimo ducentesimo quadragesimo seu quinquagesimo tertio, Innocentius papa secundus, fugiens imperatorem Federicum, Ecclesiæ persecutorem, itinere fessus, in ipso Lemenci prioratu quievit, et eum indulgentiis, ut dicunt, spiritualibusque donis et privilegiis ditavit. E colle autem, ubi Lemincum vicus erat, solo templo relicto, in planum homines ad sui facilio-

---

(1) Lemencum, Lemnicum, Lemnico, *Lemenc.*

(2) Tarantasia; legendum Darantasia, ut in Itinerario.

(3) *Le Prieuré de Lemenc.*

rem usum descenderunt, et oppidum quod Chamberiacum appellatur ibi construxerunt.

Ex Chamberiaco in agrum Viennensem transitus est difficilis, per Crotas et Schalas, arctissimum locum, Aquambelletamque montem, ubi est lacus; et per ipsas Crotas et Schalas, Franciscus, Gallorum rex christianissimus, eundo Chamberiacum ad Christi Sudarium transivit (1), et ob transitus difficultatem, ab homine valido et magnæ staturæ, loci accola, aliquo itineris intervallo vectus est. Et Chamberiacium agrum a Viennesio, mons e Vorappii faucibus ad Rhodanum usque protensus dividit. Chamberiacum munitum est vallo, muris, et populi multitudine; et est adornatum eleganti ducum Sabaudiæ palatio, templisque sancti Joannis Hierosolymitani, Leudegarii, Antonii, Francisci, Dominici et divæ Claræ, aliorum quoque. Et in palatii sacello est venerandum linteum, quo Christus, dum sepulturæ traderetur, involutus fuit, et in eo corporis Christi vulnerumque ejus vestigia remanserunt. Quotannis christiani innumeri, postera die Crucis Maiæ, ibi vota persolvunt, et ex remotis locis veniunt; et tunc id linteum ostenditur, et vulgo Sanctum Sudarium (2) vocatur. Ipsum vidimus, quando Guilhermo Goffierio, Franciæ admirato (3), intra ipsum sacellum ostendebatur, et alias, dum pro contentione castri Chivronis inter Carolum Sabaudiæ ducem et quosdam Sabaudos patricios Chamberiaci agerem, mihi et quibusdam senatoribus Pedemontanis et viris inclitis, jussu ejusdem ducis, januis clausis, ostensum est. Chamberiaci est senatus, qui, sub duce, universis Sabaudis jus dicit, et ærarium ac documenta Sabaudiæ ducum, et

---

(1) Anno 1516.

(2) Sanctum Sudarium seu Pannus Sanctæ Sindonis (*le Saint-Suaire*), Camberiaco Taurinum translat. an. 1578.

(3) *Guillaume Gouffier, seigneur de Bonnivet, amiral de France.*

qui illis præsunt magistri rationales appellantur. Chamberiacum fontibus et puteis abundat, et per ipsum oppidum Albana (1) rivulus ex aspero monte ad ejus purgationem et alios usus decurrit, et eo oppidi vallum expleri potest. Liessiaque (2) flumen, juxta Chamberiacum defluens, post ipsum oppidum ex septentrione Albanam recipit, inde in lacum Borgetum se condit, postea lacum egressus, sub Seycello (3) Rhodano commiscetur. Et in septembri anni Christi millesimi quingentesimi trigesimi, hi fluvioli pluvia biduana usque eo aucti fuerunt, ut Chamberiacum pene submerserint. Et tunc apud universos quasi Allobroges et Cavaros sive Valentinos diluvium fluit, et aquarum inundatione Flamingi Oceanum attingentes postea laboraverunt, ac Roma fere periit.

Ultra Chamberiacum per unam leucam tendendo Gebennas, est Civaro vicus, ex quo ad Ciceronem Plancus scripsit, quod adversus Antonium ex Allobrogibus cum exercitu Romano in Salyos iverat; sed cum nuntiatum eidem esset quod Lepidus se cum Antonio conjunxisset, dedit operam ut celeriter se reciperet, et pridie nonas junias cis Isaram copias trajecit, pontesque quos fecerat interrupit, ut spatium ad se colligendum homines haberent, et ut interea cum Bruto collega se ad triduum conjungeret. Et secundum Vollaterranum, Civaro hodie Vivario seu Vivarium appellatur, et ita hunc vicum incolæ nominant (4). Et quod hic vicus, ex quo ad Ciceronem Plancus scripsit, in Allobrogibus, supra Chamberiacum

---

(1) Albana, *l'Albane.*
(2) Liessia, *Leysse.*
(3) Scisselum, *Seyssel.*
(4) M. Tull. Ciceron. Epist. ad Fam. lib. X, Epist. 23. Cularone ex finibus Allobrogum. Vulgo edi solebat Civarone, sed optimorum editorum judicio legendum est Cularone.

Civaro, Sabaudiæ castellum, postea Cpædunum, nunc *Chevron*, *Chivron*.

esset, verba Epistolæ denotant, quia Brutus, ut in ea legitur, per Alpes Penninas ex Italia illuc se conferebat, sicut libro tertio scribemus, neque de Vivario in ulteriori Rhodani ripa sito, præmissa intelligi possunt, quia non est in Allobrogibus, et longe ab Isara distat. In eo vico de quo agimus extant aliquæ antiquitatis reliquiæ, scilicet complures romanæ inscriptiones et magnæ structuræ ædificium omnino præter basim ruptum; et ni fallor, templum Romanorum erat, et est prope Christianam vici ædem. Supra Vivarium, fere per unam leucam, est oppidulum quod, ab aquis ibi in magna quantitate tam frigidis quam calidis scaturientibus, Aquæ (1) vocatur: et ibi sunt tria balnea illustria, quibus ægri homines sanantur et bene valentes conservantur. Romani, dum Allobroges et residuum Galliarum tenerent, hoc oppidum celebraverunt, maxime propter balnea, quibus summopere oblectabantur. Et quod se Romani balneis delectarent, hinc patet quod thermas Romæ Nero et Antoninus Bassianus (2) Alexanderque fecerunt. Et tam publice quam privatim in Italia et Gallia, cæteris quoque provinciis suis, Romani balnea ædificaverunt; et ubi suapte natura aquæ calidæ erant, Thermæ dicebantur; Balnea autem appellabantur, cum igne calefiebant: et olim conducebantur; et de his apud jureconsultos multa in Digestorum libris leguntur.

Aquæ autem balneorum Aquensium suapte natura sunt calidæ. Intra Aquas oppidum, erat prætorium mirabilis compositionis, sine calce laminibus ferreis colligatum, ubi incolis et totius regionis hominibus Romanorum judices et prætores jus reddebant; et a parte solis ortus apertum, in reliquis vero lateribus clausum erat, et ædificium hu-

---

(1) Aquæ, Aquæ Gratianæ, *Aix-les-Bains*.

(2) M. Aurel. Antoninus Bassianus Heliogabalus.

jusmodi grossissimi lapides adornabant, et tectum basi largius, magna lapidum congeries instar cristæ erat; hodie pars est castri domini loci. Prope id prætorium, adhuc est arcus triumphalis integer, in cujus fronte est inscriptio longa litteris romanis, quæ ob antiquitatem præter quædam verba legi non potest. Sub illa inscriptione trilineari sunt hæc verba grossioribus litteris:

POMPEIVS CAMPANVS,

per quæ constat Campanum fuisse illius arcus authorem et conditorem, ob aliquam victoriam forte apud Allobroges habitam (1). Frons hujusce arcus ad prætorii portam conversa est, et occasum respicit, et circa hunc arcum ætas recens ædificavit, ita quod in parte occultatur. Aquis tot sunt Romanorum inscriptiones, ut nulla ipsius oppidi domus aut ædificium illis careat; et quingentas referre inane esset, cum longe plures restarent, ita quod de eis volumen fieret: ex quibus patet Romanos hunc locum frequenter habitasse; et dum aliquas digniores hic inserere optaremus, tanta earum multitudo occurrit, ut delectus mihi datus non fuerit, et propterea nullas excerpsi, et malui omnes silere quam paucas scribere, ne omissis injuriam inferrem. Et Aquense solum abundat grossissimis lapidibus, quibus Romani ibi ædificia et monumenta construxerunt. Id solum pinguedine et fertilitate supra cætera illius vallis loca valet. Et aquæ hujus oppidi calidæ prosunt ad lavamen pannorum et barbarum tonsuram, et panium pinsuram, absque alia calefactione.

(1) Ex inscriptione integra relata a S. Guichenon, in Histor. Sabaud., p. 31, constat illum arcum fuisse L. Campani et ejus familiæ sepulcrum.

In templo Aquensi est multum ligni crucis in qua Christus positus fuit. Et a sacra Divi Hugonis, Gratianopolitani antistitis, interdictione et jussu, Aquis serpentes quemque non læserunt, cum prius multa detrimenta incolis afferrent; et hujus rei periculum fecimus, passim enim pueri ibi serpentes capiunt et in os digitum immittunt colloque alligant, sine sui jactura, ut sæpe vidimus. Sursum tendendo per tres leucas occurrit Romiliacum (1) oppidulum loci situ munitum; et ibi supra Cherium (2) flumen, est pons lapideus, ob sui brevitatem fortis; et superioribus annis dum Carolus dux (3) illac transiret, incendio fere totum oppidum consumptum fuit. Et in colle Romiliaco proximo ad occidentem est optimum Chastagniæ vinetum, et ex hoc latere, Romiliacum est ultimum ducatus Sabaudiæ oppidum; et ab eo duabus leucis distat Amnicium (4) primum comitatus Gebennensis oppidum, et ab amne ipsum cingente et alluente Amnicium dicitur, quoniam e lacu fere Amnicium attingente Tertius (5) fluit, et per medium Amnicium decurrit in Rhodanum, et usque ad territorium Gebennarum hic comitatus protenditur.

Et sub Aquis oppido, ad montis Catti pedem, est lacus Borgetus de quo jam meminimus, et paulo ante finem ejusdem lacus, in ripis ipsius et montis Catti pede, est Altacumba (6) cœnobium, comitum et ducum Sabaudiæ sepulcrum. Inde post montem Cattum, in utraque Rhodani ripa, Seycellum collocatur; majorem tamen sui partem trans fluvium habet, et Seycello per utramque Rhodani ripam Gebennas itur; et ambabus viis fit transitus per Clausæ (7) angustias, quæ sunt tam in citeriori quam ul-

(1) Rumilliacum, *Rumilly.*
(2) *Le Cheran.*
(3) Carolus tertius, ann. 1514.
(4) Amnicium, Annecium, Anneciacum, *Annecy.*
(5) Tertius, *le Thiou, le canal de Tiou.*
(6) Altacumba, *Haute-Combe.*
(7) Clusæ, *Cluses.*

teriori Rhodani ripa. Sed angustiæ citerioris ripæ sunt currus capaces, et aliis ulterioris ripæ latiores; et Seycello, per iter a citeriori Rhodani ripa remotum, etiam Gebennas pervenitur; sed sicut cæteris longius, ita latius est. Supra comitatum Gebennensem, est ad orientem Baronia, ut ita dixerim, Fausciniaci, continens in longitudinem versus septentrionem octo leucas, et in latitudinem duas. Et in ipsa Baronia sunt undecim principes pagi, quos vulgus Mandamenta (1) appellat, scilicet : Faucigniacum, unde Baronia nomen assumpsit, et Clusa, Bonavilla, Bonæ, Castellum Credentiarum, Samoynum, Salanchiæ, Passium, Mons Joyet, Flumetum, Chastilio (2). Et in Bonavilla jus redditur, et ad Anniciensem judicem appellatur, et quilibet pagus plures amplectitur parochias. Et a Confleto (3) Eugena (4) una leuca distat, et Flumetum tribus, a Flumeto autem Megeva (5) una leuca, Megeva a Salanchia una, Salanchia a Bonavilla quatuor, Bonavilla a Gebennis totidem, et Eugena Megevaque Flumeti sunt portiones. In hac triangula Allobrogum valle sunt multæ nobiles familiæ.

(1) Mandamentum : districtus, territorium, jurisdictio, passim in Delphinatus Sabaudiæque tabulis. (*Mandement*).

(2) *Bonneville, Bonne, Châtelot-de-Crédoz, Samoëns, Sallanches, Passy, Mont-Joye, Flumet, Châtillon.*

(3) Confletum, *Conflans.*
(4) Eugena, *la Giettaz.*
(5) Megeva, *Mégève.*

Tarantasia et Musterium.

A Monte Meliano oppido sursum proficiscendo, in utraque Isaræ ripa, usque ad ipsius Isaræ fontes, est vallis obliqua, et citerior ripa usque ad montem Columnæ Jovis (1) est in Allobrogibus, ulterior vero post Moriennam, in Centronibus et Graiis Alpibus, de quibus hoc libro scribemus. Et supra Montem Melianum in Allobrogibus, est forte castrum Miolani et vallis ejusdem nominis, quam familia Miolana (2) potens et antiqua possidet, et, occisa apud Bicoquam, prope Mediolanum in Italia, Jacobo Miolano, familia remansit in Claudia, Philiberta, Antonia et Magdalena, ipsius Jacobi sororibus. Inde ascendendo sequitur Confletum pagus, supra rupem positus, qui a Monte Meliano quinque leucis distat, et sub eo Arlius (3) flumen ex Megeva et Flumeto, Fausciniensium vicis, proveniens Doronem (4) rivum a Belloforti recipit, inde modico intervallo Isaræ commiscetur. Post Confletum ad dextram est in vallem Tarantasiæ ingressus, et usque ad Columnam Jovis seu parvum Sancti Bernardi montem, per decem leucas inter colles in septentrionem protenditur. Colles sunt ab oriente versus Moriennam, et ab occidente versus Fausciniacos. Et per vallis medium Isara defluit, et in medio fere ipsius vallis est Musterium civitas, regionis caput. Et ultra Confletum ad dextram, per quinque leucas in eadem valle Bossius fluvius, Isaræ quasi æqualis, ex Centronibus in ipsam Isaram decurrit. Et su-

---

(1) Mons Columnæ Jovis, *le Petit Saint-Bernard.*

(2) *La maison de Miolans, éteinte en la personne de Jacques de Mio-*lans, *tué à la journée de la Bicoque en* 1523.

(3) *L'Arly.*

(4) *Le Doron.*

pra hujusmodi Isaræ et Bossii confluxum, est ipsa civitas quam Antoninus Pius in suo Itinerario Tarantasiam (1) vocat, et per illam Isara fluit; in Allobrogibus tamen melior civitatis pars collocata est, et archipræsularis ædes, divo Petro dedicata. Et in ripis Isaræ ab oriente supra Musterium minimo intervallo, est vicus Salinarum (2) nomine, a sale quod ibi in fontibus extrahitur; et inter Confletum et Musterium in Isaræ ripis sunt hæc oppidula sive vici: Rupes et Briansonium, Aqua blanchia, et supra Musterium usque ad Columnam Jovis, Aymo, Belentium quod Pius in Itinerario Bergintium appellat, Burgus Sancti Mauricii, Sextus, et Sanctus Germanus (3); et intra colles sunt plures et exigui vici et rusticorum domicilia, qui in civitatem et oppida supra commemorata ad necessaria et jus habendum descendunt. Et per illam vallem a Confleto est difficilis aditus, cum sit angusta; ex latere tamen Moriennæ per collem Columbæ et montem Clueti, et ex latere Fausciniaci a Confleti in sinistram per Bellumforte et colles patet major ad ipsam vallem ingressus. Hæc vallis agros habet fertiles, et bonis vineis abundat; sed vinum omnibus Tarantasianis non sufficit, ita quod rustici raro vinum bibunt. Et secundum Blondum (4), in Illustratione Italiæ, citra Jovis Columnam est vallis Tarantasiæ Allobrogum, et eam vallem, ait, Isara amnis excipit. Porro a Musterio sive Tarantasia per vallem et ripas Isaræ, sursum aliquo itineris spatio tenditur; inde duplex est via, una ad lævam per quam ad Columnam Jovis seu

(1) Legendum ut in Itinerario Darantasiam, quæ nunc est *Moutiers-en-Tarantaise*.

(2) *Salins, près de Moutiers, sur le Thoron*.

(3) *Rognex, Briançon, Aigueblanche, Aime ou Aixme*; Bellentrum, Bergintrum, *Bellentre, Bourg-Maurice, Séez, Saint-Germain*.

(4) Flavius Blondus, seu Flavio Biondo, Italiæ illustratæ lib. VIII. Romæ, 1474, in-f°.

Parvum Sanctum Bernardum fit ascensus, postea illinc Augustam Prætoriam descenditur. Per alteram autem viam et vallem angustam ad dextram et orientem versus proficiscendo fontes ipsius Isaræ petuntur, et teste Ptolemæo (1) Isaræ fontes sunt in Adula monte, et post sui ortum decurrit per pratum quod a loci situ Rotundum appellatur. Inde extremas ipsius prati angustias Isara egressa defluit in vallem, quæ ab eo vallis Isaræ vulgo dicitur, et Musterium usque Isara ex utraque sui parte duos et triginta rivulos a sui origine recipit. Et ex hoc latere Allobrogum finis est in ipsis Isaræ fontibus, et usque ad Alpes Graias Allobroges extenduntur, sicut in hæc verba Ausonius docet:

Insinuant qua se Sequanis Allobroges oris,
Excluduntque Italos Alpina cacumina fines.

Et Durione ad Cemenum montem Isara et Rhodanus in unum confluunt, ut Strabo author est (2); sed apud Quintianum Isaram in Rhodanum fluere Boccatius refert. Verum neque Durio neque Quintianus hodie extant, et ideo sicut ex his Isaræ et Rhodani coitus incertus esset, ita clarum est quod supra Valentiam Cavarum, paulo infra Tinctum (3), Allobrogum oppidum, Rhodanus et Isara commiscentur; et ipsos Allobroges cingunt. Et a Strabone (4) hoc flumen Isaris vocatur, sed Isara nomen magis est in usu; et de ipso ita Lucanus canit:

---

(1) Male allegatur Ptolemæus, cujus verba restituimus: « Ab Alpibus ad meridianam Viennæ civitatis partem fluunt Isara et Druentia fluvii. » Et reipsa oritur Isara in Centronicis Alpibus et non in Adula monte, lo

Saint-Gothard, en Suisse.
(2) Hunc Strabonis locum omnino permiscuit Rivallius.
(3) Tinctum, Tain.
(4) A Strabone Isara vocatur, Ισαρ, Ισαρος.

Hi vada liquerunt Isaræ, qui gurgite ductus
Per tam multa suo, famæ majoris in amnem
Lapsus, ad æquoreas nomen non pertulit undas (1).

Et in Epistola ad Ciceronem Plancus scribit Isaram esse maximum flumen in finibus Allobrogum. Inter hanc vallem Tarantasianam Miolanamque, ex uno latere, et Gebennas, extremum Allobrogum oppidum ejusque vallem, usque ad Veragros et Chamberiacum protensam ex altero latere, sunt montes et colles altissimi invii, convalles habentes, quorum posteriorem et occidentalem partem fortissimi homines habitant, maxime Fauscinienses, qui sunt magis Gebennis proximi et supra ipsas Gebennas collocati. Et Tarantasia sive Musterio versus Gebennas fit transitus per Confletum et Stamedei collem, vel locum proximum magis planum, Aniciumque, et hac via inter se hæ duæ civitates quindecim leucis distant. Et Musterio itur etiam per Confletum versus Eugenam, Flumetum, Megevam et Salanchiam, Fausciniensium oppidula, et ab Augusta Prætoria Musterium duodeviginti leucis distat. Et Morianenses anteriorem partem collis Tarantasiæ ad orientem conversi possident.

Gebenna, extremum Allobrogum oppidum.

In principio Lemanni lacus, eo loco ubi Rhodanus ipsum locum egreditur, supra collem a parte lacus proclivum Gebenna sita est; et tota quidem in Allobrogibus collocatur, inter eumdem lacum et Ararim (2) fluvium, qui paulo sub Gebennis Rhodano com-

(1) Pharsalia, lib. I, v. 398. (2) Legendum Arvam, *l'Arve*.

miscetur, et a Fauciniaco descendit. Et olim Helvetios ab Allobrogibus lacus Lemannus et Rhodanus dividebant. Et authore Cæsare in Commentariis Gebenna extremum Allobrogum oppidum erat, proximumque Helvetiorum finibus, et ex eo oppido pons ad Helvetios pertinebat, et ad caput lacus supra Rhodanum erat. Et dum suos fines relinquere et in agrum Sanctonum (1) Helvetii per Allobroges proficisci vellent, eum pontem, Cæsar pro Romanis contra eos in hac provincia constitutus, scindi jussit, ne per ipsum Helvetii transirent. Et loco illius pontis lapidei deinde ligneum Gebennenses posuerunt; et quod primus lapideus esset, saxa ab eo Rhodani loco nostra tempestate extracta et inscripta docuerunt, nam e ruina pontis vetusti erant. Et ad medium pontem ligneum hodie extat turris lapidea ad facinorosorum custodiam. Et Allobroges hoc oppidum Gebennam, non ut Cæsar, Genevam vocant; et quia Geneva magis oppidanorum vernaculo applaudebat, Cæsar exterus ex oppidanorum et aliorum Allobrogum vernaculo vocabulum latinum fecit, prout in aliis contingit alienigenis qui propria locorum vocabula ignorant. Et hanc urbem Gaguinus Gebanam appellat; sed non multum Gaguino crediderim, quoniam incuriose et satis depravate urbium nomina refert. Aliqui Gebennam a Gebano fuisse conditam existimant, sequentes hoc epigramma quo Gebennarum situs etiam enarratur:

> Est locus Allobrogum, prisci dixere Gebennas,
> Quem lacus exornat cristallo clarior omni;
> Atque intermedio scindens purissimus amnis
> Rhodanus et torrens Araris montesque Lemanni,
> Cæsar in Helvetios tendens populosque rebelles
> Romanis, urbem hanc coluit pontemque recidit.

(1) Santones, *les habitants de la Saintonge*.

Condidit hanc Gebanus postquam Numantia cessit,
Hispanusque suo Gebano de nomine dixit.

Aliqui ferunt hoc carmen esse Frontii, qui urbium epigrammata scripsit. Et Gebana Gaguini vocabulum Gebano fundatori convenit. Sunt etiam montes Gebennæ nomine, de quibus Lucanus in hæc verba meminit :

.... Cana pendentes rupe Gebennas.

Et secundum Cæsarem, septimo Commentariorum libro, Gebenna est mons (1) qui Arvernos ab Helviis discludit. Sed hunc montem Plinius, libro tertio, pro limite Narbonensis provinciæ a septentrionis latere constituit, unde forsan ab illo monte urbs ipsa nomen accepit. Nam et Sulpitius Lucani interpres ait in hoc monte esse ejusdem nominis civitatem ; et Pomponius Mela tradit Galliam Lemanno lacu et Gebennicis montibus esse in duo latera divisam, atque altero Thuscum Pelagus attingere, altero Oceanum, hinc a Varo, illinc a Rheno ad Pyrenæum usque protendi ; et, si Tranquillo credimus, a Cæsare fuit subacta Gallia quæ saltu Pyrenæo Alpibusque et monte Gebenna, fluminibus Rheno et Rhodano continetur. Et situ loci Gebenna civitas amœnissima est, et planitiem magnam ex omni latere, tam ultra quam citra lacum et Rhodanum, inter montes utrinque protensos habet, et eam clarissimam ac nominatissimam fuisse Allobrogum civitatem, magnitudineque et pulchritudine etiam frequentia civium celeberrimam, et totius Allobrogum sive Sabaudorum provinciæ emporium Bergomensis (2) tradit; sed nundinis sibi sublatis, et per Gallicos reges Lugdunum translatis,

---

(1) Apud Cæsarem legitur mons Cebenna, *les Cévennes*.

(2) Bergomensis. Jacobus Philippus Bergomensis.

ipsa Gebenna magnum detrimentum accepit. Gebennis sunt complures marmoreæ et romanæ inscriptiones, et præclaræ ædes sacræ; harum maxima est pontificalis divo Petro consecrata. Et urbis imperium episcopus habet, et princeps illius vocatur, et ab eo Viennensis antistes metropolitanus appellatur. Et in quibusdam ad Itinerarium Pii additionibus legimus hanc civitatem esse de numero civitatum provinciæ Viennensis.

Et, ut libro secundo scribemus, a Lemanno Celtarum rege, qui longe post Allobrogem regnavit, Lemannus lacus nomen accepit, et prope Gebennas angustus est, inde magis ampliatus in longitudinem valde protenditur; et cæteris nedum Allobrogicis, verum aliis Gallicis lacubus, tum magnitudine tum piscium abundantia præstat. Ex Germania et Helvetiis merces supra Lemannum lacum Gebennas vehuntur. Hunc lacum Strabo, libro quarto, Palemenam (1), forsan a vico ejusdem nominis proximo, vocat, et per eum efferri Rhodanum ait. Et non longe ab Istri Rhenique fontibus Rhodanus surgit, ut in Hannibale Plutarchus tradit, et octingentis, inquit, prope emensis stadiis se in lacum Lemannum condit, indeque egressus se in occidentem vertit, et Gallias aliquandiu dirimit, Ararisque et aliorum fluminum accessione non mediocriter auctus tandem inter Volcas et Cavaros pluribus capitibus in mare influit. Et Livius, primum bellum Punicum et Hannibalis per Gallias transitum scribens, ait pluribus ostiis Rhodanum amnem divisum in mare decurrere. Et authore Polybio, libro tertio, Rhodanus tribus fontibus supra intimum maris Adriatici sinum surgit, deinde Lemanno lacu acceptus tenet impetum seque per medium iter agens egreditur et inde in occidentem ablatus aliquan-

---

(1) Πελάμενα. Latinis, Lemannus lacus.

diu Gallias dirimit, post cursu versus meridiem adducto in mare Sardum defluit. Et secundum Pomponium Melam, Lemanno lacu acceptus impetum tenet, seque per eum integer agens, quantus venit egreditur. Et teste Marcellino libro quindecimo, a Penninis Alpibus effusiore fontium copia Rhodanus fluit, et proclivi impetu ad planiora degrediens, proprio agmine ripas occultat, et sese ingurgitat paludi Lemanno, eamque intermeans, nusquam aquis miscetur externis : sed altrinsecus summitates undæ præterlabens segnioris, exitus quæritans, viam sibi impetu veloci molitur. Unde sine jactura rerum per Sabaudiam fertur et Sequanos ; longeque progressus, Viennam latere sinistro et Lugdunum dextro perstringit : et Ararim, quem Sagonam (1) appellant, recipit, et aquis auctus abunde vehit grandissimas naves, ventorum flatu jactari frequenter assuetas, et inter valles quas ei natura præscripsit, finitus per patulum sinum quem Ad Gradus vocant, ab Arelate octavo decimo ferme lapide disparatum, tandem spumeus mari Gallico conjungitur. Compertum habeo quod paulo supra Arelatem, per septem leucas ante sui in mare ingressum, Rhodanus in duas partes fere æquales partitur, et sic divisus longo inter se quatuor leucarum intervallo ipsum mare intrat : in hoc medio spatio est ager tritici feracissimus. Et in ripis citerioris partis Rhodani, ex latere provinciæ, Arelate sita est, supra quam est Campus lapideus (2), septem leucas in latitudinem fere Salonem (3) usque continens. Et, ut Strabo libro quarto scribit, tantus tamque impetuosus super Alpes Rhodanus fertur ut, per magnum ingressus lacum, ad multa stadia manifestum cursum ostendat. In planos deinde Allobrogum et

---

(1) Sagona vel Sauconna, *la Saône*.
(2) Campus lapideus ille vulgo dicitur *la Crau*, *plaine de la Crau*.
(3) Salonem, *Salon*.

Segusianorum agros descendens., penes Lugdunensem ipsorum Segusianorum urbem, Ararim inflat recipitque, et superans Viennam defertur : et quia Arar Dubim assumit, tribus his fluviis evenit, ut initio in aquilonem, dehinc in occidentem perferantur; postremo in unum amnem confluentes, retento nomine Rhodani, in austrum iterum curvati, aliis fluminibus receptis, reliquum cursum in mare perficiunt. Libro autem sexto vix Strabo credit, quod Rhodanus per lacum Lemannum diffluens adeo permaneat, ut manifestam oculis excursionem servet. Cæterum, inquit, id quidem exiguum intervallum est, nec undas agitante lacu et inundationes ibi non fiunt quanto minus ergo in Alphei fluento ait, credendum est quod longo cursu integrum per mare in alveum victum incidat. Et secundum Plinium, libro secundo, nec a miraculis aquarum natura cessat; quædam enim dulces aquæ inter se supermeant alias : ut in Fuscino lacu invectus amnis, in Lario Addua, in Verbano Ticinus, in Benaco Mincius, in Sevino Ollius, in Lemanno Rhodanus; et suas tantum nec largiores quam intulere aquas evehunt. Et Plinii ejusdem testimonio, libro tertio, a Rhoda Rhodiorum oppido, in agro Volcarum sito, Rhodanus dictus est, et multo aliorum fluviorum Galliarum, ait, fertilissimus, ex Alpibus se rapiens per Lemannum lacum, segnem defert Ararim, nec minores seipso torrentes Isaram et Druentiam. Et de Rhodano et Arari ita Lucanus scribit :

. . . . . Qua Rhodanus raptum velocibus undis
In mare fert Ararim.

Et in alio loco :.

. . . . Rhodanumque morantem
Præcipitavit Arar.

Et in tribus primis Europæ fluminibus Varro Rhodanum

ponit, per quod, referente Gellio, libro decimo, videtur eum facere Istro æmulum. Lucius Florus Rhodanum appellat impigrum fluminum; et libro quinto sacræ Historiæ, Eusebius, nobilissimum fluviorum. Et Ligurinus (1) ita de eo meminit :

Maximus Allobrogum Rhodanus dominator aquarum.

Et, si Gervasio credamus, flatum aqua sui levitate mota excitat; unde juxta Rhodani fluenta flatus emergunt et homines generantur ventosi, inanes, inconstantes et in promissis suis valde mentientes; qualis enim aer, talis secundum eum est in humano corpore dispositio. Et permultam navigationem adversam, et magnis oneribus, ad multas regiones Rhodanus, teste Strabone, habet, quia qui in eum intrant fluvii, cum onustis quoque navibus, navigabiles sunt; Dubim enim et Ararim ac Isaram navigabiles accipit. Et a Fossis Marianis (2), aliis quoque locis inferioribus, sal, nostra ætate, supra Rhodanum Seycellum usque vehitur, et supra Isaram ac Ararim in diversas Allobrogum et aliorum hominum regiones portatur, sub tributo quidem regis nostri, partim Valentinensium, partim Viennensium ac Lugdunensium industria et expensis. Et in medio spatio, inter Rhodanum et Isaram Lemannumque lacum, sub Veragris Graiisque Alpibus, Allobroges collocati sunt; et in ipsum Rhodanum plures fluvioli ex Allobrogibus per agrum Gebennensem decurrunt : Araris (3) enim ex Fausciniensibus paulo sub Gebennis, et modico

---

(1) Ligurinus non est poetæ sed poematis nomen de Gestis imp. Friderici primi; cui Ligur. ab auctore Gunthero nomen inditum, quod Liguriæ et Insubrium bella contineat. (Lib. V, vers. 281.)

(2) Fossæ Marianæ, *la Fosse-Mariane, ou les Fosses-de-Marius* : canalis seu fossa ad ostium Rhodani, C. Marii opere et nomine.

(3) Araris, id est, Arva.

intervallo Ussias (1) supra Seycellum, Rhodano commiscentur. Et lacum Amnicii Tirtius (2), agri Gebennensis flumen, ingreditur, et exiens Amnicium alluit, et Cherius (3) paulo infra fluit et Romiliacum attingit, et juxta oppidum Lorvaicum Firtius (4) et Cherius conjunguntur, et paribus cursibus, retento Firtii nomine, in Rhodanum modico intervallo sub Seycello defluunt.

Trans lacum Lemannum et flumen Rhodanum, est planities et ager fertilis sub ducis Sabaudi principatu : ab illo certe loco et Rhodano nunc, et abhinc multis seculis, Helvetii sex et triginta fere milliaribus distant, nam eos in Alpes Carolus Magnus conjecerat. Supra hanc planitiem mons Jura pendet et Sequanis attribuitur, et in eo est venerandum divi Claudii corpus, apud quod, sicut alii ex omni Christianitatis regione, vota persolvimus; et ibi etiam ante divi Claudii obitum erant sancti Eugendi reliquiæ; et religiosorum cœnobium et qui huic præest abbas monasterii sancti Eugendi Jurensis, retento nomine antiquo, appellatur. Et quia per multa milliaria lacus Lemannus extenditur, Veragrorum fines attingit, et in eorumdem finibus ipse lacus Rhodanum recipit, et Gebennis per Allobroges et lacus Lemanni ripas ad Veragros itur. Et in eo spatio sunt oppidula Tonetum et Rappaliæ (5), ab Amedeo primo Sabaudiæ duce ad secessum et hominum consortia fugiendum ædificatæ. Et hoc iter sicut arctius et difficilius est quam alterum per ulteriores lacus Lemanni ripas, ita longe brevius : utraque via in Sanctum Mauricium Chablesiorum (6) seu Veragrorum oppidum, ad ipsius divi Mauricii visendas reliquias, Christiani proficiscuntur; et de Veragris sive Valesiis hoc libro scribemus. Inter Geben-

(1) *La rivière des Usses.*
(2) *Le Thioux.*
(3) *Le Cheran.*
(4) *Le Fier.*
(5) *Thonon et Ripaille.*
(6) *St-Maurice-en-Valais.*

nam, extremum Allobrogum oppidum, et Viennam, ipsorum Allobrogum metropolim, rectiore via sunt decem et octo leucæ; et a Gebennis Chamberiacum duodecim leucis distat, Augusta Prætoria sex et viginti, Octodurus seu Sanctus Mauricius Chablesii (1) quatuordecim; per hoc oppidum et Alpem Penninam Gebennis Augustam Prætoriam itur. Hæc sunt insigniora Allobrogum oppida, alia autem minuta quæ infinita sunt tacemus, quia ex eis volumen fieret, cum nullus sit tam parvus tamque exiguus locus cui Deus optimus maximus aliquid peculiare non dederit; verum sequimur geographos qui insigniora oppida et urbes solas digniores descripserunt. Ad civitates autem populorum qui aut Allobrogibus confederati, aut sub eorum ditione erant, transeamus.

Cavæ et Valentia.

Initio a Massilia capto et ducto per medium agrum inter Alpes et Rhodanum cursu usque ad Druentiam amnem per stadia quingenta, Sallies (2), Strabonis testimonio, incolunt hisque in locis et campestria et montana habitant. Ubi autem navigio ad oppidum Cabalionem trajeceris, tota deinceps regio Carorum est, usque ad Isaris et Rhodani coïtiones, ita quod ipsa Druentia a meridie, et Isara a septentrione sunt Carorum limites; ab occidente vero habent Rhodanum qui ipsas Isaram et Druentiam longo inter se intervallo recipit; ab oriente autem Vocontii et Tricastrini eosdem Caros attingunt. His itaque tribus fluviis et Vocontiis et Tricastrinis Cari includuntur, et diversis nominibus appellantur: nam eos Plinius, libro tertio, vocat Cavas; Ptolemæus autem et

---

(1) Octodurus, potius Martigny.   Salyes; Florum, Salyi; Plin., Salluvii.
(2) Sallies: apud Strabonem Σαλυες,

in Hannibale Plutarchus (1) Cavaros, et per Cavarorum syncopam Strabo libro quarto hos populos Caros nominat (2). Et Cavæ aut Cavaræ vel Cari dicti fuerunt, quod hæc eorum regio, inter Vocontiorum montes et Rhodanum Cemenumque montem, instar caveæ collocata est, vel a cavernis Cabalionis vocantur. Agrum tamen, Rhodani et Isaræ conjunctioni próximum, Ptolemæus Segalaunis attribuit. Alii et melius Segalaunos, contra Valentiam, trans Rhodanum constituunt. Et secundum Strabonem fertile pabulum hæc Cavarum planities ministrat, et oves ibi pascentes melius vellus quam in Salyis habent. Et inter Druentiam et Isaram, alii ex Alpibus quinque amnes in Rhodanum per Cavas seu Cavaros fluunt : duo quidem Carorum et Varorum (3) oppida circumfluentes, communibus in Rhodanum cursibus irrumpunt. Tertius vero Surgas (4) ad urbem Vindalium (5) Rhodano commiscetur. De aliis autem postea scribemus, quia Strabo eos non nominat. Et in hoc medio Carorum seu Cavarum spatio, sunt urbes: Avenio, Arausio et Aeria (6), ut idem Strabo tradit, necnon et Valentia a qua initium faciemus, quoniam Allobrogibus de quibus hoc opus conficimus proximior est, et ipsos a Valentia modico intervallo Isara disjungit. In agro igitur Cavarum Valentia, teste Plinio, libro tertio, sita est, in ripa scilicet Rhodani, et supra eam per duo milliaria Isara et Rhodanus in unum confluunt. Et, si Annio super Manethonem credamus, a Romo, Celtarum rege, qui

(1) Annibalis Vita non est Plutarchi, sed cujusdam Itali Donati Acciajuoli.

(2) Caros nominat. Nequaquam ; apud Strabonem legitur Καουαρους.

(3) Strabonis græcum suo modo in latinum vertit Rivallius, et ut in græco Καουαρῶν καὶ Ουαρων, ita Carorum et Varorum scribit.

(4) Surgas, melius Sulgas, *la Sorgue*.

(5) Urbs Vindalium, Vindalum, cujus incertus est situs ad Rhodani et Sulgæ confluentem.

(6) *Avignon, Orange et Aeria*, civitas quæ jamdudum quæritur.

post Allobrogem inter humanos agebat, Valentia condita fuit, et prius Roma dicebatur, inde per interpretationem Valentiæ nomen habuit, ut idem Annius refert. Nec nova est hujusmodi interpretatio, nam, et secundum Fabium Pictorem, Roma, Itali filia, construxit Romam oppidum quod Valentiam, inquit, sonat, et post Romæ obitum id oppidum neglectum fuit, usque ad eventum Evandri, qui cum oppido simul nomen restituit; et ideo Solinus tradit Romæ vocabulum primo fuisse ab Evandro datum, cum ibi oppidum offendisset, quod antea exstructum Valentiam Latina juventus dixerat, servataque significatione nominis prius impositi, Ῥώμη (1) græce Valentia nominabatur. Siquidem Græci ῥώμην robur appellant, ea propter Romam esse aut fortitudinis nomen apud Græcos, aut sublimitatis secundum Hebræos, Hieronymus contra Jovinianum scribit; et per interpretationem Romus valens robustusque, et Valens Romus, Romaque Valentia, et Valentia Roma appellantur. Si a Roma, Itali filia, vel Romulo Roma nomen acceperit, e Livio et Halicarnasseo, aliis quoque Romanam historiam scribentibus, deprehenditur: vel forsan devictis ad coitum Isaræ et Rhodani, sub Fabio Maximo, Allobrogibus et Arvernis Romani victores hanc Romam, id est, Valentiam Cavarum, sicut et Romanos ad sui præsidium ædificaverunt; sed Romana, non Roma, sicut Romani oppidum a Romanis ædificatoribus, nominaretur, nisi ipsam Valentiam, ad similitudinem eorum urbis, ipsi Romani constructores Romam appellassent; sed sicut hujusmodi fundatio dubia est, ita certissimum existit aliquos ex ipsis Romanis victoribus, post conflictum supra commemoratum, vel pòstea, ad inhabitandum ipsam Valentiam, tanquam colonos deductos.

---

(1) Ῥώμη, robur.

fuisse : nam et Ptolemæus Valentiam Cavarum esse coloniam asserit, et Valentiam ab imperatore Valentiniano fuisse conditam, aliqui nominis similitudinem sequentes putaverunt; sed ante Valentinianum, Ptolemæi et Plinii testimonio, Valentia extabat, cum hi Valentinianum præcesserint, et Valentiæ meminerint. Verumtamen sub imperio suo, sicut universas Gallias, Valentinianus hanc urbem tenuit, et propterea non negarim quin Valentiam restaurare potuerit, quoniam et eam coluit, ut hinc patet, quod Justina ejus uxor apud Valentiam sepulta est; et adhuc stat ejus marmoreum sepulcrum ad Delphini hospitium (1) translatum, cùm hac inscriptione charactere romano :

D. IVSTINA. M.

Et dolo Arbogasti Viennæ Allobrogum, non longe a Valentia, Valentinianus secundus, ab ipsa Justina ex primo Valentiniano susceptus, strangulatus fuit; ex quo apparet, quod et Valentinianus Justinæ maritus, et Valentinianus filius Viennæ jugulatus hanc regionem habitaverint. Prope Valentiam, a meridie est collis modicus sub quo scaturiunt fontes Faventii (2), et ab illis Valentiam antiquitus Faventiam fuisse appellatam aliqui annales antiquos ci-

---

(1) Ædes privatæ Delphini civis habent ex uno lapide tumulum, usus fontanos exhibentem; qui olim dicitur fuisse ethnicæ cujusdam imperatricis. In eo præter sequentia nihil leges :

D. IVSTINA. M.

Forte, Diva Justina Mater (vel, Diis Manibus).

Tomba postquam aperta, ostendit speciosam feminam, aures perforatas habentem, a singulis pensiles annulos, ornatos erano et smaragdo : ejus pedibus crater crystallinus, capiti lampas vitrea adstitit : quamprimum autem aer tumbam introivit, cadaver in pulverem abiit.

(Abrah. Golnitz Itinerarium, ex ed. Elzevir, p. 413.)

Hujus inscriptionis formula nullo modo imperatrici christianæ convenire potest Justinæ.

(2) Faventii, *Faventines*.

tantes crediderunt. Ita enim refert Simon Messes, officialis, ut aiunt, Valentinus, in oratione quam habuit ad Sigismundum imperatorem, dum Valentiæ transiret (1), et in Hispaniam ad Benedictum decimum tertium proficisceretur. Id etiam legitur in quodam opusculo quod Antoniani asservant, et *De calamitatibus Principum* inscribitur; author ejus incertus est. In eodem quoque traditur Cursolum gigantem Cemenum montem habitasse, et eam partem extra Rhodanum quæ Valentiam respicit Cursolium (2) de suo nomine appellasse, aliquando etiam Rhodanum trajecisse, et ad Faventiam castra posuisse. Apud authorem receptum, non memini legisse quod Valentia unquam Faventia appellaretur. De hoc gigante, quem alii Briardum vocant, secundo libro scribemus.

Et secundum Ammianum Marcellinum libro quindecimo, inter primas Viennensis provinciæ civitates Valentia connumeratur; et in provincia Viennensi Antoninus Augustus Valentinorum civitatem etiam collocat. Et prius in excelso loco, supra Rhodanum, tota Valentia posita erat, inde usque ad Rhodanum per descensum incrementum accepit. Hæc civitas habet vallum, et bina mœnia, quorum prima et interiora sunt aliis altiora et fortiora. A Gothis, anno Christi quadringentesimo decimo quinto, hæc Valentia Galliarum civitas capta fuit, si Sigeberto credamus; et forsan Carolo Martello regnante istud contigit, sed error esset in tempore, quia longe post annum Christi quadringentesimum decimum quintum Martellus regnavit (3). Intra hanc civitatem est palatium comitis Valentini, necnon domus episcopalis, non multum inter se distantes; et complures ædes sacræ : ex his maxima ponti-

(1) Circa an. 1416.
(2) Cursolium, Crusolium, *Crus-sol*.

(3) Non ad Sigebertum, sed omnino ad Rivallium pertinet hoc commentarium.

ficalis est divo Apollinari consecrata. Et nono calendas decembres anni Incarnationis Christi millesimi centesimi quinquagesimi septimi, Federicus primus, Bisontii (1), attestatus est progenitores suos, Reges et Augustos, Valentinam ecclesiam sublimasse, et quam largissimis beneficiis ditasse, beate, inquit, considerantes eam incongrue *Valentiam* appellari, nisi, ex munificentiæ beneficiis et prærogativa dignitatis, eam plurimum *valere* constaret: et Oddoni episcopo Valentino, et successoribus, concessit civitatem Valentinam, et quidquid continebatur infra et extra ejus ambitum, videlicet comitatum, et templa monasteriaque, forum, duella, Monetam, vectigalia, castra, villas, vicos, areas, servos, ancillas, decimas, silvas, venationes, molas, molendina, aquas, campos, prata, pascua et commune forum agentium et sustinentium causas, Alexianum, Montem Lagerium, Balmam, Liberonem, Aureolum, montem Veneris, Alexium, Saonem, villam Finciacium, Castellum Novum, Castrum Montillii (2), cum jurisdictione in his pagis et toto episcopatu; et decrevit ne ab Isara usque ad Montillii Castrum, et a Castro Cristæ Sadionem (3) usque, in ipso episcopatu Valentino quispiam vectigal accipere præsumeret. Anno inde quadragesimo septimo imp., Philippus dedit Humberto (4) episcopo Valentino et eccle-

(1) Bisontium, Vesontio, *Besançon*.

(2) Alexianum, *Alixan*; Mons Lagerius, Montilium Lagerium, *Montéléger*; Balma, *la Baume-Cornillanne*; Libero, Castrum Liberonis, *Livron*; Aureolum, *Loriol*; Mons Veneris, *Montvendre*; Alexium, Aleusia, *Allex*; C. Saonis, *Saou*; villa Finciacium, *Fiancey*, *Fiançaye*; Castellum Novum, *Châteauneuf-d'Isère*; Castrum Montillii, Montilisium, *Montélier*.

(3) Castrum Cristæ, Crista, Crista Arnaudorum, Crestum, *Crest-Arnaud*, *Crest*; Sadio, C. Soyonis, *Soyons* (*Ardèche*); C. Montilii, Montilium Adhemaris, *le Montcil-Adhémar*, *Montélimart*.

(4) Humbertus de Mirabello, *Humbert de Mirabel*, évêque de *Valence*.

siæ suæ Pellafollum, Coperium, Augustodunum (1), et quod apud Valentiam vel Liberonem acciperet in onere cujuslibet equi, sive muli per terram, vel aquam deportato duodecim denarios ; et in onere asini sex, nisi sal aut ferrum, vel quid hujusmodi asino veheretur, ut tunc quatuor denarii tantum exigerentur. Federicus secundus largitus est Guilhelmo, Valentino electo (2), Miramandam (3), Bastiam Confleticam, Bastiam Gonianam et in his ac in propriis totius episcopatus primam jurisdictionem in aliis appellationis et negligentiæ aut vitii inferiorem cognitionem, et tertio nonas julias pontificatus sui anno decimo tertio Gregorius pontifex maximus beneficia per hosce principes ac romanos antistites et quoscumque alios ecclesiæ Valentinæ concessa approbavit : et hic fuit Gregorius nonus, sub quo et Federico Italæ civitates, teste Platina, in duas factiones primum divisæ fuerunt ; et pontifici faventes Gelphii, Federico autem adherentes Gebellini in hanc usque diem appellati fuerunt. Et tertia die augusti, anni Christi millesimi quadringentesimi decimi quinti, dum Sigismundus Valentiæ transiret in Hispaniam, ad Benedictum decimum tertium proficiscens, episcopum Valentinum et Diensem comitem suum nominavit ; et in monumentis et documentis publicis ipse episcopus adhuc comes Valentinus et Diensis appellatur.

A vectigali autem cives Valentini exempti fuerunt, dono principum, et per arbitralem sententiam ab Humberto Viennensi archiepiscopo latam, inde per transactionem cum Joanne Pictavio episcopo initam : et pro his nuper

---

(1) Pellafollum, *Pellafol* ; Augustodunum, *Autun*, *Hostun* ; Coperium, forsan *le Cope*, prope Pisancouum.

(2) Electus appellabatur, promotus ad quamdam ecclesiam, ante suam consecrationem.

(3) Miramandam, *Mirmande*.

senatus Delphinalis in possessione sententiam tulit; de proprietate autem lis est sub judice. Et Ludovico undecimo Delphino, comiti Valentino et Diensi, Ludovicus Pictavius Valentinus et Diensis episcopus fidem præstitit de tota, ut dicunt, terra ecclesiæ Valentinæ et Diensis, quam habebat in Delphinatu et comitatu Valentino et Diensi, ipsum quoque Delphinum comitem in dominum agnovit. Et octavo idus februarias anni nativitatis Christi millesimi quadringentesimi quinquagesimi sexti, Delphinus partem jurisdictionis civitatis Valentiæ et Diæ, sibi olim per Ludovicum traditum, eidem episcopo et successoribus remisit, et supremum imperium cum fide retinuit. Et vectigalia apud Valentiam vel Liberonem aut in aliis episcopi locis percipi solita et alia privilegia innovavit; et primam jurisdictionem appellationisque cognitionem eisdem in locis Præsuli concessit, ita tamen quod a judice appellationum senatus Delphinalis appellaretur. Et sub potestate antistitis Valentini et Diensis, Delphinus connumeravit Liberonem, Aureolum, Castrum Novum, Montem Veneris, Bellum Montem, Mirabellum, Bordellos, Crupias, Besodunum, Vescum, Salientem, Vecorcium, Montem Majorem, Castillionem, Podiolum, Juncherias et Vallem Dromæ (1): ecce quantum aliorum principum largitionibus detractum sit.

Valentiæ est juris civilis et pontificii liberalium quoque artium academia. Et sub Ludovico duodecimo, rege Franco, Philippus Decius jureconsultus jus civile ibi magno stipendio interpretabatur, et senatoriam dignitatem in

(1) Castrum Novum, *Châteauneuf-d'Isère*; Mons Veneris, *Montvendre*; Bellus Mons, *Beaumont*; Mirabellum, *Mirabel*; Bordelli, *Bourdeaux*; Crupiæ, *Crupie*; Besodunum, *Bezaudun*; Vaescum, *Pesc*; Saliens, Salientium, *Saillans*; Vecorcium, Vercorium, *le Vercors*; Mons Major, *Montmaur*; Castillio, *Châtillon*; Podiolum, *le Puy-Saint-Martin*; Juncheriæ, *Jonchères*; Vallis Dromæ, *Valdrôme*.

Delphinatu obtinebat; et cum in tumultu Italia esset, complures juris studiosi tunc Valentiam convenerunt. Exitus arenæ multitudine siccos Valentia habet, et valde amœna est, et ab oriente Faventiis et aliis fontibus circumdatur. In ripis Rhodani, prope urbem, est cœnobium divo Rufo (1) dedicatum, reliquorum hujusce religionis caput; et ex territorio Avenionensi, ubi primo divi Rufi reliquiæ erant, temporibus Adriani summi pontificis, ad hunc locum sacerdotes Rufii venerunt. Et ad mœnia ipsius urbis Valentinæ, ex oriente, est sacra divi Felicis ædes, sub eodem divi Rufi cœnobio fundata; et intra eam ædem sequentem marmoream inscriptionem comperimus :

<pre>
     D.   🏺   M.
               E T
       MEMORIAE AETERNAE
       PETRONI CASTI VET.
         MISSI HONESTA
        MISSIONE EX LEG.
       PRIM. MIN. EX OPTIO
       NE PROC. DVCENAR.
      ET VITALINIAE FLORAE
   CONIVGI EIVS VIVI SIBI PONEND.
         CVRAVER. ET SVB
         ASCIA DEDICA
            RVNT (2)
</pre>

(1) D. Rufus, *Saint-Ruf*, *célèbre abbaye*.

(2) Hæc verba LL. XII tabularum (rogum ascia ne polito) Petronius et Flora ejus uxor transgressi sunt; nam monumentum vivi sibi ponendum Valentiæ curaverunt, et sub ascia dedicaverunt, quod adhuc in æde divi Felicis exlat . . . . Vilissimus quisque gregarius Romanorum miles Galliam et Italiam suis inscriptionibus et sepulcris replevit, ut ille bonus Petronius, qui suo testimonio veteranus erat, et honesta missione missus, etc. (Aymari Rivallii civilis Historiæ juris lib. II.)

In agro et comitatu Valentino est cœnobium Vernesonis (1) in ripis Isaræ, sacris vestalibus dedicatum. In Cavaris etiam, ad radicem montium Vocontiorum, est oppidum Cabeolum (2), ibi summus justitiæ rigor in contractibus; et debitores, quos creditores cupiunt apprime obligari, se rigori tribunalis ejusdem oppidi submittunt. Sequitur mons Veneris, pagus sic dictus, quod ibi olim Venus colebatur; estque locus delectabilis, ut propterea sicut Paphos et Cyprus Veneri dedicatus fuerit: et ibi stant adhuc aliquæ Veneris reliquiæ, nam desponsans in eodem pago uxorem, solvit pro primo concubitu unam eyminam tritici episcopo Valentino, qui ipsum vicum sub suo dominio possidet. Et inter Cristam et Urrum (3), in comitatu Valentino, ab incolis fuit superatus Raymundus Toreneus (4), qui agros depopulabatur, et ab eo tempore locus ille conflictus campus Belli dictus est, et complures Liberonis patricii ibi occubuere.'

Stella et Vacha (5) non longe a Valentia distant, et prope Stellam est egregium Pictaviorum palatium et cujusque generis animalis vivarium. Sub eo decurrit Letron rivulus, qui pluvia auctus multos submergit, et nuper instar diluvii rapidus multa accolis damna intulit. Non longe ab Stella est locus, in citeriori Rhodani ripa, qui Insula sacrata dicitur, et nomen ab eo accepit, quod, dum pontifices maximi Avenione agerent, eum locum Rhodanus circumdabat, et insulam faciebat; et quia ingressus per illum insulæ alveum difficilis erat, ibi navis viris et mulieribus one-

(1) Cœnobium Vernesonis, ord. Cisterc.: *Fernaison, abbaye de femmes, ordre de Citeaux*.

(2) Cabeolum, *Chabeuil*.

(3) Crista, *Crest*; Urrum, *Urre*, *Eurre*; ab horreo nomen.

(4) Raymundus Toreneus (Raymond, *vicomte de Turenne*), qui bello plus quam civili Provinciam, Venascinum, necnon Valentinensem, pervastavit circ. ann. 1389 et sequent.

(5) Stella, *Etoile*; Vacha, *la Vache*.

6

rata periit, et submersis insula et alvei arena sepulcrum fuit; et illam insulam, ut aliqui senes aiunt, episcopus illac transiens sacravit, vel, ut alii loci incolæ referunt, propter inhumationem hominum ibi mortuorum, Cardinalis a Papa illuc missus hanc insulam more christiano sacravit, ex quo in hanc usque ætatem Sacrata appellatur. Et licet illum locum Rhodanus circumdare desierit, et partem occidentalem petierit, nihilominus loco nomen remansit. Post Stellam, recto itinere est Aeria, quæ, Strabone post Artemydorum referente, sic dicitur, quia in sublimi ædificata est cacumine; nunc Libero appellatur, et ejus rupem altam Droma flumen a meridie alluit, et transitus Aeriæ ad Durionem (1) nemorosas locorum angustias Strabonis tempore habebat, quo in loco ad Cemenum montem, ait, Isara et Rhodanus confluebant. Hodie Durio non extat, sed e ruinis ejus multi Turnonem fuisse constructum putant. Et apud Gervasium legimus, quod in castro Aeriæ seu Liberonis est turris pontificis Valentini excelsa, quæ nocturnum custodem non admittit; et si quis ad excubias et pernoctandum in illa turri constitutus fuerit, mane casu se in valle positum inveniet, sine timore præcipiti aut quolibet deponentis terrore, nulliusque tactum aut collusionem sentiet. Aeria distat a Valentia tribus leucis; et cum per leucas metimur, Allobrogum et aliorum Gallorum morem sequimur, sicut in Theodosio juniore Paulus diaconus testatur. Et libro quindecimo, Marcellinus tradit non millenis passibus sed leucis apud Gallos itinera metiri; et libro decimo sexto asserit decimam leucam esse unum et viginti millia passuum (2), et ita dum iter gallicum scribit leucis metitur.

(1) Nihil incertius Aeriæ et Durionis situ, et adhuc eruditi certant.

(2) . . . Quarta leuca et decima, id est unum et viginti millia passuum. (Amm. Marc. lib. XVI, c. 12.)

Trajecta Droma, modico intervallo, occurrit Aureolum (1), oppidum munitissimum, celebre hospitum diversorium, et quindecim turribus cinctum, ita quod oppidanis se defendentibus, militibus vix ingressus daretur; quod superioribus annis exploratum fuit, dum Lorgianum (2) peditatum et alium numerosum ipsi oppidani repulerunt. Et ab aureolo ave, quæ ibi frequens est, hoc oppidum denominationem accepit, usque adeo quod et ipsius oppidi hæc avis insigne est. Et in sacra Aureoli æde maxilla divi Romani Barralis dentata, ad dentium palatique et capitis, permissu divino, curationem adservatur; sicut duo sanctorum Cosmæ et Damiani ossicula oblonga, apud quæ febre ventrisque et intestinorum dolore laborantes auxilium a Deo optimo maximo sentiunt. In altiori autem oppidi parte est antiquissimum castrum, et turris solida, non minus alta quam mons Laya propinquus, et eo loci palatium domumque egregiam et carcerem fortissimum Balsacus (3), antistes Valentinus, nostra ætate ædificavit. Habent etiam Aureolenses fertile territorium, et abundant optimis fontibus; verum omnes fonti Sancti Petri ultra montem Layam posito cedunt, et quotannis calendis augusti is fons ab oppidi sacerdotibus, sale coram populo solemniter insperso, consecratur, et ad febris quartanæ remedium divo Petro dicatur, quoniam non longe ab hoc fonte stat antiquissima divi Petri ædes et illuc cum supplicationibus oppidani se conferunt, et ipsis calendis augusti facta hujusmodi consecratione in circuitu fontis, fiunt per populum comessationes, et de hujusmodi salutifera aqua bibitur. Et prope Rhodanum, sub Aureolo, est ager quidam ubi centum fontes scaturiunt. Et, ut ab-

(1) Aureolum, *Loriol*, chef-lieu de canton et gîte d'étape (*Drôme*).

(2) Lorgianus peditatus, la compagnie des gens de pied du capitaine de Lorges.

(3) *Antoine de Balzac.*

solvam, recens ætas agrum Valentinum comitatum Valentinum appellavit, quem olim Pictavii (1) tenuerunt.

Montilium Ademari.

In agro Cavarum, septem leucis sub Valentia, et quatuor sub Aureolo, est Montilium Ademari (2), recens oppidum; et non longe a Rhodano, ad radicem et extremum monticuli partem, in oblongum collocatur, et ab ipso parvo monte Montilium diminutive quasi monticulum dicitur, et supra ipsum monticulum extat castrum in oppidum versum. Et sub sua ditione, aliquando etiam ab initio constructionis, familia Ademarorum (3) hoc oppidum tenebat, et ab ipsis id oppidum Montilium Ademari vocatur, cum hac adjectione Ademari, ut a Montilio Valentino et aliis ejusdem nominis oppidis differret. Et anno Christi millesimo centesimo nonagesimo octavo, Geraldus et Lambertus Ademari oppidanos sui Montilii immunes ab omni tributo fecerunt, et hæc immunitas insculpta est marmori, quod adhuc extat in templo Sanctæ Crucis ejusdem oppidi, sub altari sacelli divi Eligii (4). Et usque adeo Ademari potentes erant, quod ex regum et aliorum principum privilegio signandi plumbo criminaque abolendi potestatem habebant, sicut apud suum Grignianum Ludovicus Ademarus vir nobilis, magnificus et potens mihi ostendit. Et in suis negotiis

(1) Pictavii, *les Poitiers, la maison de Poitiers.*

(2) Montilium Adhemari, Mons Adhemari, *le Mont d'Adhémar, le Monteil Adhémar, Montélimart.*

(3) Familia Adhemarorum, *la famille des Adhémar de Monteil,* éteinte au commencement du XVIe siècle, relevée par Gaspard de Castellane, substitué au nom et aux armes des Adhémar, et éteinte de nouveau en 1715.

(4) Et hodie apud ædes publicas Montis Adhemari.

hæc familia sigillo plumbeo utebatur, et in contractibus quos Montiliani inter se faciebant etiam adhibebatur hoc sigillum, quod in altera sui parte frequenter nomen proprium Ademari tunc dominantis habebat, et in altero latere is eques depingebatur prout in antiquis Montilii documentis vidimus. Et sexta octobris anni Christi millesimi trecentesimi quadragesimi, unam ex tribus partibus quas Girardus Ademarus in Montilio habebat, Benedicto duodecimo summo sacerdoti quatuor et viginti florenorum millibus vendidit, et penes alterum Ademarum alia Montilii pars erat, inde ad comitem Valentinum et Diensem tres Montilii partes devenerunt. Et anno Christi millesimo trecentesimo nonagesimo quinto Ludovicus Pictavius, comes Valentinus et Diensis, libertates Montilianis per Ademaros concessas confirmavit et etiam dedit. Tandem post comitatus Valentinensis et Diensis in Delphinos Francorum regum primogenitos translationem, Ludovicus undecimus, Delphinus Viennensis, comes Valentinus et Diensis, quartam Montilii partem a summo Pontifice, ex permutatione vel aliter, habuit; et cum Valentia et Dia tunc episcopi essent, jura Montilii sicut Cristæ, comitatus Valentini et Diensis, hominibus per magistratus comitis reddebantur, et hodie per senescallum et ejus vice fungentem jureconsultum: hic mos adhuc servatur, et ab his appellationes ad senatum Delphinalem feruntur.

Et quamvis Montilium Ademari sit recens oppidum, tamen muris fortibus rerumque omnium, etiam optimorum hospitiorum abundantia, soli quoque pinguedine et loci situ reliqua vicina oppida facile superat. Et ipsum Montilium Ademari Rubium fluviolus alteri mixtus (1) alluit, et supra Podium Sancti Martini (2) fontes habet. Et prope

---

(1) Rubium fluviolus alteri mixtus, le Roubion et le Jabron.

(2) Podium Sancti Martini; le Puy-St-Martin.

Montilium, Ademarorum familia Gardam, Grignianum, Marsanam (1) et alia infinita castra, pagos, oppidulaque et villas adhuc sub sua ditione habet; et ipse Ludovicus Ademarus adhuc plumbo signat, criminaque abolet ex privilegiorum familiæ reliquiis, et tres judices in sua ditione constituit, et ex ipsis tribus judicibus sola appellatio tertia ad senatum regium defertur.

Post Montilium Ademari descendendo sequitur Castrum Novum ad Rhodanum, inde Dusera (2), quorum episcopus Vivariensis est princeps; et Duseram suaque regalia et monetam, et utraque strata telluris et Rhodani fluminis vectigal, Conradus secundus donavit Wilelmo, Vivariensi episcopo, consanguineo suo, et successoribus, anno Christi millesimo centesimo quadragesimo nono, idque privilegium sigillo cereo communivit. Et ipsam Duseram pulcherrimo castro Claudius Turnonius (3), præsul Vivariensis, summe mihi amicus, nostra ætate adornavit; et id castrum commendatione non eget, se enim satis ostendit, et hic antistes supra alia virtutum officia in restauratione sui episcopatus et ampla proprii templi constructione laudandus est. Post Duseram, est oppidulum in ampla et magna planitie, et Petralata (4) dicitur, quod ibi in planitie sit una petra lata, neque circiter eam per unam leucam ulla est alia similis petra, rupes aut scopulus; et ideo lata vocatur, quasi ipsa petra sit sola in tam patentibus campis et lata planitie, vel quod etiam ipsa petra est suapte natura lata et in lata planitie; et ab oriente hæc petra sui altitudine inascensibilis est, ab occidente autem et austro

---

(1) Garda, *la Garde-Adhémar*; Grignianum, *Grignan*; Marsana, *Marsanne*.

(2) Castrum Novum ad Rhodanum, *Châteauneuf-du-Rhône*; Dusera, Dunzera, *Donzère*.

(3) *Claude de Tournon, évêque de Viviers, mort en* 1552.

(4) Petralata, *Pierrelatte*.

proclivis et ascensibilis et ad terram usque deprimitur. Et supra ipsam Petram usque ad pedem, contra occidentem et austrum, homines oppidum ædificaverunt, et muris duplicibus ascensibile et depressum petræ latus, oppidumque ibi collocatum, ad medii circuli formam cinxerunt; pars autem orientalis, satis ipsa petra inascensibili munitur. Et intra oppidum est templum elegans, totum lapideum; supra petræ autem cacumen est arx principis. Et cum, populo crescente, hoc oppidum multitudinis capax non esset, extra ipsum contigue, etiam ad occidentem et austrum oppidani ædificaverunt, ipsaque ædificia et domos aliis muris circumdederunt. Intra oppidum sunt putei, et extra mediam novi oppidi portam fons vivus et perennis ad usum potus et alia necessaria.

Planities ad Rhodanum et in Tricastrinos vergens est fertilis, grani ac vini ferax; et Berra (1) fluvio ex agro Gardæ procedente, tam ipsum oppidum quod planities irrigatur, et Petrælatæ molendina eo rivulo ad terendum frumentum volvuntur. Et ab austro est silva principis in ipsius Petrælatæ ditione; et quia undique planities circa hoc oppidum patet, Boreas ibi liberum cursum habet, et vehemens adeo est quod aliquando homines in terram prosternit. Inde occurrit Palus (2), oppidum vallo et muris satis munitum, et prope Virgo Maria, quæ a loci situ de Planis (3) appellatur, in pagulo colitur; multi ibi vota solvunt. Deinde sequitur Mons Draco (4), principum dono ad archiepiscopos Arelatenses spectans, et in portis oppidi depicta erat aquila, cujus loco nunc sunt lilia. Postea se offert Mornacum (5), prætorio romano commendabile, et Podiolenum (6), ambo

(1) Berra, *la Berre*.
(2) Palus, *la Palud* (*Vaucluse*).
(3) Virgo Maria de Planis, *Notre-Dame-des-Plans*.
(4) Mons Draco, *Mont-Dragon*.
(5) Mornatium, Mornacum, *Mornas*.
(6) Podiolenum, *Piolenc*.

satis commoda oppida, quæ Pontifici maximo parent, et comitatus Venaissini sunt portio. Et sub monte Dracone Lissius (1) flumen a Rhodano recipitur, et paulo supra montem Draconem Abolenam (2) alluit, et sub Bocheto (3), non longe a Suza Ruffa (4), alium fluviolum admittit, et Taulignano (5) progreditur, et in monte Tesseriarum oritur, et per Montem Jovem vicum decurrens, prope Deum Fecit (6) incertis ubique vadis illabitur; estque unum ex quinque fluminibus quæ in Rhodanum Strabo inter Druentiam et Isaram decurrere scribit.

Arausio.

Hannibalis tempore, Volcarum gens circa utramque Rhodani ripam colebat, ut in primo tertiæ Decadis libro Livius, et in vita Hannibalis Plutarchus referunt; et hominum abundantissima et inter Gallos opulentissima validaque erat, et teste Marliano, in Indice Commentariorum Cæsaris (7), Volci seu Volcæ nunc Auraicenses et Avenionenses citra Rhodanum dicuntur. Sed Strabonis Pliniique testimonio, Arausio (8) et Avenio in agro Cavarum sunt, cum a Druentia usque ad Rhodani et Isaræ coitiones Cavæ protendantur, ut post Strabonem in Valentia scripsimus. Et secundum eumdem Strabonem, ulterio-

(1) Lycia, Lissius, *le Lez*.
(2) Abolena, *Bollène*, *Boulène*.
(3) Bochetum, *Bouchet* (*Drôme*).
(4) Suza Ruffa, Seusa, *Suze-la-Rousse*.
(5) Alius fluviolus, id est, *l'Eyrins*; Taulignanum, *Taulignan*.
(6) Mons Tesseriarum, *la montagne de Teyssières*; Mons Jovis seu Mons Gaudii, *Montjoux*; Deus Fecit, *Dieu-le-Fit* (*Drôme*).
(7) Veterum Galliæ locorum, populorum, etc. Alphabetica Descriptio, authore Raimundo Marliano (ad Cæsaris calcem, ex edit. Vascosani, 1543, in-fº).
(8) Arausio, Arausio Secundanorum, quod secundæ legionis coloniam acceperat; *Orange*.

ris fluminis Rhodani partes, Volcæ quos Arecomicos appellant, maximum spatium incolebant, et Rhodano vicini erant, contra Salyes in altera ripa manentes, et Arecomicorum, inquit, metropolis Nemausus erat: quod si verum est, non solum contra Salyos, sed et contra Cavas Volcæ positi sunt, cum Nemausus Volcarum seu Arecomicorum metropolis sit recta linea contra Cavaros et Arausionem Avenionemque, et contra ipsam Avenionem recta linea Ptolemæus Volcas Arecomicos trans Rhodanum collocat. Et postquam cum Vocontiis et Allobrogibus Volcæ sub Romanorum imperium devenerunt, jure suo ad Nemausum, sicut ipsi Vocontii, authore Strabone libro quarto, instructi tenebantur. Et potest esse, quod utraque hanc Rhodani ripam colentes, primo Volcæ, tandem citeriorem ripam habitantes, Cavæ vel Cavari, secundum temporum et principum mutationem, appellati fuerunt, quia ex nova causa populi nova nomina capiunt: ut Allobroges qui a Delphinis et Sabatiis vadis Delphinates et Sabaudi vocantur, et Sequani nunc Burgundi, et Salyi Provinciales, Cavæ quoque nunc Valentini, Auraicenses, Avenionenses et partim Venaissini, novis nominibus a principalibus locorum civitatibus dicuntur. Et Volcæ antiquius nomen est, et sive sub Volcis aut Cavis Auraicenses et Avenionenses continerentur, cum eis Hannibal bellum gessit, et eis invitis Rhodanum ad ipsos trajecit, inde ab his populis, quartis castris, ad insulam ubi postea Lugdunum fuit conditum, ipse Hannibal pervenit, ut libro secundo abunde scribemus.

Et citra Surgam, per tres leucas, satis prope Rhodanum, Arausio est, et secundum Plinium, libro primo naturalis Historiæ, colonia est Secundanorum, sicut Arelate Sextanorum, et Narbo Decumanorum, id est ut Volaterranus, et Pomponii Melæ annotator, et alii enarrant, secundæ, sextæ ac decimæ legionis milites in illa oppida coloni traducti fuerunt. Sed Arausionem esse Sextanorum et Arelatem Septimanorum coloniam Pomponius Mela tradit, et inter Narbonensis Galliæ opulentissimas urbes has duas enumerat. Et in ea urbe Arausia est theatrum elegans, et ipsam Arausionem alluit Medena fluviolus (1), qui in theatrum, dum Romani Gallias tenerent, e more ducebatur, et adhuc est ibi supra Medenam molendinum, et pons arenarum, ex quo proxime ibatur ad arenas, id est ad theatrum : nam theatra Arenæ vocabantur, ut, in vita Augusti, Suetonius et alii testantur; hinc sumpto vocabulo, quod intra theatra et amphitheatra arena in loco ad pugnam constituto ponebatur et spargebatur, ut ab ipsa arena sanguis ibi pugnantium hominum aut bestiarum refusus ebiberetur et aspicientibus horrorem non afferret, et etiam, ut supra arenam pugnantes firmius starent, aliis quoque rationibus de quibus historici et architecturam scribentes meminerunt. Et sua amphitheatra et theatra Auraicenses Nemausensesque et Arelatenses Arenas vocant; et esse consueverunt intrinsecus ad amphitheatrorum circuitum et theatrorum angulum quatuordecim gradus lapidei ex quibus plebs equitesque et senatores, tres hominum ordines, ludos aspiciebant, et singulis prout eorum ordo exigebat locus dabatur. Et extra ipsam civitatem a borea est triumphalis arcus prælii navalis undequaque perfectus et integer, et in quinque scutis ibi insculptis adhuc leguntur totidem nomina sequentia :

MARIO * DACVDO * VDILLVS * CATVLVS * RODVACVS

reliqua ventus et vetustas corroserunt. Et non longe ab ipso arcu est fluvius Iquarius (2) sive Ica nomine, qui fre-

(1) Fluvius argenteus, dein Medena, *la Maine*, *Moyne*.

(2) Iquarius, Eycarus, Icarus, *l'Eigues*, *l'Eyguez*.

quenter vado transitur, et dum nimio incremento transiri vado non potest, aut alias quando lubet, ponte lapideo et homines et jumenta traducuntur, et Iquarius est unum de quinque fluminibus quæ, authore Strabone, inter Isaram et Druentiam ex Alpibus in Rhodanum fluunt. Et inter ipsum Iquarium flumen et Arausionem olim erat Martis templum, et adhuc ædificii locus et adjacens campus Martis appellatur; et si fuerit id templum devictis Allobrogibus a Fabio Maximo constructum, falso ipsum Strabo in loco Victoriæ ædificatum fuisse ait; quia longe a concursu Isaræ et Rhodani victoriæ loco distabat, ut libro tertio scribemus, et forte perperam Strabo ædificii locum designavit.

Et cum a Ptolemæo, Straboneque et Plinio et aliis receptis authoribus, hæc civitas Arausio appellaretur et id antiquum civitatis nomen esset, recens ætas omnia nedum mores, verum etiam rerum vocabula corrumpens, eam Arausicam nominavit, sicut in veteribus hujus urbis monumentis legimus, præsertim in quibusdam venditionibus apud Arausicam factis, anno Christi millesimo centesimo vigesimo septimo, et ducentesimo vigesimo quarto et vigesimo octavo, per Rostagnum Sabranum (1), Latiliumque dominum Mormoironis (2), et ejus filios, ac alios, Rambaudo Ancedunæ (3) de certis portubus et duodecima ac sextadecima Caderossæ (4) parte, et quindecim solidorum millia pretium erant. Et ipsa venditionis instrumenta sunt eleganti stylo scripta, et non tabellio sed venditores ibi loquuntur, ipsique et emptores singulariter non pluraliter nominantur; ea instrumenta tum ob verborum ornatum, tum

(1) Rostagnus Sabranus, *Rostang de Sabran.*

(2) Mormoiro, *Mormoiron, Mourmoiron (Vaucluse).*

(3) Rambaudus Ancedunæ, *Rambaud d'Ancezune.*

(4) Caderossa, *Caderousse.*

ob sententias secundum juris ordinem compositas libenter legimus; alia inde sequebantur. instrumenta hujusmodi venditiones approbantia, non minori gratia et stylo conscripta. Recentiori autem vocabulo hæc civitas Auraica appellatur, ab aura et Ica seu Iquario flumine, ut aliqui credunt, qui etiam multa fabulosa de quodam Guilhermo Cornu (1) Auraicam tenente divulgant. Et in tergo partim ab occidente, partim a meridie Arausio habet collem supra quem est castrum templumque divo Eutropio dedicatum, cujus ope inflati, et, ut dicunt, etropici curantur. Et pontificatum Arausio habet, necnon juris civilis et pontificii academiam, sed ab Avenionensi propinqua famosiore extinguitur. Et duplici muro inæquali tamen cingitur Arausio, et cum agro adhærenti est principatus quem priscis temporibus Baucii (2), jam anno Christi millesimo centesimo vigesimo septimo possidebant, et tunc Guilhermus Baucius princeps Auraicensis erat, ut vetera principatus documenta testantur. Et ad extremum Raymundus Baucius unicam filiam habuit, nomine Mariam (3), quæ inde Joanni Cabillioni, Burgundo, nupsit, ita quod ex hoc matrimonio principatus abhinc centum quadraginta annis ad Cabilliones devenit, et pro insigni principes cornu portant, quæ res aliquam conjecturam facit, quod ille Guilhermus Cornu aliquando Auraicam tenuerit, et insigne cognominis posteris reliquerit.

Et olim sub suprema Comitis Provinciæ jurisditione principatus Auraicensis erat, et eam jurisditionem et om-

---

(1) Guillelmus Cornu, *Guillaume au court nez ou au cornet*; hic est Willelmus, dux Aquitaniæ, primus Arausionis princeps, dein Gellonensis monachus, de quo apud Medii ævi chronicas et cantilenas persæpius agitur.

(2) Baucii, Baltii, *la maison des Baux ou de Baux*.

(3) *Marie, fille aînée de Raymond IV, mariée en 1388 à Jean de Chalon, baron d'Arlay en Bourgogne, tige de la troisième race des princes d'Orange.*

nia quæ in eodem principatu habebat, Renatus Provinciæ Comes Ludovico Cabillioni, principi Auraicensi, vendidit. Et in februario anni Christi millesimi quadringentesimi septuagesimi tertii, Philibertus Grolea (1), Delphinas, cum aliis militibus, cepit Guilhermum Cabillionem, e suo principatu Auraicensi euntem per Delphinatum ad Burgundiæ ducem, cujus partes sequebatur in bello quod contra Ludovicum undecimum habebat, et in aula quadam sui castri Ilini, Viennensis agri, Philibertus Grolea diu ipsum Guilhermum custodivit, ipsaque aula adhuc principis aula nominatur; et tandem Ludovicus rex redemit Guilhermum, qui pro hac redemptione ad quadraginta aureorum millia se regi obligavit, et Philiberto Groleæ in compensationem operæ suæ rex quadringentas libras annuas ex ærario Delphinali, et quædam alia constituit. Inde sexta junii anni Christi millesimi quadringentesimi septuagesimi quinti, Guilhermus Cabillio, Auraicensis princeps, supremum ipsius principatus imperium Rothomagi vendidit (2) Ludovico undecimo quadraginta aureorum millibus, et in hac venditione Guilhermus Ludovicum regem alteri prætulit, tum quia Maria Ludovici mater Renati soror erat, et justius fuit quod hoc imperium a Renato alienatum per Ludovicum e sorore Renati nepotem recuperaretur, tum ut sub meliori et securiori tutela principatus esset, tum ut se necessitatibus liberaret. Et conventum est ut ultima appellatio, quæ tertia esset, ad senatum Delphinalem perveniret, et princeps hæredem qui præmissa infringeret privavit portione quam in hæreditate sua habere posset, et eam Ludovico et successoribus donavit; et quod non ipsi hæredi, sed Delphino Auraicenses obedirent, ita

(1) *Philibert de Grolée, seigneur d'Illins,* (Yllinum.) cujus archetypum membraneum in Gratianopolitanæ Præfecturæ archivis reperimus.
(2) Vide in Append. hoc pactum,

tamen quo pro bellis et liberis Sagittariis (1) aut aliis negotiis nulla ab Auraicensibus subsidia exigerentur, eorumque privilegia servarentur. Et cum præmissa præsente Cancellario et absente Ludovico facta essent, ipsa eodem mense et anno Ludovicus etiam Rothomagi approbavit; et permisit voluitque quod in inscriptionibus principes Auraicenses hisce verbis *Dei gratia* uti possent, et sub Cornu et aliis eorum insignibus monetam ad Delphinalis nummi pondus et, ut dicunt, legem cuderent, et quod in principatu delicta, præter hæresis vel læsæ majestatis crimen, abolere possent.

Longe post Joanni Cabillioni, principi Auraicensi, Ludovicus duodecimus majus principatus imperium dedit; et eodem rege vivente, princeps Auraicensis constituit senatum unius præsidis et trium senatorum qui Auraicæ lites totius principatus audiebant et terminabant. Sed de validitate hujusmodi donationis per Ludovicum factæ inter magistratus Delphinales et principem Auraicensem disceptabatur; et ideo Ludovico rege defuncto, Auraicensi senatu sublato, ad Delphinates majus Auraicæ imperium rediit. Et Francisco Christianissimo rege nostro ac Carolo quinto imperatore, bella inter se moventibus, Philibertus princeps Auraicensis, partes Caroli secutus est, et ad eum per Delphinatum et Linguam Occitanam (2) ac Tholosanum agrum in Hispaniam se contulit; et tunc Tholosam proficiscebar cum Laurentio (3) antistite Gratianopolitano, ut ipsius consecrationi in Divi Saturnini (4) cœnobio interessem, et ipsum Philibertum in itinere ad Dromæ transi-

---

(1) Sagittarii liberi, *les Francs-Archers*.

(2) Lingua Occitana, *le Languedoc*.

(3) Laurentius Allemandus II (*Laurent Alleman*), episcop. Gratianop. electus anno 1518.

(4) Divi Saturnini cœnobium, *l'Abbaye de St-Sernin à Toulouse*.

tum offendimus et una Tholosam usque fuimus, noluitque Auraicam divertere, eo quod majus illius imperium rex repetierat, et lilia delphinis mixta januis Auraicensibus affixa essent : interrogatusque a me frequenter in ipso itinere quare majestatem regiam relinqueret, imperatorem suum esse supremum dominum respondit. Postea principatus ipse Philiberto ablatus est, tandem pace inter regem et imperatorem facta, illius restitutionem obtinuit; et nuper, in augusto anni millesimi quingentesimi trigesimi, obsidendo cum Hispanis Florentiam pro Clemente septimo papa, occisus est, dum subsidium Florentiam Pisis veniens impedire vellet; et cum nullos liberos, imo nec uxorem, haberet, principatus et reliqua ejus bona ad matrem superstitem filiumque Comitis Nassovii (1), e sorore nepotem devenerunt, et sic ad aliam familiam transiverunt. Ecce quanta sit rerum stabilitas! corruunt enim omnia, nisi virtutes quæ nos ad cœlestia ducunt.

Et pauca sunt principatus oppida, scilicet Cortedonum, Causanum, Juncheriæ, Maligaium, Gigundæ (2), Vacheriæ; et in locis patentibus est principatus Auraicensis, et sub Auraica in medio Rhodano, supra rupem, Laertium castrum (3) forte et superbum sedet.

---

(1) Filius comitis Nassovii, *Réné*, *fils de Claude de Chalon, sœur de Philibert, mariée à Henri de Nassau, tige de la quatrième race des princes d'Orange.*

(2) Cortedonum, *Courtézon*; Causanum, *Causans*; Juncheriæ, *Jonquières*; Maligaium, *Malijay*; Gigundæ, *Gigondas*; Vacheriæ, *Vaqueiras*.

(3) Laertium castrum, *le château de Lers.*

Comitatus Venascinus et Avenio (1).

In Cavis, supra Avenionem per unam leucam, est Vindalum oppidum, parvum muris tamen et vallo munitum, et ipsum adornat pulchrum Pontificis maximi palatium. Et nunc id oppidum Pons Surgiæ appellatur, ab ponte lapideo ibi supra Surgam ad transeundum constructo, et modico post pontem intervallo, Surgas fluvius Rhodano miscetur. Et hoc in loco Romani duce Ænobarbo Allobroges vicerunt, ceperunt et occiderunt, ut libro tertio satis ample scribemus. Et in Valle Clusa supra Insulam oppidum (2) Surgas fontes habet, et adeo aliquando ex imo oritur ut videri non possit, interdum ita abunde scaturit ut rupes excedat; de hoc Petrarcha sæpe meminit. Et Plinii testimonio in Narbonensi provincia est nobilis fons Sorge (3) nomine, in quo herbæ nascuntur in tantum expetitæ bobus, ut mersis capitibus totis eas quærant viribus; et id sæpe vidimus. Et a Valle Clusa Surgas tantus fere egreditur, quantus Rhodano post urbem Vindalum commiscetur; et qui ad pontem Surgæ divertere nolunt juxta Rhodanum navicula Surgam trajiciunt, cum Rhodani impetus eum ibi inflare faciat ut in quam partem fluat vix perpendi possit.

Et primum Cavarum oppidum, a latere Druentiæ, est Caballio (4) antiqua quam Strabo commemorat, et recta fere linea contra Vindalum conversa est, mediaque oppida

---

(1) Comitatus Venascinus, Venayssinus, *le Comtat Venaissin*, aujourd'hui *le département de Vaucluse*; Avenio Cavarum, *Avignon*.

(2) Vallis clusa, *Vaucluse*; Insula, *l'Isle*.

(3) Apud Plin. legitur fons Orge.

(4) Cabellio, Caballio, *Cavaillon*.

Caballio et Vindalium habent Insulam, Taurum, Castrum Giraudi, Inter Aquas et Bederridas (1). Ab hac autem Cavarum planitie, se ad Alpes convertendo, occurrit Carpentoracte Meminorum (2), teste Plinio, oppidum, cui adhærent satis prope Paterniacum sive Paternæ, Masanum, Murmuro, Vellero, Carumbum sive Carum, Balma, Villæ, Flassanum (3), et alii pagi ad Ventosum montem (4) quem sui altitudine primum ante omnes alios mare navigantes Massiliense vident; et quia illum montem altum perpetuo ventus agitat, Ventosus appellatur. Postea his in locis comitatus Venaissinus fuit constitutus, et Auraicensi principatu, Druentiaque et Rhodano, ac comitatu Falchaquerio (5), necnon monte Ventoso et fine Delphinatus, ac etiam Avenionensi agro includitur; et Caballionem Vindaliumque et media oppida ac Sirinianum, Podiolenum, Mornacum, et etiam Paludem, Abolenam (6) ex Cavis accipit: Carpentoractem vero necnon vicina oppida ex Meminis; Vasionem autem, Tuletam, Valriacum (7) et quosdam vicos ex Vocontiis amplectitur: et Visanum ac Bochetum (8) ex Tricastrinis huic comitatui accesserunt. Recens enim ætas antiquarum gentium limites subvertit, et novos secundum temporis mutati ones apponit. Totus Comitatus Venaissinus planus est et fertilis, ac valde situ loci et soli ubertate oppidorumque frequentia delectabilis et utilis. Et a sui ortu usque in Rhodanum Surgas inferiorem hujusce comitatus regionem divisus irrigat, et piscibus optimis

---

(1) *L'Isle, le Thor, Château-neuf de Gadagne, Entraigues, Bédarrides.*
(2) *Carpentras.*
(3) *Pernes, Mazan, Mourmoiron, Velleron, Caromb, Baumes, Villes, Flassan.*
(4) *Mont Ventoux.*
(5) *Forcalquerii civitas, Forcalquerium, Forcalquier.*
(6) *Sérignam, Piolenc, Mornas, la Palud, Bollène.*
(7) *Tulette, Valréas.*
(8) *Visan, Bouschet.*

abundat, et pars ejus modica Avenionem ad usus necessarios deducitur.

Et Carpentoracte caput est Comitatus Venaissini, et eam rector comitatus habitat ; præclara est murorum ædificio. Et hunc comitatum, sicut et Falchaquerium, comitatum quoque sancti Ægidii (1), Aquitaniam, Cadurcenses, Albigenses, Rhutunenses et Linguam Occitanam, lataque dominia infra et ultra Rhodanum, Comes Tholosanus in sua ditione tenebat. Sub Comitatu Venaissino, ad occidentem, Avenio situm habet, et æquali prope intervallo inter coitum Surgæ et Rhodani, confluxumque Druentiæ et ipsius Rhodani ad Doni rupem (2), ea planitie inter ipsa tria flumina solam, Avenio ædificata fuit; a lateribus scilicet ejusdem rupis ascensibilibus versa in orientem, meridiem et occasum, et ipsæ partes ascensibiles, assumpta aliqua subjectæ planitiei portione, muris cingebantur. A septentrione autem altitudo rupis, et Rhodanus ipsam rupem alluens, Avenionem claudunt. Et si Joanni Annio, supra quintum Berosi librum, et aliis credamus, illustres Allobrogum urbes sunt Vienna, Gebenna et Avenio; sed in ipsa Avenione aberrant, quia Cavarum seu Volcarum est, ut in Valentia et Arausione, post Strabonem Pliniumque libro tertio, et alios scripsimus; et forsan sub ditione Allobrogum, sicut alii Cavari, Avenio fuit: quare eam esse Allobrogicam Annius putavit. Et ab *advenarum* Phocensium unione ibi facta, aliqui Avenionem subtracta D littera appellaverunt; nam et hi, relicta patria, Massiliam condiderunt, ut libro secundo scribemus; sed crediderim hoc non esse verum, quoniam vix in littore maris Massiliam, Gallis oppugnantibus, condere potuerunt, quantominus procul a

---

(1) Comitatus Sancti Ægidii, *le comté de St-Gilles, dans le diocèse de Nîmes.*

(2) Rupes de Donis, *le rocher des Dons.*

mare Avenionem ædificassent, prope Arvenorum auctoritatem, in ditione Allobrogum.

Et ea Avenio Cavarum, secundum Ptolemæum, colonia erat, oppidumque latinum, sicut Aquæ Sextiæ Salyorum, ut libro tertio Plinius refert. Et forte quemadmodum devictis Salyis, ad Romanorum præsidium Sextius proconsul Aquas Sextias paulo citra Massiliam condidit, ita, superatis ad coitum Surgæ et Rhodani Allobrogibus, Ænobarbus, eadem ratione, cum Romanis victoribus, Avenionem prope conflictus locum, ad rupem ædificio urbis aptam fundavit; aut coloniam illuc deduxit, quasi Avenio Romanorum ad illum locum adventus, detracta D littera dicatur, vel advenarum Romanorum, subtracta eadem littera, unio inter se vel cum antiquis oppidanis existat. Ut Avenio nomen sit, ex his duobus advenarum et unio vocabulis compositum, et prius Volsci dicebantur, ut Marlianus (1) credidit; trajecta enim Druentia, et in principio Cavarum habitationis locum Romani ad suum tutamen habere voluerunt. Et propterea ex constructione Romanorum, qui e Latio erant, hæc duo oppida Aquæ Sextiæ et Avenio, Latina vocabantur; et aut ex vocabuli compositione aut ex scribentium et pronuntiantium imperitia et errore littera D Avenioni detracta fuit; et magis crediderim istud ex vocabuli compositione accidisse, quia nullus antiquus vel recens author Avenionem D littera scribit. Aliqui Avenionem ab avium unione dictam putaverunt, quod illuc ad Doni rupem aves sæpe conveniant; unde Avinionem, non Avenionem, contra antiquorum scriptorum morem et orthographiam, proferunt.

Et parva, more vetusto, Avenio erat, complures habens portas, quarum una adhuc stat sub Troliarda turri, altera

---

(1) Legendum Volcæ Arecomici, ut in Marliani Indice.

paulo citra Augustinos, tertia prope templum Cordigerorum, quarta citra Celestinos, quinta paulo ultra Sancti Nicolai collegium, sexta sub minori palatio. Et in antiquis Avenionis scripturis legimus complures milites inter alios cives olim ipsam Avenionem habitasse, domiciliumque et familiam ac patrimonium ibi habuisse. Et Avenio sicca est et ventosa, ut vulgus ait, sine vento venenosa et peste infecta, nam vento, maxime Borea, malo aere purgatur, et ibi est magna vis Boreæ et Austri, adeo quod ipso Austro ædificia corroduntur, et ex hac civitate per Rhodani ripas usque ad Surgæ Pontem, vix aliquis, multum Borea agitante, potest pedibus subsistere aut equo deambulare; est enim Avenio in planitie et campis undique patentibus. Et Avenione Ciceronis patrem ortum habuisse, et Helviam uxorem ei gente propinquam Gallam magis quam Italam delegisse, Marlianus in Indice Commentariorum Cæsaris tradit, ne quod ignotus et advena esset, sibi Romæ agenti ab Itala uxore objiceretur. Plutarchus et cæteri qui Ciceronis vitam scribunt, aliam ipsius originem tradunt, et forsan Marlianus hæc commemorat, ex eo quod in Tullium Volscorum regem aliqui principium generis Ciceronis referebant; et sunt in ripis Rhodani et Avenionensi agro, sicut et in Italia, Volsci, ut jam scripsimus; verum ex invectivis quas contra se Sallustius et Cicero fecerunt, Ciceronem ipsum humili familia ortum constat.

Supra Doni rupeculam est ædes pontificalis, divæ Mariæ consecrata, et in plano templa Sanctorum Petri et Desiderii Principalisque, cœnobia etiam monialium Sancti Laurentii, Sanctæ Catharinæ, Praxedis, Claræ, et aliæ minutæ ædes sacræ. Et aliquando ædi pontificali præsedit Agricolus, vitæ sanctitate perspicuus, qui inter alia, dum viveret, ciconiis fœdantibus hac civitate et territorio interdixit. Et ex eo tempore nulla ciconia ibi quievit; et ipso ad cœlestia translato, templum fuit Avenione eidem dedicatum, et circa ipsius Agricoli effigiem ibi pictam ciconiæ ab hac interdictione volitantes depinguntur. Et dum Christianis Innocentius tertius præesset, Hilminolinus Sarracenus utramque Hispaniam incredibili celeritate hostilem in modum pervagatus, Arelatem usque et Avenionem pervenit, et cæde populationibusque omnia complevit, ut Platina tradit. Hac autem calamitate infestati quatuor Hispaniæ reges, Castellæ, Aragoniæ, Portugalliæ et Navarræ, copias simul junxerunt, et contra Sarracenum maximam adepti victoriam, nihil præter Granatam Hilminolino reliquerunt.

Temporibus autem Philippi Augusti, Francorum regis, in Narbonensi provincia, quam vulgus Linguam Occitanam appellat, multi religionis christianæ contemptores erant, et ex Albigesio primam suæ doctrinæ et iniquitatis institutionem referebant, et Arianam sectam imitabantur, fœdis quoque amoribus et masculinis concubitibus indulgebant, legitimasque ideo nuptias et carnis esum damnabant, et in divam Mariam Christi matrem invehebantur, ut Gaguinus sola conjectura testatur. Et ad hortationem legati Innocentii tertii, Philippus suos armare contra hosce Christianitatis hostes permisit; et in Albigenses profecti sunt, exercitumque multi præsules et proceres sequebantur, et Biterras ac Carcassonem obsederunt et hæreticos principes occiderunt fugaveruntque. Demum Simoni Montisfortis, homini strenuo, cura residui belli commissa est, et eum Dominicus, Hispanus, Prædicatorum author, comitabatur. Sed adductis ingentibus copiis, Aragonum rex et Sancti Eligii seu Ægidii comes, ac Fuxus princeps, Albigesiorum defensores, Simonem apud Murellum obsederunt; verum rege Aragonum et decem octo hostium millibus occisis, Simon victoriam, octo ex suis duntaxat amissis, obtinuit. Hæc justa bella Philippum gerentem Anglus exercitum parans impedivit, et quia Raymundus quartus, Tholosanus comes, hæreticis suos principatus non purgabat, et in Ecclesiam Romanam rebellabat, Albigensibusque favebat, in Concilio Lateranensi Innocentius tertius papa, calendis novembribus anni Christi millesimi ducentesimi decimi quinti, ipsum Raymundum comitatibus suis per sententiam privavit, et Simoni Montisfortis eosdem comitatus cum aliis bonis adjudicavit, et in Hispaniam hic Raymundus quartus se contulit, ejusque filius Raymundus quintus Provinciam adivit, et ab Avenionensibus receptus terram Venaissini faventem habuit, indeque bellum Simoni Montisfortis comiti movit. Et cum citra Rhodanum, contra Ademarium et Pictavios Simon Comes bellum gereret, et Cristam obsideret, anno Christi millesimo ducentesimo decimo septimo, observata temporis opportunitate, Raymundus quartus ex Hispania rediens, cum Convenarum et Fuxi comitibus, paucisque militibus, Tholosam vado in septembri intravit. Et dimisso proposito Cristæque obsidione Simon Tholosam repetiit, et tota hieme eam obsedit, et postera die festi divi Joannis Baptistæ, supra caput lapide ab hostibus ex civitate Tholosa percussus, interiit et ab obsidione Amalricus ejus filius et hæres recessit. Postea, anno Christi millesimo ducentesimo vigesimo secundo, Raymundus quartus obiit, et sepultura, ut hæreticus, caruit, eique Raymundus quintus filius successit. Tandem Parisiis sacerdotum conventus, Ludovico, Philippi Francorum regis, successore cum multitudine procerum considente, habitus est, et regi et eis qui concilio aderant, crucem assumere Romanus Gregorii noni pontificis legatus, contra Albigensium hæresim et pertinaciam et Christianitatis hostes persuasit, et sua manu complures cruce signavit. Sequenti autem anno Ludovicus et cum eo cruce christiana insigniti, ad Bituriges convenerunt. Inde Lugdunum prætereuntes, petierunt Avenionem, quæ septimo jam anno interdicto, ut dicunt, ecclesiastico damnata, ab hæresi non resipuerat; et cum pacto civibus interposito, Ludovicus se urbem nullo incommodo affecturum, sed ultra profecturum promitteret, portas cives regi clauserunt. Hac injuria rex indignatus Avenionem, a calendis decembribus anni millesimi ducentesimi vigesimi septimi ad medium augustum, obsedit. Et telis ac scorpionibus Avenionenses hæretici fortissime sese tuebantur. Et in ea obsidione mille sexcenti ex regis exercitu interiere; inter quos Guido Sancti Pauli, comes strenuus et bellicarum rerum peritissimus, et Lemovicarum antistes, interfecti fuerunt. Hisce incommodis acceptis, Ludovicus se nunquam, nisi urbe recepta, inde abiturum juravit; et cum regis indignationem et constantiam cives cognovissent, duos e civitatis primoribus miserunt, qui se civitatemque potestati Ludovici atque Romani pontificis legati permitterent. Rebus compositis, Ludovicus rex urbem ingressus civitatis fossas terra expleri ad summum imperavit, et, trecentis præclaris ædibus murisque ad solum excisis, cives ab interdicto Romanus laxavit, et Petrum Corbium, Cluniacensem monachum, hominem eruditum, episcopum Avenionensem instituit.

Inde in Tholosates Rex pergens, totam provinciam trans Rhodanum, ad agrum usque Tholosanum, in suam potestatem redegit. Mox Humberto de Bello Joco cura belli relicta, Ludovicus Franciam repetens, ad Montem Penserium (1) pridie idus novembris expiravit. Cui sanctus Ludovicus filius successit, et eidem Amalricus cessit jus quod in comitatu Tholosano habebat, et per legatos summus Pontifex divum Ludovicum excitavit ut negotium contra hæreticos cœptum consummaret; quod rex fecit, ita quod

---

(1) *A Montpensier en Auvergne*, le 8 novembre 1226.

inde pacem et veniam Raymundus quintus petiit. Et anno Christi millesimo ducentesimo vigesimo octavo, pax sic Parisiis inita est: quod pro facinore Raymundus quinquennio adversus Christianitatis hostes ultra mare militaret et bellum gereret; quod comitatum Tholosanum, quandiu viveret, obtineret; quod post ejus mortem ad Alphonsum regis fratrem, Pictaviæ comitem, qui Joannam unicam hujus Raymundi filiam desponsaverat, deveniret, inde ad eorum liberos, quos si non haberent, ad reges Francos pertineret; quodque aliam ultra comitatum Tholosanum terram versus orientem infra Rhodanum sitam Ludovico regi et summo Pontifici dimitteret : idque factum est; nam ex hoc Avenionis partem et comitatum Falchaquerii rex habuit, et post Raymundi quinti obitum Alphonsus comitatum Tholosanum obtinuit, et ex hac pace in hanc usque diem magnus Pontifex comitatum Venaissinum assecutus est. Hæc abunde ex Bertrando (1) et aliis scripsi, ut plane cognosceretur quo jure ad Romanos antistites Comitatus Venaissinus pervenerit. Incolatu tandem summorum Pontificum Avenio, cum Comitatu Venaissino, restaurata et illustrata fuit. Nam Clemens quintus, natione Vasco, Burdegalensis archiepiscopus, pontifex maximus Perusii creatus, Lugdunum cardinales convocavit, atque anno Christi millesimo trecentesimo quinto pontificalis sedes ex urbe Romana in Gallias translata est. Post Clementem, in templo episcopali Lugdunensi, Joannes vigesimus secundus, nonis septembris summus pontifex coronatus, Avenionem cum cœtu suo profectus est, et multas Avenione fecit constitutiones, quas inter manus jureconsulti habent. Et

---

(1) Nicolaus Bertrandi, De Tholosanorum gestis; Tholosæ, industria magistri Johannis, Magni Johannis anno 1515, in-fol. min. goth. — Un abrégé en français de cet ouvrage a été également imprimé à Tolose, 1555, in-fol.

ab illo tempore, Avenio maximorum Pontificum sedes in Gallia fuit, quoniam Joanni vigesimo secundo Benedictus duodecimus successit, et Avenione sedit.

Et hoc tempore, Franciscus Petrarcha, illustris poeta et historicus, Avenione agebat et de Valle Clusa et Surga multa scripsit; Lauram quoque Avenionensem puellam apprime laudavit, et ejus testimonio virtute et formositate triumphabat; et Lauræ imago est depicta in ingressu templi pontificalis Avenionensis, sub effigie puellæ quam beatus Georgius a dracone defendit, cum hoc Petrarchæ carmine (1):

> Miles in arma ferox bello captare triumphum
> Et solitus vastas pilo transfigere fauces,
> Serpentis tetrum spirantis pectore fumum
> Occultas extingue faces in bella, Georgi.

Ex quo ultimo carmine ostenditur amor quem in Lauram Petrarcha habebat; nata est enim in suburbiis Avenionensibus. Et anno Christi millesimo trecentesimo vigesimo septimo, sexta aprilis qua sancta Veneris dies celebrabatur, Petrarcha, more christiano mane templa visitans, Lauram primum vidit in æde Sanctæ Claræ Avenionis, et inde uno et viginti annis eam amavit; quæ ab hac luce subtracta est die sexta aprilis anni millesimi trecentesimi quadragesimi octavi mane, et die mortis ad vesperam in sacello familiæ Sadorum (2) cœnobii fratrum Minorum ejusdem civitatis reposita fuit. Hæc ex Petrarchæ operibus et maxime carminibus ejusdem nuper in vase plumbeo intra Lauræ

---

(1) Hanc picturam, jubente cardinale Ceccano, perfecit Simon Senensis in porticu Avenionensis ecclesiæ, *Notre-Dame-des-Doms ou Doms*.

(2) Fuerat enim Laura de Novis matrimonio juncta Hugoni de Sadis: *Laure de Noves, Hugues de Sades*.

sepulcrum inventis habuimus. Ex quibus deprehenditur error Bernardini Illicini Antoniique Temporis (1) et aliorum qui Lauram fuisse natam Cabreriis aut Gravesone (2) aut in alio vico Avenioni proximo tradunt. Et adhuc magis perperam asserunt Urbanum quintum pontificem maximum institisse quod Petrarcha Lauram desponsaret, indulgendo ut simul cum ea sacerdotia retineret. Quis enim putaret quod hæc puella insigni virtute et forma, ac honesto loco nata, unquam nubere voluisset Petrarchæ sacerdoti et filio pauperis scribæ, qui paulo ante exul a patria Florentina Avenionem venerat, quamvis factione partium, non autem crimine, ut aiunt, exularet et nunquam contra sanctiones Urbanus quintus singularis virtutis et integræ vitæ pontifex annuisset? Et amplius hoc confutatur mendacium, quia Urbanus quintus, circa annum millesimum trecentesimum sexagesimum, pontificatum maximum obtinuit et Laura duodecim annis ante obiverat, et hac ratione Alexander Velutellus (3) contra hunc errorem nititur. Et Lauram triumphum de se egisse ipsemet Petrarcha testatur; et solo visu et carminibus Lauram laudantibus contentus erat, et propter infimum genus accessum ad eamdem non habebat. Ita sæpe contingit poetis qui excelsæ familiæ puellas adamant, et sola carmina de eis in aerem mittunt. Et postquam intra Lauræ sepulcrum Petrarchæ testimonium habemus de loco originis, vita et morte, ejusdem frustra vicus nativitatis exploratus fuit ab aliquibus apud sacerdotes nascentium baptismum in suis, ut ita dicam, parochiis describentes.

Nonis autem maiis anni Christi millesimi trecentesimi

(1) Bernardus Illicinus, rectius B. Lupini, filius Petri de Montalcin, et Antonio da Tempo, qui inter alios vitam Petrarchæ scripserunt et libros commentariis illustrarunt.
(2) *Cabrières ou Graveson*.
(3) *Alessandro Velutello*, alter Petrarchæ annotator.

quadragesimi alterius, Clemens sextus, Lemovicensis, ad summum pontificatum Avenione assumptus est, et a Joanna regina Neapolitana Avenionem emit (1) : ejus enim reginæ Avenio erat cum Provincia; et cum tantumdem ob regnum Neapolitanum Ecclesiæ deberet, permutatione Pontifex ipse pretium feudi exsolvit, et in signum translationis dominii a domo civium communi insignia reginæ amota, et loco eorum claves pontificales, secundum Bertrandum, ibi positæ fuerunt (2). Post Clementem sextum etiam Avenione fuerunt creati Innocentius sextus, Urbanus quintus et Gregorius undecimus Lemovicenses, et hi summi Sacerdotes Avenionem ampliaverunt, et eam ampliatam aliis novis muris structura delectabilibus, necnon vallo profundo undique, etiam usque ad latera rupis Doni inascensibilia circumdederunt, et hisce muris suburbia antiquæ urbis incluserunt, et intra civitatem antiquam et illius ambitum palatium ingentis molis et structuræ mirabilis, ad pedem rupeculæ Doni, contra mediam urbem construxerunt, et pontem longum et rectum supra Rhodanum ædificaverunt; et hanc civitatem Cardinales et Antistites, qui cum summis Sacerdotibus erant, palatiis ornaverunt, et in ea templa nova erexerunt et antiqua auxerunt. Et extra veterem urbem, intra muros novos pontificales sunt Celestini, Cordigeri, Carmelitæ, Augustinenses, Clunianence Sancti Martialis collegium, Prædicatores et Observantes. Et in templo episcopali duo Pontifices maximi inhumati fuerunt, et apud Celestinos unus, et in aliis hujusce urbis sacris ædibus extant adhuc multorum aliorum pontificum et cardinalium ac variorum antistitum sepulcra. Et ad latus meridionale majoris altaris templi pontificalis est sepultus

(1) Acta vero fuerunt hæc Avenione, die nona mensis junii 1548. Sed hanc infectam emptionem nunquam acceperunt jurisconsulti Galli.
(2) Bertrandus, De gestis Tholosanorum, f° 41, v°.

Ægidius de Bellamera. Et ad parietem dextrum ingressus sacræ ædis Prædicatorum Oldradus de Laude tumulo multum elevato sepulturam habuit.

Et idibus januariis anni Christi millesimi trecentesimi septuagesimi sexti, anno sui pontificatus septimo, Gregorius papa undecimus, Avenionem liquit, et partim marino, partim pedestri itinere Romam ivit, post septuaginta annos quod pontificatus maximus in Galliam translatus fuerat. Et hujus Gregorii mors schisma in Christianitate induxit; nam, orta inter cardinales Lemovicenses et reliquos Gallos dissentione, Bartholomæus Barensis archiepiscopus, natione Neapolitanus, seu Pisanus, in summum pontificem electus et Urbanus sextus appellatus est: prius tum quam electio publicaretur, eam fraudibus et metu extortam, instantibus Romanis ut Romanus aut Italus papa crearetur, ne in Galliam rediret, cardinales Galli dixerunt; et Fundos regni Neapolitani oppidum confugerunt, ut Platina tradit: et e tredecim cardinalibus Gallis octo, Joanna Neapolis regina favente, Robertum cardinalem Gebennensem pontificem delegerunt et Clementem septimum appellaverunt Avenionemque tetenderunt. Urbano mortuo Bonifacius nonus Romæ subrogatur; in Clementis autem defuncti locum cardinales Avenione Petrum Lunam quem Benedictum decimum tertium vocavere suffecerunt. Bonifacio inde Innocentius septimus, Innocentio Gregorius duodecimus Romæ successit. Et per hæc tempora Petrus Lucemburgus, cardinalis, Avenione obivit, et apud Celestinos sepultus in hanc usque diem miraculis coruscat. Et ut schisma tolleretur, Avenionem dux Bituricensis et Burgundus Aurelianusque a Gallis missi fuerunt ad Benedictum, qui eidem persuadere non potuerunt, ut ipso et altero pontifice abrogatis alius postea omnium nationum pater et pontifex eligeretur : sed pontificias ædes armis et commeatu Benedictus sibi timens munivit, et aliquot mensibus obsessus, tandem in Cataloniam, unde oriundus erat, per Rhodanum et mare adnavigavit. Interea imperium Sigismundus Lucemburgus Hungariæ et Bohemiæ rex assumpsit, et Constantiæ in Maguntina provincia sacerdotum conventus, quod Concilium vocant, Gregorium abrogavit. Et, cum oratoribus Concilii, Sigismundus ad Franciæ et Angliæ reges ivit, et, ut in abrogando Benedicto pro salute fidei Christianæ juvarent, eos hortatus est, et accepto grato responso, per Delphinatum et Valentinum agrum ac Narbonensem Ferdinandum Aragonum regem petiit, et Hispaniæ principes Benedicti in retinendo pontificatu maximo pertinaciam videntes Concilii opinionem secuti fuerunt. Res itaque in concilio nationis Italicæ et Gallicæ Hispanæque et Germanicæ ac Angliæ suffragiis gerebatur; et Gregorio Benedictoque abrogatis cardinales nationesque omnes tertio idus novembris anni Christi millesimi quadringentesimi decimi septimi Ottonem Columnam tanta omnium lætitia pontificem creaverunt, ut præ gaudio vix loqui homines possent: et nullo habito dignitatis suæ discrimine, effusus nimio gaudio imperator, qui longe ante ex Hispania redierat, ad electionem ingressus, gratias omnibus egit quod virum tam reipublicæ necessarium delegisssent. Et quia die beati Martini Otto pontifex creatus fuerat, eum Martinum appellaverunt. Et ab hoc tempore nullum pontificem maximum, proh dolor! Avenio habuit. Sed pro eo Legatus Cardinalis Avenioni et Venaissino comitatui in omni imperio præest, et illius ac Delphinatus necnon Provinciæ sacerdotia, sicut locorum episcopi, dare potest, et prævenientis donatio valet.

Et superioribus annis Sixtus papa episcopatum Avenionensem qui Arelatensi præsuli suffragabatur in archiepiscopatum commutavit. Et ad sinistram Doni rupeculæ partem, non longe a ponte Rhodani, est palatium archiepiscopi quod nostra ætate Julianus cardinalis, Sixti nepos, archiepiscopus et legatus Avenionensis, in melius erexit, et undequaque multum pulchre adornavit. Et intra ambitum veteris urbis, sub majori et minori palatio, frequentes cives habitant, et pulcherrimis domibus hæc pars exultat; et ibi est academia utriusque juris et artium liberalium, sex quoque jurisperitorum collegia, scilicet Sancti Nicolai et Ruveris papæ Julii secundi opus, qui Julianus cardinalis antea fuerat: et in hoc collegio juri operam triennio dedimus; est tertium collegium Divionense, quartum Senanchia, quintum Sancta Crux, sextum Sanctus Michael, quæ ultima a quibusdam ipsius civitatis jureperitis ædificata fuere.

Et e toto Francorum regno Judæi Avenionem et in comitatum Venaissinum confugerunt, et Avenione, in media fere antiqua urbe muris clauduntur, et singulis hebdomadis multum æris Papæ exsolvunt. Extra ambitum veterem, intra muros novos Avenionenses est vicus Quadrigarius longitudine et latitudine celeberrimus, et aliquot alios extra antiquos muros vulgus habitat, et in majori parte novi ambitus civitatis sunt horti delicatos fructus producentes. Omni quoque tempore Avenio producit et generat aliquot singularis supra alias virtutis et eximiæ pulchritudinis puellas : et abhinc ducentis fere annis Laura Avenionensis, Petrarchæ testimonio, virtute et pulchritudine, ut paulo ante scripsimus, pollebat. Et nostra tempestate Margo Avenionensis fama erat, et hominum judicio forma multum fortunata dicebatur; virtuteque ac bonitate et corporis elegantia præstabat, et in ea sequens distichon fuit applicatum :

Si te, Margo, Paris nudam vidisset in Ida :
  Cedite, clamasset, Juno, Minerva, Venus.

Et cum ipsius Margonis formositatem et virtutem laudari frequenter audivissemus, et quod staturæ proceræ facieique esset omnino perfectæ et miræ formositatis, bene nata et honestis parentibus at non divitibus, aliquid negotii a regia Majestate commissi Avenione peragentes eam vidimus. Visa autem placuit, eamque postea annos undeviginti agentem Murmurone desponsavi. Et me facit pulchra prole masculina parentem, quam ad bellum more majorum contra hostes educamus. Et primum filium Laurentius, antistes Gratianopolitanus, a sacro fonte levavit; secundum autem Philippus Terralius a Bayardo, Glandatensis episcopus; et tertium Aymarus magnus Arverniæ prior, Rhodius miles; quartum Guigo Guiffredus, affinis noster, dux quinquaginta hastarum et unus ex aulæ regiæ nobilibus; quintum Guilhermus a Malobecco, canonicus Viennensis, dominus Pipeti, consanguineus meus (1). Et de hac prole Deo optimo maximo humiles gratias agimus.

Hoc postremo de Avenione subjungam, quod situ loci ac commoditate rerum, cæterisque laudibus et utilitatibus paucæ aliæ civitates eam superant. Et sub Legato Avenionensi Rector, Carpentoractem habitans, Comitatum Venaissimum gubernat, et Comitatus appellationes a Rectore ad Legatum, inde ad Pontificem maximum deferuntur. Et Caballio et Carpentoracte Vasioque comitatus civitates episcopatus habent, et Avenionensi archiepiscopo suffragantur. Et in septembri anni millesimi quingentesimi trigesimi quarti Franciscus rex Lauræ sepulcrum Avenione videre voluit, cum iret Massiliam ad Clementem septimum papam qui Roma ad eum venerat.

(1) *Laurent Alleman*, évêque de Grenoble. — *Philippe de Terrail-Bayart*, évêque de Glandèves. — *Aymar*, grand-prieur d'Auvergne. — *Guigues Guiffrey*, seigneur de Boutières. — *Guillaume de Maubec*.

Tricastrini.

Contra medium Cavarum agrum, sub Vocontiis, Tricastrini (1) ultra Ademari Montilium per quatuor leucas in planitie siti sunt; et ideo aberrat Marcellinus dum Tricastrinos Alpes Cottias et Penninas, exceptis obscurioribus, incolere, libro quindecimo tradit; et, ejusdem Marcellini testimonio, Aventicum (2), desertam quidem civitatem, sed non ignobilem quondam habebant, et nobilitatem urbis tempore etiam Marcellini ædificia quoque semirupta demonstrabant. Et hos populos Plutarchus in Hannibale Castinos appellat, sed error est scriptorum. Nam eos Ptolemæus et alii geographi historicique Tricastrinos appellant, et in hanc usque diem id nomen retinent; et denominationem habent a tribus castris in ea regione non multum inter se distantibus, ad circulum fere positis: et hanc originem incolæ et indigenæ divulgant; et de alicujus gentis antiquitate et origine magis ipsi genti atque vicinis quod remotis et exteris fides adhibetur, ut Myrsilus scribit, et aliquorum opinionem de origine Tyrrhenorum reprobavit testimonio ipsius gentis et Romanorum qui vicini erant, et a majoribus posteriores per auditum unius ab altero originem et fundationem suæ gentis accipere possunt, et secundum jureconsultos nostra et vicinorum facta scire præsumimur. Sed quare indigenarum opinionem inquirimus, cum Tricastrini vocabulum a tribus castris se nomen sum-

---

(1) Confundit Rivallius Tricastinos cum Tricastrinis, qui diversas tamen habitabant civitates, scilicet: Augustam Tricastinorum (*Aouste-en-Diois*), et Tricastrum, hodie *St-Paul-Trois-Châteaux*.

(2) Aventicus est in Sequanis, non in Alpibus Graiis aut Penninis.

psisse judicet, et a nominibus vetustis gentium et locorum validum est argumentum quisnam eorum author et conditor fuerit, et unde nomen capiant. Quapropter licet in quinto libro ab urbe condita Livius de lato Tuscorum imperio usque ad utrumque mare multos testes in Italia habere potuisset, tamen pro validiore ratione adduxit argumenta nominum tam maris Tusci quam Adriatici, quibus Italia cingitur, cum alterum inferum communi gentis vocabulo Tuscum, alterum superum ex Adria Tuscorum colonia Adriaticum, ab Italis fuerint vocata. Hoc argumento etiam in ipso Tyrrhenorum imperio Plutarchus in vita Camilli utitur, et Tyrrhenos undique colonias portasse Myrsilus probat, argumento eorum qui in insulis Atticis et Thraciæ faucibus Tyrrheni dicebantur. Quibus autem propriis nominibus hæc tria castra, unde Tricastrini denominantur, prius appellata fuerint, non satis compertum habeo, nisi de eminentiori quod Aventicum, si Marcellinus vera scribat, dicebatur. Et etiam primum Tricastrinorum oppidum in hanc usque ætatem Tricastrinum vocabatur, ex eo quod aliis duobus castris præstabat. Et quod Tricastrini antiqua gens existat, hinc patet quod per eos primo Bellovesus, inde sedatis Allobrogum certaminibus, Hannibal cum copiis Italiam petierunt, sicut post Livium et Plutarchum alios quoque libro secundo referemus. Romanis autem in hac regione principatum arripientibus, Tricastrinum purum et antiquum ac primum illius gentis oppidum Augustæ nomen accepit, et secundum Plinium libro tertio, ipsa Augusta Tricastrinorum oppidum latinum erat, sicut Avenio Cavarum et Aquæ Sextiæ Salyorum, et plurima alia.

 Adveniente autem Christianitate, in urbe Tricastrina sive Augusta Tricastrinorum, Lupicinus et alii quidam Viennenses mortem pro Christo sustinuerunt, et illis templum majus pontificale primum in urbe dedicatum est. Et eidem templo longe post præfuit Paulus episcopus, qui miraculis fulgens, tandem in deos relatus fuit, et sub ipsius divi Pauli nomine ædes sacra pontificalis denominationem habuit, ut in ejus vita legimus, ita quod dimisso Augustæ nomine civitas Sanctus Paulus in Tribus Castris aut Tricastrinis civium et vicinorum vernaculo appellatur. Post Christi enim nativitatem, multa oppida antiqua et recentia, a Christianis in divos relatis, quos vulgus Sanctos appellat, nomina habuerunt, prout in ipsis oppidis singuli coluntur; et sicut antiquitus oppida sæpe denominabantur ex puro vel cum dictione poli composito nomine eorum qui eadem oppida construebant vel restaurabant, aut in eis aliquid præclari gerebant, ut in Augusta et Gratianopoli deprehenditur; ita non immerito oppida in quibus aliqui divi coluntur ab eorum puris et compositis nominibus appellari possunt, quoniam et ipsa oppida satis construxerunt probata vita, sanis moribus, optimo exemplo et per miracula apud Deum, suffragiis ac quotidiana custodia, quod majus est quod ædificiis urbes adornare, imo divitiis et donis eorum qui talibus sanctis vota persolvunt, et ab eis subsidia petunt, ipsa oppida ædificiis construuntur; ut de sancto Antonio et beata Maria in Planis (1) constat, quæ loca ex pagis a Virginis Mariæ et divi Antonii cultu oppida facta sunt. Alia id genus esse experientia docet, et propterea in hoc nostro libello antiquorum morem sequentes, oppida in quibus aliqui divi coluntur, ab eorum puris vel cum dictione poli compositis nominibus denominamus, ut Marcellinam vel Sanctum Marcellinum aut Marcellinopolim, et id genus similia.

Sed ut ad rem redeamus, licet Tricastrinæ civitati, ad

---

(1) *St-Antoine* ; *Notre-Dame-du-Plan.*

sui gloriam, Augustus imperator Augustæ nomen dederit, tamen nullæ illius nominis reliquiæ extant, quin imo hodie hæc civitas latine in monumentis et instrumentis Tricastrinum, et loci vernaculo Sanctus Paulus in Tribus Castris appellatur. Et inter alia commoda situm habet planum, murisque et turribus non injucundis circumdatur : et intra muros est fons vivus civibus maxime aptus, necnon arx pontificalis ; et bonas lapidicinas ad ædificationem Tricastrini possident. Et in Tricastrinis nummum, Guidonis Papæ testimonio, Tricastrinensis antistes cudere poterat, et comes Tricastrinensis appellatur. Prope civitatem Tricastrinam colitur divus Restitutus cui, ut sanctum Evangelium docet, visum Christus restituit, et Hierosolymis recedens in hac regione quievit, et Tricastrinorum aliquando pontificatum habuit, suisque precibus a Deo visus conservationem et recuperationem homines obtinent, et in Sancto Restituto (1) oppido sepultus est : et huic divo vota persolventes aquam fontis ibi nascentis bibunt, et oculos ipsa aqua de more abluunt. Et Sanctus Restitutus est secundum Tricastrinorum castrum, et Balma (2) non longe distans tertium. Sed quo vocabulo, ante divi Restituti adventum, Sanctus Restitutus oppidum appellaretur, nondum invenimus, nisi generali nomine castrum unum ex tribus diceretur, et oppidi formam in colle muris et turribus circumdati Sanctus Restitutus habet ; et ibi est episcopi templum et domus sive castrum celebre, et antiquitatis hæc superioribus annis extabant vestigia. In omni imperio pontifex hæc tria castra possidebat, donoque principum episcopatus Tricastrinensis augmentum accepit. Tandem, propter incursiones militum et virorum nobilium

(1) St-Restitut, canton de Pierrelatte (Drôme).

(2) La Baume-de-Transy ou de-Transit.

vicinorum in ipsam urbem Tricastrinam et episcopatus homines, Deodatus Stagnus (1), Tricastrinensis antistes, ut ipse et subditi defensorem haberent, anno Chriti millesimo quadringentesimo octavo, Carolum regem in civitate et tota sua jurisdictione socium et participem fecit, ita quod inde ibi judicem communem Delphinus et Antistes habuerunt, et etiam Balmam Castrum familiæ Berniæ, cui in hoc Pictavia successit, episcopus Tricastrinensis, retento majori imperio, secundum Guidonem Papam, in emphiteosim dedit; et nihilominus aliquid antiqui nominis auctoritatisque retinendo, Ballivus Tricastrinensis sive major et communis pro Delphino et Antistite civitatis judex audit et terminat lites, tam ipsius civitatis Tricastrinæ et Sancti Restituti in prima cognitione quam Balmarum appellationes, et aliam non habet jurisdictionem nisi in aliqua Camareti (2) parte perpaucisque aliis. In divina autem jurisdictione Tricastrinensis diœcesis non est tribus his castris contenta, quin imo confusis antiquarum gentium limitibus amplectitur Tuletam, Avisanum, Bochetum, Susam, Sanctum Torquatum, Montem Securum, Grilionem, Aquam Bellam Cisterciensium cœnobium, Clansayas, Vallem Auream, Canta-Merulum, Abolenam, Regalem Villam, Citellas, Rossassium, Portas, Rupem Fortem, Speluchiam, Alundum (3); et Avisanum est sub maximi Pontificis ditione, ex permutatione abhinc multis seculis facta per Humbertum delphinum cum Clemente sexto sacerdote magno ad medietatem Romanensis oppidi; et in Avisani januis est adhuc insculptus piscis delphinus sine liliis, quod alio loco non

---

(1) *Déodat d'Estaing.*
(2) *Chamaret.*
(3) *Tulette, Avisan, Bouchet, Suze-la-Rousse, St-Torquat, Montségur, Crillon, Aiguebelle, Clansaye, Valaurie, Chantemerle, Bollène, Réauville, Citolles, Roussas, Portes, Rochefort, Espeluche.*

vidimus, nisi in Sancto Stephano, et una Vamppii et Sancti Marcellini porta ad orientem versa.

Vocontii et Dia.

Supra Caros seu Cavaros Vocontii mansiones habent, et post Salyos montana in septentrionem vergentia, teste Strabone libro quarto, Albienses Albiæcique et Vocontii tenent, et ad Allobrogas usque, ut idem ait, Vocontiorum regio protenditur. Et e fenestris domus nostræ Argentinæ, aliisque Allobrogum propinquis locis, videtur tota Vocontiorum frons, murorum instar fere ad Isaræ ripas in montes erecta, et sui frigiditate hi montes Vocontii nostris fructibus nocent. Et ex hoc latere septentrionali, inter Isaram et Vocontiorum montes, a Cavaris usque ad Dravi et ipsius Isaræ coitum, est subjecta planities angusta, disparis tum latitudinis quæ per aliquos Allobrogibus attribuitur; sed eam esse Vocontiorum crediderim. Et Montem Ventosum, Medulosque, a meridie etiam cum Albiensibus et Albiæcis, Vocontii habent, et in aliqua occidentis parte contra medium Cavarum agrum Tricastrinos attingunt, licet Strabo id non tradiderit, et per vallem Triviarum (1) usque ad Dravum superior Vocontiorum pars ab oriente extenditur, et a pago, qui nunc corrupto vocabulo Vecortium (2) dicitur, Vocontii, ni fallor, appellati fuerunt, et id Vecortium est in Vocontiorum cacumine, Isaram et Allobroges respiciens; et in sui fere medio Vocontii habent verticem qui versus septentrionem et pariter meridiem descensum habet, et per ipsum fere verticem Droma flumen decurrit. Et in Helvetios Cæsar ex Italia ducens exercitum Caturiges

---

(1) Triviæ, *le Trièves*.   (2) Vercorium, *le Vercors*.

inde Vocontios et Allobrogas peragravit. Et si Straboni, libro quarto, credamus, profundas in montibus valles Vocontii habent, memorabiles quidem, neque ulla ex parte vallibus Allobrogicis deteriores. Et in ipsis Vocontiis olim erat pagus Vertacomacori ex quo, ut libro tertio Plinius refert, Novaria orta est. Et in Vocontiorum planitie quæ Isaram attingit, est Sanctus Nazarius forti et angusto ponte supra Burnam illustris, et Sanctus Joannes, et Pons in Roianis oppidum, et Sanctus Justus, monialium cœnobium, Humberti delphini opus, et Bellus Visus, Delphinorum domus, quæ qualis fuerit ruina docet, et non longe silvam Clariam (1), sibi ad venationem dedicatam et sacratam, Delphini habebant. Sequitur deinde Isero et Cogninum et Armeium atque Sanctus Quintinus, Cassenaticum (2) quoque. Post illam autem planitiem fit ascensus ad Vocontiorum montes, et tres primi appellantur Austrans, Meaudre et Lantium (3), a pagis ejusdem nominis ibi sitis, et in quolibet monte est vallis fructibus abundans; et licet ad has valles ascensus sit difficilis et angustus, tamen cum ad eas perventum est amœnitatem habent et visentes maxime æstate delectant. Et in Lanciæ vallis principio Burna (4) fontes et originem habet, et totam vallem irrigat, et transacto Villario (5) per colles arduos et angustias fere immeabiles in Pontem descendit, inde sub Nazario Isaræ commiscetur, et clarus fluvius est, neque Surgæ absimilis; et in eo optimi pisces capiuntur, et, nisi pluvia aut aquis liquescente nive augeatur, vado fere ubique transitur.

(1) *St-Nazaire-en-Royans*, sur la *Bourne*; *St-Jean-en-Royans*; *Pont-en-Royans*; la forêt Delphinale de *Claye*; l'*Abbaye de St-Just*, ordre de *Cîteaux*; Bellus visus, Castrum Belli visus in Royanis, palatium Delphinale, *Beauvoir-en-Royans*.
(2) *Iseron*, *Cognin*, *Armieu*, *St-Quentin*, *Sassenage*.
(3) *Autrans*, *Meaudre*, *Lans*.
(4) *Burna*, la *Bourne*.
(5) *Villard-de-Lans*.

Et supra Sancti Joannis planitiem est monasterium Cartusiensium in collibus Bovantiis (1), et intra montem Castrum Duplex et Cabeolum Cavarum oppida attingentem, est Leoncellum (2) Cisterciensium cœnobium; et in civitate Valentina, quinto idus augusti, anni Christi millesimi centesimi septuagesimi, Federicus constituit ut nullum in archiepiscopatu Arelatensi et Viennensi eorumque suffraganeorun territoriis vectigal ipsum cœnobium solveret, et id donum Godefridus cancellarius vice Rutberti Viennensis archiepiscopi et regni Burgundiæ archicancellarii recognovit.

Non longe a Dravi et Isaræ concursu, in pendente Vocontiorum rupe, supra Secinum, est turris Pariseti (3) in qua nullum animal veneficum vivere potest, et Gervasio authore, si de terra castri superioris Parisii in quovis loco fiat sparsio, statim omnes nocivi vermes fugantur; et prope comperiuntur lapides gemmis similes. Et sursum tendendo ad latus montis est Fons Ardens (4), prope Mirabellum, in quem flamma ignis injecta aquam incendit et inflammat, et quanto plus aqua alia in comburentem spargitur, tanto major ignis suscitatur, et tempore pluvioso flamma magis excitatur: et secundum Gervasium hoc fonte fasces accensæ extinguuntur, et extinctæ incenduntur. Paulo supra est Mons Inascensibilis in altitudinem porrectus et quadratus, quare ad eum ascendi non potest; sed hunc montem Julianus miles Lotharingus, dum Neapolim cum Carolo octavo rege proficisceretur, ingenioso ascensu vio-

(1) *La Chartreuse du Val-Sainte-Marie, paroisse de Bouvante.*

(2) *Château - Double*; *Chabeuil*; *Léoncel, abbaye.*

(3) *Seyssinet, hameau de la commune de Pariset*; *Turris Pariseti, seu Turris sine Veneno, Tour-de-Pariset ou Tour-sans-Venin.* (Salvagnii Boessii septem Delphinatus Miracula. Gratianop. 1656, in-8°, p. 21.)

(4) Fons Ardens, *la Fontaine-Ardente*. (Septem Miracula Delphinatus, p. 1.)

lavit (1), et hodie frequens est in eum montem ascensus. Hæc tria mirabilia visu percepimus et deprehendimus, et in descriptione Europæ Martinus Hylacomylus (2) et alii complures exteri ipsorum meminerunt. Et a Gressa pago Monti Inascensibili et Fonti Ardenti proximo, Gressa (3) fluvius progreditur, et in Dravum cum magno accolarum detrimento supra Vivum confluit.

Ultra Montem Inascensibilem, in excelso Vocontiorum vertice supra Balmam Arnaudorum, Droma fluvius oritur, et in proximam vallem decurrens, a suo nomine eam et pagum ibi collocatum denominat (4), et procedens lacum Luci Augusti (5) intrat. Inde egressus alluit Diam Vocontiorum necnon Augustam, et ad plana descendens Cristam attingit, et per Cavarum agros labitur, et inter Aeriam et Aureolum (6) Rhodano commiscetur; et ubique etiam prope Rhodanum vado transitur, nisi pluvia aut nivibus liquescentibus augeatur, quod facile contingit; et Droma est unum de quinque fluminibus quæ ex Alpibus inter Druentiam et Isaram in Rhodanum fluere Strabo tradit.

Et quia Lucus antiquum Vocontiorum oppidum erat, non silentio præterierim quod paulo post ipsius Dromæ originem, per unam leucam, est locus rupibus undique clausus in formam medii circuli septentrionem respicientis, et duos exitus sive egressus satis inter se distantes habebat, quemlibet latitudinis, circiter duodeviginti passuum

---

(1) Anno Domini 1492 et die 26ª junii, dominus Antonius de Villa, dominus de Domjulien, cambellanus et consiliarius regius, nomine et mandato Caroli VIII, regis delphini, ascendit in montem vocatum vulgariter *Éguille*, seu Montem Inascensibilem, *le Mont-Inaccessible*.

(2) Martinus Hylacomylus, nomen græcissatum cosmographi Waldsee-Müller.

(3) Gressa, nomen pagi et rivuli, *Gresse*.

(4) Valdroma, *Valdrôme*.

(5) Lucus Augusti, *Luc*.

(6) Aeria, *Livron*, secundum auctorem; Aureolum, *Loriol*.

superiorem scilicet omnino ad septentrionem versum, alterum ad occidentem parum spectantem septentrionem; et per eos exitus Droma agebat, ingrediens per septentrionalem et egrediens per occidentalem, deorsum profluendo, et facilis erat transitus ascendendo ab illo loco per ripas Dromæ ad duas leucas usque ad montem qui est inter Beurias et ipsam Balmam Arnaudorum (1). Intra illum circulum Lucus oppidum positus erat, situ loci turribusque et mœniis horribilis, antiquus et fortis moreque vetusto angustus, habens unam ad quemlibet exitum januam, et in medio fere sui arcem fortissimam, quadratam, magnæ altitudinis et structuræ delectabilis, cum pluribus fornicibus et fenestris aspicientibus meridiem ad occidentem inclinantem. Et longe ante Diam conditam, in illa Vocontiorum parte, Lucus dominationem obtinebat, quia secundum Plinium, libro tertio, Vocontiorum civitatis fœderatæ Lucus Augusti unum caput erat. Sed abhinc sexaginta annis pars summitatis rupis septentrionalis dissoluta et ab inferiore scopulo divisa illos duos Luci exitus casu suo clausit, ita quod Droma restagnavit, primo supra ingressum superiorem in convallé et lacum effecit, tandem per quasdam vias inter superiores rupis claudentis ipsum ingressum lapides descendit in oppidum, et ob rupis portionem claudentem egressum occidentalem Droma adhuc restagnavit et idem oppidum submersit, et Luco fere ad summum repleto, Droma vias sibi quæsitavit inter superiores meatus clausi lapides, cum inferiores pressura et pondere superiorum omnino transitus infimos clauderent. Et quia oppidum non fuit statim submersum propter ingressum Dromæ superiorem clausum, oppidani cum supellec-

(1) *Bauricres*, la *Baume-des-Arnauds*.

tili evaserunt, et in proxima loca profecti sunt, et aliqui domicilia posuerunt paulo infra ipsum Lucum antiquum ad pedem montis septentrionalis jam commemorati, et nomen antiqui oppidi retinent cum sacerdotio quem Prioratum appellant.

Et ea quæ de Luco audiveram et legeram visu probavi sexto idus septembris anni millesimi quingentesimi trigesimi tertii, festo Nativitatis Mariæ. Et quia pluribus mensibus non pluerat, aqua tunc ibi adeo erat suppressa quod arx illa antiqua apparebat, supra aquam per quadraginta fere pedes, ita integra ac si paulo ante constructa fuisset, cum duabus fenestris duplicibus, una aquam attingente, altera paulo infra arcis summitatem. Et in multis locis ædificia adhuc infra aquam extant, et cognoscuntur projectu lapidis. Vidimus quoque unam oppidi turrim infra aquam ad septentrionale viæ inferioris latus, cum superiore fornice et mœniis procedentibus ab eadem turri usque ad arcem supra descriptam, et uno pede aqua his superior erat; et parum tam turris quam mœnia distant a rupe septentrionali, quæ nuda est et alba in ea parte quæ ruinam passa est, et in cæteris dumosa. Et quamprimum locum adventavi, exhorrui et timui quasi oppidi submersio divinum judicium fuerit, quamvis rupis casus facile deprehendatur : et multi junctis trabibus supra eos lacus navigant piscando, et in ipsa turri columbos qui ibi abundant capiunt; et aliquando prope arcem videtur summitas templi ejusdem oppidi, et aquis crescentibus hujusmodi ædificia non ita aperte videntur. Et in æstate anni millesimi quingentesimi trigesimi quinti, multi fuerunt in pede turris ac intra templum ubi extant adhuc tria altaria integra. Illa enim æstate tanta fuit siccitas, quod fontes et fluvii prope omnes desiccabantur; et totus Lucus quasi apparebat. Et propter hasce vias clausas hodie fit iter flexum eundo Diam, Serrum et Vapincum (1), citra montem oppidi submersi septentrionalem, quod est difficile et asperum. Et meo judicio ambo Luci ingressus aperiri possent ab inferiore incipiendo, sed expensa utilitatem excederet.

Et sub eodem Augusti Luco est Dia etiam Vocontiorum civitas, nunc gentis circumadjacentis caput, posita in valle aperta ab occasu solis descendendo Cristam et ad Rhodanum prout Droma fluit, et a parte orientis versus Lucum exitum habet apertum, et desuper ante Luci submersionem per Dromæ ripas iter patebat : Dia arduis montibus est inclusa et prope ipsam Diam a meridie Droma fluit, et eam Pius Augustus in Itinerario Deam Vocontiorum appellat, et inter Lucum et Augustam collocat, et Vocontiorum addit ut a Dia Macedoniæ differat. In Macedonia enim sunt Dienses juris Italici, sicut Paulus de Censibus refert; et de Vocontiorum Diensibus male hoc plures dici arbitrantur. Et hanc urbem Gaguinus inepte Diennam vocat, et provinciæ Viennensi ipse Pius Antoninus Deam Vocontiorum attribuit, et adhuc Viennensi archiepiscopo suffragatur; et portam qua Lucum tenditur similem structura antiquis Gratianopolis januis habet. Dia necnon Valentia olim diversos pontifices habebant, postea uni episcopo paruerunt et Viennam metropolim agnoscunt. Diæ complures et non contemnendæ sunt inscriptiones marmoreæ et sepulcra antiqua, ut facile sit conjectare hanc urbem à Romanis et aliis inclitæ dignitatis et virtutis hominibus cultam fuisse, et principes aliquando Podium Ornhionis arcem Diæ proximam habitaverunt. Et prope Diam in templo Divi Marcelli est inhumatus Sigismundus, rex Scotus, et Ptolomæus Ægypti rex, quem in Gallia

(1) *Die, Serres, Gap.*

obiisse Plinius testatur. Et non longe a Dia est Vallis Crescentis coenobium (1).

Ex hac urbe Diensi transeundo ad sinistram, ægre Gratianopolim per arduos montes itur, et in itinere sunt: Vecortium, Rancurellum, Villarium, Lantium, Cassenaticum, et paulo supra Parisetum et Seycinum (2); ad dextram autem in itinere Gratianopolitano est Collum Minutum, Monasterium Clari Montis (3), Vivus, et trajecto Dravo, Gratianopolis occurrit. Alia est autem via inter hanc utramque media per Collum Grassum et Montem Inascensibilem, ipsumque Clari Montis Monasterium et Vivum : et hoc iter novem leucas duntaxat continet, et sicut primo longius, ita secundo duabus leucis brevius est. Sub Dia in Dromæ ripis est Augusta (4), ab Augusto sic appellata; et ibi optimæ fiunt fistulæ, quæ venales ad remotas regiones feruntur. Inde sequitur Crista Arnaudi (5), oppidum recens, apud quod sicut et ad Augustam Droma ponte lapideo trajicitur. Et ad finem monticuli eminentis, ignobilis Arnaudorum familia, admodum tamen dives ampla et potens, hoc oppidum in meridiem conversum construxit, et ab eo monticulo eminenti ex utraque parte proclivo quem nostri Cristam appellant, et Arnaudo ejusdem familiæ ædificantis cognomine hoc oppidum nomen assumpsit; et supra eumdem locum eminentem est arx quæ cæteris a nobis unquam visis latitudine densitateque et altitudine præstat, et Castrum Arnaudi prope Diam et Balmam Arnaudi, in agro Vapincensi, etiam hæc gens ædificavit: tantum potentia valebat.

(1) *L'abbaye de Valcroissant.*

(2) *Rancurel, Villard-de-Lans, Lans, Sassenage, Pariset, Seissins.*

(3) Monasterium Clari Montis, *Monestier-de-Clermont.*

(4) Augusta, Augusta Tricastinorum, *Aouste-en-Diois.*

(5) Crista Arnaudi vel Arnaudorum, Crista, *Crest-Arnaud, Crest.*

Et hoc tempore recentiori in Diensi agro, sicut Valentino comitatus erectus fuerat, hisque comitatibus præerat mulier parentibus orbata quam uni ex suis hi Arnaudi desponsare volebant, sed eam alter ex comitis Pictavii filiis hic tunc regionem peragrans defendit, et ex his locis Arnaudos fugavit, et istam mulierem generosam desponsavit, et cum ea comitatum Diensem et Valentinum obtinuit. Et quia Dia et Valentia episcopi erant, Crista præcipuum comitatus Diensis et Valentini oppidum fuit, et ibi utriusque comitatus incolis justitia reddebatur; sed postquam Ademarii Montilium in comitis ditionem venit, Valentini comitatus pars ibi jura recepit. Et ultra Cristæ pontem, trans Dromam, in æde divi Francisci extat adhuc sepulcrum Pictaviorum comitum Valentinensium et Diensium. Et vigesima sexta augusti anni Christi millesimi quadringentesimi sexagesimi septimi, Ludovicus Pictavius, antistes Valentinus et Diensis, in Cristæ templo novem canonicos decemque sacerdotes et octo juvenes constituit, erexit et fundavit. Prope Cristam est in colle Saonis cœnobium (1), ut fertur, Ademariorum opus.

In orientali autem Vocontiorum plaga est convallis Triviarum, et primum ipsius oppidum Mentium (2) appellatur, et per eam convallem Gratianopoli Sisteronem itur et usque in Crucem Altam fit ascensus, illinc Sisteronem et Aquas Sextias et ad littus Massiliense descenditur, et Cruce Alta superata est vallis excelsis montibus circumdata, a cujus ingressu ac egressu pauci augustia loci exercitum arcere possent. Et ibi inter Lunas et Sanctum Julianum (3), eundo Vapincum, est planities in pede collis quæ Carnium locus dicitur, quia ibi a montanis strages Britonum aut

(1) *St-Pierre-de-Saou.*
(2) Mentium, *Mens-en-Trièves.*
(3) *Lours*; Sanctus Julianus, *St-Julien-en-Bauchêne.*

aliorum militum vagantium facta est. Et e Jariata Vocontiorum pago, Cruci Altæ proximo, Boschius flumen oritur (1), et per mediam hanc vallem decurrit et Lunas Sanctumque Julianum, Sanctum Andream ac Fabricas, montana oppida, in hac valle alluit, deinde ejusdem vallis angustias egressus prope Asperum Montem fluit, et modico intervallo citra Serrum alterum Boschium Veneto profluentem recipit (2). Et inde inter Medulos et Sigorios prolabens ad Sisteronis mœnia Druentiæ immiscetur, et ponte ante suum in Druentiam ingressum prope Sisteronem trajicitur. Et ad ipsam Crucem Altam in monte sunt duo fontes, scilicet Ebron (3), qui, recepto rivulo ex cacumine montium fluente, per agros Trevianos decurrit, postea Dravo immergitur. Ex altero autem fonte Lunellus fluviolus (4) progreditur et in Boschium una leuca post suam originem intrat, et ab hoc fluvio Lunæ pagus dictus est, cum ante Lunas in creatione mundi hoc flumen esset; et pisces optimos producit. Et supra hanc Boschii convallem angustam, est ab oriente cœnobium Durbonis, monialibus dedicatum (5), et rupibus undique clausum. Et in Vocontiis prope Asperum, non longe ab Argensone (6), est fons cujus aqua vini saporem in aliqua sui parte habet (7). Et Serri, ad ipsius Boschii ripam, olim prætor agri adjacentis tribunal habebat. Postea Vapincum hoc prætoris tribunal, Ludovici duodecimi temporibus, translatum est. Descripsimus septentrionalem Vocontiorum plagam, ad meridianam transeamus.

(1) *La Jarjatte, commune de Lus-la-Croix-Haute; le Buech.*
(2) *Aspremont, Serres, Veynes.*
(3) *L'Ebron.*
(4) *Le Torrent-de-Lunel.*
(5) *La Chartreuse de Durbon.* Domus Durbonis non monialibus, sed monachis carthusiensibus dedicata.
(6) *Aspres; St-Pierre-d'Argenson.*
(7) Fons vinosus, apud Salvagnium Boessium, De septem Delphinatus Miraculis. (*La fontaine vineuse.*)

Vasio.

Ad extremam Vocontiorum oram Vasio ædificata est (1), et collem Monti Ventoso propinquum, humiliorem tamen, a tergo habet, septentrionemque et orientem respicit, et ab ea parte subjectam vallem et planitiem modicam possidet; et a Ptolemæo hæc civitas etiam Vasium appellatur (2), et secundum Plinium, libro tertio, Vocontiorum civitatis fœderatæ duo capita erant Vasio et Lucus Augusti. Et Hermolaus Barbarus castigat aliquos Plinii codices in quibus depravate Vasgo pro Vasione scribitur. Et Narbonensis Galliæ urbes opulentissimæ sunt, teste Pomponio Mela, Vasio Vocontiorum, Vienna Allobrogum, Avenio Cavarum et quædam aliæ ab eo descriptæ. Et hanc civitatem Vasionensem esse in provincia Viennensi Antoninus Pius in suo Itinerario tradit, et non multum a Carpentoracte distat. Nunc est civitas satis humilis et parum insignis, quamvis habeat præsulem qui Avenionensi archiepiscopo suffragatur. Et a septentrione Ovidia (3) flumen Vasionem attingit, et supra id flumen ad hanc urbem est pons lapideus, Romanorum aut alterius gentis validæ opus. Et e Chamuntia rupe territorii Montis Albani (4) Ovidia defluit, et longe post Vasionem prope Bedarridas Surgæ immiscetur. Supra Vasionem est Molanum (5), apud quod Ovidia ponte trajicitur. Sequitur inde Buxum (6) etiam Vocontiorum oppidum in illo agro cæteris potentius, et amplitudine ac hominum incolatu aliis vicinis præstat;

(1) Vasio, *Vaison.*
(2) Apud Ptolemæum legitur Πόλις Ὀυασίων, civitas Vasio.
(3) *L'Ouvèze.*
(4) *La montagne de Chamousse, commune de Montauban.*
(5) *Mollans.*
(6) Buxum, *le Buis (Drôme).*

et ante sui constructionem prope fontem eo loco scaturientem magna buxus erat, et circa eam ædificatum fuit hoc oppidum, quod ab ipsa arbore Buxum, si oppidanis credamus, dictum est. Et nunc fons ille putei instar redactus per excellentiam communis dicitur, et communis putei appellatione venit; et cæteri Buxi putei a situ loci nomen capiunt, ut puteus Fori, et alii. Et ad Buxum Ovidia frequenter inundat, et ibi pontem lapideum demolitur. Buxo autem ascenditur ad Montem Albanum oppidum a quo una nobilis familia montana cognomen accepit, et progrediendo ulterius pervenitur Auripetram (1), etiam Vocontiorum oppidum, quod dictum est ab aurifodina ibi in petra existente, vel a petris in fluviolo et rupe proxima nascentibus, quæ aurum ac gemmis similia quædam emittunt. Et multos ex his lapillis adamante similibus ibi collegimus. Hoc oppidum etiam Vallis Petra appellatur, quod sit in valle adeo petris et saxis circumdata, ut vix videri possit; et circa Vallem Petram sunt Laborellum, Stella, Sancta Columba, Saleon, Chauvacum, Castrum Novum Capræ, Pometum (2), alii quoque exigui pagi.

*Et ab Auripetra Bochius flumen non longe distat, et ab hac meridiana Vocontiorum plaga Dromam usque fit semper ascensus in septentrionem vergendo, et in hoc spatio ipsisque Vocontiis et diœcesi Vasionensi sunt Nyonæ oppidum (3) sine vi tormentorum mœniis potens, et in valle positum omni latere montibus circumdatur; et ad eam vallem propter montes nec lenissimus quidem ventus intrare poterat, et propterea usque ad Caroli Magni tempora vallis illa sterilis omnique humano commodo prorsus inu-

---

(1) *Orpierre.*
(2) *Laborel, Étoile, Ste-Colombe, Saléon, Chauvac, Châteauneuf-de-Chabre, Pomet.*
(3) *Neomagus, Castrum de Nionis, Nions, Nyons.*

tilis fuit, licet ipsum oppidum multi coloni habitarent. Hanc autem loci infertilitatem Cesareus præsul Arelatensis (1), vir miraculis præclarus, comperiens, mare suæ civitati subjacens adivit, et chirothecam austro quem ventum marinum appellant opplevit, et ad ipsam vallem accessit, et chirothecam vento plenam ibi in scopulum injecit, scopulumque perpetuum emittere ventum Christi nomine jussit, et foramine facto rupes ab illo tempore emisit ventum quem Pontanum, a ponto, id est mari, illud Dei voluntate translatum, vulgus appellat (2). Omnia fecundat, et vallis confines quasi ad metam sibi datos non excedit. Hæc Gervasius scribit, alii quoque Cesarei vitam enarrantes. Et dum Avenione petendo Italiam, tener annis, illac transiremus, ab incolis oppidanisque accepimus, fructus illo anno eis defuisse propterea quod ventus ille peculiaris more solito non perflaverat : et illac secundo transeuntes, venti hujus flatum in aurora deprehendimus, et extra vallem nullum sensimus. Et quod istud veritate non careat conjectamus ex eo quod antequam Avenione archipræsulatus esset, Vasionensis episcopatus Arelatensi suffragabatur, et verisimile est quod suffragantis territorium Cesareus adire potuit, cum sub majori ejus cura esset. Et adhuc Nyonis extat vestalium cœnobium, quod est sub potestate alterius monasterii Vestalibus Arelatæ per Cesareum ædificati, et in hanc usque diem Sancti Cesarei monasterium appellatur. Sed ne modicæ fidei homines dubitent istud Dei voluntate fieri potuisse, Plinium legant, libro secundo, qui specum quemdam in Dalmatia ventum generare, et

---

(1) Sanctus Cæsarius (*S. Césaire*), episcopus Arelatensis circa an. 501, diu ante Caroli Magni tempora.

(2) *Histoire naturelle ou Relation exacte du Vent particulier de la ville de Nyons en Dauphiné, dit le Vent de S. Césarée d'Arles, et vulgairement le Pontias*; par G. Boule. Orange, in-8°, 1647.

in Cyrenaica provincia rupes aliquas esse vento sacratas, tradit; et Pontanum ventum divinitus ac miraculose processisse argumentum est quod a rupe egreditur, et terminos agri Nyonarum non excedit, et id sine aliquo numine divino fieri non potest. Adde quod hic Pontanus ita suo flatu vallem fecundat, quod fructuum abundantia et bonitate reliquas valles superat; et, ut cæteros omittam, ita bonis pomis pirisque et olivis et volemis necnon prunis valet, quod ex his Avenione et in aliis locis non solum propinquis, sed etiam remotis, oppidani multas pecunias cogunt.

Equa autem sive Iquarius (1) Nyonas a meridie attingens e Rosanis descendit, et post Tuletam primo inde supra Arausionem defluens, Rhodano sub Cadarossa (2) immiscetur. Et apud Castrum Novum (3), non longe a Nyonis, est torrens qui suapte natura conficit lapides rotundos ad quamlibet tormentorum speciem aptos. Et prope Nyonas est Varriacum, Tollignianum (4), munita oppida, et supra Nyonas est Rosanum etiam Vocontiorum oppidum a quo tota illa plaga nomen accipit, et rectiori, sed difficiliori montano itinere Nyonis Rosanum et Serrum devenitur. Postea occurrit, transacto Bochio, Venetum (5) Sigoriorum pagus, inde Vapincum. Et hac via in teneris annis Avenione Italiam petiimus; faciliori autem via et longiori per Pilas et Sanctam Gallam (6) ac Perogium, Montemque Albanum et Auripetram Nyonis in civitatem Vapincensem itur. Et a Tricastrinis per extremam agri Vocontiorum oram Hannibal in Italiam profectus est.

(1) Icarus, Eygarus, *l'Eygues*, *l'Aigues*.
(2) Rozans, *Tulette*, *Caderousse*.
(3) *Châteauneuf-de-Bordette*.
(4) Valriacum, Valeriacum, *Valréas*, *Vauréas*; Tollignianum, Taulignanum, *Taulignan*.
(5) Venetum, *Veynes*.
(6) Pilæ, Sancta Galla, *les Pilles*, *Sainte-Jalle*.

Et Strabonis tempore, ex Hispania per Nemausum duplex erat via in Italiam : compendiosa statim per Vocontios, inquit, ad Alpes ducebat, altera per Massiliense littus atque Ligusticum prolixior est. Cæterum, faciliores in Italiam per montes jam ibi humiliores factos ascensus habet; et hac secunda via itur e Nemauso in Italiam per Ugernum atque Tarasconem et Aquas Sextias et Antipolim ad Varum usque flumen (1), Italiæ principium. Via autem per Vocontios et Cottii terram, communem habet, ut idem Strabo tradit, cum altera via transitum usque Tarasconem et Ugernum. Inde ad Vocontiorum fines ad initium adscensus Alpium per Druentiam et Cabellionem (2); rursus illinc ad alteros Vocontiorum fines, ad Cottii terram scilicet et vicum Ebrodunum (3) devenitur. Iter est postea per Brigantium (4) et ex Scingomago (5) et transitu Alpium ad Ocellum ubi terra Cottii finem habebat, et ibi jam Italia nominatur. Et quia Strabo sui temporis iter per Vocontios scripsit, quod ob aliquam gentis mutationem pro parte est incognitum, commemorabo recentiorem viam : et nunc ex Hispania et Narbonensi provincia iter fit in Italiam per urbem Nemausum, Avenionem, Carpentoractem, Malossanam, Vasionem Vocontiorum civitatem, Buxum, Medullios, Riperias, Sausam (6); vel a Buxo per Sanctam Euphemiam, Sanctum Albanum, Montemque Albanum, Auripetram, Sausam, Tallardum, Bredulam, Barcelonam et Cunum (7), aut ex Auripetra per Sausam et Vapincum, Caturiges, Ebrodunum, Brigantium, Sesanam, Ursium,

---

(1) *Beaucaire*, *Tarascon*, *Aix*, *Antibes*, *le Var*.

(2) Cabellio, Caballio, *Cavaillon*.

(3) Ebrodunum, *Embrun*.

(4) Brigantium, Brigantio, *Briançon*.

(5) Scingomagus, vicus inter Brigantionem et Ocellum (*Usseaux*, *Ocello*) situs, cujus nomen hodiernum quæritur.

(6) Riperiæ, Riberium, *Ribiers*; Sausa, Salsa, *la Saulce*.

(7) Barcelona, Barcilona, Barcinova, *Barcelonette*; Cunum, *Coni*.

Ocellum, Chomuncium et Segusionem. Et aliquando prolixiori via itur per Nemausum, Sanctum Spiritum, Tricastrinos, Cristam, Augustam, Diam, Lucum Augusti, Balmam, Venetum, Vapincum, et alia inde loca supra commemorata. Prolixissima via est per Ademarum Montillium, Aureolum, Valentiam Cavarum, Romanos, Sanctumque Marcellinum et Gratianopolim. Inde tria sunt itinera quæ in Italiam ducunt, ut in ipsa Gratianopoli scripsimus. Et Strabo Piusque referunt insigniora duntaxat itinerum oppida et pagos in quibus hospitabatur, alia quæ plura erant etiam in itinere et propter iter omittunt.

Medulli.

Ultra extremam Vocontiorum regionem est Medullio (1) oppidum sub excelso monte ad pedem ex omni latere planitiem habente, et non longe a Ventoso monte distat. Et quia illius regionis olim principatum tenebat, ab eo oppido tanquam insigniori omnes incolæ adjacentes Medulli, ut in aliis contingit, dicebantur, et ultimam Bochii partem attingebant. Et nostra adhuc ætate Medullio ipsius regionis est caput, quoniam novo vocabulo duæ in illis locis baroniæ constitutæ fuerunt, scilicet Montis Albani et Medullionis, et quælibet sub sua ditione pagos et oppida distincta continet. Et sub his extrema Vocontiorum pars esse cœpit; nam et Nionæ baroniæ Sancti Albani portio est, et Buxus Medullioni subest, et nunc Vasio, alterum Vocontiorum caput, Comitatui Venaissino accedit. Et prius Medullio cuidam nobili familiæ montanæ, quæ ab eo oppido cognomen accipiebat,

(1) Medullio, *Menillon*, *Mévouillon*, *dans les Baronnies*.

spectabat. Et idibus novembris pontificatus sui anno quarto, Clemens, magnus sacerdos, in templo Graucello prope Malossanam permisit, sine juris præjudicio alieni, Raymundo Medullionem possidenti, ut in castro suo Buxo, Vasionensis diœcesis, quod opulentum et populosum ad septingentarum domorum numerum existebat, cœnobium viginti quinque vel plurium fratrum Prædicatorum ædificaret. Quod idem Raymundus extra Buxi muros fecit; et adhuc id cœnobium extat (1). Et postremo ad Delphinos hæ duæ baroniæ pervenerunt; et tribunal prætoris appellationum baroniarum Sancti Albani et Medullionis, quem nostri Ballivum vocant, Delphini Buxi constituerunt, ita quod ab hoc Ballivo senatus Delphinalis appellaretur.

Et in Medullis familia Podiorum Montem Brunum tenet (2). Et illic vidimus aliquando Falquetum Podium ejusque uxorem qui duos et triginta liberos susceperunt, mares sexdecim et femellas totidem, et hoc mihi ambo asseruerunt. Et e Monte Bruno Torencus flumen (3) procedit, et per citeriorem montis Ventosi pedem in Ovidiam fluvium, inter Molanum et Vasionem labitur, suoque posteriori cursu Comitatum Venaissinum a Delphinatu separat, sicut ex occidente mons Ventosus in aliqua sui parte ipsum Comitatum et Delphinatum dividit. Et non omittam quod Strabo Medullos, locorum ignorantia, interdum Meduallos, aliquando Medillos (4), libro quarto, corrupte appellat, et regionem ipsam peragrantes istud clare dignoscunt. Ultra Medullos usque ad Druentiam et Salyos supra Meminos et Vallem Clusam sunt Albienses Albiæcique, et

---

(1) *Les Dominicains de Buis, fondés en 1294 par Reymond de Meuillon, confirmés le 13 novembre 1309 par Clément V, à Croscau, près de Malaucène.*

(2) *La famille Dupuy-Montbrun.*
(3) *Le Thoulourenc.*
(4) Μεδόαλοι, Μεδύαλοι; apud Plinium, Meduli.

montana in septentrionem vergentia, Strabonis testimonio, colunt. Aliquam tamen planitiem sub Cadaneto et Manoscha, Druentiam attingentem, possident. Plinius autem libro tertio attribuit hanc regionem Vulgientibus, Allebeceris et Apollinaribus, et scribit Aptam Juliam esse oppidum latinum ipsorum Vulgientium, Allebeceriorum, Apollinarium (1). Et juxta Aptam Juliam est pons Julii supra Calonem fluviolum, et ex hoc a Julio Cæsare dici Aptam Juliam aliqui crediderunt. Et divæ Annæ corpore Apta Julia illustratur; et episcopatum Aptensem Joannes Nicolaus, gubernator Avenionensis, affinis noster, obtinet (2). Sub Apta Julia est Murus vicus, necnon Laurus Marinus; et in planitie Pertusium oppidum et Turris Aquesia, loci situ ambo delectabilia (3). Ab Apta vero Julia, orientem versus flectendo, est in colle Cesarista (4), et sub ea, paulo citra Druentiam, Manoscha oppidum (5), murorum fortitudine hominumque frequentia et amygdalorum abundantia celeberrimum. Post Cesaristam vero occurrit Falchaquerium, recens oppidum, a quo tota hæc regio, relictis Albiensium Vulgientiumque et aliis antiquis denominationibus, novum comitatus Falchaquerii nomen usque ad Druentiam Sisteronem quoque accepit.

Et in hoc Falchaquerii comitatu, supra Aptam Juliam, est familia Agouta potens, nobilis et antiqua ; et ut in veteribus illius familiæ monumentis legimus : Agoutus Lupus imperii, ut dicunt, marescallus erat, decimoque sexto

(1) Apta Julia Vulgentium, *Apt*. Legendum Alebecc Reiorum Apollinarium, *peuples habitant dans les environs d'Albiosc et de Riez (Basses-Alpes)*.

(2) *Jean Nicolaï, recteur du Comtat Venaissin, sous les papes Jules II et Léon X, évêque d'Apt, de* 1527 à 1533.

(3) *Murs, Lourmarin, Pertuis, la Tour-d'Aigues.*

(4) Cesarista, *Céreste*.

(5) Manosca, Manuesca, *Manosque*, urbs lepida Provinciæ ad Druentiam fluvium.

calendas maias anni incarnationis Christi millesimi quarti, indictione duodecima, Henricus secundus, apud Sanctum Salvatorem juxta Papiam, dedit eidem Agouto Lupo castrum et vallem Saltus quæ ampla est et nemorosa glandibusque abundans (1); et dicitur hæc vallis Saltus, quod in ejus silvis patentibus et densis longisque et spatiosis feræ ob latitudinem abunde saliant, de quo Virgilius in Georgicis ait :

Saltibus in vacuis pascant, et plena secundum
Flumina.

Et in pede montis Ventosi a meridie vallis Saltus collocata est sub Medullis, et comitatum Venaissinum attingit. Et a nomine istius Agouti ejus familia cognomen in hanc usque diem accepit, et monetæ cudendæ potestatem tresque primas in jurisdictione cognitiones amplaque alia privilegia habebat. Et a Ludovica Agouta (2) quæ hunc vallem Saltus tenebat accepi, quod aliquot annis in ea silva supra viginti porcorum millia glandem depascunt, ex quibus totidem florenorum millia sibi solvebantur; hæc vix credidissem, nisi hujus nobilissimæ mulieris auctoritas me movisset.

Et sæpius hanc regionem peragravi, et cum hisce Agoutis commercium et magnam amicitiam habui. Et dum Murmurone, Comitatus Venaissini oppido, huic valli Saltus proximo Margonem Avenionensem deponsarem, nuptiis nostris illustris Ludovicus Agoutus ipsius Ludovicæ filius, necnon Falquetus Podius, cujus supra meminimus, interfuerunt; et tunc in silva vallis Saltus eundo Murmurone

(1) Vide hanc bullam apud Allard, *Généalogie de la famille d'Agout*; Grenoble, in-4°, 1672.

(2) *Louise d'Agout, dame de la vallée de Sault, mariée à Claude de Montauban, gentilhomme de Dauphiné, sœur et héritière de Raimond d'Agout et mère de Louis de Montauban, substitué aux nom et armes de la maison d'Agout.*

Flacciacum aliquo temporis intervallo iter perdidi, et nisi Simon Albanus vir nobilis Flacciacum possidens applicuisset, in illa silva cum magno periculo pernoctassem, tanta est illius magnitudo.

Et ab eo tempore quo ipsam Margonem desponsavi tanta crevit ejus pulchritudinis fama, quod, cum in Delphinatum duceretur, ex agris Valentiam et Romanos confluebat virorum et mulierum turba ut eam viderent; et ei in faciei pulchritudine omnes mulieres cedunt; et magnæ est amicitiæ et adeo mihi in moribus corporisque dispositione similis, ut a me se generatam credat, patremque me appellet. Et ultra triginta mulierum pulchritudines (1), multas alias invenimus; media pinguedine et sanguinea est, et alba, oculos habens glaucos et capillos argenteos. Et tantus est inter nos amor, ut unus sine alio una hora esse non possit. Et suapte natura est frigidissima, nunquam concubitum appetens, nisi ut nobis complaceat, et ad prolem habendam; aperte nobis ostendit, nunquam facto aut desiderio vel verbo aliquem præter me appetiisse; et cum ejus castitatem laudarem, se eam non existimare dixit, propterea quod non est virtus abstinere eo quod non appetitur (2).

Sigorii et Vapingum.

Post Vocontios et Medullos sunt Sigorii, quos Strabo locorum ignorantia Tricorios ac Siconios et Iconios vocat; et male eos cum Medullis miscet, nam Medulli citra Sigorios habitant, et teste ipso Strabone, libro quarto, Sigorii excelsos montium ver-

---

(1) Alludit versibus notis de triginta Helenæ pulchritudinibus. V. J. Nevizani Sylv. nuptial. Lugd. 1572, in-8°, lib. II, cap. XCIII, p. 182.

(2) Hæc omnia privata et domestica auctor margini codicis, alio calamo, et jam senescente manu, appinxit.

tices tenent, et eorum rectissimum in sublime cacumen centum stadiorum ascensum habere, et illinc ad Italiæ terminos patere descensum tradit. Ex hac Strabonis descriptione, Sigoeriorum (1) situs a Bochio et inde Druentia usque ad Alpium cacumen protenditur, et a Sigoerio (2) oppido inter Bochium et Druentiam supra Sisteronem collocato, necnon alio Sigoerio (3) trans Druentiam constituto, Sigoerii populi appellabantur. Ex quo Strabonis error in horum populorum nomine deprehenditur. Et in utraque Druentiæ ripa Sigoerii amœnam planitiem habebant monticulosque fertiles. Ultra autem Druentiam post planitiem fit ascensus in excelsos montium vertices, maxime per Bredulam vallem et Lausetum (4), quod distat a Caturicis (5) quatuor leucis, ab Eboduno ac Vapingo et Tallardo quinque et a Sena (6) oppido tribus. Post Lausetum per tres leucas est Barcelona, in medio vallis septem leucas ad orientem de longitudine continentis, et per ipsam vallem versus orientem tenditur Cunum et in Italiam, et ad meridiem per Sanctum Stephanum descenditur Nicæam. In illa valle sunt decem et octo pagi quos Christiani Parochias appellant, et a meridie Ubias flumen (7) Barcelonam oppidum alluit, et inde per convalles et Bredulam, longe supra Tallardum, in Druentiam defluit. Barcelonam Comes Provinciæ (8) ædificavit; et est quadrata, habens in longitudinem trecentos quinquaginta passus et in latitudinem ducentos sexaginta, et quatuor portas, necnon murum latitudinis quatuor pe-

(1) Nunc Sigorios, nunc Sigoerios scribit auctor.

(2) *Sigoyer, département des Hautes-Alpes.*

(3) *Sigoyer, département des Basses-Alpes.*

(4) *La Bréoule ou Bréole; le Lauzet, bourg, dans les Basses-Alpes.*

(5) Caturigæ, Caturicæ, *Chorges.*

(6) Sena, Sedena, *Seyne.*

(7) Ubias, *l'Ubaye.*

(8) *Raymond Bérenger V, comte de Provence, vers 1231, en mémoire des comtes de Barcelone dont il était descendu.*

dum et sufficientis altitudinis, et in circuitu viginti duas turres inter se per quinquaginta passus distantes; et quælibet turris est decorata ab infimo usque ad summum tribus foraminibus bellicis in quolibet latere, et totidem in medio murus inter turres est perforatus duobus foraminibus etiam bellicis; et a septentrione colles sunt prope Barcelonam per ducentos aut trecentos passus. Vallis illa abundat pratis, siligine, avena et carnibus, et vineis ob frigiditatem caret.

Sub Lauseto a meridie est Meolanum vicus (1), et a Sena oppido per collem Bassum eundo Barcelonam, post ipsum collem transitur Meolano, quod ab ipsa Barcelona duabus leucis distat, et in medio sunt Tiolæ et Sanctus Pontius (2). Et secundum Livium ab Allobrogibus Hannibal in Tricastrinos flexit, inde per extremam agri Vocontiorum oram tetendit in Tricorios, haud usque impedita via, priusquam ad Druentiam flumen pervenit. Et Tricorios pro Sigoriis Livius capit, sicut locorum experientia docet; et sæpe vidimus Sigoerium oppidum quod adhuc non longe a Tallardo in ea regione extat, nisi Trigorios pro eis quos nunc Tallardos vocamus acceperis. Transacta autem Druentia vado, Hannibal ad Alpes per Bredulam Sigoriorum vallem ascendit, et post Barcilonem Sigoeriorum oppidum in Italiam descendit. Et ipsam Hannibalis viam, ex Allobrogibus ad has usque Alpes, sæpe fecimus; et loca, prout Livius scribit, dignovimus. Etqui credunt Hannibalem alio transivisse, regionem nequaquam peragraverunt et nihil præter auditum aut variam historicorum opinionem habent. Et cum Livio usque ad Sigoerios cæteri historici in hoc Hannibalis itinere sentiunt, in ulteriori autem via discrepant; et cum secundum Livium, inter omnes, constet Hannibalem

(1) Meolanum, Miolanum, *Méolans ou Miolans*.

(2) Tiolæ, Sanctus Pontius, *les Téoles ou les Thuiles*; *St-Pons*.

patefactis Alpibus in Taurinos descendisse, eo magis miratur ambigi quanam Alpes transierit : et vulgo credere Pennino transgressum, atque inde nomen et jugo Alpium inditum; et Cœlius per Cremonis jugum transiisse Hannibalem ait: qui ambo saltus, ut Livius ipse tradit, non in Taurinos, sed per Salassos montanos ad Libuos Gallos deduxissent; nec verisimile est, inquit, ea tum ad Galliam patuisse itinera ; utique, cum ea quæ ad Penninum ferunt, obsæpta gentibus semigermanis fuissent. Neque, ut Livius pergit, his montibus ab ullo Pœnorum transitu, sed ab uno acri ejus jugi incola nomen inditum est. Et in Indice Commentariorum Cæsaris, Marlianus post alios scribit, per montes Cinesium sive Cinerum, ejus difficultatibus in cinerem Hannibalis artificio redactis, Pœnos in Italiam exercitum duxisse; sed cum Druentiam omnium testimonio Hannibal petens Italiam transiverit, credentes eum per Penninum aut Centrones vel montem Cinesium profectum fuisse hoc argumento confunduntur, quod illac transiens Druentiam non attigisset, quia longe supra hoc flumen sunt hæc itinera. Et si Plutarcho crediderimus per montem Genuam, sic vulgo appellatum, qui ex altero latere flumen Druentiam ex altero exitum in Taurinos habet, in Italiam Hannibal se contulit. Sed hoc itinere Druentiam apud Tricorios et Sigoerios non trajecisset, et per Caturiges ac Ebroduntios et Brigantes iter fecisset, quorum nullus in hoc Hannibalis itinere meminit, et ex monte Genua Hannibal Italiam et campos Transpadanos ostendere militibus non potuisset, sicut ante excisam rupem e promontorio alterius viæ eum fecisse, libro secundo, referemus.

Et aliqui credunt Hannibalem in Sigoeriis, ultra Druentiam, prope Sisteronem, rupem scidisse. Sed ex inscriptione ad ipsam rupem insculpta legent eo loci Hannibalem nihil scidisse, sed post per multa secula « Claudium Postumum Dardanum (1) virum inlustrem et patriciæ dignitatis exconsulari provinciæ Viennensis et Neviam Gallam matrem familiam eodem loco cui nomen est Theopoli viarum usum cæsis utrimque montium lateribus præstitisse, quod in agro proprio constitutum tuetioni omnium voluerunt esse commune » (2).

Et Hannibalis iter per Tallardum, et transacta Druentia, Bredulam et Barcelonam ac rupem Scissam Cunumque faciunt Hispani Narbonensesque et Avenionenses, pro obtinendis sacerdotiis, aut alia ratione, veloci cursu Romam petentes; et Tallardum nunc est vicecomitatus sub Claromontanorum potestate.

In hoc Sigoeriorum agro citra Druentiam erat Argentina oppidum quod postea Vapingum, teste Gervasio, appellatum fuit. Et in hoc solo oppido non est antiqui nominis mutatio, quoniam, ut ipse Gervasius testis est, Arelas etiam vocabatur Constantia, et Papia Ticinum, et Constantinopolis Bysantium. A loci autem situ Argentina nomen mutavit, et Vapingum, quod in valle pingui sit collocatum, dicitur. Ab hoc enim oppido Sisteronem usque est vallis amœna et pinguis omni fructu abundans, et ex corrupto et integro Vapingum componitur. Nam, secundum Donatum et Priscianum, libro quinto, nomina aliquando componuntur ex corrupto et integro, sicut ex duobus corruptis et ex duobus integris. Vapingum igitur est vallis pinguis, et littera *g* ex ipsa vocabuli compositione scribi debet. Sed inter se *q*, *c* et *g* magnam vim et consonantiam habent,

---

(1) De Postumo Dardano consulenda est Dissertatio cui titulus : *Sur Postumus et son élévation à l'empire*, par Mermet ainé. (*Archives historiques du département du Rhône*, t. V, p. 213.)

(2) Hanc inscriptionem integram refert et elucidat Comes de *Villeneuve: Fragment d'un voyage dans les Basses-Alpes*; in-8°, Marseille, 1819.

sicut libro primo idem Priscianus ait. Itaque una in alias frequenter transit, ut quingenti et quadringenti pro quincenti et quadrincenti, et quis cujus, sequor secutus; et Vapincum littera *c* loco *q* vel *g* multi scribunt, et *g* esse novam consonantem Diomedes tradit, in cujus locum *c* apponi solebat, ut hodie, cum Caium Cæsarem notamus, Gaium Cæsarem scribimus. Et teste Varrone, libro primo de Lingua latina, *g* in *c* sæpe mutatur, ut Gomerus Comerus qui fuit Japeti filius et colonias suas, Berosi testimonio, in Italia posuit; et illas legem et justitiam docuit. Et Vapinqum littera *q* Antoninus Augustus scribit, et citra Alpes Cottias collocat.

Vapinci est antistes regionis et pontificale templum beatæ Mariæ dedicatum, et in eo colitur Arnulphus, qui fuit loci pontifex et in Divos relatus; et licet abhinc multis seculis obierit, integer tamen conspicitur, et e familia Borbonia domo Vindomensi originem traxit, ut fertur. Vapinci fiunt optimæ candelæ caprarum et hircorum qui in adjacenti regione abundant pinguedine, et venales hæ candelæ ad remota loca feruntur. Inter Vapincum et Sigoerium oppidum sunt tres leucæ. In castro Cerasules Vapincensis territorii est lacus profundus, in cujus medio, si Gervasius vera scribat, crusta pratum facit, et tempore congruo retibus ad terram proximam trahitur, herbaque scinditur et colligitur. Postea, solutis funibus, crusta in suum locum redit. Hic locus est sub Vapingo per unam leucam a Tallardo distans, in vico Pelluterio, et hodie herba crustarum scinditur et colligitur loco suo, absque eo quod crustæ ad terram trahantur; nam sui densitate et homines et pecora depascentia sustinent, et aliquæ crustæ sunt proximæ terræ solidæ (1).

---

(1) *La Motte tremblante de Pelleautier, l'une des prétendues merveilles du Dauphiné, selon Gervais de Tilbury.*

Et quia Vocontii deficiunt sub Luco et Vasione, eorum oppidis, jus habere in portiones scissi variis præturis attributi fuerunt; pars anterior cujus Lucus caput erat partim præturæ Viennensi, partim Graisivodano, partim præturæ Cristæ ex comitatu Diensi accessit, licet episcopus Diensis in hisce plagis magnam auctoritatem habeat. Posteriores autem Vocontii, quibus olim jus Vasione reddebatur, diversis etiam præturis quas ballivatus appellamus subjiciuntur. Inferiores Buxeo prætori, superiores vero cum Sigoeriis Vapincensi prætori, sive, ut aiunt, ballivo obediunt. Et e Graisivodano Campus Saurus ballivatui Vapincensi fuit attributus. Et Vapinco tendenti Gratianopolim, superato monticulo, occurrit planities et vallis quæ Campus Saurus dicitur, et Sanctus Bonetus oppidum (1) est illius caput, et in eo turrim fortissimam Beatrix Ungara, Delphini uxor, adversus hostium incursiones, construxit; et cum superioribus annis oppidani, maxime mulieres, sese in illam arcem cum supellectili præsidii causa recepissent, pedites qui a Lorgio (2) in Italiam ducebantur, id oppidum incenderunt : et Humberti Delphini tempore Campus Saurus Ducatus erat. Et e summitate Campolini in Campo Sauro Dravus oritur (3), ipsiusque Campolini vici arva corrodit, ita quod Campolinistis, Villarius, Lugdunensis archipræsul, vices Humberti Delphini gerens, inde Carolus septimus, Ludovicus undecimus, ac Carolus octavus et Ludovicus duodecimus tributi medietatem remiserunt, ne propter sterilitatem locum desererent. Per totam Campi Sauri vallem Dravus decurrit, et sub Mura Bonam fluvium (4), et post Visiliam, prope Campum vicum, Roman-

---

(1) *St-Bonnet-en-Champsaur.*
(2) *Jacques de Montgommery, seigneur de Lorges.*
(3) *Le Drac, qui prend sa source aux montagnes de Champoléon, dans les Hautes-Alpes.*
(4) *Mura, la Mure;* Bona, *la Bonne.*

chiam recipit. E valle enim quam a suo nomine vocat Bona flumen a latere septentrionali Campi Sauri descendit, et ponte alto lapideo inter Corvum et Muram trajicitur. Dravus inde, transacta sub Clesio rupe angusta, campos Seycinetos et Gratianopolitanos irrigat et devastat; postremo Isaræ apud ipsam Gratianopolim immiscetur. Et cum a Christianis regiones per episcopatus in toto Christianitatis principatu dividerentur, sub Vapincensi episcopatu Campus Saurus usque ad pontem altum esse cœpit. Et e Campo Sauro, locus arctus et angustus, montibus inclusus, per Muram et Campum Gratianopolim ducit.

Alpes Maritimæ, Caturiges et Ebredunum.

Alpes Maritimæ dicuntur quæ ad mare Africum vergunt, et apud Nicæam incipiunt; et teste Cornelio Tacito, libro Annalium XV, nationes Alpium Maritimarum Nero in jus Latii transtulit; et superiorem Sigoeriorum partem hæ Alpes complectuntur, necnon et Caturiges, quos Ptolemæus Caturgos appellat, et male in Graiis Alpibus collocat, cum longe a Caturigibus ipsæ Alpes Graiæ absint, et ad Ptolemæi reprobationem experientiam habemus. Hanc enim regionem frequenter peragravi, et Guigonem fratrem habebam qui plurimum in Alpibus Maritimis auctoritate valebat. Et Caturiges dicuntur a Caturicis sive Caturigis (1) oppido citra Druentiam sito, et tribus leucis a Vapinco distante, quod olim etiam Cæsaris temporibus regionis caput erat; et sub sua ditione Caturiges habebant Ebredunensem agrum et totam in utra-

---

(1) Caturiges, Κατούριγες et Κατόριγες, populi Galliæ in Alpibus, quorum caput fuit urbs Catorimagum, nunc *Chorges*, en *Dauphiné*.

que Druentiæ ripa vallem usque ad Foramen Rostagni (1) et culmen Alpium in illam vallem conversarum; et ante Vapinci constructionem et episcopatuum distinctionem, in inferiori parte, imperium Caturigum extremam Vocontiorum regionem attingebat; populorum autem fines et limites diœcesium inventio in aliquibus confudit. Et cum Garucellis et Centronibus, Caturiges, superioribus locis montium occupatis, exercitum quem per Alpes Cæsar ex Italia in Helvetios ducebat, ab itinere prohibere conati fuerunt. Sed his præliis compluribus pulsis ab Ocello in Vocontios Cæsar die septimo pervenit. Inde in Allobrogum fines et ab Allobrogibus in Sebusianos cum exercitu penetravit, sicut libro secundo abunde scribemus. Et secundum Plinium, libro tertio, Caturiges Latio donati fuerunt, ut et a Caturigibus orti Vagieni Ligures, et qui Montani vocantur.

Ultra Caturices per quatuor leucas occurrit Ebredunum, supra collem positum, quod Druentia a meridie alluit, et loci situ fortissimum est; nam propter rupem ex septentrione duntaxat patet aditus ad hanc civitatem, quam Ptolemæus Ebredunum vocat; et populos Plinius Ebroduntios appellat. Et priùs Ebredunum vicus erat, ut Strabo scribit, et Caturicæ plus auctoritatis habebant. Postea in hac regione Ebredunum caput etiam supra Caturicas esse cœpit, et teste Plinio, ex Inalpininis Ebroduntios et in Helvetiis Avanticos Galba imperator formulæ adjecit (2). Et Diniam esse Ebroduntiorum oppidum Plinius tradit; nam illo tempore in ipsa regione Alpium Sigoeriorum imperium desi-

---

(1) Foramen Rostagui, *le Pertuis-Rostang*.

(2) Hoc est, Galliæ provinciarum Tabulæ vel Syllabo adjecit Galba ex gentibus Inalpinis Avanticos et Bodionticos. Avanticorum pagus, hodie *Avançon*, inter Vapincum et Ebrodunum; Bodionticorum oppidum, Dinia, nunc *Digne*.

nebat, et id Ebroduntii arripiebant; quod in Barcilone etiam Sigoeriorum apparet, nam diœcesis est Ebredunensis, et magnos ibi reditus archiepiscopus Ebredunensis accipit. Et male in Alpibus Graiis Ptolemæus Ebredunum constituit, quum in provineia Alpium Maritimarum Ebredunum esse metropolim civitatem Pius Antoninus Augustus asserit, nisi id additionem, non Pii verba, esse dixeris. Utcumque fuerit, Ebredunum habet archiepiscopum, cui suffragantur Diniensis et Glandatensis antistites, ambo in Maritimis Alpibus collocati; et nummum archiepiscopus Ebredunensis, secundum Guidonem Papam, cudere poterat, et, inter alia suæ dignitatis nomina, princeps Ebredunensis et Tricamerarius (1) appellatur, ut in antiquis archiepiscopatus Ebredunensis documentis legimus. Illa enim mihi ostendit frater meus Guigo Rivallius, protonotarius, canonicus Ebredunensis, Nicolai Flisci, cardinalis, archiepiscopi Ebredunensis, vicarius (2). Et apud celeberrimam beatæ Mariæ ædem Ebredunensem archiepiscopalem Christiani ægrotantes optima et salubria remedia, diva Maria juvante, a Deo optimo maximo obtinent; et totius regionis et agri circumadjacentis Ebredunum prætorem, seu ballivum, et majorem judicem habet. Et in Ebredunensi regione esse magnam rupem Gervasius tradit, quæ minimo digito tota moveri potest; et si totum corpus, inquit, aut infinita boum plaustra admoverentur, immobilis efficitur. Et in eadem regione, territorio castri nomine Barles, scaturit fons, ait, ex cujus aquæ potu ac lavacro gutturosi curantur.

Ultra Ebredunum prope Druentiam, est Rama oppidum

---

(1) *Archevêque et prince d'Embrun, prince et grand-chambellan du Saint-Empire.*

(2) *Guigues Rivail, chanoine d'Embrun, vicaire de Nicolas de Fiesque, cardinal, archevêque d'Embrun de 1511 à 1517.*

sive vicus antiquus (1), cujus Antoninus Pius in Itinerario meminit; et secundum eum ab Ebreduno decem et septem milliaribus distat. Et olim per hunc pagum Ebreduno Brigantium ibatur; sed hodie per Sanctum Clementem fit transitus, et omissa ad sinistram Rama supra pontem ligneum Druentia trajicitur. Et inde fluvius qui in Druentia ex Guillestra (2) decurrit, vado transitur. Postea occurrit Sanctus Crispinus, hospitium illac iter facientium; illinc fit ascensus in Foramen Rostagni, et ibi rupes instar muri a meridie versus septentrionem vergit, et Druentiam attingit, et prope hoc flumen, scissa rupe, facta est porta per quam in Briansonesium itur; et illa porta vulgo Foramen Rostagni dicitur. Et in ea unus facile posset aciei prohibere transitum, præsertim Ebreduno Brigantium petenti, ob ascensum supra quem collis imminet. Ex alio autem latere terra non est multum colle inferior. Citra illam portam in Ebredunesio, est inter montes altos cœnobium Biscodonum (3), unde ad ædificandum trabes supra Druentiam in Salyos Massiliam usque vehuntur.

Alpes Juliæ et Cottiæ, et Brigantes.

Post agrum Ebredunensem in summo jugo sunt Alpes Juliæ per quas Bellovesus in Italiam cum exercitu transivit; inde hæ Alpes, ut in Cornelium Tacitum Alciatus tradit, Cottiæ fuerunt appellatæ, quia in ipsis rex Cottius regnavit et itinera fabricavit, easque magnis molibus struxit, et compendiarias viatoribus opportunas, medias inter alias Alpes vetustas fecit, si Mar-

(1) Rama, *Ramo, Casse-Rom.*
(2) Guillestra, *Guillestre.*
(3) Abbatia Boscoduni (*Boscodon*), ordinis sancti Benedicti, jam abolita anno 1769.

cellino credamus. Alpes Cottiæ in præcelsum eriguntur jugum, quod nullus fere poterat sine discrimine ante Cottium penetrare. Et est e Gallia venientibus prona humilitate devexum, pendentium saxorum altrinsecus visu terribile, præsertim verno tempore. Et a Segusione oppido, ut idem Marcellinus libro quindecimo testis est, Alpes Cottiæ initium capiunt, et ad Ocellum terra Cottii finem habebat, sicut Strabo docuit; et montem Cinesium Alpes Cottiæ, teste Volaterrano, continent. Existimo Cottium in his Alpibus transitum per montem Genuam aptasse, et per montem Cinesium novum iter construxisse, cum in Cottiis Alpibus uterque mons existat : et ad solis ortus Gallia aggeribus Alpium Cottiarum, secundum Marcellinum, attollitur et clauditur, et in ipsis Alpibus duodecim fuisse civitates, et cum Octodurensibus et finitimis Centronibus ac Caturigibus Latio fuisse donatas, municipiisque lege Pompeia attributas, Plinius libro tertio scribit.

Et in his Alpibus Juliis sive Cottiis, a Colle Altareti (1) Foramineque Rostagni, Segusionem et Salutias usque, Brigantes agrum possident, et Brigantionem sive Brigantium (2) oppidum in medio fere hujusmodi agri a suo nomine ædificaverunt et collocaverunt, et a Rama, authore Pio in suo Itinerario, Brigantio duodeviginti milliaribus distat, et undique fit in ipsum oppidum ascensus, nisi ex latere septentrionali; et forte castrum habet, et quasi in faucibus et cacumine Alpium est Brigantio sive Brigantium. Et prope ipsum a meridie Druentia fluit, et paulo citra Brigantium Gusana rivulus (3), a monte Altareti proveniens, Druentiæ commiscetur. Et olim Brigantii crudeles fuerunt et in Italos præsertim sævierunt, ut Strabo libro

---

(1) Collis Altareti, *le Col-du-Lautaret*.   (2) Brigantium, *Briançon*.
(3) Gusana, *la Guisane*.

quarto refert; et cum vicum in ditionem trahebant, non modo puberes, verum impuberes masculos trucidabant, et etiam prægnantes mactabant mulieres quas ab eorum vatibus concepisse mares intelligebant : et ab hac sævitia Brigantes sive Brigantii hoc nomen, quod incolarum et cæterorum Gallorum vocabulo sævitiam denotat, ab eventu obtinuerunt; et novo vocabulo id oppidum Briansonum vocatur, a quo populi hodie Briansonesii appellantur. Et Brigantio sive Briansonum est concursus trium itinerum, duorum ex Gratianopoli per Oysencum et Vapincum, et tertii ex Vocontiis provenientis. Et ex antiquitatis vestigiis retinet totius territorii præturam quam Ballivatum appellant, et quotannis Delphino Brigantes sive Briansonesii ex toto eorum agro quatuor ducatorum millia solvunt.

In Britannia, etiam quæ nunc Anglia dicitur, teste Mancinello (1), sunt alii Brigantes, de quibus sic Juvenalis, satira quarta decima lib. V, ait :

Dirue Maurorum attegias, castella Brigantum.

Supra Comum quoque est Briansonia (2) oppidum, antiquo vocabulo alludens, et ad Vindelicos hi Brigantes, secundum Strabonem, in fine libri quarti, pertinent. Et in Tarantasiis est Briansonium (3) castrum, loci situ fortissimum et superbum.

Contra Foramen Rostagni, citra Druentiam, in Briansonesio, est vallis cui Ludovicus duodecimus illac Italiam petens nomen suum imposuit, et Loysia sive Ludovica

---

(1) Antonius Mancinellus edidit Juvenalis Satiras, cum marginalibus adnotamentis et argumentis. Parisiis, 1512, in-8°.

(2) *Bregentz*, *sur le lac de Constance.*

(3) *Briançonnet*, *en Tarantaise.*

nunc appellatur (1). Et mons qui post Brigantium transitur Genua (2) a Plutarcho in vita Hannibalis nominatur. Et secundum eum, ex altero latere flumen Druentiam, ex altero exitum in Taurinos habet. Hunc montem incolæ, corrupto vocabulo, montem Janum vocant. Hæc loca frequenti transitu in Italiam novimus; et supra cacumen montium in Brigantibus constitutorum, authore Strabone, est lacus ingens et fontes duo, non multum inter se distantes, et ex altero, inquit, Druentia amnis (3) effunditur et sese in Rhodanum per loca confragosa præcipitat, et a contraria parte Durias (4) se per Salassos Pado immiscet. Ex altero autem fonte inferiori Padus oritur, qui per Italiam in mare Adriaticum profluit, et sub eodem fonte Strabo Druentiam et Duriam collocat, et, ut vidimus in monte Genua, hæc duo flumina proximam originem habent et in contrarias partes tendunt. Et testante Livio, primo belli Punici libro, Druentia est Alpinus amnis longe omnium Galliæ fluminum transitu difficillimus; et licet ingentem vim aquæ vehat, non tamen patiens est navium, quia, nullis coercitus ripis, pluribus simul neque eisdem alveis fluit, nova semper vada novosque gurgites facit, et ob eadem pediti incerta via est; saxa globosa volvit, nihil stabile nec tutum ingredienti præbet, et imbribus auctus ingentem transgredientibus tumultum facit. Et quia vada frequenter mutat, ægre pedibus transiri potest, sicut apud Plutarchum in vita Hannibalis legimus, et ab accolis accepimus quod apud Sigoerios a junio usque ad martium vado Druentia transiri potest; nam in æstate propter nivem liquefactam, in hieme autem ob nivis duritiem quæ non liquescit, Druentia non augetur. Et statim post sui originem

(1) Vallis Luisia, *la Vallouise*; quondam Vallis Puta, *la Valpute*.
(2) *Le mont Genèvre.*
(3) Druentia, *la Durance.*
(4) Duria, Doria riparia, *la Doire, la petite Doire.*

Novachium fluviolum (1) in Genua monte Druentia recipit, et per Brigantes ac Caturiges, Sigoeriosque et Vulgientes transiens, inter Salyos et Cavaros sub Avenione, multis aliis fluminibus auctus, ad Rhodanum defertur. Et male Strabo arbitratur quod Durias qui a Genua profluit Salassos attingat, nam post descensum montis Genuæ sub Ursio (2) alium fluvium ex Alpibus Bardonechiæ (3) labentem recipit. Inde post Segusionem ad planos Pedis montium agros prolapsus, ad Taurinum Pado immiscetur. Per Salassos autem decurrit alter fluvius qui etiam Durias (4) appellatur, ut in Augusta scribemus; et istud Strabonem in errorem involvit, cum hunc Duriam et alterum eumdem existimaverit, qui tamen inter se per infinita milliaria distant.

Et supra montem Genuam est vicus, et in descensu ipsius montis Genuæ versus Italiam, est locus angustus et proclivis. Inde vallis Segusionem (5) usque protensa per quam Durias labitur et decurrit, et in principio vallis ad finem angustiarum montis Genuæ est Sesana oppidulum quæ olim, ut ex Strabone libro quarto deprehenditur, Scingomago (6) appellabatur, et marchionatus loci caput erat; sed majestatis crimine a marchione commisso, hic marchionatus ad Delphinos pervenit. Postea sequitur Ursius in Duriæ ripa, ubi est cœnobium religiosorum, et in eo vas vinarium quingentorum sextariorum. Inde occurrit Salabertranum (7) et Ocellus, quem corrupto vocabulo incolæ Exillias vocant. Et male, ad Commentaria Cæsaris,

(1) Nevaschia, *la Nevache*.
(2) Ursium, melius Ulcium, Ulcii oppidum, ad Genebræ montis radices: *Oulx*.
(3) Bardoneschia, *Bardonèche*, *Bardonenche*.
(4) Durias, Duria, *la Doire, la grande Doire, Doria-Baltea*.
(5) Segusio, Secusia, *Suzo*.
(6) Scingomagus, forsan *Sezane*, vel *Servières*.
(7) *Sallebertrand, Salabertrand*.

Marlianus scribit Ocellum esse oppidum quod hodie Novalesium dicitur, cum ex Brigantio, recto itinere, Novalesium non eatur. Et ex finibus Vocontiorum Ebredunum, inde per Brigantium vicum, et ex Scingomago et transitu Alpium ad Ocellum extremum provinciæ Transalpinæ oppidum pervenitur, sicut in principio quarti libri Strabo tradit; et ab ipso Ocello in fines Vocontiorum citerioris provinciæ Romanorum Cæsar, die septimo, in Helvetios cum exercitu properans devenit. Et arbitror Ocellum nomen habuisse quod illinc Italia non plene videatur, quasi non sit oculus, sed diminutive ocellus Italiæ, propterea quod non pleno illinc oculo conspicitur. Et in monticulo undique in excelsum erecto est fortissima Ocelli arx, et ipsum monticulum Durias a meridie alluit, et ad præsidium regionis et Delphinatus, contra Italiam, Delphinus in eadem arce custodes et militum stationem habet. Ulterius descendendo Chomuntium (1) oppidulum se offert, fontium abundantia præstans. Inde in hujusmodi vallis et Alpium pede sita est Segusio, qua Taurinum itur, et a Brigantio novem leucis distat, et hæc est una via eundi e Gallia in Italiam. Alia est etiam in agro Brigantino per Guillestram, Quadratium, Rostolanumque (2), et postea in lævam montem ascendendo est Collis Crucis (3), et post descensum in planitie sunt Salutiæ (4), et ex septentrione vallis Lucerna (5) et Pignerolium (6).

A Quadratio autem in dextram montem ascendendo est Collis Agni (7), et in descensu Delphini Castrum (8) satis forte, ibi pro Delphinatus limite positum; et cum aliquot

(1) *Chaumont.*
(2) *Queras, Ristolas.*
(3) *Le Col-de-la-Croix.*
(4) *Salutiæ, Saluciæ, Saluces.*
(5) Vallis **Lucerna**, *la vallée de Luzerne, Lucerne.*
(6) Pinariolum, *Pignerol.*
(7) *Le Col-de-l'Agnel.*
(8) *Château-Dauphin.*

Pedemontani, Ludovico Joanni marchionatum Salutianum possidenti faventes, nuper hoc Delphini Castrum invasissent et captivum quemdam patricium inde extraxissent ac ex arce illius custodem præcipitassent, jussu Francisci primi regis nostri Christianissimi, legationis munere apud Carolum Sabaudiæ ducem Pedisque montium principem functi sumus, ut intelligeremus si horum conscius fuisset, et quod invasores traderet, alias ei bellum indiximus. Et nostræ orationis finem dux esse acetosum dixit, et quod facinus non approbabat, sed habito sequenti die æquo et humili responso quod Majestati regiæ retulimus, res sopita fuit, et Ennemondus Muletus, Delphinalis consiliarius (1), noster in hac legatione socius erat.

A Guillestra vero itur etiam in Italiam per Varsium, Sanctum Paulum, Arcas, Intermontium (2), ubi aliud iter per Briolam etiam concurrit. Et sub monte Genua per decem leucas, recto montium cacumine supra Quadratium Briansonorum oppidum, est mons Vesulus (3), inter Colles Crucis et Agni citra Delphini Castrum ex latere Italiæ celsissimum in cacumen elatus; et secundum Plinium libro tertio, e gremio Vesuli montis, Visendo fonte, Padus profluit, cuniculoque sese condens, et in Forovibiensium agro iterum exoriens, triginta flumina Alpina Apenninaque in mare Adriaticum defert, et ex Alpibus Delphinatus et Sabaudiæ Sturam, Orgum, duas Durias, et Sessiten recipit. Alios amnes tam Alpinos quam Apenninos non refero, quia apud nos non oriuntur. Et quum circa fontem Visendum est multa arbos picea quæ Pades gallice vocatur, Padum flumen inde hoc nomen accepisse Plinius post Metrodorum Scepsium, eodem libro tertio, tradit; et a Græcis et poetis Eri-

---

(1) *Ennemond Mulet, conseiller au Parlement, de la même promotion qu'Aymar du Rivail, en* 1521.

(2) *Vars, St-Paul, l'Arche.*
(3) Mons Vesulus, *mont Viso.*

danus nominatur, pœnaque Phaethontis illustratur. Alia de Pado Plinius et Polybius scribunt quæ omitto ; nam, licet originem apud Delphinatum habeat, tamen decurrit per Italiam quam non describimus. Et in monte Vesulo est Foramen (1) quod breviori itinere Quadratio ad Delphini Castrum et Salutias ducit, cum per Crucis et Agni Collem longius iter pateat.

Et apud Brigantes Ebredunensesque interdum manna cadit ad auroram in maio ac junio, julioque et augusto, et ramis arborum alligatur eosque cadendo circumdat. Hoc genus cibi ante solis ortum colligitur; nam sole eum calefaciente liquescit, et est, instar sacchari, album et dulce. Et inter montem Genuam et Moriennam, sicco stercore bovino montani ad panem decoquendum furnum calefaciunt.

Et antiquum Romanorum iter a Mediolano Viennam usque Allobrogum Antoninus Pius per Alpes Cottias in Itinerario scribit, et post Taurinum sequentia oppida in Itinere collocat Segusionem, Ad Martis (2), Brigantionem, Ramam, Ebredunum, Caturicas, Vapingum, Montem Seleucum, Lucum, Diam Vocontiorum, Augustam, Valentiam, Ursolum (3); Vienna inde sequitur. Et supra Serrum nunc est Bastida Montis Seleuciæ (4): secundum Pium, Ad Martis sexdecim milliaribus a Segusione distat, Brigantio autem Ad Martis undeviginti, a Brigantione Rama duodeviginti et ab Ebreduno decem et septem, Caturicæ ab Ebreduno sexdecim, a Caturicis Vapingum duodecim, Mons inde Seleucus viginti tribus, Lucus ab hoc monte viginti sex, Dia Vocontiorum a Luco duodecim, Augusta a Dia

---

(1) *Trou-de-la-Traversette.*
(2) Ad Martis, *Houlx.*
(3) Ursolis, *Roussillon.*

(4) Mons Seleucus, *Mont-Saléon, la Bastie-Mont-Saléon.*

viginti tribus, Valentia ab Augusta viginti duobus, Ursolum a Valentia totidem; inde, post sex et viginti milliaria, ipsa Allobrogum Vienna occurrit. Et adhuc hoc iter nostra ætate remanet; necnon nova per Gratianopolim et montem Cinesium via quæ ex Alpibus Cottiis Viennam usque brevior est, et Pii temporibus incognita, imo nec meabilis erat.

Garucelli et Morienna.

Marliano in Indice Commentariorum Cæsaris testante, Garucelli (1) non longe ab Isara sunt collocati, et Alpes Graias quibus in parte ait, mons hodie Cinesius sive Cinerum nomen est, habitaverunt, et intra Isaram et extremas Dravi partes, collesque citra superiorem Dravum sitos et Altaretum et Alpium cacumina ac montes post Arcum flumen et Sanctum Joannem civitatem positos, Garucellorum ditio erat, et contra Cæsarem, in Helvetios exercitum ex Italia ducentem, cum Caturigibus et Centronibus bella gesserunt. Adhuc prope Isaram in valle Graisivodana extat oppidum Goncellinum, nomine quod (ni fallor) corrupto vocabulo olim Garoncellum dicebatur, et ante erectam Cularonam sive Gratianopolim Sanctumque Joannem Moriennæ civitatem totius hujus regionis caput erat, et ab illo oppido in tota hac regione insigniore, tam oppidani quam populi sub ipsius oppidi ditione agentes, Garucelli nominabantur. Postea hæc regio in Graisivodanum, Oysencum et Moriennam partita est, et inferior Garucellorum pars Isaram attingens ad occasum versa Graisivodanum appellatur, et ulteriorem vallem ab

---

(1) Legendum Garoceli, ut in Raimundi Marliani Indice.

Isaræ et Dravi confluxu ad Montem usque Melianum complectitur. Pars autem Graisivodani in citeriori Isaræ ripa, a Vorappii faucibus usque ad ipsum Montem Melianum in Allobrogibus erat, et ætas recens regionem ab Echaloni angustiis usque ad Dravi et Isaræ coitum cum Triviis Graisivodano ex Vocontiis attribuit. Et hæ tres portiones, relictis antiquis nominibus, hodie Graisivodanum vocantur; meridianam autem Garucellorum plagam Oysences tenent. Et sub Delphino vallis Graisivodana et Oysencum esse cœpit, horumque Gratianopolis caput est, et Garoncellum sive Goncellinum (1) antiquam in hac regione auctoritatem perdidit. Verum nostro tempore aliquas antiquitatis reliquias habet, quum est ibi singulis hebdomadis emporium, et in hoc oppidum montani aliique vicini ad forum pro emendis et vendendis mercibus et sibi necessariis conveniunt. Et est in eodem oppido ampla boum et aliarum carnium edulium mactatio; et supra Isaram sal illuc venalis portatur, et a Gratianopoli quinque leucis distat.

Et quia de Graisivodano in Gratianopoli scripsimus, ad Oysencum (2) transeamus, quod est intra Collem Altareti prout aqua deorsum pendet, usque ad Pontem Portarum seu Gradum prope Sechilinam (3) situm, et a septentrione intra rivos Bramantem et Bruentem, Claretumque; a parte autem altera est Orno Collis (4). Et in Oysenco sunt duo et viginti pagi, quos Christiani parochias vocant; et in Altareto monte sunt duo fontes: unus orientem respicit, Gusanaque appellatur, et Druentiæ sub Brigantio miscetur; alter Romanchia nomine in occidentem vergit, et per angustam Oysenciorum vallem montibus inclusam decurrit, et accepto

---

(1) Goncelinum, *Goncelin*, chef-lieu de canton (*Isère*).
(2) Oysencum, Oisentium, *l'Oi-sans, le pays d'Oisans.*
(3) Sechilina, *Sechilienne.*
(4) *Col-d'Ornon.*

supra Burgum uno prope sibi æquali flumine, auctus quoque aliis fluviis, utroque latere a montibus fluentibus post Visiliæ angustias, Dravo prope Campum jungitur. Et in ripa hujusce Romanchiæ est iter unum Gratianopoli ducens Brigantium, et in Italiam; et in eo est Burgus vicus, et Lens ac Grava et Arenæ (1). In superiori Oysencii parte bis tantum montani uno quoque anno panem ad esum ob lignorum penuriam decoquunt, et toto anno is panis decoctus sine corruptione servatur, et sæpe illac in Italiam proficiscendo ex hoc pane comedimus.

Ultra autem Bramantem et Bruentem, Claretumque rivum, usque ad montes post Arcum (2) flumen et Sanctum Joannem civitatem positos, a valleque Graisivodana et monticulis suis et usque ad summos Alpium vertices Moriana dicitur (3). Estque sub ducis Sabaudi potestate, et nomen a re Morienna sortitur. Nam cum lege Hortensia et aliis, absque senatus populique Romani auctoritate, in caput civis Romani animadvertere non liceret, facinorosos quos bene adhuc vivere senatus cupiebat, teste Raymundo Marliano (post Ovidium de Ponto), Viennam relegabat, cæteros Moriennam ubi sunt perpetuæ nives ac tenebræ, ut cito, inquit, morerentur; et triste aliquid Morienna nomen indicat, a moriendo enim deducitur. Sic locum stragis factæ per Carolum Magnum in Italia contra Desiderium Longobardorum regem, incolæ in hanc usque diem, ut Gaguinus refert, Mortariam appellaverunt. Viterbium autem e contrario vita inermium veteranorum secundum eumdem Marlianum dicitur, eo quod bene merentibus militibus et honesta militia missis dabatur locus ille quietis inter balnea ad curandas ægritudines, Romæque proximus, ut ab his, si opus esset,

---

(1) *Le Bourg-d'Oisans, Mont-de-Lans, la Grave, Villard-d'Arêne.*

(2) Arcus, *l'Arc.*
(3) Marienna, *la Maurienne.*

consilium haberetur. Et secundum Panthaleonem medicum, citra montem Cinesium est vallis et regio Moriennæ quæ in longitudinem duorum dierum iter continet, et biduo in oblongum transitur; et dextro ac sinistro latere sunt montes e quibus multi sunt steriles et alii fertiles, granoque, vino et pecudibus pecoribusque abundant, et ibidem boni casei parvi non multum spissi fiunt. Et e monte Cinesio Arcus flumen defluit, et per Moriennam, aliis rivulis auctus, in Isaram inter Montem Melianum et Meolanum castrum (1) defertur, et cito cursu ruit. In hac valle Moriennæ prope Arcum est civitas regionis caput, quam Moriannenses Sanctum Joannem Moriennæ vocant (2), eo quod ibi divo Joanni Baptistæ est pontificale templum dedicatum ob ipsius divi Joannis Baptistæ indicem quo Agnum Dei ostendit ibi constitutum. Et pontificatum Moriannensem primum Gontranus rex, inde Sabaudiæ comites auctoritate et bonis auxerunt. Et quia totius Moriennæ hæc civitas est caput, ab aliquibus Morienna vocatur, et est collocata in capite vallis profundæ et Gratianopolis in pede.

Morienna Segusionem et in campos Taurinos itur per montem Cinesium in cujus descensu sunt Planerium, Ferreria et Novalesium (3), et Romanorum temporibus hæc montis Cinesii via incognita erat; et æstate satis facilem descensum habet, sed hieme cum periculo illac transitur propter nives quæ ad minimum ventum aut hominis vocem seu tumultum decurrunt, et inter se montis instar cumulantur, et deorsum ruunt et quæque obvia sive jumenta sive homines extinguunt; idem in montis Genuæ descensu quamvis rarius contingit, et, dum aliquando illac transiremus, tussire non audebamus ne nives excitarentur. In Mo-

---

(1) Meolanum castrum, *le château de Miolans.*

(2) *St-Jean-de-Maurienne.*

(3) *La Ferrière, la Novalaise.*

rienna est vicecomitatus Cameræ (1) quem antiqua et illustris familia possidet, et inde cognomen assumit, estque de vicecomitatu Acus castrum quod vi et sine proditione vix capi posset. In Cello Moriennæ monte sunt plures lacus, quorum tres emittunt Bredam fluvium (2), qui sub Avalone Isaræ commiscetur; et in multis locis ferrum ad humanos usus Breda cuditur. Ex aliis lacubus profluunt rivuli in Romanchiam ad Oysencum tendentes. Inter Sanctum Joannem Moriennæ et Chamberiacum sunt sexdecim leucæ; et inter eamdem civitatem et Musterium Tarantasiæ (3) sunt longiori, sed meliori via per vallem Meolanam et Confletum decem leucæ, et per montes medios recta via quinque; et ab hac civitate Brigantium quatuordecim leucis distat.

Alpes Graiæ et Centrones.

Alpes Graiæ nomen habent a transitu Herculis qui per eas cum Græcis iter fecit, ut post Plinium in Augusta et libro secundo ostendemus; et in his Alpibus inter montes Moriennæ cohærentes Isaramque ad ejus fontes usque et Alpium cacumen ac Salassos, Centronum imperium erat, et nomen acceperunt a Centronio vico (4) olim regionis illius capite, quod fere per duas leucas ad dextram supra Musterium adhuc extat, et quod in centro sit positum, ita nomen assumpsit. Et si Plinio libro tertio credamus, Latio donati fuerunt Centrones sicut Octodurenses et Cottianæ civitates Caturigesque. Et cum in Helvetios Julius Cæsar quinque legiones ex Italia per

(1) Camera, *la Chambre.*
(2) Breda, *le Breda.*
(3) Musterium, Monasterium, ad Isaram fluvium ubi recipit *Doron* fluviolum : *Moûtiers - en - Tarantaise, ville des États Sardes.*
(4) Centro, *Centron.*

Alpes duceret, locis superioribus occupatis, Centrones et Garucelli ac Caturiges ab itinere exercitum ejus prohibere conati sunt; sed, his pulsis, per Vocontios et Allobroges Julius ipsum exercitum trans Rhodanum in Sebusianos traduxit : per angustias enim Sequanorum Helvetii jam copias ab suis pagis in Æduorum fines perduxerunt ut Santones, Romanorum provinciam, peterent, quod libro tertio apertius enarrabimus. Et Plinii testimonio, libro undecimo, præstantes casei a Centronia habebantur, et Vatusicum caseum optimum Centronicæ Alpes produxerunt, et Romæ, inquit, approbatus fuit. In Centronibus complures sunt vici et oppidula ignobilia quorum partem in Tarantasia retulimus. Nam dicebatur etiam hæc regio Pii Antonini tempore Tarantasia; et posteaquam sub uno principe superior Allobrogum pars et Centrones esse cœperunt, ipsi Allobroges Isaram in illa regione attingentes et Centrones uno tertio nomine Tarantasii in hanc usque diem vocati fuerunt; et ab aliquibus Musterium prima hujusce regionis civitas Tarantasia nominatur. Et in Alpibus Graiis Antoninus Pius in suo Itinerario scribit esse metropolim civitatem Centronium, id est Tarantasiam (1). Verum antiqui hujus Itinerarii Pii codices hæc verba non continent, ex quo aliqui fuisse addita putant. Utcumque fuerit, Tarantasia hodie archiepiscopum habet, ut in ipsa scripsimus; et si prima civitas hujus regionis metropolis Tarantasia appellaretur, ex ea obliterato fere Centronio tota regio Tarantasiæ nomen accepit. Et teste Panthaleone medico, in Summa Lacticiniorum, Tarantasiæ ac Moriennæ etiam hodie casei optimi et delicati fiunt; sed Tarantasiæ plures et meliores quam Moriennæ, ut ipse Panthaleon scribit, inveniuntur (2).

(1) Legendum Darantasiam.
(2) Pantaleo de Confluentia. Summa Lacticiniorum, sive Tractatus varii de butyro, de caseorum variarum gentium differentia et facultate. Taurini, 1477, in-f°.

Sebusiani.

Qui a Julio Cæsare Sebusiani vocantur, a Strabone et aliis Segusiani appellantur, et contra ac juxta Nantuates situm habent; et si eidem Straboni, libro quarto, credamus, in Rhodani et Dubidis fluvii medio jacent. Dubis (1) enim ab Alpibus dilatus, tandem in Araris alveum defluit, inde communi cursu, solo Arare nomen retinente, Rhodano commiscetur sub Lugduno quæ urbs Segusianorum erat, et ipsi genti Strabonis tempore præsidebat. Et Sebusiani hodie partim Bricienses nominantur, et eos a Nantuatibus sive comitatu Beugesio dividit Indis flumen (2) descendens a monte Jura, ubi sunt divorum Eugendi et Claudi Jurassiorum reliquiæ et cœnobium (3), et contra Antonem Delphinatus vicum Indis in Rhodanum confluit.

Et superioribus annis archiepiscopi Lugdunenses aliquid auctoritatis antiquæ retinentes in Segusianos sive Bricienses divinum imperium habebant, sicut in Ambarros qui sub Dubidis et Araris coitu contra Sebusianos habitant (4). Adveniente enim Christianitate, quælibet fere gens habuit episcopatum sub cujus jurisdictione divina exercentur; et in digniori ipsius gentis oppido episcopatus sedes et tribunal esse solet. Sed nuper in Sebusianis et Bricia Leo decimus, papa, episcopatum erexit, cui Ludovicum Gorrevodum præfecit et Burgi pontificatus sedem posuit, ipsique

---

(1) Dubis, *le Doubs*.
(2) Indis, *l'Ain*.
(3) Sanctus Audoenus Jurensis, *St-Oyen-de-Joux*, *St-Claude*.

(4) Les *Ambarri*, *près de Lyon, dans les environs d'Ambérieux et d'Ambronay*.

cœnobium Ambornaium univit (1). Sed sublato hujusmodi episcopatu res in antiquam formam paulo post rediit. Et abhinc multis seculis humanum Sebusianorum imperium sub diversis fuit; nam Lugdunum et superiorem Sebusianorum partem quæ Dubim attingit, et ducatus Burgundi portio est, Christianissimi Gallorum reges possident. Alteram vero superiorem Sebusianorum regionem ad Orientem versam imperator ex comitatu Burgundo habet; et sub sua potestate dux Sabaudus tenet Briciam, cujus primum oppidum et caput est Burgus (2), et in eo Briciensibus sub duce Sabaudo jura redduntur. Bricienses agri plani sunt, multa continentes oppida, vicos et arces, necnon stagna quibus tamen Allobrogica piscium bonitate præstant.

Nantuates.

Veniendo ex Italia supra Salassos sunt Nantuates (3), si Straboni libro quarto credamus, sicut Centrones, Caturigesque ac Veragri. Sed a Salassis Caturiges et Nantuates multum distant. Et Caturigum situm jam demonstravimus. Longe autem citra Veragros Nantuates collocati sunt; ex ipsis enim Veragris trans lacum Lemannum et Rhodanum transeundo devenitur in Gaii planitiem (4). Illinc fit transitus per Clausæ Angustias (5), inter Rhodanum et Juram montem altissimum, vix qua singuli carri etiam Cæsaris temporibus ducerent;

(1) *Louis de Gorrevod*, *abbé d'Ambronay*, Burgensis episcopus electus an. 1515, revocatus an. 1516.

(2) *Bourg-en-Bresse*, *chef-lieu du département de l'Ain*.

(3) Nantuates, *les Nantuatais, peuples habitant les environs de Nantua.*

(4) Gesium, Gaium, *Gex, le pays de Gex.*

(5) *Le Pas-de-l'Ecluse.*

inde ad dextram et septentrionem vergendo per Cristam Hostiæ Alpis et Sanctum Germanum, Capram (1) lacuumque ripas itur Nantuatam sive Nantuam vel Nantuatum, quod oppidum olim illius regionis caput erat; et ab eo ipsius regionis homines Nantuates, secundum Strabonem, dicebantur, qui et Nantuates a Plinio libro tertio et Antuates a Cæsare in Commentariis appellantur, et totius regionis propinquæ usque ad Indim flumen et Rhodanum principatum obtinebant. Et ideo tertio Commentariorum libro, Julius Cæsar tradit Antuates, sicut et Veragros Sedunosque, a finibus Allobrogum et flumine Rhodano ad summas Alpes pertinere. Et a Gebennis, extremo Allobrogum oppido, Nantuatum novem leucis distat, et Clausæ Angustiæ ad medium spatium, Cæsaris tempore, in Sequanis erant.

Prope Nantuatam est Isarnorum vicus (2), ædificiis Romanorum illustris, et non longe ab ipsis Nantuatis est Mons Regalis (3) oppidum, magno lacu medio qui Nantuatam attingit. Inde sequuntur Albencum et Dortanum (4), ex quibus ad divum Claudium Jurensem itur. Et sub Nantuata est Cerdonum (5), et multa oppida et vici circa Nantuatam jacent. Rursus post Clausæ Angustias citra Nantuatam est ad lævam inter Rhodanum et montem excelsum pars melior Seycelli oppidi (6), et ad extremum montis finem jam patentibus campis Culus abhinc multis seculis latrocinantium receptaculum, cui adhærent Luriacum et Mons Veranus pagus (7). Et recta fere linea, longo satis intervallo, sequitur Bellisium (8), nunc episcopatum regionis habens, et est in planitie citra rupeculas versus Rhodanum pendentes, et multis tum ædificiis, tum inscriptio-

(1) *St-Germain*, *Chevry*.
(2) *Isernore*.
(3) *Montréal*.
(4) *Arbent*. *Dortans*.
(5) *Cerdon*.
(6) *Seyssel*.
(7) *Cule*, *Luirieux*, *Montréran*.
(8) Bellitium, *Belley*.

nibus romanis adornatur. Ultra Bellisium, a latere Briciæ, sunt Grolea, Rossilio, Sanctus Germanus, Lagniacum (1) et alia oppida usque ad Indim flumen. Post Bellisium in hac plaga, sursum tendendo ad septentrionem, versus Nantuatam, sunt oppida et vici memorabiles qui etiam sub ipsorum Nantuatarum ditione continebantur. Et inter Bellisium et Nantuatam sunt rectiori via per rupes leucæ octo vel novem, et, in medio spatio, hi vici Bons, Magnus Viriacus, Cormarenchiæ, Lunæ, Corcellæ (2) ; inter Culum et Bellisium transeundo sunt in itinere Nantuatam proficiscendo Seserio, Taluchio, Viomus, Champanium, Bassenum, Antena, Albergamenta (3). Sed, inter hos vicos, Viomus est memorabilior propter inscriptionem sequentem quæ est ibi in muro unius domus :

NVM. AVG. DEO SOLI PRO SALVTE C. AMANDI FRATRIS.

Et Viomus in planitie et convalle situs est. Et ex Culo, sub etiam Nantuatarum imperio, per Rupem Fortem ad Petram Castellum deveniebatur; et in itinere quasi medio, prope silvam, est lapis altus et latus in quo duorum lectus insculpitur et vulgo Regis Lectus dicitur (4), et est inscriptus; sed, ob inscriptionis obliterationem, deprehendi non potest cujus monumentum vel lectus ille lapis fuerit : et eam inscriptionem Gebennis, per illum locum Viennam redeundo, legere aliquando tentavimus; et forsan a Gondebaldo Burgundiæ rege, qui a fratre victus ibi latuit et aliquot diebus jacuit, hic lectus lapideus in memoriam latitationis factus est. Et de hac latitatione libro quarto scri-

(1) *Grolée, Rossillon, St-Germain-d'Ambérieux, Lagnieu.*

(2) *Bons, Viricu-le-Grand, Cormuranche, Lompnes, Corcelles.*

(3) *Ceyserieu, Talissieu, Vieu, Champagne, Bassieu, l'Abbergement.*

(4) Hoc Bisomum sepulcrum dicitur vulgo, *le Lit-du-Roi.*

bemus. Petra Castellum est citra Bellisium in Rhodani ripis, supra rupeculam in qua nunc est inclytum Cartusiensium cœnobium (1); et ad ipsam Petram Castellum Rhodanus in Allobroges trajicitur, et inde per vallem aspectu et loci situ horridam inter rupes utrinque imminentes Rhodano ad dextram fluente usque ad Sanctum Genisium et Guerium itur. Et post id oppidum et flumen, patent latissimi Allobrogum campi Viennam et Isaram usque. Et mandato Julii Cæsaris Galba contra Antuates, Veragros et Sedunos bellum gessit, et in Antuatibus duas cohortes constituit; sed demum, omnibus Octoduri Veragrorum vici ædificiis incensis, exercitum incolumem in Antuates, inde in Allobrogas perduxit, sicut libro tertio ostendemus. Et forsan ad Petram Castellum Galba exercitum in Allobrogas ex Nantuatibus traduxit, ibique hiemavit, in agro scilicet Viennensi, ubi legionum romanarum statio erat. Nunc in vicinos nullum Nantuates imperium habent, et hodie Nantuata oppidum duntaxat illustratur monachorum cœnobio, quod aliquorum opinione Carolus Magnus ibi fundavit. Et his in locis factus et erectus est, abhinc multis annis, comitatus Beugesius (2), sub quo Nantuates ac etiam oppida et vici qui Nantuatarum erant continentur, et eosdem limites quos olim Nantuates habebant is comitatus amplectitur, quoniam sub ejus ditione continetur quidquid est a Sancto Eugendo Claudioque Jurassio et aliis proximis Sequanorum finibus inter Indim flumen et Rhodanum Clausæque Angustias. Et Bellisii hujusce comitatus hominibus jus redditur, illisque dux Sabaudus præest. Et ex Allobrogibus per Clausam aut Petram Castellum aliaque loca jam designata multi Nantuatam

(1) Petri Castrensis, sive Castellensis Carthusia, *la Chartreuse de* *Pierre - Chastel.*

(2) *Le comté de Bugey.*

petunt; illinc per Albencum aut Dortanum divum Claudium adeunt, et qui Gebennas tendunt Gaii transeuntes per montem Juram illuc se conferunt: et a Gebennis Sanctus Claudius sex leucis distat, facilior via est per Briciam inferioribus Allobrogibus Cerdonum et Montem Regalem usque.

Alpes illarumque divisio, et Veragri et Octodurus.

Quia de Alpibus in multis hujusce primi libri et aliorum locis meminimus, non erit indignum aliquid de eis scribere ut nostra hæc historia plane intelligatur. Et authore Festo Pompeio, Alpes e littera scribitur et Prisciani testimonio Αλπεις apud Græcos annotatur ει diphthongo quam quidam e nostris in ι convertunt, et Alpis dicunt; neque, secundum Nestorem, ab eo quod est altum Alpes vocatæ sunt, quasi alta petentes, sicut Hugo somniavit; sed, ut Festus tradit, hoc nomine appellantur quia perpetuis fere nivibus albescunt: Αλφος enim græce macula alba sive impetigo latine transfertur. Et testante Herodiano in Severo, Alpes sunt altissimi montes ad muri formam porrecti, Italiamque circumdantes; hunc etiam, ait, quasi cumulum natura addidit, ut ipsa Italia munitionem haberet inexpugnabilem pertinentem, scilicet a septentrione et mari Adriatico ad id mare quod ad meridiem spectat, et hoc latere non quidem a Monechi portu (1), sed a Sabatiis vadis, Alpes initium capere Strabo scriptum reliquit. Et Alpes saluberrima fuisse Romano imperio juga Plinius libro tertio asserit. Et in tres partes Sem-

---

(1) Monoeci portus, *Monaco*.

pronius (1) Alpes dividit : prima est Lygurum, quod a
Nicæa eorum ad Pœninum oriatur; sequens, est Pœninus
ad Ocram montem usque, et a transitu Hannibalis, inquit,
dictus est; tertia Taurisana usque in Histriam protenditur,
et hæc pars Alpium superior ad mare usque Adriaticum
Germaniæ attribuitur, et in ea sunt Rheti et Vindelici.
Pars autem Alpium inferior ad mare Africum spectans
Alpes maritimas Cottiasque, Graias et Pœninas continet, et
Maritimæ quod mare attingant appellantur. Cottiæ autem
a Cottio rege dicuntur; Graiæ nomen habent a transitu
Herculis et suorum Græcorum, ut libro tertio Plinius au-
thor est. Pœninæ autem vocatæ fuerunt a Pœnorum et
Hannibalis transitu; aliquos Plinius autumasse refert, et
inter eos est Sempronius; vel ab eo quem, in summo sa-
cratum vertice, Peninum montani appellant, ut lib. XXI
Livius tradit; et adhuc vallem proximam Monti Majori
Sancti Bernardi incolæ Peninam appellant. Et in his Alpibus Peninis collocati sunt Veragri qui cum Sedunis et
Antuatibus a finibus Allobrogum lacuve Lemanno ac flumine Rhodano ad summas Alpes pertinent, sicut in tertio
Commentariorum Cæsaris libro legimus. Et Seduni adhuc
antiquum nomen retinent, et Octodurus (2), ut idem Cæsar
ait, vicus Veragrorum erat, positus in valle non magna,
adjecta planitie, altissimis montibus undique circumdatus,
et in duas partes flumine Rhodano dividebatur; et civitatem
Valensium, id est Octodurum, esse in Alpibus Peninis
Antoninus Pius in suo Itinerario scribit. Et, ex hoc quod
Cæsar tradit Octodurum esse vicum Veragrorum et Antoninus Augustus civitatem Valensium, aperte deprehendi-

(1) C. Sempronii liber (apocryphus) de divisione et chorographia
Italiæ, cum Comment. Annii. Apud
Joannis Annii Viterb. opera; Antuerpiæ, 1552, p. 554.

(2) Sedunum, *Sion* ; Octodurus,
Martigny-en-Valais.

mus Veragros postea Valenses vel Valesios etiam appellatos fuisse. Crediderim hæc verba non fuisse Antonini Pii, sed deinde addita; quoniam non sunt in antiquis codicibus, et Valesii seu Valenses aut Valesienses non habent aliam civitatem quam Sedunum. Ipsi quoque Veragri et Seduni communi nomine appellati fuere. Valesienses incipiebant antiquitus a Drancia (1) seu Durancia fluvio prope Tononum (2), et ascendendo terminantur Conchio oppido in Alpibus quod a Seduno trium aut quatuor dierum itinere distat. Et illinc Mediolanum descenditur.

Et apud Octodurum, divus Mauricius cum commilitonibus sub Diocletiano et Maximiano pro fide Christiana occubuit; et ab ipso ejusdem nominis oppidum eo loci constructum fuit, aut, ut aliqui aiunt, Octodurus in id Sancti Mauricii nomen transivit. Sed recens ætas vocavit incolentes supra Sedunum usque ad Conchium Valesienses, et a Contesio distante a Seduno media leuca infra ad Dranciam usque Chablesienses. Et apud Briciam montem seu oppidum (3) supra Sedunum octo Alemaniæ leucis Rhodanus oritur, non longe a Danubii et Rheni fontibus. Et per mediam Valesii planitiem Sedunum alluens ad lacum Lemanum incertis vadis defluit, et ea ratione agros vicinos cum magno accolarum incommodo corrodit.

Et divo Theodolo episcopo Sedunensi Carolus Magnus rex et imperator dominium totius Valesii donavit, et ensem suum quem antistites in hanc usque diem supra altare habent celebrantes et inter reliquias servant, et in insigne cum mitra et baculo pastorali deferunt. Et olim a duce Sabaudo Chablesii possidebantur, et ibi ducatus erat; sed abhinc sexaginta annis ipsi duci non obediunt, verum sui juris effecti sunt usque ad Montium et Monteolum

(1) *La Drance.*
(2) Thononum, *Thonon, Tonon.*
(3) Bricia, *Brig ou Brieg, bourg de Suisse* (*Valais*).

Chiavumque et vallem Sancti Joannis : quæ loca Druentiam usque media leuca supra Tononum satis ampla et lata jurisdictione Valesienses superioribus annis occupavere, dum Bernenses ab ipsa Druentia aliam Sabaudiæ portionem prope Gebennas usque montem Seyolum, media leuca a latere Salenovem, et una leuca supra Leylusetum ceperunt. Incolæ autem supra Sedunum germanice et sub Seduno communi gallico ac rudi vernaculo loquuntur; et ideo cives Sedunenses mixtum vernaculum habent, prout ex his duabus Valesii regionibus illud homines habitatum sese conferunt; et gallicum eorum vernaculum in hodiernam usque diem Romanum ab eis vocatur, et, ut existimandum est, ratione quod olim Romani diu Allobroges tenuerunt. Et mixta fuit utriusque populi lingua, et propterea Romana dicta est; et memini, dum grammaticæ tener annis Romanis Delphinatus oppido operam darem, quod vernaculum nostrum Delphinale communi et quotidiano colloquio Romanum appellabatur, et juvenibus ipsum romanum dabatur ut inde ipsum in latinum transferrent; et quando nostrum aliquis loquebatur gallice, annotabatur quod romane, non latine loqueretur, et re pecuniaria aut ferula mulctabatur; et adhuc Allobroges multa vocabula romana retinuerunt.

Et Sanctus Mauricius Chablesii distat a Gebennis quatuordecim leucis, ab Octoduro tribus, et Sedunum a Divo Mauricio novem, Augusta ab Seduno quatuor et viginti, transeundo per montem Sancti Bernardi qui a Seduno per duodecim leucas est remotus; et ibi est vallis Penina versus Augustam : nam et e Valesiis et Sedunis per Alpes Peninas et montem Sancti Bernardi majorem Augustam Prætoriam itur, et e valle Tarantasiæ per parvum Sancti Bernardi montem iter in eamdem civitatem patet; inde est communis via in Italiam. Et situm Alpium inferiorem hoc libro sparsim et in specie designavimus.

Salassi et Augusta Prætoria.

Ultra Veragros ac Sedunos et Centrones ad Italiam usque Salassi habitabant, et ipsorum quidem Salassorum regio, teste Strabone, magna erat, et profundam utrinque vallem agrumque rupibus claudentibus habet, et eorum pars in superiora cacumina extenditur. Et secundum Plinium, libro duodevigesimo, subjectos Alpibus agros depopulabantur, panicumque et milium jam excrescens tentavere. Quare in Cispadana Italia, horum bellorum injuria, unam arandi rationem excogitaverunt, et postquam natura respuebat, inarabant. Et aurifodinis Salassi abundabant quas olim potentia valentes possidebant, et ad effossiones ærarias aurumque diluendum magnam afferebat illis opem Durias fluvius per eorum regionem decurrens. Quocirca multis in locis aquæductus partientes communem alveum exinaniebant, quod cum aliquibus ex ipsis ad auri conquisitionem conduceret reliquos sua arva colentes rigationibus destitutos infestabant cum tantis terris potum suppeditare vel præstare fluvius nequiret, eam ob causam gens illa invicem assidua bella, Strabonis testimonio, conserebat. Et a Romanis Salassi impugnati fuerunt, aliquando ipsis Romanis soluto bello conciliati; tamen potentes erant; et Ap. Claudio, Quinto Cæcilioque Metello consulibus, Appius Claudius adversus Salassos Gallos congressus est, et victus, decem millia militum perdidit: reparata autem pugna, quinque hostium millia occidit, sicut apud Paulum Orosium legimus; et qui per Salassorum montes trajecerunt, multis damnis ab ipsis latrocinantibus affecti fuerunt. Et cum juxta illos Messala hiemaret pro raptis ad comburendum lignis et pro captis ulmis, ut tirones se ad hostilia exercerent, pretium dare coactus est. Cæsaris quoque pecunias quandoque Salassi diripuerunt, et factis semitis aut junctis ponte fluviis præcipites rupes exercitibus commodas apponebant; et ab his data viritim denarium D. Brutus Mutina fugiens se redemit, et cunctos Salassos acie victos Terentius Varro sub hasta vendidit. Postremo eos Cæsar Augustus funditus delevit et universos sub corona distraxit, et ad Eporediam Romanorum coloniam deportavit : ipsorum quoque millia sex et triginta occisa fuere. Et postquam sub imperium Romanorum Salassi venerunt, aurificum simul et agrum amiserunt. Verum jura montium tenentes adhuc aquam publicanis et aurifodinas capessentibus venundabant, et contra istos propter publicanorum avaritiam assidue disceptationes agebantur, et hoc pacto romanis prætoribus aut locorum præfectis qui illuc mittebantur occasiones bella suscipiendi semper abunde præstabantur; et missis tribus Romanorum millibus Cæsar Augustus in eorum valle urbem quam de suo nomine Augustam appellavit, eo loco ubi Varro jam castra habuerat, habitandam tradidit. Hæc abunde libro quarto Strabo, alii quoque referunt. Et secundum Philippum Bergomensem et complures alios, hæc urbs in valle Salassorum posita, dicta est Augusta Prætoria, quod eo loco ubi Terentius Varro contra Salassos castra habuerat, Augustus eam magna lapidum congerie condidit vel instauravit, et ibi prætorium ac primum prætorem romanum anno trigesimo ante Christi adventum posuerat. Et in eadem civitate erat amphitheatrum, in quo deinde sacras vestalium divæ Claræ ædes Christiani ædificaverunt. Et apud hanc Augustam incisum fuisse marmore titulum illum pergrandem populos enumerantem quos Cæsar Augustus in Alpibus subegit, Blondus in Illustratione Italiæ scribit. Hæc civitas pontificem habet qui Tarantasiano archipræsuli suffragatur, et in ipsa valle Salassorum juxta geminas Alpium fauces Graias atque Peninas Augustam Prætoriam esse sitam Plinius libro tertio scribit, et his Pœnos Graiis Herculem transisse ejusdem testimonio memoratur.

Et teste Blondo in Illustratione Italiæ, ab Eporedia (1) ascendendo per vallem Augustæ Prætoriæ unius diei itinere est mons Jovectus, et supra Augusta Prætoria juxta ipsas geminas Alpium fores : incolæ nunc appellant alteram, montem Jovis, ubi est monasterium Sancto Bernardo dedicatum, alteram, Jovis columnam, qua via, inquit, iter est ad vallem Tarantasiæ Allobrogum, quam Isara amnis excipit. Et eo loco adhuc stat columna Jovi per Herculem filium transeuntem dedicata. Nostri Peninam viam appellant iter grandis montis Sancti Bernardi ; Graiis vero Alpibus aiunt iter fieri per columnam Jovis, seu parvum montem Sancti Bernardi. Nam in illa via est supra montem majus templum et in hac minus divo Bernardo dedicatum, ita quod viæ Peninæ et Graiæ in hæc nova nomina ab ipsis templis ibi positis transiverunt; et, relicto Jove ficto, incolæ harum Alpium Bernardum pro salubri patrono acceperunt. Et vallem proximam magno monti Sancti Bernardi adhuc Peninam appellant, et per ipsum magnum montem Augusta in Valesios ac Sedunos et Gebennas itur. Aliud autem iter parvi montis Sancti Bernardi Augusta Tarantasiam ducit. Et in Graiis Alpibus Durias fluvius oritur, et Salassorum vallem Augustamque a meridie irrigat et sub ipsa Augusta Prætoria recipit Butierum (2) rivum provenientem partim e majori monte Sancti Bernardi, partim e valle Penina, qui etiam ex latere septentrionali Augustam alluit, et in Duria nomen perdit. Inde per reliquam Salassorum regionem Durias in Ticinum defertur, et prope Augustam est arcus triumpha-

---

(1) Eporedia, *Ivrea*.   (2) *Le Butier*, torrent.

lis jam vetustate hominumque nostri seculi incuria et Duriæ fluminis corrosione ruinam minans. Et in æde pontificali Augustæ est lapis hisce verbis inscriptus :

QVIETI GENTIVM HERCVLIS.

Et ab Augusta civitate vallis Salassorum hodie vallis Augustæ (1) appellatur, et authore Panthaleone medico, in secunda Lacticiniorum parte, vallis illa satis est temperata et montes fructiferos habet. Et quæ ibi nascuntur perfecta sunt; et in ea valle sunt optima pascua et boni casei, ac Septimi ejusdem vallis pago perfectissimum et nominatum butyrum, cui reliqua Insubrium cedunt, secundum eumdem medicum, conficitur, et caseum, qui in illa valle fit, adhuc Salassum antiquo nomine appellari Bergomensis tradit. Et ad hanc Augustæ vallem est comitatus Chalanus, cui ejusdem cognominis familia præest (2).

Et, ut omnem Alpium rem absolvam, quatuor viis ex Italia posse per Alpes in Galliam transire, Strabo ad finem quarti libri tradit. Ego septem comperio etiam antiquas in hisce Alpibus: una itur per Ligures Tyrrheno mari proxima, quam Hercules in Hispaniam proficiscens in Maritimis Alpibus composuit; secundam antiquiorem in Graiis Alpibus et Salassis Hercules per Galliam rediens in Italiam docuit, inde Alpes Graiæ ita appellantur; tertia via est per Alpes Peninas, et hæ ambæ viæ ex una in Salassis constituta proveniunt, illis namque qui ex Italia supra montes conscendunt. Una per memoratam Salassorum vallem, secundum Strabonem, est via in Galliam, Augustam usque. Inde in duas partitur dividiturque, et una quidem recta compendia-

(1) Vallis Augustæ, *la vallée d'Aoste.*

(2) Comitatus Chalanus, *le comté et la maison de Chalant.*

riaque est per Peninum et Alpium summitatem, jumentis, Strabonis tempore, inaccessibilis. Altera est per Centrones prolixior, plaustro permeabilis ipsiusque capax, et ambæ Viennam et Lugdunum ducunt, illa per Gebennas, hæc per Chamberiacum ; et via per Centrones etiam ducit Gratianopolim et in universam Narbonensem provinciam ac mare Africum : omisso autem in sinistra parte Lugduno terrisque in ipso imminentibus, Penino rursus est conversio cum Rhodanum lacumve Lemannum trajeceris in Helvetiorum campos, illincque transitus est ad Sequanos et Lingones per Juram montem, perque hos ad Oceanum devenitur ; et a Mediolano per Alpes Graias Viennam usque Allobrogum, secundum Antoninum Pium, sunt milliaria octo supra trecenta, et in itinere sequentia oppida : Novaria, Vercellæ, Eporedia, Victricium, Augusta Prætoria, Aræbrigium, Bergintrum, Darantasia, Oblimum, Ad Publicanos, Mantala, Lemincum, Labisco, Augusta, Bergusia, et inde est ipsa Vienna. Et quia hi vici mutaverunt nomina, hodie Mediolano Viennam eundo transitur Novariæ, Vercellis, Eporediæ, in ponte Sancti Martini, Donati, Barri, Verrecii, in monte Joveto, Sancto Vincentio, Castillione, Nucæ, in Villa Nova, Augustæ, in Sancto Petro Castelli Argenti, Libroniæ, Morgeis, in prato Sancti Desiderii, Tulliæ, in Columna Jovis, in Sancto Germano, Sexti, in burgo Sancti Mauricii, Belentri, Aymone, Musterii, Aquæ Blanchiæ, in rupe Confleti, in Sancto Petro Albiniaci, in Monte Meliano, Chamberiaci, Aquæ Belletæ, in Ponte Belli Vicini, Turre Pini et Burgondii. Iter a Mediolano per Alpes Graias Argentoratum est idem usque ad Darantasiam; inde sunt Cennava, Colonia Equestris, lacus Losannus, idem cum Lemanno a Lausana civitate, Urba, Ariorica, Visontium. Iter a Mediolano per Alpes Peninas, Moguntiacum, ut ipse Antoninus scribit, est idem usque ad Augustam Prætoriam; inde sequitur Summus Peninus, Octodurus, Tarnaias, Penne locus, et alia oppida quæ Pius enumerat; et quia ad nostram historiam et rem susceptam non pertinent, illa tacemus. Quarta via e Tricastrinis ducit in Italiam per Alpem Juliam sive Genuam, quam Bellovesus primo et postea Brennus cum Allobrogibus aperuit. Quintam in Maritimis Alpibus supra primam Herculis viam Hannibal flamma et aceto fecit; nam ex Allobrogibus et Tricastrinis per extremam Vocontiorum oram ad saltus Tricorios et Druentiam gurgitibus vagis, authore Marcellino, ivit, transactaque Druentia, exorsus, aliud iter antehac insuperabile, emensis post Herculem multis seculis, fecit, excisaque rupe flamma et aceto Etruscas regiones occupavit. Et male Volaterranus scribit Herculem et Hannibalem transisse in Italiam per Alpes quæ sunt supra Taurinos, et ab his Graias et Peninas fuisse appellatas; nam sub his Alpibus Taurini non sunt collocati, ut in Sigoeriis ostendimus, et non in Taurinos, sed in Salassos Hercules se contulit. Verum non negaverim ab Hercule Alpes Graias nomen accepisse. Sexta via est per montem Cinesium, quam rex Cottius in Alpibus Cottiis fecit. Septima per Helvetios et Rhetos, qua, erepto ab Hispanis Francisco Gallorum regi Mediolano, Delphinates ex Italia in patriam rediere, cum ab hostibus impedirentur ne per Genuam Delphinatus montem aut per montem Cinesium seu vallem Augustæ ditionis Sabaudæ transirent. Et alias novas vias frequens Gallorum in Italiam accessus, nostra ætate, invenit, et antiquas meabiles reddidit, sicut in Brigantio scripsimus.

Generalia quædam ad intelligendum quorumcumque oppidorum et vicorum originem.

Quia tantum insigniores urbes et oppida geographorum more descripsimus, ad calcem hujus primi libri in genere subjungemus perpauca ex quibus aliorum oppidorum et pagorum originem unusquisque deprehendere poterit. Et, teste Fabio Pictore (1), imponere gentibus et locis nova nomina jus est duntaxat regum ducumque, et ideo extinctis aliis cognominibus, omnem circa Tiberim regionem Italus a se Italiam nuncupavit; et hæc prisca Italia fuit : sensim ab Alpium radicibus et flumine Varo ad fretum usque Siculum extendebatur. Et a Latino rege Italiæ, Latini, et ab Agenoris Libyæ regis filia, Europa, et ab ejus nominis femina, Asia, secundum Isidorum, nomina habuerunt; sicut a Pelope rege, Peloponesus, et a Thessalo primum Thessalia, deinde a Græco rege, Græcia dicta fuit. Et ab Hibero amne dicebantur Hiberi, postea ab Hispalo, Hispani, et regio Hispania, eodem Isidoro teste, cognominata est; et ab Allobroge rege, Allobroges appellantur; et ab Augusto Augusta, a Venerio Vienna denominationem acceperunt; et loca urbesque ab ipsarum conditoribus nomen obtinuerunt, ut eorum esset memoria. Nam et post diluvium, ad quærendas novas sedes et communem cœtum inter homines agendum, ædificandasque urbes, Noa pater principes filios adhortatus est; et in signum expeditionis a Noa patre commissæ, et ad monumentum posteris, ut scirent quis eorum fuisset conditor,

---

(1) Fabius Pictor (auctor apocryphus), De aureo sæculo, apud Joannem Annium Viterbiensem, p. 425.

multi, ut Berosus tradit, nomina sua locis reliquerunt: et ut in Judaica Historia Josephus testatur, ex Noe pronepotibus, et ex his qui ab illis orti sunt, alios alias terrarum oras velut in colonias profectos, occupasse constat; atque ita factum est, ut non solum gentes populique quorum conditores fuissent ab eorum sint nominibus appellati, sed pleræque etiam urbes inde nomen sortitæ feruntur. Cæterum Græci barbaram vocem adversati, aut illa ex integro vel magna ex parte, sicut ipse Josephus prosequitur, immutando effecerunt, ut a prisca voce multum discreparent; durare tamen adhuc quædam, ait, quæ veteri opinioni astipulantur: in Phœnicia Tyrum, in Cilicia Tarsum, in Cypro Citium, et alia in quibus referendis est idem Josephus multum occupatus. Adjungit etiam Medos, Armenios, Cappadoces, Paphlagonas, Palæstinos, Pamphylios, Cilices, Syros, et ad meridiem Ægyptios et Libes et Mauros; quæ sane nomina sunt ab ipsarum gentium conditoribus, qui idem et Hebræi fuerunt et a Noa prognati, longa nepotum usque ad Abrahamum serie deducta.

Et alia etiam fuit ratio imponendorum nominum urbibus, ad memoriam scilicet et fulgorem majorum; ut colligitur ex undecimo capitulo primi libri divinarum Institutionum Lactantii, cum tradit Saturnum potentissimum regem, ad retinendam parentum suorum memoriam, eorum nomina indidisse cœlo et terræ, quæ prius aliis vocabulis appellabantur. Hac ratione montibus et fluminibus marique nomina fuisse imposita Lactantius scribit, et maria, inquit, etiam nomina traxerunt ab eis qui in ea deciderunt: ut Ægæum, Icarium, Hellespontus; et, teste Festo Pompeio (1), Ægæum mare vocatur, quod crebræ in eo sint

---

(1) Sex. Pompei Festi de Verborum significatione libri XX. (Auctores latinæ linguæ in unum redacti corpus, S. Gervasii, MDCII, in-4°.)

insulæ, ut procul aspicientibus species caprarum videantur, sive quod in eo Ægæa Amazonum regina perierit, sive quod in id Ægæus Thesei pater se præcipitaverit; et libro Metamorphoseos octavo, Ovidius canit Icarum sequentem patrem altius volando decidisse in aquas, quæ nomen ab illo traxerunt, patremque Dædalum corpus filii sepulcro condidisse, et insulam a sepulti nomine cum mari Icaros appellatam fuisse. Tiberinus quoque, vel Tiberis, secundum Lactantium, amni quo mersus est nomen dedit; et ideo, cum poetæ scribunt de progenie Atlantis aut Inachi fluminis, non intelligunt, ait, homines e rebus sensu carentibus potuisse generari, sed significant natos ex his hominibus qui aut vivi aut mortui nomina montibus aut fluminibus indiderunt. Et a veteribus maxime Græcis id fuit usitatum; et apud Virgilium, sexto Æneidos libro, exequias Miseno tubicini suo Æneas fecit, et

<blockquote>
Ingenti mole sepulcrum
Imposuit, suaque arma viro, remumque tubamque,
Monte sub aerio, qui nunc Misenus ab illo
Dicitur, æternumque tenet per secula nomen.
</blockquote>

Et in Latio, Aventinus monti in quo sepulcrum habuit, vocabulum dedit.

Interdum a qualitate aliqua, urbes et oppida sicut montes et flumina vel aliæ res nomina recipiunt, ut in Allobrogibus Alba Ripa, Altaque Ripa (1), ab albis et altis ripis; et juxta Gratianopolim in Garucellis, Herbesium a loco herboso dicitur (2). Sæpe ab eventu urbes et oppida nominantur, ut in Italia Mortaria ab occisis et mortuis hominibus in bello quod contra Desiderium Carolus Magnus gessit;

---

(1) Alba Ripa, Alta Ripa, *Auberive*, *Hauterive*. (2) Herbesium, *Herbeys*.

frequenter a vicinitate locorum res nomina capiunt, ut mare Africum, Arabicum, Hircanum, Persicum, Indicum, et id genus similia, quod Africam, Arabiam, Hircaniam, Persiam, Indiam alluunt. Et propter eventum multæ res nomina antiqua perdiderunt et nova receperunt, ut, a sanguine Christianorum in Ararim sparso, hoc flumen Sangona appellatur; et deletis veteribus nominibus, Romani a suis sæpe urbes denominaverunt, ut de Gratianopoli et foro Julio similibusque legimus. Quin imo modicis ædificiis in antiquis oppidis factis ut omnia esse sua dicerentur, illa a suis nominibus vocaverunt, contra eorum sanctiones, quibus, auctore Callistrato de Operibus publicis, constituerunt ut adornantes opus ab alio factum possent titulos nominum suorum scribere remanentibus titulis priorum. Hoc bonus ille Augustus servavit, dum opera cujusque principis Romani qui de republica bene meritus fuerat, manentibus titulis, secundum Tranquillum, restituit; et e diverso plurima et amplissima oppida incendio absumpta Domitianus restauravit, sed omnia sub titulo tantum suo absque ulla pristini auctoris memoria.

Et post Romani imperii inclinationem singulæ prope gentes imperii nomen exosæ, advenientibus novis principatibus, alia atque alia, ut Gaguinus author est, nomina rebus imposuerunt, et relictis nominibus antiquis populi frequenter ab insignioribus locorum urbibus et oppidis nomina ceperunt, ut Cavari et Vocontii qui nunc in parte Valentini et Dienses ab eorum urbibus appellantur. Alia non refero quæ infinita sunt et lapsu temporis antiqua urbium et complurium oppidorum nomina fuerunt corrupta aut in parte vel in toto immutata, ut Brigantium et Garucellum quæ hodie Briansonium et Goncellinum vocantur; et Agrippina nunc Vapincum appellatur. Et de his Flaccus ita meminit:

> Ut silvæ foliis pronos mutantur in annos,
> Prima cadunt : ita verborum vetus interit ætas.
> . . . .
> Multa renascentur quæ jam cecidere, cadentque,
> Quæ nunc sunt in honore, vocabula, si volet usus,
> Quem penes arbitrium est et jus et norma loquendi.

Et non est mirum quoniam nihil est sub sole permanens, cum nedum nomina urbium, verum ipsæ urbes funditus vetustate corruant. De qua re ita Ovidius libro Metamorphoseos decimo quinto scribit :

> . . . . Sic tempora verti
> Cernimus, atque illas assumere robora gentes;
> Concidere has : sic magna fuit censuque virisque,
> Perque decem potuit tantum dare sanguinis annos,
> Nunc humilis veteres tantummodo Troja ruinas,
> Et pro divitiis tumulos ostendit avorum.
> Clara fuit Sparte : magnæ viguere Mycenæ :
> OEdipodioniæ quid sunt, nisi fabula, Thebæ?
> Quid Pandioniæ restant nisi nomen Athenæ?
> Nunc quoque Dardaniam fama est consurgere Romam;
> Apenninigenæ quæ proxima Tibridis undis
> Mole sub ingenti rerum fundamina ponit.

Et Phavorinus Gallus (1) persuasit cuidam adolescenti plerasque voces nimis priscas et ignotissimas in quotidianis communibusque sermonibus expromenti quod antiquitas sibi placeret, cum honesta et bona et sobria et modesta esset, quod viveret ergo moribus præteritis et loqueretur verbis præsentibus. Et a C. Cæsare in primo de Analogia libro scriptum est semper in memoria atque pec-

---

(1) Auli Gellii lib. I, cap. X.

tore habendum ut, tanquam scopulum, inauditum atque insolens verbum fugiatur; et post Probum Valerium, Gellius aurem esse interrogandam versum pangendo aut orationem solutam struendo tradit.

Et rationem eo reddere nominum et originem omnium pagorum, imo oppidorum et urbium, impossibile esset, quia, teste Juliano jureconsulto, non omnium quæ a majoribus constituta sunt ratio reddi potest; insuper, multi vici et oppida ad voluntatem nomina habent quæ ignoramus.

AYMARI RIVALLII

DELPHINATIS

de Allobrogibus

LIBER SECVNDVS.

Primi Allobrogum Reges.

ŒLO terraque, mari, piscibus et omnibus bestiis creatis Deus optimus maximus Adamum et Evam fecit ut universis dominarentur, et cunctis animantibus cœlique volatilibus ac omnibus terræ bestiis Adamus nomina imposuit, et quod ipse Adamus et Eva crescerent ac multiplicarentur, et terram replerent et eam subjicerent, Deus præcepit. Itaque orbem in Asiam ac Europam et Africam Adamus divisit, et hisce orbis partibus per se et liberos præfuit, et post multa ab eo secula fuerunt, ut Moses scribit, gigantes, qui, teste Beroso, universo orbi ab occasu solis ad ortum dominabantur, et inventis armis, vastitate corporis ac robore confisi omnes opprimebant, libidinique inservientes instru-

menta musica et omnes delicias invenerunt, homines manducabant et abortus procurabant, in eduliumque præparabant, et matribus, filiabus, sororibus et masculis brutisque commiscebantur; et nihil erat sceleris quod non admitterent, religionis et Deorum contemptores.

Et ex his gigantibus, Cursolius sive Briardus regnum populorum, qui post diluvium Allobroges appellati fuerunt, aliquorum opinione tenuit, et Ludovici undecimi Delphini temporibus ossa hujus Briardi gigantis ad Cemenum montem trans Rhodanum reperta fuere, prope Valentiam Cavarum, sub Cursolio, eo loco qui Sanctus Peralius (1) dicitur; et ut ex illis ossibus deprehenditur, magnitudinis duorum et viginti pedum erat, et in cœnobio fratrum Prædicatorum Valentinorum est statura et forma ejus gigantis depicta; et a pariete interioris illius ædificii aliquot Briardi ossa pendent (2), et a Renato, Provinciæ rege, quædam in sacrum Biturigum sacellum delata fuerunt. Et sub Briardo in Allobrogibus alii gigantes habitabant; nam superioribus annis apud Septimum Delphinatus pagum, juxta Viennam, ossa alterius gigantis eximiæ magnitudinis quidam rustici terra evulserunt.

Et Cretam insulam Orion sive Otus habitavit, et quodam ibi monte motu terræ aut vetustate convulso, cadaver hujus sex et quadraginta cubitorum, si Plinio credamus, inventum est : et in eadem insula, Sabellici temporibus, operarii quidam immanis arboris truncos ad navalem fabricam radicitus eruere molientes in humanum caput do-

---

(1) Cursolium, Crusolium, *Crussol*; Sanctus Peralius, *St-Péray* (*Ardèche*).

(2) Apud Dominicanorum cœnobium, in horti pariete observabis gigantis Buardi picturam, latit. VII, longitud. XV pedum. Ossa in peristyliis inventa dicuntur, postea juncta, mensurata, et in hanc formam deformata. (Abrah. Golnitz Itinerarium Belgico-Gallicum. Elzevir, 1655, p. 411.)

lii instar inciderunt, idque imperiti homines cum temere attrectassent, confestim putri vetustate solutum in pulverem abiit, et dentes stupendæ magnitudinis ad insulæ magistratus delati, secundum Sabellicum, rei fidem fecerunt, et ex his unus Venetiis domi privatæ pro miraculo videbatur. Sed si Briardus et alii gigantes, de quibus scribimus, ante diluvium fuerint, diuturnitas temporis multum refragatur, cum tot annorum millibus ossa, ut opinor, difficulter durent et in cinerem omnino redacta fuissent, si tam longo tempore humi jacuissent, quam rem medicorum et philosophorum aliorumque in hac arte peritorum judicio relinquimus. Nam et post aquarum inundationem aliqui giganteæ staturæ homines fuerunt. Porro, imperante Henrico secundo, corpus Pallantis, Evandri regis filii, integrum prope Romam inventum fuit, secundum Martinum, ipsius urbis muros excedens, et vulnus quod in pectore Turnus ei hasta fecerat, dum Æneam defenderet, quatuor pedum erat. Et Diocletiani temporibus, Christophorus Cananæus, duodecim cubitorum, sacra docente historia, in humanis agebat, et, ut Deo inserviret, fluvium magnæ altitudinis homines humeris, consilio eremicolæ cujusdam, traducebat, et tandem sub forma infantis Christum trajecit; et cum ipsius infantuli pondus Christophorus admiraretur, se esse Christum puer declaravit: et ut ita esse Christophorus crederet, ei lignum quo se flumen transeundo sustentabat in ripa ipsius fluminis plantare Christus jussit, et quod postera die vireret fructumque ferret; et ita factum est, et in Deos tandem Christophorus relatus, a Christianis excelsa statura in templis depingitur.

Et ut ad rem redeamus, cum orbis exitium multi prædicarent, omnia ipsi gigantes corridebant, et unus inter gigantes Deorum veneratior, ex probis erat in Syria, Noa nomine, cum filiis et uxoribus. Et aquis tandem famosaque aquarum clade omne humanum genus, anno a mundi initio millesimo sexcentesimo quinquagesimo sexto, secundum Philonem et alios, suffocatum est, et universus orbis periit, excepto ipso Noa, qui cum Semo, Japetoque et Cham filiis, Tytea magna, Pandora, Noela et Noegla uxoribus, et aliquot ex omni animalium genere bestiis, fuit reservatus in navi instar arcæ cooperta. Et de hac aquarum inundatione gigantibusque non solum sacri historici, verum Ovidius in Metamorphosi et alii poetæ, meminerunt. Diluvii tempore Noa sexcentos annos agebat, ut Moses testatur, et arcam decima octava aprilis ingrediens, anno revoluto aquis in pristinum locum restitutis, ipsam arcam decima septima aprilis exivit, octingentis et triginta annis ante fundationem Trojæ et trecentis decem septem annis supra duo millia ante Christi incarnationem, si Joanni Annio post alios credamus. Exsiccata humo, Noa cum familia de monte Gordiæo Armeniæ, ubi aquis secedentibus navis quievit, in subjacentem planitiem descendit, et astrorum cursus liberos docuit, et annum ad cursum solis et duodecim menses ad motum lunæ distinxit, hac quoque scientia, quid in anno et cardinibus ejus futurum contingeret illis prædicebat. Et geminos marem et feminam ex uxoribus masculi suscipiebant; ita hominum penuriæ Deus subveniebat. Et eo modo in immensum adaucto genere humano completaque omni Armenia, homines inde recedere atque novas sibi sedes conquirere necesse erat. Itaque ad quærendas novas sedes et communem cœtum inter homines agendum ædificandasque urbes Noa pater principes filios hortatus est, et in Asiam Africamque et Europam, ut ante diluvium viderat, orbem designavit, et Sem filium Asiæ, Cham Africæ præfecit. Japetum vero in Europa constituit, et per totum orbem sese colonias traducturum Noa pollicitus est, et ad partes sibi constitutas hi filii cum familia profecti sunt, et in signum expeditionis a patre Noa commissæ, et ad monumentum posteris, ut scirent quis eorum conditor foret, nomina sua locis relinquebant. Et a liberis Noæ, post diluvium, divisæ sunt gentes in terra et insulæ gentium in regionibus suis, et unusquisque secundum linguam et familiam in nationibus; et ita factum est, ut non solum gentes et populi quorum conditores fuissent ab eorum nominibus appellentur, sed etiam inde pleræque urbes nomen sortitæ sunt, sicut Moses Berosusque et in Judaica Historia Josephus testantur.

Samothes, primus Celtarum rex, post diluvium.

Anno ab aquis saluteque humani generis centesimo quadragesimo tertio, Samothes Japeti filius apud Allobroges et alios Celtas regnavit, et Berosi testimonio Dis etiam nominabatur : et colonias in Celtica fundavit et anno Nini quarto Celtas legibus formavit, et post diluvium primus Celtarum sive Galliarum rex fuit. Et ab hoc Samothe, Galliæ, secundum Diogenem Laertium in Vita philosophorum, Samotheæ fuerunt appellatæ. Aliis Europæ regionibus cæteri Japeti filii præfuerunt; sed eos non commemoramus, quoniam rem de Allobrogibus Celtis tantum suscepimus. Et, ut in sexto Commentariorum Cæsaris libro legimus, ab ipso Dite patre Galli omnes se prognatos prædicabant, idque a Druidibus proditum dicebant; et eam ob causam omnis temporis spatia, non numero dierum, sed noctium, definiebant, dies natales et mensium et annorum initia sic observabant, ut noctem dies subsequeretur. Et Mercurium colebant, cujus plurima simulacra habebant, et eum omnium inventorem artium et viarum atque itinerum ducem ferebant, et ad quæstus pecuniæ et etiam mercaturas habere vim maximam arbitrabantur. De Apolline, Minerva, Jove et Marte eamdem fere quam reliquæ gentes opinionem habebant, ut Apollo morbos depelleret, Minerva operum atque artificiorum initia traderet, Jupiter cœlestium imperium teneret, Mars bella gereret, et si prælio dimicare constituebant, ea quæ bello caperent plerumque Marti devovebant, animalia capta immolabant et reliquas res in unum locum conferebant; et in multis civitatibus harum rerum exstructos cumulos locis consecratis conspiciebantur, et, si neglecta religione quispiam aut capta apud se occultare aut posita tollere auderet, gravissimum ei rei supplicium cum cruciatu constitutum erat.

In omni Gallia plebs servorum loco pene habebatur, et nihil per se habebat, et nulli adhibebatur consilio; et plerique, cum ære alieno aut tributorum magnitudine aut potentiorum injuria premebantur, sese in servitutem nobilibus dicabant, et in hos omnia habebant jura quæ domini in servos. In Celtis viri tantas ex suis bonis æstimatione facta pecunias communicabant quantas ab uxoribus dotis nomine accipiebant, horumque omnium fructus ratione habita servabantur, ut eorum superstiti pars utriusque cum superiorum annorum fructibus perveniret. Et viri in uxores, sicuti in liberos, vitæ necisque potestatem habebant; et si mors patris familias illustriore loco nati in suspicionem veniebat, ejus propinqui conveniebant et de uxoribus in servilem modum quæstionem habebant, et si res comperiebatur, igne atque omnibus tormentis excruciatas interficiebant. Gallorum funera erant magnifica et sumptuosa, et omnia quæ vivis cordi fuisse credebant, etiam animalia et servos et clientes, justis funeribus confectis, in ignem inferebant, et una cremabant. Et in rebus publicis privatisque rationibus ipsi Galli utebantur litteris quæ postea græcæ appellatæ fuerunt, et a quibus Græci suas formaverunt. Hæc omnia et disciplinas Galli a Samothe patre habuerunt, quoniam, ut Berosus refert, neque isto quisquam illa ætate sapientior fuit. Et centum quoque et quinquaginta septem annis Celtarum regnum tenuit.

Magus et alii reges Celtici.

Post Samothem Magus ejus filius apud Allobroges et alios Celtas quinquaginta annis regnavit. Et ab eo plurima oppida, teste Beroso, in Gallia posita sunt, ut Rothomagus, Neomagus, Vindomagus, Brennomamagus, quorum Ptolomæus meminit; et Magus, sicut nomen demonstrat, magnus ædificator fuit. Nam lingua scythica Magus domificatorem significat, et prima lingua gallica Magus, authore Annio, palatium aut ædificium dicebatur. Et hic rex fuit tempore Semiramidis Babyloniorum seu Assyriorum reginæ, quæ militia, triumphis, divitiis, imperio et victoriis omnes mortales antecessit, sed ineffrenata luxuria virtutem suam deturpavit. Postea Allobrogibus et aliis Celtis imperavit Sarron, qui, ut hominum tum recentium ferociam contineret, publica litterarum studia instituit; et apud Celtas erant, ut Diodorus libro sexto inquit, theologi ac philosophi qui ab eis Sarronidæ vocabantur et præcipue colebantur; nam de more apud Celtas nullum absque philosopho sacrificium fiebat, existimantes per divinæ naturæ conscios, tanquam Diis propinquiores, sacra fieri oportere, et bona a Diis petenda horum intercessione quorum consilio et pace et bello fruebantur. Et anno regni sui quinquagesimo nono mortem obivit.

Dryius et alii reges Celtici.

Sarroni successit Dryius, testante Beroso, peritiæ plenus, a quo Dryiudes sive Dryiudæ nomen acceperunt, qui et Druides appellantur. Et de eis Lucanus in libro primo multa disserit, et secundum Plinium in fine decimi sexti libri naturalis Historiæ, Galli suos magos vocabant Druidas. Hominum autem qui in omni Gallia aliquo erant numero atque honore duo erant genera, ut Cæsar in Commentariis tradit: alterum Druidum, alterum Equitum; illi rebus divinis intererant, sacrificia publica ac privata procurabant, religiones interpretabantur. Ad hos magnus adolescentium numerus disciplinæ causa concurrebat; quos in veneratione habebant, et fere de omnibus controversiis publicis et privatis Druides constituebant. Et si de admisso facinore, si de cæde facta, si de hæreditate vel finibus aut aliis rebus controversia erat, idem discernebant, et præmia ac pœnas imponebant. Et si eorum decreto quis privatus aut publicus non stabat, sacrificiis interdicebant. Hæc pœna apud eos erat gravissima: quibus ita interdicebatur, et numero impiorum ac sceleratorum habebantur; his omnes decedebant, aditum sermonemque defugiebant, ne quid ex contagione incommodi acciperent; neque his petentibus jus reddebatur, neque ullus honos communicabatur. Christiani his modis interdictos appellant excommunicatos. Et omnibus Druidibus præerat unus, qui summam inter ipsos auctoritatem habebat, et mortuo ex reliquis excedens dignitate succedebat. Et si plures erant pares, Druidum suffragio, nonnunquam etiam de principatu armis contendebant.

Et certo anni tempore, in finibus Carnutum (1), utpote in totius Galliæ medio, Druides in loco consecrato considebant, et huc conveniebant omnes undique qui controversias habebant, Druidumque judiciis et decretis parebant. Et a bello Druides abesse consueverant, neque tributa una cum aliis pendebant; militiæ etiam vacationem omniumque rerum immunitatem habebant. Tantis excitati et sua sponte multi in disciplinam conveniebant, et a propinquis parentibusque mittebantur, et magnum versuum numerum ediscebant; et disciplinas litteris mandare nefas existimabant, ne, ut Cæsar credidit, in vulgus disciplina efferretur, et ut litteris diffisi melius memoriæ studerent. Itaque nonnulli annos viginti in disciplina consumebant, et non interire animas, sed ab aliis post mortem ad alios transire Druides persuadebant. Et ex hoc metu mortis neglecto ad virtutem homines excitari putabant. Insuper de sideribus et eorum motibus, de mundi ac terrarum magnitudine, de rerum natura, de Deorum immortalium vi potestateque disputabant et juventuti tradebant. Et Diodoro teste, libro sexto, Celtæ utebantur divinatoribus Druidibus, qui apud eos ab auguriis futura prædicebant, omni eis obtemperante plebe. Cum vero de magnis rebus consulebant, mirabilem incredibilemque consuetudinem servabant; ense enim hominem jugulabant, quo decedente, tum ex casu, tum ex membrorum laceratione et sanguinis fluxu, ex quadam longa vetustaque observatione, futura noscebant. Eorum disciplina in Britannia reperta inde in Galliam translata est, et qui diligentius eam cognoscere volebant plerumque illuc proficiscebantur. Alterum genus digniorum hominum in Gallia Equites erant; et cum aliquod bellum incidebat, in bello hi omnes versabantur.

(1) Carnutes, Carnutum, hodie *Chartres* (*Eure-et-Loir*).

Celtæ et Galli liberos in puerili ætate ad conspectum patris publice assistere turpe dicebant, nisi cum adolevissent, ut militiæ munus sustinere possent.

Et religionibus natio omnium Gallorum admodum dedita erat; atque ob eam causam gravioribus morbis affecti, et in præliis et periculis versantes, aut pro victimis homines immolabant, aut se immolaturos vovebant. Ad ea quoque sacrificia Druidibus utebantur, quod pro hominis vita non posse Deorum immortalium numen placari, nisi hominis vita, arbitrabantur. Et publice ejusdem generis sacrificia instituta habebant; alii immani magnitudine simulacra viminibus contexta vivis hominibus complebant, et his succensis homines circumventi flamma exanimabantur. Et si Aristoteli in Magico et sectione XXIII Successionum libro credamus, Druides divini atque humani juris fuerunt peritissimi et ob id religioni deditissimi, ac propterea Samothei appellabantur; et Diogeni Græculo, qui contrarium sentiebat, Annius respondit. Et Dryius Celtis undecim annis imperavit. Inde Dryium ad Celtarum regnum Bardus secutus est, carminum inventione et musicæ inclytus; et Bardos fortia virorum illustrium facta heroicis versibus dulcibusque lyræ modulis cantasse Marcellinus libro quindecimo scribit, et inter hos Druidas fuisse ingeniis celsiores ait : et in Gallia est adhuc oppidum Druides nomine quod Drocas (1) Gaguinus in Ludovico Grosso et Carolo sexto vocat, et a Carnuto octo leucis distat. Et annis sexaginta Bardus regnavit. Inde Allobrogibus præfuit Longo, triginta quatuor annis; Bardusque junior triginta septem, et Lucus paucis annis.

---

(1) Drocæ, *Dreux* (*Eure-et-Loir*).

Celtes, Galatea et Hercules.

Post hosce reges, Celtes Allobrogum et aliorum Celtarum regnum tenuit; et montes qui Celtas et Celtiberos dividunt ab hoc rege, ut Berosus inquit, nomen habuerunt, et tertia Galliarum pars ab eo Celtica, secundum aliquos, dicta est. Quidam, Plutarcho teste, in vita Marii, ferunt Celticam terram, propter regionis magnitudinem, ab extremo mari a septentrionalibus climatibus ad orientem versus Mæotin fluvium conversam, Ponticam Scythiam attingere; et hinc e gentium commixtione factam esse, et populi sedes suas relinquentes quolibet anno veris tempore eos qui antea discesserant petentes assequentesque bellando per multa tempora ad continens et stabile solum contendebant. Quapropter sigillatim multa nomina exercitus habentes Celto-Scythæ communi nomine, postquam convenere, appellabantur, et a quibusdam traditum est Cimmerios primum a priscis Græcis cognitos non magnam totius fuisse particulam, et hos fugam vel seditionem quamdam sub Scythis facientes Lydamo duce in Asiam Mæoti flumine trajecisse, et ipsorum plurimi qui in armis præstantiores erant ultimos populos ad mare extremum collocatos petierunt. Et si Diodorum Siculum libro sexto sequamur, qui citra Massiliam Mediterraneas regiones juxta Alpes et montes Pyrenæos incolunt, Celtæ appellantur. Alii omnes Galateæ dicuntur, et cunctos Romani Galatas vocaverunt; et teste Appiano in Hirio, Celtæ a Celte Polyphemi cyclopis et Galateæ filio, qui ipsis imperavit, dicti fuerunt. Tres enim liberos, Hirium, Celtem et Gallum, cyclops e Galatea habuit: unde Hirii et Celtæ ac

Galatæ, ut post Appianum Sabellicus testatur, denominationem acceperunt.

Et in Galliis Aborigines primi fuerunt, ut Marcellinus scribit, Celtæ nomine regis amabilis, et Galateæ matris ejus vocabulo. Et in principio a Græcis tota Gallia etiam Celtica vocabatur, et per excellentiam universi Galli dicebantur Celtæ, secundum Strabonem libro quarto, ob claritatem eorum qui Narbonensem provinciam colebant, quos speciali nomine Celtas fuisse vocatos tradidit. Et Cæsaris testimonio, Celtæ lingua romana Galli appellabantur. Et dum, post Berosum et Manethonem, nos Celtem et alios reges a Samothe usque ad Francum apud Celtas regnasse tradimus, universos Gallos per Celtas comprehendimus, ut e gestis ipsorum regum apparet. Et Iberiam, Hispaniæ partem, Celtæ, relictis sedibus suis, habitaverunt, unde composito ex utraque gente nomine Celtiberi dicebantur; de quo Lucanus sic cecinit:

> Profugique a gente vetusta
> Gallorum Celtæ miscentes nomen Iberis.

Et Silius Italicus:

> Venere et Celtæ sociati nomen Iberis.

Et Galateam filiam unicam Celtes rex nomine matris habuit; et quia desponsata ipsa Galatea Hercules Gallis post Celtem dominatus est, de eo et ipsius in Galliam adventu aliqua scribemus; et tres ac quadraginta Hercules fuisse, Varro asserit. Et hoc tempore primus ipsorum inter humanos agebat, et fuit Ægyptius Thebanus, Osiridis Jovis filius, et Libyus, atque aliis nominibus multis appellabatur. Et in prima hominum propagatione, longe ante Trojanum excidium ortum habuit, ut in Saturnalibus Macrobius memoriæ reliquit; et hujus peculiare ac proprium nomen Hercules erat. Et secundum Berosum, cum Iside in Ægypto sustulit Triphonem, in Phœnicia Busiridem, in Phrygia alium Triphonem, in Creta Milinum, in Libya Anteum, in Celtiberia Lomninos qui tyrannidem in hisce locis assumpserant, Lomninisque Hispalum regem substituit. Et ut libro quinto et sexto et aliis apud Diodorum Siculum legimus, post mortem Antei Hercules in Ægyptum transivit. Et peragrata majore parte Libyæ, ad Oceanum qui est apud Gades pervenit, et ibi ab utraque continentis parte columnas posuit. Harum unam adhuc suo fuisse tempore Dionysius scribit, quæ tota ænea erat, ad tantamque porrecta altitudinem, ut transcendere nubes atque ipsum (quod mirabile est) cœlum attingere videretur. Et inde in Iberiam Hercules exercitum traduxit, et bello Geryone victo, cum exercitu in Galliam Celticam profectus est. Et, si Ammiano Marcellino in quindecimo libro credamus, ad Geryonem et Tauriscum extinguendos, quorum alter Hispanias, alter Gallias infestabat, Thebanus Hercules levius gradiens viam in Maritimis Alpibus composuit, et harum nomen indidit, Monœcique arcem perennem ad sui memoriam consecravit. Monœcus enim, authore Strabone, est portus, statio non magnarum neq; multarum navium capax. Et templum habebat Herculis cognomento Monœci, propterea quod in eo solus, pulsis omnibus aliis, habitabat, sicut in illustrata Italia Blondus ait, vel quod in ejus templo nusquam aliquis Deorum simul coleretur. De quo sic Virgilius in sexto Æneidos scribit:

Aggeribus socer Alpinis, atque arce Monœci.

Et de eo tam Servius quam Lucanus et alii meminerunt.

Et prope Arelatem sunt Campi Lapidei, ubi contra Albionem et Bergion, Neptuni liberos, Hercules dimicavit, et cum tela defecissent, ab invocato Jove, ipsum fuisse imbre lapidum adjutum ferunt, ut lapidibus pluisse crederetur, adeo eodem loco multi adhuc passim et late jacent. De his Strabo, Plinius quoque, Mela et alii plura commemorant. Victo igitur in Iberia Geryone, Hercules cum exercitu, secundum Diodorum, in Galliam Celticam profectus est, ubi Alexiam sive Alceam vel Alsetam in Æduorum finibus condidit. Et tunc, inquit Diodorus, Celtis imperabat vir egregius habens Galateam filiam, cæteras excellentem corporis magnitudine et decore, quæ tum viribus, tum specie elata, omnes eam uxorem expectantes contemnebat; sed admirata Herculis virtutem et corporis præstantiam, ei nupsit, anno fere a diluvio quingentesimo nonagesimo, et ante Christi incarnationem mille sexcentis triginta tribus annis. Et cum ipso permissu parentum coivit, et filium peperit, nomine Galathem, qui Celtarum regnum suscepit. Et ab Celtis Allobrogibus Hercules in Italiam tetendit, et, ut Diodorus refert, iter per Alpes fecit, et ita difficilem aditum et asperam viam stravit, ut exercitibus iter postea facile esset, montanosque transeuntibus infestos ac latrociniis assuetos delevit, et eorum duces occidit; et per Graias Alpes, quæ sunt juxta Penninas, Hercules, ut libro tertio Plinius ait, transivit, et ab eo transitu illæ Alpes, teste eodem Plinio, Graiæ appellatæ sunt; et e comitatu suo Lepontios ac Graios, præustis nive membris, intra Alpium sinus reliquit. Et in transitu Graiarum Alpium Graios incolas genere præstantes fuisse positos, et fontem Rhodani Lepontios eodem Alpium tractu accoluisse Plinius docet. Et ante omnes, Herculem Alpes transivisse, in Trogum Justinus commemorat. Et virtutis admirationem immortalitatisque fidem ea res Herculi dedit; nam, Marcellini testimonio, ob arduos montium suggestus et horrore nivali semper obductos, orbis residui incolis, Gallia antehac, nisi qua littoribus est vicina, pene ignota erat.

Et in Italia Hercules Lestrigones et omnes tyrannos sustulit et superavit, et Arnos, Lybarnos, Musarnos, a se cognominatos condidit, trigintaque annis, si Berosus vera tradat, Italiam rexit.

Et Tuscum filium suum, ex Araxa susceptum, ex Tanaide regione evocavit, et in Italia regem reliquit; et ab eo Tusco rege Herculis filio, sicut a sacrifico ritu, Tuscos Italiæ fuisse appellatos Festus Pompeius scribit. Et in Celtiberos ipse Hercules senex admodum reversus est, et ibi regnavit atque obiit; et ad illius Gades templum et sepulcrum et divinos honores Celtiberi tribuerunt, plurimasque illius triumpho et nomini urbes dedicaverunt, ut Libysosonam, Libuncam et Liboram. Multi tamen Herculem græcum columnas ad Gades posuisse, et alia multa quæ ægyptio in Hispania et Gallia attribuimus, fecisse scribunt. Et, libro quindecimo, Marcellinus tradit Amphitruonis filium Herculem festinasse ad perniciem Geryonis et Taurisci, sævorum tyrannorum, quorum alter Hispanias, alter Gallias infestabat; superatisque ambobus, cum generosis feminis coivisse et plures liberos suscepisse, et has partes, quibus imperabant, suis nominibus appellasse; et id a regionum incolis asseveratum, et etiam se in eorum monumentis legisse incisum, ipse Marcellinus ait. Et quod Hercules græcus in Galliam, inde in Italiam transiverit, argumento sunt: Alpes illæ Graiæ quæ a græco Hercule, non autem ægyptio, sic appellari videntur. Sed præmissa de Hercule græco intelligi non possunt, quoniam fuit ultimus illorum quadraginta trium, et Alcæus græcus, Alcmenæ et Amphitruonis filius, ut Varro, Diodorus Siculus, Manethon Herodotusque testantur, et ut alii asserunt, adulterinus cujusdam græci Jovis spurius et proprio cognomento Heraclius appellabatur; et circa Trojanam eversionem floruit, quod multis seculis fuit post Celtem et Galatem, ut postea ostendemus. Nec in contrariam sententiam nos Marcellinus movere debet, quoniam licet prius Amphitruonis filium Herculem contra Geryonem et Tauriscum in Hispanias et Gallias festinasse scripisset, statim post subjunxit thebanum Herculem ad Geryonem et Tauriscum extinguendos levius gradientem, viam in Maritimis Alpibus composuisse et Monœci arcem consecrasse, miscens Herculem græcum cum ægyptio : et ut credendum est, similitudine et pluralitate nominis decipiebatur. Et a Graiis, in sinu Alpium per thebanum Herculem e suo comitatu relictis, Alpes illæ dici Graiæ potuerunt.

Galathes et alii reges Celtici.

Post Galateam matrem et Herculem patrem, Galathes annis quinquaginta Celtis imperavit, et ab eo Samothei, authore Beroso, Galli dicti fuerunt. A candore vero corporis Gallos fuisse vocatos Isidorus tradit; γάλα enim græce, inquit, lac dicitur latine. Et Marcellino libro quindecimo referente, celsioris staturæ et candidi pene Galli sunt omnes et rutili, luminumque torvitate terribiles. Et, ut Isidorus pergit, secundum diversitatem cœli et facies ac color hominis corporumque quantitates et animorum diversitates existunt. Inde Romanos graves, Græcos leves, Afros versipelles, Gallos natura feroces atque ingenio acriores videmus, quia natura, ait, climatum hoc facit. Et secundum Diodorum, plures oras propinquas Galathes sibi bello subdidit, et subjugatos omnes Galatas, regionem vero Galatiam appellavit. Et adjunctis Cimbris et Cimmeriis, Galatæ omnem postea Asiam et Græciam occupaverunt, et Galatas, quos Celtas alii vocavere, in Asia fundaverunt, et Græciam tenentes Gallogræci, composito ex utraque gente nomine, appellati fuerunt, ut etiam Solinus et Josephus referunt. Et de his aliquid in Galata juniore et Brenno scribemus; et Allobrogibus etiam Celtis sequentes reges præfuerunt: Narbon, annis prope triginta, a quo Narbo civitas nomen accepit; inde Lugdus, triginta octo, a quo provincia et homines cognomenta sumpserunt; postea Beligius, et ab eo Galli Beligici dicti sunt. Et post Beligium, Jasius Janigena apud Celtas regnavit; et Italis etiam imperavit, et dolo peremptus a Dardano fuit; et Jasio Corybantus filius successit: et annis septuaginta Beligius et Jasius Janigena apud Celtas regnaverunt (1).

Allobrox.

Deinde, septingentis scilicet et nonaginta novem annis post diluvium, et quadringentis sexaginta sex annis ante urbis Romæ fundationem, et mille quingentis viginti sex annis ante Christi incarnationem, Allobrox Celtarum regnum tenuit, a quo Allobroges quorum gesta scribimus nomen habuerunt; et huic populo nomen suum, sicut conjectamus, Allobrox reliquit, quod eam regionem frequentius quam alias Celtarum oras habitabat, et in ea colonias deducebat, aut aliquid præclari gerebat, et oppida fundabat: sic a Beligio Beligici nomina

(1) Fidem adhibuit Rivallius Annii Viterbiensis somniis et supposititiis auctoribus non minorem ac plerique hujus ævi scriptores, videlicet: *Jean Le Maire*, *Gaguin*, *Nicole Gilles*, *Jean Bouchet*, *Richard de Wassebourg*, *Jacques de Guise*, *Champier*, *Corrozet*, etc., etc.

sumpserunt, eo quod his locis magis quam aliis Celticis se oblectabat, ut in aliis accidit regibus et principibus, qui unam eorum principatus regionem pro mora et mansione peculiarem habent, augentque et ædificant ac colunt, et de ea præ cæteris bene merentur. Hoc tempore acto, parte agri Mæonici donavit Dardanum qui eo loco Dardaniam ædificavit; hæc postea a Troe rege appellata est Troja, et ita regnum Trojanum Berosi testimonio cœpit; et post Trojæ fundationem Allobrox viginti novem annis regnavit, et anno regni sui sexagesimo vita functus est.

Romus et alii reges Celtici.

Allobrogi ad Celtarum regnum successit Romus, annis triginta quinque regnans, ab quo Romandi nomina acceperunt. Inde Paris, qui Parisios populos in Gallia condidit, et regnum triginta octo annis tenuit. Postea Lemannus quinquaginta quinque annis Celtis præfuit, et ab eo Lemannus lacus Helvetios et Allobroges dividens appellatus est. Olbius inde secutus est, et forsan ex eo dicta est Olbia (1), quam inter Massiliam et Nicæam Strabo collocat; et tredecim annis imperavit. Galathes junior post Olbium quinquaginta duobus annis apud Celtas regnavit, et, authore Manethone, Sarmatas vicit et Galatas Asiæ condidit. Sub eo enim Galatæ, adjunctis Cimbris et Cimmeriis, omnem Asiam et Græciam occupaverunt, et Galatas in ipsa Asia fundaverunt; nam istud post Galathem seu Galatam primum contigisse Diodorus scribit, ut paulo ante retulimus, et ab his Galatis et eorum rege Asia et Græcia litteras et disciplinas con-

---

(1) Olbia, forsan *Hyères*.

secutæ fuerunt, ut plures ex Xenophonte Archilochoque ac Josepho et aliis tradunt. Et paulo ante ruinas Trojæ, Cadmus quintus, a Phœnicia rediens, in Græciam detulit primus sexdecim litteras rudes, non phœniceas, sed Galatarum et Mæonum characteribus persimiles; residuas non longe post Palamedes et Simonides melicus retulerunt, ut apud ipsum Xenophontem legitur; ita quod litteræ quibus Galli, secundum Cæsarem sexto Commentariorum libro, utebantur, et quas Galatæ Asiaticis et Græcis tradiderunt, postea Græcæ fuerunt appellatæ; nam Romanis Gallias occupantibus ipsæ litteræ apud Gallos esse desierunt, et loco propriarum romanas acceperunt. Romani enim nedum imperium, sed et eorum litteras ampliare voluerunt, quoniam, licet in diversis provinciis extra Italiam prætores haberent, nihilominus, ut testis est Triphonius jureconsultus, decreta latine a prætoribus interponi debere sanxerunt. Galathæ successor fuit Namnes, quadragintaque annis Celtarum regno præfuit.

Rhemus.

Rhemus postea Celtarum regnum possedit, et in Gallia Belgica Rhemos civitatem ædificavit, in qua Christianissimi Franciæ reges solent magna pompa religiose inungi et consecrari. Et Rhemus Celtis imperavit triginta annis ante Trojæ eversionem. Quo tempore apud ipsam Trojam Priamus Hectoris pater regnabat; et Troja a Græcis capta est, expletis, secundum Eutropium, a mundi principio quater millibus decem et octo annis, a diluvio mille quadringentis septuaginta septem annis, et ante Romam conditam trecentis et quatuor annis. Hæc computatio Eutropii arguitur, quod a mundi initio usque ad diluvium majus intervallum mille sexcentorum quinquaginta sex annorum intercesserat, contra Philonis opinionem, quæ tamen ex annis Adæ et primogenitorum successorum usque ad diluvium a Mose descriptorum vera comprobatur. Et a Trojæ fundatione usque ad ejus eversionem trecenti fere anni intercesserunt. Gilius, post Hugonem de Sancto Victore et alios, asserit Trojæ destructionem fuisse septuaginta octo aut octoginta annis supra ter mille et nongentos annos post mundi creationem, et mille centum nonaginta annis ante Christi incarnationem. Et post Trojæ diruptionem Rhemus adhuc Celtis octo annis præfuit. Paulo post Trojanam eversionem, si credamus Joanni Monemutensi in Historia Britanna (1), et Gilio in Gestis Francorum, et Boucheto in Annalibus Aquitaniæ, et aliis, fuerunt in Gallia duodecim qui se Reges sive Pares appellabant, et ipsam Galliam gubernabant; et istud evenisse existimandum est post Rhemi obitum, qui nullam prolem masculinam habebat. Nam Rhemus rex omnem Galliam possidebat, et se vivente alios reges sive pares aut gubernatores non admisisset, et ex his paribus Groffarius Pictus in Pictaviis regnabat.

Francus.

Troja civitate eversa, Trojani in diversas orbis regiones profugi sedes quærendo sese contulerunt; et ex eis Turcus, ut fertur, Troili filius, in Scythiam ivit, et ab eo Turci nomen acceperunt. Æneas autem cum Ascanio, e Creusa Priami suscepto, et

---

(1) Galfridus Monemutensis. Britanniæ regum et principum origo et gesta; Parisiis, 1508, in-4°. Geofroy de Monmouth, historien anglais de la fin du XIIe siècle.

plures alii in Italiam profecti sunt, et anno tertio post Trojæ excidium, testante Eutropio, Æneas, occiso Turno, ejus sponsam Laviniam, Latini filiam, in conjugem accepit; et ab ea Silvium Posthumum, casu quodam in silvis natum, habuit. Livius ambigit, si hic Silvius fuerit Ascanii e Creusa aut a Lavinia suscepti filius. Quis enim, ait, rem tam veterem pro certo affirmet? Et apud Latinos Æneas cum sua posteritate, de patre in filium, diu regnavit : ipse Æneas tribus annis, Ascanius octo et viginti, Silvius Posthumus triginta, Æneas Silvius uno et triginta, Latinus Silvius quinquaginta. Postea Silvius cognomen, secundum Livium, mansit omnibus qui Albæ regnarunt; et ibi imperavit Alba Silvius triginta novem annis; Epitus, sive Atys ejus filius, viginti tribus; Capys Silvius, superioris regis filius, viginti octo; Capetus Silvius tredecim; Tiberinus novem. Ab hujus nomine Tiber fluvius dictus est, eo quod in ipsum decidens extinctus est; qui prius, si Eutropio ac Livio et aliis credas, Albula appellabatur.

Huic Tiberino successit Agrippa Silvius, regnans annis quadraginta; deinde Romulus sive Remus Silvius regnum tenuit decem novem annis, Aventinus Silvius viginti septem, et æternum Aventino monti vocabulum dedit, quia in eo mortuus et sepultus est. Aventini successor extitit Procas Silvius ejus filius, qui regnum possedit triginta tribus annis; et Amulius ejusdem Procæ secundo genitus quadraginta tribus. Et regno expulit Numitorem fratrem majorem, cujus filia Rhea, vestalis, Romulum et Remum peperit; et urbem Romam Romulus constituit, anno, secundum Eutropium, quadringentesimo decimo octavo, sive, ut Orosio placet, quadringentesimo decimo septimo post Trojæ ruinam.

Et, mortuo Rhemo Celtarum principe, Bavo Priami cognatus, altæ Phrygiæ rex, per mare Mediterraneum, et circumdata Hispania, per Oceanum Galliam Belgicam adivit, et ibi ipse, deinde ejus liberi regnaverunt usque ad Cæsaris adventum, ut aiunt, in Galliam, qui Andromadam ultimum Galliæ Belgicæ regem ad Sabini fluvium in bello interfecit. Et tempore Bavonis Belginei, primi Bavonis filii et successoris, Brutus, Silvio Posthumo patre casu fortuito in venatione occiso, et desponsata Ignogene Pandrasii Græciæ regis filia, venit, testibus Joanne Monemutensi et aliis etiam, per mare Mediterraneum, inde Oceanum cum pluribus in Galliam Aquitanicam, et per Ligeris ostium, sursum adverso flumine, navigando, intravit, et adversus Groffarium, qui tunc in Pictaviis regnabat, dimicavit. Et in conflictu Turnum filium primogenitum inter alios amisit, nihilominus victoriam habuit, licet Groffarius ab aliis Galliarum regibus seu paribus auxilium habuisset, ut post Monemutensem Gilius et Bouchetus et alii tradunt; et in memoriam Turni filii sui Brutus Turonem ædificavit, et ipsum in ea inhumavit. Postea ad mare rediens Albionem insulam in suam potestatem redegit, et eam Britanniam appellavit. Nunc Anglia vocatur ab Anglo Saxonum rege, qui Britones circa tempus Theodosii filii Arcadii, ut aiunt, Anglia expulerunt. Et ex Bruti comitibus Tolosus Trajanus in ipsa Aquitania Tolosam fundavit: Bertrandus, in Tolosanorum Gestis, et etiam aliam Tolosæ originem refert. Arverniam quoque aliquot Trojani petierunt, testante Lucano, in hæc verba:

> Arvernique ausi Latio se fingere fratres
> Sanguine ab Iliaco.

Et id Sidonius Apollinaris in septimo Epistolarum libro. Gilius autem, post Hugonem de Sancto Victore et alios, scribit Brutum de quo meminimus fuisse Ruthiliensium regem, et quod ab Ænea superatus et fugatus cum Turno nepote Galliam petiit, et ea quæ commemoravimus egit. Et, post Vincentium ac Manethonis interpretem et Gaguinum, aliqui tradunt Francum ex Hectoris filiis, eversa Troja, ad Mæotidem lacum et in Galliam migrasse; et ob ingentem animi virtutem adeo Celtarum regi et ipsis Celtis carum fuisse, ut ejusdem regis filiæ matrimonio junctus fuerit, ac post eum in Gallia regnum susceperit. Et par fuit Æneæ concivi suo, qui similiter regi Latino et affinitate et regni successione conjunctus extitit. Et de alio Celtarum rege quam de Rhemo et ejus filia hæc intelligi non possunt; nam tunc Rhemus Celtis imperabat. Et post eum Francus, ex Hectoris filiis, Galliæ Celticæ regnum habuit, ut apud ipsum Manethonem et alios legimus. Et si est verum quod de Bavone Brutoque et aliis in Galliam advenientibus scripsimus, tunc primum unaquæque Gallia suos reges habere cœpit. Sed de Belgicis regibus amplam historiam Jacobus a Guisa et alii describunt; Aquitani quoque et Britones suam habent historiam, neque est res a nobis suscepta, quia Celtarum Allobrogum gesta tantum inquirimus.

Redeamus igitur ad Francum, ab quo dicta est Franconia ultra Rhenum in Germania. Franci quoque, qui longe post Galliam possederunt, ab eo nomen secundum aliquos acceperunt. Et regnantibus in Italia et Gallia Belgica Aquitanicaque Trojanis, Franci proles in Germania et Celtis pullulavit et excrevit. Sicambrum enim Francus habuit, qui in Pannonia fundavit Sicambriam, et eam postea Buda, Attilæ frater, Budeam nominavit. Sicambri filius fuit Priamus secundus ab quo descendit Hector secundus, et ab Hectore secundo Troyus, Polydamas, et Brabon, qui genuit alium Brabonem et Troyus Torgotum, Torgotus Tungrum, ex quo natus est Theuton, ex Theutone Agrippa, ex Agrippa Ambro, ex Ambrone Turingus; is suscepit Cimbrum,

Cimber Cambrum, Camber Melbrand et Servium. Et longo tempore post Magius rex habuit Menappium, qui pater Leontis Godefredi Theutonii et Cloadici fuit. Hi certe commemorati in Germania et Belgis, Celtis quoque et aliis regionibus gradatim regnaverunt, et multis gentibus ac oppidis et civitatibus nomina dederunt et imposuerunt; verum in hac antiqua historia tanta est scribentium diversitas, ut saepe eam conjectura et argumentis magis quam certa ratione tradant; imo frequentius ad fabulas et fictiones, deficiente materia, se convertunt, quod est ridiculum et ab historico alienum, et ex his gestorum fides diminuitur. Et aliqua necessario ex Romanorum et aliarum gentium extranearum historiis referimus, quoniam in eis multa scribuntur de Gallis, qui nullam antiquorum suorum gestorum memoriam retinuerunt aut eam negligenter servaverunt. Et in temporum supputatione adeo historici et alii variaverunt, ut fere nihil certi habeamus. Haec, data opera, observavimus, ne quis de nostra in aetatibus computatione miretur et conqueratur.

Ambigatus, Sigovesus et Bellovesus.

Post hujusmodi principes unaquaeque Gallia etiam suos reges habuit. Et anno ab urbe Roma condita centesimo septuagesimo quinto, regnante Prisco Tarquinio Romae, summa imperii Celtarum, quae pars Galliae tertia est, penes Bituriges fuit; et secundum Livium, libro quinto, hi regem Celtico dabant, et de eo rege Celtico omissis aliarum Galliae partium principibus scribam, quia sub Celtis Allobroges comprehenduntur. Et dominante eodem Tarquinio Romae, Ambigatus, ut ipso libro quinto Livius ait, rex Celtarum erat, et virtute fortunaque tum sua tum publica præpolluit; sub ejus quippe imperio adeo frugum hominumque fertilis Gallia erat, ut vix posse regi abundans multitudo videretur, et regnum, prægravante turba, jam magno natu, exonerare cupiebat. Quapropter Sigovesum et Bellovesum, sororis filios, juvenes nequaquam pigros, in sedes quas Dii auguriis dedissent, mittere decrevit, et quantum ipsi vellent numerum hominum excire eisdem permisit, ne advenientes aliqua gens arcere posset. Et teste Justino in Trogum, libro vigesimo quarto, trecenta hominum millia exciverunt; et sortibus Sigoveso viam in Hercynios saltus, Belloveso autem lætiorem viam, Dii in Italiam dederunt; et, ut Justinus author est, Illyricos sinus Sigovesus per Barbarorum strages cum suis penetravit, et in Pannonia hæc gens aspera, audax et bellicosa consedit, et ibi domitis Pannoniis, per multos annos Galli cum finitimis varia bella gesserunt.

Et Bituriges, Arvernos, Senones, Æduos, Ambarros, Carnutes, Aulercos, gente abundantes Bellovesus concitavit. His Allobroges Joannes Nauclerus addidit (1). Et cum ingentibus equitum peditumque copiis Bellovesus in Tricastrinos, inde ad Alpes venit, et cum quanam per juncta cœlo juga in alium velut orbem terrarum transirent ipsi Galli circumspectarent, et eos tanquam septos montium altitudo teneret, advenas Græcos Massilienses navibus a Phocide profectos in Salyis quærere agrum, et a Salyorum gente oppugnari, velut religione injecta fama allata est; et fortunæ suæ id omen idem Galli rati ipsos Græcos adjuverunt, ut quem primum in terram egressi locum occupaverant, patentibus silvis communirent, ut a Livio refertur: Salyi enim etiam reges habebant, qui in medio regionis

---

(1) Joh. Naucleri (Joannis Vergen) Chronica, ab initio mundi usque ad ann. 1500. Coloniæ, 1579, in-fol.

ædificaverunt et habitabant oppidum, quod in hanc usque diem ab ipsis regibus regium dictum est. Et Prisci Tarquinii temporibus, hæc gens Salyia cum rege suo Massiliensibus primum mari e Phocide venientibus solum denegavit ipsosque oppugnavit. Nihilominus agrum, adjuvante Bellovesi exercitu, Massilienses occupaverunt. Et teste Marcellino, libro quindecimo, a Phocide hic Asiaticus populus, Harpali, Cyri regis præfecti, inclementiam vitans, Italiam navigio petiit, cujus pars in Lucania Veliam, alia in Viennensi provincia Massiliam condidit; et si Justino credamus, Simos et Protis classis Phocensium duces fuerunt, Nannumque Segobrigiorum sive Salyorum regem, in cujus finibus condere urbem gestiebant et amicitiam cupiebant, hi duces petiere; et tunc in apparatu nuptiarum Gyptis filiæ rex occupatus erat, et eam more gentis eligendo inter epulas genero nuptui tradere parabat. Itaque cum ad nuptias invitati omnes processissent, et ad convivium Græci rogarentur, introducta deinde virgo, cum a patre juberetur aquam porrigere ei quem virum eligeret, omissis omnibus, ad Græcos conversa est, et aquam Proti porrexit; et cum in hunc sors cecidisset, Gyptis ei nupsit. Et locum condendæ urbis Protis a socero accepit, et ibi, prope ostia Rhodani, Massilia inde a Phocensibus Massiliensibus condita est. Et adjutis Massiliensibus Græcis exteris ad locum occupandum et urbem condendam, ipse Bellovesus et ejus copiæ hoc omen habentes per Taurinos saltusque Juliæ Alpis transcenderunt juga montium antehac non superata, nisi de Hercule fabulis credere liceret, sicut idem Livius inquit. Sed primo post Herculem invicta Alpium juga et loca frigore intractabilia hanc gentem Gallicam transivisse Justinus in Trogum Pompeium refert, et tunc ante Romanorum principatum Tusci magnum in Italia imperium, inter utrumque mare usque ad Alpes, excepto Venetorum angulo, habuerunt. Nam, ut libro tertio Plinius testatur, Pelasgos Umbrorum expulsores Lydi ab his locis ejecerant; et quantum mari Infero et Supero quibus Italia insulæ modo cingitur Lydi Tusci potuerint nomina, testibus Livio, Plutarcho et aliis, sunt argumento quod alterum Tuscum communi gentis vocabulo, alterum Adriaticum ab Adria Tuscorum colonia, italicæ gentes vocaverunt ; et Adriaticum Græci Tyrrhenum appellant, unde Virgilius ait :

> Tyrrhenum navigat æquor.

Et in utrumque mare vergentes terras Tusci incoluere, urbibus duodenis, prius trans Apenninum ad Inferum mare, postea cis Apenninum coloniis missis, et cis Padum omnia loca, excepto Venetorum angulo, usque ad Alpes tenuere et solo agro Romano equidem exiguo; et quibusdam proximis urbibus tunc reges Romani contenti erant. Et hi populi a Lydorum rege Tyrrheni, mox a sacrifico ritu Græcorum lingua vel a Tusco eorum rege, ut jam post Festum retulimus, Tusci cognominati fuerunt.

Et post transitum Alpium Galli acerrimum bellum cum ipsis Tuscis habuerunt, et prope Ticinum flumen Galli acie Tuscos fuderunt ; et cum illum agrum Insubrium appellari audissent, et eo nomine Hedui qui in Bellovesi comitatu erant pagum in Gallia tenuissent, ibi omen loci sequentes urbem Mediolanum condiderunt, et ab Insubrium principe Medo nomine Mediolanum nomen servavit, sicut in Catonis fragmentis legimus ; vel, ut Sabellico magis placet, urbem ipsam dixere Mediolanum, quod Aulerci qui ejus expeditionis etiam socii fuerant urbem eodem nomine in Belgica habuerunt. Postea Cenomani, Elitovio subinde duce, Libui vestigia priorum secuti eodem saltu, Belloveso favente, Alpes transiverunt, et ubi nunc Brixia et Verona urbes sunt locos tenuere. Post hos Salluvii, qui prope antiquam gentem Lævos Ligures incolentes circa Ticinum amnem petiere. Penninum deinde Boii Lingonesque transgressi cum jam inter Padum atque Alpes omnia tenerentur, Pado ratibus trajecto, et Etruscos et Umbros agro expulerunt; intra Apenninum tamen sese continuerunt. Postremo Senones, advenarum recentissimi, ab Utente fluvio usque ad Æsim fines habuere, et juxta Adriaticum mare, extremi omnium Gallorum, incoluerunt, ut Polybius et Livius tradunt.

Et, secundum Justinum libro vigesimo et vigesimo quarto in Trogum Pompeium, Galli ipsi, propter intestina dissidia et assiduas domi dissensiones, in Italiam iverunt sedesque novas quæsiverunt. Et dissensionum tædio cum in Italiam venissent, sedibus Tuscos expulerunt; et Mediolanum, Comum, Brixiam, Veronam, Bergamum, Tridentum Vicentiamque condiderunt. Et ab Insubribus Boiis Ticinum civitas condita est, si Eutropio libro quarto credamus. Et Novariam ante ab Herculis ægyptii nomine Libyam, et a cognomine Ariam, ægyptioque vocabulo Leoninam fuisse appellatam, Cato in fragmentis tradit. Sed a Liguribus instaurata, inquit, Novaria dicta est. Plinio autem teste, ex Vertacomacoris Vocontiorum Novaria orta est, non, ut Cato existimavit, a Liguribus, ex quibus, ait, Levi et Marici Ticinum non procul a Pado ædificaverunt, sicut Boii, trans Alpes profecti, Laudem Pompeiam, et Insubres Mediolanum. Ex Salyis Vercellæ Libycorum ortum habuere, ut apud ipsum Plinium legimus, et ad Anconam (1), pulsis Etruscis, Senones, ut etiam Cato refert, Senogalliam fecerunt, quod oppidum Ptolemæus

---

(1) Ancona, *Ancône*.

Senam Gallicam vocat (1). Et est in littore maris Adriatici, ubi campi Italiæ terminantur, ut Polybius commemorat. Et quacirca Padum hæc gens Gallica sive Celtica consedit, non immerito quicquid terræ inter Apenninum et Alpes jacet usque ad Adriam, præter Venetorum latus, ab ipsius gentis incolatu, secundum Sabellicum, Gallia Cisalpina necnon Celtica appellata est. Et Gallia Italis Cisalpina est nobis Transalpina. Et ut nihil omittamus, duce Rhæto, Tusci, avitis sedibus amissis, Alpes, auctoribus Justino, Livioque, Plinio et aliis, supra Italiam occupavere, et ibi, nomine ducis, gentem Ræhtorum erexerunt et condiderunt. Et eos Tuscos loca ipsa ita efferarunt, ut ne quid ex antiquo, præter linguæ sonum nec eum incorruptum, retinerent.

Seguinus.

Post evenit, quod eidem regi universa Gallia Celtica non obtemperavit; sed singulos et proprios reges diversi et plures in ipsa Gallia Celtica populi secuti, Allobroges, Salyi Arvernique habuerunt. Sine rege autem, paucorum aut multitudinis consilio, alii populi, ut Helvetii et Ædui, Sequani quoque et aliqui alii, rem publicam gerebant, et idem cæteris Galliis contigit. Et inter alios proprios et peculiares Allobrogum reges, Seguinus, multo post Ambigatum, apud ipsos Allobroges regnavit; et unicam filiam habuit. Et hujus temporibus Donvallus seu Driugallus, vigesimus aut vigesimus septimus Britonum rex, inter humanos erat, et Norcham ac Umbriam Brenno filio reliquit, sub Bellino majore filio suo, quem regni suc-

---

(1) Sena Gallica, *Sinigaglia*.

cessorem constituit. Et, post quinquennium a morte patris, bellum inter ipsos fratres ortum est eo quod sub majore fratris imperio Brennus suas provincias tenere nolebat, verum in eis regium nomen assumebat; et Brennum, parato exercitu, Bellinus superavit ab illisque provinciis expulit. Quare Brennus mox Allobroges adivit, et ab his auxilium petivit, et filiam Seguini eorum regis desponsavit, ipsorumque Allobrogum auxiliis reintegratus et adjutus contra fratrem in Britanniam, cum bona regum Gallorum pace, rediit, et iterum prælia renovavit, ut in Annalibus Britonum legimus: et ex eis ita Gervasius, Volaterranus et alii scribunt. Tandem utraque acie ad conflictum disposita, interventu Bugnes seu Tommeum matris, Brennus et Bellinus fœdus percusserunt, et fratri natu majori Brennus Britanniam, quæ nunc Anglia est, et Scotiam cessit. Pace facta, Brennus cum Bellino fratre Gallorum regulos eorumque urbes sibi subjecit, et tandem ad Allobroges, mortuo jam Seguino socero, reversus est; et intra unum annum Brennus hæc peregit cum Allobrogibus, quibus tunc præerat.

Brennus.

Et quia solam filiam quam Brennus in uxorem duxerat, Seguinus Allobrogum rex, teste Gervasio, habebat, ipsi Seguino in regnum Allobrogum Brennus successit; et quod apud Allobrogas maximum erat, in dandis cibis profusus fuisse legitur, nullique janua ejus prohibebatur. Et cum suis Allobrogibus Senonibusque Gallis et aliis Celtis, Alpes transire et in Italiam ire Brennus rex proposuit; et eumdem Brennum et Gallos dulcedine frugum et maxime vini fuisse in Italiam evocatos ab Arunte Clusino creditum est, sicut Livius et Plutarchus alii quoque scribunt, ut injuriam ulcisceretur de corrupta uxore a Lucumone, cujus tutelam olim gesserat, et propter juvenis apud Clusium potentiam, sine vi externa vindictam de injuria sumere non poterat. Et accepto rumore de Gallis venientibus, is Aruns ad illos profectus est, et secundum eosdem historicos, necnon et Sabellicum, illiciendae gentis causa vinum et aridas ficus ex Italia Aruntem invexisse ac in Italiam exercitum Gallorum duxisse fama erat. Sed famam illam fuisse falsam et fabulosam putamus.

Porro Gallos in Italiam dulcedo vini non commovit, neque enim Italico vinum Gallicum cedebat. Quin imo, ut libro primo retulimus, Romani summo opere laudabant appetebantque vina picata Viennae metropolis Allobrogum, quae in sua potestate Brennus, utpote hujusce gentis rex, habebat. Et in costis Cularonae et aliis locis, tam in Allobrogibus quam reliquis Galliis, meliora vina quam in Italia crescunt, et Massiliensibus ficubus aliisque in Salyis orientibus caeterae ficus quaecumque, etiam Italicae, non aequipollent. Et ridiculum est scribere quod ad illiciendos Gallos Aruns vinum ex Italia invexerit, cum, quantumcumque portasset, ad pitissandum exercitui non suffecisset, et ab Arunte seu alio Clusino Gallos in Italiam adductos fuisse Livius non abnuit; et privatae fortunae cuiquam per Alpes et ignota loca vix iter patuisse ad Cisalpinos Gallos Sabellicus credidit, quia nulla adhuc cum illa gente Italis commercia erant, nec tam procul hostes accersendi fuissent. Nam alii plerique ejusdem gentis populi circa Padum late regionem incolebant, qui non minus idonei ultores, locorum vicinitate, quam Brennus et hi alii Cisalpini esse potuissent. Et Senones, relictis ob sterilitatem agris suis, Clusium Etruriae oppidum obsedisse Cornelius Nepos tradidit. Sed et Allobroges valles ob fertilitatem aureas habebant, et alii Galli opibus abundabant, ut in Ambigato scripsimus, ita quod hæc Cornelii ratio Brennum ire in Italiam non commovit. Sed, ut virtutis suæ bellicæ et suorum periculum faceret et vires exerceret, alios Gallos, qui jam in Italia consederant, secutus est.

Et cum Allobrogibus Senones Gallos et alios Celtas ad petendum Italiam Brennus paravit, et Viennam usque Allobrogum exercitus pervenit; et pro felici augurio belli ad orientem ipsius urbis Viennæ Galli Senones et Viennenses, si Adonis testimonium valeat, Martis et Victoriæ templum constituerunt. Inde cum exercitu Brennus Alpes transivit, et non est dubitandum quin in hoc Brenni exercitu Allobroges essent, nam ita in Perceforesii Britonum regis vita (1) et apud Joannem Nauclerum legimus. Et cum Allobrogum reginam Brennus uxorem duxisset, et eum contra fratrem et ad Gallorum regulos superandum strenue Allobroges juvissent, nemo sanæ mentis existimaret quod hanc suam gentem tam bellicosam et fidelem Brennus, grave et magnum opus moliens et in extraneas ac remotas regiones proficiscens, deseruisset; et frustra id Martis et Victoriæ templum Viennenses constituissent, si Allobroges eorum gens Brennum regem ad bellum non comitarentur. Sed quoniam, devictis Galliarum regulis, Brennus multos sibi populos Allobrogum opera subjecerat, et in exercitu majorem forte numerum Galli Senones faciebant, eorum et Brenni Allobrogum regis frequentius in hoc bello historici meminerunt.

(1) Ut assertionem suam roboret, miræ auctoritatis librum affert Rivallius, scilicet : *La très élégante, délicieuse, melliflue et très plaisante histoire du très noble et victorieux Perceforest, roi de la Grande-Bretagne. Paris, 1528 et 1531, 6 tomes en 3 vol. in-f°*.

Et ducentesimo ferme anno, post eos qui sub Belloveso Alpes transierant, Brennus cum his Gallis Italiam ingressus est, et primi omnium, Apennino superato, Clusium Tuscorum sive Tyrrhenorum urbem hi Galli pervenerunt, obsederuntque. Opem vero a Romanis Clusini per legatos petierunt, et eis auxilium Romani denegarunt. Sed e Fabiorum gente tres viros, M. Fabii Ambusti filios, legatos ad Gallos miserunt, ne bello et obsidione Clusinos premerent, et Senatus populique Romani nomine legati Gallos monuerunt ne ipsius populi Romani socios et amicos oppugnarent, et quod, nisi ab oppugnatione desisterent, Romanos ex fœdere Clusinos tueri oporteret; sed ipsos malle Gallos novam gentem pace quam armis cognoscere legati retulerunt. Ad ea vero Galli responderunt, se tum primum nomen Romanum audivisse, fortes tamen viros credere ad quorum opes Clusini confugissent; et quoniam legatione potius quam armis secum ab initio egissent, pacem quæ offerretur non aspernarentur, si partem agri quem latius Clusini possiderent, quam colerent, sibi cederent, alioquin pacem impetrare non possent. Et cum Brennum a bello in Clusinos gerendo legati aliter divertere non potuissent, et se habere simile jus obsidendi Clusinos, quale adversus proximam gentem Romani susceperant, omniaque virorum fortium esse Brennus ipsis legatis responderet, Clusium sese legati contulerunt, et arma contra Gallos sumpserunt; et in pugnam cum Clusinis descenderunt, et inter bellandum unus ex eis, Quintus Fabius, ducem Senonum interfecit. Brennus autem contestans Deos quod contra jus gentium legati Romanorum se prælio miscuissent armaque accepissent, canere receptui jussit, et a Romanis per legatos poposcit, ut sibi pro injuria et jure gentium violato Fabii dederentur. Et cum id non impetrasset, Romam Brennus cum exercitu petiit, et quadraginta Romanorum millia, contra se, apud Alliam fluvium prope Romam posita, sexto decimo calendas augusti, ex sinistro eorum cornu, superavit, fudit et interfecit; et inter nefastos ille dies relatus, Alliensis, secundum Cornelium Nepotem et alios, a Romanis dictus est. Dextri autem cornu Romani milites, qui magis sub monte steterant, Romam omnes petiere, et ne clausis quidem portis urbis in arcem confugerunt. Inde, anno a mundi origine octingentesimo decimo supra quater millesimum, anno vero ab urbe condita trecentesimo et sexagesimo quarto, Brennus, juvantibus Senonibus, Romam cepit. Et ante omnes, ut in Celtico Appianus refert, Celtæ, sub Brenno militantes, Romanos invaserunt et eorum urbem ceperunt; et Ceræ vestales flamenque sacrum detulerunt.

Et magnam Romanorum stragem Brennus Romæ fecit, tecta diripuit, et ignes exhaustis injecit, propterea quod scipione eburneo Marcus Papirius caput Galli barbam suam prolixam permulcentis percussisset, ubi prius, ob antiquorum Romanorum in ædium vestibulis sedentium senectutem et venustatem, Galli cæde abstinuissent. Et Capitolium in quod, teste Lucio Floro, pro præsidio mille viri duce Manlio iverant, Galli obsederunt : et per medias Gallorum stationes C. Fabius, sacra manibus gerens, e Capitolio in Quirinalem collem pervenit, et ibi de more sacris peractis in Capitolium rediit, et eum Galli non impediverunt, seu miraculo audaciæ attoniti, seu religione, cujus non erant negligentes, moti. Et Capitolium quadam nocte Galli cepissent, nisi ex ipso Capitolio anseres eos hostes sensissent, et ipsos Gallos prodiissent, Manliusque occurrisset, et Capitolium defendisset, ob quod Capitolinus dictus fuit. Et ne posse capi fame Capitolium crederent, multis locis de Capitolio Romani in hostium stationes panem projecerunt, et hoc stratagemate ut Galli recederent usi sunt, licet jam fame ipsi Capitolium tenentes laborarent. Et cum in hac obsidione nervi Romanis defecissent, pro eis crines suos scissos, ut libro quarto Vegetius tradit, matronæ quæ in Capitolium fugerant viris suis pugnantibus obtulerunt et tradiderunt.

Et Gallos cum æstu tanta pestis invasit, ut brevi tot homines interierint quod humandi tædio plura corpora in unum coadcervata Galli superstites concremaverunt; quæ res ad posteros loco nomen dedit, ut Gallica busta in hanc usque diem nuncupata sint. Et postmodum cum Gallis Romani per Sulpitium tribunum militis transegerunt, et eis, quo Roma abirent et Capitolium non obsiderent, mille auri pondo promiserunt. Et Galli annuere et recedere juramento asseveraverunt, et pondera iniqua tulerunt; et dum aurum ponderaretur, primo clam deinde aperte lancem Celtæ premebant atque gravabant. Et cum hac ratione Sulpitius tribunus conquereretur et ponderare recusaret, ponderi gladium atque cingulum ferreum Brennus, teste Plutarcho, ridens apposuit, quo adhuc ad majorem auri summam exigendam gravius esset. Et Sulpitio quare hoc fieret interroganti respondit, quid aliud nisi opprobrium victis. Qui sermo, secundum Plutarchum, in proverbium usurpatus est. Et cum aurum ex quo conventæ mercedis summa Gallis confieret in publico deesset, ut sacro auro abstineretur, matronæ aurum quod habebant contulerunt. Quare mulieribus natu grandioribus, si Livio, Plutarcho et aliis credamus, solemnis post obitum laudatio concessa est: et, nondum omni auro propter altercationem appenso, Camillus ab exilio revocatus, et dictator creatus, cum exercitu et reliquiis Romanarum copiarum collectis Romam adventavit, et Gallos improvisos nihilque ob fœdus et pacta suspicantes aggressus est, aliquosque interfecit, et cum copiis Brennus urbem noctu reliquit, et intervallo modico profectus consedit. Et postera die Camillus sine mora Gallos adortus est superavitque et occidit, ut ne nuntius quidem cladis, secundum Livium, relictus fuerit. Et Romam sex sub Gallis et Brenno fuisse mensibus Lucius Florus tradidit; Plutarchus septimum addidit.

Et in hoc bello Romani fidem et pacta fregerunt et violaverunt, ut Camillo Brennus dicebat. Nam propter violatum jus gentium Brennus justam belli causam in ipsos Romanos susceperat, et post fœdus percussum nefas erat quod Gallos inscios Romani instructi aggrederentur. Sed id data opera fecerunt, ne Gallis ad arma paratis male secum ageretur, et quia jam Galli infiniti peste interierant. Et egregie, pro jure Romanorum, eorum historici mendaciis proditionem texerunt. Et nuntium quidem cladis illius non stetisse Livius, alioqui eruditus, contra veritatem tradit. Nam et Polybius, carens suspicione, utpote Græcus, refert hosce Gallos, fœdere cum Romanis percusso ac restituta urbi libertate, domum remigrasse, propterea quod Veneti per id tempus eorum regionem mari Adriatico adjacentem infestabant; et eos Gallos a Camillo fuisse fugatos Plutarchus tradit: sic, ejus opinione, multi Galli superstites fuere. Et Dionysium, e Sicilia insula bellum in Italia gerentem, adjuverunt legati Gallorum, qui ante menses Romam incederant, societatem amicitiamque petentes, ut in Trogum Justinus ait, et cum eo societatem in Romanos contraxerunt: et inter alios Brennus Allobrogum rex evasit.

Et cum duce Segoveso Galli, ut paulo ante scripsimus, in Pannonia consedissent, et ibi, domitis Pannoniis, varia bella per multos annos cum finitimis gessissent, hortante deinde successu, divisis agminibus, alii sub Brenno Græciam, alii duce Belgio Macedoniam, ferro omnia proterentes, petiere: tantusque Gallici nominis terror erat, ut pacem reges, etiam non lacessiti, ultro ingenti pecunia mercarentur, sicut Justinus refert. Solus Macedoniæ rex Ptolemæus Gallis occurrit, Dardanorum quoque legationem, viginti armatorum millia in auxilium offerentem, sprevit, dicens milites se habere filios eorum qui sub Alexandro rege stipendia toto orbe terrarum victores fecerant. Et ad tentandos Macedonum animos, Galli sub Belgio militantes legatos ad Ptolemæum miserunt, offerentes pacem si eam emere vellet. Sed belli metu pacem Gallos petere Ptolemæus inter suos legatis dixit, aliter se pacem daturum ferociter negando, nisi principes suos obsides darent et arma traderent, et quod non nisi inermibus fideret. Renuntiata legatione, risere Galli, undique adclamantes brevi Ptolemæum sensurum sibi an illi consulentes pacem obtulerint. Interjectis diebus, prælium consertum est, et Macedones victi cæsique. Ptolemæo autem vulneribus saucio caput amputatum et lancea fixum, tota acie ad hostium terrorem circumlatum est. Paucos ex Macedonibus fuga servavit; et cum per universam Macedoniam hæc nuntiata essent, portas urbium Macedones lugentes et filiorum amissorum orbitate dolentes clauserunt, et Alexandri Philippique regum suorum nomina, sicuti numina, in auxilium vocabant: sub illis se non solum tutos, verum etiam victores orbis terrarum extitisse, prædicabant. Sed contracta juventute, Sosthenes, unus de Macedonum principibus, ignobilis tamen, Gallos victoria exultantes compescuit, et cum ab exercitu rex appellatus esset, non in regis sed ducis nomen ipse milites jurare coegit.

Interea Brennus, quo duce in Græciam portio Gallorum se effuderat, audita victoria suorum qui sub Belgio Macedones superaverant, indignatus, parta victoria, optimam prædam et Orientis spoliis onustam tam facile relictam esse, centum quinquaginta peditum et quindecim equitum millia adunavit, et in Macedoniam irrupit. Et cum agros villasque popularetur, cum instructo Macedonum exercitu Sosthenes ei occurrit; sed pauci a pluribus, trepidi a valentibus, facile victi fuerunt. Itaque cum intra urbium muros victi Macedones se condidissent, nemine prohibente, totius Macedoniæ agros deprædatus est. Et ea tempestate, secundum Justinum et alios, adeo Galli valebant, ut omnem Asiam velut examine aliquo implerent. Denique, sine mercenario Gallorum exercitu, reges Orientis nulla bella gerebant, neque ad alios quam ad Gallos pulsi regno confugiebant : et tantus Gallici nominis terror, sive hujus gentis armorum invicta felicitas erat, ut aliter sine Gallica virtute neque majestatem suam tutam, neque amissam recuperare, reges ipsi se posse arbitrarentur.

Itaque a Bithyniæ rege Galli in auxilium vocati regnum cum eo parta victoria diviserunt, et terram quam pro mercede Galli tenuerunt Gallogræciam, et gentes Gallogræcos cuncti cognominaverunt. Postea ex antiquo Gallorum nomine eos Galatas etiam nuncupatos fuisse Isidorus scribit. De his etiam in Galata primo meminimus.

Inde, quasi hominum spolia sorderent ad Deorum immortalium templa, Brennus scurriliter jocans quod hominibus locupletes Deos largiri oporteret, animum convertit et statim Delphos iter vertit, præferens religioni prædam. Delphis autem templum Apollinis in monte Parnasso, rupe undique impendente, positum erat, et ibi civitatem frequentia hominum faciebat, et multa ac opulenta reges populique munera ibi tradiderant. Et cum suis Brennus tandem templum Apollinis aggressus est; et ex omni exercitu lecta sexaginta peditum millia Brennus habebat; et ad templi defensionem militum Delphorum sociorumque non nisi quatuor millia erant; et ad acuendos suorum animos, prædæ ubertatem Brennus omnibus ostendebat. Et a Deo auxilium Delphi antistitesque templi petierunt. Et statim terræ motu portio montis abrupta Gallorum exercitum stravit, sauciosque ex vulneribus insecuta deinde tempestas grandine et fulgure assumpsit. Et cum dolorem vulnerum ipse Brennus ferre non posset, et quia, teste Pausania, impar erat invidiæ qua apud suos ob rem male gestam flagrabat, et Dei voluntate, ob Delphici Apollinis templi aggressionem, in se manus convertit et pugione vitam finivit, ut apud Valerium libro primo legimus. Et de hoc rege Propertius hæc decantat :

Torrida sacrilegum testantur limina Brennum.

Et punitis belli auctoribus, alter ex ducibus, cum decem sociorum millibus, citato agmine Græcia excessit; et mortuo Brenno, pars Gallorum in Asiam, pars in Thraciam extorres fugerunt. Inde per eadem vestigia qua venerant antiquam patriam repetierunt, et ex his in confluente Danubii et Sabi pars quædam consedit, seque Scordiscos appellari voluit; et in expeditionis societate cum Brenno fuisse Tectosages contra Delphos, Strabo libro quarto, et alii, commemorant; et in antiquam ipsorum patriam Tolosani, post Brenni obitum, venerunt, comprehensique, secundum Justinum, Strabonem et Gellium, pestifera lue, non prius sanitatem recuperaverunt, quam, aruspicum responsis moniti, aurum argentumque bello et sacrilegiis quæsitum in Tolosensem lacum mergerent. Fuere autem argenti pondo centum decem millia, auri pondo quinquies decies centum millia, mersa. Et, authore Strabone, Pyrenæis montibus Tectosages propinqui erant, et ex Aquilonis latere Cemenum montem paululum attingebant; et ad Tolosam Ptolemæus Tectosages collocat. Et eumdem Brennum Romam cepisse, et Delphis Apollinis templum aggressum fuisse, Oliverius Valerii interpres, et Nicolaus Clamingius, in libro de Lapsu et reparatione justitiæ, existimaverunt. Itaque contra Livii et aliorum opinionem Brennus, paucis apud Romam amissis, adhuc cum amplo exercitu Macedoniam adiverat. Et nuper Franciscus Irenicus (1) scripto redegit Brennum fuisse filium Moravini, Suevorum regis, tempore quo Seguinus Allobrogum regnum tenebat, sicut in hæc verba Gotfridus, non satis tum receptus author, testatur :

> Incoluit centum primæva Suevia pagos,
> Non urbes, non castra colens, sed rura vel agros...
> Brenius ipsorum dux est, at et Allobrogorum.....
> Sede Bisuntinus fuerat tunc rex Seguinus (2).

Sed Gervasio et Volaterrano ac Justino, Britonumque Annalibus, Livio et aliis, magis de Brenni natione et gestis quam his duobus non receptis auctoribus crediderim, licet eis Joannes Nauclerus astipulari videatur, quia potius ad gloriam suæ gentis Suevæ quam ex veritate Brenni nationem et gesta narrant. Et a Brenno, cum in Græciam ex Pannonia proficisceretur, Galli ad terminos gentis defendendos relicti fuerant, et post ipsius Brenni obitum hi ac alii præclara gesserunt. Nam et ipsorum virtute, ut Justinus tradit, Antiochus victor fuit.

(1) Fr. Irenici Germaniæ exegesis, ubi Germania vetus et nova illustratur. Hagenoæ. 1518, in-f°.

(2) Gottofridi Viterbiensis Pantheon; Basileæ, 1559, in-f°, p. 229.

Gallorum bella contra Romanos post Brennum mortuum.

Reliquis Gallis Brennus ad invadendos Romanos viam præstitit : et anno tertio post liberatam ab ipso Brenno urbem, Celtæ, qui longe ante in Italia sedes posuerant, ad Anienem usque fluvium progressi sunt, et ab urbe Roma quarto milliario cis Anienem fluvium consederunt. Et adversus eos Titus Quinctius dictator, ingenti cum exercitu ab urbe profectus, in ulteriori Anienis ripa castra posuit; et pons in medio erat, neutris eum rumpentibus, ne timoris indicium esset; prælia de occupando ponte crebra erant, nec, qui potirentur, incertis viribus, satis discerni poterat. Tunc eximia corporis magnitudine Gallus in vacuum pontem processit, et quantum maxima voce potuit : Ad pugnam procedat, dixit, is quem Roma fortissimum habet, et noster duorum eventus ostendet bello utra gens sit melior. Et volente dictatore, T. Manlius, ex familia Manlii qui Gallorum agmen ex arce Tarpeia et Capitolina dejecerat ortus, in Gallum, lingua ab irrisu exerentem, progressus est. Et pedestre scutum habebat, gladioque hispano cingebatur; versicolori autem veste et pictis cælatisque auro Gallus armis refulgebat. Et post aliquam pugnam duobus ictibus Galli ventrem atque inguina Manlius percussit, cum cæsim in arma Manlii advenientis Gallus vanum ensem cum ingenti sonitu dejiceret, et in terram Gallus cecidit, et eum torque uno Manlius spoliavit, quem cruore respersum collo suo circumdedit. Et a statione obviam militi suo Romani alacres progressi, laudantes gratulantesque eum ad dictatorem perduxerunt; et Torquati cognomen huic posterisque et familiæ fuit, et aurea corona Manlium dictator donavit. Et proxima nocte, relictis trepide castris, Gallorum exercitus in Tiburtem agrum, mox in Campaniam transivit; et illinc varia bella cum Romanis gesserunt. Hanc pugnam supra alios Livius abunde describit.

Inde in agro Latino Galli castra posuerunt, et facto aliquo conflictu cum Romanis, ob hiemem ambo exercitus locum idoneum stativis delegerunt. Et cum quieti tempus stationibus tererent, Gallus magnitudine atque armis insignis processit, scutum hasta quatiens, et silentio facto unum ex Romanis qui secum ferro decerneret per interpretem provocavit; et in medium, voluntate consulis, Valerius, militum tribunus, devenit. Et corvus repente in galea, sive supra brachium ejus dextrum, consedit, et certamine inito, levans se alis, os oculosque Galli rostro et unguibus appetiit. Gallum tali prodigio territum oculis simul ac mente turbatum Valerius occidit, et orientem corvus e conspectu elatus petiit. Et posteaquam corpus cæsi hostis Tribunus spoliare cœpit, se Galli statione non tenuerunt, et ad victorem Romani concurrerunt. Et circa jacentis Galli corpus pugna atrox fuit, et Apuliam ac mare Superum Galli adiverunt. Et, concione advocata, consul laudatum Tribunum decem bobus aureaque corona donavit, et eum summo favore populi tres et viginti annos natum consulem renuntiavit; et ab hac victoria Valerius cognominatus est Corvinus.

Tanta hujus gentis Romanæ erat gloria, ut sua ad unguem et forsan multa perperam prospera gesta retulerint; aliorum autem et maxime Gallorum præclara facinora tacuerint, aut negligenter scripserint. Et per hanc gloriam Romani ad bellum excitabantur, Galli autem suapte natura feroces et bellum appetentes precibus a conflictu retrahendi erant. Et si Augustino credamus, Galli multa gesserunt et bona ratione pauca scripserunt; nam solam rerum gestarum gloriam Deo optimo maximo humani tribuere debent.

Viridomarus, Aristonicus, Concolitanus et Aneroestes.

Marco Lepido consule, Caius Flaminius ad populum legem tulit, ut ager unde Senones Galli ejecti fuerant Romanis militibus divideretur: hujus rei fama adeo ejus gentis animos offendit, ut atrocissimum bellum excierint, quod Romani de omnium interitu, non de imperio et dominatione, certarent. Magno itaque studio Boii et Insubres, omnium proximi, consilia inierunt, et communi nomine legatione missa, Concolitanum, Viridomarumque et Aneroestem seu Aristonicum, Gallorum reges Cisalpinos, in Italiam contra Romanos accersiverunt, et cum eis alios ejus provinciæ circa Rhodanum habitantes populos, ac præcipue Gæsatas Rhodani seu Rheni accolas, qui inde nomen acceperunt quod alienum stipendium merere consuevissent, ut Polybius ait. Et hosce Gallos Boii Insubresque isto præsertim argumento hortabantur, quod non solum Romanos eorum majores vicissent, sed et Romam cepissent et incendissent, et cum in ea mensibus septem imperassent, sponte restituto Romanis imperio, integris omnibus fortunis suis feliciter in patriam reversi essent. Et, ut Polybius pergit, Galli, coacto circa Rhodanum exercitu, superatis Alpibus, in campos qui sunt circa Padum descenderunt. Et ad id tempus nullum unquam agmen terribilius ex his Gallis Alpes transcenderat. Et hisce Gallis Boii et Insubres suas copias junxerunt. Romanorum autem partes aliæ Italiæ gentes secutæ sunt, et pro Romanis tota fere Italia consentiit. Et, testante Fabio historico qui ei bello interfuit, octinginta hominum millia contra Gallos ad ipsum bellum parata fuerunt; et non prius se baltea posituros et soluturos quam Capitolium ascendissent et incendissent Galli, secundum Florum, juraverunt. Et Lucio Æmilio consule, apud Apenninum atrox pugna fuit eoque prælio cæsa fuerunt quadraginta seu septem Gallorum millia, et decem, vel, ut alii scribunt, quadraginta millia capta; et cum his Concolitanum regem Romani ceperunt. Aneroestes autem, cum paucis dilapsus, non multo post mortem sibi conscivit; et captos Gallos, sicut juraverant, Æmilius in Capitolio discinxit. Et quia de Romani militis præda Ariovistus dux ipsorum Gallorum Marti suo torquem aureum devovisset, de ipsis Ariovistinis reliquorumque Gallorum torquibus Flaminius aureum trophæum Jovi erexit.

Et hoc bellum Eutropius et Lucius Florus enarrant, sed Polybius magis abunde scribit; et quod in eo C. Attilius consul interiit, et quod scuta ad corporum tutelam et enses ad bellorum usum longe impares erant; quippe Galli enses graves et obtusa cuspide et scuta vero debilia habebant, Romani autem et scutis ad protegenda corpora validioribus et gladiis brevioribus, sed tamen acutis, utebantur. Et inde cum exercitu in Galliam Transalpinam Marcellus et Cn. Cornelius consules profecti sunt, et Gallos prosequendo Viridomarum seu Britomartum eorum regem Marcellus occidit, et Mediolanensem agrum civitatemque ipsius gentis caput Cornelius in deditionem accepit; sed Mediolanum a Marcello fuisse captum Plutarchus tradit; hicque Gallici belli fuisse finem Polybius et Sabellicus testantur. Et hujusmodi bellum commemorando, Eutropius et Lucius Florus tradunt quod Gallorum animi feroces et corpora plusquam humana erant; sed experimento fuisse deprehensum quod virtus eorum, sicut proprio impetu major quam virorum, ita sequens minor quam feminarum fuit: Alpina enim corpora, ut subjungunt, humenti cœlo educata habebant quoddam simile nivibus suis, quum mox calore pugnæ sudorem emitterent, et levi motu, quasi calefaciente sole, laxarentur. Et decimo primæ Decadis libro, Livius ait Gallorum corpora primo plusquam virorum, postremo minus quam feminarum fuisse.

Et ex his quæ ipsi historici scribunt, conjectare licet quod hi Galli qui Alpes transierunt Allobroges et vicini ac Brenni successores erant, quum Alpes attingant et Rhodano, apud quem exercitus fuit coactus, cingantur. Reliqui enim Galli sunt ab ipso Rhodano remoti, et, præter paucos, in planitie situm habent, quin Gallia Belgica Aquitanicaque et Celticæ pars Italia sunt longiores et latiores, majoremque planitiem quam Italia habent. Et miror quod hi historici Gallos in pugna feminis æquiparent, quum ab alia gente quam a Gallica afflictionem Italia pene non habuerit. Et Polybius græcus tradit adeo horum Gallorum adventu perterrefactos omnes Italos fuisse, ut non jam pro Romanis bella geri neque pro eorum imperio certari, sed pro sua singuli quique salute, pro civitate, pro patria existimarent. Et in Catilinario Sallustius ingenue fatetur facundia Græcos, gloria belli Gallos ante Romanos fuisse. Et quum Flavii Vegetii testimonio in omnibus locis et ignavos et strenuos nasci homines constet, verumtamen in bello gens genti cedit, et omnes nationes quæ soli vicinæ sunt, nimio calore siccante, amplius sapiunt et minus sanguinis habent. Et propterea eo minorem constantiam pugnandique fiduciam habent, quia qui se exiguum habere sanguinem noverunt vulnera metuunt, ut Africani. E contra septentrionales populi a solis ardoribus remoti, incon-

15

sultiores, sed tamen largo sanguine abundantes, ad bella sunt promptissimi, ut Germani, Scythæ, Cimbri, Pannoniique et Vandali; et de temperatioribus plagis tirones, quibus et sanguinis copia suppetat, et ad vulnerum mortisque contemptum deesse prudentia non possit, secundum Vegetium, legendi sunt. Et quum plagam temperatiorem inter calidam et frigidam Allobroges et alii Galli habitent, strenui et feroces et ad bellum suapte natura apti dicuntur; et ad militandum omnis Gallorum ætas, teste Marcellino libro quindecimo, aptissima est; nec eorum aliquando quisquam, ait, ut in Italia munus Martium pertimescens, pollicem sibi præcidit. Et Sabellicus, libro quartæ Enneadis primo, non potuit continere, neque adeo virtuti Gallorum invidere, quin scripserit, post captam urbem ad omnes Gallorum motus non Roma solum, ut in cæteris bellis, sed tota etiam Italia semper tumultuatum fuisse, Romanosque, quum jam eorum opes longe lateque pollerent, aurum in hos bellorum casus sanctius repositum habuisse, et in militaribus vacationibus dandis semper Gallicos tumultus excepisse: Nec vanus, inquit, talis metus erat, quia cum nulla unquam gente Romanus populus intra extraque Italiam majore hominum strage, majoribus ducum et exercituum periculis, bellavit. Et tradit aliquos Romanorum rerum scriptores asseruisse centum Gallorum millia una acie cæsa fuisse; quo apparet, secundum eum, indomita bello Gallorum ingenia scire tantum vincere aut mori.

Et quod pro gente sua olim Romani contra veritatem multa scripserint, conjectamus ex his quæ nostro tempore acciderunt; nam in Italia Galli sub Carolo octavo ac Ludovico duodecimo Franciscoque regibus præclara gesserunt, et tamen infelices eorum duntaxat successus Sabellicus et Baptista Mantuanus et alii poetæ historicique Itali descripserunt; et suos fuisse victores asseruerunt, tunc quum maxime superabantur, sicut in bello Fornovio et aliis constat; de quibus plenam notitiam habuimus, quoniam tunc in Italia sub duobus ultimis regibus cum exercitu nostro agebamus.

Brancus; et Hannibalis per Allobroges transitus.

Apud Allobrogas inde Brancus regnavit, fratremque natu minorem habuit. Et hujus Branci temporibus, Hannibal per Galliam Narbonensem transivit; et quia transeundo multa in Allobrogum et populorum vicinorum ditione gessit, de eo aliqua scribemus. Et patri Amilcari ad aras Hannibal, undecim annos natus, in Romanos perpetuum odium juravit; mortuoque patre Carthagine, in Hispaniam contra Romanos, eam tenentes, exercitum duxit et Saguntum evertit, ut paulo ante retulimus. Et deinde per Galliam Hannibal Italiam ex Hispania petebat; et cum bona pace regulorum Gallorum, quos donis ad dandum transitum cepit, in agrum Vulgarum seu Volcarum, gentis validæ, pervenit. Et circa utramque Rhodani ripam tunc Volcæ colebant, et eos neque donis neque metu Hannibal in amicitiam trahere potuit; et omnibus ferme suis cis Rhodanum trajectis, citeriorem amnis ripam Volcæ obtinebant, ut flumen pro munimento haberent. Cæteros vero fluminis accolas, et eos qui ipsas sedes tenuerant, Hannibal donis ad naves undique fabricandas contrahendasque pellicuit; et trajici exercitum levarique quamprimum regionem suam tanta hominum turba ipsi accolæ cupiebant. Et prima noctis vigilia, cum parte copiarum, maxime Hispanis, Hannibal adverso flumine ire iter unius diei Hannonem Bomilcaris filium jussit, ut quum primum posset amnem trajiceret, et quum opus esset, hostes a tergo adoriretur. Et ducibus Gallis, supra parvæ insulæ circumfusum amnem, latiorem ubi dividebatur, minus alto alveo, Pœni ratibus transierunt. Secunda inde die, fumo se transisse Hannibali significaverunt, et ad trajiciendum aliis Hannibal signum dedit; et Gallos, qui adversus Pœnos transeuntes ripam defendebant, Hanno invasit, et Gallorum castra cepit; et in vicos suos Galli diffugerunt, copiasque Hannibal trajecit.

Et paulo ante sexaginta longis navibus ab urbe Roma Massiliam P. Cornelius Scipio pervenerat, et ad proximum Rhodani ostium, pluribus enim divisus amnis in mare decurrit, castra locaverat. Et ducibus Massiliensibus auxiliaribusque Gallis, trecentos delectos equites ad exploranda omnia visendosque ex tuto hostes Scipio præmiserat. Et dum elephanti trajicerentur, interim quingentos Numidas equites Hannibal castra Romana speculatum misit, quibus Romanorum equites occurrerunt et prælium inierunt. Et amplius ducentis Pœnis et e Romanis Gallisque auxiliaribus centum et sexaginta cæsis, fuga et pavor Numidarum Romanis jam admodum fessis victoriam dedit, et ad utrumque ducem sui redierunt.

Et non longe ante, intellecto Hannibalis adventu in Italiam, ad eum Boii, sollicitatis Insubribus, a Romanis defecerunt; non tam ob veteres in populum Romanum iras, quam quod nuper circa Padum et Placentiam Cremonamque colonias in agrum Gallicum deductas ægre patiebantur. Et ad Hannibalem legatos miserant; legationisque Boiorum consilio et reguli Magali adventu, qui duces itineris sociique periculi erant, cum Scipione Hannibal extra Italiam manus conserere noluit. Sed e mari recedens, per Rhodani ripam, adverso flumine, a Volcis Mediterranea Galliæ petiit, non quod ad Alpes illa via rectior esset, sed quia, ita a mari recedendo, minus obvium fore Romanum, priusquam Italiam attingeret, credebat. Et triduo fere posteaquam a Rhodani ripa Hannibal movit, quadrato agmine, Scipio consul ut dimicaret ad castra ejus venit. Sed ubi deserta munimenta et tantum Hannibalem progressum accepit, eum assequi non valens, quum triduo ante Rhodanum transivisset, ad mare et naves rediit.

Et paucis diebus, scilicet quartis castris, Hannibal pervenit ad insulam ubi postea Lugdunum ex colle conditum fuit, quamque diversis ex Alpibus Arar et Rhodanus decurrentes, agri aliquantulum amplexi, in unum confluentes efficiunt. Et prope, Livii testimonio, Allobroges, gens jam inde nulla Gallica gente opibus aut fama inferior, accolebant; et tunc discordes erant: nam regni certamine fratres ambigebant, et cœtu juniorum, major scilicet Brancus, qui prius imperaverat, pellebatur a minore fratre, qui jure minus, vi tamen plus poterat. Et ad Hannibalem hujusce seditionis peropportuna disceptatio rejecta fuit: regni autem Allobrogum is arbiter factus, ex eadem insula regionem ipsorum Allobrogum ingressus est, et imperium majori fratri restituit, quod hujus gentis senatus principesque sententia facturi erant, sicut apud Livium et Plutarchum legimus. Et ob id meritum commeatu rerumque omnium et vestis copia Hannibal adjutus fuit, quod Alpes frigidæ et frigoribus infames præparare cogebant, tunc enim hiems aderat. Sedatis Allobrogum certaminibus, Hannibal cum jam Alpes peteret, non recta regione ad ipsas Alpes iter instituit, sed ad lævam in Tricastrinos flexit: inde per extremam agri Vocontiorum oram tetendit in Trigorios seu Sigoerios, haud usque impedita via, priusquam ad Druentiam flumen pervenit; sed cum exercitu Druentiam ægre trajecit, propterea quod omnium Galliæ fluminum is ipse amnis, testante Livio, transitu difficillimus est. Et tunc ingentem transgredientibus tumultum imbribus auctus fecit, et super cætera, ipsi Pœni trepidatione sua atque incertis clamoribus turbabantur. Et Sigoerii adhuc extant, non longe a Druentia, citra oppidulum quod nunc Talardum dicitur; et, ut ab ejus loci incolis accepimus, a julio usque ad martium ibi Druentia vado transiri potest.

Et a Druentia, campestri itinere, cum bona pace Gallorum ea loca incolentium, Hannibal ad Alpes pervenit. Tum e propinquo visa est montium altitudo nivesque cœlo prope immixtæ, tecta informia rupibus imposita, pecora jumentaque frigore horrida, et homines intonsi ac inculti, animalia inanimataque gelu rigentia, cætera visu quam dictu fœdiora, terrorem Pœnis renovaverunt. Et supra primos clivos imminentesque tumulos apparuerunt montani, qui, si valles occultas adivissent, coorti in pugnam repente, ingentem fugam stragemque Hannibali dedissent. At Polybius de rege Allobrogum prolixius scribit, quod non omittemus: nam ad historiam nostram attinet. Quum ergo, ait, Hannibal ad insulam, quam Arar et Rhodanus in unum defluentes faciunt, applicuisset, duos reperit fratres de regno invicem dissidentes, et alterum jam alteri cum exercitu oppositum; vocatusque ab eo qui natu grandior erat, et rogatus ut sibi paternum imperium restitueret, haud minus paruit, peropportunum id rebus suis fore arbitratus. Excluso igitur minore fratre imperioque majori tradito, non solum commeatum rerumque omnium copiam ob id meritum Hannibal tulit, verum etiam arma omnia renovata, et additæ fuerunt vestes, quas infames frigoribus Alpes præparare cogebant; præterea quod maximum fuit, secundum eumdem Polybium, comitante cum exercitu rege, per Allobrogum regionem, Hannibal integris omnibus copiis ad Alpes usque perductus est.

Et quum intra decem dierum spatium a Rhodano profectus circiter octingenta stadia confecisset, conscendere Alpes cœpit, ubi mox maxima pericula oblata sunt; nam, quamdiu campestri itinere progressi Carthaginienses fuerunt, Allobrogum minores duces cum bona pace transire omnes permisere, partim equites, partim præsidium comitantium veriti. Ubi vero et hi domum reversi sunt, et illi loca aspera difficiliaque conscendere incœperunt, congregata Allobrogum multitudo ingens opportuna præoccupavit loca per quæ necessario transire Hannibalem oportebat: qui si in valles occultas insedissent, coorti repente in pugnam, profecto magnam Carthaginiensibus stragem dedissent. Ob hæc consistere signa Hannibal jussit, et quum, per Gallos ad visenda loca præmissos, ea transitum non esse comperisset, inter confragosa et prærupta in valle extentissima castra locavit. Tunc per eosdem Gallos, qui se montanorum colloquiis immiscuerunt, hostes interdiu tantum saltus locorumque angustias obsidere, nocte autem in sua quemque tecta dilabi, Hannibal edoctus est: et hanc vallem in qua Hannibal castra locavit, hodie incolæ Bredulam appellant, ubi est ejusdem nominis pagus (1). Et per eam vallem Ubia fluvius (2) in Druentiam decurrit; et credendum est illos exploratores fuisse ex Hannibalis exercitu Allobroges, qui locorum vicinitate, lingua moribusque non multum absimiles montanis erant, et per Alpes sibi vicinitate notas Hannibalem conducebant. Et a Gallis magis remotis istud fieri non potuisset, quum ignari locorum essent et a montanis tum lingua tum moribus abhorrerent, et aliquam cum aliis Gallis quam Allobrogibus Hannibalem habuisse amicitiam vel magnum commercium cis Alpes nusquam legimus.

Hannibal igitur ad præsentem occasionem sese accommo-

---

(1) Bredula, *la Bréoulle*.   (2) Ubia, *la rivière d'Ubaye*.

dans, rem hujusmodi est commentus. Et inde ubi digressos montanos laxatasque nocte custodias sensit, cum expeditis et acerrrimo quoque viro, raptim angustias evasit, et in ipsis tumulis quos hostes tenuerant consedit, et in aurora reliquum Hannibalis agmen incedere cœpit. Et signo dato jam montani ex castellis ad stationem solitam conveniebant; sed sua arce occupata, alios supra caput imminentes, alios via transire hostes repente conspexerunt, et perversis rupibus juxta invia ac devia assueti decurrerunt; et ab hisce montanis et locorum iniquitate Pœni oppugnabantur; et clamoribus dissonis quos nemora repercussæque valles augebant equi territi trepidabant, et icti aut vulnerati adeo consternabantur, ut ingentem hominum ac sarcinarum omnis generis stragem facerent, multosque turba, quum diruptæ præcipitesque utrinque angustiæ essent, in immensum altitudinis dejecit, et quosdam armatos necnon jumenta cum oneribus maximæ ruinæ devolvebant. Sed Hannibal stetit, et suos parumper continuit. Deinde e superiore loco decurrit et ipso impetu montanos fudit, itineribusque montanorum fuga liberatis, et Allobrogibus partim inter certandum interemptis, partim turpissime fugatis, Hannibal, secundum Polybium, suos traduxit, et castellum unde Allobroges exierant, custode vacuum, quod caput ejus regionis erat, circumjectosque vicos cepit, et captivorum pecoribus triduo exercitum aluit. Et aliquantulum eo sine periculo viæ confecit; et castellum id hodie Lausetum vel Meolanum appellatur (1), quæ modico intervallo inter se distant; sed non est verisimile quod Allobroges contra Hannibalem in Alpibus bellum gesserint, quia extra eorum fines in Sigoeriorum imperio erat: et ejusdem Hannibalis sententia Allobrogum rex regnum habuit quietum ab mi-

---

(1) *Le Lauzet*, *Miolans ou Méolans* (*Basses-Alpes*).

nore fratre, nisi faventes eidem minori fratri, hanc Hannibalis sententiam moleste ferentes, extra regis ditionem, in angustiis Hannibali insidias parassent, non audentes prius ob regis metum hæc facere. Sed et hi insidiatores Alpini fuere, quum tecta ibi haberent. Et Livius hoc bellum Allobrogibus nominatim nequaquam attribuit.

Postea ad alium frequentem cultoribus inter montana populum Hannibal pervenit, et ibi non bello aperto, sed artibus, fraude ac insidiis ejusdem populi Hannibal prope circumventus est. Castelli enim magno natu principes ad Hannibalem oratores venerunt, et se alienis malis utili exemplo doctos memorantes amicitiam malle quam vim experiri Pœnorum dixerunt. Et commeatum itinerisque duces et ad promissorum fidem obsides Hannibali dederunt. Et nec temere credendo, nec aspernando, ne repudiati aperte hostes fierent, illis Hannibal benigne respondit, et commeatu, quem ipsi in via detulerant, usus, ut inter pacatos incomposito agmine ipsos itineris duces sequebatur. Et in primo agmine elephanti et equites erant, et cum peditibus circumspectans omnia sollicitus Hannibal post incedebat. Ubi vero in angustiorem viam, ex parte altera jugo insuper eminenti subjectam, ventum est, undique ex insidiis hostes a fronte et tergo cominus eminusque Pœnos aggressi fuerunt, et saxa ingentia in agmen devolverunt; et maxima a tergo vis hominum urgebat, et in eos acies peditum se convertit, et, nisi firmata extrema agmina fuissent, ingentem in eo saltu Pœni accepissent cladem. Et tunc in extremo periculo fuerunt; nam, dum in angustias Hannibal agmen dimittere cunctaretur, per obliqua montani occursantes, erupto medio agmine viam insederunt, et unam noctem sine equitibus et impedimentis Hannibal egit. Postero die, jam segnius intercursantibus montanis, junctæ copiæ saltus, non sine clade, majore tamen jumentorum quam hominum, superaverunt. Inde latrocinii magis quam belli more, montani jam pauciores, modo in primum, modo in novissimum agmen incursabant; elephantique ipsum agmen præcedentes tutum ab hostibus quacumque incederent iter dabant, quia eos adire propius montani insueti timebant.

Nunc ipsum castellum Barcelona et aliud magis remotum Joserium muncupatur, et in angustiore via ex parte altera jugo insuper eminenti subjecta, est pagus quod Castellarium nostro tempore ipsi montani vocant (1). Nono die Hannibal in Alpium jugum pervenit per invia pleraque et errores quos aut ducentium fraus, aut, ubi fides iis non esset, temere initæ valles a conjectantibus iter, faciebant. Et biduo in jugis Hannibal stativa habuit, fessisque pugna ac labore militibus quietem dedit; et aliqua jumenta, quæ in rupibus prolapsa erant, sequendo agminis vestigia in Hannibalis castra iverunt. Et hodie post Castellarium in hac via est Meyronum, inde Archa, et jugum Alpium nunc vocatur Collis Argenteriæ (2), unde ascenso promontorio, Italia, præsertim Pedismontium pars et Circumpadani campi, cum Asta videtur. Et ex eo jugo in Italiam rivuli decurrunt. Et Pœnis tot malorum tædio fessis, nivis etiam casus, jam sidere Vergiliarum occidente, ingentem terrorem adjecit. Et quum signis prima luce motis segniter agmen incederet, pigritiaque et desperatio in omnium vultu eminerent, signa in promontorio quodam, unde longe ac late prospectus erat, Hannibal progressus consistere jussit, et illinc militibus Italiam subjectosque Alpinis montibus Circumpadanos campos ostendit, mœniaque eos tunc transcendere, non Italiæ modo, sed etiam Romæ asseruit: cætera

---

(1) Barcelona, *Barcelonnette*; Joserium, *Jauziers*; Castellarium, *Chatelard*.

(2) Meyronum, *Meyrones*; Archa, *l'Archa*; Collis Argenteriæ, *le Col-de-l'Argentière*.

autem plana et proclivia fore, unoque, aut ad summum altero prælio, Italiæ caput et arcem in manu habituros dixit: et hostibus nihil, præter parva furta per occasionem, tentantibus, agmen inde procedere cœpit.

Cæterum, descensus multo quam ascensus difficilior fuit. Pleraque enim Alpium itinera sicut ab Italia breviora, ita arctiora sunt; et via per quam Pœni descendebant ferme omnis angusta, præceps et lubrica erat, ut neque sustinere se a lapsu possent, et, si qui paululum titubassent, alii super alios et jumenta et homines caderent. Tandem ad multo angustiorem rupem ita rectis saxis ventum est, ut ægre expeditus miles tentabundus manibus virgulta ac stirpes circa eminentes retinens sese dimittere posset. Natura enim locus jam ante præceps recente terræ lapsu in pedum mille altitudinem abruptus erat: ibidem veluti ad finem viæ quum equites constitissent, miranti Hannibali quæ res agmen moraretur, rupem esse inviam nuntiatum est; et ad locum visendum Hannibal ivit. Et quamvis longo ambitu agmen circumduceret, nullam viam nec antea tritam circa reperit. Hæc vero insuperabilis erat: nam supra nivem veterem intactam nova modicæ altitudinis et mollis ceciderat, et molli facile pedes ingredientium insistebant; sed postquam tot hominum jumentorumque incessu dilapsa est, infra glaciem fluentemque labem liquescentis nivis intrabant. Et ibi luctatio erat a lubrica glacie vestigium non recipiente, ut seu manibus in assurgendo, seu genu se aliqui adjuvissent, ipsis adminiculis prolapsi, iterum corruissent; nec stirpes radicesve, ad quas pede aut manu quisquam eniti posset, circa erant. Itaque in levi tandem glacie tabidaque nive jumenta volutabantur et interdum necabantur, et prolapsa infirmam nivem ungulis perfringebant, ut in dura et alta concreta glacie pleraque, velut pedica capta, hærerent. Sed, nequicquam jumentis hominibusque fatigatis, Hannibal castra in jugo posuit, et nive effossa locum purgavit, et ad rupem, per quam via una esse poterat, minuendam, milites ducti, arboribus detruncatis ingentem lignorum struem fecerunt, eamque coorta vi venti faciendo igni apta adjuvante succenderunt, ardentiaque saxa infuso aceto putrefecerunt; et horridam incendio rupem sciderunt, et ferro panderunt, modicisque anfractibus clivos molliverunt, ut non jumenta solum, sed etiam elephanti deduci possent. Et quatriduum supra rupem Pœni consumpserunt, et fame jumenta prope assumpta fuerunt; nam, si quid nuda cacumina pabuli ferebant, ipsum nives obruebant. Apricos vero quosdam colles rivosque prope silvas, etiam loca humano cultu digniora, inferior vallis pars habebat; et ibi, transacta rupe, jumentis pabulum et fessis hominibus quies triduo data est.

Inde ad planum Taurinumque agrum Hannibal cum copiis descendit, et quindecimo die Alpibus superatis in Italiam pervenit; et hanc rupem igne et aceto fractam incolæ adhuc Rupem scissam sive Bresaudi passum vocant, et vallis in qua cum copiis transacta rupe Hannibal triduo consedit, Breses, ab ejusdem nominis castro sive suburbio ibi sito, appellatur (1). Et in ea valle sunt rivuli et ex lacu collis Argenteriæ fluviolus in Italiam defluit, et receptis aliis aquis in planis Cunii campis grandior efficitur, et in principio planitiei Demontium castrum est nunc constitutum(2); post, Cunium sequitur, inde Taurinum itur. Et malos itineris duces Hannibal habuit, quum sine tanta difficultate Bellovesus et Brennus aliique Allobrogum et cæterorum Gallorum reges per has Alpes longe ante in Italiam transiverint; et in superandis Alpibus Hannibal, Livii ac

(1) *Brezès*, Bersezia, à une demi-lieue de *l'Argentière*, Argentera.

(2) *Le fort de Demont*, Demonte, en Piémont, près de la *Stura*.

Plutarchi testimonio, tot tantaque incommoda perpessus est, ut ex ipso Pœno quidam auctores illius temporis audivisse scribant eum in transitu ipsarum Alpium, post Rhodanum trajectum, supra triginta hominum millia, maximumque equorum et aliorum jumentorum numerum amisisse : nam cum montanis sæpe pugnavit, et viarum angustiis asperitateque plures interiere. Hodie id Hannibalis iter frequens est et multum meabile, ut libro primo ostendimus.

Et ex stativis Hannibal castra movens unam Taurinorum urbem, gentis ejus caput, quia volens in amicitiam non veniebat, vi expugnavit. Ex quo non puto veram esse Marcellini opinionem, qui libro quindecimo tradit, Taurinis ducentibus accolis, Hannibalem in Italiam ivisse : non enim eorum urbem, si ita fuisset, Hannibal expugnasset. Et veloci navigatione intercurso maris spatio, Scipio apud Genuam Liguriæ oppidum observabat ; ut cum Hannibale, si per Salyos transiret, viarum asperitate fatigato, in planitie decerneret. Sed a perfugis Hannibal hæc intelligens, per Allobroges et viam supra commemoratam in Italiam se contulit. Quare Pisas Scipio navibus adivit. Inde Placentiam cum exercitu profectus est, et Padum trajecit ; et ad eum Hannibal propius accessit, et in conspectu exercitus erant. Et Scipio habebat Gallos equites quos in fronte locavit, et adhortandorum militum causa longam orationem habuit ; et inter alia esse videndum et experiendum dixit, utrum Hannibal, ut ipse ferebat, itinerum Herculis æmulus esset, et plura alia quæ omittuntur militibus enarravit. Et apud Ticinum Hannibal adversus Scipionem dimicaturus montanos captivos in medio exercitus vinctos constituit ; armaque gallica ante pedes eorum projecit, et per interpretem interrogati quis ad pugnam vinculis levari cuperet, ad unum omnes ferrum pugnamque poposcerunt ut vinculis levarentur. Et equos armaque gallica Hannibal eis dedit.

Hoc quoque exemplo ad pugnam exercitum suum incitavit, quum instar montanorum vinculis circumdatus esset, dextra laevaque mari, a tergo Alpibus, in fronteque hostibus et Pado, et quod hisce vinculis pugna sicut montani solverentur et liberarentur; et odio vel tumultu in Romanos concepto, multi Galli tunc Italiam inhabitantes ipsorumque Romanorum stipendio militantes ad Hannibalem transfugerunt, et inde ad conflictum uterque exercitus processit; et apud Ticinum ipsum Scipionem occurrentem Hannibal vicit et prostravit. Sempronium postea Longum apud Trebiam, Flaminium apud Trasimenum, Paulum et Varronem ad Cannas, anno quingentesimo quadragesimo ab urbe Roma condita, secundum Livium, Nepotemque ac Eutropium et alios omnes, Hannibal cum magna clade superavit. Et quum Romam capere posset, in Campaniam divertit, ejusdemque deliciis elanguit. Tandem ad tertium ab urbe lapidem, Romanis interea restauratis, castra posuit. Sed primum a Fabio Maximo frustratus, deinde a Valerio Flacco repulsus, a Graccho et Marcello fugatus, in Africam revocatus rediit, et a Scipione superatus ad Antiochum Syriae regem confugit, eumque Romanis hostem fecit. Et eodem victo, ad Prusiam Bithyniae regem se contulit. Sed ipsum Romani legatione repetebant; et ideo, hausto veneno quod sub annuli gemma habebat, mortem sibi conscivit, et apud Libyssam fuit sepultus in arca lapidea, in qua scribebatur: Hannibal hic situs est.

Et eum sexdecim annos Italiae victorem in ea immoratum fuisse, et quin ipsam Romam caperet non Romanorum vires, sed domesticae aemulationis atque invidiae studium obstitisse, Mithridates, apud Justinum libro trigesimo octavo, militibus in concione referebat. Et quum a regno Nicomedes filius per Mithridatem pelleretur, a Romanisque Aquilius et Manlius Maltinus ad ipsius Nicomedis defensionem missi fuissent, milites variis exhortationibus Mithridates ad hæc Romana sive Asiana bella incitavit, et maxime quod Romanos vinci posse cognitum erat, quum a Gallis Italia, inquit, possideretur, et non solum ab eis Roma victa, sed etiam, præter unius montis cacumen, capta fuisset, et non bello, sed pretio, ab ipsa urbe Roma remoti fuissent; et quod in parte virium suarum Gallorum nomen, quod semper Romanos terruit, ipse habebat. Nam illos qui Asiam incolebant ab his qui Italiam occupaverunt, sedibus tantum distare, et originem ac virtutem genusque pugnæ idem habere, et alia multa de Gallis, apud Justinum eodem libro trigesimo octavo, militibus in concione dicebat. Et inde ipsum Aquilium ac Maltinum Asiano exercitu instructos, necnon Nicomedem, Mithridates cum Gallogræcis et aliis pepulit et vicit. Sed, ut frugum semina mutato solo degenerant, sic amœnitate Asiatica illa genuina Gallorum feritas, teste Floro, mollita est, ut postea a Caio Manlio Gallogræci facile victi fuerint.

Et apud Livium trigesimo octavo Decadum libro, Caius ipse Manlius suos in Gallicam gentem Asiam colentem adhortans milites, aiebat se non præterire, omnium qui Asiam colebant gentium, Gallos fama belli præstare. Et quod inter mitissimum genus hominum ferox natio, pervagata bello prope orbem terrarum, sedem cepit, procera habebant corpora, promissas et rutilatas comas, vasta scuta et prælongos gladios, ad hoc ineuntium prælium cantus et ululatus et tripudia et quatientium scuta in patrium quemdam morem horrendum armorum crepitum, omnia de industria composita ad terrorem. Et jam usu cognitum esse disserebat, si primum impetum quem fervido ingenio et cæca ira effundebant milites sustinerent, sudore et lassitudine Gallorum membra et arma et mollia corpora fluerent; et ubi ira consedebat, animos sol, pulvis, sitis ferro non admoto prosternebant. Et non solum legionibus eorum legiones expertos Romanos tradebat, sed vir unus cum viro uno congrediendo, T. Manlius et M. Valerius ostenderunt, ut aiebat, quantum Gallicam rabiem Romana virtus vinceret. Jam M. Manlius agmine scandentes in Capitolium Gallos unus detrusit, et illis cum haud dubiis Gallis in terra sua genitis res erat. Hos autem Asiam colentes mixtos et Gallos et Græcos, unoque nomine Gallogræcos vere appellatos esse prædicabat. Et subjungebat ille declamator ut sibi et suis vires adderet, et timorem tolleret, quod sicut in frugibus pecudibusque non tantum semina ad servandam indolem valent, quantum terræ proprietas et cœli sub quo aluntur. Sane Macedones qui Alexandriam in Ægypto, qui Seleuciam ac Babyloniam, quique alias sparsas per orbem terrarum colonias habebant, in Syros et Parthos et Ægyptios degenerarunt. Massilia, inter Gallos sita, traxit aliquantum ab accolis animorum. Tarentinis quid ex Spartana, dura illa et horrida disciplina, mansit? Et in sua quicquid sede generosius gignitur, insitum alienæ terræ, in id quo alitur, natura vertente se, degenerat, ut idem Caius Manlius asserebat.

O sancte Deus! quantum huic Manlio oratori sit credendum omnium judicio relinquo; ad arma contra Gallos Asiam colentes suos incitabat milites, qui pavidi, tristes, pallidi, dubitantes erant; et quum abhinc multis seculis eorum domos Romæ Galli cepissent, quid in regione extranea facturi essent, Romani omnino dubitabant. Ideo mendaciis voluit milites animosos reddere, quod Galli ex solo alieno virtutem perdidissent, sibi adversans primum asserendo quod Galli virtutem bellicam non haberent, inde quod solum eorum virtutem mutavit. Utinam exteri bella Gallorum et Romanorum sine favore scripsissent, et cognitum fuisset Romanos eloquentia suorum virtutem et Gallos factis suæ gentis gloriam demonstrasse. Et aperte ex ipsa Romanorum historia apparent favor, invidia, odium, iræ, quas in exteras nationes gesserunt. Proh dolor! quod aliquis nostrum nihil scripserit! Id de cæteris gentibus qui bellum cum Romanis habuerunt existimamus; sed, ne de his Gallis victis Manlius triumpharet, L. Furius Purpureo et L. Æmilius Paulus apud eumdem Livium oratione pulchra dissuaserunt.

Allobroges contra Romanos et Æduos bella gesserunt.

Sequenti bello Massilia causam præstitit, quum adversus Salyos a Romanis auxilium petiisset. Et ad sequentium intelligentiam altiora repetam. Exiguitate terræ Phocenses coacti studiosius mare quam terras exercuerunt, piscandoque et mercando, plerumque etiam latrocinio maris, quod illis temporibus gloriæ habebatur, vitam tolerabant. Itaque ad ultimam Oceani oram procedere ausi, in ostia Rhodani amnis ad sinum Gallicum devenere; cujus loci amœnitate capti, domum reversi, quæ viderant retulerunt pluresque ad illum locum adeundum sollicitaverunt. Itaque ducibus Simote et Proti, Tarquinii regis Romani temporibus, Phocensium juventus ex Asia Tiberis ostio invecta, secundum Justinum libro quadragesimo tertio, amicitiam cum Romanis junxit. Inde in Galliæ sinus navibus profecta, Massiliam in Salyorum finibus prope Rhodani ostia condidit, ut hoc libro scripsimus. Et non longe adhuc extat vicus nomine Phos (1). Et cum Romanis prope ab initio conditæ urbis fœdus summa fide Massilienses custodiverunt, auxiliisque in omnibus bellis socios juverunt. Et quum per legatos suos e Delphis revertentes intellexissent Romam a Gallis sub Brenno rege fuisse captam incensamque, eam rem domi publico funere prosecuti sunt, aurumque et argentum, ut a Justino traditur, publicum et privatum contulerunt ad explendum pondus ipsis Gallis a quibus redemptam per Romanos pacem cognoverant : et in Italiam venire Hannibalem ex Hispania per Galliam Massiliensium legati Romanis significaverunt.

Et post obitum Nanni Salyorum regis, qui locum condendæ urbis Massiliæ concesserat, Comanus ejus filius, et inde sub duce Catumando populi finitimi, et adhuc postea ipsi Salyi eamdem Massiliam fidelissimam atque amicissimam Romanis civitatem infestabant, adeo quod apud Romanos ipsos aliquando de incursionibus Salyorum et Teutomalii eorum regis Massilia conquesta est, et defensionem Romani libenter susceperunt. Nam et contra ipsos Salyos longe ante hoc tempus bellum diutinum protraxerant, quando ipsis in Hispaniam occludere conabantur transitum, qui per littus habendus esset; tantoque marino et terrestri robore Salyi, teste Strabone, valebant, ut, adductis etiam magnis exercitibus, vix tutum transeuntibus iter extiterit; octogesimum vero ad annum cum eis bellum gerentes, difficulter Romani effecerunt, ut publice permeantibus via ad stadiorum duodecim latitudinem laxaretur. Inde ad ipsas Massiliensium querelas, Romani contra Salyos Sextium proconsulem ad ferendum eis suppetias miserunt, et eosdem Salyos hic proconsul bello vicit et bar-

---

(1) *Le village de Fos*, sic dictus a Fossis Marianis.

baros ex eis repressit littoribus quæ Massilia in Italiam ducunt, et relictam ab his regionem Massiliensibus attribuit; et Teutomalium ipsorum Salyorum regem ex hoc bello fugientem Allobroges receperunt, et omni ope adversus Romanos juverunt. Nihilominus sub prætextu auxilii Massiliensibus præstandi, Sextius Salyos in provinciæ formam sub Romanis redegit et Aquas Sextias coloniam prope Massiliam condidit, et ibi, sicut Strabo refert, Romanorum præsidium collocavit, et ob aquarum copiam a calidisque et frigidis fontibus suoque nomine ita ipsam coloniam appellavit, ut libro sexagesimo primo Livius scribit.

Et in ipsis littoribus a Sextio Massiliensibus traditis Taurentium, Olbiam, Antipolin et Nicæam ipsi Massilienses adversus instantes barbaros ædificaverunt, ac etiam oppidum inter Olbiam et Antipolin collocatum, quod nunc Forum Julium dicitur. Et in medio fere Antipolis et Nicææ spatio, Varus ex Alpibus in mare decurrit, et a Nicio Tuscorum rege, qui antehac Phocenses a Corsica expulit, missis coloniis, Nicæa posita est, ut super Manethonem et Pii Itinerarium Annius tradit. Et prope Monœchum sita Italiæ est limes, quum trans Varum, qui Galliam ab Italia dividit, collocata existat. Verumtamen, licet Nicæa ad Italiam pertineret, postea tempore Romanorum, secundum Strabonem libro quarto, in Massiliensium jure fuit. Et in Fragmentis Cato Nicæam fuisse Massiliensium tradit, et Massilienses, liberum mare esse cupientes, hæc oppida exstruxerunt, quum regio quæ valida et montana est, in eorum potestate foret, sicut late apud Strabonem libro quarto legimus. Et per hæc fere tempora quibus apud Salyos dimicabatur, Allobroges agros Æduorum populi Romani sociorum vastaverunt et bello oppresserunt, ut Lucius Florus et libro sexagesimo primo Livius scriptum reliquerunt. Et plures fuerunt proprii Allobrogum reges, antequam Romanis parerent. Sed eos duntaxat quos supra descripsimus apud exteros auctores legimus, aliorum autem nomina et gesta ignoramus. Et inter Francum et Ambigatum, interque hunc et Seguinum, sicut inter Brennum et Brancum, multa secula intercesserunt. Sed adhuc omnes reges qui eo intervallo Allobrogibus imperaverunt certo non comperimus, quia incuria illius temporis nullus eorum gesta scripsit, aut si quisquam scripto mandaverit diuturnitate obliterata sunt, et præmissa ex historicis aliarum gentium cum quibus contingebat Allobroges bella gerere deprehendimus; et quum, Livii testimonio, Allobroges nulla gente Gallica opibus aut fama inferiores essent, præclara, quando sui juris erant, gesserunt. Sed, sicut in rebus et bellis bene fortiterque gerendis Allobroges et alii Galli valuerunt, ita in scribendis suis gestis negligentes fuerunt, et scriptis gloriam ac famam suam ad posteros efferre non curaverunt. Et prima in Galliis Romanorum arma Salyi, inde Allobroges, authore Floro, senserunt Et jam de Salyis apparuit, et nunc de Allobrogibus ostendemus.

AYMARI RIVALLII

DELPHINATIS

de Allobrogibus

LIBER TERTIVS.

Allobroges sub Romanorum imperium devenere.

uia Teutomalium Salyorum regem e bello quod in eum et ipsos Salyos Romani per Sextium gerebant fugientem Allobroges receperunt et omni ope juverunt; et per eadem fere tempora agros Æduorum populi Romani sociorum vastaverunt et bello oppresserunt, et adversus eos et ipsorum incursiones Ædui opem et auxilium Romanorum flagitaverunt: ex his duabus causis, post devictos Salyos, testibus L. Floro, et Livio libro sexagesimo primo, ac Sabellico, Cnæus Domitius Ænobarbus, Sextii in provincia successor, bellum ante F. Maximum, jussu Romanorum, Allobrogibus intulit; et secundum ipsum Livium Strabonemque libro

quarto, Paulum Orosium, Florum et alios, anno ab urbe Roma condita sexcentesimo trigesimo uno, apud oppidum Vindalium, ubi Rhodano Surgas commiscetur, ingenti et gravissimo bello ipse Cnæus Domitius Ænobarbus Allobroges vicit, et in eosdem multum feliciter pugnavit, et plura millia in fugam vertit, maxime quum nova elephantorum immanitati gentis parium forma equi Allobrogum Allobrogesque conterriti diffugissent. Et, ut testis est Paulus Orosius, ibi viginti millia Allobrogum occisa, et tria millia capta fuerunt. Et eo loco ubi Surgas ad urbem Vindalium Rhodano commiscetur, Domitium adversus Bituitum Arvernorum regem etiam bellum gessisse Strabo libro quarto memoriæ tradidit, et ipsis Allobrogibus Arvernisque superatis, Cnæus Domitius consul, atavus Neronis, sicut in vita ejus Tranquillus refert, elephanto per provinciam, turba militum quasi inter solemnia triumphi prosequente, invectus fuit: tanti enim hanc victoriam faciebat!

Anno deinde sequenti ab Roma condita sexcentesimo trigesimo secundo, adversus Allobroges et eumdem Bituitum Arvernorum regem Q. F. Maximus, consul, Pauli nepos, Domitii in provincia et exercitu successor, eo loco ubi Rhodanus et Isara ad Cemenum montem confluunt, feliciter bellum gessit, sicut Livius, Strabo, Orosiusque et alii scriptum reliquerunt, et, si Straboni credas, militum triginta millibus duntaxat F. Maximus Æmilianus dimicavit; et quum ita parvum exercitum F. Maximi Bituitus intellexisset, hanc Romanorum paucitatem vix posse sufficere ad escam canibus quos in agmine habebat ipse Bituitus jactavit. Qui quum ad transferendas copias uno ponte Rhodani contentus non esset, alium compactis lintribus catenisque connexum, substratis et confixis tabulis instruxit: et, post pugnam diu graviter agitatam, Arverni victi, conversique in fugam et coacervati inconsulte transitu vincula pontis ruperunt, ac mox cum ipsis iintribus mersi sunt: et centum octoginta armatorum millia in exercitu Bituiti fuisse, et ex eis centum quinquaginta millia vel cæsa vel mersa fuisse, Orosius tradit; et ducenta Gallorum millia ad internecionem F. Æmilianum apud coitum Isaræ et Rhodani dedisse, Strabo narrat. Livio autem authore, ex Bituiti exercitu centum et viginti millia hominum cæsa fuerunt. Et ipse, quum ad satisfaciendum senatui Romam profectus esset, Albæ in custodiam datus est, quia contra pacem videbatur ut in Galliam remitteretur. A senatu quoque decretum fuit ut Romam Congentiatus filius ejus comprehensus mitteretur; in deditionem autem Allobroges accepti sunt.

Et secundum Appianum in Celtico (1), modico cum exercitu F. Maximus Æmilianus, ante Marium, centum viginti Celtarum millia prostravit, quindecim tantum militibus amissis. Et quamvis in genu grave vulnus accepisset, nihilominus, ut idem inquit, suos pugnare verbis instruxit, et partim curru vectus, partim manu ductus inambulans per acies discurrit, suosque ad bellum incitavit. Et Isaram Vindelicumque amnem ac Rhodanum esse illarum Ænobarbi et F. Maximi victoriarum testes Lucius Florus scribit; et tanti hos duces et populum Romanum utramque victoriam existimasse ait, ut ipsis quibus dimicaverant locis saxeas turres erexerint, et desuper exornata armis hostilibus tropæa fixerint, quum, secundum eum, hic mos Romanis inusitatus fuisset, et nunquam hostibus devictis victoriam suam antehac exprobrassent. Sed profecto tanti ipsos Allobroges Romani faciebant, ut supra humanas esse vires eos et Arvernos superare crediderint. Et ideo hac victoria ita insolentes facti sunt, ut in ea justitiam honestatemque

(1) Appiani Alexandrini de Bellis Gallicis liber, vel potius Epitome.

ac fortitudinem de se in prosperis non extollendo et temperantiam obliti sint; et in vincentium triumpho rex ipse visus est in armis discoloribus argenteoque carpento, qualis pugnaverat. Et F. Maximum in loco victoriæ tropæum candido lapide erexisse ac templa duo, Marti quidem unum, Herculi vero aliud construxisse, Strabo commemorat. Et ex hac victoria cognomen Allobrogis sibimet ac posteris F. Maximus peperit, sicut libro sexto, De Mutatione fortunæ, apud Valerium legimus. Sed nihil hoc cognomen profuisse Fabiis, si alioqui dediti virtuti non fuerint, in hæc verba Juvenalis octava satira ait:

    Cur Allobrogicis et magna gaudeat ara
    Natus in Herculeo Fabius lare, si cupidus, si
    Vanus, et Euganea quantumvis mollior agna?

Et in his bellis describendis ita varii et contrarii Romani historici fuerunt, ut magis ex opinione quam veritate historiam contexerint. Et in bello per Domitium gesto Allobrogum duntaxat, et in eo quod apud coitum Isaræ et Rhodani Fabius Maximus habuit, Orosius tantum Arvernorum meminit. Et eo loco ubi Surgas Rhodano miscetur cum Domitio, et ad coitum Isaræ et Rhodani cum F. Maximo, Bituitum manus conseruisse Strabo tradidit. Et libro nono, De Perfidia, Valerius Maximus refert Cnæum Domitium fuisse iratum Bituito Arvernorum regi quod et suam et etiam Allobrogum gentem, ipso Domitio in provincia morante, ad Q. Fabii successoris confugere dexteram hortatus esset, et per colloquii simulationem eum accersitum, hospitioque exceptum vinxisse ac Romam nave deportandum curasse; factumque ejus senatum neque probare potuisse neque rescindere voluisse, ne bellum Bituitus in patriam remissus renovaret, sed eum Albam custodiæ causa senatum relegasse. Aliter Eutropius hanc historiam narrat, quod, anno sexcentesimo vigesimo septimo ab Roma condita, Bituitus Arvernorum rex a C. Cassio Longino et Sexto Domitio Calvino consulibus juxta Rhodanum superatus est; et quod ex centum octoginta hominum millibus exercitus Bituiti centum quinquaginta millia partim bello occisa, partim submersa fuerunt, cum ponte quem sibi junctis navibus supra Rhodanum exstruxerant. Et prædam ex torquibus Gallorum Romani ingentem abstulerunt, et Domitio Bituitus, ut idem Eutropius ait, sese dedidit atque Romam deductus est, magnaque gloria consules ambo triumphaverunt, et etiam regem ipsum jactasse refert paucitatem Romanorum vix sufficere ad escam posse canibus quos in agmine habebat. Et sic in numero militum et occisorum et in victis et vincentibus relati historici discrepant: et dictu facile est multos homines fuisse occisos, factu autem difficile, quum manus conseruntur: utcumque fuerit, crediderim Allobroges a Domitio juxta Vindalium oppidum superatos fuisse et Fabium Maximum Domitii successorem ipsos ad Isaram usque prosecutum, et ad coitum Isaræ et Rhodani cum eis et Arvernis in auxilium venientibus dimicasse, et Allobrogas victos in deditionemque receptos Romano imperio adjunxisse.

Et teste Ammiano Marcellino in fine quindecimi libri, regiones Galliarum, præcipue confines Italicis, fuerunt primo tentatæ per Fulvium Romanum, parvis præliis deinde quassatæ per Sextium, ad ultimum per Q. Fabium Maximum domitæ: cui plenus negotii effectus, asperiore Allobrogum gente devicta, hoc cognomentum indidit. Et victis hostibus, Romani apud Allobroges, non longe a loco conflictus, Romanos oppidum in ripis Isaræ condiderunt, et in eo Romanorum præsidium, sicut Aquis Sextiis apud Salyos, collocaverunt. Et quum Salyos Allobrogesque et Arvernos a diversis Romanorum ducibus fuisse superatos tradimus, morem Romanorum ostendimus. Nam sicut magistratus annales erant, ita et belli duces, cessante eorum magistratu, a bellis revocabantur, ne etiam victoria aucti in Romanos molirentur, et post annum successor in magistratu et bellis dabatur. Et per Massiliense solum et Salyos Tricastinosque et Cavaros in Allobroges ad Isaram usque Romani aditum habuerunt; non autem per Alpes in ipsam gentem exercitum duxerunt, et, devictis Allobrogibus, simul cum eis paruerunt Romanis Vocontii necnon Tricastini et Cavari seu Segalauni et quidam alii, quum sub ipsorum Allobrogum ditione esse viderentur. Verum non statim Alpinæ gentes, Veragri, Antuates, Seduni, Salassi, Centrones, Garucelli, Caturiges, Brigantes, Sigoerii, Medulli, Romanis obediverunt. Sed contra eos postea Romani bella gesserunt, ut scribemus.

Superatis Allobrogibus, postea residuum Galliæ Narbonensis Romani bello aut alias habuerunt, et illam regionem Narbonensem cum adjacentibus territoriis provinciam Galliam appellaverunt. Et quia inter Gallos Salyorum regio primum devicta est, eam Provinciam, quasi procul victam, sine adjectione Romani denominaverunt. Inde facta regione Narbonensi provincia Gallia, hæc Salyorum regio nomen etiam Provinciæ retinuit, et Provincia provinciæ scilicet Galliæ ad hæc usque tempora dicitur. Et dum postea in Hispaniam ulteriorem, tempore Scipionis Africani, Sempronius Gracchus per Allobroges pergeret, apud Viennam Allobrogum, miro opere pyramidem construxit, et pontem supra Rhodanum, in utroque latere castris fundatis, deduxit, ut, post Adonem et Livium, libro primo retulimus. Et ad jus Allobrogibus reddendum, Romani in ipsa urbe Vienna tribunal et prætores præsidesque constituerunt.

Cæterum Allobroges rectoribus provinciæ Narbonensis Roma missis obtemperabant; Vocontii autem, secundum Strabonem, sui juris erant (1).

De gestis in provincia Gallia a Druso.

Suetonius in Tiberio tradit Drusum, e Liviorum familia, proprætore ex provincia Gallia retulisse aurum Senonibus olim in obsidione Capitolii datum, nec, ut fama erat, a Camillo extortum. Hæc paulo post a Romanis subactos Allobroges et habitam provinciam Galliam contigerunt, quum antehac data non fuisset opportunitas et ulterius Romani vindictam non prolongassent, eo quod Brennus Allobrogum rex in capienda Roma et Capitolii obsidione Senonum et aliorum Gallorum ductor olim fuisset: et ex his apparet Livium falso scripsisse quod nuntius cladis Brenni et Senonum a Camillo apud Romam factæ non extitit, et Eutropium perperam tradidisse quod a Gallis Camillus aurum et omnia quæ acceperant signa recuperavit. Plane, si multi Galli non evasissent, quis in Galliam portasset id Romanorum aurum quod Drusus post multa secula retulit? Alia contra hanc Livii et cæterorum opinionem, libro secundo, in Brenno scripsimus.

(1) Strabonis rerum geographi- carum libri XVII, græc. et lat. Amst., 1708, in-folio, p. 203.

De gestis apud Allobroges, L. Cassio consule.

Anno ab Roma condita sexcentesimo quadragesimo sexto, Tigurini Helvetii a civitate secesserunt, testibusque Cæsare et Orosio ac Livio libro sexagesimo quinto, L. Cassium consulem, in finibus Allobrogum, interfecerunt, et exercitum ejus expulerunt, et sub jugum miserunt et occiderunt, Luciumque Pisonem Cassii legatum necaverunt. Et in Gallia, ut Orosius refert, L. Cassius hosce Tigurinos prius usque ad Oceanum persecutus erat; tandem ab eisdem insidiis circumventus, apud Allobroges cum L. Pisone legato suo interfectus fuit, et ne residua exercitus portio, quæ e clade supererat et in castra confugerat, deleretur, sed incolumis dimitteretur, obsides et dimidiam rerum omnium partem Q. Publius, alter legatus, Tigurinis turpissimo fœdere dedit. Ipse postea, a Cœlio plebis tribuno die dicta, eo quod Tigurinis obsides dederat, Roma in exsilium profugit.

De gestis apud Allobroges, Cn. Manlio et Q. Cæpione proconsulibus et inde Mario consule.

Paulum Orosium Luciumque Florum secundum, anno ab Roma condita sexcentesimo quadragesimo octavo, Cimbri et Teutones Tigurinique Helvetii ac Ambrones Germaniæ et Galliæ gentes conspiraverunt ut populum Romanum extinguerent, et sedem ab eo in Italia denegatam armis quærerent. Et cum eis fuisse Teuthonium et Cloadicum, Menappii Cimbrorum regis filios, aliqui scribunt. Et belli duces a Romanis contra se missos hæ gentes superaverunt; nam, testibus Eutropio ac

Livio libro sexagesimo quinto et sexto, M. Junius Silanus consul adversus eos infeliciter pugnavit. Deinde, ab ipsis hostibus fuso exercitu, A. Scaurus captus est; et quum in consilium ab eis evocatus ipsos ne Alpes transirent deterreret, eo quod Romanos minime vinci posse diceret, a Boiorige, feroci juvene, occisus est. Postea Cn. Manlium et inde Q. Cæpionem proconsules hæ gentes prælio vicerunt, et binis castris apud Rhodanum Allobrogum flumen exuerunt; et temeritate Cæpionis istud accidit, quia cum collega Rhodano flumine medio provincias partitus fuerat, et citra Rhodanum unus et trans Rhodanum alter exercitum habebat. Et dum inter sese gravissima invidia et contentione disceptarent, cum magna ignominia, sicut Orosius refert, et periculo Romani nominis victi fuerunt : si quidem, ut Livius Antiasque et Orosius tradunt, in ea pugna interfecti sunt M. Aurelius consularis, duo filii consulis et octoginta tam Romanorum quam sociorum millia, et sexaginta vel quadraginta calonum et lixarum millia; et ex omni Romanorum exercitu decem tantummodo superfuerunt homines qui miseram cladem ad augendas calamitates civibus retulerunt; et ab his Romanorum cladibus aurum argentumque ex præda habitum in Rhodanum abjectum est. Loricæ virorum concisæ, phaleræ equorum disperditæ, equi gurgitibus immersi, homines capti laqueis ex arboribus suspensi fuerunt, ita ut nihil prædæ victor, nihil misericordiæ victus agnosceret.

Et fuisse hujusmodi rem gestam juxta flumen Rhodanum, Eutropius ait, in planitie, ni fallor, quæ est supra Viennam Allobrogum prope Lugdunum, et propter hanc stragem ab illo tempore Sanguis fusus seu Planities Sanguinis fusi (1) in hanc usque diem appellata est; et Rhodanum

---

(1) *La plaine de Sainfond.*

attingit, et castrorum vallorumque ad pugnam dispositorum extabant majorum nostrorum ætate vestigia in illa planitie, quæ per imperitiam ab aliquibus tabellionibus corruptum indigenarum vernaculum non intelligentibus, planities Sancti Fontis vel Centum Fontium appellatur; et causa erroris processit, quod crescente Rhodano multi fontes in ripa ibi scaturire videntur.

Et quod ab his Gallis Romani in Allobrogibus victi fuerint apertum est, quia extra provinciam suam Romani bellum in Gallos non gessissent: ante Cæsarem enim nationes Gallicas semper Romani imperatores, Ciceronis testimonio in oratione de Provinciis consularibus, refutandas potius quam bello lacessendas putaverunt, et de more lacessiti fines suos tuebantur; non autem sedes hostium Gallorum quærebant, et, ut in fine Jugurthæ Sallustius hoc bellum commemorans ait, Cæpio et Cn. Manlius et deinde omnes usque ad memoriam suam Romani sic habuerunt, omnia alia virtuti suæ prona esse; cum Gallis autem pro salute, non pro gloria certare. Et hos homines sicut inde Helvetios per Romanorum terram migrasse Plutarchus in Cæsare tradit. Et inter provincias Romanorum prima regio quæ tunc huic genti Gallis admixtæ e Germania venienti prope Rhodanum occurrit, est ille Allobrogum locus supra Viennam cis Lugdunum et Rhodanum: nam et in Italiam quam hæc gens petebat iter est per Allobroges. Et eidem Cæpioni exercituique populi Romani hæc contigerunt, si Justino in Trogum, Straboni ac Gellio credamus, quia diripiendo Tolosam ipse Cæpio consul abstulerat aurum argentumque quod, amisso Brenno duce, Tectosagi in antiquam ipsorum patriam Tolosam redeuntes ex sacrilegiis spoliationeque Delphorum longe ante attulerant, et pestifera lue comprehensi aruspicum responsis pro recuperanda sanitate in Tolosensem lacum merserant.

Et, secundum populi Romani jussum, Cæpio, cujus temeritate clades accepta erat, in carcerem detrusus condemnatusque fuit, et bona ejus publicata extiterunt; de quo etiam Valerius Maximus meminit. Et existimandum est Allobroges tanquam auxiliares cladis hujus cum Romanis fuisse participes. Et quum adversus hosce Gallos ab ducibus Romanis Q. Cæpione et Cn. Manlio male pugnatum esset, metu, teste Sallustio, Italia omnis contremuit, et maximus ex hac clade luctus et metus Romæ fuit ne hostes confestim Alpes transgrederentur Italiamque delerent ac Romam everterent, antequam, sicut proposuerant, in aliquo loco sedem ponerent.

Quare, ut horum sævitiam reprimeret et Romanorum imperium defenderet, tertio et quarto consul Marius a Romanis effectus est, et ei provinciam Galliam ipsi Romani decreverunt. Sed victis Cn. Manlio et Cæpione, hæ gentes omnia quæ circa Rhodanum et Pyrenæum sunt vastaverunt, sicut Livius author est; et per saltum in Hispaniam trangressæ sunt, ibique multa loca populatæ, a Celtiberis fugatæ et in Galliam reversæ, Italiam petere cœperunt. Interim Marius et Catulus exercitum paraverunt, et Alpes Marius cum exercitu trajecit, eoque loci ubi in sese Isara et Rhodanus confluunt, castra apud Allobroges, secundum Orosium, posuit; sed, Plutarchi testimonio, contra ipsas gentes apud ostia Rhodani, prope maris littus, Fossas quæ Marianæ appellatæ fuerunt, primo sibi construxit. In Alpibus vero Catulus remanserat, ut ab Alpium transitu eosdem hostes arcere posset.

In hoc bello historici discrepant, sed eorum scripta conjungam. Et, Plutarcho authore, Marius audiens jam hostes appropinquare, confestim Alpes trajecit, et munitis castris apud Rhodanum fluvium, earum rerum quæ ad victum atque usum militarem necessariæ essent magnam copiam comportari jussit, ut nunquam præter utilitatis rationem ex ipsarum rerum necessariarum indigentia in aciem descendere cogeretur, et operam dedit ut itinera quibus commeatus deferretur, antehac ad mare exercitui perlonga, facilia atque expedita essent; Rhodanique ostia ob maris impedimentum multam arenæ congeriem et acervos cum ingenti cœno suscipientia navibus legendis idonea reddidit, ut cum minori difficultate breviorique navigatione frumenta gererentur. Nam illuc cum otioso exercitu divertit et fossam latam ac profundam qua naves labi possent effodit, et magnam aquarum copiam ad maris ripam hac deduxit, ostiaque fossæ lenes quietasque aquas in mare fundebant. Hæc quidem ab illis adhuc denominationem retinent, ut ipse Plutarchus testatur; nam et Fossæ Marianæ dicuntur, et Aquæ Mortuæ, quia etiam hodie sunt quietæ, appellantur (1). Et inde fuit ad illum locum arx cum oppido condita, quæ Aquæ Mortuæ (2) vocantur.

Et cum circa Romanorum castra Teutones, Cimbri, Ambrones et Tigurini ut ipsos Romanos vallo excuterent incassum triduo pugnassent, tribus agminibus Italiam, teste Orosio, petere destinaverunt. Sed bipartito exercitu Cimbros supra, ad Catulum, ut per vim illa itinera occuparent, proficisci statuisse Plutarchus tradit. Regionem autem quæ in medio erat Teutones et Ambrones multitudine infiniti statim trajecerunt, et Marium ad pugnam provocaverunt. Et quum ibi pugnare noluisset, sex dies juxta Marii vallum hostes transeundo contriverunt, tanta eorum multitudo erat: et Romanos interrogaverunt si quid uxoribus, ad quas se propediem futuros aiebant, mittere vellent; et ad Aquas usque Sextias, unde non multum viæ ad Alpes inter-

---

(1) Fossæ Marianæ, *les Fosses-de-Marius*, *le village de Foz*.

(2) Aquæ Mortuæ, *Aigues-Mortes*, *port de mer au temps de S. Louis*.

erat, pervenerunt. Et eos Marius secutus est, et occupavit collem qui campo et fluvio ubi hostes sese diffuderant imminebat, et ferro aquam esse vindicandam exercitui suo sitienti dixit; et duobus præliis circa Aquas Sextias Teutones sive Tigurinos et Ambrones delevit et vicit, ducentaque hostium millia in eo bello, si Livio libro octogesimo octavo credideris, interfecta fuerunt, nonaginta seu, ut magis Orosio placet, octoginta millia capta, vix tria millia fugisse referuntur. Ipsorum quoque rex Teutobochus, eximiæ proceritatis, sine equo fugiens, in proximo saltu occisus est. Eorum etiam mulieres, quum a Mario ut sibi, inviolata castitate, virginibus sacris ministrare fas esset, et quod non morerentur non impetrassent, parvulis suis ad saxa illisis, cunctæ sese ferro ac suspendio peremerunt. Et victis ad Aquas Sextias hostibus, Romanos de cruento flumine non plus aquæ quam sanguinis bibisse apud Lucium Florum legimus.

Et quum interea ab Alpium transitu Catulus qui, auctoribus Livio et Plutarcho, ipsarum Alpium fauces obsederat, arcere Cimbros non potuisset eo quod divisi essent, in Italiam descendit, ibique ultra flumen Athesim consedit; et fugientem proconsulem exercitumque Cimbri prosecuti in Italiam trajecerunt, et dum hoc flumen transirent, metu Romani secesserunt et propugnaculum quod ipsi Romani reliquerant, trajecto Athesi, Cimbri occupaverunt: et dum hæc gererentur Marius Romam petiit, et illinc ad Catulum profectus, milites suos e Gallia accersivit, et cum collega adversus Cimbros apud Vercellas dimicavit, quartoque calendas augustas hæc gens a Romanis victa est, tum propter solem oppositum, tum ob pulverem, cujus impedimento sese videre non poterat, et quo, vi venti, sui oculi impleti erant. Et in hoc prælio fuerunt cæsa centum et quadraginta Cimbrorum millia, et capta quadraginta, aut, ut

Livius inquit, sexaginta millia. Plaustris vero in modum castrorum circumstructis, mulieres Cimbrorum et Teutonum desuper pugnantes diu hostes repulerunt, sed tandem abscissis, ex aliquot ipsarum captis, cum crine verticibus, territæ ab consule petierunt, ut castitate illæsa Vestæ et Diis servirent, quod impetrare non potuerunt. Et ideo infantibus ad saxa illisis et strangulatis, se aliquæ suspenderunt et strangulaverunt, et aliæ in se manus verterunt, et seipsas necaverunt; et strictis inter se gladiis, duo hujusmodi gentis reguli semet interfecerunt, ut Orosius scribit. Sed Cimbros in Gallia apud Aquas Sextias, Teutones vero in Italia et campo Raudio fuisse a Mario victos Aur. Victor credidit. Et Cimbros Teutonesque post duo prælia adversus eos per Marium gesta in Italiam devenisse, quum infinita eorum copia esset, Eutropius putat; et iterum a Mario et Catulo contra ipsos in Italia dimicatum fuisse, idem memoriæ tradidit; et Teutones cum Cimbris in Italiam venisse etiam Orosius refert. Ecce quanta est Romanæ historiæ varietas!

De gestis Allobrogum, M. T. Cicerone et Antonio consulibus.

Romam, anno ab ea condita sexcentesimo octogesimo nono, M. T. Cicerone et C. Antonio consulibus, legati Allobrogum ad accusandum eorum prætores apud senatum, authore Appiano, de Bellis civilibus, iverunt. Et tunc in ipsam urbem Romanam et ad delendam patriam L. Catilina patricius Romanus conjuraverat et conspiraverat; et ejus jussu, aut per se aut per alios, Lentulus sollicitabat quoscumque moribus vel fortuna novis rebus idoneos credebat, non solum cives, sed cujuscumque generis homines, ad hujusmodi negotium et conspirationem. Et

P. Umbreno Lentulus negotium dedit ut legatos Allobrogum requireret, eosque, si posset, ad societatem belli impelleret, quum ipsos publice privatimque ære alieno oppressos existimaret. Præterea, ut Sallustius ait, quia suapte natura gens Gallica bellicosa erat, facile Allobroges putabat ad tale consilium adduci posse, opera Umbreni qui in Gallia negotiatus erat, plerisque civitatum principibus notus erat atque eos cognoverat. Itaque, ubi primum legatos Umbrenus in foro conspexit, pauca de statu civitatis ipsorum percunctatus est, et quasi dolens ejus casum, quærere cœpit quem exitum tantis malis sperarent; et postquam illos Umbrenus vidit conqueri de avaritia magistratuum et accusare senatum, quod in eo auxilii nihil esset, et miseriis suis solum remedium mortem expectare, eis dixit quod, si viri esse vellent, rationem qua tanta mala effugerent ostenderet: et in maximam spem Allobroges adducti Umbrenum oraverunt ut sui misereretur; et quod nihil tam asperum aut difficile esset quin cupidissime facerent, dummodo civitatem ære alieno ea res liberaret. Legatos autem Umbrenus perduxit domum D. Bruti, foro propinquam, neque aliena consilii, propter Semproniam uxorem Bruti qui tunc Roma aberat, et Gabinium, quo major auctoritas sermoni inesset, vocavit, eoque præsente legatis conjurationem aperuit, ac socios et multos cujuscumque generis innoxios nominavit, ut legatis amplior animus esset. Et quum operam suam legati promisissent, eos Umbrenus reliquit. Sed diu in incertum habuere Allobroges quidnam consilii caperent; tandem Q. Fabio Sangæ, cujus patrocinio civitas eorum plurimum utebatur, omnem rem aperiunt.

Devicta enim aliqua gente, tanta apud Romanos justitia colebatur, ut ii, secundum Ciceronem libro Officiorum primo, qui civitates aut nationes bello devictas in fidem cepissent, earum patroni more majorum essent : et sicut Appianus testatur, Romæ patronos nedum Allobroges, sed et cæteri populi e more habebant; unde Plutarchi testimonio, non solum in victoria mitem et humanum se erga Macedones Paulus Æmilius præbuit, sed in omni reliqua vita eos tutatus est, et veluti pro domesticis et necessariis habuit. Sic itaque Allobroges sub suo patrocinio Q. Fabius Maximus victor et post eum Fabius Sanga et alii in familia successores habuerunt.

Consilium vero hostium Reipublicæ Cicero consul per Sangam cognovit, et legatis præcepit ut conjurationis studium vehementer simularent, cæteros adirent et bene pollicerentur, et, ut eos quam maxime manifestos haberent, operam darent. Et ex præcepto Ciceronis Allobroges ab Lentulo, Cethego, Statilio et Cassio conjuratis postulaverunt jusjurandum, quod signatum ad cives perferrent, aliter non posse eos facile ad tantum negotium impelli asseruerunt. Legatis vero hi jusjurandum signatum dederunt, et Volturtio Crotoniensi litteras ad Catilinam Lentulus dedit, et cum Allobrogibus eum ad ipsum Catilinam mittebat, ut cum Catilina, data atque accepta fide, Allobroges, priusquam domum pergerent, societatem confirmarent. Hæc per legatos Cicero edoctus, constituta nocte qua ipsi legati proficiscerentur, L. Valerio Flacco et Caio Pomptino prætoribus, imperavit, ut in ponte Mulvio per insidias Allobrogum comitatus deprehenderent, et omnem rem cujus gratia mittebantur ipsis aperuit; et uti jussum erat prætores fecerunt. Et in principio tumultus, cognito consilio, sine mora legati se ipsos prætoribus tradiderunt. Et post aliquam defensionem Volturtius, conjurationis conscius, videns quod ab ipsis Allobrogum legatis desertus erat, sese prætoribus dedit. Hisque ac aliis mediis conjuratio Catilinæ patefacta fuit, de conjuratisque supplicium sumptum. Et anno ab Roma condita sexcentesimo nonagesimo, Antonius alter consul praelio Catilinam, secundum Eutropium, vicit et interfecit. Et haec in Bello Catilinario Sallustius Crispus praeclare scripsit.

Et Ciceronem esse patrem patriae appellandum, propter urbem a Catilina et conjuratis liberatam, ipse Cato putavit. Et quia partim is honor legatorum Allobrogum opera Tullio contigit, non immerito apud Juvenalem (1) Rufus toties eum Allobroga dixit. Non autem, ut aliqui barbari et inepti interpretes credunt, Cicero Allobrox appellabatur, quod more Allobrogum crasse et inflate loqueretur : nam falsum est quod Allobroges crasse et inflate loquantur; et Cicero princeps eloquentiae erat, vocisque mollitudinem et fortitudinem ac magnitudinem habebat. Et primus omnium Cicero pater patriae dictus est, sicut in ejus vita Plutarchus scribit. Et quidem, ut Juvenalis (2) ait :

> Roma patrem patriae Ciceronem libera dixit ;

non autem per vim et adulationem, ut imperatores, Tullius hoc nomen sumpsit. Legatis vero Allobrogum, si Plutarcho in vita Ciceronis credamus, pro eorum opera senatus praemia esse danda censuit; nam ipsorum et T. Volturtii indicia comprobavit. Et propter hanc conjurationis Catilinariae detectionem non debuit Horatius in Odis (3) Allobroges injuria hisce verbis afficere :

> Novisque rebus infidelis Allobrox,

quum rempublicam Romanam servaverint, et perfidi fuissent, si Romanis eis tunc imperantibus conjurationem non detexissent.

(1) Sat. VII, 214. (3) Epod. XVI, 6.
(2) Ibid. VIII, 244.

Allobrogum rebellio adversus Romanos.

Per aliquod temporis intervallum inde Allobroges rebellaverunt, et, sicut libro centesimo tertio Livius refert, eos C. Pontinius prætor ad Solonem (1) domuit. Et authore Cicerone in oratione de Provinciis Consularibus, suorum laborum et periculorum ac consiliorum socius C. Pontinius, vir fortissimus, ortum repente hoc bellum Allobrogum præliis fregit et eos domuit qui lacessierant, eaque victoria, inquit, contentus, Republica metu liberata, quievit. Propter vim enim et multitudinem gentis Gallicæ, Romani ante Cæsarem, ut idem Cicero testatur, nunquam cum omnibus dimicaverunt, sed restiterunt semper lacessiti; et nationes Gallicas Romani imperatores refutandas potius quam bello lacessendas putaverunt. Et periculorum Ciceronis Pontinius fuit socius, quum ejus jussu Allobrogum comitatus adversus Catilinam Romæ paulo ante, ut retulimus, prætor deprehenderit. Et apud Salyos, supra Arelatem, ultra Druentiam, adhuc extat oppidum, necnon ejusdem nominis pagus sub Crista Arnaudi in Valentinesio; sed crediderim hunc Pontinii conflictum adversus Allobroges non fuisse factum ad ipsum Valentini agri pagum, quum non sit insignis, sed apud Salonem Salyorum oppidum (2), quod vetustate ædificiorum et loci situ apparet antiquum; et est nunc archiepiscopi Arelatensis. Et sæpe illuc divertimus Salyos peragrantes, ob amicitiam qua nos Joannes (3) dignissimus an-

(1) Solonium, Σολώνιον a Dione dicitur, et Hadriano Valesio autore, nunc est locus, ad flumen Isaram in finibus Allobrogum, vulgo dictus, *la Sone*.

(2) Salo, castrum Salonis, *Salon* (*Bouches-du-Rhône*).

(3) Joannes scilicet Ferrier, Arelatensis archiepiscopus. Ann. 1521.

tistes Arelatensis prosequitur. Et ad Salonem prope Sanctum Romigium (1) est adhuc arcus triumphalis cum turri, hujus aut alterius belli et conflictus monumentum.

Et ex prætura aliquando Cæsar ulteriorem Hispaniam obtinuit, et in eam per Alpes ivit, et in transitu ipsarum, dum quoddam montanorum oppidulum paucis admodum ac mœstis habitatum incolis præterveheretur, Cæsarem joco et risu comites percunctati fuerunt an ibi aliquas esse principatus ambitiones, dignitatumque certamina et mutuam inter se potentum invidiam putaret; quibus, secundum Plutarchum, Cæsar serio respondit : Mallem equidem inter ipsos primus quam inter Romanos esse secundus. Et quia Alpes sub nostra historia continentur, hæc referre volui.

De gestis apud Allobroges, Cæsare et Bibulo consulibus.

Anno urbis conditæ sexcentesimo nonagesimo tertio vel octavo, Cæsar, secundum Eutropium Paulumque Orosium, cum L. Bibulo consul factus est, et diversis temporibus ei decreta fuit Gallia Transalpina et Cisalpina Comataque ac Illyricum cum decem legionibus, cujus rei etiam Suetonius meminit. Sed ipsi fuisse traditas tantum quatuor legiones Plutarchus ait. Et tunc cis Alpes sub imperio Romanorum Allobroges duntaxat cum Salyis et aliqua alia parte Narbonensis Galliæ erant; et dum Cæsar harum provinciarum curam haberet relicta patria, Helvetii angustos fines suos pertæsi in Santonum agrum ire proposuerant : nam ipsi continebantur,

(1) S. Romigius, villa S. Remigii, *St-Remy*, forsan Glanum Itinerarii.

una ex parte, flumine Rheno latissimo, qui agrum Helvetium a Germanis dividebat; altera ex parte, monte Jura altissimo, qui inter Sequanos et Helvetios erat; tertia, lacu Lemanno et flumine Rhodano, qui provinciam Romanorum ab Helvetiis separabat, et propter hosce limites minus late vagabantur, et non facile finitimis bellum inferre poterant, licet undique loci natura tuti essent. Qua de causa homines bellandi cupidi magno dolore afficiebantur: igitur ad profectionem omnia sua oppida numero ad duodecim et vicos quadringentos, reliqua quoque privata ædificia incenderunt, et omne frumentum, præter id quod secum portaturi erant, combusserunt, ut sublata spe domum redeundi paratiores ad pericula subeunda essent; et trium mensium molita cibaria unumquemque domo efferre jusserunt. Rauracis Tulingisque et Latobrigis finitimis persuaserunt, uti, oppidis suis vicisque exustis, eodem consilio usi, una secum proficiscerentur; et Boios qui trans Rhenum incolebant, et in agrum Noricum transierant Noreiamque oppugnaverant, receptos ad se socios adsciverunt. Et per regionem Allobrogum, tunc provinciam Romanorum, faciliori via exire domo intendebant; propterea quod inter fines ipsorum Helvetiorum et Allobrogum, qui nuper pacati erant, Rhodanus fluebat, et nonnullis locis vado transibatur. Et e Geneva extremo Allobrogum oppido, Helvetiorumque finibus proximo, pons ad ipsos Helvetios pertinebat; et hoc iter multo facilius atque expeditius erat quam alterum per Sequanos angustum et difficile, inter montem Juram et flumen Rhodanum, vix qua singuli carri ducebantur. Mons autem altissimus impendebat, ut facile perpauci transitum prohibere possent. Helvetii existimabant sese Allobrogibus persuasuros quod nondum bono animo in populum Romanum viderentur, vel vi coacturos, ut per suos fines ire eos paterentur. Omnibus rebus ad profectionem comparatis, dicunt diem ad quintum calendas apriles, L. Pisone et Gabinio Romanis consulibus, qua ad Rhodani ripam omnes conveniant.

Quum Cæsari nuntiatum esset Helvetios per Allobroges, tunc Romanorum provinciam, iter facere conari, ab urbe Roma quam celerius potuit in Galliam ulteriorem sibi a Romanis decretam contendit, et Genuam sive Gebennam octavo die ab ipsa urbe pervenit, et toti Allobrogum regioni quam maximum militum numerum imperavit. Et in ipsa regione et provincia una legio erat, et pontem qui ad Genuam erat Cæsar rescindi jussit. Ubi vero de ejus adventu Helvetii certiores facti sunt, legatos ad eum miserunt nobilissimos civitatis, et præcipuum legationis locum Numeius et Veroductius obtinebant, et Cæsarem rogaverunt ut sibi permitteret per regionem Allobrogum iter sine maleficio facere, propterea quod ad exeundum eorum fines nullum aliud iter haberent. Sed, a clade L. Cassii consulis, Cæsar Helvetios existimans hostes, et quod data facultate per provinciam itineris faciendi ab injuria et maleficio non abstinerent neque temperarent, non esse eis iter concedendum putabat. Tamen ut spatium intercedere posset, dum milites quos Allobrogas facere et dare imperaverat convenirent, legatis respondit diem se ad deliberandum sumpturum, et si quid vellent reverterentur.

Interea ea legione quam secum habebat, et militibus qui ex Allobrogum regione et Romanorum provincia convenerant, a lacu Lemanno in flumen Rhodanum influente ad montem Juram qui fines Sequanorum ab Helvetiis dividit, millia passuum decem novem, murum in altitudinem sexdecim pedum fossamque perduxit; et opere perfecto præsidia disposuit, castellaque communivit, ut facilius, si se invito Helvetii transire conarentur, prohibere eos posset. Die autem constituta, legati ad Cæsarem reversi sunt, et se, more et exemplo populi Romani, Cæsar iter ulli per provinciam dare negavit, et se eos prohibiturum dixit si vim facere conarentur. Ea spe Helvetii dejecti, navibus junctis ratibusque complurimis factis, alii vadis per minimam fluminis altitudinem, nonnunquam interdiu, sæpius noctu, perrumpere et transire conati sunt. Verum operis munitione, militum quoque concursu et telis repulsi fuerunt, et hoc conatu destiterunt. Et opera Dumnorigis Ædui, qui Orgetorigis Helvetii filiam in matrimonium duxerat et apud Sequanos plurimum poterat, transitum per ipsos Sequanos Helvetii impetraverunt, et inter se, Sequani ne itinere Helvetios prohiberent, Helvetii ut sine maleficio et injuria transirent, obsides dederunt. Et facere iter Helvetii cœperunt; et quia per agrum Sequanorum et Æduorum Helvetios intendere proficisci in fines Santonum qui non longe a Tolosatibus absunt, Cæsar intelligebat, hanc rem impedire proposuit, propterea quod in provincia Romanorum Tolosa civitas erat, et magno cum Provinciæ periculo futurum sentiebat ut Helvetios, homines bellicosos, populi Romani inimicos, locis patentibus et multum frumentariis ea provincia finitimos haberet.

Eapropter, ei munitioni quam fecerat Titum Labienum Cæsar præfecit, et in Italiam propere ivit, et duas ibi legiones conscripsit, et tres quæ circa Aquileiam hiemabant ex hibernis deduxit, et per proximum iter quod in Galliam per Alpes ducebat cum his quinque legionibus ire cœpit. Sed locis superioribus occupatis, Centrones et Garoceli et Caturiges ab itinere exercitum prohibere conabantur, et pluribus præliis a Cæsare pulsi fuerunt, et ab Ocelo, citerioris provinciæ extremo oppido, Cæsar in fines Vocontiorum ulterioris provinciæ die septimo pervenit; inde in Allobrogas, et ab his in Segusianos, qui erant extra provinciam trans Rhodanum primi, exercitum duxit. Nam per angustias et Sequanos Helvetii jam suas copias traduxerant, et in fines Æduorum pervenerant, et eorum agros depopulabantur. Cæsarem vero Ædui per legatos rogaverunt ut sibi auxilium contra Helvetios ferret, quum omni tempore de populo Romano bene meriti essent. Cæsarem etiam Ambarri, Æduorum necessarii et consanguinei, certiorem fecerunt sese depopulatis agris non facile ab oppidis vim hostium prohibere, et ad Cæsarem Allobroges, qui trans Rhodanum vicos possessionesque habebant, confugerunt et præter solum agri nihil sibi ab Helvetiis fuisse relictum Cæsari demonstrabant.

His igitur rebus Cæsar adductus in Helvetios tetendit, et per exploratores certior factus est tres jam Helvetiorum partes Ararim flumen ratibus ac lintribus junctis transisse, et quartam fere partem citra flumen esse adhuc relictam. De tertia vigilia cum tribus legionibus Cæsar, e castris profectus, eam quartam Helvetiorum partem, quæ nondum transierat, impeditam et inopinantem aggressus est, et complures occidit; reliqui fugerunt, atque se in proximas silvas abdiderunt; et e Tigurino Helvetiorum pago hæc pars erat, quum omnis Helvetiorum civitas in quatuor pagos divisa esset, et L. Cassium consulem Luciumque Pisonem, legatum L. Pisonis soceri Cæsaris avum, in finibus Allobrogum, ut scripsimus, olim hic pagus interfecerat, et Cassii ejusdem exercitum sub jugum miserat; et sive casu, sive Deorum consilio, teste Cæsare, hic Helvetiorum pagus, qui insignem populo Romano calamitatem intulerat, pœnas solvit, et in ea re publicas et privatas injurias propter Pisonem Cæsar ultus est. Inde, ut reliquas Helvetiorum copias sequeretur, Cæsar pontem in Arare fecit, et in eo exercitum uno die traduxit, quum in transitu viginti dies Helvetii contrivissent.

Et repentino Cæsaris adventu Helvetii commoti, per Diviconem qui bello Cassiano dux Helvetiorum fuerat, et per alios legatos, pacem cum Cæsare et populo Romano postulaverunt, et in eam partem ituros atque ibi futuros Helvetios dixerunt, ubi eos Cæsar constituisset atque esse voluisset; sin bello persequi perseveraret, reminisceretur veteris incommodi populi Romani et pristinæ Helvetiorum virtutis: quod improviso unum pagum adortus esset, quum hi qui flumen transissent suis auxilium ferre non possent, nec ob eam rem suæ magnopere virtuti tribueret ut ipsos despiceret; se ita a patribus majoribusque suis didicisse, ut magis virtute quam dolo contenderent aut insidiis niterentur. Quare legati persuadebant ne committeret, ut is locus ubi constitissent, ex calamitate populi Romani et internecione exercitus, nomen caperet aut memoriam proderet.

His Cæsar respondit: non esse dubium quin eas res quas legati Helvetiorum commemorassent memoria teneret, atque eo gravius ferre quo minus merito populo Romano accidisset; quod si alicujus injuriæ sibi conscius fuisset, facile cavisset. Et si veteris contumeliæ Cæsar oblivisci vellet, non etiam recentium injuriarum, quod eo invito iter per Allobroges et Romanorum provinciam vi tentassent, quod Æduos, quod Ambarros, quod Allobroges vexassent. Verumtamen, si Helvetii obsides darent, ut ea quæ pollicerentur ipsos facturos intelligat, et si Æduis Ambarrisque ac Allobrogibus de injuriis quas ipsis intulerant satisfacerent, sese cum his pacem facturum Cæsar asseruit. Divico autem replicuit Helvetios a majoribus fuisse institutos ut obsides acciperent, non autem darent, ejusque rei populum Romanum testem esse; et inde discessit. Postero die et Helvetii et Cæsar castra moverunt. Et quatuor millia equitum Cæsar ex Allobrogibus et Romanorum provincia ac Æduis et eorum sociis coegerat, et omnem hunc equitatum præmisit ut quas partes hostes adirent hi observarent. Cupidius vero novissimum Helvetiorum agmen insecuti, alieno loco cum equitatu ipsorum Helvetiorum prælium commiserunt, et pauci ex equitatu Allobrogum Æduorumque ac sociorum ceciderunt. Et licet quingentos duntaxat equites Helvetii haberent, nihilominus eam Cæsaris multitudinem equitum propulerunt. Quo facto sublati audacius subsistere, et nonnunquam etiam novissimo agmine milites Cæsaris lacessere prælio cœperunt; sed suos ab ipso prælio Cæsar continebat; et tunc hostem rapinis populationibusque prohibere satis habebat. Et ita circiter duodecim dies ambo exercitus iter fecerunt, adeo quod inter novissimum Helvetiorum et primum Cæsaris agmen non amplius quinis aut senis passuum millibus intererat.

Et quum Divitiacum et Liscum, summos Æduorum magistratus obtinentes, Cæsar increparet quod ab his frumento et commeatu non sublevaretur, præsertim quum magna ex parte Æduorum precibus adductus bellum suscepisset, a Lisco Dumnorix, Divitiaci frater, apud Cæsarem accusatus fuit quod ejus opera frumentum haberi in exercitu Cæsaris non poterat. Etiam inquirendo quare prælium equestre adversum paucis ante diebus factum esset, initium ejus fugæ a Dumnorige atque ejus equitibus factum Cæsar reperiebat. Nam equitatui quem auxilio Cæsari Ædui miserant Dumnorix præerat, eorumque fuga reliquum tam Allobrogum quam aliorum equitatum perterritum fuisse Cæsar intellexit; et ad has suspiciones quod Helvetiis Dumnorix faveret certissimæ res accedebant: quod affinitatem cum eis habebat, quod per Sequanorum fines eos traduxerat, quod obsides inter ipsos dari curasset. Eapropter in eum animadvertendi aut civitati Æduorum jubendi, ut animadverteret, Cæsar hanc esse sufficientem causam arbitrabatur. Sed, propter summum Divitiaci in populum Romanum studium et summam in se voluntatem, egregiam fidem, justitiam temperantiamque, Cæsar Dumnorigem, adhibito Divitiaco fratre, reprehensum liberavit; et ipsum Divitiaco precibus et lacrymis veniam deprecanti condonavit. Dumnorigi tamen custodes posuit, ut cum quibus loqueretur et quicquid ageret scire posset.

Eadem die Cæsar ab exploratoribus certior factus est Helvetios sub montem quemdam consedisse, et ideo T. Labienum legatum propere cum duabus legionibus montem ascendere jussit; et ut, æquato omnium periculo, Cæsar spem fugæ tolleret, primo suum deinde omnium equos e conspectu antequam prælium inchoaretur removit. Inde in colle proximo Bibracti oppido, et circiter ipsum collem, ancipiti prælio diu atque acriter, a septima diei hora ad vesperam usque, ab utroque exercitu pugnatum est. Et noctu, etiam ad impedimenta loco vallorum posita certamen fuit, et facta magna strage Cæsar victoriam obtinuit. Et ex eo prælio centum et triginta hostium millia superfuerunt, eaque tota nocte ierunt, et in Lingonum fines pervenerunt. Et propter militum vulnera et occisorum sepulturam, Cæsariani milites Helvetios statim sequi non potuerunt. Interea litteris nuntiisque Cæsaris admoniti, frumentum Helvetiis Lingones denegaverunt, et post triduum cum omnibus copiis Cæsar secutus est Helvetios, qui, omnium rerum inopia adducti, legatos de deditione ad Cæsarem miserunt, et eum in itinere convenerunt, seque ad pedes ejus projecerunt, et pacem suppliciter flentes petierunt. Eo autem loco quem tunc tenebant, Cæsar Helvetios suum exspectare adventum jussit. Et postquam ad eos pervenit, servos qui profugerant obsidesque et arma petiit; et dum ea conquirerentur et conferrentur, nocte intermissa, circiter sex hominum millia Urbigeni pagi, sive timore perterriti, ne, armis traditis, supplicio afficerentur, sive spe salutis inducti, quod in tanta multitudine suam fugam aut occultari aut ignorari posse existimarent, ex Helvetiorum castris egressi sunt, et ad Rhenum Germanorumque fines contenderunt. Sed, ad mandatum Cæsaris, hi per quorum fines ierant, hosce reduxerunt et reductos in hostium numero Cæsar habuit: reliquos omnes, obsidibus, armis, perfugisque traditis, in deditionem accepit; et Helvetios Tulingosque ac Latobrigos reverti in suos fines jussit; et ut famem, omnibus frugibus domi amissis, tolerarent, Cæsar Allobrogibus imperavit ut his frumenti copiam facerent, ipsosque devictos oppida et vicos quos incenderant restituere jussit, ne bonitate agrorum Germani, qui trans Rhenum incolunt, ad Helvetiorum fines, si hos vacare contigisset, transivissent et Allobrogibus Galliæ provinciæ finitimi essent. Et Æduis Boios Cæsar concessit, quod ob egregiam eorum virtutem in ipsorum Æduorum finibus collocarentur, illisque Ædui agros dederunt et in parem juris libertatisque conditionem eos receperunt.

In hostium castris, ut ex tabulis græce confectis et ad Cæsarem perlatis apparuit, omnium capitum summa erat ad millia trecenta sexaginta octo; Helvetiorum scilicet millia ducenta sexaginta tria, Tulingorum millia triginta sex, Latobrigorum quatuordecim, Rauracorum viginti tria, Boiorum triginta duo, et qui ex his arma ferre non poterant atque pueri millia nonaginta duo erant. Eorum qui domum redierunt, censu Cæsaris jussu habito, repertus est numerus millium centum et decem. Et si in his et aliis Cæsar veritatem excesserit, aliorum judicio relinquo; nam testimonium in re propria et gestis suis jureconsultorum sententia reprobatur, et belli Gallici Civilisque Pompeiani Commentarios a Cæsare relictos Asinius Pollio parum diligenter parumque integra veritate compositos putavit;

quum ipse Caesar pleraque per alios gesta temere crediderit, et quae per se facta erant, vel consulto vel etiam memoria lapsus, perperam ediderit.

Et Allobrogum opera in hisce bellis usus est, et ad legiones, quas a Republica acceperat, alias privato sumptu addidit; unam etiam ex Transalpinis conscriptam, et Alauda vocabulo gallico appellabatur, quam disciplina et cultu romano institutam et ornatam, postea universam civitate donavit, sicut apud Tranquillum legimus; et in hac legione fuisse Allobrogas et alios Galliae provinciae milites existimaverim, quum sub Romanorum potestate essent. Et aliis Gallis Caesar facile non confidisset, antequam Gallias universas subegisset; et C. Valerio Procillo, qui Gallicae provinciae princeps et suus familiaris erat, Caesar summam omnium rerum fidem habebat. Et inter alios interpretes, dum Gallos et exteros alloqui voluit, in re ardua hunc Valerium adhibebat. Et quum ex omni provincia et Aeduis ac eorum sociis adversus Helvetios Caesar equitatum ad numerum quatuor millium se coegisse et habuisse refert, intelligendum est eos qui ex provincia venerant fuisse Allobrogas et alios provinciae Gallicae : per Provinciam enim Caesar Allobrogum regionem et residuum provinciae Gallicae intelligebat. Et regiones longe ab Italia bello quaesitas populus Romanus provincias quasi procul victas appellabat, ut ex Hegesippo et aliis colligitur; et provinciarum aliae erant consulares, aliae praetoriae, et regionem in provinciae formam redigere, nihil aliud erat quam regionem Romano imperio subjicere et ad eam gubernandam praefectum mittere. Unde devictam postea Galliam Caesar, teste Suetonio, in provinciae formam redegit, eique quadringenties in singulos annos stipendii nomine imposuit.

Cæsaris gesta adversus vicinos Allobrogum.

Quum duæ factiones in Gallia essent, et alterius principatum Ædui, alterius Arverni tenerent, et de potentatu inter se multis annis contendissent, tandem ab Arvernis et Sequanis confederatis Ariovistus, Germanorum rex, mercede accersitus fuit et Æduos superavit, Sequanisque coacti obsides dederunt, quod neque auxilium a populo Romano implorarent, neque recusarent, quo minus perpetuo sub ipsorum Sequanorum ditione atque imperio essent. Sed postea pejus victoribus Sequanis quam Æduis victis accidit: propterea quod in eorum finibus Ariovistus consedisset, tertiamque partem agri Sequani qui esset optimus totius Galliæ occupasset; et Cæsaris tempore, de alia parte tertia Sequanos decedere jubebat, eo quod, paucis mensibus ante, Harudum millia hominum viginti quatuor ad eum venissent, quibus locus ac sedes parari debebant. Tandem Æduis Sequanisque et aliis Gallis postulantibus, bello Helvetiorum confecto, Cæsar in Ariovistum arma paravit, ut Æduos populi Romani socios juvaret et defenderet; et quia in Galliam magnam Germanorum multitudinem venire populo Romano periculosum videbatur, ne omnem Galliam occuparent, et ne, ut ante Cimbri Teutonique fecerant, in provinciam Romanorum exirent atque in Italiam contenderent, præsertim quum Sequanos ab Allobrogibus et Romanorum provincia Rhodanus divideret.

Ad colloquium Cæsar et Ariovistus apud Vesontionem venerunt supra tumulum terreum, qui æquo fere spatio a castris Ariovisti et Cæsaris aberat. Et quia salutem suam equitibus Allobrogum et aliorum Gallorum Cæsar committere non audebat, et sine pedite ad colloquium ex conventione veniendum erat, omnibus equis Gallis equitibus detractis, eis milites legionis decimæ, cui maxime confidebat, imposuit ut, si quid opus facto esset, præsidium amicissimum haberet. Et legionem quam equis devexerat Cæsar passibus ducentis ab eo tumulo constituit, et pari intervallo Ariovisti equites constiterunt; et ex equis Cæsar et Ariovistus collocati sunt, et præter se, denos ad colloquium quilibet adduxit. Et Ariovistum a senatu regem et amicum fuisse appellatum Cæsar inter alia narravit, et quod cum Æduis veteres et justas necessitudinis causas senatus habebat, et quod populi Romani consuetudo erat ut socios atque amicos non modo nihil deperdere, sed gratia, dignitate et honore auctos esse vellet. Et ut Æduis, populi Romani sociis, bellum Ariovistus non inferret et obsides redderet, Cæsar postulavit. Ad hæc Ariovistus pauca respondit : se non sua sponte, sed a Gallis rogatum et magnis accersitum præmiis Rhenum transivisse, et nunquam ante hoc tempus exercitum populi Romani Galliæ provinciæ finibus egressum esse. Et quod Æduos fratres et amicos populi Romani Cæsar diceret, non tam barbarum se, neque tam imperitum rerum Ariovistus esse affirmavit, ut non sciret neque bello Allobrogum proximo Æduos Romanis auxilium tulisse, neque ipsos in hisce contentionibus, quas secum et cum Sequanis habuissent, auxilio populi Romani usos esse; se suspicari, simulata amicitia, Cæsarem sui opprimendi causa exercitum in Gallia habere, et nisi decederet atque ex his regionibus exercitum duceret, se illum non pro amico, sed hoste habiturum. Et inde multa a Cæsare quare negotio desistere non posset dicta fuerunt, et neque suum neque populi Romani officium esse ut optime merentes socios desereret, et quod neque Galliam potius esse Ariovisti quam populi Romani judicabat. Bello enim, inquit, a Q. Fabio Maximo Arverni et Rutheni superati fuere, et illis populus Romanus ignovit, neque illos in provinciam redegit, neque stipendium imposuit.

Sic re infecta, Ariovistus et Cæsar ad suos redierunt; et in exercitum Ariovisti exploratum Cæsar misit M. Valerium Procillum, Caii Valerii Caburi filium, summa virtute et humanitate adolescentem, et hoc propter fidem et linguæ gallicæ scientiam, qua multa jam Ariovistus longa consuetudine utebatur, et quod homo honestissimus provinciæ Galliæ, Cæsaris familiaris et hospes erat. Et etiam Cæsar mandavit ad Ariovisti exercitum Marium Mettium qui hospitio Ariovisti utebatur, ut, quid Ariovistus diceret et proponeret, hi ambo cognoscerent, et ad Cæsarem referrent. Sed eos in castris suis visos Ariovistus in catenas conjecit; inde inter Cæsarem et Ariovistum conflictus factus est, et navicula Rhenum Ariovistus, cladem passus et superatus, trajecit et evasit. Et Valerium Procillum Mariumque Mettium Cæsar e manibus hostium eripuit.

Postea ab Cæsare in Italiam proficiscente, Sergius Galba cum legione duodecima et equitatus parte missus est in Nantuates, Sedunos et Veragros, qui, secundum Cæsarem in Commentariis, a finibus Allobrogum et lacu Lemanno flumineque Rhodano ad summas Alpes pertinent: et causa mittendi fuit, ut per Alpes patefaceret iter, quo grandi cum periculo magnisque cum portoriis mercatores ire consueverant; et Galbæ Cæsar permisit ut, si opus esset, in eis locis legionem hiemandi causa collocaret. Has gentes Galba aggressus est, et complura eorum castella expugnavit. Sed ad eum legatos miserunt, obsidesque dederunt. Et cum eis pax facta est et duas cohortes in Nantuatibus Galba constituit, et cum reliquis ejus legionis cohortibus ipse hiemare proposuit in vico Veragrorum; qui Octodurus appellabatur; in duasque partes flumine Rhodano tunc hic vicus dividebatur: et alteram ejus partem Gallis ad hiemandum Galba concessit, alteram vacuam ab his relictam cohortibus attribuit, et eum locum vallo fossaque munivit. Et transactis compluribus hibernorum diebus, per exploratores Galba certior factus est, ex ea parte vici quam Gallis concesserat omnes eos noctu discessisse, et montes qui impendebant a magna Veragrorum et Sedunorum multitudine teneri. Illuc enim hominum millia amplius triginta convenerant, ut legionem detractis duabus cohortibus non plenissimam opprimerent; et inter alia hæ gentes rebellare intenderunt, eo quod non solum itineris causa, sed ut ea loca finitimæ provinciæ, scilicet Allobrogibus, adjungerent, Romanos culmina Alpium occupare conari sibi persuasum habebant. Et cum eis Galba bellum gessit; et plus tertia ipsorum parte interfecta, in fugam reliquos perterritos sese verterunt. Sic omnibus hostium copiis fusis armisque exutis, Cæsariani militis se in castra munitionesque suas receperunt. Postero autem die quo pugnatum est, Galba, nolens sæpius fortunam tentare, maxime frumenti commeatusque inopia permotus, omnibus incensis Octoduri ædificiis, reverti in provinciam contendit; et, nullo hoste prohibente aut iter demorante, incolumem exercitum in Nantuates, inde in Allobrogas perduxit, ibique hiemavit.

Et non ab re præmissa Allobrogicæ historiæ adjunxi, quoniam et belli per Allobroges nuper ad Salonem contra Romanos habiti Ariovistus meminit; et in eum Cæsar profectus est, ne auctus per Allobroges in Italiam iret, sicut de Cimbris et Teutonis contigerat: et ex Allobrogibus Galba in Veragros et socios, quorum etiam historiam scribimus, bellum gessit. Hæc sunt gloria et mendaciis plena: porro triginta hominum millia legioni non cessissent, et eis victis Romani non abiissent. Imo, vix omnes illius regionis incolæ, etiam mulieres et pueri, eum numerum non confecissent.

De gestis Allobrogum, Gallia reliqua in Cæsarem et Romanos tumultuante.

Inde ad residuam Galliam subigendam Cæsar intendit; et quum majorem Galliæ partem bello obtinuisset, et, quieta Gallia, duas legiones ad fines Trevirorum, duas in Lingonibus et reliquas in Senonum finibus in hibernis collocasset, et in Italiam, ut quotannis facere consueverat, ad conventus peragendos profectus esset, ob Clodii cædem, e senatusconsulto delectum in tota provincia habere instituit. Et, ob ipsam Clodii cædem urbisque motum, Cæsarem in tantis dissensionibus non posse in Galliam Transalpinam ad exercitum venire Galli credebant; et indictis consiliis inter se principes Galliæ conquerebantur de communi Galliæ fortuna, et Galliam in libertatem vindicare veteremque belli gloriam ac libertatem quam a majoribus acceperant recuperare proposuerunt. Et in hac re magnam auctoritatem Carnutes, et Arvernorum rex Vercingetorix accepere; et Senones, Parisios, Pictones, Cadurcos, Turones, Aulercos, Lemovices, Andes reliquosque omnes qui Oceanum attingunt, Vercingetorix adjunxit; et Lucterium Cadurcum cum parte copiarum Vercingetorix, penes quem majus imperium erat, in Ruthenos misit, ipse in Bituriges profectus est. Et quum ab Æduis auxilium quod per legatos postulaverant Bituriges non habuissent, cum Arvernis statim se junxerunt.

His rebus nuntiatis, quum jam virtute Cn. Pompeii urbani motus in statum commodiorem pervenerant, Cæsar Transalpinam Galliam petiit : et qua ratione ad exercitum devenire posset magna difficultate afficiebatur. Nam, si legiones in provinciam ad se accerseret, in itinere dimicaturas intelligebat : et si ad exercitum ipse contenderet, his quidem, qui eo tempore quieti erant, suam salutem committere dubitabat. Interea Ruthenos Arvernis Lucterius conciliat, et progressus a Nitiobrigibus et Gabalis obsides accepit, et magna manu coacta in provinciam Romanorum, Narbonem versus, erumpere contendebat. Qua re nuntiata, Cæsar omnibus consiliis antevertendum existimavit, ut Narbonem proficisceretur. Et eo quum venisset, timentes confirmavit, et in provincialibus Volcis Arecomicis, Tolosatibus, circumque Narbonem præsidia constituit, quum ea loca hostibus finitima essent; et partem copiarum ex Allobrogibus et reliqua Romanorum provincia, ac supplementum quod ex Italia adduxerat, in Helvios, qui Arvernorum fines contingunt, convenire jussit.

Inde, represso jam Lucterio remotoque, in Helvios profectus est; et viis patefactis per montem Cebennam (1) qui ab Helviis Arvernos discludit, nive discussa, ad fines Arvernorum ivit. Et quum intellexisset Vercingetorigem ex Biturigibus castra versus Arvernos movere, causa supplementi equitatusque cogendi, Cæsar ab exercitu discessit, et Brutum adolescentem his copiis præfecit, et quam maxime potuit itineribus Viennam Allobrogum pervenit, et ibi recentem equitatum, quem multis ante diebus eo præmiserat nactus, neque diurno neque nocturno itinere intermisso, per fines Æduorum in Lingones contendit, et duas legiones ibi hiemantes cum aliis in unum locum coegit, et Genabum (2) ab hostibus captum recepit. Et

---

(1) Mons Cebenna, *les Cévennes.* (2) Genabum Carnutum, *Orléans.*

contra Vercingetorigem in Biturigibus et Arvernis alia molitus est.

Inde, totius Galliæ consilio Bibracte indicto, ad unum omnes Vercingetorigem imperatorem probaverunt. Et ab Cæsare defecerunt Ædui, quibus Segusianisque eorum clientibus decem millia peditum Vercingetorix imperavit, et ipsis octingentos equites addidit, et fratrem Eporedorigis Ædui his præfecit, Allobrogibusque bellum inferre jussit. Altera ex parte Gabalos, proximosque Arvernorum pagos, in Helvios, item Ruthenos Cadurcosque, ad fines Volcarum Arecomicorum depopulandos misit. Nihilominus contra Romanos clandestinis nuntiis legationibusque Allobroges sollicitavit, quum eorum mentes nondum a superiore bello resedisse speraret; et horum principibus pecunias, civitati autem imperium totius provinciæ pollicebatur.

Ad hos omnes casus erant præsidia duarum et viginti cohortium, quæ, ex ipsa coacta provincia, ab L. Cæsare legato ad omnes partes opponebantur; et sua sponte Helvii cum finitimis prælio congressi, C. Valerio Donotauro, Caburi filio, civitatis principe, compluribus aliis interfectis, intra oppida et muros compulsi fuere. Et crebris ad Rhodanum dispositis præsidiis, Allobroges magna cum cura ac diligentia suos fines tuebantur. Et quia e Romanorum provincia et Italia nulla re Cæsar sublevari poterat, ex Germania equites et pedites habuit. In Gallia quippe Belgica Cæsar tunc sese continebat; et magno horum coacto numero, in Sequanos per extremos Lingonum fines iter faciebat, ut facilius subsidium provinciæ ferret, et circiter millia passuum decem ab Romanis Vercingetorix consedit; et convocatis ad consilium præfectis equitum, venisse tempus victoriæ demonstravit, fugereque in provinciam Romanos Galliaque excedere dixit. Tandem, post varios et ambiguos conflictus, apud Alexiam Mandubiorum oppidum (1), Cæsar hostes vicit et Vercingetorigem in deditionem recepit.

Ecce quantum Allobrogum fidelitas et industria Romanos juvit : nam si cum aliis Gallis sollicitati conspirassent, de Romanis actum erat; et discordia Gallorum, ut sæpe eis contigit, Romanos victores fecit; et perperam in Celtico Appianus memoriæ tradidit Cæsarem Allobrogas vicisse, quum ante eum Romano imperio adjecti essent. Quin imo, bona eorum opera, Cæsar novem annis reliquos Gallos subegit et fere Galliam quæ a saltu Pyrenæo Alpibusque et monte Cebenna fluminibus Rheno et Rhodano continetur, præter socios ac bene meritas civitates, in provinciæ formam, teste Suetonio, redegit; eique in singulos annos stipendii nomen imposuit. Et in suo exercitu Cæsar bellicosos Allobroges semper habuit, ut ipsemet testatur. Et ut ad bella suscipienda, inquit, Gallorum alacer ac promptus est animus, sic mollis ac minime resistens ad calamitates perferendas mens eorum est; et, Cæsaris temporibus, plerumque omnibus Gallis præ magnitudine corporum suorum brevitas Romanorum contemptui erat.

Allobroges sub Cæsare dictatore et Pompeio.

Devictis Galliis, nomen Cæsaris ac fama crevit, et magno studio reges atque provincias Cæsar per terrarum orbem alliciebat, et citra senatus populique Romani auctoritatem aliis quoties vellent auxilia submittebat; et Italiæ Galliarumque et Hispaniarum, Asiæ

---

(1) Alesia, oppidum Mandubiorum : *Alise, ville de l'Auxois.*

quoque et Græciæ potentissimas urbes præcipuis operibus exornabat, et obæratis ac prodigæ juventuti bello civili opus esse palam dicebat; ita quod his rebus Romani attoniti erant, et quorsum illa tenderent apud se cogitabant, adeo quod Marcus Claudius Marcellus consul ad senatum retulit, ut Cæsari ante tempus successor in provinciis daretur, maxime quia bello confecto pax erat, et ne ipsius Cæsaris absentis in magistratibus deferendis ratio comitiis haberetur. Sic Cæsari provincias et privilegium de habenda ejus absentis ratione Marcellus eripiendas curavit. Et quum per amicos et alios Cæsar nullam facere pactionem de Republica potuisset, et ex aliis causis cum exercitu et legione Gallica per Alpes Maritimas juxta Monœchum, secundum Blondum, in Italiam descendit. Inde, transacto Rubicone, Romam profectus est, et dictaturam paulo post recepit.

Postea Dyrrachium usque Pompeium sibi cum Romanis adversantem prosecutus est, et in suo exercitu equitatum Allobrogum habebat. Nam, ut de Bellis Romanorum Civilibus Appianus scribit, in castris Cæsaris erant equites Celtæ, ac Celtarum qui supra et citra Alpes incolunt numerus alius: et ex ipsorum equitum numero, sub Cæsare inter alios militabant duo Allobroges fratres, Roscillus et Ægus, Adbucilli filii, qui, ut libro tertio Belli Civilis idem Cæsar refert, principatum in eorum civitate multis annis obtinuerant et singulari virtute homines erant, quorum etiam optima opera fortissimaque Cæsar omnibus Gallicis bellis usus fuerat, et ipsis ob |eas causas domi amplissimos magistratus mandaverat, atque eos extra ordinem in senatum legendos curaverat; et agros in Gallia ex hostibus captos præmiaque eis pecuniaria magna tribuerat et locupletes ex egentibus effecerat, et propter ipsorum virtutem apud Cæsarem in honore erant, et etiam ab exercitu diligebantur. Sed freti amicitia Cæsaris stultaque et barbara arrogantia elati, suos despiciebant et stipendium equitum fraudabant prædamque omnem domum avertebant. Quibus rebus illi commoti, universi apud Cæsarem palam de injuriis conquesti sunt, et ad cætera addiderunt falsum ab his fratribus equitum numerum referri quorum stipendium averterent. Cæsar autem existimans illud tempus non esse animadversioni aptum, quum bellum in Pompeium gereret, et multa etiam eorum virtuti concederet, totam rem distulit, et illos secreto castigavit quod quæstui equites haberent, et ipsos monuit ut ex sua amicitia omnia exspectarent, et ex præteritis suis officiis reliqua sperarent. Magnam tamen hæc res illis fratribus offensionem, et cum aliorum objectationibus, tum domestico consilio atque animi conscientia contemptum ad omnes detulit. Quare pudore adducti, et fortasse se non liberatos, sed in aliud tempus sui punitionem reservatam arbitrantes, discedere a Cæsare et novam tentare fortunam novasque experiri amicitias constituerunt. Et paucos allocuti clientes suos, quibus tantum committere facinus audebant, ut cum aliquo munere ad Pompeium confugere viderentur, C. Volusenum præfectum equitum interficere conati sunt; et cum id adimplere non potuissent, quam maximas pecunias mutuati sunt, ac si suis satisfacere et fraudata restituere vellent. Tandem multis equis coemptis, ad Pompeium, cum his quos sui consilii habebant participes, transierunt. Tunc enim apud Dyrrachium bella inter se Pompeius et Cæsar gerebant, ut scripsimus. Et quia honesto loco hi duo Allobroges nati et liberaliter instructi erant, magnoque comitatu et multis jumentis venerant virique fortes habebantur, et in honore apud Cæsarem fuerant, eos Pompeius circa omnia sua præsidia duxit atque ostentavit, propterea quod etiam novum et præter consuetudinem istud acciderat: nam ante id tempus nemo aut miles aut eques a

Cæsare ad Pompeium transierat, quum pene quotidie a Pompeio ad Cæsarem confugiebant.

Ordinem vero, modum et munitiones exercitus Cæsaris, et vallum contra mare transversum, qui duas munitiones contingeret, a Cæsare nondum esse perfectum, hi Allobroges Pompeio detexerunt, maximumque incommodum Cæsari et Cæsarianis militibus attulerunt: nam paulo post, duobus unius diei præliis inter Pompeium et Cæsarem habitis, notos equites Romanos nongentos et sexaginta, Tuticanum Gallum senatoris filium, et a Placentia centum, a Puteolis centum et a Capua decem sacratos viros et decem militum tribunos et centuriones duos supra triginta, signaque militaria duo et triginta amissa fuere. Et eo prælio Pompeius ipse appellatus fuit imperator, et eodem tunc non instante, Cæsar negavit eum vincere scire. Si enim victoriam Pompeius secutus fuisset, Cæsarem vicisset; et, antequam ad Pompeium Allobroges transfugissent, infeliciter omnibus præliis ipse Pompeius dimicaverat.

Et inde Apolloniam Cæsar cum exercitu ivit, et ibi præsidio relicto, per Epirum atque Acarnaniam iter facere cœpit ad Domitium suarum partium ducem, ne adventu Pompeii præoccuparetur. Eadem ratione Pompeius ad Scipionem tendens, per Candaviam Macedoniam petebat. Et in itinere Pompeii, Domitius cum suis præter opinionem sub Candavia erat, et adventum ipsius Pompeii conflictumque cum Cæsare factum ignorabat. Sed Allobroges eorumque familiares qui ad Pompeium perfugerant, conspicati in itinere Domitii exploratores, seu pristina sua consuetudine, quod simul in Gallia sub Cæsare bella gesserant, seu gloria victoriæ elati, cuncta, ut erant acta, eisdem exploratoribus exposuerunt, et Cæsaris profectionem et Pompeii adventum docuerunt. Et ab exploratoribus Domitius de his certior factus, vix quatuor horarum spatio antecedens, hostium beneficio periculum vitavit et ad Æginium, Thessaliæ oppositum, Cæsari venienti occurrit; et conjuncto exercitu Cæsar Thessaliam pervenit. Paucis post diebus Pompeius illuc applicuit, et se Scipioni conjunxit, et in colle castra habuit. Et in eum Cæsar aciem instruxit; et per eos dies prælium secundum equestre fecit, atque unum Allobrogem, e duobus quos ad Pompeium perfugisse paulo ante ostendimus, cum quibusdam interfecit. Et castris in colle habitis, ad infimas montis radices Pompeius aciem disponebat. Inde, commisso prælio, Cæsar Pompeium superavit. Et in hoc prælio ex Pompeii exercitu circiter quindecim millia ceciderunt, et in deditionem Cæsaris quatuordecim millia venerunt. Et in finitimas civitates multi fugerunt; et comitatu triginta equitum Pompeius aufugit. Hæc Cæsar et Appianus, alii quoque, abunde scribunt et numerum occisorum referunt. Et Alexandriam usque Pompeium Cæsar persecutus est, et ibi eum occisum accepit.

Et si alter Allobrogum fratrum hoc bello interiisset, aut se cum aliis dedidisset, Cæsar odio quod ex transfugio conceperat non tacuisset, imo nec in deditionem eum accepisset. Clementiam enim Cæsar simulabat, et inhumanus erat; nam, data opportunitate, eos quibus parcebat palam aut secreto morti tradebat, et nemini fere ipsum pepercisse legimus, quin paulo post necatum acceperimus. Et ejus mores hi duo fratres Allobroges intelligebant, hac quoque ratione ad Pompeium transierunt. Et aut in finitimas civitates cum suis, sicut alii, aut ad Catonem, alter Allobrox frater superstes ivit.

Nam et ad Catonem L. Scipio et cæteri quicumque illustriores a Pharsalica pugna, Corcyram versus, secundum Appianum, abiere : ibi enim ad alterius exercitus curam, trecentarumque triremium custodiam, Cato prætor relictus fuerat. Et inde partitis copiis, Cassius in Pontum ad Pharnacem profectus est, ut in Cæsarem illum incitaret. Et in Libyam Scipio et Cato enavigaverunt, et copiarum partem Pompeius primogenitus Pompeii filius Labienusque in Hispaniam deduxerunt. Et inde hos omnes Cæsar superavit; et, sicut jamdudum et semper cogitaverat et intendebat, rempublicam Romanorum occupavit.

Et sub his duobus Ægo et Roscillo fratribus plures Allobroges equites militabant; suos enim excire et ad bellum ducere solet quilibet dux militum. Et, in præda capienda et sibi attribuenda falsique numeri militum relatione, adhuc multi Galli etiam Delphinates et Sabaudi equitatus et peditatus conductores hosce fratres imitantur. Sed et aliæ nationes id agunt. Nescio tamen si, propterea quod hi duo fratres ad Pompeium transiverant, Cæsar plura quam fecerint in eos confinxerit et scripserit. Id unum certum est, Cæsarem nunquam horum meminisse antequam ad Pompeium transfugissent; et ideo posteris utile fuit quod Cæsarem relinquerint, ut horum esset memoria. Et sub Vienna ac prope Gebennam sunt oppidula sive pagi qui Rossilio vocantur, et ab hoc Roscillo Allobroge forsan nomen habuerunt (1). A vocabulis enim, ut libro primo retulimus, argumentum sumere licet.

Et bello Alexandrino, Tiberius Nero, C. Cæsaris quæstor, classi præpositus, plurimum ad victoriam contulit : quare, ut ait Suetonius, et pontifex in P. Scipionis locum substitutus, et ad deducendas Narbonem Arelatemque et in alia Galliæ oppida colonias missus est.

(1) *Roussillon* (*Isère*); *Rossillon*, (*Ain*); *Roussillon* (*Saône-et-Loire*); *Roussillon* (*Vaucluse*). Forsan a *rusculo*, pro parvo rure, parvo prædio, ruriculo.

De Allobrogibus et gestis apud eos post mortem Cæsaris et sub Triumviris Reipublicæ constituendæ.

Postquam in senatu idibus martiis conjurati Cæsarem interfecerunt, in magno tumultu respublica Romanorum fuit. Et Octavius, qui postea Augustus Cæsar vocatus est, e Julia Cæsaris sorore genitus, Apollonia ubi litteris operam dabat Romam confestim rediit, et M. Brutum Cassiumque avunculi interfectores deferre reos cædis statuit; et quo hæc et alia constantius exsequeretur, in locum tribuni plebis forte demortui, candidatum se ostendit, quanquam patricius necdum senator fuisset. Sed conatibus suis Marcus Antonius consul adversatus est, et contra spem, nulla in re sine pactione gravissimæ mercedis, ne publicum quidem et translatitium sibi impertiebatur. Et ideo se contulit ad optimates quibus Antonium invisum sentiebat.

Et, ut ex Appiano libro secundo de Bellis Romanorum Civilibus colligitur, duplex erat Celtarum provincia, intra Alpes et supra Alpes, et Ariminum initium provinciæ Celticæ erat, et provinciam Celtarum intra Alpes Decius Brutus a Julio Cæsare obtinuerat; et senatus, teste Suetonio, id confirmaverat. Et post obitum Cæsaris Antonius eam Celtarum provinciam, quam Decius Brutus habebat, a senatus loco Macedoniæ petiit. Et quum ab ipso senatu eam impetrare non potuisset, ipsam a populo Romano habuit; et, ut hanc Decio Bruto eriperet, eum Mutinæ obsedit, et jussu senatus, comparato exercitu, Octavius cum Hirtio et Pansa consulibus Decio Bruto opem tulit; et circa urbem Mutinam Marcum Antonium fuderunt et fugaverunt. Sed ambo consules interierunt, opera, sicut creditum est, Augusti, ut, Republica consulibus orbata, et Antonio fugato, solus victores exercitus occuparet. Et in Galliam Antonius aufugit, et transcendendo Alpes tanta fame, authore Plutarcho, milites ejus laboraverunt, ut radices et fructus silvestres et arborum cortices et animalia quædam ante ingustata comederint. Galliam autem petebat ut Cisalpino se conjungeret exercitui, cui Lepidus imperabat; et ipsius Antonii familiaris erat, et in Cæsaris amicitiam magna ex parte per Antonium receptus fuerat. Apud Salyos enim, juxta Rhodanum, in decreta sibi provincia tunc Marcus Lepidus erat, et quatuor in Salyis legiones habebat, Asinius Pollio duas; et in altera Celtarum provincia et finibus Allobrogum Plancus tribus legionibus præerat. Et cum Bruto hi duces exercitus Romanam rempublicam tuebantur, et frequenter e Vocontiis et Allobrogibus Plancus, e Salyis Lepidus, e Celtica intra Alpes Brutus scripserunt de negotiis reipublicæ Romanæ ad Ciceronem, qui ea tempestate civitatis princeps in Antonium omnes mortales concitabat. Et eo authore a senatu Antonius hostis judicatus fuit, sicut in vita ipsius Antonii apud Plutarchum et alios legimus; et Bruto senatum mandasse ut Antonium persequeretur, ex centesimo et vigesimo Livii libro, deprehendimus. Et ex Italia D. Brutus ad Ciceronem scripsit se biduo ab Allobrogibus et tota Gallia legatos exspectasse, ut eos confirmatos domum remitteret; et ipsum Antonium biduo antecessisse leviusque quam se iter facere, et nusquam constitisse priusquam ad vada devenisset Sabatia quæ inter Apenninum et Alpes jacent; et ut ipse Brutus addit, quum ab eo per millia passuum triginta Antonius abesset, a militibus petiit ut se trans Alpes sequerentur, et quod cum Lepido conveniebat: et suis epistolis Brutus Ciceroni notificavit ipsos adhuc Allobroges equitatumque a se præmissum satis arroganter hostes sustinuisse, et confidere suo adventu posse facilius sustineri. Et quum Antonium ejusque copias, præmisso Lucio Antonio cum parte equitatus, in provinciam suam venire Lepidus audisset, Ciceroni, ex ponte Argenteo, undecimo calendas junias, significavit se castra ab Rhodano movisse ac contra Marcum Antonium venire instituisse, ad forumque Voconii continuis itineribus pervenisse, et se castra ad Argenteum flumen contra Antonianos fecisse (1).

Et exercitum ad sextum calendas maias Plancus Rhodanum trajecit magnis itineribus, et Vienna equites mille via breviore præmisit, ut ad Ciceronem scripsit; et deinde in Allobrogibus constitit, ut ita ad omnia paratus esset, sicut res ipsum moneret, et si illuc nudus se Antonius conferret, facile credebat posse rem publicam administrare, quamvis ab exercitu Lepidi reciperetur; et si aliquid copiarum secum adduceret, huic rei se subventurum scribebat. Et paulo post, Ciceronem per litteras Plancus certiorem fecit se in Isara, maximo Allobrogum flumine, pontem una die fecisse exercitumque ad quartum idus maii traduxisse, et cum quatuor equitum millibus fratrem suum præmisisse, ut Lucio fratri Antonii, ad Forum Julii (2) cum equitibus et cohortibus præmisso, occurreret. Et ad duodecimum calendas junias Plancus ab Isara castra movit, et pontem quem in Isara fecerat, castellis duobus ad capita positis, reliquit, præsidiaque ibi firma posuit, ut venienti Bruto exercituique ejus sine mora transitus paratus esset; et ad octavum diem, ut aiebat, cum Lepidi copiis se conjuncturum sperabat. Et postea scribit, copias in conspectum Lepidi Antoniique, relicto quadraginta millium passuum spatio, adduxisse, et Druentiam flumen oppositum elegisse ut haberet in quo mora transitus

---

(1) Argenteus fluvius, *la rivière d'Argens, passant près de Canet-le-Luc (Var)*.

(2) Forum Julii, *Fréjus*.

esset, atque ut prope essent Vocontii, per quorum loca fideliter ipsi iter pateret. Nam, ut ex ejusdem Planci epistolis constat, Lepidus, desperato adventu suo quem non mediocriter cupiebat, se cum Antonio ad quartum calendas junias conjunxerat, eodemque die ambo ad ipsum Plancum castra moverunt. Et idem Plancus operam dedit ut celeriter discederet, non fugiendo, non militem ullum aut quidquam impedimentorum amittendo, nec ab illis ferventibus latronibus intercipere aliquid permittendo. Et pridie nonas junias omnes copias cis Isaram ad Allobroges trajecit, pontesque quos fecerat interrupit, ut spatium ad se colligendum homines haberent, et ut interea cum Bruto, quem ad triduum exspectabat, ipse conjungeretur. Et a Cicerone Plancus expostulabat ut cum copiis firmissimis Caesar Augustus veniret, aut si aliqua re impediretur, exercitum mitteret. Tandem hi omnes duces, necnon Asinius Pollio, excepto Bruto, contra Rempublicam convenerunt; et Brutus a suis legionibus relictus profugit, et jussu Antonii in cujus potestatem, opera Camilli, venerat, a Capeno Sequano seu Camillo ipso interemptus est.

Et secundum Eusebium et Plutarchum in vita Hannibalis, eo loco ubi Arar et Rhodanus coeunt insulamque faciunt, hic Plancus Munatius orator, Ciceronisque discipulus seu libertinus, dum Comatam Galliam regeret, Lugdunum condidit urbem, postquam in colle ubi ipsam Lugdus aedificaverat incendio perierat; et eam urbem incendio fuisse deletam Seneca in Epistolis testatur.

Et ubi Antonium, post fugam, a M. Lepido fuisse susceptum Caesar Augustus cognovit, causam optimatum sine cunctatione deseruit, et a Cicerone, quem ad libertatem Reipublicae intentum videbat, descivit; ad Imperium enim, non conservandam Rempublicam Augustus aspirabat, et praetextum mutatae voluntatis afferebat, quod alii se puerum, alii ornandum *tollendumque* esse jactassent. Itaque cum Antonio et Lepido Augustus pacem fecit, et Rempublicam occupavit. Hique Triumviri Reipublicæ constituendæ dicti fuerunt, et provincias divisere; Celticamque præter Pyrenæum Antonius obtinuit, Pyrenæo autem et Iberiæ Lepidus præfuit, et Libyam, Sardiniam, Siciliam Augustus suscepit, ut libro quarto Appianus tradit. Et de civibus necandis, quum singuli amicos servare et inimicos necare cuperent, longa fuit inter hosce Triumviros dissentio. Tandem Cæsar Antonio Ciceronem, Antonius Cæsari Lucium Cæsarem avunculum, et ambo Marco Lepido Paulum fratrem inter alios necandos concesserunt. Hic itaque Cicero, jussu Antonii inimici, occisus fuit.

Et hæc e Suetonio Plutarchoque et Cicerone decimo et undecimo epistolarum libro, Livioque et Appiano ac aliis scripsimus, ut intelligeretur post mortem Cæsaris frequentem Romanorum exercitum hanc Allobrogum regionem peragrasse, et ipsos Allobroges fuisse bellorum intestinorum civiliumque Romanorum participes. Et magna Augusti crudelitas fuit, quod Ciceronem, quem Rufus Allobrogem dicebat, Antonio necandum tradiderit.

Allobroges sub Octavio Augusto Cæsare Romanorumque imperio.

Relegato in perpetuum Lepido, superato tandem et mortuo Marco Antonio, solus Octavius Augustus Romanorum imperium tenuit, et Imperatoris nomen pro suprema dignitate primus assumpsit, quum Julius Cæsar tantum dictator fuisset. Et anno ab Roma condita septingentesimo quadragesimo secundo, imperii autem hujus Augusti altero et quadragesimo, testibus Orosio et Eutropio, Jesus Christus, Dei filius, e beata Maria virgine natus est; a cujus nativitate sive Incarnatione tempora eorum quæ deinceps scribemus, magis quam ab urbe Romana condita, numerabimus. Nam et postea sub imperio Romanorum Allobroges esse desierunt, et, sicut libro quindecimo Annalium, Cornelius Tacitus inter alios refert, nominis Christiani et nostræ salutis auctor ipse Christus fuit.

Et ab exteris adeo Augustus amabatur, quod, secundum Tranquillum et Eutropium, in honorem ejus reges amici atque socii populi Romani condiderunt civitates quas Cæsareas et Augustas nominaverunt, ut in Mauritania ab rege Juba et in Palæstina factum est. Et apud Allobroges, prope Guerium flumen, est vicus qui Augusta appellatur, et in Vocontiis ejusdem nominis oppidulum. Et excepta Africa et Sardinia, omnes Romanorum provincias, et sic Allobroges, Augustus adivit: et inter suos quidam e primoribus Galliarum confessus erat se per simulationem colloquii propius admissum destinasse in transitu Alpium ipsum Augustum in præcipitium propellere, sed vultu ejus tranquillo serenoque se inhibitum ac remollitum, ut de hac re Suetonius testis est.

Hujus Augusti temporibus, rex Cottius in Alpibus Cottiis regnavit. Et authore Marcellino libro quindecimo, Alpes Cottiæ a Segusio oppido initium capiunt, et in harum Alpium angustiis, locorum inviaque asperitate confisus, ipse rex Cottius, secundum Marcellinum, perdomitis Galliis, solus latuit. Lenito tandem timore, in amicitiam Octavii Augusti receptus est, et eas Alpes magnis molibus exstruxit, et ad vicem memorabilis muneris, easdem compendiarias viatoribusque opportunas, medias inter alias Alpes vetustas, disposuit, et viam per hasce Alpes mediam et compendiariam magisque celebrem quam alias ab Hercule, inde Hannibale multo ante constructas, effecit. Et ad Ocelum terra hujus Cottii finem habebat, sicut libro quarto apud Strabonem legimus, et ab hoc Alpes Cottiæ appellatæ fuerunt. Et hujusce reguli sepulcrum, sicut idem Marcellinus inquit, Segusione erat mœnibus proximum, manesque ejus ratione gemina colebantur : et quod suos justo moderamine rexerat, et in societatem rei Romanæ adscitus quietem genti sempiternam præstiterat. Et de hoc rege et aliis ab eo gestis libro primo meminimus. Et quum Salassos Romani frequenter domuissent, postremo eos Augustus Cæsar funditus delevit, et universos sub corona distraxit, et ad Eporediam Romanorum coloniam deportavit, ipsorum quoque millia sex et triginta occisa fuerunt, et missis tribus Romanorum millibus, Cæsar Augustus in eorum valle, in loco ubi Varro jam castra habuerat, urbem Augustam habitandam tradidit. Et hæc abunde post Strabonem libro primo retulimus; et quod Salassos Augustus domuerit et Romano imperio adjecerit, Suetonius Eutropiusque et omnes ad unum conveniunt.

Et temporibus Augusti, Archelaus, Herodis filius, in patris regnum successit. Et postea accusantibus ejus insolentiam Judæis, ei Augustus regnum ademit, et ipsum, anno Incarnationis Christi quindecimo, Viennam Allobrogum relegavit (1), ubi tandem privatus interiit, si Boccatio et Reginoni, Arboiti historico (2), credamus. Et secundum eos, regnum hoc in quatuor partes Augustus divisit, et ipsas Herodi, Antipatri, Lysaniæ et Philippo, quatuor Archelai fratribus, tradidit.

---

(1) Viennam Tiberius Archelaum relegavit an. Chr. VII.

(2) Arboiti, id est Obotritæ. Regino, abbas Prumiensis cœnobii in diœcesi Treverensi, natione Teutonicus, scripsit temporum chronicam, continentem præcipue gesta Francorum et Alemannorum a Christi nativitate usque ad ann. 408. (Rerum Germanic. scriptores; *Ratisb.* 1726.)

Et sub Augusto Comatam Galliam, id est Lugdunensem, Barbarorum incursionibus et principum discordia inquietam, Tiberius anno fere, Suetonii testimonio, rexit: quod non fuit sine peragratione Allobrogum, qui proximi erant, et Romanis parebant; et per eos ex urbe Romana in Lugdunensem Galliam transgressus est. Et vivente adhuc Augusto, Tiberius adoptivus ipsius Augusti filius, et ejus frater Drusus, aestate una, Brigantium et aliarum gentium Alpinarum incursiones, auctore Strabone, represserunt; et cum Brigantibus has gentes Alpinas fuisse a Tiberio devictas, Plinius libro tertio, Suetonius et alii scribunt: Rhaetos, quatuor Vindelicorum gentes, Lepontios, Nantuates, Sedunos, Veragros, Salassos, Ebroduntios, Caturiges, Medullos et multos alios Alpinos. Et Tiberio, ob has gentes devictas, Romani, pro tropæo Alpium, hanc inscriptionem in arcu ad ipsas Alpes litteris romanis posuerunt:

IMP. CAES. DIVI F. AVGVSTO
PONT. MAX. IMP. XIIII. TRIBVNIC. POTEST. XVII
S. P. Q. R.
QVOD EIVS DVCTV AVSPICIISQVE
GENTES ALPINAE OMNES QVAE A MARI
SVPERO AD INFERVM PERTINEBANT
SVB IMPERIVM P. R. REDACTAE SVNT.

Mare enim Superum Adriaticum est, et Inferum Tyrrhenum vocatur. Et hanc inscriptionem Plinius libro tertio, et post eum Volaterranus et alii commemorant, et ipsam inscriptionem fuisse apud Augustam Praetoriam in marmor incisam Blondus in Italia Illustrata et Philippus Bergomensis putaverunt. Alii eam Segusione fuisse positam crediderunt (1). Duodecim vero Cottianæ civitates a Tiberio devictæ non fuerunt, quia, secundum Plinium, nequaquam hostiles erant, sed lege Pompeia municipiis attributæ et Latio donatæ fuerant, sicut postea Octodurenses et finitimi Centrones, Caturigesque et Caturigibus orti. Et non esse alienum videtur præmissas gentes huic nostro operi inserere, quoniam Allobrogibus adhærent; et in parte sub eorum imperio erant, et adhuc his qui a Salassis ad mare Inferum tendunt et spectant Sabaudi et Delphini præsunt.

Allobroges sub Tiberio, Caligula et Claudio.

Post Augustum, Tiberius Caligulaque et Claudius imperium Romanum gradatim possederunt, et, secundum Strabonem libro quarto, superioribus annis Allobroges militandi studio multis mortalium millibus tenebantur. Sua autem ætate, quæ regnante Tiberio erat, rei rusticæ dediti, campos et Alpinas valles arabant, reliqui vicatim ætatem agebant. Clarissimi autem Viennam prius vicum, gentis tamen metropolim appellatam, habitabant, et in civitatis formam apparaverunt. Et Allobrogum gesta sub Cæsaribus et Augustis non legimus, et quia sui juris non erant et sub Romanis militabant, de eis historici pauca memoriæ tradiderunt, et multas gentes imperii Romani splendor, teste Æmilio, obscuriores effecit. Et apud Tiberium Cæsarem a Judæis et Samaritanis Archelaus, Herodis filius et in regno successor, propter suam crudelitatem et mores tyrannicos accusatus fuit;

---

(1) Inscriptiones duæ revera ad Alpes ab Augusto Cæsaris filio (non Tiberio) positæ fuerunt : altera Turbiæ haud procul Nicæa, altera Segusii.

causasque accusationis Tiberius, astantibus ipso Archelao e Judæa Romam traducto et aliquibus accusatoribus, cognovit. Sed ubi male se Archelaus expurgabat, Viennam Allobrogum in exilium missus est et pecunias suo fisco deferri Tiberius præcepit, ut in Antiquitatibus Josephus docuit. Sed hanc Archelai relegationem ab Augusto fuisse factam, post Boccatium et Arboitem, paulo ante retulimus. Quibus autem sit magis credendum, legentium judicio relinquimus. Tranquillus refert Tiberium, Augusto cognoscente, Archelaum regem defendisse; utcumque fuerit, Viennam Allobrogum Archelaus exulavit. Et deinde Lugduni prope Viennam sepultus fuit, et ibi trans Ararim ad ædem Observantium adhuc ejus sepulcrum extat, sicut Lugdunenses ostendunt.

Et sub Tiberio Pontius Pilatus Viennensis inter humanos agebat; et supra Isaram tendendo Viennam inter Servam et Sanctum Valerium, non longe ab Rhodano, sunt adhuc vestigia sui domicilii, ut incolæ referunt; et ab illius nomine, juxta ipsum domicilium, pagus sive suburbium quoddam Ponsas (1) in hanc usque diem appellatur. Alii Pilatum fuisse Lugdunensem asserunt; et quantum ad me attinet, eum liberaliter Lugdunensibus dono. Et tanta litterarum fertilitate claruit, ut a Tiberio, duodecimo sui imperii anno et incarnationis Christi vigesimo septimo, ad regendas Hierosolymas curandamque Judæam et provinciam Palæstinam præses et procurator missus fuerit, sicut capitulo tertio libri secundi de bello Judaico Josephus et Reginon Arboites Gervasiusque et Ado, alii quoque, testimonium ferunt. Et in gubernatione provinciæ se præclare gessit. Anno autem imperii Tiberii duodevigesimo, secun-

---

(1) *Ponsas, entre Serve et St-Vallier.* (*Delacroix, Statistique de la Drôme*; *Valence*, 1835, *in-4°, page* 589.)

dum Eutropium, vel decimo sexto, si Orosium sequamur, Christus a Judæis crucifixus est, et ipsum Judæis ut crucifigeretur Pilatus tradidit. Et quia, more Romano, provinciarum judices quicquid novi in eis accidebat principi vel senatui, ut omnia intelligerent, nuntiabant; Christi sanctitatem dogmataque et mortis genus ac resurrectionem et virtutum officia, quæ vel ipse Christus vel nomine ejus sui discipuli exercebant, Pilatus Tiberio significavit; cum prærogativaque sui suffragii ipse Tiberius ad senatum retulit, ut inter Deos Christus reciperetur Deusque haberetur. Sed Christi consecrationem senatus recusavit, indignatione motus, quod non sibi prius secundum morem delatum esset, ut de suscipiendo cultu ipse decerneret. Sejanoque Tiberii præfecto, ne Christiana religio susciperetur, vehementer contradicente, edicto senatus exterminandos esse ex urbe Christianos constituit, ut apud Paulum Orosium libro septimo, et Eusebium Cæsariensem secundo Sacræ Historiæ libro, Platinamque in Vita Christi et alios hæc abunde leguntur. Et teste Tertulliano, vetus erat Romæ decretum ne quis Deus ab imperatore consecrari posset, nisi a senatu etiam probaretur: quod una duodecim tabularum lege sancitum erat, sicut in nostris Juris Civilis Historiæ libris retulimus.

Et si Lactantio Firmiano credamus, in damnando Christo, clamoribus Judæorum et Herodis tetrarchæ instigatione, Pilatus metuens magistratu pelli, victus est. Nec tamen, inquit, ipse sententiam protulit, sed eum Judæis tradidit, ut de illo secundum legem suam judicarent. Et ad Claudium Pilatus scripsit, quod Christus cæcos illuminavit, leprosos mundavit, paralyticos curavit, dæmones ab hominibus fugavit, mortuos suscitavit, ventis imperavit, siccis pedibus super undas maris ambulavit, et quod multa alia fecit; et subjungit principes Judæorum sibi per invidiam

Christum tradidisse, et alia pro aliis, sibi de eo mentientes, asseruisse ipsum esse magum et contra legem eorum egisse, et quod ita esse putans, Christum flagellatum tradidit arbitrio Judæorum qui ipsum crucifixerunt; et quod tertio die Christus surrexit, videntibus militibus suis sepulcrum custodientibus. Et in eadem epistola Pilatus addit: Judæos eisdem militibus pecuniam dedisse ut dicerent quod discipuli Christi corpus ejus rapuerant. Sed accepta pecunia, quod factum fuerat milites, inquit, tacere non potuerunt, et Christum surrexisse, seque vidisse, et a Judæis pecuniam accepisse testati sunt. Et se hæc ingessisse Pilatus aiebat, ne quis aliter mentiatur, et credendum mendaciis Judæorum existimaret. Hæc apud Hegesippum in Anacephalæosi legimus. Sed si Christum Pilatus condemnaverit vel Judæis condemnandum tradiderit, et de aliis Christi gestis, stare Matthæo, Lucæ, Marco et Joanni, veracibus historicis, debemus. Utcumque fuerit, Pilatum totis viribus conatum fuisse constat, ne Christum, in quo nullam causam inveniebat, condemnaret, et lotis manibus se esse innocentem ab sanguine justi istius dixit. Judæi autem quod sanguis ejus esset super ipsos et eorum filios responderunt. Et in Apologetico, Tertullianus, capitulo primo supra vigesimum, scribit Pilatum jam pro sua conscientia fuisse christianum, et quod Christum agnosceret sanctissimum constans est ratio; nam toties condemnare eum recusavit, et ejus epistola ad Claudium scripta istud indicat. Et per nuntium Progillæ uxoris Pilatus sedens pro tribunali retrahebatur et monebatur ne quicquam in Christum sanciret, ut in Matthæo legitur. Et qualis fuerit Pilatus satis demonstratur ex verbis quæ dixit Christo et Judæis antequam ipse Christus crucifigeretur, et hinc quod a Romanis prudentissimis Hierosolymas remotas ipse alienigena, ut præsideret, missus fuerit; quod non accidisset, nisi strenuus et homo magnæ litteraturæ ac ingentis spiritus et ingenii experientiæque fuisset. Et etiam ejus disciplinæ deprehenduntur in hoc titulo JESUS NAZARENUS REX JUDÆORUM, quem, secundum Joannem, supra Christum crucifixum hebraice, græce et latine scripsit, nec propter Judæos eam inscriptionem mutare voluit.

Inde a magistratu revocatus fuit, et causam revocationis subjungam. Nam quum omnes, ante Pilatum, Judææ rectores sine signis mœnia Hierosolymarum, ingrederentur, ignorante populo, Pilatus, Judææ rector, exercitu Cæsareæ assumpto, nocte intempesta Hierosolymas ingressus est, et statuas Cæsaris signaque et imagines, quas secum asportabat, primus omnium Judææ rectorum in ea civitate constituit, ut secundo Belli Judaici et decimo octavo Antiquitatum libro Josephus scribit. Quæ res postridie grandem inter Judæos tumultum suscitavit, quia secundum eorum leges nefas erat imagines aut simulacrum in ea urbe collocari; et Cæsaream ad Pilatum Judæi iverunt supplicantes, ut a Hierosolymis ipsæ imagines auferrentur et sibi jura patria servarentur. Pilato autem non annuente supplicantibus, circa domum ejus immobiles quinque diebus et totidem noctibus manserunt, et occulte in insidiis Pilatus armatos milites collocavit. Et postea quasi daturus Judæis responsum pro tribunali sedit, et imagines auferri iterum Judæi supplicuerunt, et signo dato milites undique Judæos circumdederunt. Et his Pilatus denuntiavit se eos omnes interfecturum nisi imagines Cæsaris susciperent; militibus quoque annuit ut gladios educerent, et malle se interfici quam suas leges infringi Judæi responderunt. Pilatus autem admirans Judæorum in conservandis legibus fortitudinem, confestim imagines Hierosolymis auferri Cæsareamque perduci jussit.

Deinde alteram conturbationem Pilatus commovit: nam

sacrum thesaurum, quem Corbonam Judæi dicebant, expendere jussit ad inductionem aquarum et fabricandum aquæductum; et aquam a trecentis stadiis inducere Hierosolymas usque proposuerat. At circa eos qui operabantur Judæi hoc ægre ferentes, ut ab opere cessarent clamabant, et etiam Pilati, qui tunc Hierosolymas venerat, cum clamore tribunal circumdederunt; sed eis milites armatos privatorum vestibus indutos permiscuit, et ut fustibus clamantes ferirent e tribunali signum militibus dedit, qui magna clade multitudinem prostraverunt, et ibidem vulneribus plures Judæi perierunt; et hoc modo illa seditio terminata fuit. Et dum gens Samaritarum ascenderet montem Garizim ad ipsum venerandum videndumque universa vasa quæ ibi a Mose obruta fuisse asserebantur, eos Pilatus cum equitatu circa vicum Tirathabam aggressus est et multos interfecit, pluresque in fugam vertit et maximam partem cepit; et hujus gentis principes apud Vitellium, Syriæ imperium pro Romanis tenentem, Pilatum accusaverunt quod injuste tot occidisset, et non a Romanis desciscendo, sed injuriam Pilati declinando, in Tirathaba se congregasse promebant; et Marcellum Vitellius, authore Josepho decimo octavo Antiquitatum libro, gubernatorem Judææ constituit, et Pilatum ire Romam jussit, ut de Judæorum accusationibus se in judicio Tiberii Cæsaris expurgaret; et post completum in Judæa decimum annum, Pilatus Vitellii jussu Romam profectus est. Sed antequam applicuisset, humanos Tiberius reliquit. Et quum in multas calamitates et malorum cladem Pilatus descendisset, propria manu, Caligulæ imperatoris temporibus, se interfecit, sicut apud Eusebium libro secundo Sacræ Historiæ legimus. Et anno Christi quadragesimo quarto Pilatum de se supplicium sumpsisse Reginon tradit. Et postquam Hierosolymis plurimas seditiones complevisset et fecisset, tantis, irrogante Caio Caligula, languoribus coarctatus est, ut sua se manu occidens malorum compendium, Adonis testimonio, mortis celeritate quæsierit. Platina, in Vita Christi, refert aliquos scripsisse Pilatum sceleris in Deum optimum maximum commissi pœnituisse ac veniam ab eo obtinuisse.

Apud Viennenses autem constans est opinio, Pilatum Viennam, in suæ gentis ignominiam, fuisse relegatum, et in quamdam pontis Rhodani turrim intrusum, et ipsam turrim tandem simul cum eo in Rhodanum collapsam : ex quo nautis per illum locum navigantibus magna pericula tantisper imminere non cessarunt, donec, uncis ferreis in Rhodanum immissis, boves indomiti ipsis alligati corpus Pilati miraculose opera sancti viri extraxerint, et trans Rhodanum ad montem Cemenum in specum putei instar ipsum asportaverunt. Et adhuc hodie locus ille ab incolis mons Pilati (1) appellatur, et illinc tempestatem et malam aeris dispositionem provenire vulgus asserit : quod etiam sine Pilati cadavere non est absonum, quoniam, Plinii testimonio, libro secundo, sine fine ventos jam quidem etiam specus generat, ut in Dalmatiæ ora specus vasto in præceps hiatu, in quem dejecto levi pondere, quamvis tranquillo die, turbini similis procella emicat. Ita de Pilati antro contingit, nisi miraculose id evenire dixerimus. Et Hierosolymis Romam translati fuere gradus marmorei domus Pilati seu prætorii ubi Christus flagellatus fuit, et in aliquot gradibus apparent guttæ sanguinis Christi, quas cum magna veneratione Christiani hodie visitant et venerantur Romæ inter templum Lateranum et locum qui Sancta Sanctorum dicitur; et in summitate graduum stant duæ petræ erectæ, columnarum more, de his quæ tempore mortis Christi scissæ fuerunt.

---

(1) *Le Mont-Pila*, Mons Pilatus, id est Mons spoliatus, nudatus.

Et Christi temporibus, Simon Cyrenæus, genere nobilis, e Græcia patria Hierosolymas cum Alexandro et Rufo filiis profectus est, quia inter notos, ex divite egenus factus, morari noluit. Et dum Christum Judæi ad crucifigendum ducerent, prætereuntem hunc Simonem Cyrenæum, venientem de villa, patrem Alexandri et Rufi, teste Marco, angariaverunt ut crucem Christi tolleret. Post Christi autem mortem et resurrectionem, Rufus cum Lazaro, Magdalena, Martha, Trophimo et Paulo in Provinciam navigavit et venit, et Massiliam applicuit; et Magdalena Balmam, Martha Avenionem, inde Tarasconem petierunt, ubi peractis annis interiere. Verbum autem Christi Dei Trophimus, Paulusque et Rufus declamare in provincia Provinciæ cœperunt. Et Trophimus antistes Arelatensis consecratus est; Narbonensem autem pontificatum Paulus obtinuit. Et, Gervasio teste, Arelatem, quasi aram latam Deorum, prisci appellaverunt; nam, in suburbio quod Rocheta dicebatur, supra duas columnas excelsas ara erat imposita, ubi quotannis calendis maiis frequens populus humanas hostias pro sua salute mactare et sacrificium annuum suscipere consueverat, ita quod tres juvenes publica et propria pecunia emptos, toto anno veluti sues ad nefandam victimam pascebat, et eos constituto die ad ipsam aram pro salute sua immolabat : et ipsarum victimarum sanguine circumstans populus aspergebatur. Et hunc ritum ipse Trophimus, unus e septuaginta duobus Christi discipulis, Pauli consobrinus, a Judæa missus, sustulit, et in melius commutavit. Et non mortalium hominum cruore, sed Christi sanguine fuso populum ipsum debere aspergi docuit, et tam regem quam populum ad legem christianam deduxit. Et in his Gaguinus, in Carolo quinto, Gervasium secutus est.

Et post Trophimi et Pauli obitum, Rufus Avenione, ubi

prius Christi legem enarraverat, episcopus primus constitutus est. Et decimo octavo calendas decembris obivit, et in sacra divi Justi æde prope Avenionem sepultus fuit; et post multa secula vestales in illa æde vitam secretam egerunt. Inde ibidem viri religiosi se collocaverunt, quibus in spiritu revelatum est reliquias divi Rufi ibi jacere; et vocato Avenionensi episcopo et aliis multis, defossæ humo reliquiæ Rufi eodem loco inventæ fuerunt, et in cœnobium Christiani hunc locum erexerunt, et ipsius cœnobii sacerdotes vestibus albis in hanc usque diem induuntur. Tandem, permittente Adriano quarto, summo sacerdote, Rufiani hoc cœnobium ad ripam Rhodani prope Valentiam Cavarum transtulerunt (1). Et inter Christianos complura hujus religionis sacerdotia tam in Allobrogibus quam aliis orbis regionibus, procerum patriciorumque antistitum et aliorum liberalitatibus, sub hoc cœnobio, fundata fuerunt. Et in Epistola ad Romanos Paulus Rufum dilectum et matrem suam salutavit. Porro hoc tempore Paulus apostolus inter humanos erat, et, in Commentariis ad Epistolas Pauli, Jacobus Faber post Sophronium scribit Italiam Galliasque et Hispanias fuisse transitu beati Pauli illustratas; et in Hispanias tendens, Viennæ Allobrogum Paulus inter transeundum verbum Dei declamavit, et ibi reliquit Crescentem, ut ita dixerim, discipulum, cujus opera plures Christianam legem susceperunt. Mox in Galatiam rediens, Zachariam in urbis Viennæ antistitem loco sui Crescens reliquit.

Et quia Claudii imperatoris tempore aliqua ex præmissis contigerunt, non silentio prætermittam quod Lugduni, calendis augusti, Antonio Africano et Quinto Fabio consu-

---

(1) *L'abbaye de St-Ruf, transférée de la ville d'Avignon dans l'île de l'Épervière, près de Valence, l'an 1158.*

libus, ex Patre Druso et Antonia minore natus est, eo ipso die quo primum ara ibi Augusto dedicata est. Et Druidarum religionem apud Gallos diræ immanitatis, et tantum civibus sub Augusto interdictam, penitus abolevit, si Suetonio Tranquillo credamus.

Allobroges sub Nerone, Galba, Othone et Vitellio.

Defuncto rege Cottio, regnum Alpium Cottiarum Nero in provinciæ formam reduxit, ut Tranquillus et Eutropius scriptum reliquerunt. Et authore Cornelio Tacito libro quindecimo, in jus Latii Nero Maritimarum Alpium nationes transtulit. Et de Petro primo pontifice maximo Pauloque supplicium jussu Neronis sumptum est, sicut Eutropius ac Eusebius, libro secundo Sacræ Historiæ, referunt. Et propter iniquos ipsius Neronis mores vel alias, Allobroges et alii Galli, duce Julio Vindice, qui tunc Galliam provinciam pro prætore obtinebat, eumdem anno imperii sui quatuordecimo destituerunt; et sicut a Domitio Allobroges ad coitum Surgæ et Rhodani primum victi fuerunt, ita cum aliis Gallis ante omnes ab Nerone ejus abnepote defecerunt.

Et eodem tempore, sub Nerone, Galba Hispaniam Tarraconensem regebat, et eum Vindex per litteras hortatus est ut imperium susciperet et ipsum centum millibus militum Galli juvarent; et a Nerone Galba et Hispani desciverunt, et ad imperium Galba partim metu, partim spe aspiravit, nam et de nece sua mandata Neronis ad procuratores clam missa deprehenderat; et secundissimis auspiciis et ominibus confirmabatur, et ab Hispanis et Gallis, teste Eutropio, Galba primum imperator electus est. Et quum a Nerone plures descirent ac Galbæ partes sequerentur, in contraria sententia erant Clodius Macer in Africa et Virginius Rufus qui in Gallia Germanicum exercitum ducebat; et ab legionibus potentissimis quibus præerat Virginius sæpe imperator appellatus fuerat, sed neque se accepturum imperium neque passurum ut daretur alii, qui a senatu electus non esset, Virginius dicebat. Et hæc non parum Galbam in principio turbabant. Inde Virginii Vindicisque exercitus pugnam iniverunt, et occisis viginti Gallorum millibus, inter eos sua manu, ut Plutarchus tradit, Vindex interiit. Et apud milites, ut imperium Virginius reciperet aut rursus ad Neronem converteretur, postea rumor prodiit, et tunc Virginio Galba scripsit ut pro defendendo simul Romano imperio et pro libertate communiter agerent; et desiderio otii consueti magis quam circa ullam rerum necessariarum actionem, post obitum Vindicis Galba studebat: nam et, si Tranquillo credimus, morte Vindicis ita Galba consternatus est, ut non multum abfuerit quin vitæ renuntiaret; sed supervenientibus ab urbe nuntiis, ut occisum Neronem cunctosque in verba sua jurasse cognovit, deposita legati appellatione, nomen Cæsaris suscepit. Et postquam in Galbam Fabius Valens qui uni legioni præerat inclinavit, et mentem senatus Virginius intellexit, ut Galbam imperatorem dicerent militibus persuasit, et Flaccum Hordeonium quem Galba sibi successorem miserat et admisit et illi legiones tradidit, Galbæque ex Hispania per Gallias Romam eunti deinde obviam profectus est. Et Galbam senatus oratores circa Narbonem urbem Gallicam offenderunt et hilariter salutaverunt, rogaveruntque ut quamprimum se desideranti populo ostenderet; et Allobrogibus, aliis quoque Gallis, super memoriam Vindicis, a Galba quarta tributorum pars remissa est. Et Romana civitate Gallia donata fuit; proximas tamen Germanis exercitibus Galliarum civitates non in eodem honore Galba habuit, et finibus etiam ademptis quædam pari dolore commoda aliena ac suas injurias, secundum Cornelium Tacitum, metiebantur. Et ex Inalpinis Ebrodontios (1) et Avanticos Galba, ut Plinius author est, adjecit formulæ; et ingressus urbem Romam, imperium obtinuit.

Et inferioris Germaniæ legiones diu sine consulari fuere; tandem jussu Galbæ, calendis decembris, Aulus Vitellius inferiorem Germaniam ingressus est hibernaque legionum cum cura adivit. Et supra alia superioris Germaniæ exercitus, cui Virginius præfuerat, fraudari se præmio navatæ adversus Gallos et Vindicem operæ fremebant, etiam contumacia irritati Gallorum, qui remissam sibi a Galba quartam tributorum partem, et se publice Romana civitate donatos in ignominiam Germanici exercitus jactabant. Et legiones decimari, et promptissimum quemque centurionem dimitti, divulgatum est. Et calendis januariis adigi sacramento, nisi in senatus nomen, exercitus superioris Germaniæ recusavit. Et per legatos prætorianis significavit imperatorem in Hispania factum displicere, et quod eum, quem cuncti exercitus comprobarent, ipsi eligerent. Ea propter, vix mense transacto, a militibus exercitus inferioris Germaniæ Vitellius imperator consalutatus est; et deinde consentiente superioris Germaniæ exercitu, qui prius a Galba ad senatum defecerat, cognomen Germanici ab universis delatum recepit, Augusti vero nomen suscipere distulit, et in perpetuum Cæsar appellari recusavit. Et in utroque exercitu A. Cæcina et F. Valens, legionum legati, Vitellium instigabant; nam Galbæ infensi erant, hic quod Virginii cunctationem detexisset, ille quod in Bætica quæstor sub Galba, deinde legioni præpositus fue

---

(1) In Plinii melioris notæ codicibus legitur : Bodionticos.

rat; mox enim compertum publicam pecuniam avertisse, ut peculatorem Galba flagitari jussit. Et auxilia, equos, arma, pecuniasque Agrippinenses, Treveri Lingonesque Vitellio offerebant. Et Vitellii partes etiam sequebantur Valerius Asiaticus, Belgicæ provinciæ legatus, quem mox Vitellius generum ascivit, et Junius Blæsus, Lugdunensis Galliæ rector, cum Italica legione et ala Taurina, Lugduni tendentibus, et complures alii.

Subinde compositis rebus Germanicis, copias quas adversus Galbam, seu, ut Suetonius scribit, cæde Galbæ annuntiata, quas contra Othonem præmitteret quasque ipse perduceret Vitellius partitus est, et duos duces duoque itinera in Italiam designavit destinavitque. Et ut Gallias F. Valens alliceret, et si abnuerent vastaret, et Cottianis Alpibus Italiam irrumperet et Cæcina propiore transitu Penninis jugis digrederetur, Vitellius jussit; et Valenti quadraginta ex inferioris Germaniæ exercitu armatorum millia data sunt. Et de superiore Germania Cæcina triginta hominum millia ducebat. Et utrique addita fuerunt Germanorum auxilia, e quibus Vitellius tota mole belli secuturus suas quoque copias supplevit; et per regiones designatas legati exercitum ducere cœperunt, et transactis Treviris et Divoduri, Mediomatricorum oppido, F. Valens accepit in civitate Leucorum nuntium de cæde Galbæ et quod Romæ Otho imperium adeptus fuerat. Et Gallis spes exempta est, quum Galbam amarent et ab eo sublevati essent; et in Othonem ac Vitellium par odium, et ex Vitellio metus erat. Et iter institutum in Othonem Valens prosecutus est, et Lingones Vitellio fidos adivit, et frustra inde adversus Æduos causa belli quæsita; pecuniam enim atque arma deferre jussi, gratuitos insuper commeatus præbuere; et quod ipsi formidine, Lugdunenses gaudio fecerunt. Semper enim Neroni faverant, et legionem Italicam et alam Taurinam

Valens abduxit, Lugdunique solitis hibernis cohortem duodevicesimam relinqui placuit. Et quanquam de parte Vitelliana Manlius Valens Italicæ legionis legatus bene meritus esset, nullo tamen apud Vitellium honore fuit : nam secretis criminationibus Fabius eum ignarum infamaverat, et quo incautior deciperetur, palam laudaverat.

Et veterem inter Lugdunenses Viennensesque discordiam proximum bellum incendit. Multas enim bello invicem clades crebrius infestiusque etiam alias quam propter Neronem et Galbam, hi populi sibi intulerunt, et reditus Lugdunensium, occasione iræ, Galba in fiscum verterat, contra in Viennenses multus honor ab eo datus est. Unde inter uno amne discretos æmulatio et invidia connexumque odium erat; igitur singulos militum exercitus quem Valens ducebat Lugdunenses stimulabant, et in eversionem Viennensium impellebant, et ab illis obsessam coloniam suam et fuisse adjutos Vindicis conatus, conscriptas quoque nuper legiones in præsidium Galbæ referebant; et postquam causas odiorum in Viennenses narraverant, magnitudinem prædæ etiam ostendebant. Nec jam secreta Lugdunensium exhortatio fuit, sed publicæ preces intervenerunt, ut sedem Gallici belli milites Romani exscinderent; cuncta Viennæ externa et hostilia esse aiebant : se autem coloniam Romanam et partem exercitus et prosperarum adversarumque eorum socios fore Lugdunenses asserebant; quod si fortuna contrarium ferret, exercitum Lugdunenses deprecati sunt, ne iratis Viennensibus relinquerentur. His et pluribus id genus modis Lugdunenses ita exercitum impulerant, quod posse ipsius iracundiam comprimere ne legati quidem vel duces arbitrabantur. Et quum agmen incessisset, arma genuaque et vestigia prensando, Viennenses haud discriminis sui ignari, velamenta et infulas præferentes, militum animos flexerunt. Trecenos sestertios

Valens singulis militibus addidit : tum coloniæ vetustas dignitasque, Cornelii testimonio, valuit, et Fabii salutem incolumitatemque Viennensium commendantis verba milites æquis auribus acceperunt. Publice tamen Viennenses armis mulctati fuere, privatisque et promiscuis copiis militem juverunt, et ipsum Valentem magna fuisse pecunia a Viennensibus emptum fama constans erat. Diu enim sordidus, repente dives factus, mutationem fortunæ male tegebat, et egestate longa in eo cupidines accendebantur, et ex inopi juventa immoderatus et prodigus senex efficiebatur.

Lento deinde agmine per fines Allobrogum et Vocontiorum Valens exercitum duxit, et ipsa itinerum spatia et stativorum mutationes adversus possessores agrorum et magistratus civitatum fœdis pactionibus et adeo minaciter venditabat, ut Luco Vocontiorum municipio, secundum Cornelium Tacitum, tam diu faces admoverit, donec pecunia mitigatus et pacatus fuerit; et quoties pecuniæ materia deerat, stupris et adulteriis exorabatur. Sic ad Alpes cum exercitu F. Valens pervenit. Plus prædæ ac sanguinis, ut idem Cornelius refert, Cæcina hausit; nam ad Penninum exercitum conducebat ut inde in Italiam transiret, sicut Vitellius jusserat, et Vitellii imperium Helvetii de cæde Galbæ ignari renuebant, et bello initium contra Helvetios undevigesimæ legionis avaritia ac festinatio præbuit. Pecuniam enim missam in stipendium castelli quod Helvetii suis militibus ac stipendiis tuebantur ipsa legio rapuerat, et interceptis epistolis quæ ad Pannonicas legiones Germanici exercitus nomine ferebantur, centurionem et quosdam Cæcinæ milites in custodia Helvetii retinebant. Et castra propere in Helvetios Cæcina, belli avidus, movit, agrosque eorum vastavit, et longa pace in modum municipii exstructum locum amœnoque salubrium aquarum usu frequentem diripuit. Et Cæcinæ nuntiis Rhætica auxilia Helvetios a tergo invasere, et a fronte cum valido exercitu Cæcina in eos progressus est, et magna supra Helvetios populatio ac cædes facta est; ita quod abjectis armis in montem Vocetium vagi et saucii profugerunt, et intra silvas atque in ipsis latebris Thraces et Germani Rhætique multa eorum millia interfecerunt, et sub corona vendiderunt; et Avanticum, illius gentis caput, in deditionem acceptum est. Et in Julium Alpinum belli concitatorem Cæcina animadvertit, cæteros veniæ vel sævitiæ Vitellii reliquit. Et legatos ad Vitellium Helvetii miserunt, et donec sententiæ Vitellii certior fieret in Helvetiis Cæcina moratus est; et effusis lacrymis legati, inter quos Claudius Cossus notæ facundiæ, dicendique artem apta trepidatione occultabat, a Vitellio impunitatem salutemque suæ gentis impetraverunt. Avantici autem vestigia adhuc exstant inter Moratum et Paternam in diœcesi Lausana, et est ibi adhuc vicus, et magnus murorum circuitus ostendit quantum fuerit Avanticum, distans a Berna quatuor leucis et a Friburgo tribus.

Et ex Italia nuntium Cæcina, parans Alpium transitum, accepit alam Syllanam circa Padum agentem, necnon Mediolanum ac Novariam et Eporediam et Vercellas, in partes Vitellii transisse; et præmissis in Italiam Gallorum et Britannorum Lusitanorumque cohortibus ac Germanorum vexillis, in Alpe Graia, Cæcina paululum cunctatus est, dubius an per Rhæticos in Noricum flecteret adversus Petronium urbis procuratorem, qui, concitis auxiliis et interruptis fluminum pontibus, fidus Othoni putabatur. Sed, ne præmissas jam cohortes alasque amitteret, aliaque Cæcina cogitans, Pennino itinere subsignanum militem, et grave legionum agmen, hibernis adhuc nivibus traduxit. Et dum Romæ imperium Otho exerceret, consul ipse in calendas martias et proximos menses Virginio tanquam aliquod exercitui Germanico delinimentum destinavit, et Virginio Poppæus Vopiscus, prætextu veteris amicitiæ, junctus est; et plerique Viennensium id esse honori datum interpretabantur. Et audito hostium adventu, et quod Penninæ Cottiæque Alpes et cæteri Galliarum aditus Vitellianis exercitibus claudebantur, Narbonensem Galliam Vitellio fidam classe valida Otho aggredi statuit. Pridie idus martias, commendata Patribus Rep., ex urbe obviam hostibus profectus est. Per mare et naves majorem Italiæ partem possedebat, et, ut Alpes Maritimas tentaret et aggrederetur, duces etiam per Narbonensem provinciam usque ad initium ipsarum Maritimarum Alpium misit. Et tunc ipsas Alpes Maritimas procurator Marius Maturus regebat, et concitis montanis arcere provinciæ finibus Othonianos intendit. Sed primo impetu montani victi sunt, et eo prælio milites Othonis irritati in municipium Albium Intemelium iras verterunt. Et in subsidium Alpium et provinciæ Narbonensis, Valens, qui in Alpibus Cottiis prope aderat, Gallorum cohortes misit, et conflictu facto Vitelliani Antipolim, Narbonensis Galliæ municipium, Othoniani Albingaunum, interioris Liguriæ vicum, reversi sunt; et apud Placentiam et Cremonam Othoniani, et sub Cæcina Vitelliani jam bellum gerebant; et ad ferendum auxilium Cæcinæ Valens cum copiis Ticinum ivit, et ibi nuntium accepit Treveros Tongrosque, quos cum aliis Gallis ad defendendum Narbonensem Galliam miserat, a classe Othonis pulsos fuisse, et Narbonensem Galliam circumiri. Et ideo partem Batavorum ire in auxilium jussit, et veteres illos tot bellorum victores, postquam in conspectu hostis essent, ex acie abduci exercitus moleste tulit, quasi provincia Urbe et salute imperii potior esset; et immissis lictoribus, Valens coercere seditionem cœpit. Sed ipsum milites invaserunt, et in eum saxa jecerunt, et fugientem secuti sunt, clamantes eum spolia

Galliarum et Viennensium aurum, pretiaque laborum suorum occultare; et direptis sarcinis, tabernacula Valentis ipsamque humum pilis et hastis ad invenienda spolia et aurum Viennensium rimabantur. Et servili veste Valens apud equitum decurionem tegebatur, et sedato exercitu, in conspectum militum et imperium suum rediit, et se exercitui Cæcinæ conjunxit.

Inde apud Bedriacum Vitelliani Othonianos superaverunt, et de se Otho supplicium sumpsit. Et dum hæc gererentur, in Gallia Vitellius erat, et exercitum sequebatur; et supra Lugdunum Othonem esse superatum et mortuum audivit, et Arare flumine, nullo principali apparatu, sed vetere egestate conspicuus, Lugdunum devectus est. Et hunc principem Junius Blæsus, Lugdunensis Galliæ rector, liberaliter comitatus est et excepit; et Lugduno Viennam Allobrogum Vitellius se contulit, ut Italiam peteret. Et, secundum Tranquillum, Viennæ pro tribunali jura reddidit; et tunc supra ejus humerum ac deinde in capite gallinaceus astitit, quo ostento, ejusdem Tranquilli testimonio, significabatur confirmatum ab legatis suis imperium per se retinere non posse, et hoc augurio portendi ipsum Vitellium in alicujus Gallicani hominis potestatem venturum.

Inde per Allobroges et Alpes Vitellius Italiam petiit, et quartamdecimam legionem in Britanniam, unde a Nerone evocata fuerat, et quæ deinde Othoni faverat, Vitellius remisit, Batavorumque cohortes una tendere Vitellio placuit. Et Augustam Taurinorum pervenerunt, ubi inter legionem et Batavos seditio orta est. Sed tumultui Prætoriæ cohortes causam dederunt, et Batavos agmini suo ut fidos Vitellius junxit; legionem autem Graiis Alpibus traduci et eo itineris flexu ire in Britanniam jussit, quo Viennam Allobrogum vitarent; nam Viennenses Neroni et suis militibus infensi erant. Et nocte qua legio relictis passim ignibus recessit, Taurinæ coloniæ pars combusta est; et postquam Alpibus quartadecimani digressi sunt, signa Viennam seditiosissimus quisque ferebat, sed eos meliorum consensus compressit, et in Britanniam legio accessit; et postmodum auxilia Gallorum domum remissa et civitatibus reddita a Vitellio fuerunt. Inde Cremonam Vitellius flexit et Bedriacenses campos ac vestigia recentis victoriæ lustravit, et pugnæ locum Valens Cæcinaque ei monstrabant; Romam tandem Vitellius ingressus est.

Allobroges sub Vespasiano et ejus filiis.

Postea Vespasianum, qui Hierosolymis erat, exercitus Orientis imperatorem creavit: et inter Vitellium ac Vespasianum bellum ortum est, et copias in Italiam Vespasianus præmisit, et pro Vespasiano transitus Alpium præsidiis occupati fuerunt. Et dum Narbonensem provinciam pro Vitellio armis et classe Valens petere vellet, adversante vento in portum Herculis Monœci depulsus est; et non procul inde agebat Marius Maturus, Alpium Maritimarum procurator, Vitellio fidus, qui Valentem comiter excepit. Non longe post Valerius Paulinus, Forojuliensis procurator, qui in Vespasianum verba adegerat, eum cepit et interfecit. Et Vitellium legati Vespasiani superaverunt; nec fefellit, si Suetonio credamus, conjecturam eorum qui augurio, quod ipsi Viennæ factum ostendimus, non aliud portendi prædixerant, quam venturum in alicujus Gallicani hominis potestatem : siquidem ab Antonio Primo, Vespasiani duce, oppressus est, cui Tolosæ nato cognomen in pueritia Becco fuerat, quod valet gallinacei rostrum.

Et post victoriam in Vitellianis obtentam, nomen sedemque Cæsaris Domitianus ipsius Vespasiani filius cepit, et adhuc absente patre, in Gallias Germaniasque, authoribus Claudio Civili, Classico, Julioque Tutore et Julio Sabino ac Tullio Valentino et aliis, tumultuantes, expeditionem suscepit et inchoavit, non quidem necessariam, sed tantum ut Tito fratri se et operibus et dignitate adæquaret. Et ad hoc bellum Mucianus, qui Romæ pro Vespasiano res imperii administrabat, Gallum Annium et Petilium Cerialem delegerat et in auxilium legiones victrices sexta et octava, Vitellianarum prima et vigesima, e recens conscriptis secunda, Penninis Cottianisque Alpibus et pars monte Graio, traductæ sunt, sicut libro Historiarum quarto Cornelius Tacitus scribit. Et per Allobroges hæ legiones transiverunt. Inde sese post legiones Domitianus ac Mucianus itineri accinxerunt, et antequam Alpes attingerent, rerum per Cerialem adversus hostes in Treveris gestarum nuntios prosperos acceperunt. Quare Domitiano Mucianus turpe esse asseruit eum, confecto prope bello, alienæ gloriæ interventurum: quod si in discrimen imperium aut salus Galliarum vertebatur, debuisse ipsum Cæsarem in acie stare, et reliquias belli minoribus ducibus delegare; et Domitianum admonuit, quod Lugduni vim fortunamque principatus e proximo ipse ostentaret, nec parvis periculis immixtus, neque majoribus defuturus. Sic per Alpes et Allobroges Lugdunum venerunt. Et tam in Gallia quam Germania tumultum Cerialis compescuit et sedavit, et præmissa Domitiano Mucianus persuasit ne, si exercitum habuisset, bellum adversus patrem gereret aut in Titum fratrem opes viresque succiperet, sicut se facturum conjectura ostendebat.

Et apud Sigoerios Guillermus, Charanciæ, ut aiunt, comes, hisce temporibus agebat, et Christianitatem abhorrentes Vapincum et adjacens territorium occupantes devicit.

Et tunc primus loci episcopus erat Demetrius, Apostolorum discipulus, tertioque calendas januarias anni nativitatis Christi octogesimi sexti, idem Guillermus et ejus socii medietatem civitatis Vapincensis Deo et beatæ Mariæ in salutem animarum suarum dederunt. Vapinci in templo Sancti Joannis Rotundi Demetrius sepultus fuit, et miraculis fulget : inde in eadem civitate pontificale templum beatæ Mariæ ædificatum est.

Et multos verbo, doctrina, exemplo vitæque probitate Zacharias, Viennæ Allobrogum metropolis antistes, ad Christianitatem reduxit; et extra ipsius urbis mœnia, domi Fuscinæ viduæ jam Christianæ, quæ præfecti ancilla erat et Fuscino suburbio nomen dederat, Zacharias habitabat; et populum ad eum confluentem clam docebat, et Christum in Deum habentes e more christiano lavabat. Et ad notitiam Pompeii, Viennæ et totius provinciæ præsidis, hæc devenerunt, et ab eo Zacharias raptus vinctusque ductus est ad templum quod civitati supereminebat; et ornamenta aurea argenteaque et Martis simulacrum in illo templo erant; Zachariasque Deum oravit ut simulacrum destrueretur, quod factum est, nam locus in quo erat non apparuit. Crediderim hoc templum fuisse id quod Brennus et Senones cum Viennensibus Marti ab oriente consecraverant. Et quum de Zacharia sumptum fuisset supplicium, temporibus Galbæ, Othonis, Vitellii, Vespasiani Titique et Domitiani, Nervæ, Trajani et Adriani, Martinus, Verus et Justus Viennæ pontifices fuerunt, et pro lege Christiana omnes laboraverunt, et eam enarraverunt doctrinaque et exemplo auxerunt. Et ad ipsum Justum senatoriæ urbis Viennensis episcopum, Pius primus, pontifex maximus, duas epistolas scripsit de Christianitate et Martyribus et ut Sanctorum carcerem visitaret, ne aliquis in fide tepesceret, et ut sanctorum Martyrum corpora curaret, et de aliis ad Christianorum augmentum. Initioque a Zacharia facto duodequadraginta Viennenses pontifices, sine intervallo, in Deos relati fuerunt; et ob sanctitatem eorum cerimoniasque Viennensis, ut dicunt, ecclesia in hanc usque diem Sancta appellata est.

Allobroges sub Antonino Pio, M. Aurelio Antonino, L. Vero, Severo et Valeriano.

Iusto pontificatum Viennensem obtinente, Severinus, Exuperius et Felicianus, Viennæ nobili familia nati, sub Antonino Pio mortis supplicium pro Christo passi sunt. Et iter a Mediolano per Alpes Graias et Cottias Viennam usque Allobrogum Antoninus Pius Augustus in suo Itinerario scripsit. Et Antonini ac Veri ætate Sanctus Blandinaque et alii quidam Viennenses gravia supplicii genera pro Christo Viennæ sustinuerunt, ut ex Eusebio quinto Sacræ Historiæ libro apparet. Post mortem Nigri, in Albinum, qui se in Gallia Cæsarem fecerat et Britannia imperium arripiebat, Severus Romanorum imperator exercitum paravit, et aliquot qui Alpium angustias occuparent Italiæque aditus obsiderent, secundum Herodianum, misit. Et ubi jam in Galliam Severi copiæ pervenerunt, cum hoste leves primo pugnæ fuerunt, postremo apud Lugdunum Albinus, undecimo calendas martias, quum ex urbe exercitum ad pugnam emisisset, victus est. Et quantum ex Herodiano deprehenditur, hoc prælium apud Lugdunum gestum est. Et juxta Lugdunum, urbem Allobrogibus proximam, Albinum fuisse superatum, Ælius Spartianus sentit etiam, quum scribit: Severum præcepisse quod Albini ejusque uxoris et liberorum cadavera in Rhodanum qui Lugdunum attingit abjicerentur. Et in hac sententia Julius Capitolinus esse videtur: et mox Lugdunum civitas direpta et incensa fuit; quod si ita est, ut Spartianus et Capitolinus tradunt, leves pugnas et tandem belli molem Albinus et Severus in Allobrogibus inierunt et fecerunt.

Rebus autem Britanniæ ordinatis, et omni Gallia ex sententia composita supplicioque de Albini amicis sumpto, per Allobroges, Severus Romam profectus est; et quo terribilior videretur omnem exercitum secum abduxit, et cum eo erat Antoninus filius, imperii particeps : redeundoque e Gallia, Salini vico supra Tarantasiam sive Musterium, minimo intervallo, quatuor marmora inscripserunt. Primum in hæc verba : Impp. Severus et Antoninus. Secundum sic: Ex reditu suo Juliæ Augustæ ex ære proprio. Hæc Julia fuit secunda Severi uxor. Tertium ita insculpitur : Ex voto Herculeio Graio. Aliæ litteræ horum marmorum et omnes quarti lapidis nunc legi non possunt. Et quia illac per Alpes Graias Hercules transivit et ipsis nomen indidit, ut primo et secundo libro scripsimus, hi imperatores unum marmor Herculeio Graio dedicaverunt; et unde Salinus pagus nomen habuerit in Tarantasia scripsimus. Et ex Severo imperatore et Martia matre Antoninus decimo tertio idus aprilis procreatus fuit.

Sub Valeriano imperatore Posthumius Galliæ præsedit, et, per epistolam quam ad Gallos misit, eum Valerianus summopere probavit, quod eo præsente non miles in castris, non jura in foro, neque in tribunalibus lites, nec in curia dignitas periret, et quod de eo Gallos sibi gratias acturos sperabat. Hujus filio, etiam Posthumio nomine, adolescenti Valerianus tribunatum Vocontiorum, teste Trebellio Pollione, dedit, ipsumque se dignum patris moribus redditurum asseruit.

Et anno Christi ducentesimo quadragesimo secundo,

Afra apud Augustam Salassorum pro lege Christi, ut Reginon ait, crudelem mortem passa est.

Allobroges sub Aureliano, Probo, Diocletiano et Maximiano.

Universas Gallias Aurelianus ab hostibus imperii Romani vindicavit, et Gebennas Allobrogum oppidum, anno Christi ducentesimo septuagesimo sexto, restauravit, et e suo nomine, si Philippo Bergomensi credamus, appellari Aureliam voluit. Relicto quoque vetere nomine Genabum, authore Gaguino, Aurelia seu Aurelianum ab Aureliano imperatore vulgo dicitur. Et nunquam auditum est Gebennas Aureliae nomine vocatas fuisse, et forsan Genabum pro Gebennis Bergomensis similitudine vocabulorum deceptus accepit. Et Gebennis Maximus et Amianus (1), urbis antistites, Laetusque sacerdos et alii multi sanctitate et doctrina claruere.

Et, ut Vopiscus Eutropiusque et alii historici scribunt, Gallis omnibus Probus permisit ut vineas et vites haberent vinumque conficerent, etsi antehac vinum Galli non habuissent, nimirum si dulcedine vini primo Bellovesus, deinde Brennus Allobrogum rex, transactis Alpibus, in Italiam iverint. Verum a Romanis Allobrogica vitis et vinum picatum Viennensium, teste Plinio, laudabantur, et ipsius vini Martialis etiam meminit. Et imperante Vespasiano Plinius, Domitianique tempore, Martialis, longe ante Probum fuerunt. Quare a Probo hanc vinearum concessionem Allobroges non habuerunt.

(1) S. Amianus vel Anianus episcopus Aurelianensis circ. ann. 451. Sua ipsius vice Rivallius noster Genabum pro Gebennis accepit.

Post hos et alios principes Diocletianus imperium sumpsit, et deinde, ob bella quæ in pluribus locis movebantur, Maximianum secum Augustum fecit; et Diocletianus Jovius, Maximianus autem Herculeius appellatus est, tanquam Diocletianus pater et Maximianus filius esset, nam et Jovis filius, ut poetæ aiunt, Hercules dicebatur. Et, authore Pomponio Læto, tanta in gubernanda republica fuit inter hosce principes concordia, ut alteri alter nunquam repugnaverit; verum Diocletiano, inquit, ut patri filius Maximianus obtemperabat. Et Diocletianus Jovius et Maximianus Herculeius, ac si ille Jovis, hic Herculis hæres esset, appellati fuerunt. Et muros ac etiam portas Cularonæ, quæ postea Gratianopolis dicta est, hi duo imperatores ædificiis instauraverunt, et duarum portarum, quarum una Romana, altera Viennensis dicebatur, nomina mutaverunt, et eas a suis cognominibus Joviam et Herculeam appellaverunt, ut ex duabus inscriptionibus quæ adhuc in illis portis extant apparet. Et male has inscriptiones esse Viennæ Allobrogum, Pomponius Lætus et post eum Volaterranus existimaverunt. Et causa erroris Pomponii fuit, quod Viennensis portæ fit ibi mentio; sed ideo sic dicebatur, quia per eam Viennam ibatur. Et male ac depravate Pomponius Lætus has inscriptiones refert; ego autem ex ipsis portis eas excerpsi, eo modo quo in Gratianopoli scripsimus. Et hæc verba primæ lineæ inscriptionum DD. NN. IMPP. CAES. ex Valerio Probo et Lanceloto Passio libro tertio, sic leguntur: Domini nostri imperatores Cæsares; et illæ litteræ PP. inde sequentes denotant patres patriæ, reliqua facile legi possunt. Et a Gallis, secundum Lætum, Jovius et Herculeius usque adeo diligebantur, ut ab eis ibi duo populi nomina sumpserint.

Et contra Amandum et Ælianum, qui, collecta Bacaudarum rusticorum multitudine et manu, tumultus sub specie tyrannidis in Gallia excitaverant et imperium arripuerant, Maximianus ex urbe et Italia exercitum duxit, et per Penninum transiens Octodurum devenit, ubi, post arduam et horridam Alpis Penninæ viam, grata occurrit planities campestris quam Rhodanus alluit. Et ut felicius prælium gereret, ab universo Romanorum exercitu Deos adorari jussit; et ne Christiana legio Thebæa, quæ sub Mauritio ad auxilium imperatoris venerat, superstitiosos illos Deos adoraret, in locum nomine Agaunum inter Alpium et Rhodani angustias secessit. Et illam legionem Deos fictos colere renuentem Maximianus bis per intervallum decimavit, ut hoc medio reliqui legionis milites superstites territi Deos adorarent. Et quum nihilominus imperatori in hoc parere recusassent, ab universo exercitu ipsam legionem circumdari, omnesque ad unum ejus legionis milites interfici præcepit; quod factum est, demptis Salvatore et aliquot aliis, qui partim in agrum Taurinum, partim alio profecti sunt et aufugerunt. Mauritio autem legionis duci caput amputatum fuit, et Viennam usque Allobrogum super scuto ejus Rhodanus ipsum caput devexit; et id Viennenses susceperunt et ædem majorem, quæ prius sub Machabæorum nomine erecta fuerat, Mauritio dedicaverunt. Et sicut olim Vienna Allobrogum caput et metropolis erat, ita ædium sacrarum Allobrogicarum hæc Mauritia est metropolis et archipræsulem habet. Et cum Mauritii capite, Exuperius, Candidusque et Victor veteranus miles ab Rhodano Viennam advecti fuerunt et ibi coluntur (1). Inde, Octoduro relicto, hostes in Gallia Maximianus superavit.

(1) XXII Sept. Martyrologium Adonis; Romæ, 1745, in-fol., p. 487.

Allobroges sub Constantio, Juliano, Gratiano, Valentiniano et Theodosio.

Constantius, post suorum fratrum mortem, Julianum patruelem octavo idus novembres Cæsarem fecit, et ei exercitum dedit ut in Germanos, qui sub Chnodomario, Vadomario et aliis eorum regibus Gallias vastabant, proficisceretur. Et paulo post Helenam, ipsius imperatoris sororem, Julianus desponsavit. Et calendis decembribus iter in hostes facere cœpit, ad Taurinosque pervenit. Interim Coloniam Agrippinam Germani deleverunt. Transactis inde Alpibus, Julianus Viennam Allobrogum cum exercitu venit; et ad ipsum suscipiendum omnis ætatis et conditionis populus, secundum Ammianum Marcellinum, concurrebat, et eum consonis laudibus celebrabat communiumque ærumnarum remedium in ejus adventu collocabat. Et ubi percunctando, Julianum Cæsarem tunc adventasse anus quædam, luminibus orba, intelligeret, hunc Deorum templa reparaturum exclamavit. Et Viennæ Julianus hiemem egit, et in collegium fastorum a consule octies Augusto ibi adscitus est; et provinciæ fragmenta Julianus colligere parabat, et hostes Augustodunum civitatem antequam obsedisse ibidem agens accepit. Quare octavo calendas julias ad illam urbem Julianus se contulit et Germanos tantisper persecutus est, donec commisso prælio eos apud Argentoratum superavit, et ex ipsis egregium numerum occidit. Et eo prælio Chnodomarius rex captus Romam missus est.

Et Valentiniani imperatoris temporibus octoginta Burgondionum millia ripæ Rheni, teste Diacono, insederunt. Et Valente Orientis imperium tenente, in Galliis et Occidente Gratianus Valentiniani filius regnavit, Cularonamque oppidum usque ad Isaram auxit et restauravit; eam quoque e suo nomine Gratianopolim appellavit, sicut in Vita Fergeoli urbis episcopi et quodam vetusto Rationum Delphini libro legimus. Et mediocriter litteratus et ad carmen facilis erat Gratianus; cibi parcitate somnum et libidinem vincebat. Has virtutes Gratianopolitani exemplo sui fundatoris amplecti deberent. Et post mortem Valentis, consilio Mellobaudis tribuni, Gratianus fratrem suum Valentinianum Justina matre editum imperii consortem fecit. Et quum, bellis ubique imminentibus, nomini Romano extremum instare periculum animadverteret, Theodosium, ut Orienti praeesset, Augustum pronuntiavit, et sibi fratrique Occidentem reservavit. Et cum Athanarico Gothorum rege Theodosius magnam amicitiam in Oriente habuit, hocque Athanarico rege defuncto Gothi sese Theodosio dederunt.

His Augustis imperantibus, anno Christi trecentesimo trigesimo secundo, centum et quinquaginta patres, secundum Reginonem, sub Damaso papa, Augustam Salassorum convenerunt. Et dum otiosus suos Gratianus negligeret, et Alanos veteri ac romano militi anteferret, a Maximo qui apud Britanniam tyrannidem arripuerat, anno suae aetatis undetrigesimo, Lugduni, per Andragathum ducem, suorum etiam proditione interfectus est, ut in Decadibus Blondus et ultimo Sacrae Historiae libro Eusebius tradiderunt. Post Gratiani quoque obitum, Maximus Italia Valentinianum exegit, et Valentinianus petiit Theodosium, qui eum in Occidentis regnum parvis copiis restituit. Et octavo imperii anno, Arbogastis comitis sui dolo, Valentinianus apud Viennam Allobrogum jugulatus fuit, atque, ut voluntariam sibi mortem conscivisse putaretur, laqueo suspensus est. Et Eugenio, secundum Diaconum, Paulum Orosium et alios, Arbogastes imperatoris titulum imposuit; genere enim Gallus erat. Et contractis undique copiis, collatisque Gallorum viribus, Eugenius atque Arbogastes arctos Alpium transitus contra Theodosium Augustum eos petentem tenuerunt et occupaverunt. Et decem Gothorum millia a Theodosio præmissa Arbogastes funditus delevit. Et, si Blondo, libro Decadum primo, credamus, ante partam de hostibus victoriam Theodosio hosce Gothos amisisse lucrum fuit. Tandem pugnam hi duces inierunt, et inter pugnandum etiam circa immiscendæ pugnæ exordium vehemens turbo ventorum a latere Theodosii in hostium suorum ora ruit, et tela in eos missa fortius impulit, ab Eugeniique et Arbogastis exercitu missa repellebat, et in mittentes retorquebat. De quo in hæc verba Claudianus Viennensis poeta (1) cecinit :

>Te propter gelidis Aquilo de monte procellis
>Obruit adversas acies, revolutaque tela
>Vertit in auctores, et turbine reppulit hastas.
>O nimium dilecte Deo, cui fundit ab antris
>Æolus armatas hiemes; cui militat æther,
>Et conjurati veniunt ad classica venti (2)!

Et ambos hostes Theodosius superavit, et Eugenius fuit captus atque interfectus, et de se Arbogastes supplicium sumpsit, et post aliquam stragem exercitus eorum se Theodosio dediderunt. Maximum quoque qui Gratianum interfecerat, et Valentinianum Italia et Galliis abegerat, sibique Gallias vindicabat, cum Victore filio apud Aquileiam Theodosius occidit. De his libro Sacræ Historiæ ultimo

---

(1) Cl. Claudianum Alexandriæ in Ægypto natum pro Claudiano Mamerto, Gallo, Viennensis episcopi fratre sancti Mamerti, perperam notat Aymarus Rivallii.

(2) De tertio consulatu Honorii Panegyris, v. 93.

Eusebius abunde scribit; et quum apud Allobroges hæc Theodosii et Eugenii Arbogastisque dimicatio facta fuerit, ipsi bello Allobroges interfuisse existimandum est.

Allobroges sub Arcadio et Honorio et Valentiniano, et de Francis.

Post Theodosium Arcadius et Honorius ejus filii imperium susceperunt, et Constantinopoli Arcadius, Romæ Honorius imperavit; et curam Orientalis imperii Rufino, et Occidentalis Stilichoni pater horum mandaverat. Hoc quoque tempore, Alaricus Gothorum rex Italiam ingressus est. Et ut quæ hic et aliis locis in Allobrogum historia de Gothis scribentur plane intelligantur, hæc scire oportet quod eorum alii Ostrogothi, alii vero Visigothi seu Occigothi dicti fuerunt, sicut Diaconus et cæteri scripto reliquerunt. Nam, quum Thraciam Gothi habitarent, orientalem et occidentalem plagam Frigiternus et Alaricus eorum duces opprimere cogitaverunt. Et Gothi qui cum Frigiterno in Oriente remanserunt, Ostrogothi, id est orientales Gothi, appellati fuerunt. Hi autem qui sub Alarico occiduas regiones petiere, ab Occidente Occigothi vel Visigothi dicebantur. Hæc esse falsa Blondus primo Decadum libro existimavit, et Ablavii aliorumque testimonio, in patria superiores sedibus ab Orientis plaga Ostrogothos, inferiores ab Occidentis regione in qua versi habitabant Visigothos fuisse appellatos tradit.

Utcunque fuerit, ab Honorio sedem sibi et suis Alaricus, Italiam ingressus, petiit, et illi Honorius Gallias concessit, ad quas dum pergeret, culpa Stilichonis eum infestantis, Romam adivit, et calendis aprilibus anni Christi quadringentesimi duodecimi, teste Paulo Æmilio, eam cepit. Et paulo post in Italia interiit; et dum in Galliam Ataulphus ejus successor, pace cum Romanis facta, per Hispaniam iret, apud Barcinonem fraude suorum occisus est. Et inde post necem Segerici, successoris Ataulphi, Gothi, Waliam in regem assumpserunt. Inter hos motus ut domui suæ et Eucherio filio imperium Stilicho acquireret, Alemannos, Suevos, Vandalos et Burgundiones ad arma suscitavit, et ad pulsandas Gallias impulit; sed his conjurationibus patefactis, ab Honorii romano exercitu Stilicho et ejus filius interfecti fuerunt. Et interea apud Britanniam Gratianus tyrannidem arripuit; sed statim gladio interiit. Hujus loco Constantinus electus ad Gallias occupandas transivit, et adversus Honorium imperatorem et Visigothos, quos fœdus percussisse et contra cæteros tyrannos conspirasse fama erat, sese Arelate communivit, et filium Constantem Viennam misit, ut, secundum Blondum, venturas ex Italia copias impediret ne se Visigothis conjungerent. Et Constantium ad liberandas Gallias cum exercitu Honorius misit, qui postquam Galliam ingressus est Constantinum eam occupantem mox apud Arelatem cepit et occidit. Et a Geruntio comite suo, ut Diaconus Orosiusque, Lætus, Blondus, Æmilius et alii scribunt, Constans Constantini filius, imperii paterni consors, Viennæ Allobrogum interfectus est, et in Constantis locum Geruntius quemdam Maximum substituit. Sed Geruntium ipsum sui milites jugulaverunt. Maximus deinde in Hispaniam relegatus imperioque exutus obiit, et exercitus romanus qui sub his militabat Honorio reconciliatus fuit. Et opera Constantii Jovinus, vir Galliarum nobilissimus, postmodum Sebastianus frater ejus, qui successive Galliarum imperium susceperant, confestim sublati fuerunt. Cum Wallia Gothorum rege Constantius foedus percussit, et ipsi ad habitandum Aquitaniam, ejusdemque provinciæ quasdam civitates vicinas tribuit.

Deinde, circa tempora Leonis imperatoris, in Galliam Widimer Gothus per Italiam ivit, et parentibus Visigothis in Aquitania se et suos conjunxit; et prope Burdegalam adhuc Gothorum reliquiæ exstant, et eo nomine vocantur, et aliam gutturis pronuntiationem quam antiqui indigenæ habent. Ab Honorio quoque Vandali et Suevi pacem acceperunt, et in Hispanias etiam transiverunt. Inde apud Ravennam Constantium propter ejus virtutem Honorius imperii consortem fecit, sed paulo post hic consors interiit. Et mortuo Honorio, Valentinianus Constantii et Placidiæ filius imperium Occidentis obtinuit, et id imperium a Joanne post Honorii mortem occupatum Valentinianus eripuit, et in Galliis sub eo Aetius exercitui romano præfuit, et, authore Paulo Diacono, Gundicarium Burgundionum regem inter Gallias habitantem, Aetius bello obtrivit, pacemque ei supplicanti concessit. Et, si Blondo credamus, Aetius Burgundiones toties profligaverat, ut propediem eos aut Galliis exegisset, aut ad internecionem dedisset; sed, ob tantos imminentes imperio labores, pacem illis moestus concessit.

Scripsimus ea quæ apud Allobroges sub Romanis gesta fuere; et si quicquam extraneum immiscuimus, non esse alienum credatur, quoniam ad rem faciebat, et per id Allobrogum gesta deprehendebantur et aperta fiebant. Et de veritate eorum quæ retulimus nemo ambigere debet. Testes enim exteros veluti Romanos historicos et alios de Allobrogibus citavimus, nec domesticum testimonium arguetur vel impugnabitur, quum nullum citaverimus, imo nec legerimus, Allobrogem qui suæ gentis facta aut gesta memoriæ tradiderit. Sane longe plura quam tradiderimus

Allobroges sub Romanis gesserunt, si memoriæ data fuissent. Et de Allobrogibus Romani et alii tantum retulerunt ea quæ ad gesta sua et laudem gloriamque sui imperii pertinebant.

Et quia Allobrogibus tandem Franci dominabuntur, non incongruum videtur pauca de eis subjungere quæ hoc tempore contigerunt. Et Sicambrum, Priamum secundum, Hectorem secundum, et Troium et alios liberos usque ad Francum secundum habuit, ex suo stipite, Francus Hectoris filius, qui Celtis post Rhemum imperavit. Et Sicambros a suo nomine Francos appellari Francus secundus voluit, et cum Romanis bella gesserunt, ducibusque Marcomiro atque Genabaudo, Valentiniani imperatoris temporibus, Sicambri sive Franci ad Rhenum fluvium se contulerunt. Inde Romanis inclinantibus in Galliam irruperunt, et ad Sequanæ ripas in campis Parisiensibus et proximis sedes collocaverunt. Et in Francos primum Marcomirus dominationem accepit, et hujus consilio Faramundum filium Franci sibi regem primum anno Christi quadringentesimo vigesimo constituerunt. Et ab his Franciam magis quam ab illo primo Franco Hectoris filio fuisse dictam putamus, quoniam ante horum Francorum in Galliam adventum nulla ibi Franci nominis mentio erat. Et de Francorum origine Gaguinus varias sententias refert.

AYMARI RIVALLII

DELPHINATIS

de Allobrogibus

LIBER QVARTVS.

Allobroges sub Burgundorum regum ditionem venerunt.

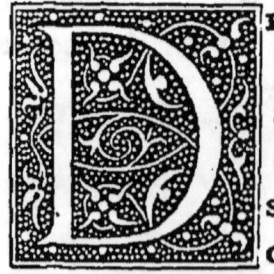EINDE ab Romanis Allobroges sicut complures aliæ nationes desciverunt, et sub alia imperia devenerunt, ad Burgundosque e Romanis regnum Allobrogum transivit et pervenit. Quo autem medio, satis constans est opinio, si altiora repetamus. Jussu enim Octavii Augusti imperatoris, contra Vandalos in extremis Germaniæ locis tumultuantes, Tiberius et Drusus expeditionem susceperunt et aciem duxerunt. Et ut Gaguinus author est, eos vicerunt, et partim citra Rheni ripas in Galliis, per vicos, quos Galli burgos vocant, distri-

butos habitare fecerunt. Inde ab his burgis Burgundiones appellati fuerunt. Et huic sententiæ Suetonius astipulari videtur, quum tradit Tiberium bellum Germanicum gessisse et quadraginta dedititiorum millia in Galliam trajecisse, juxtaque Rheni ripam, sedibus assignatis, collocasse. Gervasius autem testatur ad Rhenum, cum mulieribus et liberis, octoginta fere millia hominum, ab insula Scatanavia, ætate Tiberii pervenisse, et jussu ipsius Tiberii citra Rhenum ducentos burgos per longa tempora custodivisse : unde Burgundionum, ait, nomen sumpserunt. Et quum, secundum Isidorum et Paulum Orosium, subacta interiore Germania a Druso et Tiberio, adoptivis Augusti filiis, per castra dispositi in magnum numerum aucti fuissent, tandem Valentiniano primo et Valente imperantibus, ipsi Burgundiones burgos egressi Gallias petierunt, et eos Valentinianus, teste eodem Orosio et aliis, superavit. Cæteri post Cornelium Blondumque, primo Decadum libro, scribunt circiter quater viginti Vandalorum millia, relictis propriis sedibus, venisse, Augusto imperante, ad ripas Rheni, in oram Suevorum, et in eos ab ipso Augusto missos fuisse Drusum et Tiberium, qui in propriam regionem ipsos Vandalos redire et scorsum non in oppidis aut civitatibus, sed in teguriis (1) habitare coegerunt, ne iterum conspirarent et res novas molirentur; et novo vocabulo id habitationis genus burgi appellabatur. Et hinc complures in Germania et aliis regionibus civitates oppidaque nomen acceperunt, ut Magdeburgum, Straburgum, Friburgum, et id genus similia; et ista ratione hæ gentes, sensim relicto Vandalorum nomine, Burgundiones appellati sunt. Et eorumdem historicorum Diaconique testimonio, longe post, anno scilicet Christi trecentesimo septuagesimo sexto, Valenti-

(1) Tegurium, Tegorium, infimæ latinitatis verbum a *tegere* deductum.

niani primi temporibus, iterum supra octoginta hujusce gentis millia ad Rheni ripas venerunt, et paulo post Christianam fidem susceperunt et se citra Rhenum effuderunt. Et illic sine rege duodequadraginta annis in timocratia usque ad annum Christi quadringentesimum decimum quartum vixerunt. Quo anno Gundicarium seu Gundeuchum, vel Gondiochum aut Gondivicum, sibi regem creaverunt, paulo antequam Faramundus Marcomiri filius a Francis rex primus constitueretur; et undecumque Burgundiones in Rheni ripas venerint, a burgis hoc nomen acceperunt. Et te latere nolui, quod Paulus jureconsultus, in titulo de Censibus, quorumdam Burgundionensium meminit; et sub Alexandro Paulus inter humanos erat (1).

Gundicarius, primus Burgundorum rex.

Ab Stilichone, dum Honorius imperaret, ad arma et Gallias pulsandas cum Vandalis et Suevis Burgundiones suscitati fuerunt. Et Æduos tandem, Sequanos et Matisconenses, anno imperii Honorii et Arcadii septimo, ut Blondus libro Decadum primo ait, sub rege Gundicario occupaverunt, et relictis veteribus nominibus Æduorum et Sequanorum regio Burgundia ab ipsis Burgundionibus in hanc usque diem dicta est, et tunc Burgundiæ regnum incœpit; huncque Gundicarium inter Gallias habitantem Aetius dux romani exercitus in Gallia, sub Valentiniano juniore, Constantii filio, imperatore, bello obtrivit, pacemque, ut Diaconus refert, ei supplicanti concessit. Et inclinante Romanorum imperio, Bur-

---

(1) Julius Paulus, Patavinus, jurisconsultus non contemnendus, Alexandri Severi tempore claruit, sub initio seculi tertii.

gundiones sub eodem Gundicario paulatim in suam potestatem, authoribus Gaguino et aliis, redegerunt Lugdunum et Allobroges partemque Narbonensis provinciæ veluti Massiliam ac Salyos Nicæam usque, et quædam alia, ita quod regni Burgundiæ pars hæ regiones fuerunt, illiusque appellatione venerunt. Et sub Allobrogibus Salassi et Centrones et Garucelli Caturigesque ac Brigantes et alii comprehendebantur, necnon Vocontii et Cavari, in quibus est nunc comitatus Valentinus et Diensis, principatus quoque Arausicensis et Avenio cum comitatu Venaissino.

Et dum cum magnis copiis in Gallias Attila Hunnorum rex veniret, adversus eum convenerunt et conspiraverunt Aetius ac Meroveus Francorum rex et Theodoricus apud Tolosam Gothis imperans, necnon Gundicarius plusque nationes. Et primo impetu, statim post Galliarum ingressum, Attila Gundicarium Burgundionum regem sibi occurrentem, secundum Diaconum, protrivit. Deinde in Campis Catalaunicis bellum hi omnes confederati contra Attilam gesserunt; et ibidem conflictu facto Attila superatus evasit, et in Pannoniam rediit. Et prope Tolosam, ut aliqui referunt, hi Campi Catalaunici fuerunt. Alii prope Burgundos in Campania hosce Campos Catalaunicos melius collocant: nam et eo loco adhuc exstat ejusdem nominis episcopatus (1). Et, si Diacono creditur, centum in longitudinem et septuaginta in latitudinem leucas, more et vocabulo gallico metiendo, hi campi continebant. Et in eo prælio Attila quingenta hominum millia ducebat, et, testante in Decadibus Blondo, ex utroque exercitu ducenta vel centum et octoginta hominum millia cæsa fuere. Et eodem bello, quod, secundum Hiéronymum, anno Christi quadringente-

---

(1) Catalaunicus, Catalaunensis *ou de Chaalons-sur-Marne*, *suffragant de l'archev. de Reims.* episcopatus, *l'évêché de Châlons*,

simo quinquagesimo gestum est, Gundicarius, primus Burgundiæ rex, anno regni sui sexto et trigesimo cum Theodorico interiit.

Hoc Burgundiæ regnum tandem amplos et latos fines habuit; et quatuor primas ac præcipuas regni Burgundiæ metropoles urbes Ligurinus (1) sequentibus carminibus nominat :

> Has ibi metropoles, et primas nominis urbes,
> Chrysopolim placidam, Lugdunum sive Viennam,
> Quæque tuos spumante mari provincia fines
> Claudit Arelatum, validis obnoxia ventis,
> Chrysopolim Dubius, reliquas prælabitur amnis
> Maximus Allobrogum Rhodanus dominator aquarum.

Crediderim Chrysopolim esse Bisontium in Sequanis, propter Dubim ad ipsum defluentem; et hæ metropoles cum earum provinciis in Burgundiæ regno erant, scilicet Bisontium cum tribus diœcesibus Basilea, Lausana et Bellisia; Lugdunum cum quatuor suffragantibus Matiscone, Cabillone, Augustoduno et Lingone; Vienna, et sub ea episcopatus Gratianopolitanus, Valentinus, Diensis, Maurianensis et Gebennensis; Arelate sub se continens præsulatum Avenionensem, Massiliensem, Tholonensem, Cabalionensem, Carpentratensem, Vasionensem, Arausicensem et Tricastrinum. Et recte Ligurinus scribit has metropoles esse præcipuas regni Burgundiæ urbes, quia Gervasius tres alias in ipso regno archiepiscopales provincias addit: Musterium in Tarantasia cum Augusto et Sedunensi episcopatibus;

---

(1) Guntheri poetæ clarissimi, Ligurinus, lib. V, apud Reuberi Veteres Germanic. Impp. Scriptores. Francof., 1726, in-fol.

Ebredunum cum Diniensi, Glandatensi, Senessia, Grassiensi et Venciensi et Niciensi diœcesibus; Aquas Sextias cum Forojuliensi, Regiensi, Aptensi, Sistariensi et Vapincensi antistibus. Et longe post, Sixtus antistes maximus episcopatum Avenionensem in archiepiscopatum commutavit, et ei Cabalionensem ac Carpentratensem et quosdam alios tradidit episcopatus suffragantes quos Arelatæ detraxit.

Et postquam sub Burgundorum ditionem Allobroges cum provincia Arelatensi devenerunt, primaria regni Burgundorum civitas et caput Arelate fuit; et Arelate atque Aureliæ regni sui sedem Burgundi aliquando posuerunt, et ipsius regni Burgundorum Cancellariam, ut ita dixerim, vel justitiæ administrationem Vienna seu Viennensis provincia habebat; regnique Viennensis archiepiscopus erat Cancellarius, sicut libro primo et in Carolo quinto, de gestis Francorum, Gaguinus et Gervasius sunt testes; et quum media fere inter Burgundos et Arelatenses Vienna esset, nedum Allobrogibus, sed et Burgundis ac Arelatensibus, loci opportunitate, jus Viennæ reddebatur, et ibi ad jus reddendum constitutus erat senatus. Burgundiones, quum eis Allobroges contribuebantur, tantum honoris Cancellariatus nomini, teste Paulo Æmilio, dabant, ut etiam regni sui archicancellarium haberent. Et hunc magistratum, inquit, esse amplissimum necesse erat, quem apud Francos pontifex regiæ urbis, apud Burgundiones archiepiscopus Viennensium gerebant (1). Et post Burgundiæ superioris translationem ad Germanos præmissa etiam servata fuerunt; nam se Arelatensem regem Otho quartus, Gaguini testimonio, appellavit, et ad ipsum de Provincialibus et

---

(1) Pauli Æmilii Veronensis de rebus gestis Francorum libri decem. Lutetiæ, ex officina Vascosani, 1566, in-fol., p. 69.

Regno Arelatensi Otiisque imperialibus Gervasius libellum edidit. Et anno Christi...... imperator, Burgundiæ rex, archiepiscopum Viennensem constituit regni Burgundiæ Cancellarium et primum suum consiliarium. Et donationem regalium a Bella Cumba deorsum in utraque Isaræ ripa, factam Ioanni Gratianopolitano antistiti, per Federicum primum, decimo tertio calendas septembres anni Christi millesimi centesimi septuagesimi octavi, Rutbertus Viennensis archiepiscopus, et totius regni Burgundiæ archicancellarius, recognovit. Et de hoc exstat instrumentum in episcopatu Gratianopolitano, quod secundus Laurentius Alamandus antistes mihi ostendit; et alia etiam exhibuit nobis documenta Francisci regis mandato, quum ipse antistes se vectigal salis habere ex privilegiis assereret. Et hoc exempli gratia retulisse sufficiat, quoniam passim istud legitur in privilegiis quæ Augusti ædibus sacris et proceribus civitatibusque Burgundiæ ac Allobrogum et Salyorum dederunt.

Gundebaldus, Godomarus, Chilpericus et Godegiselus, Gundicarii liberi.

Quatuor liberos, Gundebaldum, Godomarum, Chilpericumque et Godegiselum Gundicarius reliquit. Et primo quiete paternum regnum hi filii possederunt. Tandem armis impiis Gundebaldum natu maximum, et Godegiselum stirpis minimum, Godomarus et Chilpericus fratres, ætate medii et adolescentia feroces, domo pellere ac universum regnum occupare contendebant, sicut Æmilius ait, ita quod Transrhenanarum gentium auxiliis in Æduorum finibus Gundebaldum vicerunt, et depositis insignibus regiis in tam fidas tutasque latebras sese Gundebaldus contulit, ut in acie cæsus crederetur. Et quum, velut bello confecto, Transrhenani domum rediissent, a latebris Gundebaldus egressus est. Ad eum, tanquam miraculo restitutum, concursus undique fiebat, et fratres, qui victoria freti Viennam Burgundiæ tunc contributam urbem accesserant, Gundebaldus obsedit, et ipsi oppidani haud ægre cesserunt. Chilpericum primo tumultu captum Gundebaldus securi percussit: Godomarum vero e turri in extrema spe se defendentem, subjecto igne et exustis foribus concremavit, et in Rhodanum, prope Arelatem, Chilperici uxorem, lapide collo ejus alligato dejicere, et liberos ipsorum Chilperici et Godomari masculos occidere fecit; et Sedeleuba seu Chrona, major Chilperici filia, vestalis effecta est. Apud se autem Clotildem majorem, eleganti forma, Chilperici filiam, Gundebaldus nutrivit; et, hujus Clotildis specie prudentiaque per legatos explorata, Clodoveus, quintus Francorum rex, eam in uxorem per Aurelium Gundebaldo petiit, sperans cum ipsa posse Burgundia potiri, eo quod, interemptis Clotildis parentibus, Gundebaldus regnum usurpaverat. Et quamvis hasce nuptias sibi fore infaustas Gundebaldus dubitaret, nihilominus huic matrimonio consensit.

Et apud Viennam Allobrogum, hoc tempore, Simplicius sanctitate, ut Gaguinus scribit, emicuit. Et quia cum Herulis Odoacer Pannonius Italiam occupabat, a Zenone imperatore Constantinopolitano et Orientali Theodoricus Ostrogothus Italiam impetravit, si Odoacrem superaret. Et ductis ex Oriente Ostrogothis, in Italiam venit. Et ipso Theodorico necnon Odoacro in Italia disceptantibus, Liguriam, ut apud Diaconum legimus, Gundebaldus cum ingenti exercitu ingressus est, et cuncta pro voluntate diripuit, infinitamque captivorum multitudinem secum in Gallias adduxit; et, secundum aliquos, Taurinum, Novariam, Comum, necnon alia oppida cepit. Et post habitam de hostibus victoriam, interemptoque Odoacro, Theodoricus Epiphanium pro redimendis captivis ad Gundebaldum misit, et eos captivos secum in Italiam Epiphanius reduxit. Et Jacobi Bergomensis et quorumdam aliorum testimonio, Clotildis a Clodoveo rapta fuit, dum, superatis Alpibus, in Novarienses et vicinas illis gentes Gundebaldus copias duxisset, et eos multis cladibus afficeret.

Ut sui regni vires Theodoricus constabiliret, defuncta prima uxore, Audefledam Clodovei Francorum regis filiam desponsavit, et alteram e filiabus suis a concubina susceptis Sigismundo Gundebaldi filio in uxorem dedit. Et uxoris monitione operaque Clodoveus, victoria de Alemannis habita, christianus effectus est.

Et imperante Zenone regnanteque Gundebaldo, Claudianus floruit (1), et, authore Adone, sacerdos Viennensis fuit; et hunc fuisse Viennensem Hieronymus, de Viris illustribus, epistola sexagesima septima, scribit: et ad dicendum et disputandum Claudianus valuit, et unum Expositionis librum in Ecclesiastem Salvianus Massiliensis ad eum scripsit.

Deinde Clodoveus, a Clotilde necis suorum parentum vindicandæ gratia incitatus, et ut etiam repeteret Burgundiæ regnum, quod fraude ipsius Gundebaldi Clotildis sibi ereptum aiebat, bellum in ipsum Gundebaldum movit, et ad hoc bellum etiam Godegiselus Clodoveum impulit, eo quod nullam regni partem a Gundebaldo impetrare poterat; et pacto convenerunt, ut eidem Godegiselo media Burgundiæ pars cederet. Alii scribunt, sollicitante tantum Godegiselo, non Clotilde, hanc belli expeditionem fuisse a

---

(1) *Claudien Mamert*, *prêtre de l'église de Vienne*, *sous l'épiscopat de saint Mamert, son frère aîné, fut*, selon *Sidoine Apollinaire*, peritissimus Christianorum philosophus et quorumlibet primus eruditorum.

Clodoveo susceptam, et quod a Clotilde vir rogabatur ne pergeret; ita Paulus Æmilius tradit. Utcunque fuerit, Gundebaldus apud Divionem superatus est, et Avenionem fugit, ubi eum Clodoveus obsedit et cepit. Et tandem, opera Aredii, Arelate municipis, magnis muneribus Clodoveo oblatis, se Gundebaldus liberavit, et annuum tributum Clodoveo pollicitus est; relictisque in Burgundia militum quinque millibus quibus Godegiselum præfecerat, in Franciam Clodoveus reversus est. Non longe post Godegiselum Gundebaldus repente adortus est, et Viennam Allobrogum, fratribus urbem fatalem, compulit, et in eadem ipsum obsedit. Et ne Viennæ commeatus penuria immineret donec a Clodoveo auxilium haberetur, homines ad bellum non aptos Godegiselus ea expulit; et inter dejectos erat quidam plebeius qui aquæductibus præfuerat, et, sui ejectione indignatus, Gundebaldum capere Viennam per unum aquæductum docuit. Magnum enim ipsius aquæductus spiraculum, lapide conclusum, plebeius ferreis vectibus repulit, et noctu immissi per eumdem locum Gundebaldi milites fuerunt, qui portæ proximæ fores ruperunt, et reliquas copias jam præparatas receperunt, et dejectis vigilibus præsidiisque muros statim occupaverunt (1). Et hoc medio Gundebaldus Viennam cepit, et post multorum stragem Godegiselus cum episcopo ariano occisus est in templo, ad quod, rebus desperatis, pro tutela confugerat; et senatores aliosque cives qui Godegiseli partes sequebantur Gundebaldus interfecit, et Francos ex eo bello superstites ad Alaricum Gothorum regem, Theodorici successorem Clodoveique hostem, Tolosam relegavit.

De interfecto Godegiselo Clodoveus certior factus in

---

(1) *Mermet ainé, Histoire de la ville de Vienne, de l'an 438 à l'an* 1039. *Lyon*, 1833, *in-8°, page* 48.

Gundebaldum ingentem exercitum comparavit et duxit, et antequam ab hostibus Gundebaldus includeretur, ad Ostrogothos fugit, et non longe post in exilio decessit. Et tum commendatione procerum gentis Burgundæ, tum affinitate Theodorici Ostrogothorum regis ac Sigismundi, Clodoveus simultatum certamina differens, eidem Sigismundo, Gundebaldi filio, regnum Cisararicæ Burgundiæ dedit. Et inter hos tumultus ipse Theodoricus, Ostrogothorum rex, Provinciam cepit et habuit. Postea Alaricum Gothorum regem Clodoveus invasit et interfecit.

Et per hæc tempora ingens fuit apud Viennam terræ motus, et, secundum Gaguinum, eo discussæ ædes palatinæ, cum privatorum domiciliis et templis, corruerunt. Hac ratione, ut etiam Platina, in Leone primo, tradit, Mamertus, tunc urbis pontifex, instituit supplicationes annuas quæ post Pascha, inter sacræ Ascensionis festum diemque dominicum, triduo ab universis Christianis celebrantur; eas etiam fuisse institutas Ado tradit, propter crebra incendia nocturnosque sonitus et alia prodigia quæ tunc in ipsa Viennensi urbe videbantur et audiebantur; nam et per eam lupi et aliæ feræ vagabantur, et ædes publica flammis terribilibus conflagrare crepusculo cœpit, et populosis hominum conventibus domestica silvestrium ferarum species obversabatur: de his in sua Homilia abunde Alchimus Avitus, Viennensis archiepiscopus, scribit (1). Et Allobroges universique fere Galli carnibus abstinent dum hasce supplicationes celebrant, et quotannis celebres Viennæ a sacerdotibus peraguntur. Temporibus Mamerti amplus erat Viennensis senatus, cujus tunc, Aviti testimonio, in ipsa

---

(1) Alcimi Aviti episcopi Viennensis Homilia de Rogationibus. S. Aviti opera, studio Jacobi Sirmondi; initio tomi 2 Operum variorum ejusdem; Paris., 1696, 5 vol. in-fol.

Homilia, numerosis illustribus curia florebat. Et Isicius senatorii ordinis erat, et ex Audentia uxore ipsum Alchimum Avitum et Apollinarem aliamque prolem Fuscinam suscepit. Et sanctus Mamertus spiritualis Avito pater a baptismo fuit. Et Avitus a puero humanis litteris, supra quam illa ætas Vandalorum et Gothorum incursionibus prope infecta ferre posset, institutus fuit; et, licet amplissimam et locupletem hæreditatem haberet, monasticem professus est in cœnobio divorum Petri et Pauli ad urbis Viennensis mœnia, sicut a Gennadio, Adone, Trithemio et aliis accepimus.

Et anno regni sui trigesimo Clodoveus expiravit, et e Clotilde quatuor reliquit filios qui inter se paternum regnum diviserunt. Et Mediomatricos sive Metenses Theodoricus assecutus est; ad Clodomirum vero Genabum seu Aurelia devenit; Clothario autem Suessiones contigerunt; et Parisios Childebertus obtinuit. Et Clotildis eorum soror nupsit Amalarico regi Alarici filio, qui Hispaniam et Pyrenæum adhuc cum Gothis tenebat; et nomen regium hi omnes filii acceperunt.

Sigismundus et Gundomarus.

Gundebaldo patri Sigismundus superstes in regnum successit, et sub principatu hujus claruerunt Alchimus Avitus et Apollinaris fratres, qui ex Hesychio seu Isicio, senatoriæ dignitatis familiæque nobilis viro, apud Viennam Allobrogum nati sunt. Et ipsius urbis post Mamertum Hesychius fuit præsul, cui Avitus filius successit, et in hæresim Arianam libellum composuit ad Gundebaldum Burgundiæ et Allobrogum regem, et consolatoriam de morte filiæ Gundebaldo aliaque opera scripsit; sed præsertim heroico carmine, de initio mundi, et primorum parentum creatione, et peccato originali, de primorum parentum transgressione, de parentum a paradiso expulsione et sententia Dei, de diluvio mundi, de transitu maris rubri, de castitate et virginitate ad Fuscinam sororem, Homiliam de prima festi Rogationum institutione ad populum Viennensem habitam, novem Epistolarum libros ad imperatores, reges, populos et diversos, et libellum de subitanea pœnitentia; testimonioque Joannis Trithemii, Avitus fuit theologus, rhetor et poeta clarissimus, non minus vitæ sanctitate quam scripturarum eruditione conspicuus; et scribendi et extemporanea dicendi, declamandique facultate valebat. Valentiæ autem Cavarum Apollinaris antistes erat, et principatum fisci Sigismundi Stephanus gerebat, suæque uxoris defunctæ sororem contra leges christianas desponsavit. Et hac ratione Avitus et Apollinaris pontifices, cum aliis, ipsum hominum consortio privandum sanxerunt. Et propterea eos in oppidum Lugdunensium nomine Sardiniam (1) Sigismundus relegavit. Inde propria repetere jussit. Et precibus suæ uxoris Apollinarisque suffragiis rex febre qua laborabat liberatus est. Hi ambo antistites in Divos relati fuerunt, miraculisque clarent. Et Apollinari major Valentiæ ædes dedicata est. Et in monasterio divorum Petri et Pauli apud senatoriam Viennensium urbem Avitus, anno Domini quingentesimo, sepultus fuit (2).

Ex uxore sua Theodorici filia Sigismundus rex Sigiricum habuit, et mortua hac prima uxore, secundam duxit; et quum matrem suam defunctam Sigiricus nimis laudaret

---

(1) Vita S. Apoll. apud Martene, Ampliss. collect. VI, 778.
(2) Alcimus Ecdicius Avitus obiit V februarii anno 525. Martyrologium Adonis, ex editione Georgii; Romæ, 1745, in-fol., pag. 81.

generosioremque hac secunda ipsam fuisse contenderet, eum regnum affectare paternum noverca hisce verbis agitata Sigismundo persuasit; et Sigiricum laqueo necare fecit Sigismundus, uxori deditus; et propter hujusmodi homicidium tanta pœnitentia ductus est, ut ad obtinendam peccati remissionem Mauricio, Exuperio, Candido, Victorique et aliis legionis Thebaicæ militibus ædem sacram magno sumptu construxerit, non longe ab Octoduro in Rhodani ripis, supra Lemannum lacum, loco quod Agaunum appellatur, ubi legionis cædes a Maximiano facta est, et illam ædem magnis muneribus donavit. Postea ad oppidi formam illa ædes muro circumdata fuit, et hodie Chablesium sive Sanctus Mauricius Chablesii vocatur, et Octodurum esse nunc Sanctum Mauricium Marlianus in indice Commentariorum Cæsaris existimat. Et dum ipsius ædis fundationi Sigismundus incumberet, Parisiis, Clotildis adhuc conquesta est apud liberos de nece utriusque parentis sui, et sibi portionem Burgundi regni ex successione paterna spectantem detineri, adeo quod maternis precibus moti, ut Gaguinus tradit, filii copias in Burgundos duxerunt et acriter pugnaverunt. Sed inclinantibus Burgundis Gundomarus Sigismundi filius jam vulneratus receptui canere jussit, et se cum suis retraxit; et in fuga cum uxore et liberis Sigismundus captus Aureliam missus est. Hæc a solo Clodomiro fuisse gesta Paulus Æmilius scribit, ut Burgundiam suo regno Aureliano proximo jungeret; et hunc belli prætextum, inquit, assumebat quod Sigismundum nece filii Burgundiones arguebant, non autem quod a Clotilde incitatus fuerit. Et non multo post Sigismundum cum liberis interemptum Clodomirus in altissimum puteum Aureliæ dejici jussit; sed inde ad ipsam divi Mauricii et commilitonum ædem evecti permissu Clodomiri fuerunt.

Gundomarus.

Deinde Gundomarum Sigismundi fratrem Burgundiones et Allobroges in regem susceperunt, et contra eum Clodomirus bellum reintegravit. Et in agro Viennensi, prope Sanctum Theuderium, loco qui Veserontia (1) appellatur, hi duo principes bellum gesserunt, et in fugam Gundomarus se convertit; hostesque Clodomirus longe a suis persequebatur, et a multis circumventus inimicis, et telis undique petitus vel a Gundomaro, secundum aliquos, hasta equo dejectus, mortem obivit, et ei caput fuisse amputatum et conto affixum a Burgundis in sublime elevatum, Gregorius Turonensis scribit. Sed nihilominus regis sui mortem Franci ulciscentes in bello perseveraverunt, et Burgundiones multis eorum interemptis in fugam adegerunt, vicosque et agros ipsorum incenderunt et depopulati sunt, et in Æduorum civitatem Gundomarus se recepit. Tres autem liberos mares, Theodoaldum, Guntharium et Clodoaldum, Clodomirus reliquit, quos apud se educandos Clotildis accepit; et ad vindicandam mortem fraternam Clotharius atque Childebertus exercitum in Burgundiam duxerunt Æduorumque civitatem obsederunt et ceperunt, et in Hispaniam ad Visigothos Gundomarus fugit. Et quum sibi adhuc ibi timeret, in Africam ad Vandalos se contulit, et ejus uxorem captivam

---

(1) Veserontia, secund. Gregorium Turon. « Apud Virontiam, Visorontiam, locum urbis Viennensis, » hodie *Vézéronce*, canton de *Morestel (Isère)*, prope Sanctum Theuderium, *Saint-Chef*.

victores abduxerunt, et universa Burgundia Allobrogibusque potiti sunt. Aliqui tradunt hoc bello interiisse Gundomarum, in quo linea masculina Gundicarii primi Burgundiæ regis extincta est; et ex ea familia sola Clotildis superstes remansit.

AYMARI RIVALLII

DELPHINATIS

de Allobrogibus

LIBER QVINTVS.

Allobroges cum Burgundia ad Francos devenere.

ortuo itaque Gundomaro, cum Burgundia ad Francos Allobroges devenerunt. Et partiendo Burgundiæ regnum, Clotharius et Childebertus victores nullam filiorum Clodomiri rationem habuerunt. Et ne ad regnum Clodomiri liberi aspirarent, eos, annuente fratre, Clotharius ex Clotilde ad se evocavit, et duos ex eis Gunterum et Theodoaldum interfecit, et, ut Clodoaldus evaderet nec occideretur, sacerdotium suscepit et religiose vixit. Et relicto Theodoberto filio regni sui successore, Theodoricus, primus Clodovei filius, anno regni vigesimo tertio obiit. Et ne quid in Gallia possidere Ostrogothos Franci indigne ferrent, Theodoberto Provin-

ciam Athalaricus Ostrogothorum rex, Theodorici ostrogothi defuncti successor et ex sorore nepos, attribuit, ut etiam cum Francis, quorum vires Italiæ jam formidolosæ erant, fœdus percuteret. Paulo post senio morboque Clotildis confecta occubuit, et in Clodovei sepulcro Parisiis inhumata est. Inde diem supremum Theodobertus egit, et huic Theodobaldus filius successit.

His temporibus per Belisarium ducem Justinianus Augustus ex Oriente Theodatum Athalarici sucessorem, et Ostrogothos Vitigitemque post Theodatum regnantem, Italia ejicere tentabat; tandem possessionem Liguriæ et Æmiliæ Narsetes, exercitus Justiniani dux, extincto nomine gothico cum Totila eorum rege, auxilio Alboini Longobardorum regis, adeptus est. Et Provinciæ Amatum civem romanum præfectum dedit, et alterum civem romanum, nomine Francillionem, Subalpinis præfecit, ut Alpium transitu Francos prohiberet. Defunctis inde Childeberto et Theodobaldo sine liberis, circiter annum Christi quingentesimum quinquagesimum nonum, omne regnum ad Clotharium devenit: et quatuor uxores habuit, Ingundem, Aregundem, Kunsenam et Radegundem, quæ, viri assensu religionem professa, tandem inter deos relata est. Et anno regni quinquagesimo primo, Clotharius expiravit. Et de regibus francis proposui tantum ea scribere quæ ad Allobrogum historiam spectant; alia autem gesta referre excessus esset.

Allobroges sub Chariberto, Guntramo, Chilperico et Sigiberto, Clotharii liberis.

Clothario Charibertus, Guntramus, Childericus atque Sigibertus liberi superstites fuerunt, et regnum inter se paternum diviserunt; et Chariberto natu majori Parisiorum regnum, Guntramo Aurelia, Sigiberto Metenses obvenere, et Suessionem Chilpericus adeptus est. Et quum per Belisarium, Narsetem et alios legatos Justinianus nomen gothicum in Italia delevisset, ut scriptum est, et post tot victorias ipsum Narsetem Sophia Augusta uxor Justini successoris Justiniani sive ipse Justinus revocasset, et Longium Exarchum successorem in exercitu dedisset et Narsetem Sophia eunuchum diceret, et alia injuria affecisset, Alboinum Longobardorum regem e Pannonia Narsetes ad occupandam Italiam accersivit. Et anno Christi quingentesimo duodeseptuagesimo Alboinus Longobardorum rex cum suis necnon viginti Saxonum millibus omniumque liberis atque conjugibus in Italiam migravit. Et e Scandavia, septentrionalis Oceani insula, Longobardi originem traxerunt; et ad hanc usque migrationem, victis bellicosissimis gentibus, in Pannonia diu consederant. Et hunc Longobardorum in Italiam adventum scribimus, quia adversus Allobroges bellum gerent. Et ut partem belli, adversus hanc novam gentem Italiam occupantem, Franci caperent, Justinus graecus Augustus, viribus suis non confidens, eis Provinciam reddidit. Et Guntramo Aurelianorum regi inde Amatus Provinciae a Narsete praefectus obtemperabat et parebat; nam Burgundiae ulteriores fines Aurelianum regnum continebat. Rhodanum etiam transcendens Allobroges complectebatur, quibus Provinciam esse contributam Guntramus contendebat; superiorem autem Burgundiam et magnam Alpium partem cum Metensibus Sigibertus obtinebat. Et quia recenti memoria Theodobertus Mediomatricum seu Metensium rex ab Alarico aut Amalasunta ejus matre gubernante Provinciam acceperat in ipsius Provinciæ partem, Sigibertus, utpote Metensium rex, se admitti petebat, et contrariis studiis regionis civitates distrahebantur.

In hac fluctuatione Longobardi ultro Alpes transgressi, Provinciam populati sunt, occurrentemque cum exercitu Amatum, facta magna strage, interemere, et in Amati locum Guntramus Mummolum suffecit. Dulcedine autem Gallicæ prædæ Longobardi semel illecti iterum Alpes transcenderunt, et in Ebredunensem agrum pervenerunt. Sed locis oportunis a Mummolo circumventi, quantam prius dederant, tantam cladem acceperunt. Belli quoque et prædæ studio Saxones Longobardorum socii ac commilitones per se Alpes transiverunt, et a Mummolo turpiter rejecti fuerunt. Quare cum Sigiberto, qui juxta eorum patriam regnabat cujusque beneficio in patriam reduci sperabant, fœdus junxerunt, et, relictis Longobardis cum conjugibus ac liberis, patriam repetentes, rursus Alpes tentabant. Et quum a Mummolo via apud Allobroges arcerentur, pecunia transitum redemere, per Sigiberti regiones deinde iter fecerunt, et Rheno trajecto antiquas sedes petierunt; et Saxonum secessione, et quod iter illis per mediam Franciam concederetur, Longobardi magis irritati fuerunt. Et testibus Gregorio Turonensi et P. Æmilio, tres eorum duces, Amo, Zabanus et Rhodanus in Galliam tertiam expeditionem suscepere. Et posita copiarum parte ad Eporediam adversus Francillionem Gallis fidem cum Augusto suo principe servantem, ne aut a tergo abeuntes adoriri aut redeuntes prohibere posset, per cæteras Alpes validis præsidiis carentes iverunt. Et in Provinciam Amo Massiliam usque flexit, cæteraque populatus, ab Aquensibus ut ipsorum agris parceret viginti duas libras argenti accepit. Et Diniensium fines Zabanus deussit, et Valentiam Cavarum obsedit; Gratianopolim vero Rhodanus aggressus est. Et apud eam castra posuit, et undique prædam agebat, et ipsam urbem in potestatem redegit; et contra hosce hostes Mummolus exercitum duxit, et adversus Rhodanum primo devenit, in Isaræque ripis apud ipsam Gratianopolim factus est conflictus, et Longobardi victi ac cæsi fuere; et in proximos montes cum quingentis viris qui ei remanserant Rhodanus, hasta graviter vulneratus, fugit. Et inde per devia, inviaque et pervia ad Zabanum Valentiam obsidentem se contulit, et ei cladem acceptam et imminentem si mox non abirent significavit, et, cunctis in prædam datis, ambo Ebredunum redierunt: et illuc, secundum Gregorium, Mummolus exercitum perduxit et ingentem Longobardorum stragem fecit, ita quod pauci in Italiam regressi sunt. Sed, teste Æmilio, duo duces Rhodanus et Zabanus pervenere Secusionem oppidum, quod in fide græci Augusti cum Gallis Sisinius præfectus continebat; et antequam ipsi Sisinio socio amicoque copiæ Mummoli jungerentur, hostes, quum eis Sisinius viribus impar esset, propera fuga ad suos contenderunt. Quum, tardius itinere facto, ea parte transire Amo prohiberetur, collecta omni præda, alia Alpium juga tentavit; sed, magna prædæ parte amissa, obsidentibus nivibus, vix et ægre in Italiam cum paucis ad suos evasit et erupit.

Quum in colle urbis Viennæ, Aviti antistitis temporibus, abbas Leonianus cœnobium in divi Andreæ honorem vestalibus construxisset et fundasset, et ibi sub Christi lege Remila Eugenia, Ancemundi ducis filia, nutrita esset; deinde, sub Philippo Viennensi pontifice, ipsa Remila aliud cœnobium divo Andreæ construxit, eo loco quo Geria et Rhodanus coeunt (1) : et forsan id cœnobium Ancemundus incœperat, vel ejus jussu Remila ædificavit; nam ante majus altare ejusdem templi est Ancemundi sepulcrum cum hac inscriptione :

HIC IACET DVX ANCEMONDVS
NVLLI VIRTVTE SECVNDVS
QVI REXIT SEDEM
ET EDIDIT EDEM.

Ex hoc etiam conjectamus eum fuisse Viennensium gubernatorem. Et ejusdem Philippi ætate, Theuderius Allobrox inter humanos agebat, et in provincia Viennensi a claris parentibus originem traxit. Tandem vitæ sanctimonia inter Deos relatus est, ejusque corpus sub monachorum custodia exstat in uno Allobrogum oppido quod ab eodem Sanctus Theuderius et allobrogice Sanctum Caput, ab ejus capite, appellatur. Et non longe a Vienna, in quodam eorum vico cui Assiciæ nomen est, sui parentes templum divo Mauricio construxerunt : hunc enim vicum et plura alia bona apud Allobroges Theuderii majores possidebant (2).

Et sine prole Charibertus Parisiorum rex humanos reliquit. Inde, Childeberto e Brunechilde relicto, Sigibertus quarto decimo sui regni anno occisus est. Et Meroveo Chilperici filio Brunechildis nupsit, et ob hoc et alios mo-

---

(1) Præceptum Ludovicii Pii de monasterio Sancti Andreæ subterioris. Charta Ansemundi et Ansleubanæ conjugis, cujus mentio habetur in superiori præcepto. Baluz. in Append. Capitular., N. 48, 49.

(2) Theuderius, Theudarius, Theudericus, Theodarius cujus vitam ab Adone conscriptam edidit Mabillon, Act. SS. ord. Bened., tom. I, p. 217; ex ed. Venet.

res corruptos Desiderium Viennensem antistitem in se invehentem, ut quidam aiunt, hæc regina in insulam Levisium relegavit (1). Hujus enim Brunechildis tempore, Lugduni Ætherius, apud Æduos Siagrius et Viennæ Desiderius mira sanctitate, Gaguini testimonio, clarebant. Paulo post in septembri, Rhodanus, Allobrogum fluvius, præter morem excrevit, et se Arari permiscuit, et per Allobrogum agrum diffudit. Et per hæc tempora adversus Longobardos Chilpericus, acceptis a Mauricio imperatore mille auri pondo, per Allobroges et Alpes bis tetendit; sed primo a Longobardis grandi pecunia donatus, et secundo, propter seditionem Francorum et Alemannorum qui in auxilium venerant, re infecta in Galliam rediit (2). Et quum græce latineque eruditus mediocriter esset, ad litteras nostras quatuor insuper græcas, $\Omega, \Psi, \Sigma, \Delta$, intulit, quæ et in diplomatibus atque chirographis ejus de donatis Ecclesiæ proventibus exscriptis plurimo post tempore remanserunt, ut Gaguinus post alios scribit. Sic itaque a Chilperico Græci augmentum habuerunt litterarum quas a primis Gallis consecuti fuerant. Et e secunda uxore Fredegonda Chilpericus Clotharium suscepit, et occisus est. Et Mummolo apud Convenas interfecto, Leudegillum Provinciæ Guntramus præfecit. Et Cabillonem, regiam Burgundionum urbem, ab initio principatus delegerat.

Ut in episcopatum ædes Mauriana erigeretur, ei Guntramus rex multa largitus est; et inter cætera, ut in territorio villarum Sancti Andreæ et Argentinæ (3) omne jus regium

---

(1) Insulam Levisium, *Lewis*, *île d'Ecosse*, *l'une des Hébrides*.

(2) Hæc perperam Rivallius post Gaguinum Chilperico attribuit quæ gessit Childebertus. Greg. Turon., Hist. Francorum, lib. VI. cap. 42.

(3) *Saint-André et Argentine sur les rives de l'Arc, rivière qui traverse la vallée de Maurienne.*

episcopi Maurianenses obtinerent : idem quoque in locis ultra Arcum positis, scilicet in Valloria, Albana, et in Sancto Joanne cæterisque omnibus montanis illius regionis vicis (1). Et hanc fundationem templi Sancti Joannis Maurianensis per Guntramum factam summi pontifices confirmaverunt. Hæc legimus in æde Mauriana dum in Sabaudia pro Ludovico Gorrevodo antistite Maurianensi et aliis Sabaudiæ episcopis contra Carolum ducem essemus, ut hoc donum et alia ipsorum episcoporum dona defenderem in cœtu omnium doctorum Sabaudiæ, et de laude Ducis Cancellarii. Erga pauperes benignissimus et sacerdotes ac Dei ministros observantissimus Guntramus fuit. Et anno regni sui trigesimo diem supremum obivit, et in monasterio divi Marcelli Cabillonis quod construxerat sepultus est.

Allobroges sub Childeberto et Clothario eorumque liberis.

Childebertum Guntramus hæredem instituit, et ex hac patrui institutione Aurelianum regnum Burgundiamque ulteriorem et Allobroges Childebertus assecutus est. Et a patre Metenses cum Burgundia superiore et Alpium parte obtinuerat, et cum uxore Childebertus mortem obivit, relictis Theodeberto et Theodorico liberis; et ille imperium Metense, hic Burgundiam cum Allobrogibus adeptus est. Et bellum inter se Theodoricus et Theodebertus fratres commoverunt, et Theodebertus superatus est, Desideriumque Viennensium antistitem

---

(1) *Valoires, Albanne, Saint-Jean-d'Arves.*

obrui lapidibus Theodoricus, secundum Æmilium, jussit. Et apud Coloniam Theodebertus interiit, superstitibus duobus liberis quos Brunechildis interemit. Et Theodoricus Austrasiæ regnum suscepit. Non longe post, anno regni sui duodevigesimo expiravit. Et ex Clodovei familia Clotharius supererat, et Austrasiæ ac Burgundiæ regno Sigibertum Theodorici nothum Brunechildis præficere contendebat. Sed apud Ararim Sigibertus a Clothario victus est, et Brunechildis capta et equo distracta, apud Æduos, assentiente Clothario, sepulta est; et complura sacerdotum collegia in Burgundia et Lugduni, pro muris, divi Vincentii cœnobium, ædificavit; et in templo Sancti Donati Delphinatus oppidi sunt christianæ hujus Brunechildis Orationes matutinæ, in quarum tegmine argenteo est sequens litteris romanis inscriptio: In honore Domini Jesu Christi fecit domina Brunichildis regina, quæ inde in hoc templo reposita est (1).

Ex reliquorum obitu ad Clotharium quatuor regna devenerunt, et plurimos Burgundæ ditionis proceres antistitesque et cives aliquid pensi habentes, inter quos Allobroges erant, ad se vocavit, et ad sibi conciliandam eorum amicitiam ipsos amplissimis muneribus donavit. Et Burgundionibus Varnarium, Transjuranis autem Herponem administratores dedit, et ipsum Herponem, vitia temporum licentia nata emendare conantem, Transjurani feroces, tunc sui prope juris effecti, interfecerunt. Et per Leudemundum Sedunensem episcopum Alethæus, cædis auctor, Burgundio, apud Transjuranos potens et dives, Bertrudem reginam sollicitavit, ut, relicto Clothario

---

(1) *Il n'est nullement question de ces Heures de la reine Brunehaut dans l'Histoire de Iovinzieu, aujourd'hui Saint-Donat, bourg du département de la Drôme, par Jean-Claude Martin. Valence,* 1812, *in-*8°.

rege, quem eo anno periturum, mathematicis auctoribus, dicebat, ad se cum regiis muneribus veniret, et eam desponsaret. Se autem a Leudemundo his moribus existimari ut maritum relinqueret regina ægre tulit, et hæc marito dixit. Sed, ad preces sanctorum virorum, episcopus templorum sanctitate se tegens, a Clothario vita veniaque donatus est, et ne sui episcopatus territorium egrederetur ei jussum est. In Transjuranos quoque rex profectus, judicio procerum Alethæum, cum cæteris qui in noxa erant, capite punivit.

Longobardis, qui in eorum et Augustorum tumultu quotannis a Guntramo ad ipsum usque Clotharium duodecim auri pondo Francis solvebant, tributum abrogavit. Et tunc in Francorum fide Eporedia et Augusta Segusioque erant, et per oratores Ago, Longobardorum rex, Clothario significavit æquum esse quod hæc oppida ab Augustis suorum opera recepta sibi redderentur, et, consilio trium procerum qui singula dona ab legatis acceperant, Clotharius, receptis sex et triginta nummorum millibus, ipsam Augustam et Eporediam necnon Segusionem, Alpinas civitates, liberas Longobardo dimisit, et cum eo fœdus percussit. Ex Bertruda vel Bertetruda Dagobertum, ex Sichilde secunda uxore, Charibertum habuit. Et Dagobertum Austrasiæ Clotharius præfecit, eique sororem Sichildis Gomatrudem nuptui dedit. Inde, anno regni sui quadragesimo quarto, Christi vero sexcentesimo trigesimo primo, diem supremum obivit, et apud Sanctum Germanum inhumatus est.

Allobroges sub Dagoberto Charibertoque et eorum liberis.

Post patris sui mortem, Dagobertus Franciam et Burgundiam, necnon Allobroges, cum Austrasia accepit. Chariberto autem Tolosa et aliæ urbes quæ infra Pyrenæos montes et Ligerim continentur obvenere, et primam sui regni sedem Tolosæ instituit. Et in Burgundia, ubi Gomatrudis regina agebat, Dagobertus jus cuique postulanti ita laboriose dixit ut cibo interdum parceret, et sub Burgunda ditione Allobroges quoque curavit. Et non legimus si præclari aliquid Allobroges sub his principibus gesserint, sicut nec sub Sigiberto vel Chilperico aut Clodoveo, Clothario, Childerico, Theodoricoque, Clodoveo altero et Childeberto, Dagoberto ac Theodorico, qui a Dagoberto et Chariberto Clotharii filiis processerunt. Nam, propter horum principum ignaviam, nihil in Gallia præclari gestum est, quum tunc in Magistros equitum omnis dominandi vis regnique cura sita esset; et calendis tantum maiis reges in publicum prodibant, muneraque vicissim et dabant et accipiebant; cætera Magistri equitum obibant. Et si quicquam illi equitum Magistri gesserint, eos Allobroges juverunt. Sed postquam ipsi Allobroges sub majori imperio fuerunt, et sibi dominari desierunt, nulla in rebus agendis eorum facta est mentio, sed majori duntaxat militum numero res gestæ scriptæ fuerunt, et omnia Francis adjudicabantur, licet Allobroges bonam operam sub eis navassent. Sic, quando Romanorum imperio Allobroges adjecti fuerunt, in bellis eorum opera Romani utebantur, et tamen omnia Romanis attribuebantur. Et si ab Cæsare nunquam Ægus et Roscillus Allobroges descivissent, eorum virtutem Cæsar non commemorasset, ita quod is a Cæsare recessus ad posteros ipsorum memoriam reliquit: idem aliis gentibus quæ majori imperio subsunt contingit. Sed ad ulteriora procedamus.

Allobroges sub Martello.

In præfectura sub Theodorico Carolus Martellus prospere bellum contra hostes gessit, et conventu universæ Franciæ habito, non magisterium equitum, sed Francorum principatum regnique curam Martellus, inter hosce satis ignavos principes nihilque præclari agentes, accepit. Et quia, eo regnante, Allobrogibus et aliis Gallis Saraceni vim intulerunt, non erit excessus de his aliquid commemorare, ut sequentia melius intelligantur. Et ante Martelli tempora ipsi Saraceni, religioni Christianæ infestissimi, Ægypto et Africa potiti, per fretum Herculeium in Hispaniam transierunt, et, occisa omni Visigothorum tunc Hispaniam tenentium nobilitate ac Roderico eorum rege, totam Hispaniam præter Astures et Cantabros occupaverunt. Et odio Francorum, Eudo Aquitaniæ dux hos Saracenos et Abidiramum eorum regem in ipsos Francos excitavit, et simul cum eis Franciam ex Aquitania invasit. Sed occurrente Martello in Turonum finibus, hi hostes superati fuerunt, et eo prælio trecenta septuaginta quinque barbarorum millia ceciderunt, ex Francis mille quingenti duntaxat perierunt. Inde Burgundiones tumultuantes Martellus compescuit; sub his Allobroges continebantur, et præsidium omnibus locis posuit; orta adhuc in Burgundia seditione, Lugdunum profectus est, et ibi aliquot cives defectionis auctores pœna affecit. Inde per Allobroges progressus, Arelate aliisque munitioribus locis præsidia imposuit et domum rediit. Interea Eudo mortem obivit, et Aquitaniæ ducatum Martellus Francorum imperio adjecit.

Postea Narbonensem provinciam, imprimis eos Visigothorum populos qui ante Gothicani, nunc Occitani vocantur, a Francis sæpe victos, nondum perdomitos, Hunoldus et Vaiferus Eudonis filii sollicitaverunt et pepulerunt, ut in eosdem Francos bellum moverent; hisce Visigothis affuere Suevorum et Alanorum Vandalorumque reliquiæ et soboles, quorum majores, Stilichone sollicitante, Galliam vastaverant et in Hispaniam irruperant, et eam sibi ac liberis diu occupaverant, in Africam quoque ipsi Vandali penetraverant. Itaque in Francos hi populi et etiam Galli Ariani conjuraverunt; et quia ad delendam ignominiam pœnasque expetendas adhuc Saracenos in Gallias descensuros pro comperto habebant, ne gloria eis daretur, hi debellandum prius esse crediderunt. Transmisso Rhodano, quidquid in Francorum fide erat, diripuerunt, incenderunt, diruerunt, neque viris aut mulieribus, non pueris vel senibus pepercerunt, et cædem nostrorum opimam et acceptissimam numini victimam esse arbitrati sunt; templa auro ornamentisque nudabant et solo æquabant.

Et hanc præcipue Allobroges procellam sensere, ut P. Æmilius ait, et Vienna ægre defensa est, et omnia circa eam hostes fœdaverunt, et vel nudatum vel ruinis cumulatum solum exstitit. Tunc ab his Gothis, ut arbitror, pyramis seu Gracchi sepulcrum, quod est inter vineas Viennensium, quodque Acum Viennenses appellant, perforatum fuit, cum turri superba Pipeti : ex hoc volentes Gothi significare posteris quod ibi fuerant, et id egregium ædificium et aliud quodlibet diruissent si voluissent. Sic Aquis, Sabaudiæ vico, in prætorio romano et Romæ, et in aliis regionibus quas superabant, in pulcherrimis et antiquis ædificiis Gothi faciebant.

Deficiente apud Allobroges debacchandi materia, Rhodanum transgressi, Galliam interiorem petiere, et, augescente eorum rabie, metu Lugdunensium animi a Francis deficere videbantur. Plus animi viriumque Senonibus fuit. Magnum enim Visigothorum exercitum suos agros urentem, ductu civitatis episcopi, repentina eruptione fuderunt et fugaverunt, et quosdam nobilissimos a suis interclusos occiderunt. Omnem tamen prope Burgundiam hostes evastavere, antequam justo cum exercitu Martellus occurrere posset. Tunc etiam, vastitate et solitudine Franco relicta, Allobroges repetierunt; ac si quid a priore populatione integri reliquum erat Visigothi exciderunt, spatio dato, dum sociorum auxilia Martellus operiebatur. Demum valida auxilia Luitprandus Longobardorum rex, et Lanfredus Alemannorum nobilissimus et Odillo Bavarorum dux, in Galliam duxerunt, tum Francorum amicitia et caritate, tum hostium impietatis odio.

Et ad famam ustæ a Visigothis Galliæ, Saraceni denuo ex Hispania in Galliam processerunt. Et vicissim, datis acceptisque obsidibus, cum Visigothis fœdus percusserunt, et bellum summa fide et concordia parabant, et Maurontum seu Athinum, Saracenorum et superstitum Hispaniæ Gothorum regem, Mauricius provinciæ Massiliensis comes noctu Avenionem, ignaris oppidanis, introduxit, et a barbaris Avenio et Narbo, duæ velut belli arces, delectæ fuerunt. Et ad tentandum quid consilii cepissent, per Childebrandum Martellus eos aggressus, et primo ipsius adventu hostes Avenionem se recepere, et eosdem Childebrandus obsidebat. Recepta autem Burgundia et Lugdunensibus jurejurando adactis, cum sociis Ducibus, Martellus per Allobroges Avenionem petiit, et Childebrandi copiis eas quas ducebat junxit; et ab hostibus Avenionem vindicavit, et navibus per Rhodanum Athinus in mare delatus, Narbonem Hispaniæ proximam ivit, et eam deinde Franci obsederunt; et licet obsessis Amoreus Saracenorum rex succurreret, nihilominus repetita classe Athinus et alii obsessi Gallia discedere coacti fuere. Mauricium provincia Massiliensi Martellus exuit, et, collaudatis sociis et amicis qui in auxilium venerant, eos cum muneribus domum remisit.

Et licet Artaium prope Bellum Crescens, Allobrogum pagum, et Arausicense theatrum, et alia id genus Romanorum ædificia fuerint, ut libro primo scripsimus, nihilominus hæc antiqua Romanorum ædificia vulgus Saracenis attribuit, quia post Romanos Saraceni hanc regionem occupaverunt, aut quia Romanos et alios non Christianos ipsum vulgus Saracenos vocat. Et adeo militibus suis Martellus omnia permisit, ut, dum hi magis quam Visigothi hostes sacra profanaque diriperent, per aliquot annos Lugdunensis Viennensisque sedes episcopis caruerint, quum Lugdunensi antistiti injuriis militaribus defuncto nullus suffectus fuisset; et coenobium Mauricio et sociis apud Agaunum dedicatum Wilicarius præsul Viennensis ingressus est, ubi honeste vixit.

Carlomanno filio Austrasiam Alemanniamque et Thoringiam, Pipino vero Franciam, Burgundiam et alia Martellus reliquit. Griffonem autem juniorem filium silentio præteriit. Et Ægidius, alius filius, Rothomagensis episcopus erat. Paulo post, anno suæ administrationis sexto et vigesimo, anno vero Christi septingentesimo primo, Martellus expiravit.

Allobroges sub Pipino et ejus fratre.

Pipino fratri Carlomannus, seculi negotia pertæsus, regni gubernacula tribuit. Romæ a Zacharia Romano pontifice religionis monachalis professionem recepit, et in monte Soracte sancto Sylvestro monasterium ædificavit; exinde ad Sanctum Benedictum in Cassinum usque pervenit, et ibi effectus est monachus. Prospecta autem regum Franciæ inertia, quum domi delitescerent, nec ullam reipublicæ procurationem susciperent, judicio Zachariæ pontificis maximi, proceres Franci Pipinum sibi regem delegerunt. Et anno Christi septingentesimo quinquagesimo, Childericus sive Chilpericus rex, Theodorici frater et successor, homo vecors, in monasterium detrusus est. Post ex Urbe ad Pipinum per Longobardos et Allobroges Stephanus secundus, pontifex summus, Zachariæ successor, sive Gregorius, se contulit, et eumdem Pipinum in Francorum regem Stephanus sacravit; et a Pipino, contra Astulphum Longobardorum regem, qui graviore tributo et aliis injuriis Italiam et Romanos premebat, suppetias petiit. Et ne in se exercitum Pipinus duceret, Carlomannum monachum Astulphus, permittente abbate, ad ipsum ire jussit. Sed Carlomanni adventu Pipinus sententiam non mutavit; verum illius auctoritas valuit ut per legatos Astulphi voluntas in autumno et hieme exploraretur, si querelis pontificis satisfaceret. Sed non habito in omnibus æquo responso, Carlomannum in Viennensi cœnobio, et Bertam reginam suam uxorem etiam Viennæ Allobrogum linquens, sequenti vere, Pipinus copias in Longobardos per Allobroges duxit, et Alpium angustias, depulso Astulpho qui transitum prohibebat, recepit. Sunt qui scribunt Longobardos, desertis eorum stationibus, nullo facto virtutis periculo, fugisse. Et quum Italiam Pipinus ingressus esset, Carlomannus, contracta ægritudine, et languore correptus, Viennæ diem extremum clausit, sicut Reginon ait. Et teste Blondo in Decadibus, hunc suadentem Longobardorum amicitiam Pipinus claustro Cassinensi profugum in Viennense monasterium relegaverat, ubi non longe post mœrens, inquit, indignabundusque interiit.

Hostem vero Pipinus vicit, et eum tantisper Papiæ obsedit, donec Romano pontifici ablata restituere et ei nihil detrimenti facere jurasset, et obsides quadraginta dedisset. Sed postquam in Franciam Pipinus rediit, promissa Astulphus non servavit. Quare, superatis iterum Alpibus, Pipinus Astulphum adhuc Papiæ obsedit, et Ravennam cum aliis urbibus quas Stephano Longobardus abstulerat restituere coegit; et inde Franciam repetiit. Et anno Christi septingentesimo sexagesimo octavo et ætatis suæ duodeseptuagesimo Pipinus Parisiis interiit; et in cœnobio Novalesiæ supra Segusionem, ad Montis Cinisii pedem, Berta Pipini uxor sepulta esse dicitur.

Allobroges sub Carolo Magno et Carlomanno.

Huic Pipino ex Berta uxore duo liberi superstites fuere, Carolus et Carlomannus. Sed Carlomanno paulo post defuncto, nedum Burgundiam et Allobroges, sed universam Galliam, Carolus sub imperio suo habuit. Et in Aquitania et aliis regni Franciæ regionibus plures comitatus constituit, et maxime Tolosanum, Armeniacum, Engolismensem, Petrigorium, Lemovicensem, Turonum, Arvernum et Pictavium, et eo Carolus donavit Albonem consanguineum suum. Nemo existimet nos ab re suscepta recedere quando de Pictaviis comitibus scribimus, nam ab eis descendentes tenuere comitatum Valentinum et Diensem, qui sunt nunc Delphinatui adjuncti et sub legibus Christianissimi regis Delphini. Alboni successit Girardus.

Et quum plura oppida, vi et multa spontanea deditione, ab Adriano primo, sacerdote summo, Desiderius Lombardiæ rex, Astulphi successor, substraxisset, Desiderium ipsum, ut ab injuriis desisteret, et quæ Romano sacerdoti abstulerat restitueret, Carolus admonuit. Desiderio autem recusante, et adventato in Galliam pontificis legato auxilium petente, Carolus Gebennas Allobrogum civitatem pervenit, et, testibus Reginone ac Blondo Platinaque in Vita Adriani primi, et Paulo Æmilio, conventum apud Allobroges in eadem civitate habuit, et e conventus, quod concilium dicunt, sententia, ad subveniendum pontifici exercitum coegit, in duasque partes ipsum divisit, et cum una parte per Montem Cinisium ipsemet ire cœpit, et cum reliqua parte per montem Jovis Bernardum avunculum suum misit. Cognito Caroli et Bernardi adventu, Desiderius Alpium angustias, quas fortissimis præsidiis in Taurinensibus apudque Augustam Prætoriam jam occupaverat, Blondi et aliorum testimonio, reliquit, et in plana se recepit. Superatis montium jugis, Carolus, si Gaguino credas, Taurinum ivit, et apud Eporediam uterque suus exercitus sese conjunxit. Inde Vercellas, ubi cum grandi exercitu hostis erat, Carolus profectus est, et, secundum Plutarchum seu Donatum, Carolus tendens in Desiderium per Alpes, qua primum Hannibal cum omnibus copiis transgressus est, in agrum Taurinum descendit : et ad Alpes et Vercellas pugnatum est, et conflictus locum, propter occisorum stragem, incolae Mortariam appellaverunt. Et similitudine formae Æmilius et Amicus aequales ibi sub Carolo militantes occubuerunt, et ille sepultus est in divi Petri, hic in divi Eusebii sacellis, quae Galli dedicaverunt. Papiam, quae erat regni Lombardiae caput, Desiderius fusus se contulit; et relictis in obsessione Papiana bellicosis militibus sub Bernardo avunculo, Carolus Romam ad videndum pontificem ivit. Inde reversus, Papiam et Desiderium cum uxore ac thesauro et filia in potestatem accepit, et Desiderii filius per mare Constantinopolim fugit.

Sic Carolus Italiam obtinuit, et Desiderium uxoremque et filiam ejus per Allobroges Lugdunum in exilium misit, ut in Vita Adriani primi Platina author est. Et hic Desiderius fuit ultimus rex Longobardorum qui ducentis annis regnaverunt, et urbes quas Romano antistiti Desiderius abstulerat restituit, et his Spoletum atque Beneventum addidit : sedatisque in Italia rebus et positis firmissimis praesidiis, cum magna praeda et gloria in patriam rediit. Et quum Leonem pontificem, Adriani successorem, quidam patricii Romani expulissent, illum in sede Carolus restituit, et in muneris compensatione, habito sacerdotum consilio, postquam tres annos supra triginta Carolus Gallorum regnum administrasset, eum Augustum octavo calendas januarias Leo appellavit, quum Gothorum occupatione trecentis et triginta annis imperii nomen dissuetum esset.

Et quidam scriptum reliquerunt : Rolandum, Caroli nepotem, Gratianopolim, quae fidem Christianam nondum susceperat, longo tempore obsedisse, et dum in Dalmatia Carolus adversus Vandalos et Saxones bellum gereret, et secundum Bartholomeum Anglicum, Maris Historiarum scriptorem (1), hostes ipsum Carolum obsedissent, et auxilium a Rolando Carolus postulasset; suppetias ei ferre Rolandus cupiebat, sed, ne rem imperfectam omitteret, et septennio obsessam Gratianopolim inexpugnatam relinqueret, suis jejunium triduanum indixit, et a Deo opem petiit. Et quum postea civitatem circuiret, voluntate Dei pars murorum ipsius, necnon altera turris portæ Joviæ, ceciderunt : et in hanc usque diem ruinæ vestigia prope cœnobium Sanctæ Claræ et ad illam portam Joviam apparuerunt. Quare, circa annum Christi octingentesimum, cives territi religionem Christianam susceperunt et se Caroli imperio submiserunt. Aliqui ferunt Rolandum arcem Pariseti et alteram ad Buqueronem cum sacello, apposito ibi uno Dionysii digito, in hac obsidione exstruxisse (2). In antiquis Delphinorum monumentis legitur, Carolum per se Gratianopolim non christianam debellasse acquisiisseque; utcunque fuerit, in hujus victoriæ memoriam, Carolus ædem sacram Gratianopoli divo Vincentio dedicavit; et adhuc exstant illius insignia, scilicet lilia aquilis mixta in ipsius sacelli arcu.

Et ob violatam sæpe fidem Carolus Helvetios sedibus

---

(1) *D'une adventure merveilleuse qui advint a Roland tant comme il vivoit encores avant qu'il entrast en Espaigne, et comment il delivra son oncle des mains des Sarrazins. Et comment il print la cité de Garnople.*

(*Le second volume de la Mer des Hystoires et Cronicques de France ; Paris, 1517, in-4°, feuillet 56. L'auteur de cette compilation est Jean Descourtils, et non l'anglais Barthélemi de Glanvil.*)

(2) Turris Pariseti, *la Tour de Pariset ou la Tour sans Venin.* Et vero de strenuo illo Rolando, si quidem unquam fuit, hujus castelli conditore illata humo Lutetiana, cum Gratianopolim a Saracenis occupatam obsidione premeret, fabula quædam circumfertur, quam referre non piguit authorem ejus libri, quo sacerdotia omnia diœceseos Gratianop. describuntur, ideoque manuscriptus in Episcopii tabulario asservatur. (Salvagnius Boessius, de septem Delphinatus Miraculis, II^a Silva).—Buquero, Castrum de Bucurione, *Bouqueron, aux portes de Grenoble.*

expulit, et in Alpes conjecit. Allobrogum enim fines et Sequanos prius attingebant, et Saxonum accessione aucti erant. Et ex Hildegarda Carolum ac Pipinum et Ludovicum Carolus genuit; et Pipino Italiam, Carolo citeriorem Galliam adhuc vivens attribuit. Sed ante patrem hi duo vita excessere. Et Mediolani Pipinus sepultus est, et Bernardum filium Italiæ regem reliquit.

Tempore hujus Caroli, sexto nonas octobris, divus Bernardus Viennensis antistes Severini, Exsuperii Felicianique reliquias, quæ Breniaco (1), in æde Sancti Romani prope Viennam jacebant, Romanis in templo ab eo condito collocavit; et per aliquod annorum curriculum eorum vitam et mortem ac supplicium Romanenses magno sumptu commemorant et ludo repræsentant.

Ob gestorum magnitudinem Carolus dictus est Magnus, sicut ob victum Mithridatem Pompeius Magni agnomen acquisivit. Verumtamen gesta per Carolum Magnum solos Allobroges attingentia retuli ne historiam quam de Allobrogibus suscepi excedam. Et quinto calendas februarias anni Christi octingentesimi quindecimi et suæ vitæ alterius et septuagesimi, septimo autem regni sui anno supra quadraginta et quartodecimo imperii anno, Carolus Magnus expiravit, et Aquisgrani sepultus est. Et, ob obsequia christianitati per hunc Carolum ejusque patrem et alios præstita, Francorum reges agnomen Christianissimi consecuti sunt, et guttureo laborantes morbo Dei nomine curant.

---

(1) Brenniacum, Brocianum, *le territoire*, *le mas do Brenier ou des Brosses*. Vita S. Barnardi, episc. Vienn. Act. SS. Ord. S. Ben. V, 549.

Allobroges sub Ludovico Pio.

Carolo Magno nedum in Galliarum regno, sed etiam in imperio Ludovicus filius successit, et Pii cognomentum ob mansuetudinem, sicut Antoninus imperator, assecutus est: et contra eum Bernardus Lombardiae rex, e Pipino fratre nepos, exercitum duxit, et jam Alpium angustias occupaverat, firmoque praesidio tenebat; et copias e Francis et Alemannis Ludovicus contraxit, et Cabillonem usque pervenit. Et quum eos quorum auxiliis utebatur Bernardus esse perterritos videret, patruum, sperans ab eo veniam consequi, adivit; idem fecerunt Anselmus Mediolanensis episcopus, Vuolphonsus Cremonensis praesul et Theodulphus Aurelianus antistes; reliqui quoque Bernardi consultores; sed in eos omnes, Aquisgranum ductos, varie animadversum est. Vivente hoc Ludovico, Pipinus ejus filius Aquitaniae praefectus, relicto ejusdem nominis filio, interiit. Ludovicum autem alterum filium hic rex Bavaria donavit, et Lothario tertio filio Austrasiae regnum a Mosa flumine ad Ungaros usque dedit. Allobroges vero, et reliqua quae ad occidentem spectant, Carolo quarto e Juditha uxore filio tradidit. Et quum e Lombardia ad quam jussu patris componendam iverat jamdudum Lotharius Romam petiisset, eum imperii insignibus Paschalis Romanus pontifex donavit, Augustum quoque appellavit; et duodecimo calendas junias anni Christi octingentesimi quadragesimi Ludovicus mortem obivit, et in monumento Hildegardae matris, post septuagesimum quartum aetatis annum, Metis sepultus est. Et nihil praeclari suo tempore apud Allobroges gestum invenio.

*Allobroges sub Lothario Ludovicoque et Carolo,
Pii liberis.*

Ludovico Pio patre mortuo, in Carolum Lotharius et Ludovicus Bavarus maximum exercitum paraverunt, eo quod, licet a posteriore uxore natus esset, in parte tamen nobiliori hæres a patre institutus fuerat. Ab Allobrogibus autem et Francis sponte et alacriter Carolus adjutus, numerosum exercitum adversus hostes collegit, et ad Fontanetum Altissiodorensis agri vicum, pridie Ascensionis christianæ, atrox pugna facta est, ut antehac apud Francos major cædes ex utroque exercitu non legatur; et victoriam Carolus obtinuit, ac Lotharium, qui Aquisgranum fugerat, Carolus cum exercitu secutus est; et inde Lugdunum cum uxore et liberis Lotharius fugiens se contulit, et post eum Ludovicus profectus est. Mox Viennam Allobrogum commigraverunt, et cum exercitu Carolus eos petiit, si Platinæ et Gaguino aliis quoque credamus. Partes vero Caroli Ludovicum fuisse secutum, Blondus et complures alii tradunt. Et in flumine Rhodano, sub Vienna, per quartum milliaris, est insula in qua (1) de rebus ad se pertinentibus hi tres reges consilium ceperunt et concordiam inierunt. Et ex ea pace, Germania, in qua Bavari sunt, Ludovico obvenit. Carolo vero qui Calvus dicebatur relictum est regnum Franciæ ab Oceano Britannico ad Mosam usque, ita quod Arari, Rhodano,

---

(1) Propter civitatem Madasconis (Matisconis), in insula quæ Ansilla dicitur. Nithardi Historiæ lib. IV; apud du Chesne Historiæ Francorum Scriptores, t. II, p. 378. Parisiis, 1636, in-fol.

Mosa, Scalde, Oceano et saltu Pyrenæo contineretur. Omnem vero Austrasiam Lotharius habuit, cum portione terræ quam ab eo postea Lotharingiam fuisse appellatam quidam putaverunt. Penes quoque Lotharium Allobroges et Cisararica Burgundia ac reliquæ opes et imperium fuerunt: Pipini adolescentis nulla habita est mentio; et quum propter id nova moliretur, in cœnobium dedicatus est. Regnum Aquitaniæ in ducatum Calvus commutavit, et Ranulphum divitem Burgundiæ principem, sibi sanguine junctum, primum Aquitaniæ ducem creavit.

Et in Italiam cum ingenti exercitu Lotharius Ludovicum filium misit, et eum Sergius secundus, pontifex maximus, Italiæ regem Romæ decrevit. Religionem apud Prumiam Lotharius paulo post professus est, distributa prius sua hæreditate inter filios in hunc modum: quod Italiam Augustique nomen Ludovicus natu grandior haberet, et Carolo Provincia cum Allobrogibus et altera Burgundia cederet, et alteram Burgundiam cum Austrasia Lotharius acciperet. Sed post octavum inde annum Burgundiam Transjurensem sive Cisararicam Lotharius et Provinciam Italiæ propinquam Ludovicus obtinuit. Deinde apud Placentiam Lotharius mortem obivit, dum rediret ab urbe in quam ad Romanum pontificem iverat, eo quod uxorem Valdradam, altera nomine Tiberga dimissa, habere nixus fuerat. Audita vero Lotharii nepotis sui morte, Carolus Calvus cum Ludovico Germanorum rege fratre suo ipsius Lotharii regna divisit, et Lotharingia, alteraque Burgundia, ut quiscumque locus opportunior erat, inter hos divisæ fuerunt; et Ludovicum, Lotharii fratrem, Italiæ regem, Sergius secundus pontifex imperatorem appellavit. Et per legatos is Augustus fratris sui regna a Calvo et Ludovico Germano petiit. Ad idem pontificis legati venere, et Augustæ in Galliam propterea missæ Ludovicus Calvi frater reddidit quicquid sibi e Lotharii regnis cesserat, et Augustæ congressum Calvus, majores causatus occupationes, vitavit, et partem quam ex Lotharii morte habuerat non restituit.

Defuncto inde Ludovico Augusto, Calvus cepit quidquid is in Gallia haberet, uxoremque Silvanectum misit; et dejectis e jugis Alpium Ludovici Germanorum regis militibus, ad intercludendum iter missis, Calvus per Allobroges, superatis ipsis Alpibus, in Lombardiam ivit. Et eum anno Christi octingentesimo septuagesimo sexto Joannes octavus, pontifex maximus, Augustum appellavit, et dignitate imperiali donavit; utque Italiam in fide contineret, Bosonem, Richildis uxoris suæ Augustæ fratrem, ducem Papiensibus dedit et Italiæ cum aliis præposuit. Hermengardam, Ludovici Augusti filiam, quam pater Basilio Græco Augusto desponderat, Bosoni matrimonio collocavit. Et quia Cæsaris Hermengarda sponsa fuisset, et patrem avumque Augustos habuisset, virum Ducem majori cupiditate implevit, et injucundam sibi fore vitam negavit nisi virum regem amplecteretur. Et ut non modo duces, sed reges Calvus Augustus crearet, eisque imperaret, et jura diceret, Provinciæ quæ Hermengardæ patri avoque paruisset Bosonem, testibus Sigeberto et Paulo Æmilio, regem creavit. Porro, Ludovici Augusti morte, Provincia, Gaguini testimonio, Calvo obvenerat, et tanto apparatu tantaque ludorum magnificentia Bosonis nuptiæ, secundum Reginonem, celebratæ fuerunt, ut hujus celebritatis gaudia modum excessisse dicantur.

Deinde in Franciam ipse Carolus Calvus reversus est, ubi Ludovicum Germaniæ regem vita decessisse accepit, relictis Ludovico Carlomannoque et Carolo Crasso filiis, cum quibus Calvus bellum gessit. Et anno Christi octingentesimo septuagesimo septimo in Italia defunctus est; et primo Vercellis sepulcrum habuit, et post annum septimum ad sacram Dionysii ædem in Franciam translatus est (1). E Richilde secunda uxore nullos liberos superstites reliquit; e prima autem Hermentruda Ludovicum duntaxat, qui Balbus dictus est, et regnum patris obtinuit. Et suo tempore Joannes pontifex maximus per Allobroges Lugdunum et inde Trecas venit, et ipsum Balbum Augustum appellavit; sed reginam Adelaidem coronare noluit, licet ab marito obnixe rogaretur. Et idibus aprilis anni Christi octingentesimi octogesimi Balbus mortem obivit, et vix biennio regnavit, et gravidam uxorem reliquit. Ranulpho autem Aquitaniæ duci successit Guillermus Pius Arverniæ comes, nepos suus, qui majore temporis parte Matisconensem regionem in Burgundia habitabat; et proximo sanguinis gradu attingebat Girardum, Pictavorum comitem, qui per hæc tempora Ebalum sive Eblem filium habuit.

(1) Cum rediret ex Italia, Monte Cinisio transito, ad locum nomine Brios obiit Carolus Calvus; corpus ejus depositum sepultumque fuit in Nantuacensi monasterio, et septennio post in Sancti Dionysii basilicam translatum. Brios, forsan *Avrieux*, *au pied du Mont-Cenis*.

AYMARI RIVALLII

DELPHINATIS

de Allobrogibus

LIBER SEXTVS.

Regnum Burgundiæ et Allobrogum cum Provincia ad reges peculiares rediit. Boso.

x sua uxore, Ludovici imperatoris filia, Boso Ludovicum habuit; et post Balbi mortem, Franci de regno ejus, teste Sigeberto (1), varia censebant: et conventu habito, alii illud filiis ejusdem Ludovici Balbi e concubina natis deberi judicabant; alii Bosoni Provinciæ regulo ad illud injuste invadendum assentiebant; plerique anteponebant Germaniæ regem qui regni negotia recte moderari posset. Et in hac turbatione

---

(1) Chronicon Sigeberti Gemblacensis coenobitæ, sub ann. 880.

Boso Provinciam egressus Allobroges occupavit, et, ut Æmilius testis est, inter Bosonem ipsum et Theodoricum de comitatu Æduensium contentio erat. Et quum se etiam Burgundiæ regem Richardus Theodorici filius diceret, quod Ædua, quam sibi loco patris vindicabat, Burgundiæ caput esset, a Lugdunensium pontifice Boso regiis insignibus ornatus ac sacratus fuit (1). Et non tantum Provinciæ, sed et Burgundiæ regem, primo ipsum, deinde Ludovicum ejus filium, idem pontifex declaravit. Et Reginon addit quod nonnullos episcopos partim minis, partim suasionibus in societatis fœdera Boso collegit, et quod Lugdunum ingressus ab Aureliano ejusdem urbis antistite et aliis pontificibus, anno incarnationis Christi octingentesimo septuagesimo nono, in regem Burgundiæ inunctus est.

Secundum Sigebertum, interim ex legitima uxore Balbi regis, quam moriens gravidam reliquerat, natus est filius nomine Carolus. Et quum Metim usque Ludovicus Germaniæ rex ab aliquibus evocatus pervenisset, adolescenti regi faventes ad eum miserunt nuntium, ut, sicut inter ipsum et Balbum fuerat conventum, mediam Austrasiam seu Lotharingiam acciperet dummodo Franciam liberam dimitteret; et eam oblationem Ludovicus accepit, et ad suos, authore Gaguino, reversus est. Et dum Carolus is Simplex, Balbi filius, sub Eudonis, Roberti Andegavensis filii, tutela educaretur, et Eudo bonus et rebus gerendis aptus a Gualtero Senonum archipræsule consecratus cum regia appellatione administraret, Hugonis Abbatis et aliorum procerum industria et studio, Ludovicus et Carlomannus, Balbi ex pellice filii, regium nomen invaserunt et

---

(1) Regis nomen Bosoni a viginti tribus episcopis delatum est idibus oct. an. 879, apud Mantalam, palatium regale in agro Viennensi, cujus nunc apparent ruinæ non longe ab Ancrone ad fluviolum Bancellum.

Ambianis regnum paternum inter sese diviserunt. Francorum regnum cum omni Neustria Ludovicus suscepit; Carlomanno autem Burgundia atque Aquitania concessæ fuerunt, et Bosonem ejusque filium Ludovicum Provinciæ se finibus continere coegerunt; certiores enim facti quod Viennam Allobrogum Boso occupabat, et uxore ibi relicta in proximos montes se receperat, ad Allobroges ipsi fratres exercitum duxerunt et Viennam circumcluserunt. Paulo post eis significatum est Normannos septentrionales populos in Franciam incursiones facere. Quare, Carlomanno ad continuandam Viennæ obsidionem relicto, Ludovicus contra Normannos profectus est, et eos superavit. Deinde Turonis mortem obivit; Ludovici autem fratris mortem Carlomannus statim intellexit, copiarumque parte ad obsidionem Viennæ dimissa, ivit ad proceres qui ipsum ad fraternum regnum vocabant, et Viennam a suis fuisse receptam inter eundum accepit. Et, testibus Sigeberto et Reginone, Bosonem hi duo fratres semper persecuti sunt et quinquennio regnaverunt. Et post eos nomen Bosonis alii Francorum reges adeo exosum habuerunt, ut, in ejus dejectione ac mortis exitio, non modo principes ac duces, sed etiam eorum satellites sacramentis et execrationibus obligarent. Sed tam perspicacis ingenii Boso erat, ut, quum a multis, ut scripsi, regibus assidue peteretur, a nullo tamen aut capi aut circumveniri potuerit; tantæque moderationis erat, ut, quum sibi faventes proscriptionibus damnarentur bonisque omnibus privarentur, nunquam tamen ei milites sui insidiati sint, nunquam fraude eum prodierint, licet utrumque hostes sæpe tentassent. Et Allobroges necnon Burgundiam in qua, ut Sigebertus refert, tyrannidem exercuit, Boso sæpe invitis hostibus adivit.

In pago Jovinciaco Viennensis archiepiscopatus, prope Romanos, templum sancto Donato, sub monticulo juxta sacram Beatæ Mariæ Jovinciacæ ædem construxit et ædificavit. Et inde, decimo sui regni anno, sancti Donati corpus a Sisterciensi seu Sistaricensi territorio, et divorum Vincentii, Orontiique et Victoris corpora, a civitate Ebredunensi, quarto nonas maias, in id templum transtulit, locumque et territorium cum jurisdictione ipsi templo jure perpetuo reliquit et donavit; et ad hæc usque tempora locus ille sive oppidulum, relicto nomine antiquo, Sanctus Donatus appellatur; sed templum non omnem jurisdictionem habet. Et Viennæ, in æde Mauricia metropoli, Boso sepultus est, ejusque sepulcrum adhuc exstat, intra parietem sacelli proximi januæ qua a templo ipso ad majus, ut dicunt, Capitulum itur. Et in Bosonis tumulo est sequens carmen sive epitaphium, quo mores et gesta illius ostenduntur.

REGIS IN HOC TVMVLO REQVIESCVNT MEMBRA BOSONIS
HIC PIVS ET LARGVS FVIT AVDAX ORE FACVNDVS
SANCTI MAVRICII CAPVT AST CIRCVMDEDIT AVRO
ORNAVIT GEMMIS CLARIS SVPER ATQVE CORONAM
IMPOSVIT TOTAM GEMMIS AVROQVE NITENTEM
HIS DVM VITA FVIT BONA DVM VALITVDO MANERET
MVNERA MVLTA DEDIT PATRONO CARMINE DICTO
VRBIBVS IN MVLTIS DEVOTO PECTORE MAGNA
CONTVLIT ET SANCTIS PRO CHRISTI NOMINE DONA
STEPHANE PRIME TIBI CEPTRVM DIADEMA PARAVIT
LVGDVNI PROPRIVM RVTILAT VELVT IGNICOMVS SOL
QVAMVIS HVNC PLVRES VOLVISSENT PERDERE REGES
OCCIDIT NVLLVS SED VIVO PANE REFECTVS
HOC LINQVENS OBIIT CHRISTI CVM SANGVINE REGNVM
QVEM DEVS IPSE POTENS CELI QVI CLIMATA PINGIT
CETIBVS ANGELICIS IVNGAT PER SECVLA CVNCTA

OBIIT III. IDVS IANVARII. VIII. ANNO REGNI SVI.

Et mortuo Balbo, Carolus Crassus a Joanne pontifice maximo Augustus designatus fuerat, et a suarum partium hominibus non modo Augustus, sed etiam Francorum rex appellabatur. Et post obitum spuriorum Balbi, anno Christi octingentesimo septuagesimo nono, ducibus Godefredo ac Sigifredo, Normanni, Christianam fidem non habentes, multas Franciæ civitates necnon Viennam ipsam cum adhærentibus castris destruxerunt, quare sacella sua et templa sacerdotes et viri religiosi reliquerunt et latuerunt, et sese alio traduxerunt, ut aliqui tradunt. Et per legatos Franci Carolum oraverunt, ut regni curam assumeret; et contra Normannos is Carolus, qui Crassus dicebatur, exercitum paravit, et cum eis pacem fecit, data in matrimonium Godefrido Lotharii regis patruelis sui filia, et Frisiam Normannis attribuit. Post Crassum Arnulphus ejus nepos Carlomanni filius Augustus salutatus est; Franciæ quoque regem sese dictitabat. Et in Italia Berengarius Forojuliensis, ex Longobardorum genere, qui apud Calvum gratia auctoritateque valuerat, imperium invasit (1). Et Arnulphus undecim annos imperavit. Et paucis annis Vendaldus, alter Arnulphi filius, Lotharingiæ rex fuit (2).

Ludovicus, Bosonis filius.

Mortuo Bosone, Ludovicus ejus filius Allobroges et Provinciam sub Burgundiæ regno suscepit. Et tertio idus augusti anni incarnationis Christi octingentesimi nonagesimi quarti, anno autem regni sui

---

(1) *Bérenger, fils d'Éverard, duc de Frioul et petit-fils de Louis-le-Débonnaire, par sa mère Gisèle.*

(2) *Zuintibold, Zuentibolde, roi de Lorraine, bâtard d'Arnoul, empereur en 896.*

quarto, apud Niceæ castellum, postulante Hirmingarda matre sua, confirmavit Isaaco antistiti Gratianopolitano donum quod ædi Gratianopolitanæ Boso pater suus fecerat, de ecclesia Sancti Donati cum suis spiritalibus obsequiis, sita in vico Jovinciaco comitatus Viennensis, eidemque episcopo concessit quidquid jure hæreditario aut alias in territorio Viennensi vel Lugdunensi atque in Provincia seu in quibuscumque regni sui locis habebat aut acquireret.

Et circa annum octingentesimum nonagesimum quintum Guillermus Pius, Aquitaniæ dux et Arverniæ comes, Ebalum Pictavorum comitem hæredem instituit. Is autem desponsavit filiam Henrici Saxoniæ ducis, qui postea imperator fuit. Et spe Italici regni, nominisque Augusti, quod Ludovicus avus ejus maternus obtinuerat, ipse Bosonis filius a Provincia per Taurinos, ut Blondus ait, in Italiam transcendit, et eum Berengarius prælio vicit et cepit, et, recepto juramento quod deinceps Ludovicus rebus Italicis abstineret, eum dimisit; et domum reversus post annum contempto jurejurando, Italiam repetiit. Et anno Christi nongentesimo primo imperatoris nomen sortitus, Berengarium Italia expulit, et regnum suæ ditioni subegit; et quum hunc vel alium sibi non posse officere Ludovicus crederet, dissoluto exercitu, cum paucis Veronam, adhortante ipsius urbis episcopo, ingressus est. Hoc autem statim Berengario exulanti notum cives fecerunt, et contractis undique copiis Berengarius Veronam pervenit, et dolo Ludovicum improvidum cepit, luminibusque privavit.

Post mortem Arnulphi, Galli et Germani Ludovicum ejus filium imperatorem esse voluerunt. Et anno imperii sexto, Christi autem nongentesimo duodecimo, obiit; huncque aliqui esse scribunt, quem Berengarius cepit et luminibus privavit. Inde a stirpe Caroli Magni imperium, quod annis fere centum Galli tenuerant, ad alios transivit. Et Conradus Austriæ sive Franconiæ dux post Ludovicum Augustus designatus est, et septem annis imperio præfuit. Et in Conradi defuncti locum Henricus, Othonis Saxonum ducis filius, imperium assumpsit, annisque duodeviginti imperavit.

Et quia, post Bosonem et ejus filium, sequentes reges superiorem duntaxat Burgundiam cum Allobrogibus et Provincia habuere, necessarium est ad sequentium intelligentiam cognoscere: Galliam Celticam Æduos et Sequanos continere, qui, Burgundis eorum regiones occupantibus, postea Burgundi appellati fuere et ipsæ regiones Burgundia. Et, sicut ante Burgundorum adventum Ædui suam et Sequani aliam regionem separatam habebant, ita, post ipsarum regionum occupationem a Burgundis factam, duplex Burgundia fuit, et a loci situ quælibet Burgundia varia habuit nomina. Nam Æduorum regio quæ est inferior et trans Ararim ac citra Juram montem collocata, a loci situ Burgundia inferior et ulterior ac Transararica et Cisjurensis appellatur. Sequanorum vero plaga, quum sit superior et citra Ararim ac trans Juram montem, Burgundia superior citeriorque et Cisararica ac Transjurensis dicitur. Et inferior Burgundia Campanos attingit, superior vero Bisuntinos spectat. Et cum Provincia Boso et ejus filius utramque Burgundiam cum Allobrogibus, sed in controversia, possederunt. Alii autem reges Burgundi sequentes Burgundiam duntaxat superiorem cum ipsis Allobrogibus et Provincia consecuti sunt, et semota inferiore Burgundia, regnum Arelatense in usum venit; et sub sua ditione Provinciam Allobrogesque et Burgundiam superiorem habuit. Hæ quoque provinciæ magis regnum Arelatense quam Burgundum vocari cœperunt. Etiam Viennæ tunc regnum erat, ut in Conrado secundo postea scribemus. Et Burgundia inferior novum dignitatis nomen assumpsit, et ducatus Burgundiæ ibi constitutus fuit. Post Càrlomannum enim alterum e Balbi spuriis, cui, ex divisione cum Ludovico fratre facta, Burgundia inferior atque Aquitania concessæ fuerant, sub ducibus Francis, Burgundia ipsa Campaniam attingens esse cœpit, ut sub Richardo patre Rodulphi, Caroli Simplicis tempore, et sub Henrico regnante, Lothario ac deinde Carolo, Ludovici liberis, et sui nominis tantum appellationem Ludovicus Lotharii filius posteris reliquit.

Duo Caroli filii præmatura morte defuncti sunt, ita quod vi et armis Francorum regnum Hugo Capetus obtinuit. Burgundiam autem postea dux Henricus carens liberis Roberto Francorum regi, Capeti filio, legavit. Et post hunc Robertum Henricus major ejus filius regnum Francorum habuit, et Burgundiæ ducatum Robertus alter e Constantia filius assecutus est. Henrico regi primus Philippus ejus filius ad regnum successit, et Burgundiæ ducatus Roberto alteri filio obvenit. Et hanc ducum Burgundiæ inferioris seriem a Bosonis temporibus ad Delphinos usque descripsimus, ut constet quod, post Bosonem ejus quoque filium, Burgundiæ reges superiorem duntaxat Burgundiam cum Allobrogibus et Salyis possederunt: sub majori tamen regis Franci imperio; nam ad ipsum Provinciæ regnum primo Calvus, ut etiam regibus imperaret, Bosonem creavit, et ante a Gondomari morte Franci reges totum Burgundiæ regnum tenuerant. Et, ut nihil omittatur, deinde superior Burgundia novum nomen accepit Comitatus, qui ob libertatem a tributis Francus Comitatus in hanc usque diem appellatur (1).

(1) Francus Comitatus, *la Franche-Comté*.

Rodulphus, Richardi filius.

Burgundiæ autem Transjurensis et Allobrogum regnum Rodulphus, Richardi Burgundorum ducis filius, post Ludovicum Bosonis filium in Italia luminibus orbatum, obtinuit (1), ut apud Blondum Æmiliumque legimus. Et hoc tempore Carolus, legitimus et naturalis Balbi filius, regno Francorum præerat, et Simplicis cognomen a moribus traxit. Eudo enim moriens proceres jurejurando adactos admonuit hunc Carolum esse legitimum regni Francorum hæredem, et quod eum sine controversia regnare permitterent.

Novum bellum in Francos Rollo Godefridi successor, Normannorum rex, movit, et Carnutum petiit et obsedit. Et copiis ad ipsum Carnutum promotis, Richardus Burgundorum dux atque Ebalus Pictavorum comes Rollonem invaserunt. Quare Gualtelmus, Carnutensis antistes, irruptione a civibus facta, deportans tunicam interiorem quam vulgus camisiam vocat (2), Normannos a tergo aggressus est, et post magnam suorum stragem Rollo fugit. Sed postquam suos e fuga recepit, indignabundus per omnem regionem populationes fecit, ita quod crudelitatibus, mortibus et clamoribus æther replebatur. Et quum Franci hac de causa inertiam Caroli Simplicis accusarent, ipse rex ex-

---

(1) Rodulfus filius erat Conradi qui Burgundiæ præfuerat, sed paterna sorte minime contentus « superiorem Burgundiam apud se statuit regaliter retinere, » ut aiunt Annales Fuldenses sub an. 888.

(2) Legendum est ut in Orderici Vitalis Historia ecclesiastica : Tunicam sanctæ Dei Genitricis Mariæ in manibus ferens... Tom. I, pag. 160, ex accuratissima editione Augusti Le Prevost; Parisiis, 1838, in-8°.

citatus, intercedentibus legatis, et habito colloquio, Carolus et Rollo pacem anno Christi nongentesimo duodecimo inierunt; et secundum pacis conditiones Rollo cum toto suo exercitu lavacrum Christianum sacrumque baptismum et Roberti nomen suscepit; Giselam Caroli regis filiam uxorem accepit, et in dotem habuit Neustriam, eamque Normanniam appellari voluit a Normannis qui a septentrione profecti ipsam possiderent. NORTH enim Danorum lingua Septentrionem, MANN vero hominem denotat, unde composito vocabulo Normanni dicti fuerunt.

Per hæc tempora Ebalus Pictavorum comes expiravit, relicto ex Henrici imperatoris filia Ebalo secundo. Et ipsi Henrico Otho ejus filius ad imperium successit. Et si credamus Platinæ et Sabellico Nonæ Enneadis (1) libro primo, hoc tempore nulla erat virtus relucens in summis pontificibus, episcopis ac sacerdotibus et principibus terrarumque potentatibus, quæ ad vitæ hominum instructionem faceret. Nullus erat institutionum approbatarum usus. Templa, sacerdotia quoque et eorum bona a principibus et aliis possidebantur, et sacerdotes subsidiis opprimebantur. Omnes disciplinæ et viri litterati negligebantur; inter homines et feminas cujuscumque ordinis erant furor, molestia, timor, invidia, dissidium et stultitia; mirarique non oportet de contrarietate rerum illius temporis, quia Sabellici testimonio tunc tanta erat bonorum et fidelium scriptorum penuria, ut veritas colligi non posset.

Eudo autem, qui regia potestate regnum Francorum administraverat, fratrem habebat Robertum Aquitaniæ ducem; et quia de fratris regno portionem non accepisset,

---

(1) Rapsodiæ historiarum Enneadum Marci Antonii Coccii Sabellici ab orbe condito ad annum salutis humanæ 1504. Parrhisiis, 1509, 3 v. in-fol.

aliquot viciniores urbes cepit, et, constitutis in eis pontificibus, ab ipsis tandem regis appellationem obtinuit. Et hoc titulo elatus copias in Carolum Simplicem Suessione agentem duxit; sed in prælio Robertus occisus fuit, relicto, ex sorore Heberti Viromanduorum comitis, Hugone Magno Parisiorum comite. Ei ipsum Carolum e bello redeuntem, sub prætextu ei de victoria gratulandi, proditorie Hebertus Peronam duxit, et in carcerem detrusit. Hac ratione, anno Christi nongentesimo quarto et vigesimo, ipse Simplex regnum suum Rodulpho Burgundiæ regi cessit, et in consilio procerum donavit. Et Simplicis nepos, et per baptismum filius, Rodulphus Burgundionum rex, imperium velut vagum affectans, in Italiam contra Berengarium primum vel secundum transcendit, et ipsum Berengarium suorum fraude regno spoliavit, et ad Ungaros Berengarius victus confugit; et Italiam triennio Rodulphus possedit. Et quum Italos ejus jam pœniteret, et non satis juris et præsidii in eo cernerent, Hugonem Arelatensem comitem seu regem in Italiam vocavere, ut Augustum nomen, quod Provinciæ regibus deberi dicebatur, cum Italia acciperet; cui Rodulphus cessit, et instantibus hostibus in Burgundiam sese recepit, et, ne in Italiam rediret, icto fœdere, quidquid Hugo in Gallia urbium finiumque obtineret ei tradidit, et se deinceps Italiam non repetiturum Rodulphus jurejurando promisit. Et annis duodecim regnavit, et apud Senones in æde Sanctæ Columbæ inhumatus fuit (1).

Et mortuo Carolo Simplice et hoc Rodulpho, Ludovicus

---

(1) Hic duo confunduntur Rodulfi: unus, Franc. rex, obiit XVIII cal. febr. an. 936, et sepultus est apud Senones in Sanctæ Columbæ monasterio; alter, Transjuranæ Burgundiæ rex, obiit an. 937 et sepultus est Agauni apud Sanctum Mauricium.

ipsius Simplicis filius, qui cum Elgina matre ad Adelstanum avunculum regem Anglum capto patre iverat, Franciæ regnum adeptus est; et ad id Francorum proceres, maxime Hugo Magnus atque Guillermus Senonum primas, eum vocaverunt. Et tunc Ebalus secundus, Pictavorum comes et Aquitaniæ dux, ex Adelida uxore Guillermum Hugonem genuit, et jussu Ludovici Hebertus Viromanduorum comes suspensus fuit. Et ex Gerberga Othonis sorore Ludovicus Lotharium atque Carolum liberos reliquit, et, secundum Gaguinum, anno Christi nongentesimo quinquagesimo quinto decessit. Et Lotharingiam ac Brabantiam Carolus Ludovici filius habuit; in regem vero Franci Lotharium assumpserunt. Et post Caroli sobolem, Otho primus justus legitimusque Cæsar, teste Æmilio, numeratur, quia Pontificis Maximi auctoritate cæteri, qui antehac post ipsam Caroli sobolem imperium vindicaverant, caruerunt. Et hunc Othonem Joannes duodecimus, pontifex maximus, coronavit. Post hunc Otho secundus, ejus filius, imperavit. Hæc autem de regibus Francis et imperatoribus refero, ut ad historiæ nostræ cognitionem tempora distinguantur.

Conradus et Mathildis conjuges eorumque filius.

Et quia decimo octavo calendas junias anni nongentesimi vigesimi octavi Rodulphus sine liberis obiit, ut Bochetus scribit (1); inde Conradus Burgundiæ Transjurensis et Allobrogum rex fuit, et Mathildem

---

(1) *Annales d'Aquitaine, faicts et gestes des rois de France et d'Angleterre, par Jean Bouchet. Poictiers, 1644, in-fol., pag.* 117.

uxorem habuit, paucaque de eo leguntur, nisi quod plura bona cum Mathilde uxore coenobio Sancti Andreæ monachorum Viennæ dedit, sicuti ibi instrumento constat; et in pariete ad latus dextrum majoris altaris ipsius coenobii sepultus est, et sequens epitaphium ejus sepulcro inscriptum aliquot ipsius gesta ostendit:

QVI VESTES GERITIS PRECIOSAS QVI SINE FINE
NON PROFECTVRAS ACCVMVLATIS OPES
DISCITE QVAM PAVCIS OPIBVS POST FVNERA SITIS
CONTENTI. SACCVS SVFICIT ATQVE LAPIS
GONRADVS IACET HIC QVI TOT CASTELLA TOT VRBES
POSSEDIT TVMVLO CLAVDITVR ISTE BREVI
MENTE DEI FAMVLVS HABITV PRINCEPS TRABEATVS
CITERIVS VESTES ASPERAS SVLITVS ERAT
QVA IACET ECCLESIAM GEMMIS REPARAVIT ET AVRO
ANDREE SANCTI PROMERITVRVS OPES
IS REX GONRADVS MONACOS STABILIVIT IBIDEM
CORPORE Q FERTVR LVDV TVMVLATVR IBIDEM (1).

Hujus uxor etiam Viennæ, intra parietem claustri ædis Mauriciæ, sepulta fuit. Et in ipso pariete depingitur, media ætate et formosa, cum chlamide et capitis tegmento cericeo albo perforato in occiput capillos constringente; et a tegmento capitis vitta subtus collum ducitur; et etiam depingitur auribus patentibus: cum corona regali capiti imposita, naso deducto, facie hilari apertaque et clara, quæ in nullo peccabat; cum chirothecis et sceptro in manibus; staturaque satis procera et mediocri

---

(1) Ultimorum hujusce epitaphii versuum explanare sensum conatus est *D. Mermet*, *Hist. de la ville de Vienne*, tom. II, pag. 317.

pinguedine. Et supra hujus reginæ depictæ caput, est inscriptum : « Mathildis; » et sub pedibus : « Quæ regina jacet intus parietem. » Deinde post aliquod intervallum a latere hæc verba sequuntur, quæ aliqua ejus gesta demonstrant :

«Sexto calendas decembris obiit Mathildis uxor regis Conradi, qui obiit quartodecimo calendas novembris, et dedit divo Mauricio villam Lusenaicum (1) cum servis et ancillis et omnibus appendiciis : et ipsa regina dedit thuribulum magnum totum aureum, et crucem auream : item dedit coronam lampadarum totam argenteam ante Domini sepulcrum (2). »

Et circa annum Christi nongentesimum trigesimum quintum Guillermus Hugo, comes Pictaviensis et Aquitaniæ dux, desponsavit Gerlocem Rollonis Normanniæ ducis filiam, Guillermi Longi-Ensis sororem. Et Hugoni Magno comiti Parisiensi Aygonda, primi Othonis imperatoris soror, jampridem nupserat. Et quia Guillermus Pictavorum comes magnam amicitiam cum Richardo Normanniæ duce uxoris e fratre nepote habebat, ipse Hugo Pictavium obsedit; sed frequente fulgure et tonitruis grandinibusque ab obsidione coactus fuit abire; et sequente anno mortem obivit, superstitibus tribus liberis Hugone Capeto, Othone et Henrico. Et anno nongentesimo septuagesimo Guillermus Aquitaniæ dux, Pictaviensis Arverniæque comes, ab humanis recessit, superstite Guillermo filio qui duas uxores habuit, Agnetem et Audomaldam.

Et Provinciam inter Juram et Alpes Penninas Rodulphus hujus Conradi filius, Hugonis Abbatis nepos, occu-

---

(1) Lusiniacum, *Luzinay*, près de *Vienne*.

(2) Corona lampadarum, id est lychnuchus pensilis in coronæ modum, variis lucernis circumdatus.

pavit, si Reginoni credamus. Et apud Sanctum Mauricium accitis secum quibusdam primoribus et nonnullis sacerdotibus, coronam sibi imposuit, seque regem appellari jussit; et missis per universum Lotharii Ludovici filii regnum legatis, mentes episcoporum ac nobilium virorum suasionibus pollicitationibusque in sui favorem demulsit. Quod quum Arnulpho imperatori denuntiatum esset, in eum exercitum duxit, et, per arctissima itinera Rodulphus fuga lapsus, in tutissimis rupium locis salutis praesidium quaesivit; et, licet omnibus vitae suae diebus Arnulphus et ejus filius ipsum Rodulphum persecuti fuissent, eum tamen laedere non potuerunt, ob loca inaccessibilia quae semitis tantum pervia sunt, insequentium confertas acies procul ab ingressu repellebant: et nihilominus, sicut antiqua Viennensium volumina testantur, post Conradum patrem, Rodulphus Allobrogum et Burgundiae regnum obtinuit, confirmavitque et approbavit omnia quae ipsi coenobio divi Andreae Viennensis Conradus dederat. Et abhinc multis annis Arnulphus imperator, ejus quoque filius, ab humanis erepti fuerant: quare id quod Reginon scribit de Arnulpho et ejus filio contra Rodulphum, aut a veritate est alienum, aut de altero Rodulpho Richardi filio intelligitur.

Per haec tempora Lotharius Francorum rex hisce Burgundiae Transjurensis et Allobrogum regibus de more majorum imperabat, nam et ad Isaram fluvium hic Lotharius et Otho secundus atrocissime pugnaverunt. Et primum pro hoc Lothario Hugo Abbas bonam operam in hostes navaverat, inde regnum affectavit et usurpavit; hique ambo Lotharius et Hugo Abbas Francorum regnum tenentes, Allobrogum et Burgundiae reges sub suo majore imperio habebant, sicut conjecturam facit et testatur instrumentum antiquum in aede Mauricia Viennensi adservatum, in quo, octavo calendas februarias anni Christi nongentesimi quadragesimi quinti, Hugo et Lotharius reges dederunt Soboni archiepiscopo et templo beati Mauricii Viennensis Costam quæ Costaneta inferior nuncupatur (1), in comitatu Viennensi, cum terris, vineis, campis, pratis, montibus, vallibus, planiciebus, aquarum decursibus, universisque appendiciis, servis quoque et ancillis, et ad ipsam Costam aditibus. Hoc autem donum hi reges in Allobrogibus facere non potuissent, nisi in eos imperium habuissent. Et coronam auream splendidamque et gemmis ornatam divo Mauricio Viennensi Hugo Abbas dedit (2); et in ea scriptum est: « Hugo pius rex sancto offert Mauricio. » Et hæc corona e capite divi Mauricii tolli potest; altera autem, quam Boso dedit, capiti divi Mauricii perpetuo adhæret et minor est. Et teste Gaguino, hic Hugo dictus est Abbas, quod prædia sanctimonialibus et monachis relicta proventusque occupavit, et eos sibi et suis militibus attribuit, seque Abbatem appellavit (3).

Et anno Christi nongentesimo octagesimo sexto Lotharius vita excessit, et non diu post Lotharium Hugo Abbas vixit. Et mortuo Lothario, Ludovicus quintus ejus filius uno duntaxat anno regnavit; et eo sine liberis defuncto, Carolus Lotharii frater, Lotharingiæ dux, regnum tanquam legitimus hæres accipere tentavit. Sed ab Hugone Capeto cognato suo, proditione Anselmi Laudunensis antistitis,

---

(1) Costaneta inferior vel Castanetum inferius, *Chatonay*, selon Charvet, *Histoire de la sainte Eglise de Vienne*. Lyon, 1761, in-4°, pag. 257.

(2) Hugo Abbas. Hugo rex Italiæ et Provinciæ comes, terrena deserens, se monachum effecit in Sancti Petri Viennensis monasterio quod propriis sumptibus ædificaverat et ornaverat, ut constat charta quam producit *Boucho* (*Hist. de Provence*, tom. I, pag. 935).

(3) Hoc apud Gaguinum Hugonem Provinciæ comitem, Italiæ regem, nihil attingit, Hugonem vero Abbatem seu Album, Hugonis Capeti patrem.

captus, Aureliam in custodiam missus est, anno Christi nongentesimo nonagesimo; et Ludovico Caroloque, Caroli Lotharingiæ ducis filiis, cum patre præmatura morte defunctis, Hugo Capetus vi et armis Francorum regnum obtinuit. Et Capeti nomen habuit, quia capucia per ludum in aula regia adolescentibus nobilibus auferebat. Et ex legitima generis successione sibi regnum deberi asserebat, eo quod Eudo Andegavus, ob Caroli Simplicis pusillam ætatem, a Franca nobilitate regno suffectus fuerat. Et Eudonis frater Robertus Hugonem Magnum Parisiorum comitem, Capeti patrem, genuerat. Et ex filia Edoardi Angliæ regis Capetus Robertum successorem reliquit, octavo anno post regium nomen susceptum.

Per hæc tempora Otho tertius, in Othonis secundi patris sui locum, imperium habuit. Post Othonem tertium Henricus, Noricorum dux, ad imperium suffectus est. Postea, ex consilio ipsius Henrici imperatoris ægrotantis, Conradus, soboles Conradi Vagionum ducis, ad imperium assumptus est, et Germanorum Francorumque nobilissimas familias consanguinitate attingebat; uxoremque Gisiam habuit, et filiam Odoni Campano comiti in matrimonium dedit.

Rodulphus.

Burgundiam postea Rodulphus Gisilæ seu Gisiæ Augustæ avunculus suscepit, et huic regi, secundum Æmilium post alios, Allobroges et Salyi Burgundiæque comitatus parebant, et Roberto Roberti Francorum regis filio Burgundiæ ducatus, et caritate erga Francos Rodulphus nemini cessit. Et octavo idus junias anni Christi millesimi noni, regni autem sui undecimi, petente Agildrude conjuge sua, et archiepiscopo Burchardo fratre suo, comitibusque Rodulpho et Huberto, dedit Humberto episcopo et Freburgiæ ejus matri, ac nepotibus suis Guigonis filiis, Humberto, Guigoni et Guillermo, medietatem castelli Morasii, et omnem illam terram quam Conradus rex pater suus et ipse donans habebant in valle Visus usque ad.... villam, et medietatem nemoris Mornæ Dei (1), et unum Morasii territorium, quod Otmarus habebat, servosque et ancillas suæ proprietatis, qui infra hosce terminos consistebant. Hujus autem regis uxor fuit deinde Ermengarda; qua postulante, anno Christi millesimo quindecimo, ipse Rodulphus donationem a Conrado rege cœnobio divi Andreæ Viennensis factam confirmavit. Et decimo octavo calend. octobr. anni Christi millesimi vigesimi tertii, regni autem sui anno trigesimo, Rodulphus dedit Sancto Mauricio et ejus templo Viennensi, et episcopis ibi in curricula seculorum ordinandis, Viennæ comitatum, cum omnibus juribus suis et castello quod supereminet ipsi civitati, et proprio nomine Pupetum dicitur, et quidquid suo usui legis censura in his sibi pertinebat. Et hanc donationem de more illius temporis Rodulphus signavit.

Et anno Christi millesimo vigesimo quinto Guillermus Pictavii comes humanos reliquit, annos agens octoginta, et ei successit Guido et non diu vixit. Sed ex Aldearda habuit Guillermum Geofredum filium qui ex Gillona suscepit Guillermum quintum, et ex secunda uxore filia Raymundi secundi Tolosæ comitis Hugonem Aymonem. Et hoc tempore Robertus, Capeti filius, apud Francos regnabat.

(1) Castellum Morasii, *Moras*; Vallis Visus, seu Vallis Aurea, *la Valloire*; nemus Mornæ Dei, *la forêt de Mornay*.

Et octavo calendas septembres, luna tertia, anni ab incarnatione Domini millesimi trigesimi primi, et anni regni sui trigesimi quinti, Rodulphus, dum Paterniaci (1) esset, restauravit monasterium Viennæ puellare, divo Andreæ dedicatum, antehac celebre et tunc ruinosum, ad petitionem Ermengardæ reginæ conjugis suæ et admonitionem et consilium Malleni episcopi et venerandi patris sui Odelonis, multisque prædiis et bonis ipsum cœnobium donavit et auxit. Et de his affinis nostra Philippa, maxima virgo, et, ut ita dixerim, abbatissa ejusdem cœnobii, mihi ostendit instrumentum vetustissimum et eleganti stylo ac litterarum charactere scriptum, quod in ipso cœnobio adservatur. Et in eodem instrumento Pandolphus, regis cancellarius, se id munus recognovisse ait. Et regnum suum Rodulphus inde ad Germanos transtulit, ut sequenti libro scribemus.

Et anno Christi millesimo quinquagesimo septimo, Burgundiæ rege deficiente, feria septima mense augusti, indictione X^a, Ermengarda, uxor regis Rodulphi, Viennæ agens, donavit Virgini Mariæ Sanctoque Vincentio, ipsorumque ædi Gratianopolitanæ et Artaldo episcopo, pro remedio animæ suæ, e regali jure, ecclesiam Sanctæ Mariæ in episcopatu Gratianopolitano, loco qui dicitur Aquæ sive ad Aquis, cum omnibus decimis ad ea pertinentibus, et unum territorium in Chamberiaco veteri, et alterum in cute, loco qui Gutta Grandis appellatur (2);

---

(1) Paterniacum, ordinis Cluniacensis monasterium in diœcesi Lausanensi, hodie *Payerne*.

(2) Aquæ Allobrogum, Aquæ Gratianæ, *Aix-les-Bains*; Camberiacum Vetus, *Chambéry - le - Vieux*, ou *Saint-Ombre*, *village aux portes de Chambéry*; Gutta Grandis..... Hanc chartam edidit Cibrario (Documenti, Sigilli e Monete; Torino, 1833, in-8°, p. 51).

item omnia illa altaria quæ maritus suus et alius pro eo in eodem episcopatu regali jure tenuit (1).

Et Viennæ, intra parietem claustri metropolitanæ ædis Mauriciæ, Ermengarda, post Mathildem, sepulta fuit; et quantum ex ejus imagine ibi depicta deprehenditur, formosa erat, chlamydeque vestiebatur, et capitis tegmentum aureum perforatum in occiput capillos constringebat, et desuper est corona regalis et aures patent : naso erat deducto, facie hilari et clara magis rotunda quam oblonga, quæ nihil reprehensione dignum habebat. Sceptrum hæc statua manu tenet, et chirothecis ejus manus induuntur, staturaque satis justa erat, nec pinguis, nec macilenta, sed juvenis depingitur, et Mathilde ætate melior. Supra picturæ caput est scriptum: Ermengarda (2). Sub pedibus vero sic: Quæ regina jacet intus parietem. Deinde post aliquod intervallum, de ejus et mariti obitu ac supra scriptis liberalitatibus est epitaphium in hæc verba : Sexto calendas septembris obiit Ermengarda uxor Rodulphi regis qui obiit octavo idus septembris, et dederunt sanctæ Viennensi ecclesiæ castellum civitatis et mansiones in urbe quæ dicuntur ad Canales, et omnem Comitatum Viennæ, cum omnibus quæ erant de fisco regis (3). Et Ermengardæ sepulcrum ipsæ moniales puellaris cœnobii divi Andreæ Viennensis quotannis supplicantes et orantes visitant. Et in conspectu picturæ ejus proximoque sacello, pro Ermengarda regina preces emittunt.

Roberto autem Capeti filio, Francorum regi, Henricus,

---

(1) Altaria : proventus, obventiones, decimæ, reditus altaris, id est ecclesiæ, quamvis sæpe detinerentur a laicis.

(2) Ermengarda, Irmingardis, Ermingardis, Hermengardis.

(3) *Les Recherches du sieur Chorier sur les Antiquitez de la ville de Vienne. Lyon et Vienne*, 1658, in-12, p. 218.

carens liberis, suum Burgundiæ ducatum legavit. Et ex Constantia Guillermi Arelatensis filia Henricum, Hugonem et Robertum suscepit, et e secunda uxore Novionensi Simonem et Amalricum genuit. Et Hugo dux ante patrem obivit; anno autem millesimo trigesimo Henricus patri ad Francorum regnum successit; et Robertus Burgundiæ ducatum habuit. Et Richardus Normannorum dux duos liberos e plebeia puella Richardum et Robertum suscepit, quorum ambo, unus post alium, Normanniæ ducatum administraverunt.

AYMARI RIVALLII

DELPHINATIS

de Allobrogibus

LIBER SEPTIMVS.

Translatio Burgundiæ ad Henricum Germanum.

ost Rodulphi mortem, Burgundia Transjurensis ad Germanos pervenit; sed qualiter hoc factum sit enarrabimus. Quum jam triginta annis Rodulphus varia fortuna regnasset, et, ut P. Æmilius ait, assiduis defectionibus ac popularium secessionibus fessus esset, licetque plurimas suorum seditiones compescuisset, nec in suo regno quietem nancisci potuisset, mentionem cœpit facere de Burgundia Germanis contribuenda, et Henrico Conradi Cæsaris filio,

nepote suo, in regni societatem ejusque hæreditatis, et universæ successionis spem accersendo. Et id regnum sibi liberisque suis, propinqua cognatione, Conrado et Rodulpho junctis, Odo Campaniæ comes palam petebat, et se virtute Rodulphum ab impotentia contumaciaque popularium defensurum dicebat. Munus autem Rodulphi habere sibi filioque, quod aliis dari Conradus malebat; et non parum virium rebus suis accessurum germani proceres intelligebant, sibi regno Burgundionum attributo, quod excluso Ducatu, qui Franco regi sine controversia parebat, Sequanos Allobrogumque et Arelatensium regias urbes complecteretur, et ab extremis Germanorum finibus ad Mediterraneum mare, teste Æmilio, pertineret. Et Galliæ, Hispaniæ, Italiæ et Africæ rebus, consiliis quoque expediendis ac conatibus capiendis oportunum esset, ut in totius orbis lucem ac pristinam majestatem augustum nomen Germaniæ finibus et angustiis clausum prodire tandem posset.

Dum Pannoniarum bello Cæsar detineretur, animum in Burgundia a Rodulpho accipienda Campanus convertit Burgundiamque ipsam præsidiis vacuam, nec regi suo satis æquam, armis et suorum factione repentino impetu occupare contendit; credens quod a Burgundia in multos annos bellum Pannonicum Germanos diverteret. Rodulphus autem, hac re permotus, ut proposuerat, diadema cæteraque regni insignia ad Conradum misit, et, secundum Jacobum Bergomensem, anno Christi millesimo trigesimo quarto, se et regnum suum Rodulphus Conrado subdidit, et inde Henricum Conradi filium moriens hæredem instituit. Et demum, compositis Pannoniæ rebus, Cæsar in Campanum aciem duxit, et ipsius exercitum Burgundia exegit filiique hæreditatem adivit; et authore Blondo in Decadibus, Platinaque in Joanne vigesimo primo, Conradus id Burgundiæ regnum in provinciam imperialem redegit: quod non credimus, nam id facere non potuit in præjudicium regis Francorum, qui supremum dominium in hoc Burgundiæ regno, sicut in tota residua Gallia, jure et facto habebat, neminem agnoscendo; et Henricum Conradi filium Rodulphus hæredem instituit, et hoc jure sanguinis, quia nepos suus erat. Quomodo igitur regnum Burgundiæ filii hæreditatem Conradus alienare et ad imperium quod neutrius erat hæreditarium transferre potuit, nemo sani capitis id asserere auderet, et omnium legum sanctio humanusque intellectus refragantur. Utcunque fuerit, urbium proceres, etiam Lugdunensis pontifex, Cæsari pro filio obediverunt et præsidia arcibus receperunt et obsides dederunt, et fidei Conradi se tandem Odo undique destitutus tradidit, impunitateque et venia donatus est; et inter Francos ac Germanos pax et fraternitatis nomen inviolatum permansit. Et quum annos centum et triginta Francis regibus Burgundi Sequani paruissent, initio capto a Bosone vel ejus filio, post quem alii reges fuerunt ipsis Burgundis Sequanis etiam peculiares, tandem Henrici Francorum regis temporibus, teste Gaguino, ad Conradum imperatorem defecerunt: unde factum est, inquit, ut quæ una erat Burgundia in duas partita sit; et alteram, quæ Campaniam attingit, Franci, alteram quæ Bisuntinos spectat Alemanni imperatores tenuerunt. Et ab illa translatione navigantes Rhodanum et Ararim, ripas citerioris *Imperium* et ripas ulterioris *Regnum* in hanc usque diem appellaverunt (1). Et quum Rodulphus et alii particulares et præcipui Burgundiæ reges, a Bosone, sub majori Francorum imperio essent, ut in Ludovico Bosonis filio scripsimus, eo jure quo Rodul-

---

(1) *Encore de nos jours, les bateliers appellent la rive droite du Rhône, le côté du Royaume, et la rive gauche, le côté de l'Empire.*

phus ultimus ipsum Burgundiæ regnum possidebat, ad Conradi filium transtulit.

Et hoc Burgundiæ regnum, Viennense sæpius, aliquando Arelatense vocabatur, ut in Ludovico Bosonis filio retulimus; nam se Arelatensem regem Otho quartus, Gaguini testimonio, appellavit. Et quum media fere inter Burgundos et Arelatenses Vienna esset, nedum Allobrogibus, sed et Burgundis ac Arelatensibus et cæteris provincialibus, loci oportunitate, jus Viennæ reddebatur, et ibi ad jus reddendum constitutus erat senatus ; regnique Burgundi seu Arelatensis archiepiscopus Viennensis erat cancellarius, sicut libro primo, et in Carolo quinto, de Gestis Francorum Gaguinus et Gervasius testantur. Et Burgundiones, quum eis Allobroges contribuebantur, tantum honoris cancellariatus nomini, teste Paulo Æmilio, habebant, ut etiam regni sui archicancellarium haberent; et hunc magistratum, inquit, esse amplissimum necesse erat, quem apud Francos pontifex regiæ urbis, apud Burgundiones archiepiscopus Viennensium gerebant. Et quamdam concessionem factam Odoni episcopo Valentino per Federicum de certis castris et jurisdictione Raynaldus cancellarius, vice Stephani Viennensis archiepiscopi et archicancellarii, recognovit Bisuntii, octavo calendas decembris anni millesimi centesimi quinquagesimi septimi; et donationem regalium a Bella Cumba deorsum in utraque Isaræ ripa factam Joanni Gratianopolitano antistiti per Federicum primum, decimo tertio calendas septembres anni Christi millesimi centesimi septuagesimi octavi, Rutbertus Viennensis archiepiscopus et totius regni Burgundiæ archicancellarius recognovit : et de hoc exstat instrumentum in episcopatu Gratianopolitano, quod secundus Laurentius Alamandus antistes mihi ostendit. Alia etiam exhibuit nobis documenta Francisci regis mandato, quum se vectigal salis habere ex privilegiis assereret. Et hoc exempli gratia retulisse sufficiat; nam, quod archiepiscopus Viennensis esset regni Burgundiæ archicancellarius, passim legitur in privilegiis quæ Augusti ædibus sacris et proceribus civitatibusque Burgundiæ Allobrogum et Salyorum dederunt.

Et quia archiepiscopus Viennensis erat princeps consilii Federici secundi et archicancellarius in regno Burgundiæ et primus in aula regali et administratione reipublicæ, cæteris excellentiori dignitate præpollebat. Apud Basileam, nono calendas decembris anni Domini millesimi ducentesimi decimi quarti, ipse Federicus secundus commisit Humberto archiepiscopo Viennensi et successoribus suis et Canonicorum conventui Viennam cum omni integritate, Pipetum, videlicet Canales et palatia ac portus, recognovitque eidem Humberto archiepiscopo dignitatem ab antecessoribus suis collatam indivisam, confirmando videlicet ut in regno Burgundiæ sacri palatii sui Archicancellarius et summus Notariorum suorum semper existeret; idque privilegium postea confirmavit, ad postulationem Joannis archiepiscopi Viennensis, apud Taurinum, anno incarnationis Dominicæ millesimo ducentesimo trigesimo octavo.

Et sub Burgundiæ regno duo erant Viennæ Allobrogum Comites totidemque palatia, et regi inde duci Burgundiæ media comitatus pars spectabat, et cuidam Allobrogicæ familiæ alia pars comitatus Viennensis sub majori regum Burgundiæ imperio pertinuit. Et ex ea familia Allobrogica Gelinus comes originem traxit; et Viennæ sepultus est in angulo claustri majoris templi Mauricii post Ermengardam et Mathildem, et supra ejus statuam in pariete depictam est inscriptum : « Gelinus. » Et sub pedibus : « Qui comes jacet intus parietem. » Et paulo post hæc verba sequuntur: « Septimo idus decembris obiit Gelinus comes qui dedit in communia fratrum duas villas Castanetum et Maciacum (1), et super altare melius pallium totum aureum cum margaritis splendidum et valde bonum, jacet intus parietem (2). » Hæc pars comitatus Gelini postea devenit ad patriciam Burgundiæ gentem, quæ ob hoc Viennensis appellatur.

Conrado patri etiam ad imperium Henricus secundus successit, et fœdere icto, Francorum pacem coluit; et secundum aliquos Sabaudorum gesta scribentes, Henricus duos fecit in regno Arelatensi comitatus, Maurianensem et sub Vienna Allobrogum Albonensem, et hunc Rodulpho sororis Rodulphi regis cui successerat filio, illum Humberto Blanchimano tradidit; simul in Beroldi defuncti locum eum Rodulphum Viennensium gubernatorem constituit, et sub comitibus Arelate, urbs quæ regum sedes fuerat, sicut et tota Provincia, teste Æmilio libro tertio, esse cœpit. Et in regno Arelatensi alii parvi principatus postea erecti fuerunt permissione principum ibi dominantium, ut Delphinatus et Comitatus Gebennensis et Sabaudus ac Francus Burgundiæ Comitatus, Valentinus quoque et Diensis et Venaissinus, Arausicæ et Augustæ principatus et alii plures; et hosce potentatus familiæ nobiles obtinuerunt.

Et anno Christi millesimo quinquagesimo nono, Gerardus, natione Allobrox, episcopatum Florentinum posside-

---

(1) Castanetum, *Chatonay*; Maciacum, *Massieu ou Messié*.

(2) Unum epitaphium in claustro Sancti Mauricii in muro existente a parte capellæ de Magalone fuit repertum tenoris sequentis :

« 8° Idus decembris obiit Gi. comes qui dedit sanctæ Vienn. ecclesiæ duas villas Castanetum et Maciacum et supra altare melius pallium totum aureum cum margaritis splendidum valde bonum, et jacet intus parietem. »

Le Registre Dalphinal de Mathieu Thomassin, composé par le commandement du Dauphin (Louis XI), l'an 1456 (Manuscrit).

bat (1); et ob virtutem et animi præstantiam, abrogato Benedicto haud legitime creato, Senis pontifex maximus, ut Platina et Martinus tradunt, decretus, Nicolaus secundus vocatus est; et inito pontificatu statim Sutrii conventum quod concilium appellant habuit et indixit, cui non solum episcopi verum multi Italiæ proceres interfuere, et Benedictum se pontificem abdicare et Velitras in exsilium abire coegit; et Romæ apud Lateranum, universo sacerdotum conventu habito, legem tulit: ut, si in sede Petri pecunia vel gratia humana aut populari militarive tumultu, sine electione cardinalium, aliquis collocaretur, quod pontifex non vocaretur, et quovis humano auxilio liceret cardinalibus et aliis Deum colentibus eum a sede apostolica expellere. In eodem quoque concilio revocatus fuit ab errore Berengarius Turonensis sive Andegavensis diaconus, qui arbitrabatur non esse in sacramento Eucharistiæ et calicis verum corpus nec integrum sanguinem Christi, nisi ut in signo figurave aut Mysterio. Et hunc errorem, urgente Nicolao et Alberico diacono doctissimo, Berengarius publice confessus est et revocavit. Et a Leone nono is error damnatus, non tamen emendatus fuerat, quod majus laudis Nicolai incrementum fuit, sicut Platina et Lanfrancus jurisconsultus scribunt. Robertum, natione Gallum, sub Romanæ sedis tributo Calabriæ et Apuliæ regem, Nicolaus creavit, et exercitu ab eodem accepto, Prænestinos, Tusculanos, Nomentanos, Romanis pontificibus rebelles domuit, et trajecto Tiberi, expugnatis Sutrium usque comitis Gerardi castellis, direptaque Galeria, ditionem Romanam tutiorem reddidit. Et aliqui tradunt ab hoc Nicolao Henricum tertium Henrici secundi filium coronam imperii accepisse

---

(1) Nicolaus secundus, Gerardus vel Geraldus antea vocatus, Capræ Duni natus, Sabaudiensis vel Allobrox erat natione.

totoque sui imperii tempore, ob id beneficium acceptum, nil contra sacerdotes molitum fuisse. Vir autem omni vita probatus, authore Platina, Nicolaus fuit, et tertio sui pontificatus anno, mense sexto, die sexto et vigesimo, mortem obivit.

Et regnante Henrico Francorum rege, Guillermus nothus Roberto Normanniæ duci patri suo successit, et Francorum auxilio, Angliam, Haroldo rege occiso, occupavit, eamque melioribus continuit legibus quibus hodie, secundum Gaguinum, Angli utuntur. Et ex Anna, Georgii Russionum regis filia, Henricus Philippum, Robertum et Hugonem Magnum genuit. Et Philippus Francorum rex fuit, et Robertus Burgundiæ dux, et Hugo Magnus Viromanduorum comes. Et anno Christi millesimo sexagesimo Henricus mortem obivit. Ex Agnete autem, Guillermi Aquitaniæ ducis filia, Henricus secundus Henricum tertium filium suscepit, et in imperio et Burgundiæ regno successorem reliquit.

Et paulo post annum Christi millesimum septuagesimum secundum, conventu apud Wormatiam habito, Sigifredo archiepiscopo Moguntino procurante, Henricus omnibus interdixit ne Gregorio septimo pontifici Romano obtemperarent, et mandato Henrici, Rolandus clericus Parmensis ex illo conventu Romam ivit, et Gregorio prohibuit ne quicquam in pontificatu deinceps ageret nec pontificis officium exerceret, et cardinalibus dixit quod, relicto Gregorio, alium habituri pontificem ad Henricum proficiscerentur. Et imperatoria regiaque administratione, Gregorius, hac injuria tactus, Henricum dejecit et anathematis vinculo colligavit. Inde Canossam, agri Regiensis oppidum, ad pontificem Henricus cum copiis ivit, et eum precibus Mathildis et Adelaidis, uxoris Sabaudiensis comitis, Cluniacensisque abbatis, Gregorius absolvit, et pace juramento confirmata sibi reconciliavit, sicut apud Blondum libro Decadum tertio et Platinam legimus. Nihilominus novis rebus Henricus studuit, adeo quod Rodulphum, Saxoniæ ducem, Germani principes imperatorem creaverunt, et simul Burgundiæ regnum accepit; et ad eum, aliquorum testimonio, ipse Gregorius misit coronam, cum hac inscriptione : « Petra dedit Petro, Petrus diadema Rodulpho. » Et inter se Henricus et Rodulphus frequenter dimicaverunt, et Rodulphus vicit; sed vulnere inter pugnandum accepto, paululum e conflictu abscessit et mortuus est, et Henricus adhuc superstes imperavit. Et post hunc Henricum, Henricus quartus ejus filius imperium tenuit.

Et prope Valentiam Cavarum, loco quod Castrum Novum dicitur, ultra Isaram fluvium, hisce temporibus, Hugo ex Odilone patre natus est, et canonicatum Valentinum, inde pontificatum Gratianopolitanum, anno Christi millesimo octogesimo, obtinuit (1).

Et quum per id tempus (1082) Parisiis theologus quidam sepulturæ tradendus in sacra æde esset, sacerdotes de more orationes mortuorum decantabant et recitabant, et ad hæc verba : « *Responde mihi : quantas habeo iniquitates,* » deventum est; et tunc, elevato paululum capite, defunctus clamare cœpit : » *Justo Dei judicio accusatus sum ;* » quo absoluto, iterum recubuit; et sepulturam ejus in sequentem diem sacerdotes distulerunt. Et postera die, eodem per sacerdotes versiculo recitato, defunctus clamavit : « *Justo Dei judicio judicatus sum.* » Tertia autem die ad quam sacerdotes sepulturam distulerant, ut hujusce

---

(1) S. *Hugues naquit en* 1053 *à Châteauneuf-d'Isère, d'Odilon, issu d'une ancienne famille curiale des Gaules.* (*Vie de S. Hugues, évêque de Grenoble, etc., par Albert du Boys*; in-8°, *Grenoble*, 1837).

rei finem et veram notitiam haberent, post ejusdem versiculi recitationem defunctus paululum surgens respondit : « *Justo Dei judicio condemnatus sum ;* » et in loco non sacro defunctum sepultura christiana indignum sacerdotes inhumaverunt. Huic horrendo spectaculo aderant Bruno Coloniensis, canonicus Remensis, magister Lauduinus, Stephanus Burgensis, Stephanus Diensis, ambo canonici in cœnobio Sancti Rufi prope Valentiam Cavarum, Hugo sacerdos, ac Andreas et Guarinus. Et timentes sibi, quod defunctum doctum, moribus ornatum, castum, prudentem, pudicum, et apud omnes in magno pretio habitum cognoverant, et tamen eum damnatum ex his quæ dixerat conjectabant, authore Brunone, extra academiam Parisiensem vitam arctiorem eligere proposuerunt. Et consilio Stephanorum qui Valentiæ Hugonem hominem divinum cognoverant, ipsum Hugonem, tunc Gratianopolitanum episcopum adiverunt, et ab eo locum arctum petierunt. Et locum vastum a Borea supra montes Gratianopoli proximos, quem Cartusiam vulgus appellabat, Hugo ipsis inhabitandum dedit, et circa diem festum Joanni Baptistæ dedicatum anni millesimi octogesimi quarti, hi viri septem eum locum habitare cœperunt, qui et sequentes ab loci nomine Cartusienses in hanc usque diem appellantur. Et locus quem Hugo habitandum his septem tradidit, adhuc vallis Sancti Hugonis vocatur; et prius eam vallem eremicolæ et monachi habitabant, postea in loco proximo præclarissimum cœnobium, totius Cartusiensium Religionis caput et origo, conditum fuit. Cujus loci situm, vastitatem, austeritatem et asperitatem, cœnobii sanctimoniam ac acrimoniam, religiosorum sanctitatem et devotionem non describimus, quia nec enarrari possunt, et ut Christianis id cœnobium videndi desiderium relinquamus.

Anno Christi millesimo octogesimo sexto, Guillermus

Geofredus ab humanis decessit, et Guillermus quintus ejus filius fuit Aquitaniæ dux et Pictaviensis comes. Et Hugo Raymundus ejus frater, vendito jure quod in comitatu Tolosano ex hæreditate matris habebat, adversus Turcos profectus est, anno millesimo nonagesimo sexto, cum Gaufrido Bullione et Lotharingiæ duce, Eustacio et Balduino Gaufredi fratribus, Hugone Magno, Philippi regis fratre Viromanduorum comite, Roberto Normannorum duce, Raymundo Tolosæ comite, Anselmo Richemonte, Balduino Mancium comite, Roberto Flandrensi, Stephano Valesio et alio ingenti Christianorum exercitu, ita quod, superatis Turcis, Raymundus Aquitaniæ ducis frater princeps Antiochenus fuit. Et Balduinus regno Hierosolymitano præerat; Tripolitanus autem principatus et Rochenus ab aliis principibus Christianis administrabantur.

Quia, ex successione Guillermi nothi, reges Angli Normanniam in Gallia sub regis tamen Gallici potestate habuerunt, hinc belli sæpius in Francos gerendi occasionem susceperunt; initium faciente Henrico quarto, qui temporibus Ludovici Grossi, primi Philippi filii et successoris, Anglis imperans in Normanniam, quam etiam tenebat, anno Christi centesimo decimo supra millesimum, venit et bellum movit; et iterum postea, adjuncto sibi Theobaldo Campaniæ comite, et Franco regi subesse recusabat.

Anno Christi millesimo centesimo septimo, Guido archiepiscopus Viennensis et ipse Hugo antistes Gratianopolitanus de pago Salmorensi (1) et aliis apud Allobroges sitis Lugduni transegerunt, et castella de quibus erat contentio undecim archiepiscopatui Viennensi et totidem episcopatui

---

(1) Salmoringum, Salmoracensis, Salmoriacensis pagus, *le pays, l'archidiaconé, le comté de Salmoirenc*, *Salmorenc, dont un petit hameau près de Voiron conserve encore le nom de Sermorenc ou Sermorens*.

Gratianapolitano adjudicata fuerunt; et hanc transactionem Lugduni Paschalis secundus papa approbavit.

Cœnobium Bonarum Vallium apud Allobroges in agro Viennensi Guido ædificavit et fundavit, et Pompeacum castrum Saxeolumque ac Malam Vallem recuperavit, vel, ut ipse testatur, acquisivit (1). Et cœnobium Sancti Martini Miseriaci in Isaræ ripis, non longe a Gratianopoli, Hugo in Allobrogibus construxit (2).

Et circiter annum Christi millesimum centesimum duodecimum, Thomas Marla, latro insignis, Laudunenses sacerdotes et Gualterum ejusdem urbis antistitem, ipsamque urbem multis incommodis affligebat, divæ Mariæ templo ac Sancti Joannis monasterio incensis. Et ut illius iniquitati occurrerent, Viennæ Allobrogum conventus Francorum sacerdotum indictus est, cui Pontificis maximi legatus interfuit. Et omni militiæ dignitate hominumque consortio, Thomas, absens eo conventu seu concilio, exutus est, et horum sacerdotum precibus Ludovicus Grossus Francorum rex Thomam ab injuriis hujusmodi coercuit (3).

Circiter annum Christi millesimum centesimum decimum octavum, Gelasius secundus, pontifex maximus, timens furorem Henrici imperatoris qui Italiæ clades plurimas inferebat, et pontificem esse Mauricium Braccarensem contendebat, in Galliam ad Ludovicum Grossum adnavigavit; sed quum Magalonæ appulisset, valetudinem contraxit, qua inde Cluniaci mortuus est (4). Et in ejus-

---

(1) *L'abbaye de Bonnevaux; les châteaux de Pipet, Seyssuel et Malleval.* Ut ipse testatur Calixtus II, in Bulla ad Viennensem ecclesiam ann. 1120 (apud *Charvet, Hist. de l'Église de Vienne*, p. 325).

(2) *L'abbaye de Saint-Martin de Miséré, près de Grenoble.*

(3) *Thomas de Marle, sire de Couci*, facinoribus insignis, non fuit apud Viennam, verum apud Bellovacum damnatus.

(4) *Gélase II, mort à Cluny l'an 1119; Maurice Bourdin, archevêque de Brague, antipape sous le nom de Grégoire VIII.*

dem mortui locum Guido, natione Burgundus, Viennensis antistes, successit, et Calixtus secundus appellatus est (1); originem quoque a Francis regibus ducebat, et, ope ac potentia Ludovici Grossi regis, Romam, populis cum magna lætitia excipientibus, se contulit, sicut Gaguinus et alii testantur : et Venetos ac alios populos in Turcos commovit.

Et quinto calendas martias anni incarnationis Christi millesimi centesimi vigesimi, sui autem pontificatus anno secundo, Calixtus, Valentiæ agens, ædi metropolitanæ Viennensi confirmavit omnes dignitates et libertates, quas eidem Sylvester et Nicolaus, Leo quoque ac Gregorius, et cæteri pontifices Romani, necnon imperatores, reges et principes et alii fideles dederant. Et constituit, ut supra septem provincias, scilicet ipsam Viennensem, Bituricam, Burdegalam, Auxitanam quæ Novempopulania dicebatur; Narbonam, Aquensem, Ebredunensem, primatum obtineret, et ut in eis Viennensis archiepiscopus Romani pontificis vices gereret et synodales conventus indiceret; utque in ipsius ædis Viennensis, tanquam propriæ metropolitanæ obedientia et subjectione, illa sex oppida vel civitates, Gratianopolis, Valentia, Dia, Alba Vivarium, Gebenna, Mauriennaque permanerent. Viennensi quoque archiepiscopo, tanquam Primati suo, Tarantasiensem archiepiscopum, licet aliquibus ex apostolicæ Sedis liberalitate prælatus habebatur, obedire decrevit.

Cœnobium, sive, ut dicunt, abbatiam Sancti Petri, extra portam Viennæ in suburbiis sitam, et infra eamdem urbem abbatias Sancti Andreæ unam monachorum, alteram sanctimonialium, abbatiam quoque Sancti Theuderii et Sanctæ

---

(1) *Guy de Bourgogne, fils de Guillaume comte de Bourgogne, ar- chevêque de Vienne en* 1088, *pape sous le nom de Calixte II en* 1119.

Mariæ Bonæ Vallis, ab eo fundatam, in Viennensis ædis jure et subjectione consistere Calixtus declaravit; et in Romanensi templo, quamvis Romanæ libertatis se faceret, pontifices Viennenses omnem habere potestatem decrevit, et templa beati Donati et Sancti Valerii et divi Petri Campaniæ et beatæ Mariæ Annoniaci (1), Pompeiacumque, Saxeolum et Malam Vallem, ab eodem acquisita ædi Viennensi adjecit, et cœmeterium, quod circa Mauricium templum Paschalis papa consecraverat, liberum esse cuilibet illic sepulturam eligenti sancivit, dummodo propriæ parochiæ jus salvum esset (2). Et ante Viennensem archiepiscopum per provinciam suam deferri Crucem concessit, et Legato vel alii a Romano pontifice misso, nisi Cardinalis esset, ædem Viennensem subjacere prohibuit. Et infra claustri ambitum, ubi sacerdotum mansiones continentur, aliquos habere domicilia vel rapinam facere seu corporalem injuriam irrogare Calixtus eodem edicto vetuit (3) : ex his et aliis privilegiis archiepiscopus Viennensis in suis inscriptionibus « Maximus Galliarum Primas » dicitur.

Et hoc tempore, Ludovico Grosso apud Francos regnante, Ordo et institutiones Templariorum et Hospitalariorum, non secus ac vitæ et morum luminaria, in orbem Christianum, Gaguini testimonio, effulserunt.

---

(1) *St-Pierre-de-Champagne, Notre-Dame-d'Annonay. L'archiprêtré d'Annonay, composé de 25 cures, dépendait encore de l'archevêché de Vienne en 1790.*

(2) Antiquis canonibus tertiam partem bonorum, sepulturæ ratione obvenientium, retinebat parochialis ecclesia defuncti qui suam alibi elegerat sepulturam.—Statuta provincialia concilii Viennensis, renovata et edita sub Guidone de Poysiaco, an. 1478, fol. 27. (In-4° min. charact. goth. sine tit. et not. ann.; constans 56 foliis, absque numeris, signaturis et custodibus.)

(3) Hoc Rescriptum Calixti refert Joannes a Bosco in Antiquit. Viennæ sacræ et profanæ, p. 78. (Apud Floriacensem bibliothecam; Lugduni, 1605, in-8°.)

Post Henricum quartum, e filio Henrici Burgundiæ regis descendentem et liberis ac successore legitimo carentem, ad Francos Burgundiæ regnum, ratione majoris imperii et dominii, redire debuit. Sed id Germani imperatores occupaverunt ac si de eorum imperio esset, solum prætextum accipientes, quod Henricus Conradi filius, Rodulphi Burgundiæ regis hæres, et inde ejus filius ac si ex ipso filio nepos imperium cum hoc regno tenuissent, non alia ratione, quoniam Galliæ suos reges in supremo dominio semper habuerunt, qui nemini jure et facto obediverunt. Et si altius in Gallia imperatores repetant imperium ab Romanis et Julio Cæsare, Galli sese tuebuntur, et vindicabunt Romam et totam Italiam quam prius a Belloveso et Brenno ac Senonibus aliis quoque possederant.

Et anno Christi millesimo centesimo quadragesimo sexto, Conradus secundus, Lothario succedens, narravit documentis contineri Viennam cum Pipeto castro, ita esse de imperio suo quod secundum possessorem habere non poterat, verum quod, absente eodem, Viennæ custodia præsuli et canonicis Viennensibus spectabat: sed in his ad sui utilitatem Conrado non creditur. Et ex donatione Rodulphi Burgundiæ regis et Ermengardæ ejus uxoris Pipetum in hanc usque diem canonicorum Viennensium fuit: et per institutum unus ex ipsis canonicis idem castrum ad totius templi tuitionem habitare debet, et nunc illud tenet Guillermus Malusbeccus, canonicus Viennensis, consanguineus meus.

Per hæc tempora regnum erat Viennæ Allobrogum. Nam decimo sexto calendas octobris, anni millesimi centesimi quinquagesimi primi, hic Conradus secundus Sylvionem nobilisimum principem ejusque filios et successores ab omni comitum dominio exemit, et solis imperatoribus et regibus Romanorum et Viennæ in perpetuum reservavit. Cleriacum et cætera castella, suburbia et prædia, ut olim Ado avus suus possedit, Sylvioni in æternum tradidit, et vectigal apud Voltam et Confolentiam in utraque telluris et fluminum strata constituit, hocque privilegium sigillo aureo communivit; et exemplar vidimus (1), dum dominus Voltæ, pro vectigalis sui conservatione, regio mandato, nobis ostenderet. Ab hoc Conrado secundo et aliis Germanis Burgundiæ regnum tenentibus, maxime a Fredericis duobus, Carolo quarto et Sigismundo, insignes Allobrogum Burgundiæque et Salyorum vicinorumque familiæ et antistites ædesque sacræ et urbes, privilegia aureo sigillo notata habuerunt; et plura ex eis vidimus, quando divus Franciscus, rex christianissimus, intelligere voluit qui exigendi vectigalia potestatem habebant in discursu Rhodani, Isaræ et Araris a mari usque in Burgundiam, et aliis locis, tam in Provincia quam Lingua Occitana et Delphinatu; et nobis ac quibusdam aliis ipse rex negotium mandavit.

(1) Exemplar in membranis vidimus quoque in tabulario Cameræ Computorum Gratianop., quod non emendate exscripsit Valbonnays (t. I, p. 89 de l'Histoire du Dauphiné, 1722, 2 vol. in-fol.)

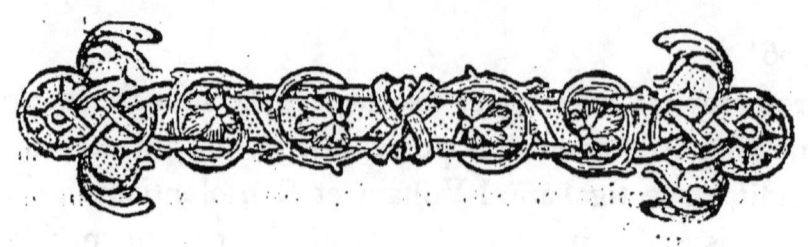

AYMARI RIVALLII

DELPHINATIS

de Allobrogibus

LIBER OCTAVVS.

Delphini.

N occidua Allobrogum regione, Delphinorum familia adeo post obitum Rodulphi regis et Ermengardæ ejus uxoris pullulare et augeri cœpit, ut demum ipsam inferiorem Allobrogum regionem obtinuerit. Quare necesse est, ad rem de Allobrogibus susceptam, plene de eadem familia et gestis illius scribere et attingere. Et a Tyrrhenis hæc familia originem habuit. Populi enim Italiæ Tyrrheni fuerunt sive indigenæ sive alienigenæ, nil hic refert, et a sacrifico ritu, secundum Plinium libro tertio, lingua græca Tusci quo-

que dicti fuerunt; et non solum ab hoc ritu, sed etiam a Tusco Herculis filio eorum rege Tusci, authore Festo Pompeio, vocati fuerunt, et eos etiam Romani Etruscos appellaverunt; et Myrsili (1) Dionysiique Halicarnassei testimonio, militari arte nautica toto orbe admirabiles fuere, ita ut datus sit locus fabulæ Græcorum et Ovidii libro Metamorphoseos tertio, quod in delphinos Tyrrheni aliquot conversi fuerunt; navibus enim delphini alludunt, et his Tyrrhenis navigantibus socii hoc modo fiebant : et ob piraticam simul et dominium maris, re sumpta a delphinis, qui cæteris maris piscibus dominantur, Tyrrheni, si eisdem historicis credamus, Delphini appellabantur. Classe enim potentes erant, et undique colonias transportabant, et ad insulas usque Atticas et Thraciæ fauces pervenerunt. Et in Itinerario Antoninus Augustus Delphinos ultra Genuam ponit, et Delphini Portum inter Genuæ et Veneris Portus collocat (2). Et prope Genuam Delphini Portum Plinius, libro tertio, commemorat. Ab eventu igitur, ob maris dominium, Tyrrheni hoc Delphini agnomen sortiti sunt, quod non est novum, quoniam ab eventu et gestis Scipio Africanus, Fabius Allobrox dicti fuerunt, et Manlius Torquati et alter Corvini agnomina acquisierunt; Pompeioque et Carolo, Pipini filio, ob virtutem Magni agnomen inditum est, et primus qui e familia Tulliorum Cicero appellatus est, ab eminenti quodam, quod in extrema sui nasi parte ad ciceris figuram habebat, ita agnomen obtinuit. Et ex hac gente Tyrrhena Delphinorum familia quam describimus processit, sicut constans est argumentum piscis delphinus quem pro insignibus habebat; necnon ipsum Delphini cognomen, in quo, ut libro primo

---

(1) Myrsili liber de Bello Pelasgico, apud Annium Viterbensem.

(2) Portus Delphini, *Portofino*, entre *Gênes* et *Porto-Venere*.

post Livium et alios ostendimus, multum valet argumentum; et sicut hæc agnomina, Africanus, Torquatus et Corvinus Ciceroque, in cognationis nomina transiverunt, ita agnomen Delphini Tyrrhenorum, postea Delphini principes, ab eis descendentes, pro cognomine acceperunt. Et falluntur aliqui omnino existimantes eos, qui secundum cognomina habent insignia, esse ignobiles; porro, horum opinio non est vera in Delphinis et aliis qui ab eventu et ob virtutem cognomen simul et insignia consecuti sunt (1).

Quo autem tempore in hanc Allobrogum regionem Delphini se contulerint incertum est, nisi eos venisse conjectemus post subactos Tuscos eorum gentem a Belloveso, inde a Brenno Allobrogum rege et ultimo a Romanis, ita quod, propriis ejecti et privati sedibus, aliqui eorum, sine bello et inermes, Allobroges et varias regiones petierunt. Post adventum etiam Bellovesi et aliorum Celtarum in Italiam, Tusci prope Ticinum superati, avitis sedibus amissis, duce Rhæto, secundum Justinum in Trogum, Alpes sub Germania occupaverunt, et ducis nomine gentem Rhætorum condiderunt. Et postquam, ex dono Rodulphi, Burgundiæ regnum ad Germanos devenit, e Rhætico, Delphini Imperatorum copias sequentes, comitatum Albonis in territorio Viennensi habuerunt; et sicuti regionem Tuscorum Allobroges et alii Galli sub Belloveso, Brennoque et cæteris ducibus acceperunt, ita ipsorum Allobrogum terras Tusci Delphini e Rhætico, veluti quadam fatali permutatione, habitaverunt. Sed sine certo authore, et conjectura duntaxat rerumque et vocabulorum argu-

---

(1) *L'auteur fait allusion aux « armes parlantes, » qu'à l'exemple de quelques anciennes familles se plaisaient à prendre les nouveaux anoblis, en portant l'imitation jusqu'au ridicule.*

mento, hæc scribimus et divulgamus; et temporis intervallum ab expulsis ex Italia Tuscis usque ad Delphinorum in hanc patriam adventum præmissam ipsorum Delphinorum originem titubare facit.

Aliqui tradunt Delphini cognomen hanc familiam sumpsisse a delphino pisce, quem pro insigni gerebat; nam, Diodoro teste libro primo, ab insigni sæpe duces nominabantur, sicut Macedo, inquit, lupus, et Anubis canis, et Ar leo, et Romani aquila, quam pro insigni in vexillis et aliis depinxerunt. Alii scribunt, quod Guigo, Albonis comes, primum dictus est Delphinus, eo quod sicut cete maximum maris animal, delphinus alit cæteros, ut aiunt, pisces in ejus ventrem conducendo, ita imperatorem magnum mundi principem aliquando hic Guigo educavit; et a fide veri hæc educatio non abhorret, quoniam per comitatum Albonis et Venaissini Arelatem Amedeus secundus, Mauriennæ comes, hujusce Guigonis gener, Henricum imperatorem conduxit, et inter transeundum Guigo imperatorem ejusque comites pavit, unde hoc Delphini cognomen nancisci potuit.

Utcunque fuerit, sensim et parvis initiis Delphini eorum principatum, sicut assolet, ampliaverunt; et quum in sua ditione primo Albonensem duntaxat comitatum sub Vienna possiderent, inde comitatum Graisivodanum et Viennensem ac Terram Turris totamque inferiorem Allobrogum regionem quæ ad occasum vergit, cum Tricastrinis, Vocontiorum parte, Medullis, Sigoriis, Caturigibus et Brigantiis, per successiones et matrimonia emptionesve et aliis modis habuerunt. Et ab his Delphinis primum ipsa inferior Allobrogum pars, et consequenter suprascriptæ aliæ regiones Delphinatus, relictis nominibus antiquis, appellatæ sunt, sicut ab Hispalo rege Hispania et Pelope Peloponnensis dicuntur, et id genus similia : quoniam, ut, post Fabium Pictorem, libro primo retulimus, imponere gentibus et locis nova nomina jus est duntaxat regum ducumque. Proprie tamen territorium Albonense et Viennense intra Isaram et Rhodanum appellatione Delphinatus veniunt; hinc est quod Valentini, Isaram trajicientes, in Delphinatum se venire dicunt. Et quum primo hoc vocabulum Delphinus familiæ cognomen esset, tandem in dignitatis et principatus nomen transivit, ita quod Delphini vocarentur hi qui inferiorem Allobrogum portionem, scilicet Delphinatum, possiderent, sicut Rex dicitur qui regnum obtinet, et Dux qui ducatum habet, et Comes qui comitatum sub sua ditione tenet. Sic itaque inferiores Allobroges ab Delphino seu Delphinatu, Delphinates et Delphinenses denominantur. Novis enim advenientibus principatibus, alia atque alia nomina gentes locis imposuerunt et antiqua provinciarum nomina mutaverunt, ut Gaguinus libro primo de gestis Francorum refert : sic Francia a Francis, et Æduorum Sequanorumque regio Burgundia a Burgundis dicta est. Et in insignibus et aliis locis Delphini principes delphinum piscem inflexum habuerunt, quia nobiliori motu, scilicet natando celeriter aut saltando piscesque ad prædam sequendo, delphinus inflectitur. Et si Bartholo jurisconsulto de insignibus credamus, animal in ipsis insignibus depingi debet ea forma qua nobiliorem sui generis actum efficit, et qua magis suum robur ostendit; et ideo leo erectus, mordax et pedibus rapiens, in insignibus depingitur, et equus currens aut in anteriori parte elevatus tanquam saliens, canis quoque currens non dormiens in insignibus insculpitur.

Et Plinii Gelliique et Solini, aliorum quoque testimonio, delphinus velocissimus est omnium animalium marinorum et terrestrium, et ejus celeritatem nullus fere piscis evadit. Et sub Simonis nomine delphini pisces veniunt, et ita vocari appetunt, et hominem amant neque eum timent, obviam navigiis veniunt exultantesque alludunt, et se musica arte oblectant et mulcentur; et inter alia duo super his præcipua delphinorum facta legimus. Augusto enim imperante, puer quidam, inter eundum juxta littus maris e Baiano Puteolos ad ludum litterarium, fragmentis panis delphinum sub nomine Simonis allexit, adeo quod quocumque diei tempore vocatus ex imo adnatabat, et e manu pueri vocantis pastus assumebat, et usque adeo animal hoc puerum dilexit, quod eum e Baiano suo dorso Puteolos ad ludum litterarium per magnum æquor vehebat et revehebat. Deinde, puero mortuo, hora evictionis solita ad locum consuetum piscis frequenter venit, et, non invento aut veniente puero, in littore expiravit. Et quum ab aliquot nautis qui Arionem citharœdum in mare precipitare volebant, ipse Arion impetrasset, ut prius cithara caneret, cantu delphinos congregavit, et se mox in mare jecit, et ab uno delphino exceptus in littus Tænarum pervectus est. Et loco vocis gemitum humano similem delphinus effundit. Plures aliæ laudes de hoc pisce scribuntur, quæ ad evitandam prolixitatem omitto. Non immerito igitur hunc piscem Delphini pro insignibus assumpserunt; sed horum principum gesta et vitam subjungamus.

Guigo Crassus Delphinus.

amilia Delphinorum antiquior cujus exstent aliqua apud Allobroges monumenta, fuit Guigo Crassus (1), qui comitatum Albonensem et Graisivodanum obtinebat, Maheldemque filiam Castellæ regis

---

(1) Antiquiorem fuisse Delphinorum familiam e contrario probant monumenta certissima. Nam, secundum Sancti Hugonis Chartularium, Guigo

in uxorem duxit; et ex ea Guigonem, Humbertum et Guigonam liberos genuit. Et anno Christi millesimo centesimo decimo, hic Guigo (1) et uxor ejus Maheldis, genere regina, donaverunt Caletum supra Vorapium religiosis quibus Cartusienses successerunt (2). Et divo Hugoni Gratianopolitano antistiti adeo comes infestus erat, quod bis ab eo ecclesiastica censura ligatus, bis eumdem Hugonem domo episcopali expulerit; et non domi, sed in Cartusia aut Lugduni se Hugo continebat et morabatur, et omnia templorum bona intra Gratianopolim et in locis vicinis Guigo Crassus in suam potestatem redegit. Et de castro Montis Balnodi (3) et templis cœmeteriisque, sponsalibus ac decimis et prædiis quæ ipse comes et ejus majores invaserant, et de injuriis quas sacerdotibus inferebat, discordia inter eosdem Hugonem et Guigonem Crassum orta est. Tandem nonis septembris anni Christi millesimi centesimi decimi sexti, authoribus et arbitris Vivariensi Diensique pontificibus, transegerunt; et præmissa comes episcopo restituit et sacerdotes vexare destitit, et aliquot bona beatæ Mariæ ac Sancto Vincentio, ipsique episcopo

Vetus, Guigonis Crassi pater, aliqua feuda circa Gratianopolim possidebat an. 1040. Quin imo, illum Guigonem Veterem stirpis non auctorem exstitisse testatur donatio quædam ab eo Ulciensi ecclesiæ facta an. 1053, in his verbis: « Ego Guigo comes, qui nomine vocor Senex, atque filius meus Guigo Pinguis, dono et confirmo pro animæ meæ mercede et anima patris mei et matris meæ et parentum meorum, mansum unum, etc. (Ulciensis ecclesiæ Chartarium; Augustæ Taurinorum, 1753, in-f°, p. 135.) — V. etiam Dissertationem luculentam J. Pilot, cui titulus: *Notice sur les bustes des anciens Dauphins* (*Revue du Dauph.* , *t. VI, p. 30*).

(1) Hic Guigo comes, qui desponsavit Maheldem seu Mathildam filiam Castellæ vel Angliæ regis, filius erat Crassi Guigonis.

(2) Domus Calesii Carthus. ord. *La Chartreuse de Chalais, au-dessus de Voreppe*, Vorapium, Vorago Alpium.

(3) Castrum Montis Bonodi, *Montbonnot, près de Grenoble.*

et successoribus suis donavit. Et postea transactionem hanc Guigo Humbertusque, ipsius Crassi filii, approbaverunt.

Et episcopatum Anniciensem, inde archiepiscopatum Viennensem, Humbertus, minor Crassi filius, habuit. Amedeo autem secundo, Mauriennæ comiti, Guigona Crassi filia nupsit. Et prope Gratianopolim monasterium sancto Roberto Crassus ædificavit et fundavit : et demum, relicto principatu suo Guigoni majori filio, sumptisque monachalibus vestimentis in ipso monasterio quod fundaverat, mortem obivit et sepultus est. Et qui hujus majores fuerint nusquam legimus, licet, in Rodulpho ultimo, Guigonis cujusdam et ejus filiorum meminerimus.

Decimo sexto calendas octobris anni Dominicæ incarnationis centesimi vigesimi quinti post millesimum, Raymundus Barchinonensis comes et Dulcia uxor (1) ac filii et filiæ eorum, pro pace super controversiis Bellicadri et Argenciæ (2) totiusque provinciæ, laxarunt et donaverunt Ildefonso comiti Tolosano et Sancti Egidii (3) castrum Bellicadri et terram de Argencia et totam Provinciæ terram, sicut continetur ab Druentia usque ad Isaram, cum castro Valebergæ (4), excepta medietate civitatis Avenionensis, castrique et fortitudinis ejus, et Pontis Sorgiæ et Calvimontis et Tauri (5). Et Ildefonsus comes Tolosanus et conjux sua Faidida laxarunt atque donaverunt Raymundo Barchinonensi comiti et Dulciæ uxori filiisque et filiabus suis medietatem dicti castri et civitatis Avenionensis, Pontis

---

(1) *Raimond IV, comte de Barcelonne et de Provence, du chef de sa femme Douce, fille du dernier comte de Provence Gilbert.*

(2) *Le château de Beaucaire, et la terre d'Argens.*

(3) *Ildefonse ou Alfonse, comte de Toulouse et de St-Gilles.*

(4) *Le château de Vallabrègues.*

(5) *Le Pont-de-Sorgues, Caumont et Thor; comtat d'Avignon.*

Sorgiæ et Calvimontis ac Tauri totamque Provinciæ terram cum castro de Mesoaga, sicut in Monte Jani Druentia nascitur (1). Et ipse mons per fines Italiæ descendit ad terram Turbiæ (2) in mare et usque ad medium maris et prout Druentia et usque ad Rhodanum defluit, et Rhodanus inter insulam de Lupariis et Argentiam decurrit ante Sancti Ægidii oppidum et usque ad medium maris descendit, et hoc quantum infra prædictos habebant vel habere debebant; et si alter dictorum comitum moreretur sine infante, totum quod superius dictum est alteri sine omni dilatione dimittebat, laxabat et concedebat (3). Hæc data opera retulimus, quoniam frequenter de his confinibus Delphinates et Provinciales dissertarunt.

Guigo secundus.

Comitatum Albonis et Graisivodani Guigo Crassi filius post patrem assecutus, et pro salute animæ suæ Spinachiam (4), ac pro patre et matre uxoreque et fratre suo Humberto episcopo Anniciensi, centum solidos dedit templo Sancti Valerii; estque scripta illa donatio vernaculo, ni fallor, Anniciaco aut Arverno : et desponsavit (5) Macildam vel Clementiam filiam Stephani seu Sophini, Burgundiæ ducis, neptem papæ Calixti se

(1) *Le château de Mézoargues;* — Mont-Genèvre, dit anciennement Mont-Janus.

(2) *La Turbie, la Tourbie,* près de Mourguez.

(3) Hoc pactum integrum refert Couche (*Histoire de Provence, t. II, p.* 105).

(4) Spinachia, *Lespinace, Espinasse,* dans l'Embrunois.

(5) Guigo, qui desponsavit Margaretam Stephani Burgundiæ comitis Palatini filiam, nepos erat Guidonis Crassi, et stirpis primus vocatur in chartis Dalphinus.

cundi, qui antistes Viennensis fuerat, cujusque dono et opera, ut credendum est, pontificatum Viennensem ipse Humbertus Guigonis frater habuit. Et e Clementia uxore sua, hic Guigo secundus Guigonem tertium suscepit et duas filias Marchesiam et Delphinam, quarum una comiti Arverno, altera Valentino desponsata est (1). Et quia e familia Delphinorum, comitum Albonis, originem comes Delphinus Arvernus traxerat, et eadem insignia cum comite Albonis deferebat, aliquando inter ipsos comites dissidium fuit, uter delphinum vivum et uter mortuum deferret; tandem res transactione sopita est, ut delphinum piscem vivum cum auriculis intrinsecus rubeis Delphinus Viennensis, et delphinum piscem mortuum cum auriculis interius albis Delphinus Arvernus in insignibus deferret: ita scripto aliqui reliquerunt.

Delphini, Albonis comites, multos principatus trans Rhodanum Annicium usque tenebant: adeo quod inde Delphini inter Annicienses canonicos ad honorem et templi decus annumerabantur, cum hoc privilegio quod eis primum Annicium euntibus antistes et canonici et alii sacerdotes Anniciani templi, cum cereis et supplicationibus, pulsatis campanis, occurrebant, et pecunias supra majus altare tunc forsan repertas capere Delphino fas erat. Et in Brissia, Sabaudiaque et Burgundia et aliis regionibus, multa castra et territoria Delphini Albonis comites possidebant.

Anno Christi millesimo centesimo altero et trigesimo,

---

(1) Guillelmus, qui vitam Margaretæ scripsit, has duas nominat filias, Beatricem et Marchisiam, quarum una Valentino, altera Arverno comiti nupserunt. (Vita Margaretæ comitis Albonensis, scriptore Gulielmo, Gratianopol. canonico: nunc primum edita a Salvagnio Boessio; Gratianopoli, 1645, in-4° ex 24 pag. — Iterum P. F. Chiffletii, in Opusc.; Paris., 1679, in-8°.)

Hugo, pontifex Gratianopolitanus, mortem obivit, et in templo suo sepultus inter Divos relatus est.

Et bellum contra Sabaudiæ comitem hic Guigo secundus apud Montem Melianum gessit, et ibi lethale vulnus accepit; inde in suum Buxeriæ castrum delatus, anno Christi millesimo centesimo quadragesimo, intra paucos dies interiit, et Gratianopoli in templo pontificali sepultus est.

Et quia comitatus Valentinus et Diensis, in Delphinatu, ad Pictavios devenit, non erit excessus paucis scribere quo jure eos habuerint. Guillermus quintus, Aquitaniæ dux et Pictavii comes, bellicosus et austerus fuit; tandem ad meliorem vitam conversus, cœnobium Guillomistarum Parisiensium fundavit; et divo Jacobo votum persolvens, in Hispania, die Paschatis, mortem, secundum aliquos, obivit, et in ipsius divi Jacobi templo sepultus est, annos agens circiter sexaginta, anno Christi millesimo centesimo trigesimo septimo. Nihilominus in ejus Vita, apud ipsos Guillomistas Parisienses, legitur: eumdem Guillermum sub veste eremicolæ arma et galeam apud Sanctum Jacobum induisse, et ad obitum usque, ut sui Deus misereretur, portasse; et e Sancto Jacobo Hierosolymas adivisse, inde in Italia, apud Pisas, vitam anno Christi millesimo quinquagesimo sexto finivisse, et in sacello prope Castilionem sepulcrum habuisse. Utcunque fuerit, ejus festum decima februarii die celebratur. Verum fama constans fuit eum in Hispania obiisse (1).

Secundum ejus voluntatem, tunc Alienora ejus filia Ludovico Juniori, regis Ludovici Grossi filio, nupsit; et

---

(1) Guillelmus, Pictaviensis comes et Aquitaniæ dux, qui Compostellæ in Gallicia obiit an. 1137, confunditur hic cum Guillelmo de Malavilla qui instituit Guillelmitas seu Guillomistas, et quodam alio Guillelmo eremita, qui iisdem vivebant temporibus. *Hist. des comtes de Poitou et ducs de Guyenne*, par J. Besly; Paris, 1627, in-fol., p. 133.

duodecimum ante decimum tertium ætatis annum agebat, et cum oculis glaucis inter mulieres pulcherrima erat. Et ex hoc matrimonio Ludovicus Junior Aquitaniæ ducatum, Pictaviensem comitatum, alios quoque potentatus habuit et anno centesimo trigesimo octavo supra millesimum, ad Franciæ regnum, mortuo patre, successit.

Quia paralysi Ludovicus, Guillermi Pictaviensis comitis filius, laborabat, nullam spem pater de eo habuerat, verum ipso Guillermo mortuo convaluit, et principatus paternos ab lege petebat; et quum eos obtinere non potuisset, Delphinum consanguineum suum, bellum cum comite Sabaudo gerentem, adivit. Et per hæc tempora comitatum Diensem Valentinumque mulier, parentibus et fratribus orbata, hæreditario jure tenebat. Et in Diensi agro ignobilis Arnaudorum gens adeo rerum potentia valebat, ut Cristam Arnaudi Castrumque Arnaudorum et Balmam Arnaudorum construxerit; et in sua familia hanc mulierem matrimonio collocare volebat, et eam alii sua hæredidate spoliabant, adeo quod, secundum aliquos, sola Vacca oppidum ei remanebat. Sed Ludovici Pictavii opera et fortitudine omnia sua recuperavit, et Arnaudos fugavit, eorumque domo expulit, et in Auream comitatus Albonensis Vallem, transacta Isara, aliqui eorum venere ubi adhuc stant reliquiæ. Et comitis filiam Ludovicus desponsavit, et ab illo tempore Pictavii comitatum Diensem et Valentinum habuerunt. De hoc Ludovico nulla in historiis habetur mentio, quia forsan in eo non sperabatur sanitas (1). Sed, utcunque fuerit, ab eo et ipsius uxore descenderunt comites Valentini et Dienses, qui cognomen et insignia comitum Pictaviensium detulerunt et habuerunt.

---

(1) Hanc fabulam explodit P. F. Chiffletius in opusculo de origine comitum Valentinorum. Paris., 1679, in-8°.

Et post Pentecostem anni millesimi centesimi quadragesimi sexti, Ludovicus rex, cum Alienora uxore ac Conrado imperatore et numeroso suo et imperatoris ac aliorum Christianorum exercitu, in Turcos progressus est, et iter per Pannoniam fecit. Cognito autem Ludovici adventu, Raymundus Antiochenus princeps, magno suorum numero comitatus, regi obviam processit et eum in civitatem recepit, existimans potentiæ regis vicinas Alepiam Cæsareamque sibi inimicas urbes, et multas arces quas Turci ex Antiocheno potentatu tenebant, in suam potestatem redigere. Sed Ludovicus se votum habere asseruit, quod Hierusalem prius videret, quam aliquod bellum gereret; quod responsum Raymundo displicuit, et regi parare insidias nitebatur, et Alienoræ e fratre nepti persuasit quod Ludovicum regem relinqueret, quum quarto sanguinis gradu eum attingeret: quæ patrui voluntati adhærere voluit; et id rex ægre tulit, quoniam valde eam amabat. Nihilominus cum ipsa Alienora Hierosolymas profectus est. Aliqui scribunt quod si Ludovicus uxorem non abduxisset, patrui consilio proposuerat deserere Ludovicum maritum, et desponsare Saladinum Soldanum cujus imaginem et effigiem viderat, et hujus matrimonii prætextu Raymundus omnes suas terras recuperabat. Alii ferunt Alienoram ab ipso Saladino magna dona recepisse et ipsum adamasse, et mare ascendisse ad eundum cum eo, sed ab milite gallo repetita fuit.

Inde, bello satis infeliciter gesto, Christiani regiones proprias repetierunt, et Ludovicum redeuntem cum regina Græci ceperunt. Sed Georgius Siciliensis, navigii rector, Ludovicum et uxorem ex hoste reduxit, atque Siciliam, illinc Romam rex adivit; postea Galliam repetiit. Dissoluto Christiano conventu, Noradinus, princeps Saracenus, cum copiis Antiochiam petiit, et in eum Raymundus procedens anno Christi millesimo centesimo quadragesimo octavo occisus fuit.

Ludovicus autem, injuriæ sibi ab Alienora illatæ recordatus, et quod cum Saladino commercium habuisse ferebatur, eam judicio Concilii, auctoritate Papæ in Gallia congregati, probato sanguinis gradu, dimisit, licet duas ex ea filias suscepisset.

Non possum credere quod tam pulchra regina, quæ Deo devota erat, alium amaverit quam maritum, Gallum suæ nationis, regem potentem, christianum, opulentissimum, bellicosum, genere conspicuum, cæteros reges tam christianos quam alios omni re excedentem. Et multi perperam scribunt, non habita veritate, sed sola suspicione ducti; et Gagninus horum mendaciorum non meminit. Porro hi homines maledici impossibilia narrant. Quomodo enim cum Saladino commercium Alienora habere potuisset, quum ab rege nunquam abierit, et Saladinus non solus ad eam venisset, nec eadem ad ipsum tam facile ire potuisset? Principes enim non ita facile commercium habent, præsertim Christiani, cum Turcis et Saracenis qui hostes erant, et adversum quos rex et cæteri Christiani proficiscebantur; et si quicquam fuerit culpa, illi Raymundo patruo danda erat (1). Et sicut historia veritatem continens est virtutis speculum et vitiorum detestatio, ita in salutis æternæ detrimentum quando famæ et alterius nomini historicus detrahit; si enim delictum est verbo cuipiam maledicere, quanto magis si fiat scripto, quod ab omnibus et usque ad seculi finem legitur et videtur! Nescio quam restitutionem hujusmodi homines

---

(1) *L'héritière de Guyenne, ou Histoire d'Eléonor, fille de Guillaume, dernier duc de Guyenne, femme de Louis VIII, roi de France, et ensuite de Henri II, roi d'Angleterre; par de Larrey. Rotterdam, 1691, in-8°.*

facere possunt; et si non faciant, Deus scit quo post obitum tendent. Et si quicquam in libris nostris ad alicujus diffamationem ediderimus, id revocamus et a Deo piissimo veniam postulamus.

Hanc Alienoram in cælibatu, ob divortii dolorem, vivere cupientem Henricus, Anglorum regis filius, desponsavit. Quæ res multis bellis initium postea fecit; ob eas enim nuptias Aquitania, Andegavia, Cenomania et Turonensis comitatus Henrico obvenere, et defuncto ejus patre, Angliæ regnum capiens, adversus Francos potens effectus est. Et ex Alienora genuit Richardum, Henricum et Joannem quos successores habuit, et etiam Gaufridum Britanniæ comitem, et tres filias : primogenitam Castellæ regi dedit, unde Blancha divi Ludovici mater prodiit; alteram Saxonum dux accepit, ex qua Othonem Alemannorum imperatorem suscepit; tertia autem filia Guillermo seu Valerio Siciliæ regi, inde Tolosatium comiti, nupsit. Ludovicus vero rex desponsavit Constantiam Alphonsi Castellæ regis filiam, et, ea mortua, Alizam Theobaldi Blesensis filiam, tum forma, tum pudicitia laudatissimam, ex qua Philippum Augustum habuit. Et Margaritam, Ludovici et Constantiæ filiam, Henricus, Alienora ortus, uxorem habuit.

Et ipsi Pictavii comites Valentini et Dienses templum divo Francisco in ulteriori Dromæ ripa apud Cristam ædificaverunt, ubi sepulturam cum uxoribus habuerunt.

Guigo tertius.

Hæreditatem patris Guigo tertius adivit, neptemque primi Federici imperatoris desponsavit (1), et ex ea Beatricem unicam filiam genuit. Et in aprili anni Christi millesimi centesimi quadragesimi octavi, sui autem comitatus anni quarti, hic Guigo, Albonensis comes, confirmavit, pro anima Guigonis Delphini patris, munus quod Humbertus patruus suus, archiepiscopus Viennensis, fecit, de terra quæ Canonica dicebatur, templo Sancti Valerii, præsentibus ipso patruo, ejusdem quoque Guigonis matre; id etiam donum Marchesia, Guigonis soror, vidit et approbavit.

Anno Christi millesimo centesimo quinquagesimo quinto, Bertoldus sive Bertolfus, Burgundiæ dux, apud Rivarolum (2) donavit Guigoni Delphino et suis hæredibus quidquid juris e majorum suorum successione seu regum concessione Viennæ habebat, ita quod si eumdem Delphinum Guillermus comes in hac donatione infestaret, ipse dux ei bellum inferret, donec Viennam liberam Guigo haberet; et in necessitate Bertolfum Guigo eadem urbe decenter recipere promisit (3).

Et in territorio Tusculano, nonis julii, et apud castrum Rivarolum, idibus januariis, Federicus donavit ipsi Guigoni, Delphino, comiti Albonensi et Gratianopolitano et

---

(1) Consanguineam ipsius imperatoris.(Guillelmus, in Vita Margaretæ.)

(2) Rivarolo (*États-Sardes*).

(3) Bertholfus IV qui vocatur in chartis, tum *duc de Zœringhen*, tum *duc* seu *recteur de Bourgogne.* — Guillelmus, Matisconensis comes, qui Burgundiæ comitis titulum et nomen affectabat.

suis successoribus, hæreditario jure, argentifodinam quæ est juxta Ramas in archiepiscopatu Ebredunensi, necnon potestatem cudendi et fabricandi monetam Sesanæ, quæ est ad radicem Montis Jani, et ubicumque in comitatu ejus ubi commodius et utilius ei videretur (1).

Et, ut aliqui credunt, ab hoc Delphino inferior Allobrogum pars quam possidebat, Delphinatus, de suo cognomine primum generali vocabulo vocata est (2), ita quod qui inde hunc principatum habuerunt, Delphini a Delphinatu, sub nomine dignitatis et principatus, sicut rex a regno et dux a ducatu, in hanc usque diem appellati fuerunt, licet in comitatum Albonensem Graisivodanumque et Viennensem ac alios minutos principatus hæc pars Allobrogum inferior divideretur. Et quia hujusce etiam partis Allobrogicæ adhuc Vienna metropolis remansit, ab eadem, post donationem ducis Burgundiæ, hic Guigo et sui posteriores successoresque Delphini Viennenses, ut etiam hoc cognomine a Delphino Arverno distinguerentur, ad nostra usque tempora dicti sunt. Et sicut tota Delphini terra primum a cognomine suo Delphinatus appellata fuit, ita inde Delphinus principatus dignitas a Delphinatu nomen accepit, ut qui Delphinatum possideret Delphinus a Delphinatu appellaretur, etiamsi de cognomine et familia Delphinorum non esset, ut apparet in primis Francorum regum genitis, qui Delphini a Delphinatu quem tenent denominantur. Et qui posthac fuere e Delphinorum familia, Delphinatum non obtinentes, in antiquis instrumentis et

(1) Diploma Frederici II, in quo argentifodinam Ramæ ac facultatem cudendi monetam, jam pridem (ann. 1155.) Guigoni Dalphino concessam, confirmat, apud Taurinum, an. 1238. (*Valbonnays, t. I, p.* 93).

—*Rame, près de Briançon; Sezane, au pied du mont Genèvre.*

(2) In Chartulario Sancti Hugonis illius Delphini pater jam vocabatur Dalphinus, circ. 1140.

documentis patrio et barbaro more cognomen Delphini in genitivo retinebant.

Hujus Guigonis Delphini et Ludovici Junioris Francorum regis temporibus, Valdo, civis Lugdunensis, inter humanos agebat, et divitias, quibus abundabat, egentibus largitus, Christi paupertatem omnino imitari constituit; et quum illiteratus esset, libros ab eruditis in linguam gallicam translatos obtinuit, quos sua opinione interpretans, in multos errores incidit, et docendi officium apud sui similes usurpavit, seque et auditores infinitis erroribus involvit; et quum pertinaciter erroribus adhæreret, a patria, teste Gaguino, in exsilium missus est, et in Delphinatus montibus, supra Ebredunum, locis abditis, cum sibi adhærentibus resedit. Inde in diversas orbis partes se hi extenderunt, et, hoc notati crimine, nominati fuerunt Valdenses; qui hisce præcipuis erroribus laborant, quod Purgatorium esse denegant, et credunt animas hominum corpore egressas aut statim in Paradiso collocari, aut ad Infernum, non dato aliquo medio, tendere, et quod maximi pontificis auctoritatem habet duntaxat is qui vitio caret.

Et in castro suo Visiliæ, prope Gratianopolim, anno Christi millesimo centesimo sexagesimo secundo, principatus sui vigesimo secundo, Guigo tertius mortem obivit et sepulcro paterno illatus est. Et anno incarnationis Christi millesimo centesimo sexagesimo tertio, secunda die mensis novembris, sabbato, luna tertia, post obitum Guigonis Delphini comitis, Margareta ejus mater templum Sancti Valerii a suis majoribus constructum, ut aiebat, honorare studens, eidem, de consilio procerum suorum et ex dono filiarum voluntateque uxoris filii sui, terram canoniam quam in oppido Sancti Valerii et ejus ditione ipsa Margareta et antecessores sui per multa tempora tenuerant, ex mandato ipsius Guigonis, donavit, pro compensatione quod ab ipso Sancti Valerii templo mille solidos Viennenses et amplius injuste acceperint. Et cœnobium Ayarum, supra Gratianopolim, Margareta puellis fundavit. Et sexto idus februarias anni Christi millesimi centesimi sexagesimi tertii Muræ ab humanis decessit, et, dum Mura cadaver ejus ad sepulturam in Ayarum cœnobium deferretur, ventus multum agitabat, sed funeris faces nunquam extinxit. In Divos enim eam fuisse relatam vulgus hoc facto et aliis existimavit; sic itaque in eodem Ayarum cœnobio sepulta est, et prope eam duæ ejus filiæ Marchisia et Beatrix sepulcrum habuerunt (1).

Anno Christi millesimo ducentesimo decimo, Adalayda, comitissa Pedemontium, sub majori Guigonis Delphini Viennensis patrui sui imperio et fidelitate marchionatum Salutiarum posuit, ut comitatum suum defenderet contra Raymundum Berengarium, comitem Provinciæ et Falcaquerii, qui jam ei terram ultra Sturam vastaverat et igne consumpserat. Error debet hic esse in annis Domini aut in annis mortis Guigonis (2).

Beatrix.

Delphinatum postea Beatrix unica Guigonis tertii filia habuit, et ejus tutelam Raymundus Tolosæ et Sancti Ægidii comes gessit, et quinto nonas martii anni incarnationis Christi millesimi centesimi sexa-

(1) *La vie de la sérénissime princesse Marguerite de Bourgogne, femme de Guy VIII, comte dauphin, fondatrice du monastère royal des Hayes, ordre de Citeaux, décédée le 8 février 1163. Lyon, 1674, in-12, trad. de l'ouvrage du chanoine Guillaume*, cité plus haut.

(2) Reipsa hoc pactum pertinet ad Andream seu Guigonem Andream Delphinum, Beatricis filium.

gesimi tertii, hic Raymundus, Beatricis tutor, in claustro ædis Sancti Valerii confirmavit donationem canonice factam fratribus ipsius templi per ipsam Margaretam. Et filio hujus comitis, agnomine Tallifero, Beatrix nupsit.

Anno Christi millesimo centesimo septuagesimo octavo, Federicus vectigal Guillermo Pictavio comiti Valentino et Diensi concessit, a Valentia Montilium usque. Et Aymarum filium Guillermus habuit qui ei successit.

Anno Christi millesimo septuagesimo tertio, Henricus regis Angliæ filius in suo Normanniæ ducatu convivium fecit, in quo inter alios soli in una aula erant centum decem milites qui Guillermi vocabantur, præter nobiles et famulantes ejusdem nominis : hæc non abs re scripsi, quia filium Guillermum nomine habeo.

Et tertio nonas junii anni Christi millesimi centesimi octogesimi primi, Tallifer, Viennensis et Albonensis comes, voluntate ejus uxoris, pro salute animæ Guigonis Delphini et comitum Albonis, donavit Sancti Valerii templo quidquid Munaldus Aleysius in territorio Castri Vallis et in Sancto Valerio et Lareysone et Chanis et Alzone habebat (1).

Et quia Arturum Britonum comitem nepotem suum Joannes Angliæ rex ceperat et occiderat, quum Francorum partes sequeretur, et ex rebellionibus Philippo Augusto factis, his temporibus, fuerunt ipsi regi Philippo et regno suo per sententiam Parium Franciæ adjudicatæ Aquitania et Normannia, comitatus quoque Pictaviensis et alii principatus quos Joannes in Gallia tenebat, et bello Philippus sententiam executus est : et hæc omnia Ludovicus ejus filius et successor possedit. Hic autem Caroli Magni genus in reges Francos per matris cognationem retulit. Nam Er-

---

(1) *Vals, St-Vallier, Laveron, Chanos, Claveyson.*

mengarda filia Caroli, cui Hugo Capetus regnum abstulit, comiti Namurcensi nupsit, ex quo Balduinum Hanonniensem comitem suscepit, et hujus filiam Isabellam Philippus Augustus desponsavit, et ab ea Ludovicum genuit. Ex Ludovico autem divus Ludovicus natus est.

Et nullis liberis a Beatrice relictis Tallifer obivit, et Beatricem Hugo Burgundiæ dux desponsavit (1), et ex ea duos filios Octavium (2) et Andream habuit; et Beatricem, filiam Guillermi Falcaquerii comitis, Andreas in uxorem duxit. Et anno Christi millesimo ducentesimo altero, ipse comes Andreæ in dotem suæ filiæ dedit, post mortem suam, comitatum Falcaquerium omniaque castra et oppida ac territoria quæ cis Druentiam habebat, in episcopatu Vapincensi et archiepiscopatu Ebredunensi, a ponte *Bochio Sisteronis* (3). Et anno Christi millesimo ducentesimo nono Beatrix et Andreas filius ejus, necnon Andreæ uxor, Falcaquerii comes, monasterio Sancti Roberti a Guigone Crasso fundato concesserunt, ut jure dominii haberet quidquid tunc possideret vel postea acquireret.

Per hæc tempora Raymundus Toreneus, comes Tolosanus, fecit incursiones in comitatum Valentinum et Diensem, et agros oppidulaque ac vicos depopulatus est et incendit.

Et vigesima nona martii anni incarnationis Christi millesimi ducentesimi decimi septimi, Beatrix, Burgundiæ dux, Albonis comes et Andreas Delphinus dederunt Deo et templo Sancti Valerii insulam Maretam et bona Coynaudi, cum pascuis et nemoribus et molendino quod est supra Colu-

---

(1) *Albéric*, *comte de St-Gilles. Taillefer* obiit circa ann. 1180, et ann. 1183 Beatrix Hugoni denuo nupsit.

(2) Odo (non Octavius) Andreæ Dalphini frater consanguineus tantummodo erat.

(3) *Le pont de Buech, près de Sisteron.*

berium, et vineas in vallis et Sancti Valerii agro sitas (1).

His temporibus, conjunctione et concursu ruinæ duorum montium, Romanchia fluvius sub Burgo Oysentio decem et septem annis restagnavit, adeo quod magna aquæ abundantia ibidem fuit; tandem decimo octavo calendas octobres anni Christi millesimi ducentesimi undevigesimi, noctu, via restagnationis uno impetu aperta est, et diluvium induxit, et minimum abfuit quin eo Gratianopolis ruinam passa sit. Et.complures oppidanos diluvium submersit, et pauci qui ædium sacrarum et domorum apicem ascenderant evaserunt, pontemque Gratianopolis hæc aqua evertit; et ad constructionem ipsius pontis Joannes, tunc urbis episcopus, indulgentias, ut ita loquar, largitus est (2).

Et Octavius primus Beatricis filius, dux Burgundiæ fuit (3). Andreas autem Delphinatum habuit a Beatrice, quæ, tertio calendas februarias anni Christi millesimi ducentesimi trigesimi quarti, dederat, approbante Andrea filio, beatæ Mariæ Prati Mollis et sanctimonialibus locum in quo est eorum templum cum Alpibus et aliis bonis instrumento designatis (4).

(1) *Marète, Coynaud, la rivière de Galaure.*

(2) V. de hoc diluvio litteras Joannis episcopi Gratianopolit. quæ in Cameræ Computorum tabulariis servabantur. (*Imprimées dans les Mémoires sur les maladies épidémiques qui ont régné en Dauphiné*, etc., par *Nicolas*, docteur en médecine. Grenoble, 1786, in-8°, p. 116.)

(3) Legendum est Odo, ut supra.

(4) Alpes usurpantur in Delphinatus chartis pro montanis pascuis ad æstivanda pecora, sicut et Alpagium jus ipsum agendi et pascendi pecora in Alpibus.

Andreas.

Testamento matris Andreas Delphinatum consecutus est; et a Beatrice (1) uxore sua Beatricem filiam suscepit, quæ Amalrico comiti Montisfortis nupsit; et sacerdotum judicio conjugem suam, quia consanguinea erat, Andreas inde repudiavit et dimisit, simul et dotem reliquit. Et octavo idus apriles anni Christi millesimi ducentesimi undecimi, Beatrix, post hoc divortium, dedit filiæ suæ ab Andrea susceptæ comitatum Falcaquerii et omnia ad comitatum pertinentia. Et Beatricem, Guillermi marchionis Montisferrati filiam, Andreas Delphinus in uxorem duxit, et ex hac Guigonem quartum habuit. Et anno Christi millesimo ducentesimo trigesimo secundo, Beatrix Amalrici uxor vendidit Andreæ Delphino, comiti Vapincensi, quidquid in episcopatu Vapincensi et archiepiscopatu Ebredunensi habebat. Et id Andreas vivens possedit.

Castrum Intermontium esse in Andreæ Delphini principatibus illius possessor eodem anno agnovit (2).

Ædem sacram divo Andreæ Gratianopoli Andreas Delphinus ædificavit. Et anno Christi ducentesimo trigesimo septimo supra millesimum, in medio, ut dicunt, choro ejusdem templi tumulo elevato, sepultus fuit, et testamento præcepit quod die obitus, qui fuit tertio idus martias post meridiem, in agris sacerdotes ædis Andreanæ singulis annis flores colligerent, et ex ipsis agris, per urbem, cum tubicinibus, mimis et aliis instrumentis musicis, so-

---

(1) *Béatrix*, ou *Marie de Claustral*.
(2) *Guillaume d'Entremont* homagium Andreæ præstitit ann. millesimo ducentesimo trigesimo quarto.

nantibus campanis, ipsi sacerdotes canentes et supplicantes, eos flores in tecto, quod tabernaculum appellant, ad illam usque ædem deferrent et ipsis floribus sepulcrum suum cooperirent. Et, eodem testamento, fieri perpetuo pridie idus martias anniversarium in ipsa æde jussit; et ad id Andreas reditus constituit. Et de hoc Delphino et suis majoribus est elegans marmorea inscriptio, quod epitaphium vocant, prope majus altare templi pontificalis Gratianopolitani, pone custodiam Eucharistiæ sacratissimæ, in hæc verba :

>Hic jacuere, jacentque simul, semperque jacebunt
>Illustres domini Delphinatus comitesque :
>Guigo prior, Guigonis Crassi filius, idem
>Centeno undecies Cristi nascentis ab anno
>Mortuus, et quarto decies, ac deinde quievit.
>Filia cui Stephani comitis Burgondia clarum
>Ferrea quem coluit Guigoni nupserat, atque
>Guigonem primum Delphinum enixa, superstes
>Bis senos vixit post funera conjugis annos
>Mure deficiens Aisque sepulta monastis.
>Filius ille etiam primus Delphinus, ut aiunt,
>Undecimo tandem post matrem mortuus anno :
>Membra sepulturæ voluit claudenda paternæ
>Induperatoris cui neptis nupserat, atque fœta
>Beatricem heredem tulit atque reliquit :
>Quæ comiti Sancti Egidii pariterque Tholosæ
>Juncta prius Taliaferro sterilis fuit, inde
>Cum duce Burgondo rursus contraxit, et illum
>Andream peperit Delphinum fœta secundum :
>Quorum animæ eternum felici pace quiescant (1).

(1) Hoc forsan ineditum epitaphium ad litteram exscripsimus, excepto uno tantum verbo, JUNCTA pro FUNCTA, v. 17.

Hoc epitaphium descripsi, non ob structuræ elegantiam, quia barbara est, sed ad Delphinorum propaginem et notitiam quæ verbis quibuscumque haberi potest.

Et per hæc tempora Alphonsus, divi Ludovici frater, Joannam unicam Raymundi quinti Tolosæ comitis filiam hac conditione desponsavit, quod post Raymundi obitum Tolosanum comitatum haberet; quod factum est. Ad id matrimonium divus Ludovicus dedit Alphonso comitatum Pictavium et Arvernum et Albigienses. Sic Aquitaniam divisit; nam Henrico quarto, Angliæ regi, ex ipsa Aquitania reliquit Burdegalenses, Sanctones, Petrogorios, Agenenses et Lemovicos. Et Margaretam, Raymundi Berengarii, Provinciæ comitis, primam filiam, divus Ludovicus desponsavit; et longe post, mortuo Raymundo, Beatrix, altera ejus filia, Carolo divi Ludovici fratri nupsit, et cum ea Carolus Provinciæ comitatum habuit, simul et ei Andegaviam et Cenomaniam divus Ludovicus tradidit, ac, ut effectu apparuit, Avenionis partem et comitatum Falcaquerii et quidquid infra Rhodanum, ex pace cum Raymundo comite Tolosano inita, assecutus fuerat, eidem Carolo donavit et reliquit.

Per hæc tempora Otho quartus in humanis erat, seque Arelatensem regem, Gaguini testimonio, appellavit, et ad ipsum Othonem, de Provincialibus et regno Arelatensi Otiisque imperialibus, Gervasius libellum edidit; et quatuor annis rebus humanis potitus est.

Guigo quartus.

Andreæ patri Guigo filius sine controversia in Delphinatum successit, et quum Guillermo marchioni Montisferrati et suis hæredibus liceret vectigalis jure, in comitatu Viennensi, de quolibet fasciculo aut soma transeunte, duodecim denarios Viennenses accipere, idem marchio Beatrici filiæ suæ in dotem dedit, quod inde ad Guigonem ejusdem Beatricis filium pervenit.

Federicus secundus ipsi Guigoni concessit ut, de his quæ ad jurisdictionem imperialem pertinerent, coram se aut ejus legatis duntaxat in regno Burgundiæ coerceretur. Et mense junio anni Christi millesimi ducentesimi quadragesimi septimi, approbavit emptionem comitatus Vapincensis et Ebredunensis ab Andrea Guigonis patre factam. Dedit Guigoni omnia, ut ita dixerim, allodia quæ in Ebredunensi et Vapincensi, Viennensi quoque et Albonensi ac Gratianopolitano comitatibus habebat.

Anno Christi millesimo ducentesimo quinquagesimo, Humbertus ordinis Prædicatorum, delphinas Viennensis, inter humanos erat, et secundum Joannem Trithemium, in libro de Scriptoribus divinis, quintus Magister generalis et vir in divinis Scripturis eruditus fuit (1). Et Statuta ac gesta Fratrum Prædicatorum, epistolas ad diversos et alia quædam opuscula edidit.

Eodem quoque tempore Henricus Segusinus, archiepiscopus Ebredunensis, ipsius Joannis testimonio, inter hu-

---

(1) *Humbert de Romans, général de l'ordre des FF. Prêcheurs, en* 1254*, naquit à Romans et mourut à Valence en Dauphiné, l'an* 1277.

manos agebat; et utriusque juris peritiam habuit, doctrinæque præstantia, magnæ auctoritatis apud Alexandrum quartum pontificem maximum erat; et authore Platina, cardinalatus dignitate, sub vocabulo Ostiensis, ab eodem pontifice donatus est (1). Commentarios in Decretales pontificum, et Summam juris pontificii, Curiolis castro (2), Ebredunensi urbi proximo, hic Henricus composuit aliaque opera in lucem emisit. Et Delphinum principatus Ebredunensis Caturigarumque sub sua fidelitate participem fecit, ut Ebredunenses et Caturiges, qui eum urbe abegerant, domaret. Quapropter pontificatum maximum, ut ab aliquibus accepi, obtinere non potuit, quum alioqui ad eum assumptus fuisset.

Pridie calendas julias anni Christi millesimi ducentesimi quinquagesimi tertii, tota Gratianopolis in aurora fere combusta est.

Circa hoc tempus (scilicet ann. 1246), Innocentius quartus papa, Federici secundi Romani imperatoris tyrannide pressus, in Franciam venit, et Lugduni concilium generale celebravit, Federicumque imperio privavit; et cardinalibus dedit rubrum galerum, quod insigne capite perpetuo deferrent; et eo pontifex ipsos esse admonitos voluit, ut sanguinem fundere pro Christiani populi libertate omni tempore parati essent.

Hujus Federici secundi ætate fuit Ligurinus, qui ipsius Federici gesta describendo quatuor præcipuas regni Burgundiæ metropoles sex carminibus nominavit; et illa carmina libro quarto retulimus.

Beatricem, Petri comitis Sabaudiæ filiam, Guigo quartus desponsavit.

---

(1) *Henri de Suze, card. d'Ostie, célèbre canoniste du XIII° siècle.*

(2) *Crevoulx, à deux lieues d'Embrun (Hautes-Alpes).*

Per mortem Guillermi comitis Provinciæ et Falcaquerii, hi comitatus ex successione suæ conjugis, ad Carolum divi Ludovici fratrem, Andegavensem comitem, pervenerunt. Et ex acquisitis per Delphinum ab eodem Guillermo, in Vapincensi et Ebredunensi agro, inter Guigonem et ipsum Carolum bellum exortum est. Sed inde, anno Christi millesimo ducentesimo quinquagesimo septimo, transegerunt ut omnia quæ cis Druentiam et Sisteronem de comitatu Falcaquerii fuerant, Delphino remanerent, ita quod de majori imperio ejusdem Caroli et suæ conjugis ac liberorum communium Guigo ea omnia agnosceret, cum pacto quod nihil in agro Vapincensi ipsi conjuges aut eorum hæredes acquirerent.

Federicus, Taurini, litteras pro Petro antistite Gratianopolitano scripsit ad Beatricem Albonis et Viennæ comitem et Guigonem Delphinum ejus filium ac Guillermum comitem Gebennensem cæterosque Gratianopolitanæ diœcesis a Bella Cumba deorsum incolentes et Sancti Donati oppidanos, ut pro regalibus quæ ab eodem antistite tenebant congrue ei subvenire vellent, quo se ipsum in Longobardia Infidelium reliquias delere conantem sequi posset. Et Beraldus, comes Laur., tunc in regno Arelatensi et Viennensi vicarius erat, Romanisque agens, voluit ut ipsæ litteræ ad Petri antistitis utilitatem implerentur (1).

Anno Christi millesimo ducentesimo sexagesimo, Henricus hujus nominis quartus, Angliæ rex, venit Parisios ad sanctum Ludovicum, et postremam pacem hi reges inierunt. Et, ob scrupulum quem Ludovicus faciebat de ducatu Normanniæ et comitatu Pictaviensi a Philippo Augusto sententia acquisitis, ipse magnam nummorum quantitatem

---

(1) Hic Arelatensis et regni Viennensis vicarius *Joachim Spinola* a Chorerio nominatur. (*Histoire générale de Dauphiné*, II, 117.)

Henrico tradidit, cujus prætextu Henricus actionem quam in regno Franciæ habebat Ludovico cessit, præsentibus Richardo imperatore, ejusdem Henrici fratre et proceribus ac antistibus Angliæ qui cum eo venerant. Et nihilominus divus Ludovicus Henrico dedit multos potentatus in Lemovicibus, Petrigoriis et Sanctonibus, hac lege et conditione, quod ipse et posteri hæc simul cum regione Burdegalensi, Bayonæque et Gasconiæ sub Franci regis potestate tenerent. Hi autem duo reges et Ricardus imperator, ac Carolus divi Ludovici frater, quatuor sorores, Raymundi Berengarii Provincæ comitis filias, desponsaverant.

Anno Christi millesimo ducentesimo sexagesimo quarto, Urbanus papa auxilium divi Ludovici imploravit contra Manfredum Henrici imperatoris filium spurium, qui Siciliæ regnum et alios potentatus ecclesiæ Romanæ occupabat, sub eo jure quod olim, ex dispensatione Celestini tertii, Henricus Federici imperatoris filius, Panormæ, Constantiam, Rogerii Siciliæ regis filiam, monialem in uxorem duxerat, simul et Siciliæ regnum habuerat, quia nulla alia Rogerii soboles exstabat. Et mortuo patre Henricus imperium assecutus fuerat, cui Federicus secundus successerat, qui Manfredo seu Henrici patris filio Siciliæ regnum tradiderat. Et Carolum divi Ludovici fratrem, eodem Siciliæ regno Apuliæque et Calabriæ ducatibus, Urbanus quartus jure emphyteosis donavit. Et post multos conflictus Carolus Manfredum in ipso Siciliæ regno superavit et occidit.

Duodecimo calendas februarias anni Christi millesimi ducentesimi sexagesimi secundi, Joannes, archiepiscopus Viennensis, sex millibus et quingentis libris emit ab Hugone Viennensi, domino Pigniaci, comitatum Viennæ, cum palatio in eadem urbe constructo apud templum

Sancti Petri inter vineas. Et in eadem venditione Hugo retinuerat fidelitatem in qua dominus Turris ac Toliniaci sibi tenebatur, ac perpetuam redimendi comitatus potestatem. Et, prætextu illius venditionis, Joannes et in archiepiscopatu successores jurisdictionem Viennæ exercuerunt (1).

Tertio idus martias anni Christi millesimi ducentesimi sexagesimi secundi, Agnes, domina Fucigniaci, Beatricem Guigonis uxorem hæredem instituit, ex qua institutione Fucigniacum inter alia, cum supremo in comitem Gebennensem imperio, Beatrix obtinuit; et insignibus suis Delphinus Fucigniacea commiscuit.

Anno Christi millesimo ducentesimo septuagesimo primo, cives Vapincenses suæ urbis consulatum Guigoni Delphino comiti Vapincensi agnoverunt. Ex hoc consulatu et rebus quas Rolandus Menteherius (2) in eadem civitate sibi vendiderat, Delphinus tertiam jurisdictionis partem ibi habebat, et ad id magistratus constituebat; et Vapinci census possidebat, et de emphyteosi ejus major domorum illius urbis pars erat, et ex aquarum decursibus in molendinis tritici summam capiebat, et salis bladique venalis vectigal exigebat. Et sub protectione Delphinorum Vapincenses oppidani fuerunt. Et frequenter inter cives urbisque episcopos disceptabatur, adeo quod Odo, urbis antistes, natione Provincialis, in odium, ut aiunt, eorumdem civium et ut eos subjugaret, fœdus cum Provincialibus inivit (ann. 1281), et sub majori imperio regis Siciliæ, comitis Forcalquerii et Provinciæ, agnovit quidquid in episcopatu Vapincensi, maxime a Druentia ad Pontem usque Altum,

(1) *Hugues de Vienne, seigneur de Pagny*, ex Matisconensium comitum prosapia, quæ nescio quod jus super comitatum Viennensem obsolefactum retinebat.

(2) *Roland de Menteyer*.

habebat, ut se et totum suum territorium ipse rex tueretur et defenderet. Secundo inde anno, illæsis pactis cum Beatrice Delphina ejusque liberis factis, Vapincenses cum antistite transegerunt. Sed Odo fœdus Provincialibus inire non poterat ad incommodum Delphini, qui supra ipsum Odonem et ejus territorium majus imperium habebat.

Per hæc tempora Amedeus Rossilio (1), Delphinus patricius, inter humanos agebat, et primo monachus Sancti Eugendii in comitatu Burgundiæ effectus est. Inde cœnobium Saviniaci in agro Lugdunensi obtinuit; postmodum, per obitum Guidonis Montis Lauri electi Valentini, Gregorius papa decimus, dum in Galliis pro concilio Lugduni indicto esset, anno Christi millesimo ducentesimo septuagesimo quarto, ipsum Amedeum episcopatu Valentino donavit, et eum Viennæ Allobrogum sacravit. Non longe post Amedeus Gebennæ, antistes Diensis, expiravit. Et ut hi episcopatus a comite Valentino et aliis spoliati restituerentur, eosdem Gregorius univit et utrique Amedeum, ut contra hostes fortior esset, præfecit.

Et statim collecto exercitu, Amedeus Crispias castrum (2) suis episcopatibus tanquam præsidium tutissimum adjunxit, et Salientem (3), in itinere episcopatuum situm, recepit et suo præsulatui adjecit, auxilioque amicorum Augustam ingrediens (4), castrum ejusdem triduo obsedit et expugnavit, sexagintaque arcis bellicosos custodes compedibus alligavit, Espanellam quoque et Baronium cepit et Pontasium obsedit (5), et hostem offerre et petere

(1) *Amédée de Roussillon, d'abord moine à Saint-Claude en Franche-Comté, ensuite abbé de Savigny en Lyonnais, succéda, vers 1274, à Guy de Montlaur, évêque de Valence, et à Amédée de Genève, évêque de Die, après l'union de ces deux évêchés.*

(2) *C. Crispiati, le château de Crespey, selon Chorier; peut-être Crupies.*

(3) *Saillans.*

(4) *Aouste.*

(5) *Espenel, Barnave, Pontaix.*

pacem coegit, pacisque fœdere Cristam et Pontasium adeptus est; et interdicti sententiam abstulit. Sic ab oppressione hi episcopatus liberati fuere, et occupata castra Amedeus illæsa reddidit. Et supra verticem Cristæ fortissimam arcem usque ad summum juxta aliam veterem erexit. Sed inde comes Valentinus, habita in solidum Crista ex permutatione ad Besodunum (1) cum episcopo facta, illam turrim, vetere relicta, solo æquavit. Et Girardum Ademarum, cum sua Montilii parte et universo agro, quem circa Rhodanum habebat, Amedeus sub fidelitate sua acquisivit. Et Percivallum, nobilem virum, cum territorio suo Diensi, in fidelem, et, ut dicunt, in hominem ligium recepit.

Et nondum sua, sed et aliena negotia hic Amedeus prospere gessit. Episcopum enim Vivariensem et Lambertum, Montilii dominum, de Castro Novo juxta montem Pausardum (2) disceptantes, cum arbitris ad pacem reduxit. Et, ut reprimeret Romanensium audaciam quam in eorum Ecclesiam principatum habentem suscipiebant, turrim fortissimam supra pontem Isaræ ædificavit, et eam ipsi Ecclesiæ tradidit; sed auxilio Burgundorum, a quibus Delphinus recentem traxerat originem, Romanenses, fidelitatis debitæ obliti, canonicos et sacerdotes oppido expulerunt, et eamdem turrim expugnabant. Sed mense integro in hieme Amedeus, cum sacerdotibus expulsis, turrim et pontem defendit; inde pontem cum turribus, ad æternam rebellionis civium memoriam, in Isaram dejecit; et cum magno exercitu Isaram trajecit, et octo diebus totidemque noctibus oppidum circuivit, et circumadjacentia devastavit. Et suo exercitu locum mutante, Romanenses

(1) *Bezaudun.*
(2) Pro feudo Castrinovi, juxta montem Pausardi. (Vita Amedei Rossilionæi, episcopi Valent. et Diens. primi; apud J. Columbi opuscula varia; Lugd., 1668, in-fol., p. 354.)

ad pugnandum egressi fuerunt, sed eos Amedeus trucidavit et occidit, ac oppidum repetere coegit. Tandem, denegato undique victu, Romanenses pacem et veniam petierunt et obtinuerunt.

Et quum peregrinum patrem suum Tricastrinenses spoliassent, cum copiis eos Amedeus aggressus est, auctoremque sceleris cum sociis in exsilium misit, domum in qua præda redacta fuerat funditus diruit, et urbis rectorem aliosque cives maleficii conscios pro expensis pecunia mulctavit. Et Castrum Novum supra Isaram, olim Raymundo ob delictum ablatum, Guillermo ejus filio et hæredi restituit. Et cognita Rogerii Cleriaci gratitudine, Pisansianum et Boccium et alia, ut ita dixerim, emphyteotica ab ecclesia Valentina et Romanensi Silvioni patri erepta, eidem Rogerio reddidit.

Et anno Christi millesimo ducentesimo septuagesimo octavo, Guigo Delphinus, sicut fertur, medietatem Gratianopolis ab episcopo certis conditionibus habuit, cœnobiumque monialium Prati Mollis ordinis Cartusiensis erexit, et ibi sepultus est. Monasterium vero Melanum, ejusdem ordinis, Beatrix hujus uxor in Faucigniaco suo construxit (1).

Ex Aymaro comite Valentino et Diensi Ludovici filio processit Aymarus et patri successit, et Sibyllam filiam domini Baucii, ex prosapia Balthazaris regis qui Christum cum aliis duobus regibus adoravit, uxorem duxit (2), et ex eis ortus est Aymarus tertius, comes Valentinus et Diensis, et Ludovicus episcopus Metensis, Guillermus antistes Lingonensis, Henricus præsul Trojanus.

(1) Les chartreuses de Prémol et de Melan.

(2) Sibylle des Baux, d'une famille que les généalogistes italiens faisaient descendre en droite ligne de Balthazar, l'un des trois rois mages.

Joannes primus.

Ioannem et Annam liberos Guigo quartus e Beatrice sua uxore habuit, et ipsum Joannem successorem et hæredem reliquit, sed non diu vixit; nam, dum aliquando equo curreret, cecidit, et adeo casu læsus est, ut paulo post, anno suæ ætatis vigesimo, sine prole, expiraverit, et in ipso cœnobio Melano etiam ante matrem sepultus fuit. Huic superstes Anna soror Delphinatum suscepit. Et Annæ Thomas, Philippi Sabaudiæ comitis nepos, Ayas et Bost castrum (1) occupabat; sed opera Amedei, Diensis et Valentini antistitis, Anna hæc recepit; et inde mortem ipse Amedeus obivit, et cum Amedeo Gebenna avunculo suo Diæ sepulcrum habuit.

Anna et Humbertus.

Humberto Coliniacum et Turrem Pineam possidenti (2) Anna nupsit, et delphinum uxoris insigne ac turrim sui principatus etiam signum Humbertus commixta deferebat; et aliquando solam turrim ex uno scuti latere ipse et ejus posteri deferebant, ex alio latere equo armati insidebant, sicut antiqua instrumenta docent. Et a Rhodano et Isara, inter utrumque flumen, comitatus Albonis Viennensisque et dominium Turris Pineæ extendebantur usque ad sacellum beato Vincentio de-

---

(1) *Le château du Bois-des-Aïes*, C. del bost de las Ayas.

(2) *Humbert, baron de la Tour-du-Pin et de Coligny.*

dicatum, quod est in itinere publico inter Vorappium et Cornilionem, si aliquibus credamus (1).

Pro uxore sua Humbertus Delphinatum sapienter gubernavit, et ex ea complures liberos tam mares quam feminas suscepit. Maribus nomen fuit Joanni, Hugoni, Guigoni, sive Guidoni, et Henrico : et ad pontificatum Metensem Henricus electus est; Philippo quoque Sabaudo Achaiæ principi Catharina Delphini filia nupsit, Alysiamque Joannes comes Foresius, et Mariam Aymaretus comitis Aymari Pictavii filius, desponsaverunt, et Margaretam Federicus Mainfredi marchionis Salutiarum filius in uxorem duxit.

Humberto Delphino Guillermus Montis Ademari dedit baroniam, ut aiunt, Montis Albani (2).

Et Viennæ, secundo nonas junias, Rodulphus rex huic Humberto magistratum senescalliæ regni Arelatensis jure hæreditario dedit (3).

Et circa annum Christi millesimum ducentesimum octogesimum tertium, Amedeus quartus Sabaudiæ comes et ipse Humbertus, vir Annæ, inter se bellum non longe a Costa gesserunt, et in prælio Thomas Pedismontium comes vulneratus fuit, et jussu comitis Sabaudi Ludovicique fratrum suorum Costam ubi expiravit delatus est. Et Delphino Gebennarum comes et alii sui consanguinei suppetias tulerunt, ita quod Delphinatui magna damna uterque exercitus intulit. Et inde bellum Gebennarum comes et ipse Amedeus quartus tantisper habuerunt, donec horum

---

(1) *St-Vincent-du-Plâtre, Voreppa, Cornillon-les-Fontanil.*

(2) Hugo Adhemarius, dominus de Lumberiis, baroniam Montis Albani Humberto vendidit ann. 1304.

(3) Alphonsus, Castilliæ rex et imperator, Albertum de Turre regnorum Viennæ et Arelatæ Senescallum constituit ann. 1257. Gratias et litteras Radulphus ann. 1278, dein Albertus ann. 1305, approbaverunt et innovaverunt.

trium principum discordias pontificis Romani regisque Angliæ et ducis Burgundiæ legati sedaverint.

Et dum cum Henrico imperatore Amedeus quartus Romæ esset, Quiriacum, ipsius comitis Sabaudiæ oppidum (1), Humbertus Delphinus obsedit, belli occasionem sumens quod mercatores Delphinates ad nundinas euntes comitis Sabaudi magistratus in carcerem detrudebant ac opprimebant. Et quia super jurisdictione et aliis seditiones inter Sabaudos et Delphinates magistratus etiam quotidie propter commixtionem territoriorum movebantur, in patriam comes Sabaudus de his certior factus rediit, et ingentes copias contraxit Bellamque Cumbam Delphini castrum (2) in suam potestatem redegit, et in eam discedens ignem immisit, et illico bellum Delphino indixit. Deinde Goncellinum triduo obsedit; et Delphino ad conflictum in agro non apparente, Amedeus illinc quarta die ad Terratiæ castrum profectus est. Et postera sui adventus die ab aurora ad crepusculum usque ipsum castrum fortiter invasit, et usque adeo Hugo, qui castrum pro Delphino tenebat, ipsum defendit, quod ante idem castrum multi ex ipsius comitis milites vulnerati et occisi fuerunt (3). Quare, relicta Terratia, Sabaudus in suum principatum redeundo plures domos fortes Nobilitatis Delphinatus et Delphini pagos in itinere occurrentes vastabat, et captivos Delphinates, quos reperiebat, simul et animalia abducebat, et Barralia obsedit, cepit et combussit (4).

Et dum hæc per vallem Graisivodanam Sabaudus ageret, exercitum clam Delphinus paravit, et ad faciendum Ame-

---

(1) *Quirieu, canton de Morestel, arrondissement de la Tour-du-Pin.*

(2) *Bellecombe, près de Chaparcillan.*

(3) *La Terrasse, défendue par Hugues d'Arces, selon Paradin, Chronique de Savoie, p. 211. (Lyon, J. de Tournes, 1552, in-4º.)*

(4) *Barraux, à six lieues de Grenoble, frontière de Savoie.*

deo insidias in Silvetam nemus, citra Chapariliacum (1), noctu cum suis profectus est; et die sequenti per illam silvam, in qua est iter publicum, Sabaudi præedam et impedimenta præmittebant, copiæ deinde sequebantur, et post ultimam sui exercitus aciem comes Sabaudus ibat. Et in eam ultimam exercitus Sabaudi partem Delphinus et Delphinates, ejusdem silvæ latebras egressi, ita acriter irruerunt quod pauci Sabaudi evaserunt, sed capti aut omnes occisi fuerunt. Et comes Sabaudus evasit dolensque in patriam reversus est, ubi dolori dolor adjunctus fuit, nam Sibyllam uxorem suam mortuam et in Alta Cumba sepultam invenit. Tandem, ad preces Caroli Siciliæ regis qui in Provincia sibi subdita erat, Delphinus comitesque Sabaudus et Gebennensis fœdus percusserunt.

Dum postea in Sabaudos comes Gebennensis bellum moveret, et Amedeus suis succurreret, cum eodemque Fucigniaceus contenderet, persuasionibus Joannis ipsius Humberti Delphini filii, Robertus Montis Belli suum castrum Intermontium (2) esse de supremo Delphini imperio recognovit; et quia ad injuriam suam comes Sabaudus hæc fieri asserebat, quum sub suo principatu idem castrum esse existimaret, aciem in ipsum castrum convertit : et castrum tenentes, commeatu et victu carentes, se comiti dediderunt; et Roberto comes pepercit, et idem castrum restituit et contra hostes suos servandum dedit.

Et, ne Valli Miolanæ (3) Delphinates nocerent, paulo post jussu Amedei Ballivus, ut dicunt, Montis Meliani ad pedem ipsum Montem Melianum muro claudebat, et cum copiis in ipsum Montem Melianum Joannes necnon Hen-

(1) *Le bois de Silvette*, *en deçà de Chaparcillan.*
(2) Rolletus, non Robertus, *Rollet de Monthol*, *seigneur d'Entremont, dominus de Intramontibus.*
(3) *La vallée de Miolans.*

ricus, Metensis electus, Humberti filii, venerunt et artifices et quoscumque alios aggressi sunt, et ex eis multos occiderunt, et præter castrum et domos quæ supra rupem erant locum ipsum spoliaverunt, et in eum discedentes ignem injecerunt, et plures captivos abduxerunt : nam ad hujusce muri constructionem multi Sabaudi convenerant. Tandem, per legatos, Sabaudum et comitem Gebennensem necnon Delphinum Philippus Pulcher Francorum rex ad pacem reduxit.

Et anno Christi millesimo ducentesimo nonagesimo, Guillermus antistes, post Joviam portam, Prædicatores Gratianopolitanos instituit (1). Et inde ibi suburbium ædificatis domibus factum est.

Et in septembri, Humbertus et Anna Guillermusque antistes Gratianopolitanus de aliquot contentionibus transegerunt, et inter cætera quod merum et mixtum imperium ac jurisdictio civitatis Gratianopolis et ejus territorii essent ipsi episcopo et Delphino eorumque successoribus communia', et per communem judicem exercerentur.

Et anno Christi millesimo ducentesimo octogesimo quinto, Robertus Burgundiæ dux ab Humberto et Anna conjugibus e majorum successione Delphinatum petebat; sed transegerunt et, pro jure quod in Delphinatu Robertus habebat, Humbertus et Hugo fratres ei remiserunt quidquid citra Aynem possidebant (2).

Et inter Delphinum et Romanenses ortum est dissidium de oppidi jurisdictione quam sibi spectare Delphinus asserebat; et hinc vulnera, rapinæ ac invasiones processere,

---

(1) *Les Dominicains, fondés en 1288 par Guillaume de Sassenage, extra portam Trionam, versus Peluscriam. Hanc concessionem refert* Valbonnays, *t. II, p.* 46.

(2) Citra aquam vulgariter appellatam Ains (*la rivière d'Ain*). Valbonnays, *t. II, p.* 30.

et ad abbatem et canonicos ejusdem oppidi jurisdictio pertinere dicebatur.

Anno Christi millesimo ducentesimo nonagesimo septimo, Gaufridus, antistes Vapincensis pacta ab Odone cum Provincialibus facta renovavit, et addidit quod, in electione novi episcopi, Siciliæ rex, Provinciæ et Forcalquerii comes, una die supra turrim episcopalem haberet insignia ad denotandum majus imperium. Et quum ad Delphini notitiam ista pervenissent, pridie calendas maias anni ejusdem, ad Carolum misit nuntios qui ei narraverunt præmissa contra pacta esse dudum inita inter eumdem regem et Guigonem Delphinum, quod nihil in Vapincensi territorio rex acquireret. Quare ad suos Provinciales magistratus idem rex scripsit ut, si ita esset, omnia revocarent, et litteras hujusmodi regias Delphini procurator supremo Provinciæ magistratui exhibuit, et petiit revocari pacta quæ episcopus cum ipso rege fecerat. Et antistes Vapincensis regiique advocatus et procurator aderant, et de his Delphini procurator instrumentum habuit.

Cœnobium monialium Saletarum ordinis Cartusiensis Anna Delphina prope Crimiacum construxit, et in eo deinde sepulta fuit (1). Et post ejus obitum Humbertus ordinem Cartusiensium suscepit in cœnobio Vallis Sanctæ Mariæ, prope Diam, ubi paulo post expiravit, et sepulturæ traditus est (2).

---

(1) *Salettes, près de Crémieu.* Fundatio monasterii Saletarum ordinis Cartusiensis, an. 1299. (*Valbonnays, t. II, p. 91.*)

(2) *La Chartreuse du Val Sainte-Marie au diocèse de Valence,* où mourut Humbert, vers le 12 avril 1307.

Joannes secundus.

Beatricem, Caroli secundi Siciliæ et Hierusalem regis neptem, Caroli regis Ungariæ filiam, Joannes Delphinus desponsavit. Et tertio nonas junii anni millesimi ducentesimi nonagesimi octavi, ipse Carolus Siciliæ rex, ex suis Provinciæ et Falcaquerii comitatibus, dedit in fidem Joanni Delphino et ejus hæredibus Serrum Castrum et jus sibi in Aragrandi et Bassamolio (1) competens, cum facultate eadem castra Guidoni fratri suo, simili jure, concedendi. Et adhuc hoc tempore Beatrix Anna mater vivebat, quæ paulo post humanos reliquit et in monasterio Melano quod construxerat sepulta fuit, et ad ejus posteros Fucigniacum pervenit. Et post mortem patris ac matris Joannes dominium Turris et Delphinatum habuit. Fucigniacum vero et Terratiam, Montem quoque Bonodum et Montem Fortem ac Montem Fluritum castra Fucigniaco accedentia, Hugo Delphini frater adeptus est. Guidoni quoque alii fratri Mons Albanus obvenit (2).

Et his temporibus Guillermus Mandagottus, Nemausensis archidiaconus, Ebredunensem archiepiscopatum obtinuit; et cum Berengario Beterensi episcopo ac Richardo Senensi, ad mandatum Bonifacii octavi pontificis Romani, sextum Decretalium librum confecit, sicut in epistola ad ipsum sextum idem Bonifacius scribit (3).

(1) Castrum Arægrandis, *la Grand;* Bassamolium, Bastamolium....

(2) *La baronnie de Montauban.*

(3) *Guillaume de Mandagot, archidiacre de l'Eglise de Nismes, archevêque d'Embrun en* 1295; — *Bérenger de Fredol, évêque de Béziers;* — *Richard Petroni, de Sienne, vice-chancelier de l'Église romaine, compilateurs, par les ordres de Boniface VIII, d'un VI*me *livre ajouté aux fameuses Décrétales de Grégoire IX.*

Anno millesimo trecentesimo primo, hic Joannes Delphinus, ex portione Capriliarum quam Sancti Sybrini parochiam appellabant, territorium et oppidum Sancti Marcellini constituit. Et Capriliarum reditus per sex annos ad constructionem murorum oppidi donavit, quum prius ibi duo solum transeuntium hospitia essent cum sacello; et Peyrino illuc præturam seu, ut ita dixerim, ballivatum Viennesii et Valentinesii transtulit.

Et temporibus hujus Joannis Delphini Philippique Pulchri Francorum regis, fuit Clemens quintus papa, natione Vasco, qui antehac episcopus Burdegalensis erat, et Bertrandus Gotho vocabatur; et Perusii a collegio cardinalium absens, post longam contentionem, pontifex maximus creatus fuit. Ex Burdegala, post electionem, Lugdunum ivit, unde omnes ad se cardinales vocavit. Et ita, secundum Platinam et Gaguinum et alios, pontificia sedes in Gallias anno Christi millesimo trecentesimo quinto translata est, et ibi quatuor et septuaginta annos mansit. Et Lugduni Clemens coronam pontificalem accepit, et coronationi ipse Philippus Pulcher rex Carolusque ejus filius interfuerunt, ac Joannes Britanniæ dux, qui ruina muri, dum pompa coronationis per urbem fieret, cum plerisque aliis periit. Is enim murus collapsus est multitudine populi, qui desiderio videndi pontificis in eum conscenderat. Et ex aliqua parte corporis detrimentum Philippus ea ruina accepit (1), et carbunculum sex millium aureorum pontifex equo deturbatus ex tiara amisit. Et sedatis omnibus rebus, post coronationis solemnitatem, Clemens multos cardinales Gallos, ex Italia nullum, creavit, licet Joanni et Jacobo Columnensibus integram cardinalatus dignitatem restituerit.

---

(4) Philippi regis frater Carolus. (Ciaconius, vitæ et res gestæ Pontificum Romanorum. Romæ, 1677, in-fol. t. II, p. 357.)

Postea Viennæ conventum generalem sacerdotum, quod Concilium vocant, inivit et congregavit, et constitutiones quas e suo nomine Clementinas vocavit, in eodem Concilio Viennensi, teste Platina et aliis, edidit; id etiam Clementinarum subscriptio demonstrat.

Et die lunæ ante Ascensionis festum, anno millesimo trecentesimo decimo, Joannes comes Forensis confessus est habuisse sexcentas libras bonorum Turonum ex dote Alysiæ de Viennesio suæ uxoris carissimæ ab Joanne Delphino Viennensi Alysiæ fratre, solutionem faciente Almando de Podio milite, domino Cornillianæ (1). Constabat instrumento sub sigillo ejusdem comitis Forensis, ubi sunt insignia Delphinalia ex uno latere; ipse autem comes est in alio latere insculptus, armatus supra equum phaleratum cum piscibus delphinis, ex quo conjectura et vera ratione credendum est eumdem comitem a Delphinorum familia traxisse originem.

Et tertio calendas septembres anni Christi millesimi trecentesimi decimi, Henricus imperator persuasit Guidoni Delphino ut in suis castris Nyonio et Molano, sive territoriis eorumdem, sex denarios ab homine, duodecim ex animali bruto, tres solidos denariorum ex quadrigis, vectigalis nomine, caperet; quia stipendiis solitis, cum quadraginta equis, uno anno, in Italia eidem Henrico servire promisit. Et post hunc Guidonem, Henricus alter Joannis frater baronias, ut ita dixerim, Montis Albani et Medullionis habuit.

Et, ob crimen læsæ majestatis, Henricus sententia privavit Robertum Caroli secundi filium, Siciliæ regem, Provinciæque et Forcalquerii comitem, omnibus dignitatibus et, ut dicunt, feudis, et ab ejus imperio subditos liberavit. Et

---

(1) *Allemand du Puys, seignour de Cornillon.*

Joannem Delphinum Viennensem a fidelitate et aliis in quibus eidem Roberto obligatus erat, fore absolutum nominatim declaravit (1). Et quamvis in concilio Viennensi, sub titulo *De re judicata*, Clemens quintus illam Henrici sententiam revocaverit, istud duntaxat obtinuit in Siciliæ regno et aliis, quæ idem Robertus sub pontificatus maximi imperio possidebat. Et de hoc imperio comitatus Provinciæ et Falcaquerii non erat, et ratione hujusce comitatus Falcaquerii fidelitas a Delphino, pro aliquot Vapincensis territorii castris, Roberto debebatur.

Per hæc quoque tempora proditus fuit error Templariorum, qui apud Hierosolymam fidei Christianæ defensionem susceperant, et cum primum religionis contemplatione se opulentissimos fecerant, et præclarissimis inter Christianos templis sacrisque ædibus comparatis, Christo rejecto, falsis se religionibus dediderant. Et authoribus Gaguino in Vita Philippi Pulchri, ac Petro Crinito, libro quarto et vigesimo, *De honesta disciplina* (2), habebant simulacrum quod pelle humana vestiebant, et oculorum vice ac loco duos fulgentissimos carbunculos statuæ ponebant. Et dum in eorum sectam aliquem accipiebant, Christum receptus abnegabat, et cruce calcata illi statuæ sacrificium faciebat. Morientium autem Templariorum cadavera in cinerem redacta cæteris superstitibus in potum conferebantur, ut constantiores essent. Et infantem ex aliquo eorum et virgine natum Templarii torrebant, et eliquata inde pinguedine suum simulacrum decoris gratia ungebant. Et eorum dolo divus Ludovicus Philippi Pulchri avus, dum Syriam

---

(1) Litteræ Henrici imperatoris, quibus Joann. Delphin. a fide qua Roberto regi Siciliæ tenebatur, absolvit. Apud *Valbonnays*, t. II, p. 147.

(2) Petri Criniti de honesta Disciplina, lib. XXIV, cap. 13. Lugd., Seb. Gryph., 1554, in-8º.

peragraret, a Soldano Ægyptio in vincula conjectus fuerat. Et fœdissimi masculorum amatores erant.

His itaque et similibus criminibus Templariorum ordo, anno Christi millesimo trecentesimo duodecimo, per ipsum Clementem quintum, in concilio Viennensi, finem accepit, sicut in Vita Philippi Pulchri Gaguinus refert. Sed in ejusdem Clementis Vita Platina scribit deletos fuisse Templarios, eo quod, licet Christi milites essent, ad Saracenos defecerant; et ipsos qui comprehendi potuerunt interfectos fuisse, ipsorumque bona partim militibus Hierosolymitanis, qui Rhodum insulam paulo ante occupaverant, partim novis Religionibus attributa fuisse.

Ex ipsorum bonis est sacra ædes Vallium in agro Viennensi, quam incolæ etiam vernaculo suo, a Templariis, Vallium templum appellant (1), et ipsum nunc Rhodii milites tenent; adhuc in Delphinatu et Sabaudia complures aliæ sacræ Templariorum ædes exstant.

Gaguini autem testimonio, Templarii comprehensi, igne absumpti fuerunt, et post trecentos fere annos quam Religio cœperat, id accidisse Crinitus tradit. Sed vera et illibata fuit Templariorum secta fidesque, si Boccacio in libro De casibus illustrium virorum credamus (2): nam, secundum eum, post subactum a Gothefredo, clarissimo Lotharingiæ duce, regnum Hierosolymitanum, quidam pii homines et militari disciplina conspicui Deo suam militiam devoverunt, ne peregrinos veneranda loca visitantes Turci infestarent; et Magistrum unum cæteris imperantem constituerunt. Et eo quod apud Hierosolymas, dum parvus numerus esset, in porticibus templi habitationem faciebant, Templariorum cognomen sortiti fuerunt. Et apud Hierosolymas

---

(1) *Le temple de Vaulx, dans la paroisse de ce nom (Isère).*

(2) Boccacii de Casibus illustrium virorum liber nonus.

commorantes, peregrinantibus et loca devotione veneranda visitantibus, ultro contra Turcos sua subsidia impendebant. Et pro habitu et vitæ regula pallium album, ab Honorio pontifice maximo, Templariis concessum est. Et deinde ab Eugenio successore eis crux rubea supra pallium data fuit, ut clarius foret cui militarent : sed tandem Jacobus Templariorum Magister ipsius Philippi Francorum regis, cujus filiam e sacro fonte susceperat, indignationem incurrit. Et ob hanc causam et suam avaritiam, ut Boccacius tradit, ipse rex in Jacobum et Templariorum ordinem conspiravit. Et e familia Molay Burgunda Jacobus originem traxerat. Et Templariorum accusationem Bertrandus, in Gestis Tolosanorum, processisse ait a quodam Montefalcone, priore Tolosæ religionis Templariorum, et Noffo Florentino, etiam templario, quos Magister ob eorum scelera Parisiis in carcerem perpetuo detruserat; et ut evaderent, magistratibus regiis Templarios hæresi et flagitiis laborare retulerunt, et quod si, rege procurante, inquisitio a Pontifice fieret, magnas eorum divitias facile obtinere posset. Id autem regi nuntiatum est, qui Pontifici ut ordinem hæresi et erroribus involutum deleret persuasit. Hi duo tandem carcere remissi, mala morte, uno suspenso, altero vero violenter interfecto, periere (1).

Et, secundum eumdem Boccacium, cum ipso Jacobo Magistro, jussu Philippi, eadem die omnes Templariorum primates, permittente Clemente summo pontifice, in Francia capti fuerunt, et Parisios ducti tandemque in tormenta injecti nihil confitebantur. Et ideo, Magistro cum tribus sociis reservato, cæteri, si in proposito perseverarent, incendio damnati in publicum deducti fuerunt. Et quia constantes erant, singuli singulis palis alligati com-

---

(1) Nicolaus Bertrandus, De Tholosanorum gestis, fol. XXXVI.

busti fuere, nec amicorum aut necessariorum precibus vel fletu trahi ad confessionem alicujus delicti potuerunt. Et his dejectus Lugdunumque deductus ac diuturni carceris tædio attritus, et variis exhortationibus suasus, Jacobus Magister quædam ex oppositis Clementi pontifici confessus est. Quamobrem Parisios retractus, dum, eo et tribus ejus sociis reservatis præsentibus, coram duobus Clementis legatis et rege, legeretur sententia per quam Jacobi ejusdem et trium sociorum liberatio ordinisque sui damnatio apparebat, cum uno e sociis Guigone sive Guidone qui Joannis Viennensis Delphini frater erat (1), Jacobus sibi loquendi facultatem dari petiit : qua concessa, audiente populo circumfuso, se integra voce mori dignum testatus est, non eo quidem quod lecta aliquando commisisset, sed quod se suasionibus summi pontificis regisque seduci adeo permisisset, ut tam celebrem ordinem, tam sacra religione conspicuum, tam longa patrum observatione probatum turpi mendacio maculasset, ac tot insignes viros, tot fortes commilitones, tot socios, tot fratres, ante se pro veritate consumptos damnanda suggestione illusus decepisset. His vero peractis, in Templariorum deletionem perlecta sententia, et Jacobus et Delphini frater, reliquis duobus Hugone Paldo et alio in detestabilem vitam relictis, spectante rege, ignis supplicium et tormentum constanter et intrepide subierunt. Hæc Boccacius scribit, et se ea audivisse refert a patre suo, qui ipsis rebus interfuerat. Sed lector judicet, si Boccacio sit credendum, quod Clemens, in concilio Viennensi, Templarios sine

---

(1) Non Joannis Viennensis Delphini, sed Roberti Arverni Delphini hic Guido frater erat, et in ipso Templariorum processu nominatur : Frater Guido Delphini, miles, diœcesis Claromontensis. (*Procès des Templiers*; Paris, *imprimerie royale*, 1841, *in-fol., t. I, p.* 377 *et* 415.)

causa deleverit; non est enim verisimile quod concilium illicitam rem peregerit.

Et Clementinarum editionem Joannes vigesimus tertius Clementis successor confirmavit, omnibusque ludorum litterariorum doctoribus, teste Platina, mandavit, ut ipsas Clementinas legerent et interpretarentur. Et tunc Joannes Avenione se continebat.

Et quia in Sancto Theuderio, Delphinatus oppido, sub abbatibus disciplina monachalis corruebat, et a vicinis potentibus coenobium opprimebatur, ipsum Joannes vigesimus secundus, Avenione, decimo tertio calendas septembres, potestati archiepiscopi Viennensis perpetuo subjecit.

Ante annum a funere Humberti Joannis Delphini patris, Amedeus comes Gebennensis ab humanis decessit, et ejus comitatum hæreditatemque Guillermus filius habuit, et magna amicitia Joannes Delphinus et ipse Guillermus, eorum patres in hoc imitantes, conjuncti fuerunt. Et clam bella contra Sabaudos renovare proposuerunt, eorumque suasionibus, cum magno exercitu, Anequinus Cleriaceus et Aymarus Pictavius (1) castra et pagos Costæ Sancti Andreæ proximos infestaverunt, et Vasconum adventum spectando, illis locis multa damna intulerunt; et contra eos Odoaldus, jussu Amedei quarti patris, hoc nescire dissimulantis et in Pedemmontium secedentis, bellum gessit ipsosque superavit. Et bello confecto Amedeus Chamberiacum rediit, et ad eundum in Delphinates exercitum colligebat; sed hos principes Sabaudum et Delphinum ac Gebennensem comitem archiepiscopus Tarantasiensis et Philippus Moreæ princeps (2), necnon pontifex Gratianopolitanus et Guillermus Alamandus, dominus

---

(1) *Annequin de Clériert, Aymar de Poitiers.*

(2) *Philippe de Savoie, prince de Morée.*

Vallis bonæ (1), ad pacem reduxerunt. Et ut inter eos pax firmior esset, horum arbitrorum judicio, Agnetem tertiam Amedei et Sibyllæ ejus primæ uxoris filiam Guillermus comes Gebennensis, et Mariam quartam ejusdem Amedei et Mariæ secundæ ejus uxoris filiam Hugo Delphini frater, dominus Fucigniaci, desponsavere; et Chamberiaci magno sumptu et lætitia nuptiæ celebratæ fuerunt.

Triennio post, proditione trium monachorum, quorum unus Delphinas erat, Delphini milites oppidum et cœnobium, et, ut ita loquar, abbatiam Amborniaci (2) ceperunt; propterea quod abbas Delphini inimicus erat et suis hostibus faciebat, et abbatem quem odio prosequebantur ipsi monachi tres, dum mane iret oratum, deprehenderunt et in fenestra aulæ cœnobii suspenderunt, priusquam Delphini milites cœnobium ingressi essent. Et quia Amedeum comitem abbas aliquo sanguinis gradu attingebat, et hoc suorum militum facinus Delphinus approbabat, sicut ipsius Amedei legatis ad hæc missis responderat, paulo post idem Amedeus Amborniacum oppidum obsedit, et cepit, et monachos qui abbatem suspenderant, ut punirentur, ad eorum majorem judicem misit. Et habito de hac re nuntio, Guillermum comitem Gebennensem et dominum Fucigniaci commovere ad bellum contra Amedeum Joannes Delphinus nixus est. Sed quia ejus comitis filias desponsaverant, et pacem servare jurejurando promiserant, hanc expeditionem suscipere noluerunt. Nihilominus comitis castrum Miribellum Delphinus obsedit (3). Et dum adver-

(1) *Guigues Alleman, seigneur de Valbonnais.*

(2) *Ambronay, Ambournay, département de l'Ain.* Ambroniacum, insigne ordinis Sancti Benedicti monasterium, a sancto Bernardo Viennensi archiepiscopo fundatum.

(3) *Essai historique sur Miribel, petite ville de l'ancienne province de Bresse, etc., par Théodore Laurent.* Lyon, 1834, *p. 33 et suivantes.*

sus Delphinum comes Sabaudus copias pararet, Philippumque Burgundum et Austrasiæ seu Austriæ ducem, necnon Philippum Sabaudum Moreæ principem, auxiliares quoque milites Guillermi comitis Gebennensis et Hugonis Delphini domini Fucigniaci generorum suorum ad subsidium evocaret, Delphinus in Brixia ipsum Miribellum cepit et in suam potestatem redegit. Et ad burgum Brixiæ hi omnes hostes cum Amedeo convenerunt; et quia præter opinionem Delphinates jam Miribellum ceperant, et in Brixia Sanctus Germanus sicut alia complura oppidula sub principatu Delphini erat, et brevi via sineque magno circuitu e Brixia in Sabaudiam non patebat aditus, quin necessario ad evitandum circuitum juxta ipsum Sanctum Germanum transeundum esset, et a Delphinatibus illac Sabaudi transeuntes capiebantur et spoliabantur, consilio omnium id oppidum Sabaudus in suam potestatem redigere proposuit. Et tormentis aliisque instrumentis bellicis Sanctum Germanum obsedit: et quum ipsum Delphinates fortiter et diligenter defenderent, adeo quod vi capi non poterat, per stratagema et simulationem Amedeus ab obsidione ipsius oppidi recessit, et se ad invadendum Lagniacum, alterum Delphini oppidum (1), proficisci finxit, et partim frumentatum, partim per colles via montium breviore et difficiliori ad defendendum Lagniacum ne a Sabaudis caperetur Delphinenses milites, sublata Sancti Germani obsidione, iverunt. Et de his accepto nuntio, comes Sabaudus cum exercitu Sanctum Germanum repetiit, aggressus est et cepit, licet ipsum oppidani fortiter defendissent. Et idem oppidum Germani Burgundionesque, qui Sabaudis suppetias ferebant, destruere voluerunt, sed comitis precibus quieverunt; et quarta die post captum oppidum castri custos ipsum

---

(1) *Lagnieu*, *chef-lieu du canton de ce nom* (*Ain*).

comiti Sabaudo tradidit, et eo militibus et victu munito, Sabaudi Amberiacum, aliud Delphini oppidum, cum auxiliaribus militibus obsederunt, ceperunt et destruxerunt (1).

Et pridie calendas novembres anni Christi millesimi trecentesimi decimi tertii, Guillermus antistes Gratianopolitanus, et hic Joannes Delphinus, omnes transactiones et pacta olim inita inter suos prædecessores, maxime Guillermum episcopum et Humbertum Delphinum, Gratianopoli approbaverunt et confirmaverunt, et insuper, ne discordiam ipsorum pactorum generalitas et obscuritas pareret, voluerunt et declaraverunt quod ad eos et ipsorum successores essent perpetuo merum et mixtum imperium ac jurisdictio coertioque Gratianopolis et territorii ejusdem, a leprosorum domicilio quod est sub Balma, usque ad fontem Jallivum, sub Geriæ castro, et inde domum usque templi Eschiroliarum, et ultra progrediendo per viam publicam usque ad Dravum et deorsum prout Dravus fluit usque ad Isaram, ita quod, nisi in Sancto Martino Vinoso (2), per judicem communem Gratianopolitanum ab iisdem Delphino et episcopo electum, hæc jurisdictio et imperium exercerentur.

Et in Sancto Marcellino, quarto decimo calendas novembres anni Christi millesimi trecentesimi decimi sexti, hic princeps dedit Goiono Navachonio, abavo meo materno et suis, ob grata obsequia, perpetuo decimam condemnationum in Sancto Juerio et Ysellis (3).

Anno Christi millesimo trecentesimo decimo septimo,

---

(1) *Le hameau de St-Germain, dépendant de la commune d'Ambérieux, conserve encore quelques ruines d'un château bâti à cette époque par Amé, comte de Savoie.*

(2) *La Maladrerie de la Balme; la fontaine de Jallet, sous le château de Gières; la Commanderie d'Echirolles; St-Martin-le-Vinoux.*

(3) *St-Etienne-de-St-Geoirs; Izeaux.*

Carolus Ungariæ rex a Joanne Delphino petiit uuum e suis filiis quem bonis et hæreditate in regno Ungariæ donaret. Sed Delphinus ivit Avenionem, ad Joannem vigesimum secundum, pontificem summum, Clementis quinti successorem, ut aliquid negotii cum eo gereret. Et inde Delphinatum repetendo, in Ponte Sorgiæ, quinto nonas martias anni Christi millesimi trecentesimi decimi noni, mortuus est, et in Gratianopolitanam divi Andreæ ædem delatus prope majus altare sepulturam habuit; et propter Joannis obitum, sine bello Amedeus Sabaudus longo tempore fuit.

Octavo calendas augusti ejusdem anni, Hugo ipsius Joannis frater, dominus Fucigniaci Terrassiæque, Montis Bonodi ac Montis Fortis et Montis Floriti, approbavit, in castro ejusdem Montis Bonodi, permutationes olim factas inter antistitem Gratianopolitanum et Beatricem Fucigniaci dominam, et Guillermi episcopi hominibus ipsa sua castra supra commemorata habitantibus concessit, ut a quibuscumque subsidiis liberi essent.

Guigo quintus.

Joanni Beatrix Ungara Guigonem et Humbertum filios peperit, et Delphinatum, mortuo Joanne patre, Guigo obtinuit. Et dum Guigo adolesceret, Delphinatum Henricus ejus patruus gubernabat.

Et, sexto decimo calendas septembres anni Christi millesimi trecentesimi vigesimi quarti, regens Delphinatum, confirmavit Lioczono donum decimæ partis condemnationum Sancti Juerii et Ysellarum factum per Joannem Delphinum Goiono Navachonio patri, et Henrici sigillum ibi appositum erat delphinus piscis cum baculo pastorali, quoniam electus Metensis appellabatur; et complura alia Henricus Delphinatum gubernans fecit, sed hoc exempli gratia sufficiat.

Isabellam Philippi Longi Francorum regis et Joannæ Burgundæ filiam Guigo desponsavit, et duci Burgundo grandior hujusce regis filia nupsit. Aliam autem Nivernensis comitis filius in uxorem duxit. De hoc Gaguinus author est.

Et comes Viennensis Palatinusque hic Guigo etiam appellabatur, sicut antiquis documentis constat, et maxime instrumento quod Gratianopolitani habent : in quo, anno Christi millesimo trecentesimo vigesimo sexto, cum Guillermo antistite, approbavit id quod Henricus patruus suus Delphinatus gubernator pro eo et ipso Guillermo, anno præcedenti, de custodia clavium portarum Gratianopolis constituerat.

Et sub majori hujus Guigonis Delphini imperio, Hugo Gebennensis Vareium castrum (1) in Brixia tenebat; et quia superioribus annis a suis hostibus Edoaldus, Amedei quarti patris in Sabaudia successor, subjugatus fuerat, contra eos, præsertim Hugonem Gebennensem, acerrimum gerere bellum proposuit, et copias quantascumque potuit, ut totis viribus dimicaret, contraxit, et in suum auxilium Robertum Burgundiæ comitem, ducis fratrem, et Guichardum Belli Joci dominum; necnon Alemannos et Italos et alios plures evocavit, Vareiumque castrum obsedit. Et a Guigone Delphino Hugo Gebennensis suppetias et subsidium requisiit, et ut subdito opem ferret, ingentem exercitum Del-

---

(1) *Le château de Varey, célèbre dans les annales dauphinoises par la bataille qui eut lieu sous ses murs, dans la plaine de St-Jean-le-Vieux, l'an 1325, entre le Dauphin Guigues VIII et le comte Edouard de Savoie.*

phinus, etiam a comite Gebennensi rogatus, paravit, et ad defendendum Hugoni ipsum Vareium castrum se itineri ad bellum accinxit. Et huic expeditioni dominus Vaudi et Amedeus comes Gebennensis interfuerunt.

Trajecto Rhodano, in Brixiam Delphinus cum acie profectus est, et hostes prope Vareium invasit. In primo impetu acer conflictus factus est, et ex utroque exercitu multi occisi et plures vulnerati fuerunt. Et primam Delphini aciem sive cornu ducebant dominus Vaudi (1), et alter qui vulgo magnus Canonicus appellabatur (2). Et in ipso congressu Sabaudi primam Delphini aciem repulerunt, et in Sabaudorum exercitu vir erat strenuus nomine Brabancius (3), qui, equo fortissimo et levissimo insidens, ter primum militum ordinem anterioris aciei Delphini ense rupit, et alta voce Delphinum petebat. Sed dominus Vaudi et magnus Canonicus operam dederunt ut ille Brabancius, qui stragem eis faciebat, occideretur. Et quum ante amborum conspectum Brabancius transiret, fuste ingenti ferreo quem magnus Canonicus deferebat, caput equi ejusdem percussit et ipsum equum in terram prostravit, enseque dominus Vaudi equum transfixit, et Brabancius pedes adhuc acriter pugnavit. Et secundæ aciei Delphini alas Amedeus comes Gebennus necnon Hugo ejus patruus ducebant; et in Sabaudos progressi sunt, et primæ Delphini aciei succurrerunt, et cum eadem acie hostes ad Edoaldi usque tentoria repulerunt. Et dum Edoaldi milites se ad arma pa-

---

(1) Verisimilius, dominus Baucii, *le seigneur de Baux*, ut in Paradini Chronica.

(2) Forsan *Alphonse de la Cerda ou d'Espagne*, Alphonsus de Hispania, nuper de canonico miles factus, qui Philippi regis jussu militatum ibat in Vasconiam cum quibusdam stipendiariis. (Guillelmi de Nangis continuatio Chronici. Apud Acherii Spicilegium, t. XI, p. 722.)

(3) Brabancius, *le Brabançon*. (*Paradin.*)

rarent, Robertus Burgundus et dominus Belli Joci egregie se defenderunt. Et ibi Robertum, comitis Burgundiæ filium, Edoaldus militem fecit; et inde cum Edoaldo Robertus comes Burgundus et ipse dominus Belli Joci, et cum Delphino Joannes Cabilloneus, se conflictui cum secunda acie commiscuerunt. Et ita ferventer pugnaverunt, quod alii alios non cognoscebant et secunda acies omnesque utriusque exercitus partes fecerunt, et qui victi quive victores essent aliquo tempore incognitum fuit, et æquo Marte diu certaverunt.

Et inter pugnandum Albergeronus Malleus (1) ex exercitu Delphini Edoaldum cepit, et ut eum tutius custodiret cum Turnonio (2) extra conflictum eduxit. Et ante Guillermum Bocsozellum (3), antiquum Sabaudiæ militem, transiverunt, et Hugonem Bocsozellum filium Guillermus admonuit ut Edoaldo succurreret, et Edoaldum ac eos qui ipsum tenebant Bocsozellus et alii secuti sunt, et prope Dambesonem oppidum (4) attigerunt et Albergeronum occiderunt; et in locum tutum, ultra Pontem Indium (5), Edoaldum traduxerunt. Quum Edoaldus eriperetur, ab Alberto Fabricano (6) Turnonius auxilium petiit; et quia Edoaldum Albertus amabat, se non intelligere Turnonium finxit, et cum suis in conflictum rediit.

Ad ultimum tantus tamque atrox hic conflictus fuit, quod duæ utriusque exercitus partes interierunt; et tanta sanguinis occisorum abundantia erat, ut pugnantium peditum genua attingeret. Sed e Sabaudis longe plures

---

(1) *Auberjon de Maleys ou de Mailles*.

(2) *Le seigneur de Tournon*.

(3) *Guillaume de Bocsozel*.

(4) Prope Dambesonem oppidum. In Chronica Sabauda legitur : prope Dumetum, *lez un buisson*. (Guichenon, *Histoire de Bresse et de Bugey*, p. 61.)

(5) *Le Pont-d'Ain*.

(6) Alberto Fabricano, verisimilius Alberto Cassenatico, *Albert de Sassenage*, ut in Parad. Chron.

quam e Delphinatibus occisi fuerunt, ita quod Delphinates Sabaudos vicerunt, et cum victoria agrum conflictus et Vareium obtinuerunt. Et eo prælio inter alios a Delphinatibus capti fuerunt ex hostibus dominus Intermontium, Hugo Bocsozellus, Robertus comes Burgundus, Joannes Altissiodorensis comes, et Guichardus dominus Belli Joci, qui, magno pudore tacti quod a tam paucis victi et capti fuissent, statim se ingenti pecuniarum summa redemerunt, dempto Roberto, qui, propter has suppetias apud Vareium Sabaudis datas, et propter auxilium olim a duce Burgundo præstitum comiti Sabaudo in capiendo Sancto Germano Delphini oppido, detentus in Delphinatu fuit, donec, pro ipsis damnis Guigoni et suis majoribus illatis, Odo Burgundiæ dux, decimo calendas januarias anni Christi millesimi trecentesimi vigesimi septimi, quinquaginta florenorum aureorum millia Delphino promiserit. Et apud Guigonem Delphinum Turnonius Albertum Fabricanum accusavit, quod si vocatus succurrisset Edoaldus non evasisset. A Delphino Albertus interrogatus cur Turnonio et Albergerono non subvenisset, respondit quod Turnonium vocantem non audiverat. Hanc controversiam Delphinus silentio præteriit; et hostium spolia Delphini exercitus inter se divisit. Vareium Delphinus munivit Hugonique Gebennensi reliquit.

Aliquorum testimonio, dum hoc bellum gereretur, Guigo nondum duodeviginti annos agebat, alii scribunt ante tertium et vigesimum suæ ætatis annum eum vindicasse Vareium quod Edoaldus jam occupaverat; utcunque fuerit, Delphinus hostes vicit, et inde Delphinatum repetiit. Relicto Delphino, Amedeus comes Gebennensis Annicium profectus est, et quæ apud Vareium gesta fuerant Agneti matri suæ, Edoaldi sorori, narravit; quare Agnes neque lætata neque tristata est. Contra Edoaldum enim

Amedeus male animatus erat, propterea quod paulo ante sub monte Morterio Edoaldus eum vicerat, sicut in Sabaudis scribetur. Stragem autem suorum et se fuisse a Delphino superatum Edoaldus valde ægre ferens, auxilium petere a Franco rege ducibusque Burgundo et Britanno affinibus suis proposuit, et ad id Parisios se contulit. Sed Francorum regem alloqui non potuit, tristitia suæ cladis ex qua febrem contraxit et mortuus est: et Parisiis per suos ad Altam Cumbam delatus, ibi cum suis majoribus sepultus est.

Et quia Delphinus victoria quam apud Vareium obtinuerat, et ingenti pecuniarum summa quam a captivis habuerat, necnon morte Edoaldi summopere gaudebat et insolescebat, et patriciis ac plebeiis extremitatem Sabaudiæ et Fucigniaci incolentibus multa damna inferebat, ita quod summa inopia illi incolæ laborabant, et vilissimo panno grossoque pilo caprino eorum ditissimi induebantur. Amedeus quintus, Edoaldi frater et successor, de his certior factus ipsorum misertus est, et patricios auro argentoque, equis et armis donavit, et eis jussit ut prout cujuslibet conditio exigebat se induerent, populo autem et ignobilibus victus et vestimenta dedit.

Et quia comitis Sabaudi partes Guichardus dominus Belli Joci contra Delphinum frequenter secutus fuerat, Guigo ei bellum movit. Et tandem anno Christi millesimo trecentesimo vigesimo septimo res transactione finem accepit, locoque injuriæ Delphino illatæ, ferendo auxilium comiti Sabaudo, idem Guichardus complura oppida et castra in Brixia et aliis locis Delphino remisit, et pro se et successoribus promisit quod Delphino adversus comitem Sabaudum et alios ejus hostes ubique, nisi in regno Franciæ, auxilium daret. Partim enim in regno Franciæ et partim in Brixia principatus Belli Joci erat, et eum inde Borbonii duces possedere. Sed tandem, Carolo duce Borbonio in expugnatione urbis Romanæ occiso, ad Christianissimum Francorum regem devenit.

Et quindecimo calendas apriles anni Christi millesimi trecentesimi duodetrigesimi, Henricus Delphinus, dominus Montis Albani et Medullionis, hisce vocabulis pro enarratione rei quam scribo uti oportet, hæredem universalem hunc Guigonem Delphinum nepotem suum testamento instituit.

Et etiam anno Christi millesimo trecentesimo vigesimo octavo, Philippus Valesius Francorum rex bellum in Flamingos movit et exercitum in decem acies, teste Gaguino, distribuit, huicque Guigoni Delphino septimam attribuit; et in quinta ipse rex erat, hostesque, interfectis eorum undeviginti millibus et octingentis, cum modica suorum clade superavit.

Et, septimo idus januarias anni nativitatis Christi millesimi trecentesimi vigesimi noni, Guigo Delphinus, consilio Henrici patrui sui et aliorum, constituit Crimiaci sedem et tribunal judicis totius Terræ Turris et scribam actorum arcamque publicarum scripturarum judicialium, cui præposuit Joannem Amblairiacum (1), qui sub se duos vel plures ad acta publica scribenda haberet. Inde tam Viennesii quam Terræ Turris tribunal Bergusiæ sive Burgundii collocatum fuit. Et ibi, ac in Sancto Marcellino et aliis principatus Delphinorum insignioribus locis, constituti ballivi et majores judices fuerunt, qui appellationum cognitionem per se et in capite habebant; a quibus Consilium Delphinale, ut in Sabaudia, appellabatur. Et de his sufficiat citare unam transactionem initam inter Vallis Bo-

---

(1) *Jean d'Amblérieu.*

nesios et Bellos Montanos (1), de quodam monte, quam vigesima tertia maii anni millesimi trecentesimi decimi noni, Petrus ab Avalone miles, ballivus et judex major in Graisivodano pro Delphino, et Guigo Alamandus dominus Vallis Bonesii, comprobarunt : ecce quod milites erant etiam judices majores.

Et quinto calendas julias anni Christi millesimi trecentesimi undetrigesimi, Hugo dominus Fucigniaci obiit, et ad Humbertum e Joanne fratre nepotem hæreditaria ejus portio devenit, et in æde divi Andreæ Gratianopolitana Hugo inhumatus est.

Et Philippum Sabaudum Moreæ principem, necnon Ludovicum dominum Vaudi (2) et alios omnes patrueles suos, in subsidium Amedeus contra Delphinates aliquando evocavit, et cum multis militibus processerunt. Et in suo exercitu Amedeus habuit Gebennarum comitem nepotem suum, qui in majorem dominum ipsum Amedeum Sabaudum agnovit; idem Hugo dominus Gaii fecit, propter aliquam injuriam quam Guigo Delphinus olim sibi intulerat, et neque suppetias neque subsidium ferre Delphino aut ejus partes sequentibus ambo jurejurando promiserunt. Et cum suis copiis Amedeus Sabaudus obsedit Montonem castrum (3), quod necnon Fucigniacum Delphinus Humberto fratri suo reliquerat. Et post aliquos conatus, Amedeus comes primus omnium murum ascendit, et supra eum vexillum posuit, et se custodes castri dediderunt; et eodem castro militibus et aliis munito, comes suum exercitum et auxiliares domum remisit. Delphino autem hæc summopere displicuerunt, et Hugoni Gebennensi consanguineo suo

---

(1) *Les habitants de Valbonnais et de Beaumont.*

(2) Dominus Vaudi; *Louis de Savoie, baron de Vaud.*

(3) C. Montonis, *le château de Monthoux.*

significavit ut celeriter exercitum pararet et fratri suo Humberto (1) suppetias contra Amedeum Sabaudum ferret. Et cum egregia equitatus et peditatus multitudine, circiter mediam noctem, Hugo clam Montonum applicuit et scalis ipsum castrum arripuit, seque et castrum Amedeus Samaudeus qui Vincentio Lamberto (2) et aliis custodibus præerat Hugoni dedidit, et cum suis militibus et sarcinulis abivit.

De hac re, Amedeus comes, Seiselli, nuntium accepit, et patricios necnon incolas Faucigniaceos et alios suos milites ad se venire jussit. Et ad eum cum magna armatorum multitudine Amedeus comes Gebennensis venit, et sub Montonis colle comes duas acies ordinavit, et primæ dominum Belli Joci præfecit, secundam ipse et comes Gebennensis ducebant; aciei autem alas aliis belli ducibus commisit. Et e castro Hugo Gebennensis descendit, et Delphinates in pede monticuli Montonis disposuit, et ipsis sub mortis periculo et pœna jussit ne montis pedem relinquerent; et ibi longo tempore se non moventes steterunt. Sed advesperascente et die acclinante, comes Joanni Sabaudo, qui duabus alis præerat, precepit ut se Hugoni Gaio conjungeret. Deinde in Delphinates Sabaudi progressi sunt, et ex utraque acie multi occisi et vulnerati fuerunt. Et Joannem Sabaudum Delphinates ceperunt, et eum abducebant. Sed in subsidium Sabaudi venerunt, et adeo acriter Delphinates invaserunt, quod, relicto Joanne, ipsi Delphinates sese in castrum et suburbium Montonis receperunt; et ex eis multi occisi et capti fuerunt, et castrum triduo Sabaudi obsederunt; et quarta die Hugo castrum hac conditione tradidit,

(1) Humbertus qui fratri suo Guigoni successit.
(2) *Amé Semaulx; selon Paradin;* *Aimon Cervant, Vincent Lambert, selon Chorier, Histoire générale de Dauphiné.*

ut cum suis abire incolumis posset, quod factum est; et castrum victu pluribusque solito militibus Sabaudi muniverunt. Paulo post, captivos abduxerunt et domum suam reversi sunt.

Et posteaquam a Sabaudis Montonum fuisse vindicatum Guigo Delphinus intellexit, se jactavit quod Chamberiacum et ejus suburbia incenderet et igne absumeret. Et quia per duo loca duntaxat, inter Montem Melianum et Asperum Montem, Delphinus ire Chamberiacum poterat, magnum latomorum et aliorum artificum numerum Amedeus comes Sabaudus congregavit, et illic duo castra Marchias et Moletas construxit (1), et eas tormentis victuque et strenuis viris ac bellicosis munivit.

Hugo Gebennensis, pudore, ira et dolore tactus, quod apud Montonum succubuisset, per nuntios subsidium tam victus quam militum a Delphino petiit, et eum commonuit quod alioqui Faucigniacum Humbertus forsan perderet. Et satis celeriter Delphinus Hugoni petita mandavit, et hisce rebus auctus et a Faucigniaceo restauratus, Hugo Villam Grandem (2), oppidum et castrum comitis Sabaudi, obsedit et vi cepit; et ne a comite vindicaretur et recuperaretur, idem castrum combussit, et cum exercitu recessit. Et re peracta, Amedeus comesque Gebennensis et Ludovicus Sabaudus cum egregio militum numero Villam Grandem petierunt, ut Hugonem Gebennensem reprimerent. Sed illinc jam abierat, et castrum Villamque Grandem oppidum refecerunt et melius quam antehac esset ædificaverunt, et fideles custodes præfectumque necnon victum in eis reliquerunt; et inde ad propria redierunt.

Et die decima aprilis anni millesimi trecentesimi trige-

(1) *Les châteaux des Marches et des Mottes.* (2) Villa Grandis, *Ville-Grand.*

simi tertii, Guigo Delphinus Viennensis Albonis comes dominusque Turris dedit præfecturam Columberii, quam nostri castellaniam vocant (1), Petro Deorato Champroni et Francisco Sancti Germani et pro salario quatuor libras, hac lege quod in castro Columberii quatuor viros et excubitorem tenerent, et quod Champron ibidem cum bonis equis moraretur, et ex emolumentis castri et territorii Columberii hisce dedit annuatim centum quatuor sestaria unum quartale frumenti, quinquaginta quatuor gallinas, quadraginta quinque libras quindecim solidos septem denarios Viennenses Turonenses, in compensationem censuum et horum quæ olim perdiderant in castro et oppido agroque Sancti Germani per Sabaudiæ comitem occupatis.

Et quia juxta Delphinatum Amedeus quintus duo castra, Marchias scilicet et Moletas, nuper erexerat, Delphinates ægre ferebant. Quare Delphinum eorum principem adiverunt et rogaverunt, ut potestatem facultatemque capiendi Perreriam, comitis Sabaudi castrum inter Voironem et Vorappium situm (2), eis impertiretur; et eorum petitioni Delphinus libenter annuit: et ad nemus ipsi castro proximum Delphinates tam noctu quam interdiu iter facientes pervenerunt, et in eo sibi scalas fecerunt. Et clam illas castro admoverunt, et per eas in castrum ascendebant. Sed equi ipsorum Delphinatum quos in silva reliquerant se dissolverunt, et tantum inter se ipsos strepitum fecerunt ut ab castri excubitoribus tumultus eorum auditus sit, et viri excubantes a somno hoc tumultu excitati custodes castri commoverunt et convocaverunt; et ipsos Delphinates ascendentes hi custodes repulerunt, et scalas cum ascendentibus deorsum immiserunt et impulerunt: et

(1) Castellania Columberii, *la châtellenie de Colombier.*

(2) *Le château de la Perrière, entre Voiron et Voreppe.*

sua spe propositoque Delphinates illusi desistere non decreverunt, donec ab eis Perreria capta esset.

Et ad hoc milites et victum aliudque belli subsidium Delphinus misit, et per nuntios ipsum subsidium petentes eisdem Delphinatibus jussit ne obsidionem relinquerent, et quod ante quatriduum illud adventaret. Et cum copiis paulo post Delphinus Perreriam se contulit, et ab obsidentium ducibus petiit si ipsum castrum forte esset et si capi poterat. Et se id nescire responderunt, quia obsidentium paucitate situm loci aspicere vel contemplari non audebant. Et se armis Delphinus induit, secumque acceptis domino et Claromontis et Vallisbonæ (1), ad vallum castri profectus est; et dum juxta castrum per quamdam semitam incaute iret, et e vallo aspiceret et contemplaretur si Perreria capi poterat, et qua arte id fieri valeret, e castro emissa est balistæ sagitta, quæ sub brachio ipsum Delphinum lethaliter vulneravit, et in ipsius Delphini corpore remansit. Et ad castra sua quasi non ægrotans Delphinus rediit, et ibidem, dispositis suis negotiis, more christiano confessione facta, Christi corpus et alia sacra devote accepit. Et inde, sagitta per quemdam militem germanum ab ejus corpore evulsa, septimo calendas septembres anni Christi millesimi trecentesimi trigesimi tertii expiravit.

Morte sui principis Delphinates ira accensi hanc injuriam ulcisci proposuerunt, et, postera die quam Delphinus occisus fuerat, Perreriam cum furore aggressi sunt; et invitis custodibus porticum et mansionem ac circuitum inferiorem vi ceperunt, et se in grossam Perreriæ turrim ipsi custodes reduxerunt, et sequenti die fundamentum et

---

(1) Domini Claromontis et Vallisbonæ, le baron de Clermont et Guigues Alleman, seigneur de Vaubonnois.

partem turris inferiorem Delphinates vi ruperunt, et per eum locum ignem et paleas immiserunt, et tres castri mansiones combusserunt; et quartam, in quam custodes iverant, ignis attingere non potuit. Et tertia die a Delphinatibus patriciis et exercitus ducibus in deditionem custodes recepti fuerunt, hac lege quod eis vita concederetur. Sed postquam ad numerum centum et triginta e turri descenderant, ob tristitiam mortis eorum principis vulgus et gregarii Delphinatus milites eos custodes, invitis nobilibus, in frustra sciderunt, et inde ipsum castrum spoliaverunt et combusserunt, soloque æquaverunt. Secundum aliquos Perreria prope Scalas erat, alii eam esse juxta Bonas Valles putant (1). Et prope patrem, in æde divi Andreæ Gratianopolis, Guigo inhumatus est. Et quia nullos liberos Guigo reliquit, Humbertum dominum Faucigniaci fratrem hujus Guigonis Delphinates adiverunt, et in principatu receperunt.

Humbertus secundus.

Mariam Bauciam comitis Montis Campi filiam, Roberti regis Siciliæ neptem (2), Humbertus Delphinus in uxorem duxit. Et quarto nonas novembres anni Christi millesimi trecentesimi trigesimi secundi, idem Robertus rex conjugibus quamdiu viverent concessit, ut in regnis suis jurisdictionem, merum et mix-

(1) Margini apposita recentiori manu hæc notula legitur: Castrum illud positum erat inter oppidum Sancti Laurentii et Vorapium, et adhuc ruinæ apparent et vestigia. Etiamsi castellum omnino deletum sit, nomen Perreriæ remanet apud incolas.

(2) *Marie de Baux ou des Baux, fille de Bertrand des Baux, comte de Montescagioso et d'Andria, nièce de Robert d'Anjou, roi de Sicile.*

tum imperium exercerent. Inde Delphinatibus post fratrem, ut scripsimus, Humbertus imperavit. Et quum inter comitem Sabaudum et Delphinum Viennensem tam ingentes et diutinas fuisse discordias Philippus Valesius rex intelligeret, ad se hunc Humbertum et Amedeum quintum comitem Sabaudum Lugdunum accersivit, et eodem loco ipsos reconciliavit, et ad pacem in qua diu fuerunt reduxit.

Contra hunc Philippum Valesium regem, Edoardus tertius, Angliæ rex, de Franciæ regno disceptavit, variaque bella gessit, et inter alia Caletum occupavit. Hoc jure Anglus Francorum regnum ad se pertinere decertabat, quia Philippo Pulchro regi tres filii et totidem filiæ fuerunt. Et Margareta filia Ferrando Castellæ regis filio despopondit; alteram vero Isabellam Edoardus secundus, Angliæ rex, uxorem habuit. Catharina autem, tertia Philippi filia, innupta decessit. Filii autem Philippi, Ludovicus Hutinus, Philippusque Longus et Carolus Pulcher sibi invicem gradatim, post patrem, ad regnum successerunt. Et Hutinus annum, Longus quinque, et Pulcher annos septem, nullis filiis relictis, Franciæ regnum possederunt. Quare Edoardus tertius non injuste id regnum vindicare asserebat, quum ex Isabella Philippi Pulchri filia et trium regum jam memoratorum sorore natus fuisset. Philippus autem se verum Franciæ regem affirmabat, quia ex Carolo Valesio Philippi Pulchri fratre genitus erat, et lege salica, a Pharamundo rege data, soli virilis sexus reges a maribus orti regnum administrabant, adjuvante consuetudine quæ mares non feminas Francis præficiebant. Non putamus extra rem susceptam esse quando hæc scribimus; nam sæpe de Anglorum bellis meminimus, et ex præmissis et aliis quæ hoc libro et præcedentibus retulimus, horum bellorum origo et causa deprehenditur.

Quindecimo calendas maias anni Christi millesimi trecentesimi trigesimi quinti, Ludovicus Junior, comes Contingensis, mandato nomineque Ludovici quarti Augusti (1), dedit apud Balmam prope Rhodanum, ipsi Humberto suisque hæredibus, in feudum, Regnum Viennæ cum juribus ejusdem, necnon omnia quæ Ludovicus in eo regno habebat jurisdictionemque, merum et mixtum imperium ac regalia ad ipsum regnum quovis modo spectantia, ita quod de ipso Regno Delphinus testari juxta usum et consuetudinem Delphinatus posset, et Delphino idem comes promisit se curaturum quod eum in regem Viennæ Ludovicus coronaret, et Regnum Viennæ constitueret, etiam si antehac in eadem urbe Regnum non fuisset, et Regni hujus limites poneret. Nusquam tamen legimus quod regia dignitate Humbertus usus fuerit, aut coronam regiam habuerit; verum in majoribus suis sigillis, post hanc donationem, Viennam ex uno latere insculpsit, se illius esse principem significans.

Et quarto calendas augusti anni millesimi trecentesimi trigesimi septimi, Humbertus monetariis Delphinatus, post Humbertum avum et Guigonem fratrem, Viennæ concessit, ut a subsidiis et muneribus liberi essent. Et in hoc privilegio Humbertus se appellat Delphinum Viennensem, Ducem Campisauri, Comitem Viennæ et Albonis ac Palatinum.

Nona die novembris anni ejusdem, Humbertus sex florenorum aureorum millibus emit a Guillermo Viennensi, domino Sancti Georgii, jus quod in comitatu Viennensi ipse primogenitus ex successione paterna habebat, ita quod redimere et apprehendere ipsum comitatum Delphinus pos-

---

(1) Comes de Oettingen, nomine Ludovici de Bavaria, Humbertum Dalphinum constituit regem Viennæ, apud Balmam Lugdunensis diœcesis, ann. 1335. (*Valbonnays*, *t. II, p.* 269.)

set, sicut ante venditionem hujusmodi Guillermus potuisset (1). Et anno sequenti, coram papa Benedicto duodecimo, natione Tolosano, procurator Delphini Avenione obtulit Bertrando Viennensi archiepiscopo pretium quod præcedentes antistites ipsum comitatum emerant, et ab eodem Benedicto petiit, ut archiepiscopo inhiberet, ne posthac et deinceps comitatus Viennensis jura caperet.

Ex uxore sua Humbertus filium nomine Andræam habuit, qui, superstite patre, sexto nonas julias anni Christi millesimi trecentesimi trigesimi octavi obivit. Et ante majus altare templi Prædicatorum Gratianopolitanorum in tumulo elevato sepultus est. Et eum e fenestris domus Delphinorum, quam nunc honoratus Herbesius, senator Delphinalis, habitat, in vallum civitatis Gratianopolis, culpa nutricis, cecidisse aiunt, ex quo mortuus est (2).

Et quum Viennam habere multi cuperent, et inter Francorum et Anglorum reges et alios principes tumultus et bella commoverentur; et quod Sanctam Columbam extra Rhodanum, insciis decano et canonicis templi Mauriciani, Bertrandus Viennensis archiepiscopus capi a Francorum rege passus erat; dubitantes idem decanus et canonici ne procurantibus eorum æmulis insidiose aut furtive eis Vienna eriperetur; considerantes quod Humbertus Delphinus erat, perpetuus regnorum Viennensis et Arelatensis archisenescallus et Viennæ comes palatinus, et magnam ejus partem habebat, et in circuitu ejusdem Viennæ præ aliis principibus majorem terram possidebat, et per eum Vienna secu-

---

(1) Guillelmus Viennensis, dominus Sancti Georgii, *Guillaume de Vienne, seigneur de Longuy et de St-Georges*, qui Viennæ comitatum sibi vindicabat jure hæreditario ac si esset de Bosonis regis et Caroli Constantini prosapia.

(2) Certissimis tabulis constat hunc principem tantum morbo periisse, octobris circa mensem ann. 1335.

rius custodiri, et ab æmulorum et vicinorum oppressionibus et injuriis ipsi decanus et canonici ædesque Mauricia defensari virilius et citius poterant : ea propter, quinto calendas septembres anni Christi millesimi trecentesimi trigesimi octavi, eidem Humberto Delphino et suis successoribus ipsi decanus et canonici custodiam urbis Viennæ ac domus Canalium commiserunt et tradiderunt; ita quod si ab eis per majorem suum principem Imperatorem hæc Viennæ et domus Canalium custodia cum suis juribus repeteretur, ipsam Delphinus sibi restitueret. Castrum tamen Pupetum et Sanctæ Blandinæ collem decanus et canonici Viennenses retinuerunt (1).

Et monasterium Fratrum Augustinianorum, Crimiaci, tum reditibus, tum ædificiis Humbertus construxit; et in parte cœnobium Saletarum monialibus fundavit, eique pro alimentis sacrarum virginum decem libras annuas a furno Turris Pineæ exigendas dedit.

Et mense octobri anni Christi millesimi trecentesimi trigesimi noni, cum cereis ardentibus, pulsatis campanis, huic principi primum adventanti, canonici et sacerdotes Anicienses (2) obviam processerunt et occurrerunt, et eum in canonicum receperunt; et de more majorum ad magnum altare ductus, pecunias supra id altare repertas cepit, et astantibus dedit et dispersit.

Eodem quoque anno Delphinus et Jacobus Sabaudus Moreæ et Pedismontium princeps (3) foedus percusserunt, et Delphino Jacobus fidelitatem præstitit, et adversus omnes, exceptis Siciliæ rege et Sabaudo comite, auxilium pro-

---

(1) Hæc deprompsit Rivallius de pacto et conventione inter Humb. et Capitulum Vienn. (*Valbonnays*, t. II, p. 364.)

(2) Anicium seu Podium Vellavorum, *le Puy en Velay*.

(3) *Jacques de Savoie, prince d'Achaye.*

misit, et sui principatus magistratus quoties Delphino vel ejus successoribus placeret mutare etiam convenit, et quod a Delphinatu quovis pacto nunquam hæc fidelitas disjungeretur, nec unquam ab eadem ipse Sabaudus aut sui se eximere possent, et quod in ipsius principis patria nummus Delphinalis usum haberet. In præmissorum compensationem Delphinus promisit ipsi Jacobo Sabaudo et suis unum castrum cum omni jurisdictione, annui reditus quingentorum florenorum aureorum, et donec castrum traditum esset, super vectigali Brigantino hæc summa imposita fuit.

Et vigesima junii anni Christi millesimi trecentesimi quadragesimi, Aynardus dominus Claromontis in Viennesio agnovit sub majori ditione Humberti Delphini Altam Ripam, Viriacum et multas alias jurisdictiones, et eidem Delphino quasdam alias donavit. Et Humbertus eum et successores dominos Claromontis donavit vicecomitatu Claromontis in Triviis (1) annui valoris octingentorum florenorum auri, et, ob suam et majorum virtutem bellicam, constituit eumdem Aynardum et successores, utrumque Claromontem possidentes, in perpetuum primæ sui exercitus aciei ductores; et voluit quod primam opinionem in Delphini consilio haberent et majores hospitiorum Delphini et ejus consortis Magistri essent, et ubi contingeret Delphinum vel ejus filios militare et etiam uxores ducere vel alia festa notatu digna facere, et idem Claromontani insidentes equis aut pedites servirent; quod prima festorum die haberent duos platellos et quatuor lances sive paracides argenti boni, ponderis sexdecim marcarum, de quibus famulatus in ipso festo fieret; et aliis celebrationibus festivitatis qualibet die haberent unum platellum argenteum,

---

(1) *La vicomté de Clermont-en-Trièves.*

quinque vel saltem quatuor marcarum; et quod ante Delphinum vel ejus filios primogenitos ipse Capitaneus et Magister ensem portaret; ita, quod in mutatione domini Claromontis ponerentur, et triduo essent vexilla Delphinalia in cacumine arcium recognitarum. Et Humbertus investivit Aynardum Vicecomitatu Claromontis tradendo annulum et ensem, et Capitaneatu, ut ita dixerim, hasta cum armis Delphinalibus in summitate positis, et Magisterio traditione unius virgæ albæ. Et inde aliquot domini Claromontis fidelitatem Delphinis (1) præstiterunt, tenente una manu ensem et virgam albam, et altera manu hastam.

Et calendis augusti ejusdem anni Christi millesimi trecentesimi quadragesimi Humbertus constituit senatum quod appellavit Consilium, et voluit esse et perpetuo Gratianopoli haberi, et exercere judicando ea quæ sunt meri et mixti imperii ac jurisdictionis in toto Delphinatu, et quod cæteris Delphinatus magistratibus præesset, animadvertendi in facinorosos potestatem haberet, et principis castra ædificiaque ubi opus esset construeret, tutores et curatores decerneret, statuta et decreta ederet, litesque et causas audiret, et quod in nullo Delphinatus tribunali senatores patrocinia præstarent, et de jureconsultoribus non responderent super his quæ in patria ad litem deducerentur, nisi sacerdotalium judicum cognitio esset; arbitria tamen et compromissa suscipere possent; et quod e senatoribus quatuor essent in Academia Gratianopolitana jura interpretantes, scilicet duo civile jus et totidem pontificium enarrarent; et quod duo sigilla, unum majus altero, senatus haberet, cum Delphini insignibus et inscriptione deno-

---

(1) Has persingulares litteras invenies apud *du Chesne*, *Hist. généalogique des ducs de Bourgogne, dauphins de Viennois, etc. Paris*, 1628, in-4°, p. 60.

tante quod consilii Delphinalis Gratianopoli residentis ea sigilla essent, et quod majus ad signandum sententias et alia notatu digna penes cancellarium esset; et complura alia in hanc rem etiam de causidicis et senatus acta scribentibus ipse Humbertus statuit. Advocatum quoque et procuratorem constituit, et quatuor auditores cum præside qui curam ærarii et rationum suarum haberent, necnon unum exquæstorem quem thesaurarium vocant.

Et anno Christi millesimo trecentesimo quadragesimo secundo Humbertus monasterium Montis Fluriti monialibus supra Gratianopolim fundavit (1), et jurisdictionem, designatis ac dispositis limitibus ipsi monasterio donavit. Sexto inde anno in territorio Montis Fluriti Humbertus merum et mixtum imperium reditusque majores monialibus dedit.

Quum Jacobum regem Majoricarum comitem Rossilionis Petrus, rex Aragoniæ, regno suo et comitatu spoliasset, per Clementem sextum pontificem maximum, Benedicti duodecimi successorem, Lemovicensem, aliquot annis Jacobus sustentatus est. Et ut hostem compesceret, Franco regi Montem Pessulanum vendidit; et quia contra ipsum hostem non sufficiebat, deliberatione Clementis Humbertus ad bellum gerendum electus est, et cum magno navium apparatu et militum exercitu adversus ipsum Aragoniæ regem profectus est; sed nihil egit, et re infecta rediit, ut apud Bertrandum in Gestis Tolosatum legimus.

Et anno Christi millesimo trecentesimo quadragesimo tertio, Thomas marchio Salutiarum Delphino marchionatum Salutiarum cum omnibus castris et villis sub marchio-

---

(1) *Fondation du monastère royal de Montfleury, de l'ordre de St-Dominique; à la suite de l'Hist. de Humbert II, dauphin de Viennois, par Guy Allard. Grenoble, in-12 (1702).*

natu positis dedit, et illico post in feudum ipsi Thomæ Delphinus res donatas tradidit; et in Brianconesio aliquot annuos florenos constituit, et non modicas pecunias tradidit sub multis conditionibus, maxime quod pro majori imperio moriente Delphino aut marchione insignia Delphina supra castra et oppida marchionatus ponerentur, et ibi octo diebus essent; et si posthac fidelitatem marchiones denegarent, vectigalibus marchionenses soluti essent, et sub potestate marchionis esse desinerent fidelitatemque Delphino facerent. Et Delphinus et marchio convenerunt, ut decimo quoque anno et morientibus Delphinis vel marchionibus hujusmodi pacta renovarentur. Inde omnia hæc Federicus Thomæ filius confirmavit.

Tertio nonas junii anni jam commemorati Delphinus et Joannes Gratianopolitanus antistes, inter alia, in castro Bellivisus apud Royanum transegerunt, quod ultra Gratianopolitanam jurisdictionem per judicem communem exerceri solitam Delphinus Gratianopoli habere posset Curiam majoris Judicis Graisivodani et Judicis Appellationum totius Delphinatus Auditoresque Rationum Ærarii Delphinalis, ac Senatum; et quod in sua Turri Gratianopolitana ei habere liceret excubitorem qui tam in sero quam in mane cornu caneret, quum jam in turri pontificia antistes tubicinem possideret. Et quod diœcesis Gratianopolitanæ incolis extra urbem habitantibus Officialis etiam de rebus non sacris jus diceret si adiretur, et Herbesium juxta Visiliam, retenta fidelitate, Delphinus in compensationem episcopo dedit. Non longe post, hanc transactionem Clemens sextus Avenione, idibus februarii, pontificatus sui anno secundo, probavit.

Et quinto calendas julias anni Christi millesimi trecentesimi quadragesimi tertii Humbertus Carmelitas Bellivisus supra Isaram fundavit, eos sexaginta voluit, et iis dedit quingentas libras de reditibus.

Et pridie calendas augusti anni Christi millesimi trecentesimi quadragesimi quarti in Villanova prope Avenionem (1) Clemens sextus pontifex maximus et Humbertus Delphinus transegerunt quod medietatem meri et mixti imperii ac jurisdictionis oppidi Romanensis Delphinus haberet, et tres partes alterius medietatis archiepiscopus Viennensis, abbas sancti Barnardi, et quartam hujus medietatis partem canonici Barnardinæ ædis obtinerent; et pontifici Humbertus tradidit Avisanum oppidum cum omni jurisdictione et imperio, receptis pro majori Avisani valore duodecim florenorum aureorum millibus. Et adhuc in januis Avisani est piscis delphinus lapideus sine liliis.

Et quum sine prole virili Robertus rex Neapolitanus decessisset, et ei Joanna filia successisset, Avenionem sui dominii civitatem huic Clementi sexto, teste Platina, vendidit; de quo in Avenione scripsimus.

Et pro Beatrice Ungara matre sua, Humbertus cœnobium monialium Sancti Justi in Royanis supra Bornæ et Isaræ coitum construxit (2), et in eo Beatrix vestalis effecta est.

Et mandato Clementis sexti pontificis Delphinus in Turcos arma paravit, et Sanctæ Sedis apostolicæ, et Generalis Christianorum ductor, contra Turcos factus est. Et de hoc sequentia carmina insipida edita fuerunt :

> Delphini probitas in Turcos freta meabit :
> Turcorum pravitas ipso confusa vacabit :
> Annis millenis ter cenis terquoque denis
> Octo bis cunctis est gratum dicere cunctis.
> Aprilis mense Delphinus dimicat ense,

---

(1) *Villeneuve*, près d'Avignon.
(2) *St-Just*, abbaye royale de l'ordre de Cîteaux, dans la paroisse de *St-Just-de-Claix*, au confluent de l'Isère et de la Bourne, transférée à Romans en 1600.

Ac perimet mille de Turcis centies ille,
Cum turba puppes intrabit tot mala ruppes,
Per mare transibit et ad oras sane redibit.
Cætera sunt fata : vernabit prole beata
Filius et nata revocabunt munera lata

Reipsa, anno Christi millesimo trecentesimo quadragesimo quinto, in Asiam Minorem adversus Turcos Christianorum aciem conduxit, et in Turcos eundo, secunda septembris, in insula portui Massiliæ proxima, Henrico Villario Lugdunensi archiepiscopo (1) consanguineo suo, in Delphinatu et territoriis suis supremam auctoritatem reliquit, et quæ per eum et senatum suum auditoresque rationum sui ærarii Delphinalis fieri eo absente volebat, in eadem insula descripsit, et constituit quod in arduis negotiis Guigo Morgius, Guillermus Bisiniacus, Guigo Falavellus, Rodulphus Comerius, milites, senatus quoque et rationum ærarii auditores, et Tisotus Roerius (2), necnon dominus Rossilionis et Claromontis et alii proceres et prælati ab ipso Villario vocarentur, et ei assisteret Joannes Gratianopolitanus antistes quando posset; et sacerdotes pro audienda Beatricis matris confessione, necnon numerum ancillarum et famulorum ejus, ac octo moniales quæ ipsam comitarentur, Humbertus designavit, et plura alia ibi de re familiari et publica ordinavit. Et ultra progressus, in Asia bellum cum Turcis gessit; sed, re infecta, aciem Christianam reduxit.

Et anno Christi millesimo trecentesimo quadragesimo

---

(1) *Henri de Villars, archevêque et comte de Lyon.*

(2) *Guigues de Morge; Guillaume de Bésignan; Guigues Falavel; Rodolphe de Comiers; Tisot de la Roère.*

septimo, hic Delphinus archiepiscopusque Mediolanensis et Luchinus ejus frater Mediolani vicecomites (1), necnon marchio Montisferrati et Salutiarum, fœdus percusserunt, et conventum est quod illos transalpinos principes, in his quæ possidebant et acquirerent, Delphinus adversus omnes juvaret; Papam tamen et Imperatorem, Francorum, Ungariæ et Siciliæ reges excipiebat; et vice versa illi principes Delphinos contra omnes, rejectis Papa et Imperatore, auxilium ferrent.

Et vivente adhuc Amedeo quinto, Hugo Gaius (2), propter injuriam quam Guigo Delphinus olim sibi intulerat, a fide ipsius se dissolverat et recesserat, et ad ipsum Amedeum quintum sese contulerat, et ei fidem de comitatu Gaii præstiterat, et sub ejus emphyteosi, relicto Delphino, comitatum Gaium tenere voluit. Inde Hugoni Gebennensi suo patrueli ipsum Gaii comitatum ægrotans testamento reliquit et eumdem Hugonem hæredem instituit, et testatore mortuo exequiisque absolutis, Hugo possessionem comitatus adeptus est, illiusque castra et oppida victu, militibus et commeatu munivit et Humbertum adivit et sub majori ejus imperio comitatum posuit. Postmodum Comes Viridis (3) Amedei quinti filius et successor per nuntios ab Hugone de ipso comitatu fidelitatem petiit, et eam Hugo denegavit, asserens Delphino hanc fidelitatem deberi, et congregato exercitu, Floremontem comitatus Gaii castrum (4) Comes Viridis, propter hanc recusationem, cepit. Inde post longam expugnationem Gaium in suam potestatem redegit, et custodes in deditionem recepit et totum Gaii comitatum obtinuit. Et quum hæc Hugo Gebennen-

---

(1) *Jean Viscomti, archevêque de Milan, et Luchin, son frère, seigneur de la même ville.*

(2) *Hugard, seigneur de Gex.*
(3) *Amédée VI, dit le comte Verd.*
(4) *Le château de Florimont.*

sis intellexisset, ab Humberto Delphino exercitum habuit, et cum eo Mordreas comitatus Sabaudiæ castrum (1) vi cepit, et omnes in eo repertos ad unum occidit et ipsum castrum discedens combussit; idem Meseriis fecit (2). Inde castrum Bonarum Vallium (3) obsedit, et noctu fuseum igneum per castri ejusdem fenestram in paleas projecit, et ipsum castrum et homines qui in eo erant adussit, et castrum egredientes occidit, et accepto de his nuntio Comes Viridis copias diligenter contraxit; et ad liberandas ab obsidione Bonas Valles, credens nondum ipsas fuisse captas, profectus est. Et inter veniendum Dolomeaci (4) occurrit magnæ catervæ Delphinatum qui cum Hugone erant, ingentemque abigebant et educebant prædam quam in Bonarum Vallium finibus ceperant; et eos comes Sabaudus aggressus est; et relicta præda, Delphinates se fugæ commiserunt; et plures ex eis capti fuerunt, et tandem se redemerunt; et partem exercitus Sabaudorum alia via Guillermus Balma (5) in Bonas Valles ducebat, et sub Arbreto (6) comperit Delphinates qui ad confirmandam Bonarum Vallium obsidionem ibant, et diu incerto marte sibi Sabaudi et Delphinates ita acriter pugnaverunt, quod alii alios vincere non poterant. Postremo loco angusto Sabaudi cohortem Delphini ingressi sunt et Delphinates superaverunt, et se Delphinates Sabaudis dediderunt; et eos captivos Sabaudi abduxerunt. Et inde in bastidam Bellarum Marcarum (7), quam Humbertus construxerat, Comes Viridis exercitum duxit. Et dum illic esset Hugonis consilio Humbertus (8), ei

(1) *Mordres.*
(2) *Mésières.*
(3) *Bonnevaux.*
(4) *Dolomieu.*
(5) *Guillaume de la Baume.*
(6) *Les Abrets.*
(7) *Bellemarche.*
(8) Secundum ipsos Sabaudiæ historicos, hic Abretorum conflictus evenit circa annum 1354, et quinque jam abhinc annis abdicaverat Humbertus.

per nuntium significavit quod si triduo spectare vellet, eum viseret, et per eumdem nuntium Comes Delphino denuntiavit se postera die, eo invito, bastidam ingressurum, quod evenit. Et inde Chapariliacum Comes profectus Delphinum per nuntium certiorem fecit se jam biduo ipsum spectasse, et si ita bellicosus erat, sicut nuntius ejus retulerat, ad videndam tam pulchram aciem quæ eum spectabat, jampridem venire debebat; et quum nuntio Delphinus nihil respondisset, et comiti nullus Delphinas impedimento esset, Moletarum et Bellarum Marcarum bastidas solo æquavit. Mox Chamberiacum reversus, ibi et in aliis locis hiemavit, et hieme transacta magnam aciem paravit, et, his quorum consilio utebatur, dixit quod Chapariliacum ad videndam ejus aciem Delphinus non venerat, ea propter eum adire decreverat: et cum suis tormentis dominoque Belli Joci ac comitibus Guiborcio et Novi Castri Nidioque (1) et sua gente Sabauda Turrim Pineam obsedit, et longo tempore incassum ibi obsidionem tenuit.

Interim Francis Delphinatus obvenit. Humbertus, considerans Delphinates sibi et suis majoribus fuisse fideles, et consiliis ac bellicoso frequenti certamine claruisse, voluit eosdem Delphinates in suis antiquis usibus, privilegiis et consuetudinibus libertatibusque amplioribus confoveri, et hæc declarando pridie idus martias anni nativitatis Christi millesimi trecentesimi quadragesimi noni, multis privilegiis et libertatibus ipsos Delphinates donavit; præsertim his quod nec militare nec Delphinum sequi pro bello extra patriam gerendo cogerentur, nisi sponte id peragerent aut pro ipsa patria servanda et custodienda bellum suscipere-

---

(1) Le seigneur de Beaujeu, les comtes de Kibourg (canton de Zurich), de Neufchastel et de Nidow (canton de Berne).

tur, et ut quoties ad bellum evocarentur a principe, stipendium haberent; et si quem in prælio et militando equum casu fortuito perderent, quod eum Delphinus solveret, et Delphinates ab hostibus captos redimeret, et quod in patriciorum domibus exequendo sententias pignora non caperentur, quamdiu foris reperirentur, et quod domos fortes nobilitas sibi construere posset, in omnibusque ipsius Delphini silvis, exceptis Claysia et Planesia ac privatis cuniculorum et leporum speluncis, venari nobiles viri possent. Et Delphinates privilegia habent, ne extra patriam ad aliquod tribunal extrahantur. Et bellum sibi indicere et convocatis amicis inter se gerere viri Delphinates patricii poterant, donec per consilium eis inhibitum sit. Ipsiusque Humberti edicto ex hoc ante inhibitionem ad judicium trahi et puniri non debebant, et infinita alia Delphinensium privilegia, ne fastidium generem, omitto (1).

Et per hæc tempora Beatrix Humberti mater monialis effecta expiravit, et in cœnobio Sancti Justi sepulta est.

Et signo delphini piscis nummus aureus argenteusque et æneus sub Humberto et aliis Delphinis cudebantur.

Aymarus autem quartus, comes Valentinus et Diensis, Sibyllam de Baucio desponsavit, et ex ea habuit Ludovicum comitem et Carolum qui dominus fuit Sancti Valerii.

---

(1) Statutum solemne Humb. Dalphini quo continentur Franchesiæ et Privilegia Dalphinatus, tam antiqua quam de novo concessa (1349). *Ordonnances des rois de France, V,* 37. —*Valbonnays, II,* 586.

AYMARI RIVALLII

DELPHINATIS

de Allobrogibus

LIBER NONVS.

De translatione Delphinatvs in Francos, et Delphinensivm gestis svb ipsis Francis.

Delphini Franci.

T post se Humbertus Delphinus genti suæ consuleret, octavo calendas maias anni Christi millesimi trecentesimi quadragesimi tertii, cum Philippo Valesio rege pactus est et convenit quod, si sine liberis naturalibus et legitimis humanos relinqueret, Philippo secundo ejusdem regis filio aut eo mortuo vel alias hanc donationem non obtinente, uni ex Joannis primogeniti ipsius regis filiis donabat et remittebat Del-

phinatum, continentem ducatum Campi Sauri, principatum Brianconii, marchionatum Sesanæ, comitatum Viennensem, Albonensem, Graisivodanum, Ebredunensem, Vapincensem, et, ut dicunt, baronias seu dominia Turris Pineæ, Vallis Bonæ, Fucigniaci, Medullionis et Montis Albani (1) aliaque sui principatus jura et bona dedit, retentis et sibi reservatis decem librarum millibus cum quibusdam aliis rebus. Et hanc donationem facere Delphinus adductus est conjunctione sanguinis qua ipsi contrahentes se vicissim attingebant. Pacto etiam Delphinus voluit et deduxit, quod is in quem suum hujusmodi donatio et remissio effectum sortiretur, cognomen Delphini Viennensis et insignia sua regum Francorum insignibus mixta susciperet. Et in augusto anni jam commemorati id Philippus rex iterum probavit; conventum etiam fuit quod si Humbertus susciperet masculos qui sine liberis decederent, ut eisdem masculis ipse Philippus regis filius aut unus e Joannis filiis succederet. Et si filias Humbertus procrearet, primogenitam non deformem alioqui alteram Philippus filius desponsaret, simul et Delphinatum aliosque Delphini principatus haberet.

Postmodum, tertio calendas apriles anni nativitatis Christi millesimi trecentesimi quadragesimi noni, idem Humbertus considerans sui corporis invaletudinem, et quod extra prolis procreandæ spem erat, vitam quoque sacerdotalem appetens, Romanis, pure transtulit Delphinatum in Carolum quintum Joannis filii Philippi regis primogenitum, solam præeminentiam nominisque et digni-

---

(1) *Le duché de Champsaur; la principauté de Briançonnois; le marquisat de Sézanne; les comtés de Vienne, d'Albon, de Graisivodan, d'Embrunois, de Gapençois, les baronnies de la Tour-du-Pin, de Valbonne, de Faucigny, de Meuillon et de Montauban.*

tatis honorem sine administratione sibi reservavit, et aliqua de quibus disponeret retinuit. Et hanc translationem donationemque cum suis conditionibus Philippus Valesius Joannesque ejus primogenitus acceptaverunt.

Demum, adhuc vivente Philippo rege, Carolus Joannis filius, decimo sexto calendas augustas ejusdem anni hanc translationem Lugduni, præsente patre, recepit, et privilegia ac libertates per Humbertum Delphinatibus concessas, ipsius quoque edicta etiam Lugduni, postulante Joanne episcopo Gratianopolitano, jurejurando approbavit. Et Delphinatus possessionem Carolus adeptus est. Sic itaque in Philippo secundo regis filio, vel quia obiverat, vel alia ratione, donatio hæc et remissio effectum non habuit. Et ideo Gaguinus aberrat, quum scribit a tempore translationis Delphinatus in Philippum factæ, Francos Viennam Delphinatumque possedisse.

Completa hujusmodi translatione, Humbertus Prædicatorum ordinem Lugduni suscepit, patriarchatumque Alexandrinum et Remensem pontificatum a Clemente sexto obtinuit (1). Demum anno Christi millesimo trecentesimo quinquagesimo quinto Parisiis humanos reliquit, et in Prædicatorum æde sine tumulo quopiam elevato sepultus fuit; et supra cadaver est lapis exiguus in quo est inscriptum:

« Hic jacet Pater et D. Amplissimus D. Himbertus, primo Viennæ Delphinus, deinde relicto Principatu Frater Ordinis Prædicatorum in hoc conventu Parisiensi, ac demum Patriarcha Alexandrinus, et perpetuus Administrator Re-

---

(1) Et ne forte in posterum a pacto resiliret, instante Joanne rege Franciæ, papa Clemens VI, ipsa nocte Natalis Domini anni 1350, Humbertum ad omnes sacros ordines uno contextu ordinavit, et paulo post creavit patriarcham Alexandrinum, necnon ecclesiæ Remensis perpetuum administratorem.

mensis, et præcipuus Benefactor hujus conventus: obiit autem anno Domini 1355, die 22 Maii. Orate pro eo. Pater noster. Ave. »

Subinde molitus est ut Delphinatum primogenitus Francorum regum ad regnum patri successurus haberet, et vivente patre Delphinus appellaretur. Et sicut apud Romanos Augusti nomine imperator, authore Capitolino, significabatur, et quum quis Cæsar efficiebatur, tanquam principis filius et augustæ majestatis hæres designatus, teste Ælio Spartiano, creabatur, sic Delphinus regiæ majestatis hæres designatur, et mortuo patre Gallorum regnum consequitur (1).

Et de hac Delphinatus donatione ac translatione in Francos exstant publica instrumenta in palatio delphinali Gratianopolitano. Et ideo Nicolaus Gillius (2) et quidam alii historici somniaverunt, scribentes Philippum quadraginta aureorum millibus ab Humberto Delphinatum emisse, quum etiam annuus Delphini reditus tunc centum aureorum millia valeret, et minimum Delphini oppidum pluris venditum fuisset. Imo, solæ inscriptiones marmoreæ ac numismata quæ Viennæ passim reperiuntur illos nummos excederent.

---

(1) Sic apud Gallos primus regis filius et patri successurus a Delphinatu cui præest Delphinus appellatur; unde mihi origo est et armipotens tellus est, fœderisque quod cum aliquo semel percussit, tenacissima. (Aymari Rivallii Hist. Jur. civil. lib. IV.)

(2) *Nicole Gilles*, *les grandes Cronicques et Annales de France.* Paris, 1531, in-f°, t. *II*, f. 13.

Delphinates sub Joanne rege et Carolo quinto ejus filio, Delphino.

In augusto anni Christi millesimi trecentesimi quinquagesimi Philippus Valesius Francorum rex expiravit, et regnum Joannes ejus filius accepit. Et audita Delphinatus translatione in Francos, Comes Viridis Sabaudus multum doluit tantum principem juxta suum habere comitatum, et attendens quod Francorum rege longe inferior erat, et cum eo dissidere sicut cum Delphinis propter territoria commixta inane foret, in ejusque et sui populi perniciem tenderet, ad tollendam dissidii materiam, nihil commune aut mixtum habere cum rege cogitavit. Et ideo Guillermum Balmam (1), virum prudentissimum, ad Joannem Francorum regem Caroli Delphini patrem misit, ut Delphinatus et Sabaudiæ comitatus limitibus terminarentur. Guillermum Joannes rex benigne excepit, quia sagittariis suis Gallus Balma pater Guillermi præerat; et ipsi regi Guillermus enarravit Amedeum sextum, Comitem Viridem, accepisse Delphinatus translationem quam in Carolum ejus filium Humbertus Delphinus fecerat, et quod inter Delphinos et Comites Sabaudos sæpe et diu gravia bella fuerant, propterea quod partem suorum principatuum commixtam habebant; et ea ratione utriusque principis magistratus semper dissidebant; et quod nunquam hujusce rei haberetur ratio, nisi principatibus limites apponerentur. Et postquam Guillermus dicendi finem fecit, et

---

(1) *Guillaume de la Baume, seigneur de l'Abergement, était fils d'Etienne de la Baume, seigneur de Montrevel, dit* LE GALLOIS, *grand-maitre des arbalétriers de France, sous Philippe de Valois.*

intellecta ejusdem legatione, Joannes rex Carolusque Delphinus limitibus Delphinatum et Sabaudiam distingui jusserunt. Et ad hæc Comitem Viridem juvit Joannes dux Bituricensis, filii ipsius comitis socer et Caroli Delphini frater.

Et propterea, nonis januariis anni Christi millesimi trecentesimi quinquagesimi quarti, inter ipsum Carolum Delphinum et Joannem ejus patrem, necnon Amedeum comitem Sabaudum, ad persuasionem ejusdem Joannis Biturigum ducis aliorumque, sequens permutatio facta est : quod sub comitis Sabaudi ditione essent Fucigniacum, Gaium cum territorio adjacente, Miribellum, Mons Lupellus, Sancti Christophori burgus, Messimiacum, Vareium, Sassonayum, Sanctus Mauricius, aliaque jura, castra et oppida, necnon territoria Delphini trans Guerium flumen et in Brixia sita (1); et ad Delphinum perpetuo transferrentur ea quæ comiti Sabaudo citra Guerium spectabant, videlicet Ciers, Aveneriæ, Chabontium, Bocsozellum, Aziacum, Falaverium, Verpillieriæ, Dolomiacum, Bastida Arbretorum, Jonagium, Septimum, Sanctus Georgius Speranchiæ, Veniciacum, Sanctus Symphorianus Auzonis, Locus Dei, Bonæ Valles, Costa Sancti Andreæ, Voyro, Sanctus Stephanus Sancti Juers, et alia Sabaudi jura cis Guerium collocata (2). Et Hugonis Gebennensis Roybo Delphinatus oppidum erat. Et de rebus sibi ex hac permutatione traditis, comes Sabaudus inter alia promisit pro se et successoribus Delphino fideli-

(1) *Le Faucigny, le pays de Gex, Miribel, Montluel, St-Christophe, Meximieux, Varey, Sathonay, St-Maurice, et autres villes et châteaux au-delà du Guyer et en Bresse.*

(2) *L'île de Ciers ou de Charuis, les Avenières, Chabons, Bocsozel, Azieu, Falavier, la Verpillière, Dolomieu, les Abrets, Jonage, Septème, St-George-d'Espéranche, Venissieu, St-Symphorien-d'Auzon, Lieu-Dieu, Bonnevaux, la Côte-St-André, Voiron, St-Etienne-de-St-Geoirs, et autres villes et châteaux en deçà du Guyer.*

tatem. Sunt et alia pacta in instrumento descripta, quæ ad evitandam prolixitatem omittuntur. Et in hac permutatione Sabaudus comes lucrum habuit, quoniam res comiti Sabaudo traditæ quotannis valebant quinque et viginti florenorum aureorum millia, et ea quæ ad Delphinum evenerunt, dempta fidelitate, valoris annui erant mille et quingentorum florenorum aureorum tantum.

Et dono Caroli Delphini Locus Dei Reynaudo Revello contigit, illique Joannes Liatardus Barbarinus successit (1). Inde Petro Rivallio, magno patruo meo, ipsius Loci Dei imperium et jurisdictio obvenit.

Et ex hac permutatione extincta seditionis occasione Sabaudi et Delphinates a bellis quieverunt et ad pacem devenerunt. Inter Delphinum enim et comitem Sabaudum tam frequens conflictus hactenus fuerat, quod in multis Sabaudiæ et Delphinatus domibus et locis publicis ubique et passim Delphini et Sabaudi comites equis pugnantes cum phaleris et insignibus depingebantur.

His temporibus Galterus inter humanos agebat, et ejus majores Galli *Delphinates* origine fuerunt sanguinisque claritate conspicui, ut Boccacius author est; sed ab eis, inquit, Galterus degeneravit, et ei *Viennæ* comitatum (2) majores reliquerunt, et insignem Athenarum titulum quæsiverunt; et dum possessionem illius ducatus pater suus armis posceret, ab hostibus capite mulctatus est, et hujus mortem maximo bellicosorum nobilium apparatu ulcisci Galterus conabatur. Sed græca fraude illusus, unicum filium

---

(1) *La tour de-Lieu-Dieu; Renaud de Revel; Jean Liatard de Barbarin (château près de Revel).*

(2) Viennæ comitatum. Boccacius scripsit Brennæ comitatum; aliquis vero manuscriptus mendosus in errorem induxit Rivallium. — *Gauthier II, duc d'Athènes, comte de Brienne, connétable de France, mort à la bataille de Poitiers l'an 1356.*

perdidit. Et dum hos atque illos principes in auxilium sollicitaret, et ad hoc apud Neapolim Campaniæ multa cum Catharina imperatrice Constantinopolitana pertractaret, a Pisanis Luca, quam a Mastino Scaligero Florentini emerant, obsessa est, et ad liberandam obsidione Lucam Florentini cum copiis progressi sunt. Et cladem a Pisanis suscepere, sed iterum exercitum paraverunt et in subsidium Robertus rex Neapolitanus, Falcaquerii et Provinciæ comes, Galterum *Viennensem* cum equitatu ad ipsos Florentinos misit, et a Florentinis ut civium seditiones et hostium impetus comprimerentur cum ampla licentia Galtero imperium datum est; et Florentinorum rem Galterus a principio bene gessit. Tandem Luca vindicata, hoc prætextu ita populi Florentini gratiam exquisita arte conquisivit, quod urbis dominium occupavit, et palatium ingressus ejusdem urbis magistratus dejecit. Aretium quoque et Pistorium et alia oppida ac castra proxima, necnon Apennini incolæ nobiles comitesque complures, Florentiam Tusciæ dominam sequentes, Galterum susceperunt et ei obediverunt, et sibi deberi Tuscorum regnum Galterus auspicabatur. Hæc anno Christi millesimo trecentesimo quadragesimo sexto evenere. Sed postmodum ad stupra et civium necem ac tyrannidem Galterus sese convertit. Et ideo eum Florentini expulerunt, et, propter beneficia in urbem collata, cum suis rebus et militibus decimo vel undecimo mense post libertatem sibi ereptam et occupatam abire incolumem voluerunt et permiserunt.

Longe post, sub Joanne Francorum rege in Gallia ipse Galterus adversus Edoaldum Anglum meruit; et duodecimo calendas octobres anni Christi millesimi trecentesimi quinquagesimi sexti, apud Pictavium fuit atrox conflictus inter Francos et Anglos. Primam Francorum aciem ducebat ipse Galterus Athenarum dux, Franciæ nunc connestabilis, quem magnis copiis instructi Arnulphus et Joannes Claromontensis marescallus sequebantur. Secundae autem aciei Carolus dux Normannus, major natu regis filius, praeerat. Tertia acies ab Aureliano regis fratre gubernabatur. Et in hostium vallum ad Pictavium factum irrumpere conati crebris sagittariorum jactibus repulsi et tardati fuere, atque ita imbellis animi magnus e Francis equitum peditumque numerus ignominiosam fugam fecerunt. Et occisis in prima acie Galtero, Arnulpho et Joanne marescallo Gaufridoque e Charni signifero cui auriflamma credita erat, ac mille septingentis aliis, Angli vicerunt. Cum Philippo autem filio et mille septingentis sui exercitus Joannes egregie prae caeteris pugnans captus Burdegalam perductus est; inde in Angliam, remissis domum reliquis captivis, quorum se constituerat debitorem. Haec Gaguinus et alii tradunt. Boccacius vero scribit. In conflictu, relicto Joanne, Galterus aufugere coepit. Verum a militibus regiis verbis redargutus in hostes rediit, et accepto vulnere equo dejectus a Florentino Edoaldi satellite interfectus est. De hoc Galtero Platina in Vita Clementis sexti meminit, et eum ultra quod historico conveniat et supra veritatem Boccacius insectatur et vitiis maculat, ita quod non historiam, sed invectivam pro sua gente in Galterum hominem exterum scribere videatur (1). De ipso poema scriptum est.

Hoc tempore imperio praeerat Carolus quartus, Caroli quinti Delphini avunculus, qui primum coepit in diversis imperii regionibus vicarios constituere, scilicet principes in eorum ditione per se et suos magistratus, in absoluto imperio et plenissima jurisdictione, in nummis, vectigalibus, Judaeis defendendis, archiepiscopatibus, episcopatibus, abbatiis, comitatibus, baroniis, marchionatibus, provinciis,

---

(1) Boccacii de Casibus illustrium virorum lib. IX.

et tam in causis appellationum quam aliis quibuscumque auctoritatibus ad imperatorem in eisdem locis spectantibus; et inter alios Comitem Viridem vicarium in Sabaudia instituit.

Anno Christi millesimo trecentesimo quinquagesimo octavo, Carolus Delphinus reipublicæ administrationem, detento in Anglia patre, accepit. Et anno Christi millesimo trecentesimo sexagesimo, ipse Joannes certis conditionibus ab Anglis redemptus in Galliam rediit. Et interim Philippus Burgundorum dux et comes interiit, et in demortui locum Joannes rex successit, et Burgundiam adiit. Inde Avenionem, salutandi Innocentii sexti pontificis causa, per Delphinatum ivit. Sed Innocentio paulo post mortuo, Urbanum quintum ad pontificatum suffectum, Joannes ut summum legis Christianæ sacerdotem honoravit, et ibi in Saracenos expeditionem suscipere decrevit. Et a pontifice abiens in Angliam navigavit, ut pro pactis et conventionibus filios suos obsides aliosque regi Anglo astrictos in libertatem vindicaret. Et sexto idus apriles anni Christi millesimi trecentesimi sexagesimi quarti, Londini ab humanis decessit. Et sic ad Carolum quintum Delphinum, ejus filium, regnum devenit, Ludovicoque Andegaviæ, et Philippo tertio Joannis filio Burgundia obvenit.

Et quia Delphini patribus superviventes in reges assumpti fuere, ea quæ ab his Delphinis vivente patre, et ab eis regibus effectis in Delphinatu gesta sunt, tantum scribere proposui: plane reliqua ab his regio nomine facta attribuere Delphinorum gestis excessus et nefas esset.

Decimo calendas septembres anni Christi millesimi trecentesimi sexagesimi septimi, Carolus Parisiis sancivit ut oppida, et castra, et aliæ res sibi a Sabaudo comite in permutatione relictæ, privilegiis Delphinatibus concessis uterentur, loco eorum quæ ipse Sabaudo tradiderat. Et quinto idus maias anni Christi millesimi trecentesimi septuagesimi, Joanna, Roberti filia et hæres, regina Siciliæ et comes Provinciæ ac Falcaquerii, huic regi Delphino et suis liberis Delphinis remisit fidelitatem quæ sibi pro comitatu Vapincensi et territorio Montis Albani debebatur, si ipsa sine liberis decederet, quod evenit.

Dum Avenione Gregorius undecimus pontifex maximus, Lemovicensis, ageret, et ab ejus pontificatu Perusini, Viterbienses, Tudertini et alii plures descivissent, cum sex equitum Britonum millibus cardinalem Gebennensem legatum in Italiam misit. Et anno Christi millesimo trecentesimo septuagesimo quinto per Goncellinum Delphinatus oppidum iter fecerunt, et per Taurinos in Italiam descenderunt. Inde idibus januariis anni Christi millesimi trecentesimi septuagesimi sexti, pontificatus sui anno septimo, ipse Gregorius Avenionem liquit, et partim marino, partim pedestri itinere Romam ivit, post septuaginta annos quam pontificatus in Galliam translatus fuerat.

Delphinates sub Carolo sexto Delphino, postea rege.

In Galliam ad Carolum quintum regem nepotem suum Carolus quartus imperator venit (1); et dum Parisios accederet, ipse rex, Carolo filio Delphino eum comitante, obviam processit, et medius inter imperatorem et imperatoris filium ad palatium usque Parisiorum incessit. Et aliqui tradunt imperatorem, dum ibi ageret, octavo idus januarias anni incarnationis Christi

---

(1) *Charles IV, de la maison de Luxembourg.*

millesimi trecentesimi septuagesimi octavi, custodiam Pipeti et Canalium Viennæ a decano et canonicis Carolo sexto Delphino tradidisse. Cæteri hisce castris Delphinum fuisse donatum a Carolo quarto scribunt.

Et quia res eo deducta est ut hujus donationis mentio inciderit, errorem corrigam quorumdam pertinacium qui Delphinatum fuisse Imperii terram dicere aliquando non erubescunt: his forsan ducti argumentis, quod Allobroges sub Burgundiæ regno ad Henricum Conradi imperatoris filium Rodulphus transtulerit, et quod Humbertus, qui Delphinatum sub Francorum potestate reposuit, magis Germanis quam Franco regi obediret. Etiam aiunt, septimo idus januarias anni supra commemorati, hunc Carolum quartum, apud Parisios, dedisse Carolo Delphino ea quæ in Delphinatu et limitibus ejus ac diœcesi Valentino et Diensi habebat, et ibi vices suas commisisse, necnon in comitatu Burgundiæ aliisque regni Arelatensis territoriis, Sabaudiæ comitatu duntaxat excepto, quum aliis imperii arduis negotiis et provinciis per orbem terrarum late longeque diffusis detineretur. Hæc sunt argumenta quæ ad hanc rem isti inepti homines juris et historiæ ignari afferre possent (1). Sed certe, sicut omnino negare quod Allobrogibus et regno Burgundiæ in aliquo olim Augusti non præfuerint nimis esset nostræ genti favere, ita etiam inficiari, quod tunc Franci reges majus in his et plagis supremum in Augustos imperium non haberent, falsissimum et mendacissimum foret. Porro, ab mundi initio, sub Gallorum tandem Francorum regum principatu Allobroges fuere, et Rodulpho Burgundiæ et Allobrogum rege ipsi Franci dominabantur, ut libro sexto et septimo scripsimus.

(1) Bullam tamen memoratam non dedignati sunt Francorum reges suis deponere tabulariis. (*Dupuy, Traité des droits du roi, in-fol., p. 737.*)

Transferendo itaque ad Henricum Conradi filium Allobrogum et Burgundiæ regnum, Rodulphus rex dedit minorem principatum, non autem supremum dominium quod non habebat, quum plus juris quam haberet transferre non potuerit, et penes Francos reges hæc suprema Allobrogum et totius regni Burgundi sive Arelatensis potestas remansit. Et ideo habito, post multa secula ab Humberto, minori Delphinatus imperio, universa et tota hujus regionis dominatio ad Francos rediit, quam, antequam Bosonem in Burgundiæ sive Provinciæ regem crearent, habebant. Et si medio tempore Germani Augusti quicquam majoris imperii et dominii in regno Arelatensi occupaverint, et supra Humbertum Delphinum et ejus majores ac alios minores regni Arelatensis principes acceperint, istud cum mala fide evenit, quando Franci reges bello Anglico et aliis detinebantur; et non valenti agere non currit præscriptio.

Et nunc ipsis regibus Francis totam hujusce regionis auctoritatem possidentibus, commodum retentionis, teste Justiniano, competit, ut neque aliqua præscriptio noceat eisdem, qui antiqui Allobrogum et totius Burgundi sive Arelatensis regni fuerunt principes. Hac ratione in Sabaudia et superiore Burgundia, sive Franco Burgundiæ comitatu, quæ regiones erant Burgundi seu Arelatensis regni portio, Franci reges jure supremum imperium habent, quoniam, ut jam retulimus, Rodulphus, qui hæc Henrico Conradi imperatoris filio dederat, Francis regibus parebat; et ideo imperatores supremum illarum regionum dominium injuste occupant. Et vices, de quibus supra meminimus, Carolus sextus Delphinus non recepit, et admittendo, juri suo, cujus ignarus erat, non renuntiasset. Nam error, ut post Julianum Ulpianus scribit, consensum etiam in jurisdictione non habet, et supremum dominium regi patri suo competebat, ad cujus detrimentum facere id non potuisset.

Et anno Christi millesimo trecentesimo octogesimo, Carolus quintus rex obivit, et apud divum Dionysium sepultus est.

Hoc tempore, usus ballivorum judicum majorum etiam erat, sicut ante translationem Delphinatus in Francorum reges; nam tertio calendas augusti anni millesimi trecentesimi octogesimi octavi, Enguerrandus Eudinus, gubernator Delphinatus, scripsit ballivo judici majori Viennensi et Valentinensi et aliis, quod Petrum Rivallium, magnum patruum meum, frui per se et suos decima condemnationum Sancti Juerii et Yselarum permitterent.

Defuncto patre, Carolus sextus, Delphinus, Francorum regnum assumpsit, et Aurelianensem ducatum Ludovicus alter filius obtinuit, et Valentinam Philippi ultimi ducis Mediolani sororem desponsavit, et in ejus dotem Astam cum toto comitatu habuit. Et inde sub senatu Delphinali comitatus Astensis in causis appellationum fuit.

Per haec tempora, Florentini adversus Galiaceum Mediolanensium ducem (1) ab Carolo rege opem petierunt, seque Caroli potestati dedebant. Sed eis denegata est, propter amicitiam quam rex et dux habebant, nisi illis Mediolanensis dux injurias facere pergeret; et ad Jacobum Arminiaci comitem (2) Florentini confugerunt, collectoque exercitu comes Florentinis auxiliari constituit, et, superatis Delphinatus Alpibus cum viginti equitum millibus, secundum Platinam in Bonifacio nono, per Taurinos in Italiam descendit, Alexandriamque Mediolanensis ditionis civitatem, circa annum Christi millesimum trecentesimum nona-

---

(1) *Jean Galéas Visconti, père de Valentine de Milan, femme de Louis duc d'Orléans, en* 1389.
(2) *Jean III, comte d'Armagnac.*

gesimum primum, obsedit, ubi per insidias victus, acceptis octo vulneribus, clamans : In manus, Domine, commendo spiritum meum, teste Gaguino, ab humanis decessit. Frossardus ait quod inter præliandum, dum in alveo quodam sudans aquam biberet, ab hostibus captus est (1), et ex vulnere in prælio accepto statim, ut Platina tradit, expiravit.

Ex hac infelici pugna apud ipsam Alexandriam commissa, milites, qui sub Arminiaco comite militaverant, in patriam redibant, et transmissa Sabaudia ad Delphinatus usque angustias, duce Almerico Severaco (2), pervenere, et inopia ac fame laborantes ab incolis alimenta petierunt, et contractis copiis in illos ac in hostes, aliquot hujus regionis Delphinatus proceres arma paraverunt. Qua re audita, Almericus ad Delphinates nuntios misit, et ab eis per ipsos nuntios postulavit ut, sibi suisque distributis quantum decernerent moderatis alimentis, per eorum fines iter facere permitterent. Rejectis vero legatis, Delphinates ipsis militibus subvenire recusaverunt. Et ideo habita oratione apud commilitones, cum eis Almericus iter per Delphinatum sibi parare ferro proposuit, et Delphinensibus insidiari ipsosque incautos intercipere decrevit. Et quum Delphinates exercitum et copias moventes, nox ultra progredi non sineret, magnos ignes ipsi in castris fecerunt et, excubiis non bene constitutis, obdormiverunt. Et id per exploratores Almericus vigil deprehendens, ordinatis suis militibus, in aurora hostem invasit, et in eum stragem fecit, aliquotque e Delphinatibus nobiliores vivos, præsertim Auraicensem principem Valentinumque comitem et

---

(1) *Le tiers volume de Froissart, f. 192 de l'édition d'Anthoine Verard, 1518, in-4º.*

(2) *Amaury de Sévérac, qui fut depuis sénéchal de Quercy et maréchal de France.*

archiepiscopum Viennensem, cepit (1); et ne ex fuga Delphinates sese reciperent, et viarum fauces intercluderent, captivos liberaliter habuit, et alimenta dum transiret impetravit, et a principibus quantum arbitrarentur, a caeteris vero singulis argenti dimidiam librae partem, quam vulgus marcam appellat, pro eorum redemptione accepit.

Et anno Christi millesimo trecentesimo nonagesimo quarto, Petrus Rivallius coenobium Carmelitarum Viennae fundavit.

Anno millesimo trecentesimo nonagesimo nono Goffredus Mengre Boccicaut, Delphinatus gubernator (2), absque senatus cognitione, baronem Montis Mauri in carcerem Costae detrusit (3). Et ideo in ipsum Goffredum octingenti nobiles Delphinates se armaverunt, et Costam progressi sunt. Sed idem Goffredus, timens illorum furorem, in Franciam aufugit, a qua deinde non rediit, neque gubernator Delphinatus ulterius fuit.

Et Delphinatus administrationem Carolus sextus rex Ludovico filio primogenito dedit; et undevigesima aprilis die anni Christi millesimi quadringentesimi, possessionem Delphinatus Ludovicus adeptus est.

Et comitem Sabaudum Parisiis agentem Ludovicus Delphinus eo anno coegit sibi praestare fidelitatem quam, ex permutatione dudum facta cum Carolo quinto, debebat. Et quia delphinum vivum cum auriculis rubeis pro insigni

---

(1) « *Et y furent pris ledit comte de Valentinois, l'évesque de Valence, le prince d'Orange et plusieurs autres.* » (*Jean Juvénal des Ursins, Hist. de Charles VI*, 1653, *in-fol.*, p. 116. — Robertus Gaguinus, de Franc. reg. gestis; Carolus Sextus, lib. IX, reditus Arminiacorum ab Italia.)

(2) *Geoffroy Le Meingre, dit Boucicault, frère du célèbre maréchal Jean Le Meingre II du nom, dit Boucicault.*

(3) *Le baron de Montmaur, de la maison des Artaud de Montauban, l'un des quatre barons anciens de Dauphiné.*

comes Delphinus Arverniæ tunc ferebat, eum delphinum vivum relinquere et de more mortuum cum auriculis albis capere Ludovicus coegit (1).

Quarto inde anno Ludovicus Pictavius comitatum Valentinum et Diensem certis transtulit conditionibus in Carolum sextum et alios Francorum reges eorumque primogenitos, si sine masculina prole vita excederet, ita quod Delphinatui essent annexi illiusque conditionem sortirentur, et quod primo judex appellationum comitatuum inde Delphini curia ab comitatuum incolis appellaretur. Et tertio idus decembris anni sequentis, Carolus sextus rex Consilio et aliis Delphinatus magistratibus rescripto mandavit, quod etiam coadunatis Delphinatibus militibus, citra eorum privilegiorum derogationem, itinera, portus et transitus custodire facerent ne magna militum multitudo, quæ tam ex Pedemontio quam aliis regionibus transalpinis se congregabat ad veniendum in Franciæ regnum, transiret, ob damna quæ ipsi regno et Delphinatui per quem proficisci intendebant inferre possent; et quia aliqui extranei arcium Delphinalium custodiam habebant, quorum ope ipsi milites extranei transire possent, etiam scripsit idem rex quod ipsi magistratus providerent, et quod ab his non desisterent, quamvis in contrarium ad cujuscunque etiam sui sanguinis preces mandaret.

Et Carolus, dominus Sancti Valerii, habuit filios Carolum Catalaunensem et Joannem Valentinum et Diensem episcopos. Et decima octava martii anni millesimi quadringentesimi noni, testamento reliquit Philippo filio suo, e Si-

---

(1) *Les Dauphins de Viennois portaient d'or, au dauphin vif d'azur, cresté et oreillé de gueules ; les Dauphins d'Auvergne, d'or, au dauphin pasmé d'azur et oreillé d'argent, pour montrer que ce dauphin est mort et non pas vif. L'animal vif, en matière de blason, l'emporte sur le mort.*

mona Meria (1) suscepto, Arceum (2) et quædam alia, et Ludovicum hæredem universalem instituit. Joannes tandem Viennensem archiepiscopum obtinuit, et genuit (3) Philippum spurium, episcopum Vivariensem, et Guillermum dominum Soyam (4), Delphinatus marescallum, qui fuit sepultus in uno sacello templi divi Apollinaris Valentiæ.

Inde decima sexta decembris anni Christi millesimi quadringentesimi quindecimi, Ludovicus Delphinus expiravit, et in ejus locum Joannes Caroli sexti regis secundo genitus ad Delphinatum successit. Quarto postea anno comitatus Valentinus et Diensis, etiam Ludovici Pictavii legitima sobole carentis testamento, ad Carolum regem Delphinum pervenit. Et vigesima quarta julii anni millesimi quadringentesimi vigesimi sexti, Ludovicus Pictavius, dominus Sancti Valerii, ipsius Ludovici testatoris nepos, remisit Carolo regi omne jus sibi in comitatibus supra commemoratis ex majorum substitutionibus competens. Et in compensationem rex ei tradidit Caprilias pro quadringentis viginti novem florenis septem grossis tertia et quarta grossi parte, et alias jurisdictiones, usque ad septem millia florenorum annui reditus, ita quod florenus ad quindecim grossos æstimaretur.

Hic Ludovicus Pictavius ex Catharina Giaca (5) habuit

(1) *Simonne de Mery, femme de Charles de Poitiers, seigneur de St-Vallier.*

(2) Arceum, C. de Arciis, *Arcyes ou Arcis-sur-Aube.*

(3) Hic nomina, gradus, omnia permiscet Rivallius. — *V. André Du Chesne, Histoire généalogique des comtes de Valentinois, à la suite de l'Histoire généalogique des ducs de Bourgogne. Paris,* 1628, *in-4°.*

(4) *Guillaume de Poitiers, seigneur de Soyans; appelé dans l'histoire le Bastard de Langres, était fils naturel de G. de Poitiers, évêque de Langres, et il fut légitimé par le roi Charles V l'an* 1375.

(5) *Catherine de Giac, première femme de Louis de Poitiers, seigneur de St-Vallier.* — 2me, *Polixène, fille de Nicolas Ruffo, marquis de Cotron en Calabre, seigneur de Sérignan, dans le Comté-Venaissin.*

Carolum Jacobum ac Margaritam uxorem Nicolai Ruffi marchionis Cotroni in Sicilia, domini Sirigniani; ex secunda uxore Polixena, ejusdem marchionis filia, suscepit Antonium et Ludovicum episcopum Valentinum et Joannem, quem, vigesima quarta januarii anni millesimi quadringentesimi vigesimi septimi, instituit hæredem in Sancto Nazario, Flandenis, Pisansone et Capriliis, Viennensis diœcesis (1), et jure materno Sirignianum obtinuit. Carolum autem primogenitum Ludovicus hæredem universalem fecit, et inter alios filios et filias hæreditatem distribuit.

Et decimo tertio mense quindecimoque sui principatus die, Joannes Delphinus ab humanis decessit, et Delphini nomen Carolus septimus, tertius regis filius, accepit.

Et Auripetram, Triscluvium, Montem Brisonem, Curnerium, Noveysanum, Montem Regalem et Albam Ripam (2), sua in Delphinatu oppidula, Joannes Cabillo princeps Arausicensis de supremo esse Delphini imperio agnovit, et hæredem universalem Ludovicum filium reliquit, Joannem vero alterum filium, incertis rebus, hæredem instituit.

Et anno Christi millesimo quadringentesimo decimo nono, complures milites militia missi Provinciam spoliabant, et centum florenorum millibus eorum rapinas Provinciales redemerunt. Tandem hi milites vagi Delphinatum idem facturi petebant. Sed, sub Henrico Cassenatico Delphinate ipsius regionis gubernatore (3), Delphinensis equitatus et peditatus hisce prædonibus occurrerunt, et habito in planitie Petrælatæ conflictu, magnam hostium stra-

---

(1) *St-Nazaire, Flandènes, Pisançon, du diocèse de Valence et de Die; Chevrières, du diocèse de Vienne.*

(2) *Orpierre, Trescléoux, Montbrison, Curnier, Novézan, Montréal, Auberive.*

(3) *Henry, baron de Sassenage, gouverneur du Dauphiné de* 1416 *à* 1420.

gem fecerunt, et superstites fugaverunt. Et occisi ad sacellum inter Petramlatam et Gardam sepulturæ traditi sunt.

Delphinates sub Carolo septimo rege et Delphino.

Anno Christi millesimo quadringentesimo vigesimo secundo, Carolus sextus Francorum rex expiravit. Et post eum ipse Carolus septimus regnum cum Delphinatu habuit. Sed Anglis Burgundionibusque ubique in Gallia grassantibus tantus erat tunc bellorum tumultus, quod ipsi Carolo septimo Bituriges duntaxat cum Delphinatibus et paucis aliis parebant, et propterea ab hostibus rex Bituricensis appellabatur. Nam, ipso anno quo Carolus sextus mortuus est, Henricus Angliæ rex mortem obivit, superstite Henrico filio ex Catharina Caroli sexti filia, qui regium Franciæ nomen usurpabat, et Franciæ Angliæque se regem appellabat publicis privatisque litteris et forensi sigillo, in monetaque quam novam cudit, cum ex vetustissima Edoardi tertii querela, tum ex suæ matris legibus quas paulo ante retulimus.

Et per duces suos paulo post Carolus Vernolium ab Anglis vindicavit; et inde septimo idus, sive quartodecimo calendas augusti anni Christi millesimi quadringentesimi vigesimi quarti, in proximo agro, Franci Vernolium egressi, aciem contra Anglos non distantes instruxerunt, et Anglos invasere. Et primo impetu stragem supra hostem fecerunt, ita ut in principio victoriam penes Francos esse hostis facile existimaret. Tandem, Bethforto Anglo suos revocante et ad pugnam exhortante, Francos Angli vicerunt et superaverunt. Et in eo prælio, ultra duces et principes occisos et captos, quinque Francorum millia ceciderunt (1).

Et inter alios, trecenti patricii et nobiles viri Delphinates, qui in equitatu Carolo regi Delphino suppetias ferebant, in eo conflictu interierunt. Ex quo, ad perpetuam bellicæ eorum virtutis memoriam et animarum salutem, tres Delphinatus ordines, quos vulgus Tres Status (2) vocat, in cœnobio Prædicatorum Gratianopolis fundaverunt unam missam, quæ in magno altari ad honorem divæ Mariæ Virginis et pro ipsis defunctis quotidie celebratur; et in proximo pariete depingi fecerunt imaginem ipsius Virginis Mariæ, quæ sua veste cooperit et tegit ipsos patricios Delphinates, armatos sicut in prælio erant, cum insignibus, quando occubuerunt. Idem in cœnobio divi Antonii sub Vienna factum est. Christus eorum misereatur qui pro patria et republica suum principem defendendo mortui sunt.

In hoc bello, cum aliis Delphinatibus, Bertrandus Salutianus sine liberis obiit. Quare in Delphini potestatem Anto, Sanctus Romanus, Columberium quoque et alia ejusdem Bertrandi bona in Delphinatu sita, e more et jure, redacta fuerunt. Et ea castra sibi reddi Ludovicus marchio Salutiarum, Bertrandi hæres, edicto divi Adriani apud senatum Delphinalem petiit; et Procurator Delphinalis Annaque filia domini Cameræ vicecomitis Mauriannæ Bertrandi uxor, contradixerunt, ita quod lis coram ipso senatu agitabatur (3).

---

(1) *Bataille de Verneuil, gagnée en* 1424 *par Jean duc de Betfort, oncle de Henri VI, roi d'Angleterre, soi-disant roi de France.*

(2) *Les trois Estats de Dauphiné.*

(3) *Anne, fille du seigneur de la Chambre, vicomte de Maurienne, veuve de Bertrand de Saluces.— Louis, marquis de Saluces, neveu et héritier de Bertrand.*

Et quum Ludovicus Cabillo, Auraicensis princeps (1), Franciam titubare et ab Anglis et aliis hostibus occupatam esse videret, considerans etiam quod apud Vernolium Delphinates strenui et bellicosi mortem obiverant, et quod ipse princeps ab Humberti Delphini filia originem traxerat, in Delphinatum conspiravit et ipsum occupare proposuit. Procurante Humberto Marescallo (2), Anna, Bertrandi Salutiani uxor, Ludovico principi Arausicensi remisit et vendidit quidquid in ejusdem Bertrandi castris habebat, et pro opera sua Humberto mille aureos Arausicus princeps promisit. Sub colore hujusmodi venditionis, in aprili anni Christi millesimi quadringentesimi duodetrigesimi, Ludovicus princeps Arausicensis aliquot e suis aulicis misit ad ipsam Annam quæ eis castrum Antonis reliquit, et inde abivit. Non longe post Ludovicus ducentos misit equites, qui per Antonis portum Rhodanum transiverunt, et ipsum Antonis castrum, Columberium et Sanctum Romanum telis et militibus muniverunt. Hi milites ad custodiam constituti, erant Angli, Burgundi ac Sabaudi, qui incursiones facere Delphinatesque infestare, victus et animalia capere omniaque rapere incœperunt. Inter alios, Joannem dominum Miribelli, Joannem Valencinum, Antonium Chapponaium, Luzonem Vareium, Falconem Aquam et Petrum Pascalem tabellionem ceperunt (3), et ab eis pecunias pro liberatione habenda exegerunt. Et ne Delphinatum Ludovicus occuparet, castra aliquot muniverunt militibus senatus Delphinalis et Humbertus Grolea

---

(1) *Louis de Châlon, prince d'O-rauge.* Auraica, Auraicensis, pro Arausica, Arausicensis, interdum scribit auctor, ut vidimus supra.

(2) *Humbert Mareschal, seigneur de Mcrimieux.*

(3) *Jean, seigneur de Miribel; Jean Valencin; Antoine de Chaponay; Luzon de Varey; Falcon de Laigue, et Pierre Pascal, notaire.*

Delphinensis, miles, consiliarius et cambellanus regius, marescallus Delphinatus, ballivus Matisconensis ac senescallus Lugdunensis (1), et in his et aliis centum florenorum aureorum millia exposuerunt. Inde, de hisce Bertrandi castris, Amedeum ducem Sabaudum Ludovicus et marchio Salutiarum in arbitrum acceperunt. Sed dux sententiam non tulit, verum competitores a suo judicio dimisit, et aliqua judicialia apud Delphinalem senatumper suos procuratores fecerunt. Tandem suum procuratorem Ludovicus Cabillo revocavit, et divisum esse Delphinalem populum compluribus Delphinatus antistibus et viris nobilibus, consulibus, urbibusque insignibus falso scripsit, ut eos in suam ditionem et auxilium traheret. Et Antonis portum unde in Delphinatum ingressus erat, ac castra supra commemorata, et Falaverium (2) necnon Albam Ripam et Auripetram quæ suæ erant et Arausicam communivit, Antoniumque et Jacobum Ferrerios fratres arcium custodes constituit (3), et vi castrum Aziaci et clam arcem Pusigniaci milites Ludovici principis ceperunt (4).

Per hæc tempora Delphinatum Rodulphus Gaucourtus gubernabat (5), et ad ducem Sabaudum is Rodulphus Bernardum rogantem misit, ne gentem suam vim Delphinatui inferre pateretur. Primo Tononi, postea Gebennis dux Sabaudus æquum responsum Bernardo dedit; sed ejus verba nullum effectum habebant; et apud ipsum ducem Ludovicus Cabillo legatum habebat: et in Sanctum Eugendum

---

(1) *Humbert de Grolée, gouverneur et seneschal de Lyon, mareschal de Dauphiné et bailly de Mascon.*

(2) *Falavier.*

(3) Ferrerios, *Antoine et Jacques de Ferrières.*

(4) *Azieu; Pusignan.*

(5) *Raoul de Gaucourt, gouverneur du Dauphiné de* 1428 *à* 1441.

Jurassium dux Sabaudus et Ludovicus convenerunt, et ibi occultum colloquium habuere. Ea propter, accepto responso ab Carolo septimo Francorum rege, quod aliis præliis occupatus Delphinatibus succurrere non poterat, gubernator conventum totius Delphinatus Costæ indixit, et ex conventus deliberatione ad ipsius patriæ defensionem Delphinates sub Humberto Grolea Marescallo armari jussit; et Annoniacum clam ipse gubernator ivit, et Rodericum Vallendranum Hispanum Valletumque et Petrum Thurron Ruttarum duces cum suis militibus in auxilium evocavit(1). Et die vigesima sexta maii anni Christi millesimi quadringentesimi trigesimi, statim post mediam noctem per Pontem Viennam ingressi sunt. Inde Albam Ripam petierunt, et ad solis ortum applicuerunt; et cum Delphinensium exercitu et copiis gubernator et Grolea Marescallus illuc sese contulerunt, et oppidum duosque castri ambitus ante meridiem ceperunt. In turrim autem centum castri custodes sese receperunt. Paulo post Delphinates eos invaserunt et multos vulneraverunt, turrisque partem fregerunt; et unum e Roderici militibus male armatum hostes occiderunt. Inde, ad solis usque ortum diei sequentis, inducias a nostris obtinuerunt. Postera die Delphinates adhuc turrim et custodes aggressi sunt, et eam turrim artibus bellicis diruere tentabant. Sed se custodes gubernatori dediderunt, ita quod in eos vitæ necisque potestatem, quod militares viri ad misericordiam appellant, gubernator haberet. Gubernator eis pepercit, et quibusdam Sabaudis mortis reis intuitu eorum ducis vitam servavit et ad

_____

(1) *Rodrigue de Villandras, mieux de Villandrado, natif de Valladolid en Espagne, de chef de routiers devint chambellan du roi Charles VII, et capitaine de gens d'armes et de trait pour son service, comte de Ribadeo en Castille, seigneur d'Ussel en France, et s'allia à la famille royale en épousant Marguerite, fille de Jean I, duc de Bourbon.*

ducem remisit. Alii Burgundiam adivere. Et ne turris hæc deinceps Delphinatui damnum inferret, eam Gaucourtus in majori parte solo æquavit. Ad rebellionis vero signum, et quod tam oppidani quam illorum dominus infideles fuerant, quasdam turris reliquias gubernator remanere voluit, et triginta Delphinates, qui ab hostibus in turri detinebantur, liberati fuerunt.

Mox ad Sabaudiæ ducem, tunc Chamberiaci agentem, dominus Paludis et Ludovicus Porterius jurisconsultus legati pro Delphinensibus iverunt (1). Et mercurii septima ac jovis octava junii die anni Christi millesimi quadringentesimi trigesimi, Delphinates Pusigniacum Aziacumque vindicaverunt, et illorum custodes ceperunt. Et ad alia Delphini castra miserunt, et captivi Delphinates liberati fuerunt. Et hac die octava legati Chamberiacum applicuere; et ad gubernatorem dominus Varambonis unus ex Ludovici exercitus ducibus venit, et, licet alia causa se venisse dixisset, magis tamen explorandi exercitum nostrum gratia quam alia ratione venerat. Nam, et dum a gubernatore rederet, ei dixit quod sua et suorum militum calcaria bene ad paulo post fugiendum acueret. Et ex tempore gubernator respondit: Jam calcaria acuimus, et id senties quando te et Ludovicum ejusque aciem fugabimus.

Die autem veneris sequenti Delphinates Columberium in suam potestatem redegerunt, licet in eo complures hostes essent; et adveniente magna pluvia, Delphinates usque in diem sequentem quieverunt. Decima autem junii, cessante pluvia, Delphinates castrum Columberii expugnaverunt. Et hac die ac præcedenti cum magno exercitu princeps Arausicensis e Burgundia veniens per portum Antonis Rhodanum trajecit, et Delphinatum ingressus est, tum ut

(1.) *Le seigneur de la Palu et Louis Portier.*

suis subveniret, tum ut Delphinatum occuparet. Et se Delphinum Viennensem vocari in castro Antonis jussit, et magistratus dedit, et aliquot Delphinatus castra et oppida petentibus donavit. Et dum castrum Columberii Delphinates expugnarent, Ludovici principis milites in magno numero ad auxilium suorum ipsum castrum tenentium venerunt, et in eos Delphinates arma converterunt, Antonemque versus ipsi hostes fugerunt. Et mox ipsum Columberii castrum vi Delphinates ceperunt, et custodes captos in proximâ castra detinendos miserunt.

Eadem die decima junii, legati Delphinensium qui Sabaudiæ ducem adiverant ipsum rogaverunt ne pateretur quod Sabaudi partes Ludovici hostis sequerentur et damna Delphinatui inferrent. Et per Joannem Bellifortis jureconsultum, Sabaudiæ cancellarium (1), dux respondit Sabaudos nobiles libertatem habere exeundi patria et arma cum quibus volunt sumendi, et eam libertatem sibi fas non esset eripere, et quod ab Arausicensi principe aurum argentumque receperant ut sub eo militarent, Delphinatibus imputaretur, si prius Sabaudos ad auxilium non evocaverint. Et duci Ludovicus Porterius, alter legatus, respondit Delphinates privilegium etiam habere ulciscendi injurias, si quas a Sabaudis acciperent, et allatas vindicandi; et quod hoc medio pax, quæ longo tempore inter hasce duas gentes fuerat, interrumperetur et discordia oriretur. His absolutis, dux ab loco ubi sedebat abivit, et Delphinatum legati repetierunt. Ex his suspicio fuit ducem cum principe convenisse, quod, parta adversus Delphinates victoria, Delphinatus partem obtineret.

Ipsa etiam die decima quod sabbatum erat, nuntium Delphinatem Groleæque Marescalli tubicinem, a Delphina-

---

(1) *Jean de Beaufort*, *chancelier du duc de Savoie.*

tibus Antonem missos, hostes contra sacras leges et jus gentium detinuerunt. Quare, dominica sequenti undecima junii, qua die a Christianis festum Trinitatis et divi Barnabæ celebrabatur, audita, ut dicunt, missa, et leni cibo sumpto, ad mandatum Rodulphi gubernatoris, Delphinates, equis bene instructis et acceptis armis, Columberio Antonem versus, in hostes progressi sunt. Et Roderico primam aciem gubernator tradidit, ut ei extraneo deferretur, et etiam quia a suis timebat derelinqui si posteriores essent et infeliciter primi milites pugnarent. Et huic rei Grolea Marescallus cui prima acies debebatur acquievit, et ad gubernatoris præceptum alam dextram dominus Malibecci accepit : et secum Valetam habuit (1). Alæ autem sinistræ Georgius Boyx Mediolanensis, ac Burno Caquaranus dominus Sancti Georgii, præfuerunt (2). In magna vero acie Rodulphus gubernator Humbertusque Grolea Marescallus cum cæteris Delphinatibus patriciis fuerunt.

In meridie tubicines ad bellum milites convocavere, et sellas equis imponere aliaque id genus bellica et militaria agere docuerunt. Et Ludovicus princeps Antonem cum suo exercitu ad pugnam exivit, et in magnam planitiem inter Antonem et Columberium venit. Et in ejus exercitu, supra sagittarios et peditatum, erant octingenti patricii equites, mille et septingenti pugnatores electi et ultra, et quinque Sabaudi militum duces, dominus Varambonis, Humbertus Marescallus, Amedeus Viriacus, dominus Salæ Novæ et Clavinus (3), et cum suis militibus magnum exercitus hostis partem faciebant. Et ex omnibus strenuis Sa-

---

(1) *Le seigneur de Maubec, et Valette, capitaine de routiers.*

(2) *Georges Boys et Burnon Caquéran, autres capitaines de routiers.*

(3) *François de la Palu, seigneur de Varambon ; Humbert Mareschal, seigneur de Meximieux ; Amédée de Viry ; le seigneur de Sallenove, et Clavin ou Jamin du Clos.*

baudis belli ducibus unus duntaxat, nomine Gingin (1), aberat, et in Pedemontio cum ducis Sabaudiæ filio sese continebat. Et equites in exercitu Ludovici utebantur malleis ferreis et plumbeis quos e Burgundia septem muli attulerant, sicut Heralius Ferreriæ et alii captivi retulerunt.

Dum Antonem versus Delphinates iter facerent, peracto uno milliari a Columberio, præcursores missi redierunt, et adventum hostium nuntiaverunt. Et Rodulphus Delphinates monuit ne prædæ aut hostibus capiendis studerent, sed ad pugnam intenderent; et genibus flexis, galea e capite amota, Humbertus Grolea, marescallus, Deum oravit ut exercitui nostro succurreret. Et adeo parvas copias Delphinates habebant, quod hostibus despectui erant. Et quum in ipsos instructi Delphinates progrederentur, facere in campo milites sicut cœperat Ludovicus princeps Arausicensis non desinebat; ad ultimum, inter Columberium et Antonem, magis tamen prope Columberium, tubis tympanisque et fistulis utriusque exercitus animos accendentibus, concursus et atrox conflictus factus est. Post longam pugnam inter primam et secundam horam post meridiem, hostes, aliis interfectis, aliis ab equis prostratis, aliis fugientibus et, equis derelictis, in silvis et segetibus latitantibus, a Delphinatibus victi fuerunt. Ad pugnæ principium, comes Friburgi ac dominus Montis Acuti Amedeusque Viriacus se in fugam verterunt. Ast filius domini Sancti Georgii, dominus Varambonis (2), Humbertus Marescallus, dominus Colhi, domi-

---

(1) *Ancienne maison qui existe encore en Suisse sous le nom de Gingins-Lassaraz.*

(2) « *Le seigneur de Varambon, qui eut le nez abattu d'une taillade.* » (*La Cronique Martiniane* (ou *Martinienne*); in-fol. Paris, *Vérard*, S. D., feuillet 277.)

nus Salænovæ, Clavinus, Joannes Ludovici major Anglorum et Burgundorum dux, Joannes Chissiacus Burgundus, Geraldus de Bellovidere, Joannes de Lonuvi, Thibaudus de Rubeo Monte, Joannes de Ruff, Joannes de Chaneyreu (1) qui vexillum principis deferebat, Guiotus Cicon, Humbertus Luiriacus dominus Colhi, Guillermus Dandelus, Tholojon frater Marescalli, Burgundi milites (2), Claudius filius domini *de Coches et de la Frete* (3), vocatus *Fromont*, qui deferebat stendardum, vocatus *Saubertier* (4), cum aliis quingentis capti fuerunt, et se postea pluribus nummis redemerunt. Dominus autem Mirabelli, Jacobus Rolencius, Antonius Vergeius ballivus Trojanus, Claudius et Guido Basseii milites, Ludovicus de Capella (5), tam in conflictu quam fuga ferro interiere cum aliis ad numerum quadringentorum et sexaginta, ducentique et ultra fugientes, dum portum Antonis trans-

(1) *Jean de Montagu*, seigneur de *Couches*, d'une branche cadette de la maison de Bourgogne, qui ob eam fugam de Aurei Velleris Ordine dejectus est, ut tradit *Jean Lefevre*, seigneur de *St-Remy*, ch. CLXX. (*Chroniques de Monstrelet*, t. *VIII*. Paris, *Verdières*, 1826, in-8°.); — *Amé* ou *Amédée de Viry*, de Savoie; — le fils du seigneur de *St-Georges*, de la maison de *Vienne* en Bourgogne; — *Jean de Chissey*; — *Gérard de Beauvoir*; — *Jean de Longvy*; — *Thibaud de Rougemont*; — *Jean de Ruppes*.

(2) *Guyot de Cicons*; — *Humbert de Luirieux*, seigneur de la *Cueille* ou de la *Queille*, en Bugey; — *Guillaume d'Andelot*; — *Toulongeon*, frère d'*Antoine de Toulongeon*, maréchal de Bourgogne.

(3) *Claude de Montagu*, fils de *Jean de Montagu*, seigneur de *Couches et de la Ferté-Chauderon*, qui pro redemptione solvit domino de Gallicuria X millia scutorum auri veterum, ut apparet ex antiquo registro apud *Du Chesne*, *Hist. généal. des ducs de Bourgogne*. Paris, 1628, in-4°, p. 166.

(4) *Jean de Rye*, seigneur de *Saubertier*, gouverneur de l'étendard de *Mons. le prince d'Orange*. (D. *Plancher*, *Histoire de Bourgogne*, t. III, p. 596.)

(5) *Pierre de Beauffremont*, seigneur de *Mirebeau*; — probablement *Jacques*, seigneur de *Rollans* ou *Roullans*, de la maison de *Vienne*; — *Antoine de Vergy*, bailli de *Troyes*; — *Claude et Guy du Bessey*; — *Louis de la Chapelle*.

ire conarentur, se in Rhodano submerserunt. Et magnus Alemannorum numerus cum comite eorum ductore occisus est, et in silvis ac segetibus latitantes a peditibus et agricolis reperti in magno numero spoliati et interfecti fuerunt. Et inter alios Ludovicus Burgundus etiam in hoc prælio occubuit, et in æde Augustinorum Crimiaci inhumatus fuit.

Et Ludovicus princeps e prælio fugit suoque equo sequentibus Delphinatibus juxta Antonis portum Rhodanum armatus transivit, et trajecto Rhodano, secundum aliquos, equum suum in ore ei de munere accepto gratias agens osculatus est. Alii tradunt Ludovicum ipsum in facie et aliis corporis partibus vulneratum, armis et equo sanguine rutilantibus, sese in Antonis castrum recepisse et ad mediam noctem inde per portum Antonis cum paucis Messimiacum fugisse.

E nostris, præter unum Roderici militem, nullus in hoc conflictu interiit. Et martis decima tertia junii, Rodulphus gubernator aliquot patricios milites Antonem misit qui castrum hostibus vacuum intrarunt, et virum bellicosum fidelemque et prudentem Gilletum Richardum dominum Sancti Præjecti (1) custodem castri usque ad marchionis Salutiarum adventum gubernator constituit; et in hoc castro tanta victus copia erat tormentorumque et aliorum armorum abundantia, quod biennio id castrum sine alio victu milites triginta custodire potuissent. Eadem die martis mille et ducenti hostium equi et plures cum armis et sarcinis Crimiaci a nostris venditi fuere.

Et principi Arausicensi ob fugam ab hujusmodi bello et ignominiam dux Burgundus, Francorum hostis, ordinem suum abstulit, et delationem vexillorum prohibuit, donec

---

(1) *Gilles Richard*, seigneur de St-Priest.

perdita recuperasset; et ut iterum in Delphinatum rediret a Burgundo impellebatur, sed princeps hoc facere noluit, et *non plus*, peculiare et gallicum verbum, accepit, denotans quod non iterum similia aggrederetur nec moliretur (1).

Et undecima junii milites castrum Falaverii pro hoste tenentes, audita suorum clade, in crepusculo cum Joanne Grandi eorum duce, deserto castro, fugerant. Et ex eis plures interfecti, alii capti fuerunt; multi matronis nobilibus et aliis feminis, cæteri infimis famulis sui custodiam committebant. Et in ipso Falaverii castro Petrus Bargius remansit, et festo Corporis Christi, scilicet quindecima junii, castrum gubernatori reddidit. His modis hostes ab Delphinatu pulsi fuerunt : et magnum principis Arausicensis vexillum Rodericus in suam patriam misit. Alterum partim rubeum et partim nigrum, cum sole ab excelsiore vexilli loco deorsum radios mittentes in ædem divi Andreæ Gratianopolitani delatum est. Et ædem Beatæ Mariæ Gratianopolis nostri Delphinates vexillo domini Salænovæ partim rubeo, partim albo donaverunt, et in diversa loca alia hostium vexilla transtulerunt.

Inde, ob Ludovici perfidiam, Delphino adjudicatæ fuerunt Auripetra, Triscluvium, Mons Briso, Curnerium, Anseduna, Mons Regalis, Noveysanum, quæ in Delphinatu sub majori Delphini imperio princeps tenebat. Tandem pridie calendas julias Arausionem sive Auraicam Delphinates

---

(1) Je me voulu enquerir pourquoy ledict prince portoit cette devise et despuis quand l'avoit prise; il me fut dict qu'il l'avoit prise despuis ladite bataille et parce que Monseigneur de Bourgogne luy dict qu'il faloit qu'il retourna à Anthon pour recouvrer ce qu'il avoit perdu, mais il luy respondit non plus et despuis a porté ce dict mot, que j'ay vu sur le portail de Lyon-le-Saulnier où est la horloge. (*Registre Dalphinal de Muthieu Thomassin, composé par les ordres du Dauphin Louis.*)

obsederunt, et cum magna militum caterva obsidioni interfuit marchio Salutiarum, et tertia julii Arausionem, Corthesonem, Gigondasium cæteraque principatus Arausicensis castra, cives et oppidani Rodulpho gubernatori tradiderunt et fidelitatis juramentum Delphino præstiterunt. Et Jacobo Albepinui et cuidam Rumilhiaco cognomine pro hoste in eo principatu custodum ducibus vita servata est, qui in Burgundiam abierunt, et in Arausicensi principatu, loco sui, gubernator Guillermum Pictavium nothum constituit, et Claudium Pengionem jureconsultum Ebredunensem judicem fecit, Jacobumque Chastellum procuratorem Delphini in principatu Arausicensi creavit.

Ex prælio Antonis anno millesimo quadringentesimo trigesimo primo duellum processit inter Ludovicum Maulpreum, Burgundum patricium, provocantem, et Petrum Pellerinum (1), patricium Delphinatem, provocatum et sese defendentem. Et decima julii ejusdem anni coram Rodulpho Gaucurto Delphinatus gubernatore, ad id electo, ipsi ambo Viennæ super pignore duelli comparuerunt. Et huic rei interfuere octingenti milites patricii Delphinates et regnicolæ, præter opinionem Anglorum et Burgundorum, qui, post tam magnam Francorum et Delphinatium cladem, non existimabant superstites esse tot præclaros et bellicosos Delphinates. Et hujusmodi pugna exitum non habuit.

Inter tot calamitates, Joanna puella annos viginti nata ad Carolum septimum regem venit, ut ipsum, sicut aiebat, Dei decreto in regnum restitueret : et ejus opera Anglia Francia pene exacti fuere. Deinde, Anglis Burgundionibusque Compendium obsidentibus, Joanna ipsum oppidum

---

(1) Ludovicus Maulpreus et Petrus Pellerinus, *Louis de Maulpré et Pierre Pellerin, selon le Registre Dalphinal de Thomassin.*

ingressa est, ut obsessis subsidium ferret. Et facta per eam in hostes eruptione cum Francis, dum non prospere pugnarent, et ipsa cum aliis oppidum repeteret, in pressura militum capta fuit a Joanne Lucemburgo, qui eam Anglis vendidit. Franci nominis odio et quod virili veste usa fuisset, in maio anni Christi millesimi quadringentesimi trigesimi primi, ab eisdem Anglis Rothomagi combusta est. Veste uti virili mulieri non licebat, secundum Vetus Testamentum, ut Deuteronomi vigesimo secundo capitulo legitur. Judaismum ergo Angli sequebantur, et Veteris Testamenti poenam excedebant, quia ex eo mulier utens veste virili comburenda non erat.

Sub hoc rege Carolo Petrus Galla (1), Delphinas, contra Anglos praeclara fecit. Dono hujusce regis, Joannes avus meus ballivatum Viennensem et Valentinum gessit.

Delphinates sub Ludovico undecimo Delphino, postea rege.

Anno Christi quadringentesimo trigesimo quarto supra millesimum, Carolus septimus Lotharingo duci (2) suppetias tulit adversus Metenses et quosdam Lotharingiae incolas qui ei non parebant, et cum Ludovico Delphino filio suo et multis copiis Carolus Metenses obsedit.

---

(1) *Pierre do Galles, d'une ancienne maison de Voiron qui, après avoir produit plusieurs personnages distingués, s'est éteinte au 17ᵉ siècle.* Est autem haud procul a Gratianopoli domus inclyta et vetus Gallensium nomine insignis, e qua praecipue tres fratres, Scipiadum instar, bellicosi orti sunt. (St. Claverii Floridorum liber singularis. Parisiis, 1621, in-8°, p. 195.)

(2) *René d'Anjou, roi de Sicile, duc de Lorraine.*

Et eo tempore, secundum Gaguinum, de Helvetiis ab imperio desciscentibus Federicus imperator Germanicus apud Carolum conquestus est, et eum per Burgalemonum equitem germanum oravit ut suorum militum partem sibi tribueret: et ad ipsum Imperatorem Carolus Delphinum cum copiis Basileam misit, et inter eundum magnum Helvetiorum exercitum Delphinus non longe a Basilea invenit. Tunc enim quoddam castellum prope Basileam, teste Ænea Sylvio, obsidebant, et in quibusdam hortis eos Delphinus ad unum occidit. Burgalemonum autem et quosdam alios eo conflictu amisit; inde oppidum quem Sanctum Hippolytum vocant oppugnare conatus est. Et licet eo non esset potitus, sibi nihilominus oppidani obtemperabant; et quia omnia in agris reperta Delphini milites pro præda accipiebant, ex diversis locis in se Helvetios excitaverunt. De hoc conflictu et aliis apud Basileam Delphini gestis impudenda mendacia Jacobus Vinfelingius ac Æneas Sylvius, epistola octogesima septima, contra ipsum Delphinum et suos milites magis odio Franci nominis quam ex veritate scripserunt (1).

Et per id tempus sacerdotum conventus Basileæ habebatur, et eum Basilea Ferrariam, inde Florentiam Eugenius transferre laboravit, dum suspicaretur quod pontificatum maximum patres qui concilio aderant ei adimere studebant: nihilominus, abrogato Eugenio, Amedeum ducem Sabaudum, qui solitariam vitam apud Ripaliam (2) prope lacum Lemanum agebat, ipsa synodus Basiliensis in pontificem maximum assumpsit. Sed res exitum quem in

(1) *Jacques Wimpheling, historien alsacien;* — *Æneas Sylvius Piccolomini, pape sous le nom de Pie II.*

(2) *Ripaille, château et couvent sur les bords du lac Léman, célèbre par la retraite d'Amédée VIII, duc de Savoie, quelque temps pape sous le nom de Félix V.*

ipso Amedeo scribemus habuit. Et Platinæ testimonio, Delphinum cum magno equitatu in Basilienses Eugenius concitavit, ipsiusque Delphini impetu ille sacerdotum conventus, ut ait, dissolutus est. Et tunc Helvetii qui in Basiliensium subsidium venerant a Delphino, ut Jacobus autumat, occisi fuerunt. Et Æneas Sylvius, postea Pius secundus pontifex maximus, tradit, post victos Helvetios, e consilio Basiliensi duos cardinales pluresque alios et cum his aliquot cives Basilienses Delphinum adivisse, eum deprecantes ne concilio vel civitati noceret, quum suæ intentionis ignari essent, et de causa sui adventus varia opinio foret; et cum his nuntios suos Delphinus Basileam misit, qui diversos concordiæ tractatus habuerunt.

Et cognita regionis asperitate, et quia ibi nihil negotii supererat, ad patrem qui Nancii Lotharingiæ erat, Delphinus paulo post rediit. Et in Basileo sacerdotum concilio utilia Christianis sancita fuere, ejusque decretum, indicto apud Bituriges Gallico conventu, Carolus in Francia et Delphinatu nominatim recepit, quoad electiones, reservationes, collationes, causas, inanes appellationes, triennales possessores, numerum et qualitatem cardinalium, annates, sacerdotiorum valorem, divinum officium, horas recitandas, spectacula in templo prohibenda excommunicatione interdicta ac sublationem Clementinæ litteris, et alia quædam; et Pragmatica Sanctio apud Gallos id Basiliense decretum vulgariter hodie appellatur. Et quum Franci hoc decretum receperint, apparet Delphinum conventus dissolvendi gratia Basileam profectum non fuisse, et quod nullam nocendi intentionem habuerit. Porro Gallica natio religioni semper dedita fuit, et Christianitatem omnino defendit. Sed hic error invaluit ab historicis qui frequenter in dubio suæ genti faveant, quod multorum hominum eruditorum et eloquentissimorum judicio historiam deprimit.

Temporibus hujus Ludovici Delphini claruit Guido Papa jureconsultus, Delphinas senator, qui in volumen Senatus Delphinalis decreta redegit, et in statutum *Si Quis* commentarios reliquit, singulariaque necnon responsorum librum quæ vulgus Consilia vocat edidit, satis in disciplina civili litteratus fuit, subtilitatis parum habuit, neque in decidendis arduis juris quæstionibus urgentes rationes afferebat; et aliqua perperam scripsit in his quæ a senatu non fuerunt decreta, licet ad eum tanquam ad Ulpianum juris asylum nostrates jureconsulti confugiant (1).

Anno Christi quadringentesimo trigesimo sexto supra millesimum, Carolus septimus, superatis Anglis, comitatum Pictaviensem regno suo univit et adjunxit. Et ex Anna Montis Lauri Carolus e Pictavia dominos Sancti Valerii Aymarum et Guillermum creavit, et undecima junii anni Christi millesimi quadringentesimi quadragesimi secundi hæreditatem inter filios testamento distribuit.

Sub hoc Carolo septimo et Ludovico Delphino ex agricolis et aliis ignobilibus viris in Delphinatu sicut in Francia sagittarii ad belli necessitatem delecti in hunc modum fuerunt, quod omnium vectigalium et subsidii contributione liberi essent. Et propterea vulgo liberi sagittarii (2) dicebantur, et ex ædibus sexaginta ignobilibus unus arma assumebat, et ab his qui domi remanebant aureo tantum

---

(1) *Guy Pape, seigneur de St-Auban, cujus vitam scripsit Chorerius initio libri : La Jurisprudence du célèbre conseiller et jurisconsulte Guy Pape. — Deuxième édition, Grenoble, 1769, in-4°.*

(2) *Les Francs-Archers, dits aussi Francs-Taupins, furent institués par ordonnance de Charles VII, de l'an 1448. Le Père Daniel, dans son Histoire de la Milice Françoise, tome I, page 239, rapporte un Mémoire sur l'organisation et l'armement des Francs-Archiers, présenté à Louis XI par l'un des quatre capitaines généraux nommés pour les conduire, Aymar de Poisieu dict Capdorat, conseiller, maistre d'hostel du Roy et bailly de Mantes.*

nummo donabatur, et sagis caligisque partim albis, partim rubeis ac balista instruebatur : et e singulo castro vel civitate singuli aut plures eligebantur, prout civitas aut pagus ferre poterat. Et e toto Delphinatu primo ducenti supra duo millia, urgente magna belli necessitate, tandem quingenti ad conflictum educebantur; et sub ipso Carolo et Ludovico Delphino hi sagittarii Delphinates et alii sui periculum in armis fecerunt, et his militantibus princeps stipendia solvebat.

Et quando necessitas adest, ad bellum evocantur patricii et nobiles Delphinates centum scilicet gravis et ducenti levis armaturae equites, et, prout temporis ratio indiget, longe plures, ultra eos qui assidue equitatum et peditatum sub rege habent, et qui quotidiana stipendia in diversis cohortibus faciunt et merent, ut de Montesone, Molardo, Bayardo, et aliis scribemus. Et domi se inertes continere et mori Delphinates patricii indecorum esse putant, et omni tributo praeterquam militia Delphinates patricii liberi existunt, et etiam omni subsidio plebs ex privilegiis est libera. In conventu autem Delphinensium, quem Trium Statuum congregationem vocant ad petitionem eorum quos reges Delphini mittunt, quotannis fere ipsi Delphinates supra plebeios solent ad ipsas necessitates occurrentes decem aureorum millia donare, protestantes ne in obligationem trahatur, quum id mera liberalitate efficiant. Et secundum praediorum quantitatem hoc tributum singulis aequatur; in hisque sacerdotes et, ut aiunt, clerici et nobiles non comprehenduntur, etiam si quicquam a plebeiis emant, quoniam nihil pendunt, sicut tamen in bonis augentur, ita majori impensa pro Delphino ad bellum proficiscuntur.

Quum Ludovicus Delphinus moleste ferret quod non satis pecuniae pro suo arbitrio a patre haberet, et suis condoleret aulicis qui inopia laborabant, ut in Delphinatum secederet, ipse Ludovicus a Carolo septimo patre impetravit. Et eum Ludovicus et sui decem annos incoluerunt. Et eo tempore multa ibi Ludovicus fecit et constituit; nam in julio anni millesimi quadringentesimi quadragesimi septimi octo majores judices et ballivos, qui antiquitus in Delphinatu esse solebant, in duos ballivatus et unam senescaliam reduxit; et sanxit quod unus ballivatus in planitie, alter et secundus in montibus Delphinatus esset; et ballivatus planitiei tres sedes contineret, unam Gratianopoli pro Graisivodano, alteram Burgundii pro Viennesio superiori et Terra Turris, tertiam in Sancto Marcellino pro Viennesio inferiori et Valentinesio : ballivatus autem montanus quatuor tribunalia haberet, unum Briansone, alterum Ebreduni, tertium Serri pro Vapincesio, et quartum Buxi pro baroniis Medullionis et Montis Albani. Senescaliam autem in comitatu Valentino et Diensi Ludovicus erexit, et ipsi tres sedes Cristam et Montilium Ademari necnon Chalenconiam attribuit, et cuilibet ballivo et senescallo trecentas sexaginta sex libras in stipendium annuum dedit, et eorum vices in quolibet tribunali gerentibus inde quadraginta libras annuas constituit.

Et quia Delphini et archiepiscopi Viennenses frequenter de jurisdictione Viennæ dissidium habuerant, anno Christi millesimo quadringentesimo quinquagesimo Joannes Pictavius antistes Viennensis Ludovicum Delphinum jurisdictionis Viennensis participem fecit, receptis ab ipso Delphino in compensationem Revello, Aziaco, Joanagio et quibusdam aliis castris (1). Et inde Viennam tribunal Burgundii Ludovicus transtulit. Decima decembris anni

---

(1) *Revol*, *Azieu*, *Jonage*, ou *Genas*, arrondissement de *Vienne*.

Christi millesimi quadringentesimi quinquagesimi primi, Ludovicus Delphinatibus libertatem sibi bellum indicendi et faciendi, et ad hoc milites parandi, sub deportationis et bonorum publicationis pœna, edicto prohibuit. Et in junio anni Christi millesimi quadringentesimi quinquagesimi tertii, dum Ludovicus Viennæ esset, in locum Delphinalis consilii senatum instar Parisiensis substituit, ita quod jus Gratianopoli redderet, et in Delphinates hic senatus supremam auctoritatem ex hac constitutione habuit. Anno etiam millesimo quadringentesimo quinquagesimo quarto, bellum Sabaudis Ludovicus indixit, quod tribus mensibus duravit, et a Delphinatibus in Sabaudia duo oppida Mons Lupellus et Sanctus Genisius Augustæ expugnati et destructi fuerunt.

Huic bello Alamandus Rivallius patris mei patruelis interfuit, sicut aliis per Carolum et Ludovicum gestis. Quippe nihil aliud toto vitæ tempore quam militiam gessit; ita quod æs alienum propter militiam contraxit, et totam fere hæreditatem consumpsit.

Et durante hoc bello contra Sabaudos, Delphinus Ludovicum Lavalum (1), gubernatorem Delphinatus, Gratianopolim misit; et per eum antistiti et sacerdotibus ejusdemque civitatis civibus exposuit rem et negotium ac materiam ipsius belli et pericula quæ huic civitati et Delphinatui imminere poterant, ita quod ipsam urbem antistes sacerdotumque collegia et cives reparaverunt et muniverunt.

Et Antonium Moyrodum Sabaudum Bertrandus Poepia (2), Delphinas, in hoc bello cepit; et primo de certa pecuniarum summa pro sua redemptione Moyrodus convenit, tandem majorem summam Bertrandus habere et

---

(1) *Louis de Laval, seigneur de Chastillon, de la maison de Montfort en Bretagne.*

(2) *Antoine Moyroud; Bertrand de la Poype, seigneur de Serrières.*

exigere voluit. Et finito post tres menses hoc bello sub Delphinalis senatus judicio, controversia hæc inter Moyrodum et Bertrandum deducta est. Et in aprili anni Christi millesimi quadringentesimi quinquagesimi septimi, contra Bertrandum judicatum est.

Et pridie calendas julias anni præcedentis, Ludovicus donationes inter vivos fieri nisi adessent judex et tres donatoris consanguinei, at eis absentibus tres alii probi, edicto prohibuit.

Apud hunc principem multum Delphinates poterant, maxime Aymarus Pictavius, dominus Sancti Valerii, vicecomes Stellæ, et Humbertum Baternaium Bochagium summopere dilexit et divitem fecit (1). Et Poysiacos ad honores et magistratus evexit (2).

Ad ultimum, omnia vectigalibus Delphinus et sui in hac patria oneraverunt et oppresserunt, et ab opulentioribus pecunias exigebant; et quod id fieret Carolus moleste tulit et se itineri Delphinatum versus accinxit, ut hac vel alia ratione Ludovicum filium comprehenderet. In patrem autem Ludovicus Viennam Delphinatus communivit, et in colle sibi ædificavit propugnaculum cujus vestigia circa montem Salomonis, post castrum pontificale, adhuc remanent. Sed patris adventu territus, ad Philippum Burgundiæ ducem profectus est. Et post Ludovici fugam Delphinatum sine ipsius regionis incommodo, et non sublata incolis libertate, Carolus vindicavit; et apud Sanctum Præjectum (3)

---

(1) *Aimar de Poitiers, seigneur de St-Vallier, vicomte d'Estoille; Imbert de Baternay ou Butarnay, seigneur du Bouchage, maison éteinte sous Charles IX.*

(2) *Jacques et Aimar de Poisieu du Passage, surnommé Capdorat,* à cause de sa chevelure blonde.

(3) *St-Priest sur le Rhône, paroisse du Viennois, érigée en vicomté l'an 1646, en faveur de Jacques Guignard de St-Priest, fils de Jean Guignard, échevin de la ville de Lyon l'an 1621.*

supra Viennam, Tres Delphinatus Ordines, salva Ludovici Delphini auctoritate, Carolo septimo fidelitatem præstiterunt; et ipsos Delphinates Carolus ad Ludovicum filium ituros sperabat, et quod nullius se incommodi pressura vexatos testarentur, ita quod hoc modo Ludovicus se adhuc patris gratiam habere intelligeret; sed neque litteris aut legationibus moveri Ludovicus potuit, ut ad patrem rediret; et quinquennio in Flandria et aliis Philippi Burgundiæ ducis principatibus sese continuit.

Interim, durante patris et filii dissidio ac illius dissimulatione, nono calendas maias anni Christi millesimi quadringentesimi sexagesimi primi, Carolus septimus rex interiit, et in ejus locum Ludovicus Undecimus Delphinus regiam potestatem accepit, et, propter fidelitatem quam patri Delphinates præstiterant, male contra eos Ludovicus animatus erat, ita quod aliqui a Delphinatu secesserunt, alii in carcerem detrusi, cæteri condemnati, eorumque bona publicata fuerunt; plures magistratus perdiderunt. Et Baiulus præses, Guillermusque Guillionis ac Guido Papæ et Jacobus Sancti Germani, senatores (1) Delphinales, in Sabaudiam exularunt. Et Ludovicus Porterius, Delphinalis patriæ procurator (2), in diversis locis latuit, et latitans obiit. Bochagio autem centum aureorum millia, quæ ex dote Carlotæ uxoris ab duce Sabaudo socero habuerat, Ludovicus dedit.

Et quum antehac cuilibet vehere salem supra Rhodanum et Ararim ac Isaram ex locis marinis et maritimis liceret, anno millesimo quadringentesimo sexagesimo primo, istud rex Ludovicus tantum concessit his qui sub certa mercede

---

(1) *Joan Baile*, *président unique du Parlement*; *Etienne Guillon*, *Guy Pape*, *Jean de St-Germain*, *conseillers au Parlement Delphinal*.

(2) L. Porterius, *Louis Portier*, *procureur général*.

ab ipso conducerent, ex quo magna quotannis argenti summa ærario regio exsolvitur; et hanc vehendi licentiam Valentini et Viennenses aliquot et cum his aliquando Avenionenses et Lugdunenses, ad magnum eorum commodum, sæpius accepere, et ad Sabaudos usque et Sequanos Helvetiosque hoc sal supra Rhodanum et Ararim ac Isaram vehitur.

Et anno Christi millesimo quadringentesimo sexagesimo tertio, Ludovicus comitatum Rossilionis in Hispania ex emptione vel alias habuit. Et statim habito Francorum regno, Ludovicus Oliverium Damam Doyacumque alios etiam quosdam infimi generis homines extollere cœpit, et ab eo hisque viris principes neglecti fuere. Quare, cum Carolo fratre suo et magna nobilitatis parte ac Carolo Philippi Burgundiæ ducis filio, ipsi principes ab Ludovico desciverunt, et arma in eum paraverunt sub prætextu *boni publici*, ut populum vectigalibus pressum et fere, ut aiebant, servum in libertatem reducerent. Et apud Montlhericum utraque acies quinto calendas julias anni millesimi quadringentesimi sexagesimi quinti convenit, et in exercitu regis erant, testimonio Philippi Cominei domini Argentonis, nobilium Delphinatus auxilia quæ Retrobanum vulgus appellat (1), cum quadraginta aut quinquaginta Sabaudis nobilibus. Et ad ipsum Montlhericum pugnatum est, et sinistrum Burgundorum cornu, cui Ravastanus et comes Sancti Pauli præerant, omnino profligatum fuit, et pars hostium ad carros usque fugata, pars ad nemus per dimidiam leucam distans; et hanc profligationem, ut idem Comineus tradit, præcipue fecerunt nobilitas Delphinatus et ipsi pauci Sabaudi ac alii : et hostes ex hac profligatione

---

(1) *L'arrière-ban du Dauphiné.* (*Les Mémoires de Philippe de Com-* mines, sieur d'Argenton, l. I, chap. 3. *Leyde, Elzeviers*, 1648, *in-*12.)

penitus esse superatos existimabant. Sed sub Carolo comite dextrum Burgundorum cornu prospere bellavit, ita quod nesciebatur penes quos victoria esset; et post duorum millium hominum stragem, reductis ex utraque acie militibus, rex Corbellum, et Carolus Stampas petiit. Inde Burgundus cum confederatis castra prope urbem Parisiensem posuit, et ipsam urbem Ludovicus rex postea cum Delphinatibus et numeroso exercitu ingressus est; et licet multi ante conflictum et ex ipso conflictu ad hostes transfugissent, Delphinates nunquam regem deseruere; et quum ipsis, finita pugna, rex joco diceret quod pugnaverant constanter quia remoti a patria quo fugerent nesciebant, illi unus e Delphinatibus respondit: quod fugæ iter aliqui milites Franci satis eis ostendebant; quæ verba regi placuere. Et propter hanc Delphinatum operam rex deposuit odium quod in eos, ex obedientia patri præstita, conceperat. In hoc conflictu trecentæ et quinquaginta erant Delphinensium hastæ, et sexcenti levis armaturæ equites; et hoc propter belli necessitatem et conjuratorum multitudinem, ut in bello Vernolio. Nam regulariter centum gravis et ducentos levis armaturæ equites nobilitas Delphinatus ad bellum mittit.

Tandem magnis conditionibus Ludovicus conjuratos pacavit, qui propria repetierunt; sed deinde singulos variis mediis delevit. Conversus inde ad rem publicam, Ludovicus intelligens quantum odii contraxerat ob plurimos a se magistratu expulsos, lege constituit quod ipsi magistratus perpetui essent, et alicui amoveri non possent, nisi ejus mors vel commutatio aut dimissio seu culpa interveniret.

Per hæc tempora Renatus, ex Andegavensi familia ortus, Provinciæ Forcalqueriique comitatum obtinebat, et liberis masculis carebat; et Ludovicum in Provincia et Forcalquerio hæredem instituit; et millia aureorum quinquaginta ab ipso Ludovico recepit, quibus nummis Angliæ reginam filiam suam ab Edoaldo detentam redemit, et prætextu annuæ pensionis ad vitam constitutæ, ipsa regina liberata, Ludovico abrenuntiavit juri quod morte patris in ipso Provinciæ comitatu vindicare potuisset. Et ipsum Renatum comitem sanguine Renatus Lotharingiæ dux attingebat, et aliqui Provinciales ducem Lotharingiæ petebant, ejusque partes sequebantur et Ludovico obtemperare nolebant. Unde eos per Forcalquerium comitatum, jussu Ludovici, Delphinates, duce Aymaro Pictavio vicecomite Stellæ, domino Sancti Valerii subegerunt, et præliis fregerunt, et Ludovico obtemperantes reddiderunt. Et in his conflictibus Ludovicus Miolaneus Sabaudus et Delphinas dum prostratum hostem penitus necare vellet, et se hostibus immisceret, in poplite vulnus accepit, ita quod fuit claudus et loripes quamdiu vixit. Et Provinciæ senescaliam, ut dicunt, Aymarus Pictavius ab Ludovico obtinuit. Prima hujus Aymari Pictavii uxor (1) Romanis in medio choro Cordigerorum sepulta est, ut etiam ejus effigies marmorea desuper posita ostendit.

Hisce etiam temporibus in statione pro comitatus Rossilionis (2) custodia Delphinates cum aliis collocati fuerunt, nam et centum gravis et ducentos levis armaturæ equites Stephanus Poysiacus Georgii filius Rossilione in statione habebat. Et centum regiæ domus patricios Hector Golatus, Delphinas (3) Rossilionem contra Hispanos duxit.

---

(1) *Marie de France, fille naturelle de Louis XI encore dauphin, et de Marguerite de Sassenage, veuve d'Amblard de Beaumont.*

(2) *Le Roussillon, province de France, sur les frontières de l'Espagne.*

(3) *Hector de Golat.* Ab illo oriundus sane *Humbert de Guilloti de Golat, sieur de la Garenne, d'Anjou en Viennois*, qui ludicrum poëma scripsit sub hoc titulo : *Les Bachanales ou Loix de Bacchus, dieu des beuveurs; ouvrage lirosophique*, etc. Grenoble, 1657, *in*-8.

Hunc enim Hectorem non multum paternis opibus, sed virtute conspicuum Ludovicus hisce centum viris patriciis præfecit. Stephanus Poysiacus etiam Delphinatibus sagittariis præerat; sed quia apud Rossilionem pro regi non obtemperabat vel alia ratione, ut fertur, equitatum et peditatum quibus præerat reliquit, solum montium ballivatum in Delphinatu ad mortem usque retinuit, et ballivatum Viennensem Ludovicus Aymari Poysiaci filius obtinuit, et Michaelem filium genuit. Et pontificatum Viennensem Antonius, Aymari et Georgii frater, Ludovici regis favore assecutus est, et cum Oliverio Ruffo (1) legatione apud Edoaldum Angliæ regem functus est, et Guidoni e fratre nepoti tandem Antonius, retento Sancti Petri Viennensis cœnobio, Viennensem archipræsulatum remisit.

Et Laurentium Alamandum Delphinatem pontificatu Gratianopolitano, quem e renuntiatione Sibueti patrui sui obtinere volebat, Ludovicus rex expulit; et in ejus locum episcopum Sedunensem substituit, et in compensationem Laurentio cœnobium divi Saturnini Tolosæ Ludovicus tradidit. Sed, mortuo Ludovico, pontificatum simul et cœnobium Laurentius habuit (2); et sæpe audivi ab ipso Laurentio quod ad id Petrus Malusbeccus avunculus meus

---

(1) Ex Rymer Actis publicis apparet hanc legationem Guidoni, non Antonio Poysiaco Viennensi archiepiscopo esse tribuendam. (T. V, p. 3, p. 77, ex ed. 1745, in-fol.)—*Olivier Le Roux, seigneur de Beauvoir, maistre ordinaire des comptes.* (Ibid.)

(2) Laurentius Alamandi eligitur in episc. an. 1477, expellitur et sedem tantum recipit an. 1484. Fundavit conventum Minimorum de Plana, ubi servabatur pallium S. Francisci de Paula, quo fide fretus fretum Mamertinum tranavit. — Statuta synodalia episc. Gratianop. renovavit et imprimi jussit an. 1495. (In-4 minor. charact. goth. ex 60 foliis cum signaturis, sine numeris, nota anni vel loci.)

eum juverat, dum marchionis Rhutuleni domus curæ in curia et in bello suæ cohorti præesset.

Et in valle Graisivodana Ruffus Commerius et Antonius Alamandus dissidium habuerunt, ita quod ad ultimum sibi cum familia et amicis, ultra Montem Floritum, in itinere publico occurrerunt, et per Anthelmum Montis Eynardi, qui partes Alamandi sequebatur, e mula Ruffus in terram dejectus a pedite jugulatus est; et in loco cædis sacellum erectum fuit (1).

Et pridie nonas junias anni Christi millesimi quadringentesimi septuagesimi sexti, Carolum ultimum Burgundiæ ducem Renatus Lotharingiæ dux, Helvetiorum auxilio et clam a Ludovico adjutus, prælio apud Nancium superavit et occidit. Mortuo ipso Carolo et fusis ejus copiis, dux Lotharingus statim exercitum in Burgundiam duxit, et eam totam paucis diebus Ludovico acquisivit, et Burgundos sequendo Altissiodurenses regi paruerunt; nam Carolus reliquit duntaxat Mariam filiam, quæ moribus Gallicis in patris ducatum succedere non poterat, sed ad regem ipse ducatus redibat. Et Maximiliano, Frederici imperatoris Alemanni filio, qui unum et vigesimum ætatis annum agebat, hæc Maria post mortem patris nupsit, et Burgundiæ comitatum aliaque Maximilianus ex dotis uxore assecutus est. Et propter Burgundiæ ducatum varia bella Franci et Alemanni gesserunt; nam Alemanni sub Mariæ nomine ipsum vindicabant, et Franci eumdem tuebantur : et regionum vicinitate his bellis equitatus et peditatus Delphinensium semper interfuerunt, et apud Guyum et Greyum Sequanorum oppida (2) et alia ad Ararim loca, sæpe inter

---

(1) Vide in Appendice absolutorias tabellas quas rex Ludovicus Guigoni Allamando ob hoc factum concessit.

(2) *Gy et Gray, places fortes de la Franche-Comté, aujourd'hui département de la Haute-Saône.*

Francos et Alemannos eorumque auxiliares et fautores pugnatum est. Et in hisce locis patricii et sagittarii Delphinates aliquot clades passi fuerunt.

Regnante hoc Ludovico undecimo, Burgundi et Maximilianus Morinos invaserunt, et duce Philippo Desgardo (1) Franci occurrerunt et multos e prima Burgundorum acie interfecerunt, et sarcinis suis pretiosis direptis atque amissis aliqui Burgundi se fugæ commiserunt, et Aeriam usque equites Franci eos fugientes persecuti sunt. Ad prædam autem sagittarii Delphinates et alii victoriam obtinuisse opinantes, se converterunt, et cum peditatu et equitatu hos sagittarios inordinatos Rotundi Montis comes, Amedei secundi Sabaudiæ ducis frater, instar ovium apud Guynigatam mactavit (2). Eo prælio Burgundorum undecim et Francorum millia quinque occubuerunt, et a Francis nongenti fere Burgundiones capti fuere. Et ab illo tempore quoties Franci et Delphinates prospere pugnant, illam cladem in suo exercitu commemorant, ne prædæ milites studeant, et hoc modo sicut apud Guynigatam interficiantur.

Postremo, ab eadem infelici pugna, sensim talium sagittariorum usus in Delphinatu sicut in Francia esse desiit. Et in eorum locum successit peditatus Helvetiorum qui in nullo pretio tunc habebantur, et rei rusticæ dediti erant. Sed eos Ludovicus præliis assiduos fecit, et olim adversus imperatorem et Carolum Burgundum ad Gransonum aliosque hostes Ludovicus Helvetios juvit. In sagittariorum quoque locum successere gregarii milites et fortuitu adve-

---

(1) *Philippe de Crèvecœur, seigneur des Cordes ou des Querdes, maréchal de France.*

(2) *Enguinegatte, Guinegâte,* village de l'arrondissement de St-Omer, célèbre par les déroutes qu'éprouvèrent dans son voisinage les armées françaises en 1479 et 1513.

nientes; et eos vulgus adventurerios, et Caesar perditos homines appellat. Nam, prout belli occasio evenit, in Delphinatu et aliis Galliarum regionibus conductores militum quos volunt, eligunt et optant et volentes recipiunt, et inter hos milites gregarios complures nobilitatis Delphinatus juvenes in tenera aetate militant; ita quod sua fortitudine et opera saepe ducibus victoriam praestant, et ignobilibus audaciam ingerunt, sicut postea scribemus.

Et Ambasiae, mense julio anni Christi millesimi quadringentesimi octogesimi, Carolus Delphinus praesente patre Margaritam, imperatoris Maximiliani filiam, desponsavit. Et paulo ante obitum Ludovicus undecimus orationem ad ipsum Carolum Delphinum filium habuit. Et inter alia Bochagii Delphinatis consilium et prudentiam commendavit; et ne Carlotae matri crederet, Ludovicus Carolum admonuit, quia, quum Sabauda esset, semper, ut aiebat, Burgundis favere sibi visa fuerat, alioqui illam bonam et pudicam fuisse arbitratus est. Inde, tertio calendas septembres anni Christi millesimi quadringentesimi octogesimi tertii, Ludovicus apud Turones occubuit et animam efflavit.

Delphinates sub Carolo octavo rege, Delphino.

Defuncto Ludovico undecimo, Carolus octavus, ejus filius, regnum Franciae cum Delphinatu suscepit; et ad regni ejusdem principium mortuus est Franciscus Britanniae dux, relictis duabus filiabus: et in eas Carolus arma movit, ut fidem praestarent et fidei jura persolverent, neve se inconsulto nuberent. Tandem, dimissa Margarita, Carolus Annam majorem Francisci filiam desponsavit, et sic Britones obtinuit, bellumque Britannicum hoc modo cessavit. Et ex hoc Margaritæ repudio Burgundiam Arthesiumque, post ducis obitum, a Ludovico rege captum, Maximilianus ingentibus copiis repetebat; sed a Burgundia inferiore eum Franci repulerunt. Et quinquennio in his bellis fuit Joannes Rivallius frater meus adhuc juvenis et filius familias, contra Maximilianum, in Burgundia retinenda. Et apud Picardiam Philibertus Claromontanus, quem a castro suo Montesonem vocabant (1), alii quoque Delphinates bonam operam navaverunt; et Monteson quinquaginta hastis præerat.

Et Ferdinando Aragonum regi Ruscellionem Carolus, præter multorum opinionem, restituit; ita enim Ludovicum testamento jussisse dicebatur.

Regnante hoc principe, Zizimus Turci frater (2) Rhodum venit, ne a fratre sibi principatum eripi timente occideretur. Et a Rhodiis militibus in Delphinatum ductus est, et in Rupe Canina Barrachinus Alamandus, Caroli Alamandi Majoris Provinciæ Prioris nepos, custodiam ejus habuit (3). Et tanto pulchritudinis ac morum Philippæ Berengariæ amore capiebatur, ut eam desponsare et Christianam legem suscipere voluerit (4). Inde Pontifici maximo Carolus rex et Rhodii Zizimum tradiderunt, et Romam per mare e Delphinatu ductus est. Et quotannis ab occupatore principatus Turcorum ingens nummorum summa detentori Zizimi persolvebatur, ne Zizimus ipse ad suos rediret, et

---

(1) *Philibert de Clermont, seigneur de Montoison ou Montóson.*

(2) *Zizim, Zizimi, Dgem, frère du sultan Bajazet.*

(3) *Barrachin Alemand, seigneur de Rochechinard, neveu de Charles Alemand, grand-prieur de Provence.*

(4) Hunc Rivallii locum in fabularem historiam deduxit alius Delphinas. *Zizimi, prince ottoman, amoureux de Philippine-Hélène de Sassenage, Histoire Dauphinoise* (par Guy Allard); Grenoble, J. Nicolas, 1673, *in-*12).

principatum suum repeteret; ita quod, propter hoc tributum, Pontifex maximus Zizimum subtili medio a Gallis eripuit, et creando duos cardinales Francos, ut aiunt, Aubussonum magnum Rhodii magistrum et Espinacum Lugdunensem archiepiscopum, Pontifex Zizimum habuit (1).

Et in conspectu Caroli apud Guilloteriam (2), Delphinatus pagum Lugduno proximum, Claudius Valdreyus Burgundus (3) sui periculum in armis fecit; et cum pluribus tum Delphinatibus tum aliis, hasta, ensibus et cæteris instrumentis bellicis dimicavit, et continuo triduo jam multos superaverat. In campum autem Soffredus Alamandus Delphinas, quem postea a quodam ejus castro Molardum appellaverunt (4), animose venit ut Valdreyum pedes hasta aggrederetur, et cum eo certare Burgundus recusavit. Magnæ enim virtutis et fortitudinis bellicæ Molardum esse intelligebat, et ad noctis usque crepusculum, Molardus Valdreyum in campo spectavit. Inde, secundum bellicas sanctiones, triumphans tanquam victor recessit (5).

Et quum sex tantum senatores Delphinales essent, in aprili anni Christi millesimi quadringentesimi nonagesimi sexti, illis Carolus quatuor addidit, Joannem Fleardum, Henricum Gauteronum, Antonium Putodum et Antonium Muletum (6).

---

(1) *Pierre d'Aubusson, grand-maitre de Rhodes; André d'Espinay, successivement archevêque de Bordeaux et de Lyon.*

(2) *La Guillotière, bourg du Dauphiné longtemps avant d'être faubourg de Lyon.*

(3) *Claude de Vaudrey, chevalier bourguignon.*

(4) *Soffrey Alemand, seigneur du Molard, si connu depuis dans les guerres d'Italie sous le nom de capitaine Molard.*

(5) *Non secus hoc factum refert Symphorien Champier, Gestes de Bayard, Lyon, 1525, pet. in-4°, feuillet 62.*

(6) *Jean Fléard, Henri Gauteron, Antoine Putod, Antoine Mulet, conseillers au parlement de Grenoble, de nouvelle création.*

Et ad vindicandum regnum Neapolitanum sibi ex Renati successione spectantem, Carolus, in vere anni Christi millesimi quadringentesimi nonagesimi quarti, exercitum paravit, et Viennam Delphinatus petiit. Et per ipsum Delphinatum transiens, Joannem Palmerium præsidem ac Antonium Putodum et Joannem Fleardum Joannemque Rabotum jureconsultos Delphinales senatores secum abduxit, ut horum consilio uteretur (1). Tandem per montem Genuam sive Juliam Alpem in Taurinos descendit, et Romam invito Alexandro pontifice, Innocentii successore, ingressus est, et Zizimum ibi adhuc repertum secum duxit, ut, ejus ope, Turcos, subacto regno Neapolitano, invaderet. Sed propediem Zizimus expiravit.

Mox regnum Neapolitanum sine magno conflictu Carolus obtinuit. Et in ejus castris et exercitu erant sequentes clari nominis Delphinates, Jacobus Miolanus gubernator Delphinatus et centum regiæ domus nobilium ductor, Philibertus Monteson cum quinquaginta hastis et Joannes Layus cognomine Castellarius(2), cum quadraginta gravis et octoginta levis armaturæ equitibus; et Petrus Vesco, sub quo Aubertus Rossetus equitatus curam habebat, ac Franciscus Campegius (3). Aderat quoque Joannes Pictavius Aymari filius tener annis (4), et Claudius Alamandus, Sibuetus Poysiacus necnon Jacobus Cisa, undeviginti annos natus et giganteæ staturæ, ex custodibus regiis (5), et alii com-

(1) *Jean Palmier, président du parlement de Dauphiné; Jean Rabot, conseiller.*

(2) *Jacques de Miolans, baron d'Anjou et de Serve, gouverneur du Dauphiné, capitaine de cent gentilshommes de la maison du roi; Jean de Lay, seigneur de Chastelard.*

(3) *Pierre de Vesc, Aubert Rosset, François Champier.*

(4) *Jean de Poitiers, seigneur de St-Vallier, père de Diane de Poitiers, duchesse de Valentinois.*

(5) *Claude ou Charles Alemand, seigneur de Laval; Sibuet de Poisieu; Jacques de Cize, seigneur de Chambaran.*

plures perspicui Delphinates, in diversis equitatus et peditatus cohortibus militantes stipendiaque merentes. Exercitum etiam sequebatur, sub Linio duce, Petrus Terralius, adolescens adhuc, quem a suo castro, inter Goncellinum et Avallonem in Delphinatu sito, cuncti postea Bayardum appellaverunt (1). Et Claudius Tirtiusque Urri, Delphinates, Valentini fratres, ac Gaspar Ademarius etiam Valentinus Carolum comitabantur (2).

Interim Aurelia in Delphinatum Ludovicus Valesius, dux Aurelianus, cum copiis venit, et ad vindicandum Mediolanensem ducatum, sibi jure hæreditario debitum, in Italiam proficiscebatur. Et Delphinatus equitatum ac peditatum, sub Antonio Medulione Delphinate, Ludovicus suo exercitui adjunxit (3). Et per montem Genuam ex Delphinatu in Italiam transivit, Novariamque principatus Mediolanensis oppidum obsedit et cepit, ac ingressus est.

Ad hoc bellum pater meus Guigo Rivallius equitem qui pro eo militaret cum aliis patriciis misit, quia propter senium arma ferre non poterat. Et hoc ego adhuc puer vidi.

Mox cum grandi exercitu ipsam Novariam ac Ludovicum Aurelianum et suos Ludovicus Sfortia ducatus Mediolanensis occupator obsedit, et præclusis victus commeatusque viis copiæ Aureliani ducis fame laboraverunt. Et intra Novariam multi Delphinates alii fame, alii ægri-

---

(1) *Pierre Terrail, seigneur de Bayart (château entre Goncelin et Avallon), homme d'armes dans la compagnie de Louis de Luxembourg, comte de Ligny.*

(2) *Claude d'Urre, seigneur du Puy-Saint-Martin, gouverneur de Gênes; Tiers d'Urre, seigneur de la Baume, surnommé Tartarin, ca-pitaine des cent gentilshommes de la garde du roi François Ier; Gaspard Adhémar, de la maison de Castellane.*

(3) *Antoine de Groléo-Meuillon, seigneur de Ribiers, lieutenant-général au gouvernement de Dauphiné, sénéchal du Valentinois et Diois.*

tudine, alii aqua puteorum venenata interiere. Et inter alios mortem obiverunt Carolus Alamandus dominus Vallis, et Petrus Cassenaticus, dominus Cassenatici, necnon Barrachinus Alamandus, dominus Rupis Chinardi, qui me ipsum ad sacrum fontem Christianum portaverat.

Tandem in æstate anni Christi millesimi quadringentesimi nonagesimi quinti, Neapoli Carolus rex in Galliam redibat, et ad regni Neapolitani custodiam copiarum partem reliquerat, et partem cum Juliano cardinale natione Savonensi ad capiendum Genuam miserat, ita quod vix septem armatorum millia secum duceret. Hisque paucis Venetos et Sfortiæ necnon Pontificis maximi exercitus omnesque Italos qui in eum conspiraverant, et eum capere proposuerant, Carolus apud Fornovium superavit, licet in hostium castris supra sexaginta armatorum millia essent, et longo itinere ac penuria Caroli milites oppressi essent. In hisce Caroli castris Helvetii aliquot erant; et Bayardo, quia unum hostium vexillum ibi ceperat, et duos equos pugnando perdiderat, rex quingentos aureos dedit. Inde Astam, quæ jamdudum Aureliano duci parebat, Carolus devenit, Ludovicumque Aurelianum et ejus milites tam Delphinates quam alios ab obsidione Novariana liberavit, et illinc in Delphinatum et Franciam Carolus et Ludovicus cum suis redierunt.

Et hoc bellum Fornovium Baptista Mantuanus carmine heroico scripsit, opusque suum de Gallis fugatis improbe et male inscripsit. Nam, quum Galli patriam repeterent, et eos retinere et occidere Itali vellent, impudenter ab Italis fuisse Gallos fugatos confinxit. Et ex hoc quod ante oculos nostros Baptista pro gente sua egregie mentitus est, conjectamus antiquos Italiæ historicos longe deteriora de Gallicis bellis contra veritatem scripsisse.

Et dum Joannes Fleardus Neapoli rediret in Italia (1), incidit in infirmitatem, qua medicorum judicio convaluisset, ut fertur, si alicujus mulieris commercium habuisset; mortem obire maluit, quam adulterium committere. O magna viri castitas, qui uxorem non formosam habebat! Hæc postea nupsit Laterio, senatori Delphinali (2).

Per hæc tempora inaudita infirmitate plures Delphinates et Sabaudi sicut reliqui Galli laboraverunt, et eam ab hac profectione Neapolitana morbum Neapolitanum appellaverunt. Et Itali eam ægritudinem morbum Gallicum vocant, eo quod, quum Galli Italiam peterent, morbus ipse pullulavit. Et ex coitu illicito et sæpius commercio illorum qui habent hic morbus suscipitur, et gravis est, nec unquam hominem deserit eo arreptum. Et a lepra non multum differt, et eam in hoc superat, quod variolas horrendas gignit, et nasum ac guttur aliasque corporis partes corrodit, et guttam producit, ossaque perforat. Hujus morbi timore lupanaria publica quasi esse desierunt, et propterea honestarum mulierum pudicitiæ homines insidiabantur. Et per universum orbem hæc ægritudo in luxuriosos diffusa est.

Vivente eodem Carolo, Antonius Faynus, Delphinas, et Joannes Salsacus, Velayus (3), ex inclyta familia, ambo odium contraxere, propter litem quam in senatu Delphinali prosequebantur de cœnobio Sancti Andreæ monialium Viennæ, quod suæ adjudicari sorori uterque petebat. Ad ultimum in medio foro Gratianopolis, eo loco qui Malum Consilium dicitur, se mutuo aggressi sunt et ita vulnera-

---

(1) *Jean Fléard, chancelier du royaume de Naples et de Sicile, par lettres du 20 mai 1495, mourut à Revera près de Mantoue, le 29 octobre 1496.*

(2) *Pierre de Lattier, conseiller au parlement de Dauphiné.*

(3) *Antoine de Fay, dauphinois, et Jean de Salsac, du Velay.*

verunt, quod ibi Antonius Faynus interiit. Et vulneribus eodem loco acceptis, Joannes Salsacus paulo post expiravit.

Supra alios omnes magnæ erat auctoritatis apud Carolum Jacobus Miolanus, prima majorum origine paterna Sabaudus, et in Delphinatu potens rerum ex avitarum et proavitarum successione habebatur, et in Valle Aurea et ad Rhodanum sub Vienna complura castra et jurisdictiones possidebat. Genere enim avitarum ex domo et familia Rossilionea originem traxerat, et Delphinatum gubernabat, consiliarius et camerarius regius erat, et Ordinis regii militiam obtinebat. Et Delphinates patricios ob egregiam eorum virtutem usque adeo amavit, quod et Cassenaticos Montis Rigaudi (1) et Golactos et Salignonos fratres (2) et complures alios Delphinates in numerum regiæ domus nobilium adjunxerit, et ad magnos honores apud ipsum regem extulerit; et arbitrio Falconis Buffaventi (3), magni avunculi mei materni, hic Miolanus regebatur, ejusque suffragiis amplos honores Buffaventus habuit, et quinquaginta hastarum aliquando cohortem Antonius ejus frater sub comite Armagnaco obtinuit. Ob dicendi et loquendi facundiam, Bernardinus Claromontanus Tallardus (4), ex prima Delphinatus familia, apud Carolum multa poterat.

Per hæc fere tempora in Delphinatu jussum est, ne alia moneta quam Delphinalis et regia ibi usum haberet. Et ita commercium nummi Itali et Sabaudi et aliarum gentium, quod frequens et utile erat in Delphinatu, esse desiit. Et septimo idus apriles anni Christi millesimi quadringentesimi nonagesimi septimi Carolus octavus, vix agens septi-

---

(1) *Mont-Rigaud, terre de la maison de Sussenage.*

(2) *Les frères de Salignou.*

(3) *Falque de Buffevent.*

(4) *Bernardin de Clermont, vicomte de Talart.*

mum et vigesimum suæ ætatis annum, Ambasiæ sine liberis decessit.

Delphinates sub Ludovico duodecimo rege, Delphino.

Cum Franciæ regno Ludovicus duodecimus, dux Aurelianus, Delphinatum assecutus est, repudiataque, papæ Alexandri sexti cognitione et judicio, Joanna uxore, Caroli sorore, quam, ut aiunt, invitus Ludovici undecimi timore desponsaverat, neque cum ea uxorias res egerat, Annam Caroli relictam in matrimonium duxit, et ambo supra alios reges principes Gallicos virtutibus claruere. Assumpto Franciæ regno, sine mora Ludovicus Albertum Rossetum Delphinatem, rei domesticæ operam dantem, quinquaginta gravis et centum levis armaturæ equitibus præfecit. Et tunc Cæsari Borgiæ patricia Alabretorum mulier Ludovicum aliquo sanguinis gradu attingens nupsit, et favoribus Papæ Alexandri sexti e comitatu Ludovicus ducatum Valentinum fecit, et eo in uxoris dotem Borgiam donavit, et centum hastas ipsi commisit, sub eo quoque harum curam Rossetus, suis dimissis, habuit (1).

Sub hoc principe a Pontio senatore Delphinali (2) Valdenses Delphinatus montibus expulsi fuerunt, et e rupibus vastis aliqui se præcipitavere; et superstites ad suos qui ad immensam multitudinem in Italia, præsertim Campania creverant, confugerunt.

---

(1) *Aubert Rosset, capitaine de cinquante hommes d'armes et de cent chevaux-légers, ensuite lieutenant de la compagnie de cent hommes d'armes de César Borgia, duc de Valentinois, fils d'Alexandre VI.*

(2) *Pons Ponce, conseiller au parlement de Dauphiné.*

Ducatum Mediolanensem sibi e Valentina avia spectantem, hic rex ab Ludovico Sfortia per legatos, maxime Trimolium, Joannem Jacobum Trivultium et Lignium (1), anno millesimo quadringentesimo nonagesimo octavo vindicavit. In Delphinatum, mox in Franciam ipse Sfortia ductus est, et inter veniendum, quando vidit januam, supra Sanctum Crispinum, montibus factam in agro Ebredunensi, lacrymans dixit se perdidisse spem quam ante hunc locum, de evadendo suorum opera, conceperat. Lochiis tandem, sub custodia positus, expiravit. Ludovico Genuenses se dediderunt, quibus Philippum Ravestanum praefecit. Et in ducatu Mediolanensi et Galliis Franciscus Fontana Delphinas quinquaginta hastis, quamdiu vixit, sub domino Durasii praefuit (2).

Hujusce regis temporibus Delphinates custodiebant extremas Galliarum arces, Claudius Urrus Ocellum sive Exilias, postremum Delphinatus oppidum versus Italiam, et Buxeriam Sabaudiae contiguam (3); et Gabriel Berengarius Brigansonum in Provincia ad littus maris, non longe a Forojulio (4); et Aymarus Pictavius, dominus Sancti Valerii, per subrogatos, Turrim Massiliensem (5); Petrus Salignonus Bayonam in littore Oceani ad montes Pyrenaeos, adversus Hispaniam (6); et Humbertus Baternaius Bochagius, et sub eo Giletus, inde Gabriel Podius, fratres, Montem Sancti Mi-

(1) *Louis de la Trimouille, Jean-Jacques Trivulce, et Louis de Luxembourg, comte de Ligny.*

(2) *François de la Font de Savines, lieutenant du seigneur de Duras.*

(3) *Claude d'Urre, gouverneur d'Exiles et de la Bussière.*

(4) *Gabriel de Bérenger-Sassenage, gouverneur de Brégançon en Provence (Var).*

(5) *Aymar de Poitiers, seigneur de St-Vallier, gouverneur de Notre-Dame de la Garde et Tour St-Jean, à Marseille.*

(6) *Pierre de Salignon, gouverneur de Bayonne.*

chaelis supra mare Anglis oppositum (1); et Antonius Gottafredus in ultima ducatus Burgundiæ parte, Auzonam prope Francum Burgundiæ comitatum (2). Et post Antonii Medullionis mortem rex in Delphinatu vices suas sub Gastone Fuxeo Molardo commisit, et Hectorem Monteynardum Delphinatem Astæ gubernatorem fecit, et eum triginta hastis præposuit, qui ab juniore Sevæ marchione, quum ipsius bona ob maleficium e dono regis possideret, inde Mediolani occisus est (3). Hoc tempore plures Eynardi Delphinates fratres in acie regia militabant, et virtute bellica, tam ad tormenta quam in equitatu, valebant.

Et etiam per legatos regnum Neapolitanum, quod a Gallis desciverat, anno millesimo quingentesimo secundo in suam Ludovicus potestatem redegit, et recepto Federico ipsius regni possessore, eoque ducatu Andegavensi donato, hoc regnum aliquo tempore tenuit; postea idem regnum Hispani occupare voluerunt, et ibi contra Gallos per mare liberum aditum habentes bella gesserunt : et inter alios Gallos Petrus Terralius Bayardus, Delphinas, suæ virtutis periculum in illis præliis fecit. Et dum aliquando Minervinæ (4) in statione esset, et Aloncus Sancti Majoris, consanguineus Gonsalvi Ferrandi majoris Hispanorum ducis (5), Andreæ oppido (6) sese contineret, et in mediis campis sibi cum certis militibus obviassent et conflictum fecissent, occisis septem Hispanis, cum totidem Aloncus

(1) *Humbert de Baternay du Bouchage, gouverneur du Mont-St-Michel; Gilles et Gabriel du Puy, de la maison du Puy-Montbrun.*

(2) *Antoine de Gotafrey, gouverneur d'Auxonne.*

(3) *Hector Ainar ou de Montainard, gouverneur d'Asti, assassiné à Milan par le marquis de Sceva, piémontais.*

(4) *Minervino, ville de la Capitanate.*

(5) *Alonso de Soto-Mayor, parent de Gonsalve de Cordoue.*

(6) *Andria, ville épiscopale de la terre de Bari, au royaume de Naples.*

cæteris fugientibus captus est, et sub fide sua a Bayardo receptus, libere et sine custode per castrum Minervinæ incedebat, donec mille ducatos Bayardo pro redemptione solvisset.

Transactis multis diebus, duce Theodoro stationis Minervinæ Albano, Aloncus clam ad suos Andream redibat; sed adhuc in itinere ab aliquot Bayardi militibus apprehensus, Minervinam retractus est; et quia fidem non servaverat, in turrim detrusus fuit. Paulo post, receptis mille ducatis et stationis militibus distributis, Bayardus liberavit Aloncum, qui inter suos conquestus est quod a Bayardo atrociter et præter jura belli asservatus fuerat, et sub judicio pugnæ, remotis equis, hanc rem duces exercituum, petente Bayardo et annuente Alonco, posuerunt. Astantibus tum Gallorum tum Hispanorum copiis, in campum Bayardus et Aloncus excelsæ staturæ et homo bellicosus descenderunt, et atrociter se mucronibus petierunt percusseruntque. Et post longam pugnam Aloncus, accepto lethali vulnere in jugulo, cepit brachiis Bayardum et colluctantes ambo in terram ceciderunt, et strictum pugionem Bayardus intra hostis nares posuit; sicque Aloncus expiravit. Et a Bayardo victus et occisus est, licet tunc febre quartana et alia gravi infirmitate Bayardus laboraret.

Uno mense post hujusmodi conflictum, finitis induciis, Bayardus, inter duas rupeculas cum viginti equitibus latitans, cepit, fugatis comitibus, exquæstorem Hispanum cum famulo quindecim ducatorum millia ad Gonsalvum ferentem, et Tardius, Ruthenensis, stationis Minervinæ miles (1), se nunquam inopia laboraturum juravit et dixit, si eorum nummorum medietatem haberet; et distributa horum ducatorum medietate reliquis stationis militibus prout singu-

---

(1) *Pierre Tardieu, gentilhomme du Rouergue.*

lorum virtus exigebat, Bayardus alia medietate Tardium donavit, et exquæstorem cum ejus famulo, baccis salvis, liberavit. O quanta liberalitas! licet multorum judicio in hac liberalitatis virtute excessisset. Et quum diu ad utramque Garriliani fluminis ripas (1) Galli et Hispani exercitum haberent, et quilibet suam ripam, ponte medio, servaret, Petrus Passus, homuncio gibbosus, dux alicujus partis Hispanorum, summe ingeniosus, vado hoc flumen cum aliquo equitatu quosdam pedites a tergo deferente trajecit, ut universos Gallos existimantes quod totus Hispanus exercitus transiret in se converteret et a ponte removeret, et quod hoc medio Hispani pontem occuparent et ad nostros venirent. Sed dum Bayardus ad tumultum cum reliquis accurrere vellet, prospexit ducentos equites Hispanos ad ipsum pontem venientes, et solus pontem occupavit, et cum hasta processit in Hispanos qui ulteriorem pontis partem jam attingebant, et tres aut quatuor equo dejecit; et ex his duo in flumen ceciderunt et submersi sunt. Inde adhærens fusti pontis, ense ita in hostes dimicavit, quod, Coclitem Romanum imitando, tamdiu eorum impetum sustinuit, donec Basco ejus commilito (2) adduxit subsidia centum armatorum equitum, qui Hispanos fugaverunt, et sequendo Hispanos Bayardus captus fuit, sed eum reliqui Galli repetierunt.

In vindicando et retinendo regno Neapolitano Castellarius cognomine Layus, Montesonque et Albertus Rossetus Delphinates, cum equitibus quibus præerant, egregiam operam præstitere. Et quum Hispanorum magnus esset exercitus et pauci in Campania Galli essent, neque eis auxilium fer-

(1) *Garigliano (le Liris des anciens), rivière du royaume de Naples.*

(2) *Jean Agnot, dit l'Escuyer basque, selon Le Laboureur, Mazures de l'Isle-Barbe, 11-82.*

retur, propterea quod cum Ludovico Philippus archidux nomine Ferdinandi soceri regis Hispani pacem inibat, et Ludovicus omnia tuta et pacata hoc medio putaret ab Hispanis: ipsi pauci Galli, auxiliis destituti, eo regno Neapolitano anno millesimo quingentesimo tertio expulsi fuere. Et equitatus nobilitatis Delphinatus in Italiam ivit, et Alexandriæ stationem habuit; Gabriel Grolea illi præerat, et in eo equitatu Johannes frater meus erat. Et soli Ludovicus Ars (1) et Bayardus arces suas Neapolitanas usque in sequentem annum retinuerunt, et cum militibus quos habebant hostes premebant. Inde, Ludovici regis jussu, Franciam repetiere; nam, desponsata germana Fuxea Ludovici nepte, Ferdinandus ipsum regnum pro matrimonio ab eodem Ludovico habuit.

Et quia Bononiam Bentivolus ecclesiæ Romanæ occupabat, Ludovicus rex Christianissimus illam Julio pontifici restituit, et Bentivolum expulsum cum familia benigne excepit. Et in capienda Bononia Molardus cum duobus peditum millibus bonam operam navavit. Et Carolus Ambasius prorex aderat. Et in Provincia Ludovicus senatum instar Delphinalis constituit, et Antonium Muletum Delphinatus senatorem Provinciæ præsidem creavit.

Deinde Genuensibus, qui expulsa nobilium parte rebellaverant, per se anno millesimo quingentesimo septimo Ludovicus bellum intulit, et in eos per Delphinatum et Guillestram ac Salutias profectus est. Et quia in colle urbi proximo Genuenses popugnaculum adversus Gallos fecerant, cum duobus peditum millibus, quos sub se Molardus Delphinas habebat, montem invitis hostibus ascendit. Et etiam peditatum suum Franciscus Malusgironus, Delphinas,

---

(1) *Louis d'Ars, gentilhomme du Berry, qu'il ne faut pas confondre avec son contemporain Antoine d'Arces, gentilhomme dauphinois.*

supra collem cum aliis duxit; et quia ascendere montem Helvetii qui in castris erant recusabant, equitatu suo alteri commisso, Monteson, dimisso equo, per interpretem eos allocutus est, et cum Francisco Chabaneo (1) montem ascendere ipsis persuasit, et simul cum eis alios pedites secutus est. Inde montem alii post alios ascenderunt, et post aliquem conflictum Galli victis et fugatis a propugnaculo hostibus Genuam in suam potestatem redegerunt. Et antequam Ludovicus Genuam ingrederetur, præmisit Molardum Delphinatem et Chabaneum ac quemdam alium qui omnia Genuensium arma reciperent. Mox Genuam rex se contulit, et disposita inibi republica Mediolanum triumphans ingressus est. Postea Delphinatum et Franciam repetiit.

His interfuit Guillermus Pictavius Delphinas, a castro suo Cleriaci agnomen habens (2); et ita apud hunc principem a teneris annis valebat, quod ab eo socius vocaretur; et artem bellicam callebat, facundus et eloquens erat; et Neapoli in Hispaniaque et Anglia pro hoc rege legationibus functus est; et horum regnorum sicut Franciæ militarem ordinem habuit, et Parisios gubernavit, marchionatumque Cotronicum hæreditarium in regno Neapolitano possedit. Huic defuncto Aymarus Pictavius dominus Sancti Valerii, vicecomes Stellæ frater, licet senior, in ordine regio et bonis successit, et nedum aliis Delphinatibus, sed et exteris morum nobilitate et ingenii præstantia ac benignitate præstabat. Et Aymaro Joannes Pictavius, ex Joanna secunda uxore Bononiensi Arverna, filius successit (3).

---

(1) *Jacques de Chabannes, seigneur de la Palice.*

(2) *Guillaume de Poitiers, baron de Clérieu, marquis de Cotron,* *et gouverneur de Paris.*

(3) *Jean de Poitiers, fils d'Aimar et de Jeanne de la Tour de Bologne, sa seconde femme.*

Hoc tempore Antonius Arcius, Delphinas (1), mediocris et validæ staturæ et inter alia latos habens humeros fortitudinem denotantes, in Hispaniam et Portugalliam ac in Angliam et Scotiam profectus est, pugnandi gratia cum uno ex qualibet illarum regionum, qui sponte sua aut suæ amicæ voluntate ad mortem decertare vellet. Ubique ab regibus fuit recusatus, nisi in Scotia, in qua regis consanguineus adversus Arcium pugnavit; sed victoriam Arcius habuit: et a Scoto rege adeo amabatur, quod interdum in ejus camera cubabat. Et ubique magnis muneribus donatus in Galliam rediit, et secum viginti quinque equos ducebat. Eum quoque comitabatur Gaspar de Monte Albano Delphinensis, qui postea Aquensis et Montis Mauri baronias, ut ita dixerim, a majoribus habuit. Et ab eo et aliis comitibus hæc omnia accepimus.

Et in Venetos Julius secundus pontifex maximus, necnon ipse Ludovicus duodecimus imperatorque Maximilianus ac Ferdinandus Hispaniæ rex apud Cameracum per legatos anno millesimo quingentesimo octavo fœdus percusserunt, ut sua ab his rei alienæ occupatoribus repeterent. Et secundum fœderis leges et conditiones Ludovicus primum conflictum per quadraginta dies in Venetos solus facere debebat, quod observavit. Et bellum Venetis indixit, nec a fide sociorum retrahi potuit, licet quæ sua erant ex ducatu Mediolanensi et centum aureorum millia, ac expensas in colligendo exercitu factas, Veneti eidem Ludovico promitterent et darent. Et anno millesimo quingentesimo nono, Ludovicus in Italia cum exercitu per Delphinatum et Brigantes ivit.

(1) *Morard d'Arces, que l'on peut appeler le dernier des paladins de France.— V. les articles de l'emprise d'Antoine d'Arces de la Bastie en Dauphiné, surnommé le chevalier Blanc. (La Science héroïque, par Wulson de la Colombière. Paris, Cramoisy, 1669, in-fol., p. 489.)*

Interea, antequam Gallicus exercitus convenisset, e Lauda, ubi stationem Monteson habebat, cum suo equitatu, qui fere totus ex Delphinensibus erat, Adulam trajecit et proximum Venetorum oppidum ingressus invitis oppidanis, potentem et opulentissimum virum, Gallorum inimicum, ad crepusculum inde extraxit, et Laudam adduxit. Et postmodum ingenti pecuniæ summa idem, lite coram senatu Mediolanensi suscitata, a Montesone se redemit.

Et dum contra Venetos Galli aciem pararent in ponte Bellivicini, Delphinatus pago, Castellarius mortem obivit, et ejus equitatu Bayardum Ludovicus donavit eumque quingentis peditibus in hoc bello Veneto præfecit; et Petrus Pontius (1) in equitatu vices Bayardi gerebat.

Et anno millesimo quingentesimo nono Ludovicus in Italia cum exercitu per Delphinatum et Brigantes ivit, et Gallorum acie apud Mediolanum parata, Antonius Arcius et Humbertus Rivorius (2) Delphinates cum suis peditibus ultra Adulam præmissi fuerunt, et Trevisium Venetorum oppidum ceperunt; sed ab ipsis Venetis statim receptum est, et Venetias Rivorius et Arcius ac quidam alii traducti, sub custodia positi fuerunt.

Mox trans Adulam Ludovicus aciem trajecit, et, ne spem fugiendi aliqui milites haberent, pontes ad transeundum in Adula rescidit, et pridie quam Galli et Veneti dimicarent, cum Joanne Jacobo Trivultio Monteson Gallorum castra disposuit. Et tunc sub Montesone tres mei consanguinei militabant. Postera die, scilicet veneris, decima octava maii anni millesimi quingentesimi noni, apud Pandi-

---

(1) *Pierre du Pont, seigneur dudit lieu, en Savoie, fils de Marie Terrail, sœur de Bayart, et connu sous le nom de capitaine Pierre-Pont.*

(2) *Ymbaut de la Rivoire, seigneur de Romaniou.*

num sive Caravasium pugnatum est (1); et in prima acie Monteson erat; et Veneti superati fuere, et Bartholomæus Dalvianus (2) alter e Venetorum ducibus captus est, duoquedeviginti militum Venetorum millia ceciderunt, reliqui sub Petiliano (3) altero duce fugerunt. Et, habita victoria, Ludovicus Cremonam, Brixiam, Cremam, Bergamum, ducatus Mediolani urbes, vindicavit.

Et cum peditatu illi bello etiam Molardus ac Franciscus Malusgironus interfuerunt; et Guinetus Malusgironus ibi interiit. A Venetis inde Rivorius et quidam alii se redemerunt. Arcius autem bis fuit a Venetis missus ad Ludovicum, ut de sua et commilitonum liberatione conditiones acciperet. Et ultimo loco ad Venetos non rediit, quia id per oblivionem vel alias Arcio decedenti non dixerant. Postea jussu regis sub Maximiliano imperatore contra Venetos militavit, et celeri equitatui præerat; et secundo a Venetis captus fuit. Tandem, permutatione unius Veneti a Gallis aut Germanis capti, Arcius liberationem consecutus est; et in Scotiam, cum uxore Normanna ex Ferreriæ domo, rediit, ubi vices gessit regias (4).

Et in expugnatione Legnani Venetorum castri, quod fortissimum erat, cum peditatu Molardus egregie dimica-

---

(1) *Bataille de Pandino, de Caravas, et mieux d'Aguadel.*

(2) *Barthélemi Alviano, célèbre général vénitien.*

(3) *Nicolas Orsini, comte de Pitigliano.*

(4) Memoriæ æternæ nobilis Joan. d'Arces milit. et equit. torquati, regi Gallo a cubicul. Hic filius illust. et heroi. D. Anto. d'Arces qui pro rege Gallo apud Scot. interr. Marg. regni propugnator et vindex fuit : apud Hisp. Arrag. Grenad. Portug. Neap. Angl. Scot., Olympi ingressus, equitis Albi nomen reportavit. Illi D. Franc. de Ferrieres mater a stirpe et primariis regni oriund..... Condri. defunct. ann. 1590. *Extrait d'une épitaphe qui se lisait avant la révolution dans une chapelle de l'église de Condrieu.* (*Art. de M. Cochard, Archives hist. du départ. du Rhône, t. III, p. 61.*)

vit, ita quod magis natando quam eundo pedites ejus mœnia aquis circumdata attigerunt, et per foramen tormento factum intraverunt. Duo enim peditum millia sub Molardo assidua stipendia ab Ludovico capiebant, et in stationibus continuo in Italia erant, ita quod belli usu et frequentia cum duobus Germanorum millibus, sub Jacobo Alemano (1) eorum duce militantibus, adeo hostibus terrori erant, ut Gallos non posse his præsentibus vinci existimatum et exploratum fuerit. Inde Veneti sic a Gallis profligati, aliis principibus quæ sua erant sine bello restituerunt.

Postea Helvetii ad Ludovicum Valentiæ Cavarum agentem, qui eos a bello Genuensi in stipendiis non habuerat, legatos miserunt, adversus omnes hostes suam operam pollicentes, et stipendium solitum annuum petierunt. Ludovicus autem, recordatus quod apud Genuam in hostes libere progredi noluerant, eorum oblationem et stipendii solutionem recusavit. Et ita eos remisit, subjungens quod eis fortiores et audaciores pedites sub sua ditione habebat.

Tandem in Ludovicum, Julius secundus, homo permutabilis et solius gloriæ cupidus beneficiorumque a Gallis acceptorum immemor, necnon Veneti et Helvetii conjuraverunt. Et primo contra Ferrariam aciem deduxerunt, ut ea expugnata et duci ablata Mediolanum occuparent, et ad defensionem suam Ludovicus duci Ferrariæ ducentis gravis et quadringentis levis armaturæ militibus duobusque peditum millibus Montesonem præfecit, ita quod vice sua et auctoritate eo loco fungeretur; et magna clade Venetos et Julii milites affecit. Et dum Venetos et Julianos milites esse paratos ad oppugnandam turrim Ferrariæ proximam audivisset, aliquot e suis in hostes misit qui multos ex eis interfecerunt, plures ceperunt, alios fugaverunt. Et eodem

---

(1) *Jacob d'Empser*, *capitaine allemand au service de Louis XII.*

fere tempore cum suo equitatu Monteson loco angusto ultra Ferrariam coercuit universum Venetorum exercitum, ne aliquando se copiis Pontificis jungeret. Et usque adeo Galli a Julio infestati fuerunt, quod, habito in Gallia sacerdotum conventu et theologorum concilio, ei Bononiam, quam paulo ante, expulsis Bentivolis, tradiderant, ad tutamen eripuerint. Paulo post in ducatu Mediolanensi Carolus Ambasius mortem obivit (1); et in ejus locum Gasto Fuxeus, regis Ludovici nepos, ad ipsius ducatus Mediolanensis tuitionem successit (2).

Inde Monteson Ferrariæ vita excessit, et in Delphinatum vectus, anno Christi millesimo quingentesimo duodecimo, in sacra Montesonis æde inhumatus est. Et audita ejus morte Ludovicus tantopere doluit, ut neminem integra denuntiationis die alloqui voluerit, adeo quod Insubres rebellasse omnes aulici crederent et suspicarentur, et cum primum locutus est se perdidisse meliorem e suis belli ducibus dixit. Et procul dubio, in bellis quæ in Gallia et Italia Galli gesserunt, Monteson contra hostes strenuus fuit, et frequenter cum equitatu cui præerat et paucis aliis fugavit et repressit Helvetios qui se in Mediolanensem agrum effundebant, et quandoque apud lacum Comensem magna eos clade affecit; et eminus agnoscebat quot hominum millia hostes in exercitu haberent. Et ipsum sibi a Ludovico dari pro duce eorum exercitus Florentini aliquando petierunt, et loco ejusdem et sui equitatus dabant trecentos equites et longe majorem numerum equitum quod ipse haberet. Et in Picardia Britanniaque, et Italia et aliis

---

(1) *Charles d'Amboise, second du nom, seigneur de Chaumont, Meillan et Sagonne, fut grand-maître, maréchal et amiral de France, et décéda l'an* 1511 *à Correggio en Italie, lieutenant-général aux duchés de Milan et de Gênes.*

(2) *Gaston de Foix, duc de Nemours, fils de Marie d'Orléans, sœur de Louis XII.*

locis, semper stationem in oppidis hostibus proximis habebat.

Et octava septembris ejusdem anni Vapincenses et Procurator regius transegerunt, quod deinceps Delphino ipsi Vapincenses parerent, et in litibus et aliis senatum Delphinalem adirent. Et ex hac transactione ballivus, relicto Serro, jura Vapinci reddit.

Et tunc Petrus Varsia, Delphinas, regius in Delphi natu advocatus, florebat (1) et doctrina valebat; ac apud regem aliqua negotia discutienti ab cancellario aliquando fuit exprobratum quod rem non intelligeret, et ad scholam rediret. Ipse autem advocatus respondit quod ad suam scholam non iret, quoniam in ea nihil disceret et nihil eruditionis assequeretur, quod verbum regi non displicuit.

Et his temporibus Bayardi equitatum ei quem dux Lotharingus habebat, Ludovicus junxit, et amborum ductorem sub Lotharingo Bayardum fecit.

Posthac Hispanorum auxilium adversus Gallos Julius pontifex habuit, et primum Bononiam e regno Neapolitano venerunt, ut eam Gallis eriperent; sed illuc Galli omnes Italiam tenentes se contulerunt, et, dirupta ab Hispanis aliqua mœniorum parte, Galli eos aggressi sunt, et raptis quatuordecim vexillis fugaverunt. Et ibi Alberti Rosseti nepos, Delphinas, cohortis signifer, inter alios obiit. Interea nuntius ad Gallos Bononiam venit, referens Helvetios hostes e Mdiolanum adventare; et Galli Mediolanum petierunt exploratoresque Helvetiorum aliquot ceperunt, qui, de ipsis Helvetiis et eorum intentione interrogati, eos Molardi et Jacobi Germani suorumque peditum adventum

---

(1) Petrus Varsia, regius advocatus : *Pierre ou Benoist de Varces*, célèbre avocat général au parlement de Dauphiné.

timere inter alia dixerunt. Et quum in novembri prope
Mediolani mœnia Helvetii essent, adventatis ipsis Molardo
et Jacobo Germano cum eorum peditatu, protinus recesserunt. Tunc Papiæ, Jasoni et Philippo Decio jureconsultis operam dabamus, et ex aviario Papiensi ad crepusculum ictus et strepitum tormentorum quæ Mediolani erant audiebamus. Et Papia in decembri Casalæ venimus, quia Gallis Papienses non bene fideles erant.

Sine longa mora inde Brixia rebellavit, et se Venetis dedidit; et Galli eam obsederunt, et per castrum quod adhuc a Gallis tenebatur Molardus et Jacobus Germanus, Malusgironusque cum peditatu, Bayardus etiam et alii cum Gastone Fuxeo, dimissis equis, in ipsam urbem cum magno sui et suorum periculo descenderunt, et apertis foribus alii Galli Brixiam circumdantes ingressi sunt; et eo prælio viginti hostium et civium millia occubuerunt. Ita enim Molardi et Jacobi peditatus, licet diversæ nationis esset, conveniebant, ut nunquam dissiderent, sed semper ad pugnam simul parati erant et sibi subveniebant.

Et in capienda Brixia, Bayardus hasta peditali in coxa vulneratus est. Et pro captivitate mulier patricia Brixiensis Bayardo qui virum suum duasque puellas ab omni violentia militari defenderat, bis mille et quingentos ducatos libere offerebat, rogans, genibus flexis, ut pro majori summa sibi debita his contentus esset. Bayardus autem duo millia ducatorum puellis donavit, ut honestius nuberent, quingentos autem ducatos matri reliquit, ut eos pauperibus distribueret.

Et hi conflictus ita celeriter gerebantur quod inter eundum Galli hostes vincebant, et sub Gastone Fuxeo Nemorsi duce, Delphinatus gubernatore regiique exercitus ductore, tot bella ac crebri tumultus in Italia hoc tempore oriebantur, ut magnam censerentur habere similitudinem

cum hydra quæ, uno e suis capitibus scisso, alia septem emittebat : sed omnibus Gallis superfuerunt. Deinde Paschalis die anni Christi millesimi quingentesimi duodecimi, contra Hispanos et Venetos Juliique pontificis exercitum, qui in locum munitissimum apud Ravennam convenerant, Galli progressi sunt et grave bellum inierunt. Sed in conflictus progressu Molardus Delphinas fuit tormento interfectus, et in pugna Jacobus Germanus occubuit. Et ad aciem usque Hispanorum etiam Franciscus Malusgironus Delphinas cum suo peditatu devenit (1). . . . .
. . . .
. . . .

apud se erant ad patriam defendendam, necnon pecunias ad militum stipendia hic rex providus misit; et relictis Delphinatibus, Helvetii hæc audientes cœperunt minari Lugdunensibus, quibus contra eosdem Helvetios Delphinates ferre auxilium polliciti sunt. Demum Divionem et in Burgundos Helvetii exercitum duxerunt; sed certis conditionibus et pactis Trimolius, provinciæ gubernator, datis obsidibus, Divionem liberavit, et domum Helvetii repetierunt.

Per idem fere tempus in regionem suam rex Anglus, Morinis potitus et solo æquatis Bellovacisque stratagemate receptis, subeunte hieme navigavit. Inde Morinos Ludovicus restauravit. Sub ipso Ludovico mille quingenti Germani, duce Jacobo Roberti Marchiæ filio (2), militabant, et non instantibus hostibus per intervalla primo Viennæ, tandem Valentiæ stationem habuerunt. Postremo in Montem Ademarum Jacobus cum suis profectus est, et illic hibernare

---

(1) Hic duo folia vel quatuor paginæ desunt.

(2) *Jacques, fils de Robert de la Marck, duc de Bouillon, seigneur de Sédan, surnommé le grand Sanglier des Ardennes.*

instituerat. Ducem autem oppidani admiserunt, et militibus introitum denegaverunt; et dum cum aliquot e suis per oppidum Jacobus graderetur, ut militibus oppidi fores aperiret, a quodam oppidano sagitta in collo vulneratus est: arma enim oppidani ad sui defensionem susceperant; et Jacobus in hospitium delatus graviter aegrotavit. Pedites autem sui licet in oppidum insultarent, repulsi alio iverunt; Jacobus postea convaluit. Et tunc Joannes Jacobus Trivultius, Longobardus, qui Gallorum partes sequebatur, cum sua familia Ebreduni morabatur, et ejus equitatum Valentiae, Cristae, in Monte Ademaro, castris proximis, nothus ejusdem Jacobi in statione continebat. Et Viennae in vicinisque pagis et castellis Paulus Camillus Longobardus etiam in statione suos milites Italos habebat, donec rex Italiam vindicaret.

In vere anni millesimi quingentesimi decimi tertii, Ludovicus rex, ad vindicandum ducatum Mediolanensem, exercitum sub Ludovico Trimolio Thoardi vicecomite in Italiam misit; et in eo exercitu erant Joannes Jacobus Trivultius et omnis Italorum equitatus, necnon Robertus Marchia cum liberis et Germanis qui in Delphinatu stationem habebant, et aliquis Gallorum equitatus ac peditatus inter quos Antonius Medulio Delphinas quingentos pedites ducebat. Statim Alexandriam, Ticinum quoque seu Papiam Galli receperunt. Et jam Mediolanum titubabat, et se dedere volebat; verum, quia Novariae decem Helvetiorum millia erant, illuc exercitus noster se contulit et adversus alia decem Helvetiorum millia quae ex Helvetiis adhuc Novariam veniebant obviam processit: nihilominus Helvetii venientes, hora noctis decima, Novariam ingressi sunt, et secunda hora diei sequentis, scilicet octavo idus junii ejusdem anni, nostros invaserunt. Septem Helvetiorum millia Trimolius primam aciem ducens occidit, sed reliqui

Helvetii in duas partes divisi tormenta nostra ceperunt; et secunda ac tertia acies nostra, quam Joannes Jacobus et Buxius (1) ducebant, ex Italis fere ambæ erant, sine dimicatione abierunt. In eo bello interiere quinquaginta equites et mille ducenti an trecenti pedites, et ex eis Buffaventus consanguineus meus, qui in prima acie sub Medulione cum Germanis erat.

Silvam Chambaranceam, apud Delphinates, habitat familia Cisarum, in utroque sexu staturæ giganteæ, ex qua nostra ætate fuit Jacobus Cisa immensæ altitudinis; et custodiam Ludovici cum reliquis sagittariis habebat. Et loco gubernationis Delphinatus quam dux Longavillæ habuit, Ludovicus Provinciæ senescaliam Joanni Pictavio (2) dedit. Bochagii autem Delphinatis, sicut Roberteti amanuensis, et episcopi Parisiensis arbitrio, Ludovicus duodecimus in parte gubernabatur; et donis trium principum Ludovici undecimi, Caroli octavi necnon hujus Ludovici duodecimi, Bochagius in territoriis jurisdictionibusque et aliis ac pecuniis reliquos Delphinates superavit, et consilio apud hos reges polluit. Et de suis parentibus vel quoque alio nunquam bene meritus est, suæ tantum utilitati studuit.

In octobri anni Christi millesimi quingentesimi decimi tertii, Ludovicus vicecomitatum Tallardi ex Provincia Delphinatui adjunxit, ita quod primum et appellationis judicem vicecomes haberet, inde senatus Delphinalis appellaretur.

Ex Anna uxore Ludovicus Claudiam et Reyneriam

---

(1) Buxius, *Jacques d'Amboise, seigneur de Bussy.*

(2) *Jean de Poitiers, comte de St-Vallier, lieutenant-général au gouvernement de Dauphiné, ensuite grand sénéchal de Provence, épousa Jeanne de Batarnay, fille d'Imbert, seigneur du Bouchage, et de Georgette de Montchenu.*

filias habuit, et Francisco duci Engolismo Claudia nupsit. Reyneriam autem etiam tanti Anna mater faciebat, quod eam latina lingua et litteris erudiri decreverat. Ad hoc mea opera uti volebat. Et per Jaffredum Carolum Delphinatus præsidem, et Petrum Vayam medicum suum, Anna, ad hujusmodi provinciam suscipiendam magna promittens, me ipsum in adolescentia studiose sollicitabat; at, dum me itineri accingerem, mors Annæ omnia dissoluit. Anna defuncta, ut pacem suo regno Ludovicus acquireret, Mariam regis Angli sororem desponsavit; et dum Parisios traduceretur, inter alios Bayardus in nuptiarum celebratione egregie more solito adversus Anglos Mariam comitantes pugnavit; et tunc in Delphinatu vices suas, sub duce Longavillæ, Ludovicus Bayardo commisit (1). Per hæc tempora Julius pontifex expiravit, et magnum pontificatum Leo decimus habuit.

Bertrandus jureconsultus hisce temporibus Carpentoractæ florebat; Delphinas natione erat, et prope Sanctum Theuderium in agro Viennensi paternam familiam habebat, et decimam horam quam lucrabatur pauperibus dabat (2).

Ludovicus inter alia militum stipendium nunquam retinuit, sed ante tempus sæpe solvebat, quod materiam rapiendi plebemque gravandi et lasciviendi militibus auferebat; strenuos ad honores promovit, ignavos et loquaces depressit, vestimentis pretiosis præter modum utentes non amavit, et, licet nunquam bello caruerit, nunquam tamen

(1) *Les lettres de provision de Louis d'Orléans, duc de Longueville, gouverneur de Dauphiné*, sont du 26 octobre 1514; celles de Bayart, *en qualité de lieutenant-général au gouvernement de la même province*, sont du 20 janvier 1515. François Ier succéda à Louis XII, le 1er janvier 1515.

(2) Stephani Bertrandi Carpentoractensis Consilia. Lugd. 1532, 9 v. in-fol. (*Barjavel, Dict. hist. du départ. de Vaucluse.* Carpentras, 1841, 2 v. in-8°, t. I, p. 204.)

solita tributa auxit, nullum novum aut insolitum exigendæ pecuniæ modum excogitavit vel induxit: prudentia enim et parcitate omnibus expensis supererat; et ut satisfaciendo oneribus regiis liberalis esset, sibi etiam necessaria detrahebat. Justitiam adeo coluit, ut nunquam antehac magis in Gallia et Delphinatu observata fuerit, et ab eo nihil contra justitiam factum accepimus; omnibus in justitia æqualis erat; adulteros et adulteras summo odio rex habuit. Et calendis januariis anni nativitatis Christi millesimi quingentesimi decimi quinti, Ludovicus, ad magnum sui populi detrimentum, Blesis, sine prole masculina mortem obivit.

Delphinates sub Francisco primo, rege et Delphino.

In Ludovici locum, tam in regno Franciæ quam Delphinatu, Franciscus primus, gener ejus et dux Engolismus successit; et statim accepto regno ac deinde magnam in omnes præsertim aulicos et nobiles liberalitatem exercuit, ita quod longe in hoc virtutis genere superaverit Titum, qui diem qua nihil largitus fuerat perdidisse aiebat. Excelsæ est staturæ, et optimam corporis compaginem habet; et litteras callet, omnesque dicendi facundia vincit. Et tanti nobilitatem facit, quod, quum aliquid maximo juramento affirmare vult, id sub fide nobilis viri asseverat. Et ab initio etiam principatus, apud eum magnam auctoritatem habebant Joannes Pictavius vicecomes Stellæ, marchio Cotronicus, Bernardinus Claromontanus vicecomes Tallardi, Petrus Terralius Bayardus, Michael Poysiacus, Guiotus, Guillermus et Petrus Maligironi, Joannes Martinus Agnerius (1), et alii Delphinates multi. Notho Sabaudiæ Joannes Pictavius senescaliam

(1) *Jean Martin, seigneur d'Agnières.*

Provinciæ remisit (1); ipsi autem Joanni rex ordinem suum militarem dedit, et eum centum suæ domus nobilium ductorem creavit.

Ad vindicandum Mediolanensem ducatum ab Ludovico Sfortia juniore et Helvetiis, in æstate exercitum paravit, et cum acie in Delphinatum venit. Equitatum satis egregium, cui Prosper Columna, Romanus, præerat, Helvetii habebant; et fauces aditusque Alpium per Pratum Gelatum et Segusionem ac Colles Agni Crucisque, Quadratio proximi, in Italiam ducentes occupaverunt, et Chomontium juxta Ocellum necnon Mantolas combusserunt. Et in Villafranca, ultra Padum, Prosper Columna equitatum habebat; et ab rege Bayardus in Alpes præmissus est, et cum suo equitatu ad plana Italiæ devenit, et de capiendo Prospero Columna ibi animum concepit, ejus itaque opinionem Franciscus Chabaneus et Himbercutius Aubignusque secuti, cum suo equitatu, clam ab Alpibus Dronerias in plana etiam descenderunt, et per campos Salutianos ad Padum usque devenerunt, et ægre Padum vado trajecerunt, et noctu interdiuque progressi sunt, Villamquefrancam oppidum ingressi sunt; et ipsum Prosperum Columnam et alios ex equitatu præcipuos cum armis et equis omnibusque sarcinis ibi ceperunt, reliquos spoliatos abire incolumes permiserunt. Interea in Italiam prope Salutias pars exercitus Gallorum ex Alpibus descendit. Eadem autem celeritate qua iverant, Bayardus, Delphinas, et socii in locum unde egressi fuerant, cum Prospero Columna et cæteris captivis redierunt, ne ab Helvetiis Vigonem et alia proxima et circumadjacentia oppida tenentibus interciperentur.

(1) *René, bâtard de Savoie, comte de Villars, grand sénéchal de Provence, l'an 1515, après Jean de Poitiers, de Saint-Vallier.*

Post aliquam moram Gratianopoli factam, Franciscus Ebredunum ascendit; et cum commilitonibus in Delphinatum Prosper sub custodia ductus est, et dandae Francisco contra Helvetios victoriae haec dissolutio equitatus causa fuit; nam e montibus apud Salutias et Segusionem et alia loca Galli omnes paulo post Italiam ingressi sunt. Et Guillestra per Terram Novam, scilicet Varsium, Sanctum Paulum, Meyronum, Arcas, Arcanis rebellantibus pulsis, et in parte combustis, Collem Argentariae, Rupem Scissam, Vallem Bresieriam, Intermontium et Cunium, in Italiam Franciscus cum equitatus mole et tormentis pervenit; alii Guillestra per Quadratium et Collem Agni, alii per Segusionem, secedentibus Helvetiis, e montibus descenderunt. Cum instructa acie Helvetii per campos Taurinos Mediolanum repetere coeperunt, redeundoque Mediolanum a Francisco sequente, pacis conditiones petierunt; et Taurinum rex devenit, et Carolum Sabaudiae ducem ibi agentem secum duxit. Et Galeracii, loco ibi electo, dux Sabaudus Odetusque Fuxeus Lautrecus ac Sabaudiae nothus pacis conditiones cum aliquot Helvetiis dabant. Sed tandem, dum inter Laudam et Mediolanum Galli castra posuissent, et Mediolani se Helvetii continerent, oratione Sedunensis cardinalis impulsi, Gallos invadere proposuerunt.

Missis clam quatuor hominum millibus, qui Galeracii Carolo duci Sabaudo et Odeto Fuxeo Sabaudiaeque notho et aliis Gallis pecunias regias eriperent, Gallos, nihil mali suspicantes et partim inermes, ad occasum solis apud Mediolanum die jovis aggressi sunt. Sed poenas hujus invasionis dederunt : nam tunc et postera die, festo sanctae Crucis, duodevigesimo calendas octobris anni Christi millesimi quingentesimi quindecimi, victi fuerunt, et ex eis sexdecim millia, aliquibus captis, interfecta fuerunt; et hanc stragem vidimus, exercitum enim nostrum sequebar.

Et ipsa die jovis multi ex utroque exercitu cecidere : ex Gallis Himbercurtius, comes Sacri-Cæsaris, Franciscus ducis Borbonii frater, et Carolus comitis Trimolii filius. Et tanta fuit in perniciem Helvetiorum hæc strages, quod apud ipsos ne qua mulier luctum faceret prohibitum est, ne superstitibus horror, timorque, et hostibus major fortitudo et audacia inferretur, sicut post cladem Cannensem apud Romanos evenit. Et tota nocte diei jovis Helvetii inter nostros, ob conflictus involutionem, mixti fuerunt; et cornu bovino sibi signa dabant, et cruces albas sicut Galli pro insigni ferebant Franciaque acclamabant ut nostros deciperent et occiderent, dum a Germanis Gallici exercitus non differrent. Et postera die ad pugnam aperte et bellicose venerunt. Et ad finem victoriæ applicuit Bartholomæus Dalniana cum parte exercitus Venetorum, ut regi suppetias ferret, et reliquias Helvetiorum diffugientes secutus est, et aliquot occidit.

Finito conflictu, rex a Bayardo fieri miles voluit; apud Gallos enim et alias nationes hodie usurpatur, ut se in bello præclare gerens in signum virtutis miles efficiatur. Et talis est modus efficiendi milites, ut nudo ense ter percutiatur supra humeros qui militarem dignitatem suscipit; et ter militem creans profert: Aio te militem. Et miles militem creat; et inter bellicosos homines militia dignitas est; et quando miles inhumatur, ad tumulum cum ense et calcaribus deauratis sive auraceis defertur; et quamvis omnis in bello militans etiam gregarius pedes latina lingua miles dicatur, titulusque de militari testamento apud jureconsultos in his omnibus locum habeat, nihilominus ætas nostra hoc vocabulum miles usurpat, ad significandum eos qui post rem præclaram in bello gestam ter ense percussi militia donantur. Et Franciscum regem Bayardus militem fecit.

Et de more ipsius Francisci regis humeros ter nudo ense percussit, et licet in castris essent Carolus dux Borbonius connestabilis et Vindocinensis comes ac Sabaudus Ferrariæque duces et fere omnes Galliæ et Italiæ principes ac proceres, quorum intererat regem creare militem, hoc tamen honore Franciscus Bayardum, ob insignem ejus virtutem, donavit. Et staturæ erat Bayardus proceræ, pallidus facie et oblonga, nasoque deducto, affabilis, humanus et liberalis sedatusque; et eo familiariter usus sum.

Ex Delphinatibus, hoc bello Guillermus Turris, centum regiæ domus nobilium signifer, interiit. Et cum peditatu suo Petrus Maligironus, et cum vexillo alterius cohortis regiorum patriciorum Guillermus ejus frater, Delphinates, fortiter et strenue inter alios, testante ipso rege, contra Helvetios pugnaverunt.

Post Helvetios victos, rex Papiam se contulit, quia, licet Mediolanum vindicasset, nihilominus Sfortia adhuc Castrum Mediolanense tenebat, quod dux Borbonius per Petrum Navarram et alios tormentis frequentibus expugnabat, ita quod Sfortia se dedidit. Ad regem Papiam a Borbonio ductus est, qui eum benigne excepit: et Papiæ cum exercitu regio eramus. Rex cum magna pompa et magna caterva tam principum quam equitatus et peditum armatorum Mediolanum ingressus est. Et dum ad Mediolanum Franciscus cum Helvetiis dimicaret, exercitum Placentiæ, cum Hispanis, Leo decimus sequens Helvetiorum partes habebat; sed Padum non trajecerunt. Inde amicitiam Leo et rex contraxerunt.

Et quinta martii anni Christi millesimi quingentesimi decimi sexti, Claudius Turnonius Vivariensis episcopus, et Joannes Matero, advocatus Delphinalis (1), transege-

(1) *Claude de Tournon, évêque de Viviers; Jean Matheron, procureur fiscal au grand bailliage, puis avocat général au parlement de Dauphiné.*

runt quod Dunzera et Castrum Novum Rhodani sub majori Delphini imperio essent, et ibi primum ac appellationis judicem episcopus haberet, et tertio loco senatus Delphinalis appellaretur, quum prius ob privilegia sua nemini fidelitatem præstare vellet.

Franciscus post Helvetiorum bellum ad Leonem papam Bononiam ivit, et ibi decretum Basiliense sive Pragmaticam abrogarunt, quoad annuos sacerdotum valores et electiones, ita quod nunc in Delphinatu et Francia electiones, nisi ex privilegio olim datæ fuerint, locum non habent. Et ad regis nominationem Pontifex præsulatus et alia sacerdotia electiva confert. Inde, relicto Carolo duce Borbonio apud Mediolanum, rex per Brigantes et Vapingum in Provinciam ivit, ubi regina et Ludovica mater vota Magdalenæ et aliis divis solvebant. Illinc Avenionem et Valentiam Viennamque petierunt; et magno pretio, quod Franciscus Bayardo et ejus sociis solvit, Prosper Columna se ibi redemit. Et longo tempore in Delphinatu et Lugduni rex cum uxore et matre egit.

Interim, Galeatii vicecomitis ductu, imperator Maximilianus, Mediolanum usque, cum ingenti Germanorum exercitu et Helvetiorum reliquiis Italisque partes suas sequentibus, pervenit; sed prudentia Borbonii ducis, spe quam susceperat frustratus diffugit: et adventante imperatore, dux Borbonius, consilio Bayardi et quorumdam aliorum, prope castrum Mediolani exercitum posuit, et Mediolanenses defendit, licet complures alii Borbonio duci persuaderent quod in Galliam rediret. Et post imperatoris recessum Odeto Fuxeo Lautreco ducatus Mediolanensis commissus fuit, et patriam dux Borbonius repetiit. Interim cum aliquot aulicis rex, indutus albis vestibus, pedes per Turrim Pineam Pontemque Bellivicini et Scalas Chamberiacum ivit, et sancto Sudario votum solvit; et illuc etiam

Claudia regina et Ludovica regis mater sese contulerunt. Inde per vallem Graisivodanam et Gratianopolim Lugdunum repetierunt, et post Ambasiam adiverunt.

Sedatis in Italia rebus, Bayardus ad regem profectus est, et Molini ducis Borbonii primogenitum in cunabulis militem inter transeundum creavit. Magni enim dux Borbonius ipsum Bayardum faciebat, et bonum omen esse credebat, si ab ipso Bayardo filius miles fieret.

Pro expeditione in Turcos suscipienda, pecunias donantibus Leo pontifex amplas, ut vocant, Indulgentias per hæc tempora largitus est. Et ad divulgandum hujusmodi bellum Fratres Mendicantes constituti fuerunt. Tanto fervore ad hoc bellum populus movebatur, ut inter alios multi Delphinates nummis carentes arma quæ in Helvetios, Ludovici temporibus, comparaverant, ad habendam peccatorum remissionem in Turcos dederint; et mulieres caputia vestesque nuptiales et alia afferebant, aliæ filiorum cunas et tegmenta dabant. In sacerdotes quoque, Leo plures decimas concessit.

In novembri anni Christi millesimi quingentesimi decimi septimi, mille quingenti Germani, qui sub Francisco in Helvetios apud Mediolanum militaverant, per Alpes Cottias in Delphinatum venerunt, ut militia dimissi domum redirent. Et ipsis præerat eximiæ staturæ Germanus, cui Canis cognomentum erat; et hospitiorum mutationes vendebat, et ad remotos ex itinere cœpto ire et ibi hospitari minabatur, donec pecuniis se redemissent. Hi Germani Caturigas municipium vi ingressi aliquot oppidanos in æde sacra interfecerunt, et ipsi oppido damna intulerunt. Et properantes, ne colligendi se Delphinates tempus haberent, sub Cassenatico ad Tullinum Isaram trajecerunt, et Albencum primo, deinde Veracenum flexerunt. Postmodum Roibonem, Morasium et Rossillionem, præda onusti, iverunt, et ibi Rhodanum transiverunt, et in Germaniam redierunt : et quia mandato regio conducebantur, in hos sævitum non est.

Et quum Scotorum rex, in bello quod contra Anglos gerebat, interiisset, relicto adolescente filio, Arcius Delphinas fuit sub duce Albano ad regendum Scotiæ regnum præpositus; adeoque ab incolis amabatur, quod ei omnes ad unum obtemperabant, donec ipsi inviderunt duo Scotiæ proceres quod in gubernando hoc regno sibi alienigena præferretur. Et simulato inter se dissidio, hi Arcium esse discordiæ arbitrum petierunt. Et dum, ad audiendas inimicitiarum causas et sedandum hanc simultatem, Arcius hosce proceres adiret (1), per insidias occisus est, anno 1517.

Sub Ludovico duodecimo et Francisco, Joannes Columbus Delphinas, Sesanæ Brigantorum oppido natus, in theologia floruit, et hac scientia alios suæ ætatis theologos longe superabat : nuper Avenione obiit (2). Et contra hostes Antonius Gottafredus, Delphinas, vicinus meus, est Auxonæ Sequanorum oppidi pro Francis fidelissimus custos. Et sub Bochagio, tute maritimam Sancti Michaelis arcem in Normannia, contra Anglos et alios hostes, Gilletus Podius, inde Gabriel ejus frater, Delphinates, custodiverunt; nunc ejus custodiam Germanus Mollanus, Delphinas, habet (3). Et adeo Bochagii Delphinatis prudentia valuit, quod etiam Francisci secundi Delphini, regis filii, educator et gubernator effectus fuerit. Et sua facundia ac virtute Bernardinus Claromontanus hujus regis gratiam

---

(1) Longe aliter, tanquam Scotus, Antonii Arcii cædem narrat Buchananus, rerum Scoticarum libro decimo quarto.

(2) *Jean Colomb, célèbre théologien, mort à Avignon, l'an 1510,* était de Sézanne, ancien village du Dauphiné, cédé à la Savoie.

(3) *Germain d'Urre dit le capitaine Mollans, pourvu du gouvernement de la citadelle du Mont-St-Michel le 28 novembre 1524.*

tenuit. Et nuper Laurentius Alamandus, antistes Gratianopolitanus, expiravit. Inter cætera cœnobium Sancti Rochi Tolosæ et Jesu de Plana, prope Gratianopolim, ordinis fratris Francisci Paulæ, construxit.

Ad imperium, in Maximiliani defuncti locum, Carolus, ex filio nepos, per electores Germanos suffectus est; et jam Hispanias et regnum Neapolitanum ac Burgundiæ comitatum et Flamingos ex hæreditate materna paternaque et avita tenebat. Inde ex Hispania per Oceanum in Galliam Belgicam trajecit. Et in julio anni Christi millesimi quingentesimi vigesimi primi, idem Carolus Leoque decimus pontifex, necnon plures Itali et proceres in Franciscum regem conspiraverunt, ut eum ducatu Mediolano spoliarent, et libere Mediolanum, inde Romam ad suscipiendum coronas imperiales Carolus ire posset. Contra Gallos in Italia paratus fuit exercitus, cui cardinales Sedunensis et Medicus et marchio Mantuanus ac Prosper Columna marchioque Piscarius præfuerunt.

Apud Campaniam Carolus imperator copias habuit; et tunc in Burgundia Franciscus agebat, et aciem etiam in Campania disposuit. Et sex peditum millia Joannes Pictavius in Delphinatu et provinciis vicinis per Meraudum Faynum, Humbertum Groleam et alios quosdam Delphinates collegit, et hosce pedites per Delphinatum, in Italiam, adversus hostes duxit. Et anno Christi millesimo quingentesimo vigesimo primo, Franciscus senatum Delphinalem quatuor jureconsultis auxit, et suarum rationum auditoribus duos alios addidit; et complures novos magistratus in Delphinatu creavit, et a quolibet pecunias exegit. (1). Inde, ut res

---

(1) *Edict de création et augmentation de quatre conseillers en la cour de parlement de Dauphiné,* *par-dessus le nombre des dix conseillers et un président qui y estoient auparavant, donné à Troyes le pre-*

ad pristinum statum rediret, petentibus Delphinatibus, sanxit ne in morientium senatorum et rationum auditorum locum aliquis sufficeretur, donec ad primum numerum senatus et auditores redacti forent.

Aciem suam Carolus imperator in Robertum Marchiam convertit, et absque mora Florengiam et alia plura castra fortissima ipsi Roberto Marchiæ, per legatos, Carolus eripuit. Interim Gallorum exercitus, ibi ad defendendum suos fines paratus, dissolutus est, et pars in Aquitaniam contra Hispanos sub Guillermo Goffierio, alii, paucis in Campania relictis, adversus Leonis pontificis copias et cæteros Italos hostes se contulerunt; et Helvetii Francis reconciliati etiam in Italiam pro eis descenderunt. Hanc exercitus Francorum e Campania dissolutionem Carolus imperator intellexit, et factis induciis cum Roberto per aliquot dies, Francos in Campania aggredi proposuit, ut inde Burgundiæ ducatum occuparet. Sub comite Nassovio et Francisco de Sickingen (1) exercitus ejus Mosam flumen, qui est Francorum et Germanorum limes, trajecit, et ad numerum quadraginta millium peditum, quatuorque millium equitum cum centum et decem tormentis, imperialis exercitus procedebat. Et Mosonium, custodibus in deditionem acceptis, sine expugnatione cepit, quamvis in eo multi Franci milites essent. Hoc facto universa Francia timore concutiebatur.

Prope Divionem Franciscus rex erat. Et de custodia Maceriarum oppidi, Mosonio proximi, fere omnes militia conspicui, præter Bayardum, desperabant; et Macerias solo esse æquandas, propter earum impotentiam, multi apud

---

mier septembre 1521. — Franciscus, quum exhaustus esset fiscus immodicis largitionibus, Prati cancellarii consilio, pecuniam ex institutione novorum magistratuum confecit.

(1) Le comte de Nassau et François Snick, seigneur de Sickinghen, célèbre capitaine d'aventuriers.

regem censuerunt, et longam latamque regionem ibi esse incendio consumendam, ut hostibus victus deesset. Bayardus vero incendium exhorrens, Macerias esse custodiendas persuasit, quum nullum, ut aiebat, debile esset oppidum quod strenui milites servabant. Et cum suo equitatu et tribus peditum millibus paucisque aliis ad custodiendas Macerias se contulit; et quia pons Maceriis in Franciam supra Mosam exibat, Bayardus omnes qui ferre arma dubitarent illac abire jussit; inde, per Guigonem Guifredum Delphinatem, pontem rescidit. In ipso oppido, inter alios, sub ipso Bayardo, fuerunt Carolus Alamandus dominus Vallis, Bayardi consobrinus, Antonius Claromontanus Bernardini vicecomitis Tallardi filius, Franciscus Cassenaticus et Joannes Jacobus Eynardus, ipse Guigo Guifredus agnomine Boterius, et Baptesar Bellomontanus (1), pluresque alii Delphinates ex Bayardi cohorte. Supervenit etiam illustris Anna Mommorancius (2) cum suo equitatu, cui Laurentium Eynardum Delphinatem præposuerat. Et supra omnes majus imperium, regia voluntate et militum consensu, Bayardus Maceriis habuit, et a singulis tum militibus, tum oppidanis juramentum exegit quod nunquam hostibus se dederent, sed usque ad mortem pro patria pugnarent, et oppidum defenderent; et si victus deessent, equos primum, inde famulos sale condirent et salsos comederent: sed de famulis joco ita jurabant, et audivi ab ipso Bayardo. In reparandis Maceriis adversus hostes tria aureorum millia e suo exposuit. Et victui ac cibariis, ne inconsultè consumerentur, Philippum Villam Delphinatem, longa experientia in re militari consummatum, præ-

---

(1) *Guy ou Guignes Guiffrey, seigneur de Boutières, et Balthazard de Beaumont, cousin de Bayart.*

(2) *Anne de Montmorency, depuis* connétable de France, « auquel Ronsard n'a pas cru faire tort en l'appelant: compagnon de Bayart. » (*Supplément du président Expilly.*)

fecit. Paulo post Macerias Germani duobus lateribus medio flumine obsederunt.

Hoc tempore Bernardinus Claromontanus Gratianopoli incidit in infirmitatem, qua ingravescente postea interiit. Et usque ad extremum vitæ, sicut de Vespasiano legitur, jocosus fuit.

Hostes Macerias postera die quam applicuerunt nongentis et tertia die sexcentis tormentorum ictibus aggressi sunt; cum suis autem Bayardus oppidum egregie defendit, et sæpe egressus hostes clade affecit : et in unam aciem hostes convenire citra Mosam astrinxit. Quum omnes vires in capiendis Maceriis hostes coegissent, et nihil, Bayardo defendente, agerent, post sex hebdomades ab obsidione cœpta, hostes posse Maceriis potiri desperantes abiverunt, et patriam repetendo Mosam transiverunt.

Interim sub duce Borbonio et Vindocinensi Alenconioque, magnus Francorum militum numerus, necnon decem Helvetiorum millia, in Campaniam adversus hostes convenerunt; et apud omnes Gallos constans opinio fuit sub Francisco se per Bayardum et commilitones servatos fuisse; nam, dissoluta, ut scriptum est, Francorum acie, et nullo milite obsistente, imperialis exercitus libere Campaniam Burgundiamque et plures alias Galliæ partes occupasset, nisi Bayardus restitisset et ad Macerias Imperiales remoratus esset. Per hæc enim tempora Hispani Navarræ regnum iterum occupaverant, et multos interfecerant, Humbertumque Fuxeum belli ducem et Turnonium ceperant; adeo quod, sublata Germanorum hostium formidine, Galli ipsum Bayardum laudaverunt et usque ad cœlum extulerunt. Et prope Macerias, diebus festis, quando sacerdotes, inter divina celebrandum, conversi ad populum orabant e more pro fructibus terræ, subjungebant : Orate etiam pro rege et Bayardo qui regnum Franciæ tutatus est.

Post liberatas ab hostium obsidione Macerias Bayardus illico cum suis egressus est, ut hostes cum rege sequeretur. Et Galli Maceriarum accolæ occurrebant, ut liberatorem suum viderent et ei gratias agerent. Et gratuitos sumptus militibus suis ministrare volebant, et militares eorumdem militum vestes vulgus osculabatur, ita Bayardo gratias agens quod ab hostibus eos liberasset (1). Et in compensationem Bayardo Franciscus, restitutis expositis, dedit Ordinem suum regium militarem (2), et centum hastarum cohortem ad stipendia quinque millium aureorum annuorum, quod principum regii sanguinis munus esse solet. Et Bayardi etiam favore, Philippo fratri suo pontificatum Glandatensem et Jacobo alteri fratri cœnobium Josapham, Pontifex, ad Francisci postulationem et nominationem, dedit.

Acies Francorum, quæ dum Maceriæ servarentur convenit, sub Francisco hostes secuta est. Et Hedinum Franci Germanis eripuerunt, et in octobri anni Christi millesimi quingentesimi vigesimi primi alia quædam oppida et pagos Flamingorum et aliorum imperatoris principatuum ceperunt, et cum annona combusserunt. Et Gallis Valencinas adventantibus, imperator ex ea urbe mœstus Gandavum ivit, ut Gallorum aciem evitaret. Interim, subeunte hieme, utriusque principis acies dissoluta est, et acceptis stipendiis Helvetii domum redierunt.

Regem Parisios euntem Bayardus secutus est, et ei Parisienses occurrere voluerunt, sed clam urbem ingres-

---

(1) Populares quædam cantilenæ in honorem Bayardi et sociorum confectæ necnon iisdem temporibus prælo mandatæ fuerunt.

(2) *Le 12 février 1790, l'acteur Larive fit hommage au général Lafayette du collier de Bayart, qui lui avait été donné à Grenoble, à l'époque où il représentait le Bon-Chevalier dans la tragédie de Du Belloy.*

sus est. Et in sacro palatii Parisiensis sacello senatus eum salutare voluit, eo quod tam præclare apud Macerias et alibi se gesserat, sed Bayardus ante senatus adventum a sacello abivit, ne inveniretur.

Dum hæc in Gallia gererentur, exercitus Leonis, cui ex statione Neapolitana Hispani aliquot adjuncti erant, et Helvetii Saloduri pagi sub cardinale Sedunensi, et quidam Germani cum deportatis Italis, in Francos Mediolanum tenentes, progressi sunt et, relicta Parma ab qua repulsi fuerant, Padum trajecerunt. Interea Helvetii qui in castris nostris erant, in summa belli necessitate, recesserunt. Et prope Laudam hostes Adulam pontibus factis transivere, et ibi Faynus Delphinas (1), qui cum fratre peditatum sub Joanne Pictavio habebat, et ad impediendum hostium transitum cum paucis aliis missus fuerat, ab ipsis hostibus occisus est; et Galli cum Venetis eis faventibus Mediolanum secesserunt. Et hostibus postea sese Mediolanenses, fugatis Francis, dedidere. Et acies nostra Comum ivit, et illinc per Helvetiorum regionem, inde agrum Gebennensem et Sabaudiam ad nos rediere multi pedites : per solitam enim Pedemontii viam, ob rusticorum catervas et alias insidias, non erat transitus. Et Odetus cum septingentis hastis Cremonam petiit, et aliquot Hispanos qui eam ceperant interfecit. Pars exercitus nostri Alexandriæ, pars alio loco se continuit, donec e Gallia auxilium daretur.

Dux autem Genuæ, qui sub majori Francisci imperio Genuam tenebat (2), intelligens quod Galli non satis pros-

---

(1) *Mérand de Fay, seigneur de Saint-Jean-de-Bournay. Cette maison existe encore sous le nom de Fay de la Tour-Maubourg.*

(2) *Octavian Frégose, doge ou plutôt gouverneur perpétuel de Gênes, pour le roi de France.*

pere in Italia pugnabant, sibi timens, aliquem belli ducem a Francisco petiit, ut, si forsan hostes progrederentur, resistere posset. Rex Bayardum ad eum misit, et Parisiis in Delphinatum venienti Lugdunenses ei occurrerunt. Interim nuntiatum est Leonem pontificem maximum calendis decembribus occubuisse, et in ejus locum Adrianum, olim præceptorem Caroli imperatoris, in Hispania agentem, cardinales suffecerunt.

Salutato autem senatu nostro Gratianopolitano, decimo sexto calendas januarias, Bayardus per Vapincensem agrum et Sistaricensem ac Senecium, Nicæamque et Monœcum, Genuam, sine militibus, ivit. Eum tamen comitatus est Carolus Alamandus, necnon Baptesar Belli Montis, Guminusque (1) et aliquot alii Delphinates; et, antequam e Delphinatu abiret, magnum cum eo de gestis apud Macerias colloquium habui.

In januario anni Christi millesimi quingentesimi vigesimi secundi, sexdecim Helvetiorum millia pro Francis Mediolanum petierunt; et Genua, cum solis domesticis et comitibus supra relatis, ad castra nostra Bayardus in ducatum Mediolanensem ivit; et Franci Hispanos Mediolani tribus mensibus obsederunt. Tandem Hispani Mediolanum egressi sibi castra vallo apud Bicocam fecerunt, et invitis Francis eos a fronte Helvetii aggredi voluerunt, et currentes ad vallum altissimum accessere. At ubi hostes munitos viderunt et suos duces tormento necatos cognoverunt, exercitum nostrum reliquerunt. Ex alio latere, Franci hostium castra ingressi eos magna clade afficiebant, et occupato uno valli ponte, primam hostium aciem superaverant, eosque vicissent, si Helvetii absque etiam certatione prope vallum stetissent aut aliquot alios pe-

(1) *Jean de Gumin, seigneur de Romanesche.*

dites habuissent. Et in illo conflictu, Jacobus Miolanus, adhuc juvenis, Delphinas et Sabaudus, occisus est; in eoque familia Miolanorum masculina defecit. Et Helvetii recedentes necabantur, nisi Franci equites, relictis hostibus, eis subvenissent : et sine mora, formidine pleni, absque magna suorum strage Helvetii domum repetierunt, quod, si in aliquo pago se continuissent, Francis Mediolanenses et hostes se dedebant.

Pridie calendas maias anni millesimi quingentesimi vigesimi secundi Guillermus Goffierius possessionem administrationis Delphinatus adeptus est (1). Tunc, conventu habito, Delphinates regi viginti francorum millia, et Delphino triginta, ac Guillermo gubernatori sex millia largiti sunt. Hoc praetextu a mille peditibus, quos anno integro suis expensis ad bellum mittere debebant, ipsi Delphinates liberati fuerunt.

Tandem, quum auxilium milites Franci non haberent, ex Italia per Helvetiam et Delphinatum in Galliam redierunt. Et hoc tempore aliqui Delphinates jureconsulti, qui praetoris officio in ducatu Mediolanensi fungebantur, capti ab quibusdam Italis fuerunt, et aliqui spoliati, alii lapidati; alii alio mortis genere interfecti fuerunt. Et inter alias urbes Genua ab hostibus capta et spoliata fuit. Hostes Salutias usque pervenerunt, et, ne Delphinatum offenderent, Bayardus, qui ex Italia cum aliis redierat, Alpium custodiam, cum suo equitatu et duobus peditum millibus quibus Petrus Thesius cognomine Hercules et Philippus Turris Vatiliacus Delphinates (2) praeerant, duobus men-

---

(1) *Guillaume Gouffier, seigneur de Bonnivet, amiral de France, succéda à son frère dans le gouvernement de Dauphiné, le 27 septembre 1519.*

(2) *Pierre de Theys, seigneur d'Herculez ou d'Herculais, et Philippe de la Tour-Sassenage, seigneur de Vatillion.*

sibus suscepit, donec alio se hostes transtulerunt. Et Longobardis, qui profugi erant et Francorum partes sequebantur, Franciscus hæreditates in Delphinatu dedit.

Et paulo ante hæc tempora, Claudia, sanctissima Galliarum regina, humanos reliquit. Et Anglis Hispanisque et Italis ubique in Gallos tumultuantibus, Bayardus Delphinatus custodiam habuit, et sæpe Delphinates recensuit, ut, si opus esset, eis ad defensionem patriæ uteretur. Et in aprili anni Christi millesimi quingentesimi vigesimi tertii, Vascones et Scoti, qui custodiam castri Mediolani pro Francis habebant, et jam, absentibus ab Italia Gallis, id sexdecim menses custodiverant, obtenta facultate redeundi cum sarcinulis in patriam, ipsum castrum hostibus tradiderunt, licet plurimum victus, ut ferebatur, adhuc in eo castro esset. Sed, multis eorum mortuis, pauci surperstites abierunt. Per Delphinatum Galliam petebant, et, ad Francisci regis mandatum, Bayardus eos detinuit; et Joannes Patarinus, præses Mediolanensis (2), et quidam alii togati, qui in discrimine belli arcem ipsam ingressi fuerant, accusabantur quod consilium recedendi custodibus dederant; custodes etiam accusabant Mascaronem eorum ducem et episcopum Tarbensem, quod victus eis subtraherent et venderent. Et Patarinus cum Leone senatore Mediolanensi in Turre Pinea detentus fuit, cæteri Gratianopoli; inde Parisios ad regem Bayardus eos misit, qui culpa carentes impune evaserunt.

Hisce temporibus gregarii milites, principibus se non lacessentibus, sed sub custodia tuentibus, militia missi, in Francia ad magnum numerum se congregaverant, et sibi

---

(1) *Claude Patarin ou Patarin, lyonnais, podestat de Milan, ensuite premier président du parlement de Bourgogne.* (*Lettres lyonnaises, par M. Breghot du Lut; Lyon, in-8°, 1826, p. 89 et suivantes.*)

regem prope Turones creaverant, quem Monclonem appellabant; et cum magno populi incommodo et regni periculo vagabantur : inde per Carolum ducem Borbonium et alios superati fuere. Et horum sævitiam Delphinatus, opera Bayardi, non sentiit, licet Rhodanum sæpe trajicere vellent; sed, audita Bayardi præsentia, abstinebant. Ad ultimum mille quingenti ex his prædonibus, Rhodanum transgressi, Viennensem agrum premebant; sed decima nona maii Bayardus eos modico equitatu et aliquo Delphinatus peditatu fugavit, ita quod Bayardi adventum non exspectaverunt (1).

Huic enim viro bellicoso omnia e voto et prospere eveniebant, et, ut credimus quia Deo devotus et deditus erat, nec sceleribus quæ id genus homines habent, laborabat. Et inter alia in pauperes liberalissimus erat; tantæ erat continentiæ, quod sæpe matres filias ob paupertatem ei offerentes repulerit et arguerit, et filias intactas matrimonio collocaverit. Et quum volo speciosiorem ejus virtutem referre, infinitæ se offerunt, ut nesciam quam aliis præferam; ita quod melius est omnino tacere quam aliquas duntaxat referre.

Equitatus Bayardi in ducatu Valentino, et Pauli Camilli in agro Diensi et Vapincensi, Corcisique in valle Graisivodana centum quinquaginta, et in agro Viennensi quadringenti pedites Germani educati fuerunt, anno fere integro millesimo quingentesimo vigesimo tertio. Et in augusto ejusdem anni Franciscus in Italiam aciem ducebat, ut ab Hispanis et altero Ludovici Sfortiæ filio ducatum Mediolanensem vindicaret. Dum Lugduni esset, Carolum du-

---

(1) *A. Barginet, qui vient de mourir à Lyon (18 déc. 1843), a trouvé dans ces mêmes faits, rapportés par Chorier, le sujet d'un roman en 5 vol. in-12, dont les héros sont Bayart et Maclou, « le Roi des Montagnes. »*

cem Borbonium ad se evocavit, ut in Italiam, quum esset connestabilis, secum proficisceretur. Sed quia, inscio rege, Carolus Eleonoram imperatoris sororem desponsare procurabat, latuit, et ad hostes eum fugisse creditum est. Propterea rex in Gallia remanere decrevit, et aciem suam sub Guillermo Goffiero Delphinatus gubernatore, qui tunc apud se multa poterat, in Italiam misit; et, transactis Alpibus, Galli Mediolanum obsederunt.

Interim Carolus Borbonius, ex Arvenia ubi latitaverat, per silvam Chambaranceam et alia Delphinatus loca Portumque Guerii (1), Pomperano Arverno (2) et quodam alio eum ducentibus, Sequanos petiit, et trinoctio, ut aiunt, in Chambarenco (3) latuit. Et postridie quod illinc abiverat, quinquaginta custodiæ regiæ equites Lugduno in Chambarancum venerunt ut eum deprehenderent, quia, ut ferebatur, cum hostibus in regem moliebatur.

Dum Franci Mediolanum obsiderent, cum bono peditum et equitum numero, Bayardus Laudam cepit. Inde arcem Cremonæ quam nostri adhuc tenebant, invitis hostibus, victu et militibus munivit. Et ipsam Cremonam capere tentavit. Sed ut obsidionem Mediolanensem repeteret destitit, et in illo conatu tormento in humeris vulneratus est. Et Treverias Cremona redeundo in suam postetatem redegit. Inde ad obsidionem Mediolanensem venit, et propter hiemem ab obsidione parum Galli secesserunt. In oppidulis Mediolano proximis stationes posuerunt, et Biagracii maxima nostri exercitus pars cum Guillermo Goffiero pro rege hibernabat. Rebecci autem, Mediolano proximi

(1) *Le Pont du Guiers, c'est-à-dire le Pont-de-Beauvoisin.*

(2) *Pompérant, gentilhomme de la province d'Auvergne.*

(3) *Chambaran, vaste forêt, qui couvrait autrefois une grande partie des communes de Roybon, Viriville et Bressieux.*

et nullatenus muniti, Bayardus cum paucis positus est; ejus enim virtuti Guillermus, ut aiunt, Goffierius invidebat, et data opera periculo exponebatur, ut cladem acciperet; et nunquam Bayardus sufficientem militum numerum ad ejusdem loci custodiam habere potuit; et sæpe suis militibus dicebat quod nunquam minuta arma relinquerent, quodque prope diem hostes eos invaderent.

Interim, Prospero Columna defuncto, Carolus Noerius, Neapoli Cæsareas vices gerens, Mediolanum venit (1). Inde e Sequanis illuc Carolus Borbonius adversus Gallos sese contulit: et duce marchione Piscario et aliis, Hispani in magno numero Mediolanum egressi, Bayardum et Michaelem Poysiacum aliosque Rebecci stantes media nocte invaserunt et aliquos ceperunt, et omnem Bayardi et aliorum supellectilem diripuerunt. Bayardus, tantæ multitudini impar, cum suis armatus et equo insidens Biagracium ad exercitum ivit.

Post aliquas Gallorum et hostium incursiones, Helvetiis in acie nostra militantibus, et aliis Gallis jam propter hiemem fatigatis, exercitus Gallicus, defectu auxilii, Franciam repetebat, et hostibus eum acriter pone opprimentibus, Bayardus in acie postremus tormenta et impedimenta nostra conservabat. Et tunc mediocri tormento gregarius hostium miles, ad medium corpus, eum decima ante meridiem hora percussit (2). Et ex equo suo per aliquot Helvetios et Jacobum Joffredum suæ domus præpositum (3) Bayardus in terram positus est, capiti lapide supposito. Et inde Hispani Gallos sequentes ipsum in tentorium marchionis Piscarii detulerunt. Et sacerdoti more

---

(1) *Charles de Lannoi, vice-roi de Naples, remplaça Prosper Colonne, mort à Milan le 30 décembre 1523.*

(2) *Entre Romagnano et Gatti-nara, sur les bords de la Sesià.*

(3) *Jacques Joffrey, gentilhomme de St-Chef en Dauphiné, maître-d'hôtel de Bayart.*

Christiano confessus, captoque Christi corpore, Bayardus octava hora post vulnerationem et sexta hora post meridiem occubuit. Et Carolus Borbonius ipsum in infirmitate vidit, sed cum eo Bayardus magnum colloquium habere noluit. Cæteri Galli per Sabaudiam et Delphinatum in Franciam pervenerunt.

In templo Minimorum de Plana, Gratianopoli proximo, Bayardus sepultus est, quem etiam hostes defleverunt. Et ob singularem ipsius virtutem Cartusienses, in maio anni Christi millesimi quingentesimi vigesimi quarti, perpetuum anniversarium eidem in qualibet mundi Cartusia instituerunt. Nunquam Bayardus delatorum bona, nunquam magistratus venales in donum petiit, solis hostium spoliis gaudebat. Et magnam in ejus morte jacturam ego ipse supra alios feci, valde enim me diligebat. Et ut plane intelligatur in quanta existimatione Franciscus rex eum habuerit, subjungam ipsius regis epistolam quam e vernaculo gallico latinam feci : « Bayarde, recepi tuas breves lit« teras quæ mihi singulariter placuere, et tibi gratias agimus « vehementer, quod semper sis bonæ voluntatis ; et longe « antequam tuas litteras recepissemus, deliberaveram, si « belli occasio occurreret, te non relinquere tam otiosum « sicut ab reditu tuo ex Italia fuisti. Et propono quod, du« rante negotio, non distabimus longo intervallo. Et semper « compertum habebis hominem armorum quem tua manu « militem fecisti, ita bono corde valebit, quod non erit « tibi dedecori : et vale. Scriptum Parisiis, decima nona « decembris. Franciscus.—Amanuensis Brito (1). » Subjungam ad aliorum exemplar, quod singulis diebus viginti solidos pauperibus largiebatur, et pro una missa tres solidos ; et uno anno, a septembri usque ad aprilem sequen-

---

(1) *Contre-signé Breton.*

tem, septingentos aureos pauperibus donavit, et vigente peste Gratianopoli, omnes in hospitali pestifero existentes nutrivit.

Interim ex Hispania per æquor Philibertus princeps Arausicensis, et Philippus ducis Sabaudiæ frater, in Italiam devehebantur; et prope Massiliam Philibertus princeps Arausicensis captus est, et per Salyos Comitatumque Venaissinum et principatum Arausicensem ac Delphinatum, ductus Lugdunum, ibi et Viennæ postea sub custodia fuit (1); Philippus autem Sabaudiam petiit.

Et sub Carolo Borbonio et marchione Piscario, ad Alpes pars hostium venit, tentans Delphinatum capere, et deliberans an illa via aut alia in Galliam transiret; nam Borbonius, ut ad patriam rediret, spem de Gallia capienda Hispanis dabat; et per Narbonensem agrum Imperator Galliam invadere decreverat. Et ut exercitum Borbonii Jacobus Chabaneus reprimeret, e Francia, jussu regis, Gratianopolim venit. Et habito conventu, Delphinates se defendere proposuerunt, dummodo nullus miles exterus Delphinatum ingrederetur, ut victus conservarentur, si in mole belli, Delphinatibus non sufficientibus, Jacobus Chabaneus exercitum auxiliarem duceret. Et his Chabaneus annuens, Lugdunum rediit.

Romanis, a senatu Delphinali, conventus nobilium indictus est, ut ad fines defendendos magis strenui eligerentur. Et sub Antonio Claromonte, primo Delphinatus procere, Romanos quatuor nobilium millia convenerunt. Et ex his patriciis Delphinatibus aliquot electi Vapincum sub Antonio Claromonte iverunt, ut illinc, tanquam e

---

(1) Asservatus est princeps Arausicensis in quadrata domus Canalium turri, quæ, quamdiu extitit, ab illo vel ab uno antecessorum ipsum retinuit nomen *Tour d'Orange.*—*V.* Chorier, *Antiquités de Vienne,* p. 385.

loco medio ad aditus et fauces, per quas hostes venire poterant, succurrerent. Et Montigardino (1) Passum Bressaudi cum quingentis peditibus, aliis Exilias, aliis castrum Delphini, qua hostibus patebat aditus, in custodiam dederunt. Et Hispani, a Carolo Borbonio de Delphinensium strenuitate certiores facti, Cunium, Pedemontii oppidum, convenerunt. Et illinc per Alpes Maritimas et Monœcum, Nicæamque in provinciam Provinciæ, relicto Delphinatu, se contulerunt. Et Aquas Sextias ac totam inferiorem Provinciæ partem maritimam occupaverunt, præter Arelatem, et Massiliam quam, in julio anni Christi millesimi quingentesimi vigesimi quarti, obsederunt. Dum eam cum Francis Rancius Ursinus (2) Romanus, necnon Carolus Alamandus, habens partem cohortis Bayardæ, et Philippus Turris Vatiliacus cum peditibus, Delphinates ambo, defenderent, Franciscus rex aciem suam Avenione, Chabanei opera, congregavit. Et quum Lugduno Chabaneus Viennam et Avenionem supra Rhodanum deveheretur, sub ponte Viennæ vasa ejus argentea demersa sunt, cum aliquot famulis, nec reperiri potuerunt (3). Et per agrum Viennensem decem Helvetiorum millia Avenionem, ad Francisci stipendia, petierunt. Rex inde ex civitate Lugdunensi eo se contulit; et apud Caballionem exercitum recensuit, et militum ostentatio facta est (4).

Borbonius autem non valens Massiliam capere, et intel-

---

(1) *Le seigneur Laval de Montgardin, dans l'Embrunois.*

(2) *Renzo des Ursins, baron romain au service du roi de France.*

(3) *On vient de retrouver dans le Rhône, au-dessous de Vienne, un plat d'argent, provenant certainement de ce désastre, puisqu'il porte les armes mi-parties du maréchal de Chabannes et de Marie de Melun-d'Epinoy, sa seconde femme.*

(4) Militum Ostentatio vel Ostensio, veteri gallico, *la Monstre de l'armée,* cum recensentur milites aut se spectandos præbent ad militaria stipendia percipienda.

ligens regem adventare, cum copiis suis per Aquas Sextias, Sanctum Maximum, Brinoniam, Areas, Pignacum, Lucum, Emuum, Forojulium, Cannas, Antipolim, Sanctum Laurentium et Nicæam, repetiit Italiam (1). Et a tergo aliquot Franci ipsos hostes subsequebantur, et inter eundum multos posteriores necabant : et aliqui e nostris in his conflictibus interimebantur ab hostibus. Rex autem Avenione Aquas Sextias profectus est. Inde cum exercitu per agrum Sistaricum, Vapincensem, Ebredunensemque et Brigantes in Taurinos celeriter, ut hostes præveniret, octobri mense descendit; et quamvis hostes ex alio latere Mediolanum jam applicuissent, nihilominus rex e Taurinis progrediens Mediolanum Borbonio et Hispanis eripuit. Et quum aliquorum opinio esset ut hostes Laudam fugientes sequeretur, quia Neapolim ire proposuissent, vicit aliorum sententia, ut, omissis his copiis, rex obsideret Papiam, ubi octo hostium millia sub quodam Alemanno et Antonio Leva Hispano erant. Et bis ad summum rex Papiam expugnare voluit. Sed quum sine magna suorum strage id non posse fieri videret, eam fame in suam deditionem reducere proposuit; et Papiam quatuor mensibus obsedit.

Præterea ex acie sua Albaniæ ducem (2), cum sex peditum millibus et quingentis gravis armaturæ equitibus, ad invadendum et capiendum regnum Neapolitanum misit; et ad id Clemens octavus pontifex maximus assentiebat. Marchionem autem Salutiarum, cum sua cohorte et mille ducentis peditibus Italis, rex Savonam ire jussit. Et quatuor peditum Italorum millia trans Ticinum, ad pontis custodiam, disposita erant; plures Mediolani custodiam habebant. Acie nostra ita separata, et Gallis jam longa obsi-

---

(1) *Aix, St-Maximin, Brignoles, Hyères, Pignans, Luc, le Muy, Fréjus, Cannes, Antibes, St-Laurent, Nice.*

(2) *Jean Stuart, duc d'Albanie, prince écossais, établi en France, oncle de Catherine de Médicis.*

dione propter hiemem fessis, multisque infirmis et recedentibus, Borbonius et Hispani suis qui Papiam tenebant et fame laborabant subvenire voluerunt. Et in Germaniam Carolus Borbonius profectus est, multosque illinc Germanos in auxilium duxit.

Tandem partes aciei hostes disposuerunt; et primam marchio Piscarius, mediam Carolus Borbonius, ultimam vero Carolus Noerius, ducebat. Et veneris tertio calendas martias anni Christi millesimi quingentesimi vigesimi quinti, festo beati Matthiæ, in aurora, hostes ita ordinati Francos Papiam obsidentes invaserunt. Primo congressu, Hispani vincebantur; tandem, Helvetiis abeuntibus, et aliquot e nostris secedentibus, Franci, obsessis Papia erumpentibus ac juvantibus, succubuerunt. Et post magnum conflictum Franciscus rex captus fuit, et Picighitonum Hispani eum sub Alarconis custodia duxerunt. Bellis enim et conflictibus suapte natura Gallorum reges interesse consueverunt, ut cum suis et belli labores et pericula sentiant, quod multarum aliarum nationum regibus non contingit, qui per legatos bella gerunt, et a periculis immunes, solam victoriæ gloriam aut commodum assumunt.

In variis Gallici exercitus centuriis et cohortibus, quas vulgus Societates appellat, ducenti fere Delphinates patricii apud Papiam militabant, et omnes aut occisi aut cum rege capti fuerunt, præter paucos qui evaserunt. Interiere Joannes Brutinus, centum hastarum conductor, Rostagnus Vescus dominus Becconæ qui peditatum habebat, Franciscus Berengarius, Antonius Urrus, Guido Vescus, Philibertus Rivoria ex aula regia, Giraudus Ansusanus, vicinus noster, et Petrus Laterius (1).

(1) *Jean ou Etienne de Brottin, seigneur de Faucon, que Du Bellay*

Ex captis hi præcipui fuere : Antonius vicecomes Claromontis, qui centum regiæ domus nobiles ducebat; Bernardinus ex eadem familia, Tallardi vicecomes, Antonius Medullio dominus, ut nostrorum vocabulo utar, Briciassi; Claudius Alamandus dominus Tolliniaci (1) et duo ejus liberi, Guiotus Malusgironus dominus Amputei (2), qui centum gravis et ducentis levis armaturæ militibus sub Francisco Sancti Pauli comite præerat, et acriter in conflictu vulneratus fuit; Michael Poysiacus dominus Valeri, sub quo quinquaginta hastæ militabant; Marinus Montis Canuti, primus hospitii regii magister; Guigo Guifredus, qui viventis Bayardi cohortem duxerat et tunc aulicus regius erat (3); Philippus Turris, dominus Vatiliaci.

Ex regiis patriciis Delphinatibus, quos Antonius vicecomes Claromontis ducebat, capti fuerunt : Meraudus Faynus dominus Sancti Joannis, Humbertus Grolea dominus Helini, Claudius Thesius dominus Syllani, Joannes Bellimontis, Joannes a Malobecco consanguineus noster, Jacobus Robba, Claudius Nova Casa, Pictavius nothus (4).

appelle le capitaine Paris; Rostaing de Vesc ou de Vaësc, seigneur de Boconne; François de Bérenger, seigneur de Morges; Antoine d'Urre; Guy de Vesc, seigneur de Saillans; Philibert de ou de la Rivoire; Giraud d'Ancezune, seigneur de Vinay; Pierre de Lattier.

(1) Antoine, vicomte de Clermont; Bernardin, vicomte de Tallard; Antoine de Groléé, seigneur de Meuillon et de Bressieu; Claude Alleman, seigneur de Taulignan.

(2) On lit encore dans l'église de St-Maurice, à Vienne, l'épitaphe de Guy de Maugiron, seigneur d'Ampuis, et celle de sa femme Ozanne l'Hermite, petite-fille du fameux Tristan l'Hermite, grand-prévôt de Louis XI.

(3) Michel de Poisieu, seigneur du Passage; Marin de Montchenu, premier maître-d'hôtel de François Ier; Guigues Guiffrey de Boutières, lieutenant de Bayart, gentilhomme de la maison du roi, auquel plus tard fut dû le gain de la bataille de Cérisoles.

(4) Méraud de Fay, seigneur de St-Jean de Bournay; Humbert de Grolée, seigneur d'Illins; Claude de Theys, seigneur de Sillans; Jean de Beaumont; Jean de Bocsozel-Maubec; Jacques Robe de Miribel; Claude de Maison-Neuve; le bâtard de Poictiers.

Ex alio exercitus Gallici equitatu etiam capti fuerunt sequentes Delphinates: Petrus Bellivisus filius domini Fabricarum, Humbertus Rivoria, Ludovicus Jons, Laurentius Bellimontis dominus Sancti Quintini, Petrus Rivoria, Petrus Aqua (1), et alii Delphinates multi quos recensere esset fastidiosum. Ad quorum redemptionem pecuniæ Delphinatus exhaustæ fuerunt; et pro liberatione quorumdam consanguineorum et amicorum meorum aliquot nummos tradidi. In captivitate autem abierunt Michael Poysiacus, et alter e Claudii Alamandi filiis. Insuper evaserunt post magnum conflictum illustris Guillermus Pictavius dominus Sereniani, Laurentiusque Eynardus centuriæ Montismorancini ductor, Martinus Armuetus, Joannes Vetula, ambo regiæ domus patricii, Givretus et pauci alii (2). Et Christophorus Lorasius, erepto hostibus uno vexillo, patriam repetiit (3).

Ex hac infelici pugna gregarii milites Franci, et quorum captura Hispanis non proderat, nudati et spoliati per Delphinatum in Franciam redierunt, et ære escisque Delphinates eis de more subvenerunt; nam licet exercitus, quando est validus, in Italiam proficiscens aut ex ea rediens Delphinates deprædetur, nihilominus egenis e bello redeuntibus succurrunt. Et cadavera Francisci Chabanei et Guillermi Goffierii, qui eo bello interierant et ad patriam ducebantur, cum magno honore receperunt et comitati sunt, et eis senatus Delphinalis occurrit.

Quum regem Hispani in Italia tute custodire et detinere non possent, ei quod in Hispaniam ad imperatorem navigaret persuaserunt, et ad ipsum in eam rem, pacem et

---

(1) *Pierre de Beauvoir, fils du seigneur de Faverges; Humbert et Pierre de la Rivoire; Louis de Jons; Laurent de Beaumont, seigneur de St-Quentin; Pierre de Laigue.*

(2) *Guillaume de Poitiers, sei-* *gneur de Sérignan; Laurent Ainard ou de Monteynard, seigneur de Marcieu; Martin Armuet, seigneur de Bonrepos; Jean de Vieux; le seigneur de Givret ou Givray.*

(3) *Christophe de Loras.*

liberationem promittens, imperator scripsit. His rex ingenue credidit; et quia classis Gallica, Hispanis regem in Hispaniam ducturis, nocere poterat, suis rex defendit ne quicquam molirentur. Sic itaque Picighitono Genuam rex ductus, illinc in Hispaniam mense junio navigavit. Et inter transeundum dum in insulis Massiliæ proximis esset, Urro Delphinati, qui tunc Provinciam sub Claudio comite Tendæ gubernabat, et eum adiverat, dixit quod ante sex hebdomades liberatus in Galliam rediret. Et inter alios aulicos, et pro famulatu necessarios, rex Marinum Montis Canuti Delphinatem, primum suæ domus Magistrum, semper in captivitate habuit.

Promissa autem imperator et Hispani non servaverunt; nam, dum rex in Hispaniam applicuit, ei se imperator non exhibuit, sed sub tuta custodia ipsum posuit. Et, rege capto, nullus in Gallia unquam tumultus fuit, nunquam Gallia magis pacata visa est. Omnes ad unum Ludovicæ regis matri obtemperabant; et Galliarum senatus in summa veneratione erant, et justitiam ministrabant. Soli pedites Itali, qui rege capto, ex ponte Ticinensi ac ex cohorte marchionis Salutiarum et Mediolano, integri in Galliam venerant, aliquas Galliarum partes et præsertim Delphinatum rapinis vexabant; sed sensim in Italiam remissi fuerunt. Verum inter alios quingenti pedites Itali, patriam repetendo, Costæ, permissione marchionis Salutiarum, gubernatoris Delphinatus et senatus nostri, inter transeundum hospitari debebant. Et ad eos conducendum Joannes Malusbeccus constitutus fuit. Sed oppidani ingressum denegarunt, licet Itali obsides de nullo offendendo dare vellent; et ipsum oppidum Itali vi ingressi sunt et spoliarunt, ac in aliqua parte combusserunt, et multos oppidanos necarunt, et feminas ac viros eorum more stuprarunt. Hæc in junio anni millesimi quingentesimi vigesimi quinti gesta fuerunt. At in ingressu angustiarum rupis, ad Gratianopolim, ipsis Italis omnis præda quam deferebant a marchione Salutiarum erepta est. Sic in patriam redierunt.

Anno deinde nativitatis Christi millesimo quingentesimo vigesimo sexto, Franciscus ab imperatore, hac lege, liberationem consecutus est, quod Burgundiam traderet, et captivi omnes liberarentur. Et Eleonoram, ipsius imperatoris sororem, rex desponsare promisit. Ut promissa adimpleret, Franciscum Delphinum et Carolum ducem Aurelianum, liberos suos, in obsides dedit. Philibertus Arausicensis princeps, captivus, secundum pacis leges liberatus est.

Rex, his pactis in Galliam reversus, ab Gallis obtinere non potuit quod Burgundia imperatori traderetur. Verum loco Burgundiæ pecunias esse tradendas omnes Galli annuerunt; et imperatori istud non placuit. Inter hæc dissidia ad regem venerunt legati Clementis maximi pontificis et Venetorum, pacem cum imperatore dissuadentes, et Italiam regi si exercitum mitteret pollicitantes, quodque hoc medio liberos vindicaret. Sibi enim timebant et cum eis tota Italia, si Franciscus rex et imperator convenirent. Per hæc tempora, Carolus Borbonius cum paucis ex Hispania Genuam navigavit, et inde Mediolanum petiit. Et Franciscus Michaelem Antonium, marchionem Salutiarum, in Italiam cum exercitu, mense augusto misit, qui Placentiæ et in agro Bononiensi copias habuit; et ducatum Mediolanensem Borbonius cum Hispanis tenebat. Sic hibernatum est.

De aliquot Delphinatibus qui in bello Papiensi capti fuerant, rex, ab Hispania reversus, bene meritus est. Quibusdam pecunias pro redemptione, aliis reditus, Guigoni Guifredo domus suæ præposituram donavit. In locum

Guillermi Goffierii, Philippum Chabotum Franciæ admiratum fecit, et Philippus Turris Delphinas vices Chaboti in suo equitatu gessit.

Transacta hieme, ab Hispanis et Borbonio marchio Salutiarum Bononiam et Florentiam defendit. Et Galli, cum Rancio et Pontificis exercitu, per loca maritima, regnum Neapolitanum invadebant, et, facta strage adversus Hispanos, regnum ipsum fere in manibus Gallorum erat: classem enim validam habebant. Rebus sic turbatis, Clemens cum Carolo prorege Neapolitano pacem inivit, et exercitum suum dissolvit. Et classis Gallorum, cui frater ducis Lotharingi præerat, Galliam repetiit.

Hanc autem pacem Borbonius non probavit, sed cum valido exercitu Romam petiit et invasit. Et quum suos remissos videret, scalis urbi admotis, primus muros conscendit, et ibi lethale vulnus quo interiit accepit. Alii eum sequentes ipsam Romam, sexta maii anni Christi millesimi quingentesimi vigesimi septimi, cum Pontifice ceperunt et spoliarunt; sacra diripuerunt, matronas stupraverunt, et vestalibus non pepercerunt. Omnes enim, ad sex millium numerum, ab templis abstraxerunt et, ut aiunt, violaverunt; imagines Christi et sanctorum diruerunt, et alia deteriora fecerunt. In exercitu enim Borbonii erant Lutheriani, qui ab lege Christiana hisce diebus recesserant, sequentes opinionem Lutheri Germani, qui confessionem sacerdoti non esse faciendam, nec jejunandum, nec esse Purgatorium, nullasque humanas leges ad peccatum obligare; et plura alia iniqua propalavit. Et adeo pullulabat hæc secta, quod etiam senatus Delphinalis decreto eam damnaverit, et libros divinos in vernaculum transferre prohibuerit, ne imperiti eos legentes et non intelligentes in errorem, ut assolet, incidant.

Ut rex Pontificem ab captivitate liberaret, et imperatorem ad aliquas pacis conditiones cogeret et deduceret, in augusto anni millesimi quingentesimi vigesimi septimi, sub Odeto Fuxeo Lautreco, in Italiam misit exercitum sexcentarum lancearum et decem millium peditum Gallorum, totidem Helvetiorum et Germanorum. Et equitatus ac peditatus Gallorum per Delphinatum transiverunt; et receptis mille duntaxat aureis, gratuita fere alimenta Delphinates militibus transeuntibus præstiterunt, quum pauci satisfacerent. Et quod insolitum et mirabile erat, ipsi milites instar religiosorum et eremicolarum, sine strepitu et injuria cujusque transivere, ita quod ne gallinam quidem rapuerint, nec blasphemaverint aut diabolum invocaverint: et videbantur in sanctimonia ad Pontificis et Ecclesiæ defensionem procedere.

Transactis Alpibus, statim Alexandria, Genuaque, inde Ticinum seu Papia aliæque ducatus Mediolanensis urbes et oppida, præter ipsum Mediolanum, in Gallorum ditionem venerunt. Quinque autem aut sex Hispanorum millia Mediolanum confugerunt. Et quia in invadendo Mediolano Galli moras protraherent, et celeriter Papæ succurrere optabant, relicto ipso Mediolano, progressi sunt; et dum Bononiæ fuerunt, acceperunt Clementem papam, certis conditionibus, ab Hispanis et Germanis liberatum fuisse et Orvietam venisse. Et Gallicus exercitus, per Anconam, in regnum Neapolitanum profectus est. Et Hispani Germanique Romam tenentes illuc sese contulerunt: et marchio Salutiarum, qui prope Orvietam erat, illos cum copiis secutus, nostræ aciei se junxit. Et multis oppidis, et quasi toto regno Neapolitano, partim vi, partim sponte, in Gallorum potestatem redactis, Hispani et Germani Neapolim fugerunt, et ibi se munierunt; et Neapolim hostesque eam tenentes Galli sex mensibus obsederunt. Inde, in augusto anni millesimi quingentesimi vigesimi octavi,

Odetus Fuxeus, major Gallici exercitus dux, infirmitate in castris expiravit; et illius loco Michael Antonius, marchio Salutiarum, exercitui Gallico præfuit.

Non longe post, in septembri ejusdem anni, quodam morbo incognito totus fere Gallorum exercitus in obsidione extinctus est, ita quod pauci superstites ægroti in quoddam oppidulum Neapoli proximum, duce marchione Salutiano, se contulerunt: et eos Hispani Germanique, Neapolim tenentes, secuti sunt, et partem in via, sine conflictu, quum omnes ægrotarent, ceperunt, alios in oppidulo ipso obsederunt et invaserunt; et se defendendo marchio Salutianus tormento in genu et coxa vulneratus fuit. Tandem certis conditionibus Galli Hispanis se dediderunt, et illo tormenti ictu marchio paulo post mortem obivit. Alii omnes Galli, præter paucos, in manibus hostium mortui sunt.

In variis hujusce exercitus Gallici cohortibus, erant ducenti Delphinates patricii, qui omnes fere interierunt. Ex his Carolus Alamandus, cum suo Delphinensium equitatu, etiam mortem obivit. Ex Delphinatibus pauci superfuerunt, qui nobis nuntium miserum attulere; et hi superstites in patria diu infirmitate languerunt. Inter eos qui evaserunt et patriam repetierunt, tres sunt consanguinei mei: Jacobus Malusbeccus, Claudius Maladeria et Eynardus Albus, quorum grandiusculus non excedebat vigesimum quartum suæ ætatis annum (1).

Proh dolor! qualia sunt Dei judicia! Galli ad Ecclesiæ et Pontificis liberationem sine cujusque injuria proficiscebantur, adversus Hispanos et Germanos aliquot hæresi

---

(1) *Jacques de Bocsozel-Maubec; Claude de la Maladière, seigneur de Massonas; Ainard Blanc ou de Blanc, famille de la Côte-St-André, connue jusqu'à nos jours sous le nom de Blanville.*

lutheriana laborantes, Dei contemptores, et in prædam omnia vertentes, omniumque mulierum, etiam sacrarum vestalium, pudicitiam tam Romæ quam in tota Italia attentantes. Et tamen nostri, hisce superstitibus, succubuerunt et obiverunt; et asseverare ausim Odetum et marchionem Salutiarum cæteris nostræ ætatis exercituum ducibus, virtute et militari arte præstitisse; et effeminati non erant. Et ultra artis bellicæ peritiam, marchio vitiis militaribus carebat, et multas virtutes comites habebat; mea sane opera aliquando familiariter usus est, dum gubernator Delphinatus esset, et multum cognovi (1).

Post Caroli Alamandi obitum, Guiotus Malusgironus (2) vices regias in Delphinatu, sub Francisco comite Sancti Pauli, obtinuit. Et paulo ante cladem Neapolitanam, in junio et julio anni Christi millesimi quingentesimi vigesimi octavi, ipse comes in Italiam exercitum regium per Delphinatum duxit; et Alexandriæ hiemavit; et in vere, cum Venetis, Mediolanum et Hispanos ibi agentes obsedit. Interim de pace inter Franciscum regem et Carolum imperatorem Cameraci actum est; et quia de Venetis mentio non habebatur, comitem Sancti Pauli deseruerunt. Et de hoc Hispani certiores facti Mediolanum egressi sunt, et nostrum exercitum invaserunt. Et peditibus nostris Italis in Gallos arma vertentibus, ipse comes et pauci alii capti fuerunt, et sine magna strage reliqui Galli evaserunt. Inde imperator ex Hispania in Italiam Gallis vacuam navigavit. Et Cameraci pacis conditiones inierunt Ludovica regis mater et Margarita imperatoris amita : ita quod, inter cæ-

---

(1) *Michel Antoine, marquis de Saluces, gouverneur de Dauphiné le 9 mai* 1525; *François de Bourbon, comte de St-Paul, lui succéda le 7 mai* 1526.

(2) *Guy de Maugiron, lieutenant-général au gouvernement de Dauphiné, le* 1er *novembre* 1528, *après le décès de Charles Allemand, seigneur de Laval.*

tera, datis vigesies centum aureorum millibus Astensique comitatu, et tota Italia Carolo remissa, Delphinus et Carolus dux Aurelianus, regii filii, liberarentur.

In decembri anni Christi millesimi quingentesimi vigesimi noni, nobilitas Delphinatus Romanos convenit, ut pro redemptione Delphini decem millium aureorum subsidium ferret. Et recensita ibi fuere duo familiarum nobilium millia; scilicet: ex superiore Viennesio et Terra Turris quingentæ nobiles familiæ, in Viennesio inferiore et Valentinesio ducentæ quinquaginta, in Graisivodanis quadringentæ sexdecim, in ditione Vapincensi octoginta septem, in Ebredunensi viginti quinque, in Brianconesio quindecim, paulo plus aut paulo minus, in dominio Medullionis et Montis Albani centum, in comitatu Valentino et Diensi ac ditione Tricastrina centum nonaginta quatuor.

Pro liberatione Delphini et ducis Aureliani, Antonius vicecomes Claromontis, ad imperatorem in Italiam Francisci legatus, inter alios profectus est (et euntem allocutus sum), et cum bona negotii consummatione rediit. Et rex eum suæ cameræ nobilem creavit, quum viribus et magis ingenio eum pollere cerneret, et sibi esse propitium in arduis negotiis et aptum ac fidum certo intelligeret. Inde, sexto calendas junias anni Christi millesimi quingentesimi trigesimi, Engolismæ, Delphino et fratre ex Hispania venientibus, Antonius interiit; cujus mors Delphinatibus luctum et mœrorem induxit, nam patriam sua virtute multum adornabat; et apud regiam majestatem multa poterat, et ejus favore patria multa commoda assequi potuisset. Multis dignitatibus rex eum donaverat, et ballivatum Viennensem obtinebat. Heu! annum nondum agens trigesimum sextum expiravit. Facundia et sermone correcto valebat, non magna, sed bene composita et macilenta statura, ingentem spiritum ostendente, erat. Engolisma advectus, in Silva Benedicta Cartusiensium cœnobio, majorum sepulcro, illatus est (1). Hunc lugeo, summe enim me amabat, et aliquando me absente, ab æmulatione et cujusdam inimicitiis, apud regem, cum Carolo Alamando domino Vallis, defendit. Deus optimus maximus ipsorum amborum misereatur!

Die sancti Joannis, octavo calendas julias anni jam commemorati, Franciscus Delphinus et Henricus dux Aurelianus, ad Bayonam, regi patri et Francis per Hispanos restituti fuerunt : et duodecies centum aureorum millia Hispani pro prima regiæ captivitatis solutione receperunt, residuum posthac per solutiones acceperunt.

Anno millesimo quingentesimo trigesimo primo, Delphinates tanta inopia laboraverunt, quod herbas pratorum, maxime barbam hircinam, comederunt, et sestarium tritici duodecim florenis vendebatur; et multi interiere, tanta enim vini et cunctorum fructuum erat penuria. Majori egestate laboraverunt Avenionenses et totus Comitatus Venaissinus, necnon Provinciales. Et hanc calamitatem Dei punitione tota Gallia sensit; Sabaudia non adeo egebat.

His temporibus, Guiotus Malusgironus ex cameræ regiæ hobilibus effectus est, quod a multis non immerito appetitur, tum ob stipendia, tum quod his facultas est, quoties volunt regem, adeundi et alloquendi.

Vigesima octava augusti anni Christi millesimi quingentesimi trigesimi primi, Laurentius filius meus carissimus Gratianopoli obiit, profluvio alvi sanguine mixto; et

---

(1) *Les barons de Clermont avaient leurs tombeaux dans une chapelle particulière de la Chartreuse de la Sylve-Bénite, dont ils étaient les bienfaiteurs depuis le XIIe siècle. Tout a disparu en 93, et la charrue passe aujourd'hui sur le monastère et les tombeaux.*

ægrotavit tribus et viginti diebus, nunquam aut raro admodum plangens.

Hoc epitaphium illi factum est: Laurentio filio carissimo piissimo, summæ amicitiæ, summæ memoriæ, innocenti, obedientissimo, corpore et ingenio bene composito, ingentis supra quam ætas pateretur spiritus, qui vixit annis sex, mensibus quinque, hebdomadis tribus et una die. Aymarus Rivallius, miles et regius consiliarius, et Margo, parentes, heu! lacrymis perfusi et inundantes tristitiaque languentes, hoc monumentum fecerunt. — Nunquam hic innocens in infirmitate mentionem mortis fecit, quia quid esset mors ignorabat. Nunquam in quiete et lætitia ero, donec mihi Deus hanc gratiam fecerit, quod cum eo in paradiso sim collocatus. Me orbis hic immundus tædet.

In septembri et octobri anni millesimi quingentesimi trigesimi secundi, Rhodanus vado inter Viennam et Lugdunum transibatur. Et duobus annis sequentibus, pestis Gratianopoli et in aliis Delphinatus locis summopere viguit. Et quum pestis invasisset domum Soffredi Capponesii (1), præsidis ærarii regii in Delphinatu, totaque ejus familia peste suspecta esset, rediens Lugduno, misertus præsertim uxoris prægnantis, sese Tullini familiæ miscuit, et nihil mali inde accidit, licet prius famulus unus domi suæ Gratianopoli peste interiisset, Goguetaque uxoris custos Tullini quo accesserat cum matrona sua, peste correpta, Gratianopolim rediisset et ibi mortem obivisset.

In decembri anni millesimi quingentesimi trigesimi quinti, Desiderius Tolonus, Delphinas, prior Tolosa-

---

(1) *Soffrey de Chaponay, président de la chambre des Comptes de Grenoble. On connait en Dauphiné deux maisons très anciennes du nom de Chaponay, qui ne diffèrent que par leurs armes; mais la plus considérable par les personnages qu'elle a produits et les dignités qu'elle a possédées, est celle qui porte d'azur à trois coqs d'or.*

nus, in magnum Rhodiorum magistrum assumptus est (1).

His temporibus Scholastica Bectonia, Delphinas Graisivodana, Tarasconæ jamdudum religionem ingressa, magna litterarum eruditione florebat; et ita latine et eleganter tam in verborum ornatu quam sententiis scribebat, quod etiam eloquentissimi et prudentissimi homines admirarentur (2).

Et pro absolutione et fine hujusce noni libri subjungam quod Martinus Hylacomylus tradit: Delphinates supra cæteros Gallos esse fortiores, robustiores, animosiores et in armis strenuos. Non miretur lector, si Delphinensium et eorum principum duntaxat et frequentius in libris nostris meminerimus, quia alios omnes Gallos, præter Delphinates, historici Franci in gestis commemorant; et tamen ipsi Delphinates nec contemni, nec per oblivionem relinqui debuerunt, quum præclara gesserint. Nostrum ergo officium erat ipsorum facta referre, ne tam bellicosæ et præclaræ gentis memoria periret (3).

---

(1) *Disdier de Tholon de Ste-Jalle, quarante-quatrième grand-maitre de l'ordre de Saint-Jean de Jérusalem.*

(2) *Claude Scholastique de Bectoz, fille de Jacques de Bectoz et de Michellète de Salvaing, fut abbesse de St-Honorat de Tarascon, et mourut l'an 1547. Sa vie a été écrite par Hilarion de Coste.* (*Les Eloges des reines et des dames illustres en piété, en courage et en doctrine. Paris, 1647, 2 t. in-8°, vol. II, 755.*)

(3) In animo Aymari Rivallii fuerat, ut ait initio operis, Allobrogum historiam undecim libris amplecti, at sententiam mutavit, et nonum tantum perfecit librum.

APPENDIX.

(Pages 24 et 25.)

Extrait d'une lettre adressée à l'éditeur par M. l'abbé Gaillard, curé de St-Marcellin (Isère).

Mon cher ami, j'ai attendu, pour vous répondre, d'avoir recueilli sur les lieux mêmes les renseignements que réclamait votre note. Je me suis donc rendu à Murinais, où chacun s'est empressé de me communiquer ce qu'il savait dans l'intérêt de votre publication. Toute la famille de Murinais a appris avec plaisir que les sauvages alentours de son castel étaient quelque peu historiques, et que vous songiez à mettre en lumière leurs vieilles et rares curiosités.

La plus importante n'a subi aucune altération en traversant les siècles, et le vin servi avec honneur sur la table de Jules II, découle toujours exquis des souches fécondes qui couvrent le vallon de Chevrières et la Combe d'Argentaine.

L'ancien manoir à l'écho merveilleux subsiste encore au lieu même indiqué par messire du Rivail, *in principio et capite convallis Argentinæ*, il fait le pendant du château de Murinais sur le revers du vallon. Avant la Révolution de 89, la maison et le domaine qui en dépend appartenaient de temps immémorial à une communauté religieuse de St-Marcellin. L'écho s'est conservé dans toute sa pureté ; il est toujours fort remarquable et *ita expressum ut alio loco non sit melius*.

A quelque distance de cette maison, vers le midi du vallon, on voyait encore, il y a peu d'années, une vieille tour démolie par le propriétaire, M. Chabert d'Hières, membre du Conseil général : c'était le dernier vestige du castel de la famille du Rivail dans la même vallée d'Argentaine, *prope ædem nostram Argentinam*. Au levant de l'habitation est situé le champ qui, au grand étonnement des cultivateurs, rend encore quantité d'ossements sous le soc de la charrue. La croix, *crux ibi fixa*, est encore debout, renouvelée sans doute par la pieuse tradition de la contrée qui vénère ce lieu, non comme un champ de bataille, mais comme un ancien cimetière, doté par la chronique locale de mainte histoire de revenants et d'apparitions nocturnes. La fontaine, *fons ibi scaturiens in vineis nostris*, *Chapoteium loci vernaculo nomen accepit;* cette fontaine a perdu son nom, mais elle coule dans le fond du vallon et jaillit encore au bas d'un vignoble, *scaturiens in vineis nostris.*

Tous ces détails se trouvent groupés autour du château de Murinais, dans un rayon de cinq à six cents pas; ils étaient morts dans la plupart des souvenirs; ils ressusciteront, grâce à vous, avec le manuscrit d'Aimar du Rivail, dont le fief de la Rivaillère, *Rivallieriæ*, était sur le territoire actuel de St-Marcellin ou de St-Sauveur, commune limitrophe. Celui de Blanieu, *Blaniaci*, est situé sur la commune de Chevrières, au lieu où s'élève maintenant le château de Blanieu, appartenant au fils aîné de M. de Pina, ancien maire de Grenoble et numismate distingué. On trouve encore des ruines assez remarquables de la tour de Lieu-Dieu, *Loci Dei*, dans la commune de ce nom, non loin de St-Jean-de-Bournay, dans la direction de la célèbre forêt de Bonnevaux.

Je crois avoir épuisé, mon cher ami, tous les points de votre note, et maintenant, etc., etc.

(Page 95.)

Nous Guillaume de Chalon, cheualier prince d'Orange et seigneur d'Arlay A tous ceulx qui ces présentes lettres verront salut. Comme ou moys de feurier derrenier passe a eu vng an que lon disoit mil cccc soixante et treize selon la computacion de France, Nous feussions partis de nostre maison de Orange en entencion de aller deuers monss^r. le duc de Bourgoigne. Et en y allant passant et trauersant par le pays et obeissance de tres excellent et treschrestien prince mon tres redouble seigneur monseigneur le Roy de France Loys a present regnant ayons audedens des pays de son obeissance este rencontrez par Philebert de Grolee S^r. Deslins et autres gens de guerre. Lesquelz nous prindrent comme lors alant ou party de Mond. Sg^r. de Bourgoigne qui lors estoit et encores a present est en guerre ouuerte contre Mond. Sg^r. le Roy. Et a ceste cause et pour ce que allions deuers Icellui Mond. Sgr. de Bourgongne Nous ont detenu prisonnier. Et combien que soubz couleur de la treue qui lors estoit ayons voulu maintenir que ne deuions estre prisonnier. Touteffois ledit Sgr. Deslins et autres qui nous prindrent ont dit et allegue au contraire que par les lettres desd. treues est expressement dit que durant icelles les subgectz de lun parti ne pourroient passer trauerser aler venir ne seiourner es pais limites et obeissances de lautre, reserue certaine qualite de marchans declairez esd. treues qui encores ne peuoient seiourner mais en toute diligence tirer leur chemin droit. En laquelle reseruation ne pouyons estre comprins. Et que autrement les gens de lun party passoient es pais obeissances et limites de lautre ilz etoient et deuoient par la teneur desd. treues estre prisonniers silz nauoient Lettres de saufconduit bonnes et valables pour ce faire. Par quoy puis quilz nous auoient trouue passant et seiournant esd. pais et obeissance de mond. seigneur le Roy alanz deuers mond. Sgr. de Bourgoigne et sans saufconduit, maintenoient nous auoir bien et justement prins, et que estions et deuions demourer leur prisonnier de bonne guerre et leur estoit licite dauoir prandre et exiger de nous telle finance quilz pourroient. Lesquelles choses considerées et apres que auons este deuement advertiz que le contenu desd. treues estoit tel que dit est. Congnoissans que auons este trouuez par led. Sgr. Deslins et autres passans et seiournans es pais et obeissance de mond. Sgr. le Roy alans deuers mond. Sgr. de Pourgoigne sans congie seurte ne saufconduit quelconque Mais seulement soubz la confiance de lad. treue qui par la teneur dicelle ne nous pouoit preseruer et que par ce estions veritablement prisonnier de bonne guerre. Doubtans estre maltraictez de nostre personne ou autrement entre les mains dud. Sgr. Deslins. Feismes supplier aud. treschrestien prince monseigneur le Roy que par sa clemence et benignite il luy pleust nous rachater et mectre entre ses mains offrans luy bailler et payer telle finance quil deuroit estre content. Lequel treschrestien prince monseigneur inclinant a nostre supplication et requeste se y soit liberalement condescendu et nous ait racheté auecques le droit que led. Sgr. Deslins et autres qui nous prindrent auoient sur nous, et sur ce les a satiffaiz et contentez. Et depuis luy auons fait supplier et requerir quil luy pleust nous mectre et receuoir a finance. Pour laquelle finance et pour tous les droiz et despens en quoy pourrions estre tenuz a la cause des susd. luy ayons fait au derrenier offre de la somme de quarante mil escuz dor du coing du Royaume de France a present ayans cours. En luy suppliant treshumblement quil luy pleust lad. somme accepter dont mond. Sgr. le Roy de sa grace ait este content. Sauoir faisons que nous cognoissans lesd. choses dessusd. estre vrayes et que par les moyens dessus alleguez auons este prins et sommes a present prisonnier de bonne guerre. Congnoissons et confessons deuoir bien et loyaument a mond. Sgr. le Roy pour nostre finance auecques tous les droiz et despens en quoy pourrions estre et pour lacquict redemption et liberte de nostre personne lad. somme de quarante mil escuz dor a present ayans cours oud. Royaume de France. Et icelle auons jure et promys jurons et promectons par ces presentes par la foy et serement de nostre corps et sur nostre honneur bien et loyaument paier a mond. Sgr. le Roy ou a son certain commandement toutes et quanteffoiz quil luy plaira et que requis en serons. Et pour ce faire auons obligez et obligeons enuers mond. Sgr. le Roy et ses hoirs et successeurs Nous nos hoirs et successeurs ensemble tous et chacuns noz biens meubles et immeubles presens et auenir quelque part et en quelque lieu quilz soient situez et assiz : moyennant laquelle somme et en icelle luy payant ou le faisant content Nous demourrons quictes et deschargez dicelle nostre finance et de tous les droiz despens et autres choses que pourrions deuoir a cause de nostred. prise et serons mis a plaine deliurance. Et en tesmoing des choses dessusd. Nous auons signe ces presentes de nostre main et fait sceller du scel de noz armes le six.me jour de juing l'an mil cccc soixante et quinze.

Guillaume de Chalon.

Pour le payement et satiffacion de la somme de quarante mille escuz dont mencion est faicte au blanc de ces presentes led. noble et puissant seigneur messire Guillaume de Chalon prince Dorenge et seigneur Darlay pour lui ses hoirs successeurs et ayans cause a constitue vendu cede et transporte aud. treschrestien Roy de France Loys a present regnant comme Daulphin de Viennoys pour lui et ses successeurs Daulphins le droit de fief hommage lige serement de fidelité et la juridiction en souueraineté en dernier ressort au parlement du Daulphine sur la seigneurie et principaulté Dorenge et sur toutes les villes places terres et seigneuries hommes vassaulx et subgetz appartenances et deppendences dicelle selon la forme et teneur des Lettres de constitucion vendicion et transport sur ce le jour de Lyer qui fut neufme de ce present moys de juing receues faictes et passees par Nous Jehan Esterlin Prestre du diocese de Rouen bachelier en droit ciuil et Guillaume Lambert aussi du diocese de Rouen notaires apostolicques et imperiaulx : moyennant laquelle constitucion vendicion et transport led. prince Dorenge est demoure et demeure quicte et descharge de lad. somme de quarante mille escuz et de tout ce en quoy il peut estre tenu a cause de sa finance et des droiz despens et autres choses quil pourroit devoir a location dicelle et de sa prinse. Et led. Roy treschrestien pour ce present et personnellement establi en la presence de nous notaires dessus nommez et aussi en presence de Maistre Anthoine Disome et Guillaume Garreau pareillement notaires apostolicques et secretaires ordinaires dud. treschrestien Roy de France En a icellui Roy treschrestien quicte et quicte led. prince Dorenge. Et aussi icellui Messe. Guillaume de Chalon prince Dorenge pareillement et personnellement establi en la presence de nous notaires dessusd. a confesse estre bien et loyaument paye et satiffait dicelle somme de quarante mille escuz dor Pour laquelle il a fait aud. Roy treschrestien lad. constitucion cession et transport dont dessus est faicte mencion Et en a quicte et quicte led. Roy treschrestien et ses successeurs. Et par ce moyen ceste presente obligation est acquictee et solue et demoure entre les mains dud. Roy treschrestien seullement pour monstrer et enseigner le payement fait aud. prince Dorenge desd. quarante mille escuz. Ce fut fait et passe en la presence de nous notaires dessusd. en la ville de Rouen le dixiesme jour de juing lan de grace mil cccc soixante et quinze.

Disome — Garreau — Esterlin — Lambert.

(Page 550.)

Loys par la grâce de Dieu roy de France, daulphin de Viennoys conte de Valentinoys et de Diois, savoir faisons à tous présens et à venir nous avoir receu l'umble supplicacion de Guige Allemand, S^r. de Molart, contenant que cinq ans a ou environ, vacant le prieuré de S. Nazaire près Grenoble, père Sibus Allemand frère dudit suppliant par vertu de certaines bulles et lettres appostoliques par luy obtenues print et aprehenda la possession et saisine dudit prieuré. Et pour ce que Philippes de Comieres prebstre s'esforça de le troubler et empescher en sa dicte possession et joyssance dudit prieuré procès se meut entre eux en nostre parlement du Daulphiné auquel fut tant procédé que par arrest de nostre dicte court la récréance dudit benefice fut adjugée audit frère Sybus; en hayne et contemps de laquelle chose Raoul de Comieres en son vivant chevalier père dudit Philippes machina la mort et destruction dudit père Sybus. Et pour icelle machination mettre à execution, le premier jour de l'an prouchain ensuivant la prononciation de l'arrest, saichant que ledit Sibus estoit alé en son dit prieuré pour faire l'office et service divin, à heure de mynuyt ou environ acompagné de certain grant nombre de genz armez et embastonnez d'armes et bastons invasibles et deffenduz se transporta ledit Raoul audit prieuré et assaillit ou fit assaillir par aucuns de ses gens et serviteurs l'ostel d'icelluy prieuré. Et n'eust esté la resistance que ledit frère Sibus et ceulx qui estoyent avec luy firent au contraire, ledit Raoul et ceulx de sa compaignée les eussent tuez ou grandement dommaigiez de leurs personnes. Et certain jour après, ledit Raoul adverty que ledit père Sibus partoit de son prieuré pour aller à ung lieu appellé Veyrie veoir aucuns de ses amys qui y demouroient, icelluy Raoul incontinent et perseverant à son mauvaiz propos, accompaigné de plusieurs de ses gens et serviteurs et complices armez et embastonnez, vint espier ledit frère Sibus sur le chemin publicque en ung lieu nommé Alecontent, cuidant que ledit Sibus s'en deust retourner audit lieu de Saint Nazaire et de là en l'ostel où il estoit retraict pour soupper et faire bonne chiere avec sesdits amys. Et quant il fut illec arrivé avec ceulx de sadite compaignée voyant ledit Raoul qu'il ne povoit avenir à sa dicte mauvaise et dampnable entreprinse pource que ledit frère Sybus en estoit dès jà adverty et n'osa bouger de là où il estoit pour la grant paour et doubte qu'il avoit de sa personne. Et voyant ledit Raoul que ledit Sibus ne sailloit point dehors, il, meu de mauvaiz et felon couraige, fist prandre les chevaulx dudit frère Sybus et les fist mener en la rivière de l'Isère estant illec près, et leur fist coupper les jambes puis assummer et gectez et noiez dedens ladicte rivière; et non content encores et voulant de tout son povoir meurtrir et faire meurtrir ledit frère Sibus, donna trente ducaz ou escus ou environ à treze compaignons pour le tuer et mectre à mort; lesquelz compaignons pour faire et accomplir ce dont ledit Raoul leur avoit baillé charge, le jour de Karesme prenant lors ensuivant, environ l'eure de soupper se transportèrent armez et embastonnez d'armes et bastons invasibles et deffenduz, à l'entour de la maison dudit suppliant située et assise au lieu de Domène près Grenoble, saichant y estre ledit Sibus, environ neuf ou dix heures de nuyt, prindrent le muletier dudit suppliant qui estoit sorty dudit hostel afin qu'il ne les acusast, et le destindrent jusques à ce que ung religieulx appellé le Moyne Bompar saillit hors dudit hostel pour soy aller couchier au prieuré du lieu de Domène estant près d'illec, sur lequel religieulx lesditz treze compaignons sortirent et cuidant ledit frère Sibus qu'ilz avoient longuement espié frappèrent sur luy et le tuèrent; Et aucun temps après ledit cas ainsi commis par les dessusditz treze compaignons, ung d'entr'eux nommé Guyges Nyses serviteur dudit Raoul qui avoit esté présent et consentant dudit omicide, fust prins et actains dudit cas et pour raison d'icelluy de Comieres, pour éviter la pugnicion qui pour ce luy estoit deue selon justice se absenta du pays et s'en ala ou pays de Savoye où il se tint par aucun temps et jusques environ le moys de juillet mil CCCC LXXIIII qu'il retourna en son hostel en nostredit pays du Daulphiné dont il avoit esté banny par justice. Et tantost après qu'il fut arrivé, trouva moïen d'avoir et faire venir avec luy soixante ou quatre vingts hommes estrangers tant dudit pays de Savoye que d'ailleurz. Et après que ledit suppliant fut adverty des grans monopolles et assemblées de gens que ledit Raoul avoit fait et faisoit contre luy et sesditz frères pour les destruire, il et sesdits frères le firent savoir à aucuns leurs parens et amis, pour sur ce avoir leur bon vouloir advis conseil et oppinion et comment ilz se pourroient garder de luy et obvier à ses mauvaises et dampnables entreprinses esquelles il perseveroit tousjours de mal en pis pour les destruire et endommaiger. Le vendredi devant la feste Saint Jaques et Saint Christofle ou dit an mil CCCC LXXIIII envoya ung sien compère laboureur nommé Passet du lieu de Saint Nazaire à l'ostel dudit suppliant pour espier et savoir qu'il faisoit pour luy aller courrir sus et le dommaigier s'il trouvoit son avantaige. Et pour mectre à execucion sa dicte volunté, il, le lendemain ensuivant accompaigné de certain grant nombre de gens armez et embastonnez de couleuvrines chargées, arbalestes tandues, javelines, voulges, espées, dagues et autres bastons et harnoys invasibles et deffendus, se transporta audit lieu de Domène saichant ledit suppliant et sondit frère estre en leurdit hostel. Et quant ilz furent arrivez, ledit Raoul demanda à aucuns gens qui là estoient : « Où est le Moyne ! où est le Moyne ! » A quoy luy fut respondu par ung des serviteurs dudit suppliant telles parolles ou semblables : « Vous ne l'avetz pas encore le Moyne ! » Puis ledit Raoul par dersision et grant moquerie fist sonner ung tabourin qu'il avoit amené avec luy et dancer lesditz compaignons et complices au son dudit tabourin auprès de l'ostel dudit lieu de Domène, disant et proférant tant par luy que lesdictes gens compaignons serviteurs alliez et complices plusieurs parolles injurieuses et malsonnantes dudit suppliant et sesditz pères. Et se fait, s'en partirent d'illec. Et non contens de ce ledit Raoul vouloit et s'efforçoit tousjours de toute sa puissance murtrir et endommagier ledit suppliant en leurs personnes. Et pour ce faire le lundi ensuivant accompaigné de certain grant nombre de gens et la pluspart estrangers armez et embastonnez de brigandines, coulevrines chargées, arbalestes, et cranequins bandés, voulges, javelines, espées, dagues et autres bastons et armes deffendues, comme dit est dessus, vint passer avecques lesdites gens hommes au plus près du chasteau dudit du Molart appartenant audit suppliant et passant par illec pour espoventer icellui suppliant fist tirer de ses dictes coulevrines et sonner une trompette qu'il avoit et les cloches dudit prieuré fist sonner à bransle faisant grant bruit de trompette et de bouche, criant audit suppliant : « Où est Robert *Bietrix*? qui n'ose de sa maison saillir; et plusieurs autres grans mocqueries. Et lors ledit suppliant manda audit seigneur de Revel son frère qu'il vint avec luy audit Molart; que ledit Raoul le vouloit oultraiger auprés de sa maison et avoit grant doubte qu'il ne l'assiegast là où fist quelque meschief pour soy garder dudit Raoul : auquel mandement ledit seigneur de Revel vint accompaigné de ce qu'il peut finer de gens, passant dehors chemin, tant qu'il povoit, pour tousjours eschever meschief et débat. Et quant lesditz frères virent que ledit Raoul s'en estoit allé à Mont-Flory, ledit seigneur de Revel dist qu'il s'en vouloit retourner en sa maison et ledit suppliant luy dist qu'il l'acompaigneroit jusques aux nopces qui se faisoient auprés de leur dit chemin tirant à Domène. Et sur ce ledit seigneur de Revel se mist en chemin pour s'en retourner à son hostel et se misdrent devant aucuns des serviteurs desditz frères jusques au nombre de dix ou douze ou environ ; Lesquelz rencontrèrent ledit Raoul de Comiers au grant chemin, prés la maison d'ung nommé Jehan Du bachas, acompaigné de plusieurs gens embastonnez de plusieurs habillements de guerre, comme dit est; lequel Raoul, si tost qu'il les vit, dist à ses gens : Desbandez, desbandez ! tuez, tuez ! avecques certains criz que luy mesmes faisoit; et lors lesdites gens dudit Raoul desbandèrent quatre ou cinq coulevrines encontre lesditz serviteurs desditz frères. Auquel bruyt ledit suppliant arriva accompaigné d'aucuns parens et serviteurs de luy et de sondit frère, et se meslèrent les ungs parmy les aultres, et s'entrebatirent tellement que ledit Raoul y fust tué et plusieurs de ses gens tant du pays que estrangiers qui estoient avecques lui; et avecques ce en y eut plusieurs bleccz tant d'ung costé que d'aultres. Pour occasion duquel cas ainsi advenu, ledit suppliant doubtant rigueur de justice s'est absenté de nostre pays du Daulphiné : ou quel ne ailleurs en nostre royaulme il n'oseroit jamais retourner, soy tenir, converser ne demourer se noz grâce et misericorde sur ce ne luy estoit impartie, en nous humblement requerant que, actendu ce que dict est mesmement que ledit Raoul de Commiers fut en tous cas aggresseur, et que ledit cas n'a esté par luy commis de guet à pens, IL NOUS plaise luy impartir nosdites grâces et misericorde : Pour ce etc. Si donnons en mandement à noz amez et féaulx conseillers le gouverneur ou son lieutenant, gens tenans et qui tiendront nostre parlement du Daulphiné; et à tous noz autres justiciers etc. Donné au Plessys Du Parc, ou moys de Novembre, l'an de grâce mil CCCC soixante dix neuf, et de nostre règne le dix neufiesme. Ainsi signé PAR LE ROY, les sires du Lude, de Montaigu et autres présens. J. LEMARESCHAL. *Visa. Contentor. Registrata.*

Copié sur le registre 205 du Trésor des Chartres aux Archives du Royaume; pièce 401. — Enregistrée au parlement de Grenoble. — Nous devons la communication de cette pièce à l'obligeance de M. J. Quicherat, de l'école des Chartes.

INDEX CAPITUM.

LIB. I.

Situs Allobrogum, eorumque limites	Pag. 2
Vienna, Allobrogum metropolis	8
Romani	28
Gratianopolis	37
Chamberiacum	52
Tarantasia et Musterium	61
Gebenna, extremum Allobrogum oppidum.	64
Cavæ et Valentia	72
Montilium Adhemari	84
Arausio	88
Comitatus Venascinus et Avenio.	96
Tricastrini	112
Vocontii, Dia, Lucus Augusti	117
Vasio, Buxum, Nyonæ.	127
Medulli, Vallis Saltus	132
Sigorii et Vapingum	136
Alpes Juliæ et Cottiæ; Brigantes.	146
Garucelli et Morienna	154
Alpes Graiæ et Centrones	158
Sebusiani, Bricia et Burgus.	160
Nantuates et Beugesius.	161
Alpes illarumque divisio, Veragri, Octodurus.	165
Salassi et Augusta Prætoria.	169
Generalia quædam super oppidorum origine	175

LIB. II.

Primi Allobrogum reges.	181
Samothes, primus Celtarum rex.	185
Magus et alii reges Celtici.	187
Dryius et alii reges Celtici.	188
Celtes, Galatea et Hercules.	191
Galathes et alii reges Celtici.	196
Allobrox	197
Romus et alii reges Celtici.	198
Rhemus	199
Francus	200
Ambigatus, Sigovesus et Bellovesus.	204
Seguinus.	209
Brennus	210
Gallorum bella contra Romanos.	221

Viridomarus, Concolitanus, Ancroestes . . . . . Pag. 223
Brancus; Hannibalis transitus 227
Allobrogum bella 241

LIB. III.

Allobroges sub Romanorum imperio 245
De gestis in Gallia a Druso. 251
De gestis .... L. Cassio consule 252
De gestis .... Manlio, Cæpione, Mario consulibus . . Ibid.
De gestis .... Cicerone et Antonio consulibus . . . 258
Allobrogum rebellio 262
De gestis in Gallia, Cæsare et Bibulo consulibus . . . 263
Cæsaris gesta apud Gallos 273
Allobrogum fides 277
Allobroges sub Cæsare dictatore. 280
De Allobrogibus et gestis apud eos post Cæsaris mortem . 286
Allobroges sub Octavio Augusto. 290
—— sub Tiberio, Caligula, Claudio 294
—— sub Nerone, Galba, Othone, Vitellio. . . 303
—— sub Vespasiano et ejus filiis 312
—— sub Arcadio, Honorio, Valentiniano . . . 323

LIB. IV.

Allobroges sub Burgundorum ditione. 327
Gundicarius primus Burgundorum rex 329
Gundebaldus, Godomarus, etc. 333
Sigismundus et Gundomarus 338
Gundomarus; ad Veserontiam pugna. 341

LIB. V.

Allobroges sub Francorum imperio 343
—— sub Chariberto, Guntramo, etc. 345
—— sub Childeberto et Clothario 350
—— sub Dagoberto et Chariberto 353
—— sub Martello. 354
—— sub Pipino 358
—— sub Carolo Magno 359
—— sub Ludovico Pio 364
—— sub Ludovici liberis 365

LIB. VI.

Boso, Burgundiæ et Alfobrogum rex. 369

Ludovicus, Bosonis filius	Pag. 373
Rodulphus, Burgundiæ Transjurensis rex.	377
Conradus et Mathildis	380
Rodulphus ignavus.	385

LIB. VII.

Translatio Burgundiæ ad Henricum Germanum.	391

LIB. VIII.

Delphini	407
Guigo Crassus, Delphinus	412
Guigo secundus	415
Guigo tertius	422
Beatrix	425
Andreas	429
Guigo quartus.	432
Joannes primus, Anna et Humbertus.	440
Joannes secundus; Templariorum processus	446
Guigo quintus.	457
Humbertus secundus	469

LIB. IX.

De translatione Delphinatus in Francos	485
Delphinates sub Joanne et Carolo	489
—— sub Carolo sexto	495
—— sub Carolo septimo.	504
—— sub Ludovico undecimo.	517
—— sub Carolo octavo	532
—— sub Ludovico duodecimo.	540
—— sub Francisco primo	558

APPENDIX.

Lettre relative à quelques passages d'A. du Rivail.	595
Reconnaissance et cession du prince d'Orange à Louis XI.	597
Lettres d'abolition accordées à Guigue Alleman	600